Seigneurs et Rebelles en Morvan

Du même auteur aux éditions **GUNTEN** :

– ***Le cavalier de cœur*** - 2012
– ***Les ombres de l'Huis Prunelle***
Tome 1 : ***Les ombres de l'Huis Prunelle*** – 2013
Tome 2 : ***La Brileuse*** – 2014

Danièle
JANKOWSKI

Seigneurs et Rebelles en Morvan

Roman

GUNTEN

Avertissement :

Ce livre est un roman historique, mais les faits rapportés relèvent du domaine de la fiction. De même que toute ressemblance avec les personnages, les noms de lieux est également pure coïncidence... .

Couverture :
photo réalisée par le **CECAB** (Centre de Castellologie de Bourgogne)
avec l'aimable autorisation de **M.Jacques Desmarquest**, propriétaire du château.
Effets : **Christian Mielcarek**

http://www.editionsgunten.com
ISBN : 978-2-36682-106-2

Remerciements :

Un grand merci à mon amie Véronique qui m'a encouragée, soutenue au fil des pages qu'elle a lues avec soin...

A ma petite Anna, notre merveilleux rayon de soleil à tous
A Gabriel, Aurélia la maman d'Anna, Apolline mes enfants
et à Alfred mon mari qui m'a donné cette belle famille...

Première Partie : ***Le seigneur Eudes.***

1 - *Un soir d'hiver à la chasse.*

La nuit tombait peu à peu sur la forêt morvandelle... Bientôt, elle finirait par envahir bois et clairières, s'emparerait de chaque scène insolite, toujours secrète de la vie animale, où les bêtes se croyaient naïvement à l'abri dans ces solitudes désolées, parce qu'elles vivaient éloignées des activités des villageois. Implacable, volontaire, l'obscurité gommerait jusqu'au plus infime détail de ce tableau de la nature pauvre, dépouillée, frissonnant sous les effets de l'extrême dénuement causé par l'hiver. Sans tarder et pendant un laps de temps interminable en cette saison, les champs, les arbres, les chemins et même la grand route seraient plongés dans d'épaisses ténèbres. Le paysage entier aurait disparu dans quelques minutes à peine, les images familières s'estomperaient d'abord par touches discrètes, puis s'effaceraient devant l'univers inquiétant des ombres s'étendant à l'infini... C'était un soir de décembre, en l'an de grâce mille deux cent soixante dix-neuf, une fin de journée particulièrement morne et triste...

Chênes, hêtres, charmes et bouleaux, entièrement dévêtus de leur riante verdure, colonnes droites, élancées, mais figées comme des statues s'élevaient vers le ciel, immensité livide et bâchée, parcourue de gros nuages gris devenant menaçants. Ces formes lointaines, aériennes, semblables à des moutonnements cotonneux comme si le maître de l'univers les avait tracées à l'aide d'un pastel noir se faisaient les messagers de l'arrivée imminente de la neige. Il était à peine cinq heures du soir, pourtant les flaques d'eau, les mares et le ru coulant tout en bas de la pente commençaient à geler. La froidure s'intensifiait, glaçant le sang des imprudents qui s'attardaient dans ce domaine inhospitalier. Le Cernin, ce ruisseau longeant une grande partie de la forêt, la traversait à plusieurs reprises, traçant boucles et méandres au hasard de son cheminement capricieux, parce qu'il se pliait aux irrégularités multiples du terrain. A quelques lieues de là, un peu plus au nord, il était grossi par un autre ru, celui du Petit Corfeuil, où leurs eaux vives, glacées, couraient sur les pentes abruptes avant de se mêler pour mieux se confondre. D'ailleurs, le village de Bissey-en-Morvan ou « Bisseium » était bâti le long de la haute vallée de ce même Cernin... Le bois tout entier depuis la Combe aux Demoiselles jusqu'à la lisière du bourg retentissait de bruits innombrables, dérangeants, parce qu'assourdissants, signe d'une animation exceptionnelle en un tel endroit. D'habitude, la forêt était plus calme, à peine fréquentée le jour. Seuls quelques vilains ou tenanciers y conduisaient leur troupeau de porcs paître à l'automne ou au printemps. Ils usaient ainsi du droit de « glandée » que le seigneur daignait leur accorder à cause du manque de pâturages. Parfois accompagnées d'enfants en haillons, quelques villageoises s'aventuraient également dans la forêt à la recherche de bois mort pour alimenter le maigre feu de leur chaumière. Généralement, elles usaient de discrétion, se cachaient dès qu'elles entendaient des bruits de chevauchées, redoutant de devenir la cible des violences usuelles en ces temps difficiles, où viols, agressions sauvages, perpétrées à l'encontre des vilains ne comptaient pas ou si peu...

Mais c'était surtout la nuit, que les braconniers les plus hardis se risquaient à poser pièges et collets pour attraper quelques lièvres, des belettes ou des lapereaux. Cependant, les pauvres hères hantant ces bois dans l'espoir de procurer de la nourriture à leur famille affamée se déplaçaient toujours sans faire de bruit, de crainte d'être surpris par l'intendant ou les gardes du seigneur et sévèrement punis en son nom. Le baron rendait la justice sur les terres de sa seigneurie, ainsi que sur une partie du village qui relevait également de celle de l'évêché. Fort de son pouvoir, il châtiait sans pitié bandits et voleurs qui osaient chasser sur son bien, parce qu'ils le dépouillaient de fâcheuse manière en le privant de viande.

Ce soir d'hiver, la chasse du seigneur dérangeait tous les animaux réfugiés dans la forêt, plutôt habitués au grand silence régnant dans ces lieux sauvages et désertés la plupart du temps. C'étaient d'abord les appels des valets, du maître-piqueur, des veneurs, à la poursuite du gibier : « Taïaut, taïaut, par ici, à l'attaque » regroupant et dirigeant les chiens. Là-bas, les cris d'encouragement ou de déception des chasseurs, enfin les jappements féroces, presque continus de la meute aux abois qui gagnait les clairières et les futaies clairsemées pour en prendre possession, ces dernières étant quasiment nues à l'exception de quelques ronces tenaces s'accrochant au pied des arbres. Un rassemblement quelque peu disparate, où les races de chiens se mélangeaient au hasard des engouements, des lubies du seigneur et des cadeaux offerts par des amis ou voisins vantant la qualité de leurs bêtes. De superbes chiens noirs de Saint-Hubert, très racés pour la majorité d'entre eux, également fort prisés pour poursuivre chevreuils, cerfs et sangliers, quelques grands Bleu de Gascogne que n'effrayaient point les loups, enfin une dizaine de griffons nivernais au poil hirsute et dur que l'on confondait à s'y tromper avec la broussaille environnante. Les serviteurs allumaient déjà torches, flambeaux et lanternes, pour éclairer les déplacements de leurs maîtres. Une vingtaine de personnes, sans compter les valets, accompagnait le seigneur du village à la chasse.

Eudes III de Villon, sire de Villon, seigneur d'Hauterive et de Bissey, se pavanait au centre d'un petit attroupement d'hommes qui constituait sa « maisnie ». Agé d'une trentaine d'années, ce chevalier se tenait très droit sur une selle magnifique, finement travaillée et colorée de tons vifs. Le maître bourrelier chargé d'exécuter ce travail avait choisi un beau cuir souple, s'inspirant des modèles réputés que l'on fabriquait à Cordoue depuis des siècles. Le pommeau relevé de ce véritable objet de luxe incitait plus son propriétaire à se produire dans certains exercices de dressage ou de parade qu'à guerroyer. Eudes de Bissey chevauchait un bel étalon gris, une monture de choix digne des plus grands chevaliers de l'époque. Le superbe destrier, un pure race espagnol, était naturellement originaire de la Péninsule Ibérique. L'animal avait été acheté dans un élevage fameux du sud de ce pays, les plaines d'Andalousie, ayant donné leur nom à cette race de chevaux. D'ailleurs, on employait couramment le terme d'Andalous pour désigner ces chevaux espagnols. Une pelisse de velours rouge entièrement doublée d'hermine blanche, une longue épée incrustée de pierres précieuses et un petit couteau de Tolède finement ciselé distinguaient encore le seigneur des autres personnages de la chasse par le simple fait qu'il affichait un luxe grandiose et un raffinement incomparable.

Des gants de peau très épais dissimulaient les nombreuses bagues qu'il portait, on pouvait en compter une pratiquement à chaque doigt de la main. Une boucle d'or du métal précieux le plus pur, travail sophistiqué d'orfèvrerie, brillait à son oreille droite. Son couvre-chef également ne manquait pas d'originalité, il s'agissait d'un feutre de laine à larges bords, décoré de belles plumes multicolores, provenant sans nul doute de plumages de paons ou de faisans. Une tignasse rousse, épaisse, affreusement emmêlée et très longue lui retombait sur les épaules, l'aidant de manière naturelle à se protéger davantage du froid.

Les autres chasseurs disparaissaient de la même manière sous l'épaisseur de lourds manteaux, de capes ou de pelisses chaudes, mais doublés de fourrures plus communes pour ne citer que la martre, le lièvre ou tout simplement le loup. Des chapeaux ou des bonnets également confectionnés dans diverses peaux d'animaux leur couvraient la tête et les préservaient des assauts mordants de la bise glaciale venant du Nord. Le vent courait entre les bosquets d'arbres dénudés et les fossés plongés dans une semi-obscurité, traîtreusement profonds, remplis de feuilles mortes et de branchages luisants d'une boue noirâtre, repoussante, nauséabonde, qu'on imaginait sans peine désagréablement visqueuse au moindre contact avec la peau. Ces chevaliers enserraient les flancs de leur monture, les jambes moulées dans de longues bottes en cuir solide ou encore enserrées de cuissardes épaisses, confectionnées dans la même matière, se confondant presque avec leurs chausses de couleur foncée. Une observation rapide permettait de conclure que les montures des autres cavaliers étaient de race plus commune que celle du seigneur. Il s'agissait de lourds palefrois issus de croisements de juments de selle avec des races de trait locales comme les Nivernais noirs et trapus, assez répandus dans cette contrée. Ces équidés n'avaient ni la grâce ni l'élégance du superbe étalon espagnol, gris pommelé, coûteuse acquisition du seigneur à qui appartenait cette forêt... Près de lui s'agitaient rouges et échevelés, deux jouvenceaux intrépides qui criaient et gesticulaient à ses côtés, tout excités à la perspective de réaliser de belles prouesses à la chasse.

— Père, s'écria le plus jeune d'entre eux, réussirons-nous à cerner un autre sanglier ? Si nous connaissons cette chance, je vous en supplie, laissez-moi m'occuper de lui, lorsque l'on sonnera l'hallali pour l'achever !

— Moi, renchérit l'aîné, je ne crains point de m'attaquer aux loups. La semaine passée, dans la grande forêt du comte de Nevers, nous avons cerné une meute entière. Nous avons dû lutter avec nos coutelas pour nous débarrasser de ces dangereux carnassiers, très agressifs, parce qu'affamés. Trois de nos meilleurs chiens ont été égorgés sous nos yeux...

— Navré de vous décevoir mes beaux garçons, leur répondit Eudes en riant. Mais la chasse se termine et les bois jouxtant le village sont peu étendus. Il y a déjà eu plusieurs battues pour protéger nos paysans des loups, le mois dernier. La prochaine fois, nous pousserons plus loin du côté de Bussy...

Ces damoiseaux étaient donc ses fils. Il s'agissait de l'aîné et du cadet de sa descendance, ses autres fils beaucoup plus jeunes n'étaient pas encore en âge ni de chevaucher ni de chasser et demeuraient au château sous la surveillance de Guillemette, leur nourrice attitrée.

Enguerrand de Bissey, l'aîné, était un jouvenceau de quinze ans, monté sur une grande jument baie, caracolant sans arrêt entre les arbres, poussé par une sorte d'impatience et le besoin irrésistible de se dépenser. Un sourire aimable au coin des lèvres révélait de prime abord un caractère plutôt facile, ainsi qu'un naturel assez enjoué. Le cavalier, bien que tassé au fond de sa selle, paraissait néanmoins plus grand et plus charpenté que son père, le maître de ces lieux. De longs cheveux bouclés, de couleur châtain foncé, s'échappaient d'un bonnet en peau de loutre, mais l'obscurité empêchait de distinguer plus nettement les traits de son visage. Le cadet chevauchait un hongre plus petit et plus robuste que la monture de son frère, sans doute né de la vieille jument de labour, saillie par un étalon des écuries de son père. Le seigneur prêtait volontiers cette brave bête à ses tenanciers pour les corvées sur la réserve. On désignait ainsi les terres situées tout près du château, pouvant s'étendre sur plusieurs lieues, mais cultivées par ces mêmes paysans.

Plus jeune de treize mois que son aîné, Pierre de Bissey ressemblait singulièrement à son père. Ils affichaient une corpulence quasiment identique et la même façon de se tenir à cheval, lourds et imposants. Néanmoins, ils redressaient fièrement la tête. L'air sévère et la mise quelque peu affectée des deux hommes contrastaient avec la bonne humeur, l'aisance innée d'Enguerrand. La présence exceptionnelle des damoiseaux sur les terres de la seigneurie s'expliquait par l'approche des fêtes de Noël. Depuis plusieurs années déjà, ils se trouvaient en service tous les deux comme écuyers sous la férule d'un seigneur plus puissant que leur père, Hubert de Montaigu, de la châtellenie de Cosne-sur-Loire. Ce fief annexé dans les possessions personnelles du comte de Nevers relevait directement de son autorité de suzerain. D'ici quelques mois, au printemps, les jeunes écuyers seraient adoubés chevaliers, dès que leur père aurait réuni la somme nécessaire pour leur payer un haubert de bonne qualité, des armes, sans oublier un destrier digne de les porter au combat. Le premier équipement étant le plus coûteux, car on ne pouvait prendre le risque de charger les épaules d'un jouvenceau d'un poids trop lourd sous peine de compromettre sa croissance. Aussi la cotte de mailles devait-elle être légère, fabriquée dans les plus fines lames d'acier de Tolède, donc fatalement plus onéreuse. Si le futur chevalier grandissait encore, ce qui serait bien sûr le cas, il faudrait en changer l'année suivante... Bien qu'Eudes de Bissey fût assez fortuné, l'adoubement de deux garçons pratiquement du même âge n'était pas une mince affaire pour un petit seigneur morvandiau.

Plusieurs familiers, quelques parents pauvres aussi, les accompagnaient à cette chasse. L'intendant d'Eudes, notamment, se trouvait à sa droite. Un brave homme de noble naissance, mais sans fortune, orphelin très tôt, de surcroît – qui se nommait Aimeri de Thil, du nom du village où il avait été élevé à quelques lieues d'ici, dans le bailliage de Saulieu. D'abord écuyer, il avait accompagné au-delà de la Méditerranée son oncle Hugues de Châtillon-en-Frazois, dit de Villon, noble chevalier, qui avait pris part aux Croisades. Pour l'instant, il était en grande discussion avec les deux fils du seigneur et le trio parlait bruyamment de chasse, tout en gesticulant dans tous les sens avec la fougue propre à leur jeunesse.

Agé d'environ vingt-cinq ans, cet homme issu de bon et noble lignage avait été placé très jeune au service de leur père et le servait loyalement depuis ce temps-là. C'était à lui que revenait la lourde tâche de tenir le domaine à la place de son maître, lorsqu'il s'absentait pour aller à la guerre ou pour rejoindre l'ost du roi de France, son suzerain. L'intendant lui rendait ensuite des comptes au moment de son retour, lorsqu'il regagnait ses terres, fourbu de ses chevauchées guerrières.

Et le fidèle écuyer du seigneur de Bissey, Bérenger de Mizieux, complétait le groupe de familiers entourant le seigneur et ses rejetons. C'était un bâtard, né de l'une des nombreuses liaisons du père d'Eudes, Jehan de Châtillon-en-Frazois, dit de Villon, avec une jeune paysanne du hameau du Grand-Mizieux, situé au cœur d'une montagne entourée de forêts. Mais Bérenger ne connaissait même pas le nom de sa mère : tout le monde l'avait oublié depuis longtemps. Après la mort prématurée de la malheureuse, l'enfant recueilli par le vieux maître avait été élevé au château de Saint-Aubin, connu au pays sous le nom de « Vieux Château », qui se dressait sur une hauteur surplombant le confluent des ruisseaux de Saint-Aubin et de Bussy. C'est là, dans cet endroit stratégique, quasiment imprenable, qu'on avait construit la demeure des seigneurs de Villon : on parlait alors de la baronnie de Villon. Grâce à la vigilance et aux leçons de son vieux père et de son maître d'armes, Eudes était devenu un jeune guerrier habile au maniement de l'épée. Au cours de toutes ces années, il avait toujours considéré Bérenger comme un ami et un frère, plutôt que comme un serviteur. Les enfants, puis les jouvenceaux avaient grandi ensemble, partagé jeux et parties de chasse. Enfin, ils s'étaient entraînés au dur maniement des armes et le futur chevalier avait participé à des tournois... Tout naturellement, lorsqu'Eudes était parti en service dans la région de Troyes pour le compte du puissant duc de Montjeu, le garçon l'avait suivi avec les bagages... Quelques années plus tard, son père lui avait donné Bérenger pour qu'il le serve, parce qu'ils étaient devenus inséparables, se querellant rarement. Le vieux seigneur en avait fait officiellement son écuyer, l'attachant ainsi à son destin et à ses pas, à la rude vie de chevalier en quelque sorte. Bérenger, heureux de l'accompagner, l'avait servi au cours de toutes ces années avec loyauté et efficacité, sans jamais faillir à son devoir. Le jouvenceau avait rempli sa tâche avec entrain et dévouement. Le moment venu, il l'avait aidé à revêtir son armure, s'était démené afin de préparer et d'entretenir ses armes, ainsi que son cheval. Le fidèle écuyer était présent pour l'encourager lors de ses premiers tournois. Enfin, la bonne humeur et la joie contagieuse de Bérenger l'avaient même réconforté au cours de ses premiers combats, lorsque le jeune chevalier récemment adoubé avait découvert les réalités sanglantes de la guerre, l'horreur des champs de bataille. Cette complicité de tous les instants avait encore renforcé l'amitié existant entre les deux hommes. Bérenger était un peu comme l'ombre du seigneur Eudes de Bissey, l'imitant en tous points, y compris dans sa façon de se déplacer à pied comme à cheval.

La couleur rousse et mordorée des feuilles mortes jonchant le sol de la forêt se ternissait, se teintait de nuances fades, décolorées, grisâtres, avant de devenir entièrement noires, pour finir par se fondre avec l'humus en décomposition. Cet épais tapis recouvrant la moindre parcelle de terre avait été rendu spongieux par les fortes pluies de l'automne, mais il amortissait néanmoins les pas des chevaux.

Parfois, dans certains endroits très pentus, il rendait la chevauchée des cavaliers périlleuse, les fers de leurs montures glissaient et dérapaient sur le sol humide. Bientôt, il ferait trop sombre pour distinguer clairières et sentiers, y compris les rochers affleurant par endroits entre les rangées de chênes, de hêtres ou foyards... Les feuillus s'étendaient à perte de vue, se perdaient dans les dénivellations du terrain. Le seigneur en personne sonna du cor, signifiant par cet appel retentissant qu'il était l'heure de regagner le château avant la nuit noire.

— Que mes amis et vaillants compagnons de chasse me suivent dans ma demeure… claironna-t-il sur un ton joyeux. Nous avons bien mérité de nous réchauffer autour d'un bon feu et de festoyer tous ensemble…

Les serviteurs se pressèrent de concert afin de rassembler la meute de chiens courants, veillant à ce qu'aucun d'entre eux ne se soit égaré parmi les ronces ou les broussailles tapissant les fossés ainsi que les espaces en friche des recoins du grand bois. Le seigneur connaissait le nombre exact de ses chiens, surveillait lui-même les portées qui naissaient dans son chenil environ deux fois l'an. Il citait de mémoire, sans jamais se tromper, le nom donné à chacune des lices dont il avait personnellement sélectionné les origines avec le plus grand soin. Parmi ses valets, personne n'ignorait l'intérêt et les soins jaloux qu'il portait à ses chiens. Si par malheur, on en avait perdu un seul, s'il s'était éloigné du groupe en suivant la piste d'un quelconque gibier – on comptabilisait l'ensemble de la meute, une fois de retour au château – ils devraient repartir dans la forêt à la brune, battre fossés et fourrés à la recherche de l'animal manquant à l'appel. La plupart de ces chiens de chasse avait coûté une petite fortune au seigneur, y compris les Braques des cailles ou chiens d'Oysel chargés de chasser le petit gibier jusque dans les étangs et les tourbières marécageuses. Eudes de Bissey s'était attaché aux meilleurs d'entre eux, ses préférés ne regagnaient pas le chenil, mais dormaient auprès de lui dans la plus vaste chambre du donjon au pied du lit, tenant compagnie à son écuyer Bérenger. Le seigneur affectionnait particulièrement Vaillant, le plus imposant de ses chiens, doué surtout pour traquer le loup. Il y tenait d'autant plus que c'était un cadeau de son parrain d'armes et ami, le duc de Montjeu. D'une race alors peu répandue dans le royaume de France, l'animal se démarquait de tous les autres par sa grande taille et son courage. C'était un géant à la robe fauve bringée et au poil rude qui ne manquait cependant pas d'élégance. Ce fier lévrier irlandais ou irish « Wolfhound » venait de la cour d'Angleterre, où le puissant duc de Montjeu avait séjourné plusieurs années auparavant… Il en avait ramené toute une meute et offert les plus beaux spécimens à ses amis et connaissances. Le seigneur de Bissey ne tolérait donc aucune négligence pour l'entretien de ses chiens, comme de ses chevaux par ailleurs.

De nombreux serviteurs s'étaient spécialisés dans cette activité. A côté des maîtres chiens, on comptait plusieurs valets de pied, des palefreniers aussi, qui travaillaient aux écuries du château. Le seigneur accordait plus d'attention à tous ses animaux qu'aux malheureux paysans qui survivaient tant bien que mal sur les terres de sa seigneurie. Pourtant Eudes de Bissey n'était pas un seigneur plus dur que la majorité de ceux de son époque.

La noble naissance de ces chevaliers les avait rendus maîtres de la terre, source unique de richesse au Moyen Age, et de ce fait, tout puissants. Si bien que le sort de ceux qui peinaient pour travailler la terre, tenanciers et autres vilains, ne préoccupait guère le seigneur soucieux avant tout de rendre la justice sur ses terres et de s'enrichir pour profiter de sa condition de maître... Des valets transportaient à l'aide de pics et d'épieux fichés dans de solides madriers de bois un énorme sanglier, un mâle âgé, dont les défenses impressionnantes apparaissaient davantage menaçantes à la lueur des bougies et des lanternes. Suivait une autre dépouille sanglante, celle d'un jeune cerf ligoté à l'aide de cordes solides le maintenant aux montants des perches de bois, mais dont la tête à moitié décapitée pendait lamentablement sur le côté. Le menu gibier – plusieurs lièvres et perdreaux, quelques bécasses – remplissait besaces et gibecières portées par de tout jeunes serviteurs, presque des enfants... La meute de chiens fut rassemblée par un curieux personnage vêtu d'une sorte de camisole sans manche, confectionnée de peaux de loups grossièrement cousues entre elles. C'était Jeansou, le maître chien, un vilain matois et fort habile, choisi par Eudes en raison de son savoir-faire et de ses talents de guérisseur qu'on recherchait aussi bien pour les hommes que pour les animaux...

Ce fut de nouveau le seigneur qui s'élança le premier, au petit trot, en prenant soin d'éviter les frondaisons et les buissons de ronces touffues qu'on avait du mal à distinguer du chemin serpentant entre les arbres à cause de l'obscurité. D'une voix tonitruante, il cria : « Taïaut, Taïaut ! A moi, mes chiens ». Le froid devenant plus vif et mordant, Eudes souffla dans ses mains, pourtant gantées de peaux doublées de fourrures. Il songea avec délices à la chaleur bienfaisante du feu, allumé dans l'âtre de l'immense salle de festin, où il se tiendrait bientôt en compagnie de ses amis et familiers. Le seigneur se voyait déjà en train de siéger près de la cheminée, assis sur une sorte de trône, cathèdre de bois délicatement sculptée, dont les valets avaient soigneusement garni le fond de peaux de bêtes et de coussins moelleux. Juste au-dessus de l'âtre, on avait fixé le blason colorié aux armoiries de la famille de Villon et de Bissey. Comme s'il s'était trouvé juste à côté, le seigneur se sentait capable de décrire dans les moindres détails cet objet qui faisait sa fierté. Il revoyait notamment le lion transpercé d'une lance qui n'en continuait pas moins de menacer ses adversaires. Eudes connaissait par cœur la devise suivante, peinte en lettres dorées, juste en dessous de l'animal féroce : « Même abattu, il est encore dangereux pour ses ennemis par la force de sa bravoure ». De la vieille motte féodale de Saint-Aubin, appartenant autrefois à son père, on avait rapporté des armes anciennes, quelques écus tout bosselés, dont son frère Jehan voulait se débarrasser, accordant peu d'importance à ces objets obsolètes, liés au passé.

L'un de ses serviteurs fidèles avait accroché de très vieilles épées toutes rouillées et une lance appartenant à leurs ancêtres, de fidèles « escuyers » du roi de France. Un de ces braves chevaliers avait même participé à la VIIème croisade, du temps du bon roi Louis IX, que l'on ne tarderait guère à vénérer comme un saint. Ces armes ne servaient plus désormais, mais la nombreuse domesticité du château les nettoyait et les faisait briller plusieurs fois l'an pour les jours de fête ou lorsque le seigneur recevait des hôtes de marque à sa table.

Près de l'imposant siège du seigneur, une autre cathèdre, mais de dimensions plus petites et de forme très simple était réservée à la dame du château. Un pli de contrariété barra soudain le front d'Eudes. Il avait complètement oublié que celle-ci ne paraîtrait pas à ses côtés ce soir... Bathilde de La Ferrière, jadis demoiselle du Chastenay, devenue dame de Bissey par son mariage, menait un rude combat, le même que les années précédentes. L'épouse d'Eudes luttait de toutes ses forces pour donner la vie, retirée dans un bâtiment modeste, éloigné du donjon, très à l'écart du logis seigneurial. C'était en fait une pièce unique, basse de plafond, servant d'étuves pour les ablutions du seigneur et de sa famille. Mais c'était le seul lieu où l'on pouvait espérer trouver un peu d'intimité, uniquement en présence de quelques dames de compagnie qu'elle avait désignées pour la soutenir au cours de cette épreuve. Lorsqu'Eudes l'avait quittée en fin de matinée, la malheureuse souffrait déjà beaucoup. Ses servantes et deux de ses fidèles suivantes l'avaient conduite et installée dans ce lieu la veille au soir pour qu'elle y fasse ses couches, sans déranger les habitants du château. Le lendemain matin, la sage-femme du village appelée dans la nuit auprès de la châtelaine ne prévoyait pas encore sa délivrance dans les heures à venir…

Eudes n'avait pas voulu sacrifier cette chasse qu'il avait prévue depuis plusieurs jours en conviant ses amis à fêter le retour de ses fils à Bissey. Maintenant, isolé dans ce coin perdu de la forêt, entouré d'une foule de personnes joyeuses et indifférentes, d'hommes rudes, peu enclins à la sentimentalité ou à la pitié, une sourde inquiétude le taraudait... Aussi, lorsque le sentier commença à s'élargir, le seigneur fit prendre le galop à Fandango, son bel étalon andalou, soudain pressé de rentrer au château.

— N'aurait-il pas été préférable qu'il demeurât auprès de sa dame ou à proximité du château, si un malheur survenait ? songeait-il avec anxiété.

L'an passé, à Pâques fleuries, la dame avait accouché dans d'atroces souffrances d'une mignonne petite fille. Mais le nouveau-né, très menu et trop faible, n'avait survécu que quelques jours et s'était éteint tout doucement malgré les bons soins de l'apothicaire du bourg voisin appelé d'urgence au château et des plus dévouées servantes. Une convalescence de plusieurs mois avait été nécessaire à dame Bathilde pour qu'elle puisse se rétablir. Par conséquent, Eudes pensait que son épouse ne porterait pas fruit avant bien longtemps, qu'elle dérogerait à l'habitude prise depuis leur mariage. Un nouvel enfant naissait chaque année dans la demeure du seigneur. Contrairement aux doutes pessimistes de ce dernier à propos de la fertilité de sa dame, celle-ci s'était retrouvée de nouveau grosse. « Pourvu que la naissance soit facile cette fois-ci », souhaita de tout cœur Eudes, même s'il n'ignorait pas que les prémices avaient mal débuté et que le travail d'enfantement s'éternisait en longueur... Il n'était pas meilleur époux que la plupart des seigneurs de son temps qui peuplaient leur village et ses environs de nombreux bâtards, mais il s'était habitué à la présence de celle qui partageait sa vie depuis plus de dix années maintenant. De plus, Eudes n'avait jamais usé de violence à son égard et il la respectait dans la mesure où elle ne contrariait pas exagérément ses ambitions ou ne contestait pas trop fort ses décisions.

Par ailleurs, il s'était attaché à la demoiselle choisie son père, naturellement à cause de sa dot et des terres qu'elle lui avait apportées par contrat de mariage... Mais aussi parce qu'elle était généreuse et sage avec les personnes de son entourage, sans oublier qu'elle assumait de manière efficace la lourde tâche de maîtresse de maison, chargée d'assurer le bon fonctionnement matériel du château. Ce qui n'était pas une mince affaire, puisqu'elle devait imposer ses volontés à la domesticité parfois capricieuse ou tout simplement paresseuse pour la préparation des repas ordinaires comme ceux de fête, l'entretien des nombreuses pièces du château, la confection des vêtements des membres de la famille... En même temps, elle devait éviter le gaspillage et les menus larcins de provisions ou d'objets indispensables à la vie quotidienne de la demeure seigneuriale. Eudes ne tenait pas à la perdre maintenant, parce que sa disparition représenterait d'énormes tracas et moultes complications dont cet homme simple, plutôt bon vivant de nature, tenait à se dispenser pour le moment… Fatalement, il devrait se choisir une autre épouse pour tenir ce rôle primordial au château.

Soudain, alors qu'ils atteignaient l'orée du bois et qu'Eudes galopait à main droite le long d'un tertre surélevé, barrière dressée par les vilains pour se protéger des inondations, une tache claire se détachant de la masse sombre des fourrés attira son attention... D'une manière contraire à ses habitudes de cavalier chevronné, extrêmement doux, il tira avec brusquerie sur les rênes pour ralentir sa monture, n'hésitant pas à lui scier durement la bouche. Puis il arrêta d'un signe de la main le groupe de cavaliers chevauchant à sa suite. A quelques mètres d'eux, dans un fossé tapissé d'une multitude de feuilles brunes, spongieuses, parce que gorgées d'eau, ils crurent distinguer en forçant leur regard car il faisait presque noir maintenant le cadavre d'une femme. La couleur plus pâle, presque lumineuse, qui l'avait alerté était celle de sa robe de coton blanc. En écartant les bras d'un geste instinctif, il fit reculer ses deux fils qui tentaient de se frayer un chemin jusqu'à lui, ordonnant à son écuyer qu'on les tienne impérativement à l'écart de ce spectacle désolant. Les longs cheveux blonds de l'inconnue encadraient un visage d'une pâleur laiteuse, immaculée, son corps mince et délié s'étalait dans la boue noirâtre. Néanmoins, son immobilité anormale, sa rigidité cadavérique ôtaient tout espoir de trouver le moindre signe de vie chez elle. La malheureuse était bel et bien morte !

Les traits de son visage s'étaient figés, crispés par l'angoisse, la peur panique de l'imminence d'un trépas apparemment violent. En l'observant plus attentivement, ils réussirent à cerner une plaie sanguinolente, béante au niveau de sa gorge, elle avait été sans doute saignée comme un vulgaire animal. Une tache foncée, de couleur pourpre, auréolait son devantier de toile grossière lacé sur sa poitrine, ses bras et ses mains étaient également maculés de traînées sanglantes...

— Mais enfin, père, que se passe-t-il ? Pourquoi Bérenger nous empêche-t-il de vous rejoindre ? s'insurgea l'aîné de ses fils d'une voix impatiente.

— Obéis, Enguerrand, rentre tranquillement au château avec ton frère, tandis que je règle ce contretemps pénible, l'arrêta le seigneur d'un geste décidé de la main.

— Dites-moi au moins ce que vous avez trouvé dans ce fossé, baron... insistait-il. Laissez-nous voir : Pierre et moi, nous ne sommes plus des gamins...

— Rien d'intéressant pour vous deux, ni qui vous concerne précisément, trancha Eudes. Faut-il que je me fâche pour vous décider à déguerpir sur le champ ? ajouta-t-il en s'efforçant de leur cacher la vérité, à savoir que cet incident le contrariait vraiment.

— Bérenger, file avec eux et rejoignez au plus vite ma demeure. Au passage, choisis trois de mes hommes parmi les plus braves pour vous accompagner, ordonna-t-il à l'intéressé sur un ton qui n'admettait aucune discussion.

Une fois que le trio se fut éloigné sous la protection de valets fidèles car la forêt n'était pas sûre à la nuit tombée, Eudes poussa un soupir de soulagement et fit signe à ses familiers de mettre pied à terre. Des serviteurs s'empressèrent aussitôt pour tenir leurs montures et les surveiller, car les chevaux piaffaient d'impatience, rendus extrêmement nerveux, parce que leurs propres cavaliers leur avaient transmis l'inquiétude qui les rongeait.

— Mais, c'est y'pas la Violette des Lemoine ? s'exclama Jeansou, tout essoufflé, parce qu'il avait couru en coupant à travers les taillis pour rejoindre l'attroupement des chevaliers.

— Tu la connais, toi, cette femme ? Une toute jeune pucelle, dirait-on ? s'étonna Eudes très ému et profondément bouleversé par sa découverte macabre.

— Pour sûr, hein, vous autres, que c'est bien la Violette ? questionna à son tour Jeansou en s'adressant à ses compagnons et autres curieux qui se pressaient aux abords du cadavre.

— La Violette des Lemoine qui travaillent sur ma terre de Bussy ? poursuivit le seigneur encore abasourdi par l'horreur de ce crime abominable. Mais qu'est-ce que cette gamine faisait à cet endroit perdu, loin de sa ferme et de ses parents ?

— Ben ça, j'sais pas, maître, lui rétorqua l'autre, aussi étonné que lui aussi d'une telle invraisemblance.

— Va quérir un de mes sergents occupés à monter la garde au château, tu désigneras aussi plusieurs hommes aguerris pour le seconder, ordonna soudain Eudes à son intendant en faisant l'effort de se ressaisir, soucieux de leur dissimuler son malaise. Et ne traîne pas en route, nous n'allons pas coucher dans les bois toute la nuit. Prends garde de choisir le plus déluré, sinon... Tu mèneras ensuite ta propre enquête, ils t'aideront à prospecter les alentours...

Aimeri se ruait déjà au grand galop, le buste penché en avant, presque couché sur l'encolure de son cheval pour aller plus vite, tandis que la voix de son maître s'estompait peu à peu parmi les frondaisons jusqu'à se transformer en un faible murmure lointain. Jeansou s'était agenouillé sans un bruit au bord du maudit fossé, de grosses larmes roulant sur ses joues, il se lamentait sur le sort de la pauvre gamine, la propre fille de ses amis. Comment allait-il leur annoncer l'horrible nouvelle ?

Eudes n'écoutait même plus ses plaintes, lançait déjà des directives à ses hommes pour qu'ils reconduisent la jeune morte à la ferme de ses parents, dès que son sergent aurait examiné ses blessures, déterminé l'arme ayant servi à porter ces coups... Qui sait : cette démarche leur permettrait peut-être de retrouver l'auteur de ce meurtre ignoble ?

— Quelle rude journée ! songea Eudes en se tourmentant de nouveau sur le sort de son épouse. Que va-t-il encore nous arriver de terrible aujourd'hui ?

Puis il donna le signal du départ : ils n'avaient plus grand chose à faire dans cette forêt obscure et entachée du crime d'une malheureuse fille de vilains. De mémoire d'homme, les personnes présentes ce soir-là n'avaient jamais ouïe dire d'un événement aussi étrange dans les environs. D'abord, c'étaient surtout des hommes qui mouraient sur les champs de bataille ou les tournois. Rarement des femmes, sauf si une guerre dévastait le duché ou le royaume ! Le plus souvent, c'était en enfantant de futurs chevaliers qu'elles perdaient la vie... De la même manière que les autres femmes d'ailleurs, leurs compagnes les plus pauvres, attachées au rude travail de la terre. Que se passait-il donc à Bissey, alors que la Bourgogne jouissait d'une période de paix très bénéfique, ces temps-ci ? Qu'est-ce qui bouleversait soudain le cours tranquille des choses dans ce village sans histoire ? Deux ou trois lieues à peine séparaient le petit groupe de chasseurs de la motte féodale et pour ces cavaliers aguerris, habitués à chevaucher des journées entières lorsqu'ils partaient à la guerre, ce n'était qu'une simple promenade. Une fois les chevaux lancés au galop, ils regagnèrent d'une traite le bourg de Bissey. Les valets se déplaçant à pied arriveraient plus tard avec les chiens et le butin de la chasse.

La demeure seigneuriale se trouvait le long de la grand route venant d'Autun, au centre du village, pas très loin du Cernin. Dans l'Antiquité, l'empereur Julien avait suivi ce chemin lorsqu'il était venu en l'an trois cent cinquante-six après Jésus-Christ avec son armée pour chasser les Barbares assiégeant Autun. On la dénommait encore la route de Paris, elle traversait une grande partie des terres d'Eudes de Bissey et la quasi totalité du bourg. Cette voie reliant Autun à Quarré-les-Tombes rejoignait ensuite la ville d'Auxerre. Quant au château proprement dit, c'était au départ une maison forte agrandie et aménagée par le seigneur, entourée de fossés et possédant plusieurs moulins. De pauvres chaumières aux murs de torchis étaient regroupées à l'abri de la motte seigneuriale, tout près des terres de la réserve. Bientôt l'imposante tour carrée du donjon à trois étages se distingua dans la nuit qui était tombée à présent. Quelques hommes d'armes montaient la garde et parcouraient le chemin de ronde en tapant des pieds pour lutter contre l'onglée. Depuis le chemin de terre serpentant en bas du village, il était facile de repérer les lueurs projetées par leur lanterne contre les parois de la courtine, le solide mur de pierres entourant l'ensemble des constructions.

Le seigneur sonna de nouveau du cor, lorsque le petit groupe franchit les fossés aux abords de la forteresse, le capitaine des gardes s'apprêtait déjà à ordonner que l'on relève la lourde herse, une fois que l'on eût abaissé le pont-levis. Les cavaliers pénétrèrent au grand galop dans la première cour de l'enceinte fortifiée.

Cinq ou six valets se précipitèrent pour récupérer leurs chevaux, soucieux de les rentrer au plus vite dans les écuries afin de les bouchonner avec de la paille. Déjà, Eudes de Bissey sautait prestement à bas de Fandango dont il confia les rênes au palefrenier, mais au lieu de s'élancer pour grimper l'escalier conduisant aux premières salles de son logis, il fila en direction d'une construction basse et allongée, sans étage, située à l'autre extrémité de la cour.

Dans sa hâte et de son plein gré, le seigneur avait choisi de négliger ses amis et ses invités... Ce manque de courtoisie était pourtant surprenant de la part de cet homme, hôte au demeurant très accueillant d'habitude. « Dans quel état allait-il trouver dame Bathilde ? Etait-elle enfin soulagée du fardeau des souffrances liées à l'enfantement ? » se tourmentait-il tout en se déplaçant à grandes enjambées. Comme Eudes, le troisième garçon de la famille de Villon à hériter de ce prénom, se pressait pour rejoindre le bâtiment de la salle d'étuves du château, il faillit bousculer sur son passage la vieille Pernelle. Malgré son grand âge, la servante se dépêchait elle aussi, courant presque dans sa direction.

— Maître, vot'dame est délivrée à c'te heure. J'venais vous l'annoncer sur le champ... Mais on y croyait plus guère... lança la vieille très rouge et manquant de souffle.

— Alors, dis-moi, ma brave Pernelle, c'est un garçon ou une fille ?

Avant qu'elle n'ait eu le temps d'ouvrir la bouche pour lui répondre, il enchaînait déjà sur une nouvelle question.

— Auparavant, raconte-moi comment se porte ta maîtresse... Mon épouse va bien ? l'interrogeait-il sur un ton impatient où sourdait une inquiétude grandissante.

— Dame Bathilde a beaucoup souffert, mais c'est not'lot à nous autres, pauv's femmes, soupira Pernelle. Mais elle se port'mieux, not'maître, depuis que l'p'tit est sorti d'son ventre...

— Mais alors, qu'y a-t-il ? Tu as un air de chien battu qui ne me dit rien qui vaille. L'enfant est mort, c'est ça ?

— Pas pour l'instant, not'maître. Mais le pauv'mignon n'a qu'un souffle de vie...

— Ote-toi de mon chemin, Pernelle. Tu me gênes et me retardes pour aller visiter ma dame.

Sans plus de façon, le seigneur écarta la pauvre servante en la poussant sans ménagement sur le côté, puis il se baissa pour pénétrer dans la salle d'étuves car le linteau en granit de la porte avait été scellé très bas dans la maçonnerie. Ses paroles, trop évasives selon lui, ne l'avaient pas vraiment rassuré sur le sort de son épouse et il craignait le pire : le nombre de femmes mourant en couches était impressionnant au cours de ce siècle. Pas plus tard que cet automne, sa propre sœur, Isabeau de Villapourçon, n'avait pas survécu à la naissance de son quatorzième enfant. C'était une maîtresse femme grande et solide, bâtie comme feu Jehan de Villon, leur père. Cependant comme elle était plus âgée que lui, il la connaissait à peine, puisqu'il était parti dès sa huitième année pour servir le duc de Montjeu en qualité de page... Ployant souplement l'échine, il pénétra dans une pièce noire, suffoqua aussitôt car elle était surchauffée et tout à coup, il crut manquer d'air.

Sans perdre un instant, il dégrafa le col de son épaisse pelisse d'hermine, ôta son chapeau, arracha ses gants en s'aidant de ses dents, les jetant à même le sol de terre battue. Les servantes avaient soigneusement obstrué les rares ouvertures percées dans les murs de pierres très épais en les calfeutrant à l'aide de vieux chiffons et de peaux de loups pour conserver la chaleur des lieux. Lorsque ses prunelles se familiarisèrent avec l'obscurité, il repéra l'immense cheminée trônant au milieu de la pièce, où brûlaient d'énormes bûches de chêne grossièrement fendues.

En face d'elle, sur une sorte d'estrade de fortune, assemblage improvisé de planches disparates et mal équarries, son épouse gisait dans un grand lit entouré de montants de noyer clair, garni de peaux de bêtes, d'une multitude de coussins de plumes, de pièces de tissus diverses allant de la simple toile de lin au drap des Flandres plus coûteux... D'un geste de la main, il congédia les femmes présentes, souhaitant demeurer seul avec sa dame bien-aimée. Bathilde, dame de Bissey, ne s'était même pas aperçue de la présence de son époux, elle ne l'avait pas entendu pousser la lourde porte renforcée par des rangées de clous en fer, qui pourtant avait grincé sur ses gonds. Les yeux clos, elle semblait se reposer, mais elle avait de la peine à respirer comme en témoignaient les halètements rauques, apparemment pénibles, soulevant sa poitrine par intervalles irréguliers. Ses mains amaigries, à vrai dire osseuses, se crispaient de temps en temps sur la couverture de laine qu'on avait remontée sur elle et par endroits, l'épais tissu était tout froissé, chiffonné par ses gestes mécaniques, répétitifs. Ce qui signifiait qu'elle devait beaucoup souffrir encore, en déduisit son époux alarmé par sa pâleur cadavérique.

Un court instant, il songea à la blancheur si frappante du visage exsangue de la jeune morte de la forêt et cette comparaison morbide, dérangeante, le fit frissonner d'appréhension. C'était un homme superstitieux et la découverte macabre que les chasseurs avaient faite ce soir lui apparaissait comme un mauvais présage. Mais il domina ses pressentiments funestes, soucieux de ne pas tourmenter davantage son épouse, s'agenouilla au bord du lit et s'empara doucement de sa main.

—C'est moi, Bathilde. Comment vas-tu ma bien-aimée ?

—Je me sens si faible, mon ami, se plaignit-elle dans un souffle. Surtout, je n'entends pas crier notre enfant. Il n'est pas mort, rassurez-moi...

—Mais non, Bathilde. Il dort comme un bienheureux juste à côté de toi...

Le seigneur avait à peine jeté un regard au nouveau-né qu'on avait placé dans un berceau auprès du lit de sa mère, car la santé de celle-ci le préoccupait davantage que la sienne tellement il redoutait un malheur. D'ailleurs, la tête recouverte d'un béguin de coton blanc, le tout petit ne manifestait aucun signe de vie depuis l'entrée de son père dans la pièce. Le corps entièrement emmailloté de langes de toile fine l'empêchant de bouger bras et jambes, les servantes l'avaient recouvert de plusieurs épaisseurs de laine espérant ainsi le protéger du froid, en le bordant jusqu'au menton. On l'entendait à peine respirer : aucun bruit de succion si caractéristique des nourrissons à la recherche du sein maternel ne troublait le silence de la salle. Bathilde n'avait pas encore ouvert les yeux comme si elle manquait de force pour exécuter ce geste élémentaire.

—Ne te torture pas l'esprit... Nous sommes encore capables d'avoir un autre enfant l'an prochain, ma douce. Si par malheur, celui-là ne survit pas...

—Enfin, Eudes, tenta de protester sa femme. C'est tout de même mon enfant et je l'aime comme tous les autres que le Seigneur nous a confiés sur cette terre...

Son épouse, plus jeune que lui d'un an, avait été élevée par sa famille dans une grande piété et lorsqu'elle n'était ni malade ni en train d'accoucher, elle se recueillait plusieurs fois par jour dans la minuscule chapelle située en face du donjon seigneurial. Leur installation à peine terminée dans leur nouveau logis, la maison forte de Bissey, Bathilde avait exigé que son seigneur et maître lui construisît un lieu consacré à Dieu. Puis elle l'avait persuadé d'entretenir les services d'un moine, Dom Léonard, attaché au château afin d'assurer son propre salut, celui de sa famille et de ses proches.

Dame Bathilde priait souvent au cours de la journée et un modeste chapelet de buis pendait toujours à sa ceinture, côtoyant l'impressionnant et non moins pesant trousseau de clefs du garde-manger et des caves de sa demeure dont elle avait la lourde responsabilité au quotidien. Bien que l'église du village – bâtie au XIème siècle et placée sous le vocable de Saint-Martin de Tours, l'apôtre ayant évangélisé la Gaule – ne fût éloignée d'une demi-lieue à peine du château, qu'elle aurait pu s'y rendre à pied, si son rang de noble dame ne lui avait interdit un tel déplacement sans escorte, Bathilde avait insisté pour posséder sa propre chapelle, aussi modeste soit-elle. Chaque dimanche et tous les jours de fêtes ponctuant l'année religieuse, elle se rendait à l'église paroissiale en compagnie de son seigneur et de ses enfants pour assister à l'office. D'ailleurs, les premiers bancs étaient réservés à la famille de Villon et de Bissey. C'étaient les mieux placés, puisqu'ils faisaient face au chœur de l'église... Ces jours de fêtes se multipliaient jalonnant le cours de l'année, servant de repères à la Chrétienté occidentale, de telle façon que la plupart des nobles et des paysans les respectaient aussi sûrement que les saisons rythmaient les travaux de la terre, comme l'exigeait d'ailleurs la coutume religieuse solidement ancrée dans les mœurs... Tout comme les sacrements religieux, baptêmes, communions, mariages et sépultures marquaient de leur empreinte la vie de tous les hommes et de toutes les femmes de la paroisse. On craignait les hommes d'église parce qu'ils brandissaient souvent la menace de l'excommunication considérée comme le pire des châtiments qui puisse s'abattre sur un chrétien...

Le seigneur de Bissey manquait toujours d'imagination quand il s'agissait de prononcer des mots doux et courtois à son épouse, qu'il aimait pourtant d'un amour sincère. Alors, il se risqua à la taquiner gentiment, il souhaitait tant lui redonner goût à la vie pour qu'elle ait le courage de chasser la menace de la mort planant elle et son enfant. Maladroit, presque emprunté, quand il s'exprimait de vive voix en sa présence, il ne se remémorait que des paroles banales, celles qu'il employait le plus souvent au cours de leurs ébats amoureux... Il n'en connaissait pas d'autres et lui répétait toujours les mêmes choses :

—Alors, ma Thilda, ma mie, mon cœur... Tu es ma mignonne, ma combattante audacieuse... Tu ne vas pas baisser les bras et t'abandonner au chagrin ?

—Il y a des moments où je t'ai connue plus vaillante dans certaines joutes où tu excelles, pas vrai ? reprenait-il sur un ton qui se voulait badin, presque joyeux.

—Résiste à tes souffrances, ma tendre épouse, insistait-il en contenant difficilement son inquiétude cette fois-ci. Tu ne vas pas me quitter aujourd'hui ? Je t'en supplie, réagis et essaie de reprendre des forces... lui conseillait-il encore en parfait inconscient.

—Je vous aime tant, Eudes, que je n'ai pas envie de vous abandonner... Seulement, je suis entre les mains du Seigneur et S'Il a décidé de me rappeler à Lui... murmura-t-elle d'une voix faible, mais résignée.

—Allons, garde ce beau discours pour le curé... rugit-il en se révoltant contre la cruauté de son sort. Je te chéris pareillement, ma belle ct doucc amic...

Les yeux noyés de larmes, parce qu'il tentait de contenir son chagrin, il lui caressait affectueusement la joue... Comme dame Bathilde avait changé depuis l'heureuse époque où il l'avait épousée, il y avait environ une quinzaine d'années en arrière ! Il était bien le seul à le déplorer, puisqu'il la connaissait mieux que personne... Qu'elle lui appartenait corps et âme comme elle le lui avait promis solennellement devant Dieu, le jour de leur mariage. Pour elle, ce n'était pas un engagement prononcé à la légère, car elle était persuadée de compromettre le salut de son âme si elle parjurait un jour son serment de fidélité. Mais le baron ne partageait pas les mêmes scrupules, il trompait son épouse chaque fois qu'il en avait envie... Pourtant, de manière paradoxale, il affirmait sans manifester de honte ni de remords qu'il aimait dame Bathilde et qu'il était vraiment attaché à elle ! Comme ce soir-là, où il essayait de nier la triste réalité et éprouvait beaucoup de peine en relevant ces transformations physiques, si évidentes, même aux yeux de leur entourage. Dame Bathilde avait terriblement vieilli ! Son époux prit peur en considérant la peau sèche et tendue de son visage squelettique, d'une couleur jaune olivâtre, révélant une mauvaise santé, ses narines pincées, ses lèvres décolorées, comme si la vie semblait déjà se retirer d'elle... Ses magnifiques cheveux blonds, jadis très épais et bouclés, pendaient désormais en mèches ternes, presque grisâtres, toutes plates, ayant tendance à se clairsemer à tel point qu'elle ne les nattait plus aussi serré qu'autrefois. Parfois, quand elle se coiffait, des poignées entières se détachaient de sa chevelure. Quant à son corps, en s'aidant d'une sorte de fatalisme ou d'égoïsme bien masculin, il s'efforçait d'oublier l'état de délabrement extrême dans lequel il se trouvait. Cela faisait tant d'années qu'il la voyait toujours avec un gros ventre proéminent, distendant sa robe de laine en hiver ou de coton en été, une poitrine lourde avec des seins flasques, affaissés entre chaque grossesse, quand elle n'allaitait plus le dernier-né de l'année.

Où était passée la blonde et riante jeune fille à la taille mince, presque frêle, aux touchants petits seins à peine développés, aux joues pleines, colorées de rose, pétillante de joie et de bonheur ? En quinze ans de mariage, son épouse avait enfanté treize fois au total, sans compter les deux fausses couches qui avaient failli lui coûter la vie... Mais comme c'était sa femme, qu'il lui avait juré sa foi devant Dieu, il l'honorait toujours en accomplissant son devoir d'époux, sans éprouver trop de dégoût ni de lassitude. Après tout, le poids des ans ne l'avait lui-même pas épargné

Les abus de vin et de bonne chère l'avaient affligé d'un embonpoint précoce, même s'il était toujours aussi habile au lancement du javelot ou au maniement de l'épée. Si son corps s'était alourdi, les traits de son visage empâtés, sa stature s'épaississant avec l'âge, il avait gagné toutefois davantage de force et de prestance. Ses nombreuses victoires au cours des tournois qu'il fréquentait de manière assidue le prouvaient indéniablement, sans que personne ne vienne contester sa valeur ni son savoir-faire de combattant. Et il se sentait encore capable de chevaucher des heures durant sans ressentir la moindre fatigue, prenant plaisir à se tenir à cheval avec autant d'assurance et d'élégance qu'autrefois. Bien au contraire, cet exercice le défoulait et il aimait se produire dans des démonstrations de dressage, où il était souvent le meilleur pour exécuter toutes sortes de figures de haute école.... Avec l'expérience acquise au cours de toutes ces années, il avait appris à aimer et à respecter les chevaux, s'entendant mieux que les meilleurs de ses palefreniers à prendre soin d'eux dans ses écuries.

Tout à coup, Eudes émergea de ses réflexions, il se releva d'un coup de rein très souple et s'assit sur le rebord en bois sculpté du lit, mais il tenait toujours la main glacée de Bathilde entre les siennes pour la consoler en quelque sorte de la dureté de la vie. La malade remua doucement sur sa couche de douleur, tenta d'ouvrir les paupières, puis s'efforça de sourire à son époux.

—Comment allons-nous l'appeler, ce nouvel enfant ? lui demanda-t-elle d'une voix éteinte, à peine audible. Cette fois-ci, c'est un garçon... Pourvu qu'il vive, je n'ai pas autant souffert pour le voir déjà partir, se lamentait-elle encore.

—Vous souvenez-vous, baron, de la jolie petite fille que nous avons perdue, l'an passé ? reprit-elle dans un souffle. Nous l'avions baptisée Laudine, je pleure encore en songeant à son beau visage, devenu tout bleu, puis tout noir en l'espace de quelques heures. C'est tellement affreux d'assister à la mort de son enfant, alors qu'on est impuissant à le sauver...

Comme l'exigeait la bienséance dame Bathilde tutoyait rarement son époux de peur de se trahir ensuite en public ou devant leurs serviteurs.

—Calme-toi, Bathilde, tu te fais du mal inutilement, l'exhorta-t-il, plus libéré qu'elle dans ce domaine-là. Tes lamentations ne vont rien changer... Quant à celui-là, il faut songer à le faire ondoyer sans trop tarder. Je m'en vais quérir Dom Léonard qui s'en chargera...

—Allons, ne pleure pas, ma belle, reprit-il plus doucement, car son épouse sanglotait en silence. Choisissons-lui un beau nom et qui sait cela lui portera peut-être chance... Par hasard, en connais-tu un qui te plairait ?

Puis il se pencha sur son épouse, apparemment très malheureuse, pour déposer un baiser sur son front, ses joues étaient encore toutes mouillées et à l'aide d'un mouchoir de lin brodé, tiré de la poche de sa tunique, il essuya avec maladresse les larmes coulant sur sa peau malgré elle. Pourtant, dame Bathilde s'efforçait de les retenir du mieux possible craignant de l'irriter. Toujours très amoureuse d'Eudes, elle utilisa ses dernières forces afin de se saisir de sa main droite et la porta à ses lèvres.

— Je suis désolée, baron, s'excusa-t-elle d'une voix faible et soudain très essoufflée. J'aimerais tant vous faire de beaux enfants, toujours débordants de vie et en bonne santé... Si nous l'appelions Guillaume, ce petit ange, comme le duc d'Aquitaine ? Ou comme votre oncle, feu Guillaume de Brux ? Qu'en dites-vous, mon ami ?

Puis elle retomba épuisée sur les oreillers que les servantes avaient pris la précaution de glisser sous sa tête au moment de l'accouchement.

— C'est entendu, va pour Guillaume. Mais songe un peu à nos autres enfants... Nous avons quand même deux beaux garçons en âge d'être adoubés. Console-toi, ma mie, nous en aurons encore beaucoup d'autres...

A la suite de ses dernières paroles, Bathilde soupira très fort pour lui signifier son désaccord muet car elle ne souhaitait pas le contrarier davantage, puis elle se crispa sous l'effet d'une nouvelle contraction douloureuse lui labourant le ventre... Le mal d'enfantement ne cesserait donc jamais. Une mauvaise sueur glacée inonda son dos et son visage se voila un court instant, tourmenté par une souffrance intolérable. Alors elle ferma les yeux et se retint de respirer, croyant naïvement que cet effort l'aiderait à mieux la supporter. C'était bien l'égoïsme des hommes qui ne songeaient qu'à prendre leur plaisir au lit. Si son époux lui avait demandé son avis, elle lui aurait tout simplement déclaré qu'elle ne désirait plus jamais enfanter... C'était devenu trop dur pour elle, elle estimait qu'elle avait accompli sa part sur cette terre. Maintenant, elle aspirait seulement à se reposer... Mais dans ce cas, elle aurait failli à son devoir d'épouse de chevalier, condamnée chaque année à porter un enfant, puis à le mettre au monde au péril de sa vie...

2 - *De l'adolescence à l'âge d'homme : souvenirs d'un écuyer, puis d'un seigneur morvandiau au XIIIème siècle.*

Eudes de Bissey se rappelait encore, comme si la cérémonie datait d'hier, de la superbe journée de l'automne mille deux cent soixante-quatre au cours de laquelle il avait pris pour épouse Bathilde de La Ferrière du Chastenay. Il faisait encore très beau, les rayons du soleil réchauffaient les mariés et le cortège des invités. La forêt morvandelle s'était parée de ses plus beaux atours pour leur faire honneur, sous-bois et clairières se coloraient de splendides couleurs se déclinant de l'ocre le plus pur, très foncé, en s'élargissant aux gammes flamboyantes d'un beau roux cuivré pour finir par s'égarer parmi les nuances dorées d'un jaune extrêmement pâle, comme si la pluie tenace des semaines précédant la cérémonie avait décoloré leurs frondaisons. Comme ils étaient jeunes tous les deux, en ce temps-là ! Ils avaient pratiquement le même âge !

La fiancée désignée par son père Jehan de Châtillon-en-Frazois, dit de Villon, avait tout juste quatorze ans et lui n'était qu'un timide damoiseau de quinze ans. A cette époque, il se trouvait encore au service du duc de Montjeu, cet état le tiendrait éloigné de la demeure paternelle durant plusieurs mois. Quelque temps auparavant, alors qu'il rendait visite à ses parents en compagnie du duc en personne, son parrain d'armes, son père lui avait présenté une charmante jouvencelle dont l'installation au château familial relevait presque du miracle... Plus âgés qu'elle, trois de ses frères l'accompagnaient dans le dessein de la chaperonner. Eudes ne les avait jamais vus, il s'agissait de chevaliers confirmés possédant des terres et chacun à la tête d'une seigneurie : Herbert, Jérôme et Erard de La Ferrière. Le printemps était enfin arrivé et un beau soleil tout neuf inondait la campagne, cependant les bois de feuillus étaient encore dénudés. Lorsque le petit groupe d'hommes armés – les chevaliers accompagnés de leurs écuyers ayant escorté Eudes au cours de ce déplacement – mit pied à terre dans la cour du château, des rires frais, des cris insolites et une agitation anormale les accueillirent... Tout à coup, le fils cadet de Jehan sursauta car quelqu'un lui pinçait méchamment le bras alors qu'il était affairé auprès de son cheval : il desserrait la sangle de sa selle pour le soulager après cette longue chevauchée. C'était sa cousine Mahaut du Fresnois. Sournoise à son habitude, il ne l'avait pas entendue venir, il se retourna d'un geste brusque, prêt à se défendre et à l'agresser à son tour. Comme elle ne se méfiait pas suffisamment, il la saisit par l'extrémité de l'une de ses nattes brunes et tira de toutes ses forces. La demoiselle offensée poussa des cris de douleur exagérés pour attirer l'attention sur eux et se venger.

— Lâche-moi tout de suite, sale garnement, sinon je ne te dirai rien... hurla-t-elle vexée qu'il ait osé porter la main sur elle. Il y a une surprise pour toi et elle est de taille, crois-moi...

— Menteuse de surcroît, l'insulta Eudes agacé par ses manières familières, tout à fait déplacées. Je te connais, tu ne m'auras pas comme à Noël, où tu m'as raconté n'importe quoi... Mon père m'a puni à cause de toi, lui rappela-t-il, la rancune tenace.

— Je te jure que c'est pas pareil aujourd'hui, jeune malotru... minauda-t-elle sur un ton doucereux. Tu vas te marier bientôt et ta promise est là...

— Arrête de me conter des fables, Mahaut, je ne t'écoute même plus...la provoqua-t-il d'un geste dédaigneux en faisant semblant de se désintéresser de la nouvelle comme s'il n'était pas le premier concerné.

Mais il se tut immédiatement car son père le cherchait partout, le hélant d'une voix forte où pointait un soupçon d'agacement. De peur de le mécontenter, Eudes s'approcha de lui sans perdre un instant, mit un genou à terre pour le saluer comme il l'avait appris à la cour du duc de Montjeu. Jehan le releva aussitôt, amusé par l'apparente soumission et les bonnes manières de son cadet, puis lui donna l'accolade. Le jouvenceau se précipita ensuite pour embrasser sa mère, Edith de

Brux, dame de Villon. Sans façon, il écarta l'étoffe de soie violette qui lui entourait le visage et descendait jusqu'à la taille, l'embrassa affectueusement sur les deux joues tant il était heureux de la revoir.

— Doucement, beau fils, protesta-t-elle sans grande conviction. Regarde ce que tu as fait : mon voile est tout froissé... En voilà des manières pour un futur chevalier.

Mais son regard démentait ses paroles, ses prunelles claires étincelaient de joie et elle serra contre elle son enfant qui la dépassait de plus d'une tête. Comme elle semblait menue, presque chétive, à côté de ce grand garçon musclé et charpenté comme un véritable guerrier.

— Comme tu as grandi, Eudes, constata-t-elle avec une joie mêlée de fierté maternelle. Tu as encore forci depuis Noël. Quand seras-tu...

Edith ne put terminer sa phrase, son mari agacé la repoussait plus loin d'un geste impatient :

— Suis-moi mon fils, ordonna-t-il à Eudes sur un ton sévère. Tu n'es plus en âge de demeurer avec ta mère...

— Mais père, tenta-t-il de protester. Je venais juste de saluer dame Edith...

Un regard noir et courroucé l'avertit à temps qu'il ne devait pas insister sur ce registre, son père ne plaisantait guère avec la discipline que ses enfants devaient respecter au pied de la lettre : ses ordres étaient toujours exécutés dans les plus brefs délais selon les exigences qu'il leur dictait sans qu'il ne tolère la moindre contestation. Pas plus tard qu'à Noël, Eudes avait encore tâté des verges paternelles, Jehan l'avait fait fouetter pour une bêtise sans conséquence... Ce souvenir cuisant l'incita à faire preuve de méfiance. D'ailleurs, sa propre mère s'était aussitôt éloignée, soucieuse de se faire oublier, se fondant dans le groupe de ses suivantes, de nobles dames pour la plupart d'entre elles. Assises sur un banc de pierre près de la margelle ouvragée du puits, elles cousaient, brodaient ou conversaient de chose et d'autre. Jehan de Villon l'avait entraîné à l'écart des autres et lui avait expliqué en peu de mots ce qu'il attendait de lui. Le seigneur de ces lieux n'avait pas tenu compte de l'étonnement fort légitime de son fils et lui avait expliqué que c'était pour son bien qu'il avait décidé de le marier. Tout naturellement, il avait choisi à sa place une riche héritière. Les mariages d'amour n'étaient guère d'usage et on ne les tolérait qu'à de rares exceptions près.

C'était le plus souvent le père, le chef de famille, ou à la rigueur le frère aîné si le premier était absent ou décédé qui décidait pour ses enfants en fonction de leurs intérêts, sans négliger évidemment ceux de la famille. Si le nouvel époux n'était pas satisfait, il y avait suffisamment de jeunes paysannes et de servantes pour le consoler, lui avait assuré Jehan sur un ton très sérieux. Au Moyen Age, toutes les occasions étaient bonnes à prendre pour récupérer le moindre champ, la plus petite parcelle cultivable, ou encore des bois, la possession de la terre permettait aux hommes de noble naissance de vivre et d'affirmer leur domination sur les paysans. Après la brillante union qu'il projetait pour Eudes, celui-ci deviendrait riche et son père pourrait quitter ce monde sans avoir à se soucier de l'avenir de son fils cadet. Sa future épouse serait nantie d'une dot confortable et hériterait de terres voisines d'Autun et d'autres plus éloignées dans les environs de Montigny-en-Morvan, mais très intéressantes pour les Villon, parce qu'elles se rapprochaient de leurs principaux fiefs. La noble demoiselle était née au sein d'une famille influente dont le berceau se situait à Collonges-en-Charollais, alors érigé en comté, et les de La Ferrière s'étaient imposés comme des seigneurs puissants jouant un grand rôle en Bourgogne. Au XIIIème siècle, ils étaient partagés en deux branches distinctes, mais leur blason s'enorgueillissait d'exhiber les mêmes armoiries : les de La Ferrière de La Roche et les de La Ferrière du Chastenay. Ces derniers résidaient dans leur château de St-Martin-de-Commune à quelques lieues du bourg de Saint-Emiland.

Après ce long discours, dont le cadet ne saisissait pas toutes les conséquences, si ce n'est qu'il allait bientôt se marier, son père l'avait libéré pour qu'il puisse rejoindre le groupe de jouvenceaux s'ébattant joyeusement dans le pré, où coulait le ru en contrebas. De là, on apercevait au sommet de la colline la ceinture imposante des murailles épaisses aux parois moussues par endroits et les pieux de la palissade entourant la motte féodale. Soulagé d'échapper à la tutelle paternelle, Eudes s'étira, s'ébroua, échauffa ses muscles à la manière d'un jeune animal et ne songea plus qu'à courir rejoindre ses camarades... De loin, il reconnut Anselme, le fils du meunier, ses propres frères plus jeunes que lui, des cousins de son âge : Gauvain, Thierry, Hubert et Baudoin, d'autres compagnons qu'il connaissait depuis l'enfance. Les futurs guerriers luttaient avec des armes factices qu'ils avaient confectionnées eux-mêmes. Faisant preuve de patience et d'une certaine habileté, ils avaient assemblé tant bien que mal des morceaux de bois de différentes tailles, puis les avaient maintenus ensemble avec de la corde, quelques clous élimés ou rouillés, bref des matériaux de fortune que les serviteurs avaient jetés aux abords du fossé à la fin de l'hiver avant de le curer et qu'ils avaient pris soin de récupérer. Sur le carré d'herbe tendre, le jeu était animé, on ne faisait pas semblant de se battre, les coups échangés rapporteraient sûrement quelques hématomes, de vilaines écorchures ou des entailles plus profondes aux vaillants combattants. Mais il s'agissait de garçons endurcis, habitués très jeunes à résister à la souffrance, certains servaient comme écuyers. Les fils de chevaliers n'étaient pas mieux traités que les fils de paysans dans le dur apprentissage du métier des armes, Eudes en savait quelque chose... Thibault, le fidèle intendant de son père, les surveillait du coin de l'œil, tout en sculptant un morceau de bois à l'aide de son couteau de chasse.

A quelques pas du groupe de jouvenceaux, qu'une pente très raide séparait d'un vaste espace idéalement plat, une assemblée de demoiselles s'entraînait à la danse. Les plus enjouées d'entre elles avaient organisé une immense ronde, on comptait environ une vingtaine de figurantes, se tenant toutes par la main. Ensemble, elles se démenaient, s'appliquaient pour exécuter sans erreur des pas compliqués, mais entraînants. Cette activité récréative suscitait parmi elles des rires frais, spontanés, s'égrenant en notes légères, aériennes, jusqu'aux oreilles des garçons. Parfois des cris de joie s'échappaient du groupe des danseuses qui, apparemment, s'amusaient comme des folles. Deux des sœurs d'Eudes, Hildegarde et Colombe, jouaient de la flûte, une autre Brunehaut tirait des sons mélodieux d'une sorte de pipeau ou de hautbois. Enfin, trois de ses cousines accompagnaient les musiciennes en chantant de beaux lais d'amour. D'autres fillettes tapaient du pied pour marquer la mesure, foulant l'herbe tendre, ou frappaient dans leurs mains en cadence lorsqu'elles reprenaient le refrain en chœur. Plusieurs servantes et dames de compagnie d'Edith, leur mère, s'étaient installées à même le sol sur des couvertures de laine qu'elles avaient étendues sur l'herbe verte parmi les jeunes pousses de pissenlit très abondantes, offrande d'une nature généreuse. Des primevères émaillaient également l'espace de leurs fleurs jaunes, si différentes des grosses « dent-de-lion », plus communes. Elles paraissaient si délicates, presque fragiles avec leurs hampes dressées, leurs fines clochettes frémissantes qui se balançaient au moindre souffle de vent. Quelques jouvencelles plus délurées que les autres avaient tressé des couronnes de fleurs blanches et jaunes, en avaient ceint leur front, ce qui leur donnait bonne mine, ravivant leur teint pâle et leurs joues colorées de rose tellement elles s'agitaient de bon cœur, trop heureuses de se dépenser après les longs mois d'hiver où elles étaient restées enfermées au château.

La fiancée d'Eudes comptait parmi elles comme le lui fit remarquer sa cousine Mahaut. D'ailleurs, il n'avait eu aucun mal à la repérer au sein du groupe des danseuses, il pouvait toutes les nommer par leur prénom et c'était la seule inconnue évoluant au milieu d'elles. Eudes s'était efforcé à la discrétion, il ne tenait pas à subir les farces et autres quolibets de mauvais goût de ses camarades, dès qu'ils apprendraient la nouvelle de ses fiançailles. Aussi saisit-il le moment propice afin de s'approcher d'elle, sans se faire remarquer par les autres.... Bathilde – son père lui avait révélé le prénom de sa promise tout à l'heure – s'était assise depuis quelques minutes sur un tronc d'arbre desséché, gisant à quelques pas du cercle des danseuses, pour reprendre des forces avant de s'étourdir de nouveau avec les autres. Le visage en feu, encore essoufflée par les efforts qu'elle venait d'accomplir – elle n'avait cessé de danser, de s'agiter, de sautiller l'espace de quatre rondes complètes – elle appliquait les boucles de métal de sa ceinture contre ses joues à la peau tendre, veloutée et colorée comme celle d'une pêche mûre à point pour les rafraîchir. Un joli bandeau ciselé en argent ceignait son front haut, légèrement bombé, elle avait posé par-dessus une couronne de fleurs des champs qui penchait un peu sur le côté, de petites mèches de cheveux blonds s'échappaient de ses longues tresses serpentant le long de son dos et frisotaient par endroits. Elle portait une robe de drap toute simple, de couleur parme, mais le haut et les manches de sa camisole de toile écrue dévoilaient la peau très blanche de son cou et celle de ses poignets plus hâlée.

Le vêtement s'ornait d'une superbe dentelle de couleur crème, sans doute un travail d'artisanat très coûteux, acheminé par des marchands depuis le Puy ou Calais jusqu'aux foires de Champagne. Une bague sertie d'une pierre rose brillait à l'annulaire de sa main droite, une superbe croix en or attirait tous les regards, sans doute avait-elle été fabriquée dans le métal le plus pur, elle l'avait attachée sur le devant de son bustier de lin immaculé, brodé de points très sophistiqués. Des brodequins en cuir rouge chaussaient ses petits pieds et dépassaient de sa robe qu'elle avait relevée pour s'installer plus commodément, sans prendre le risque de la déchirer. Eudes toussota pour l'avertir qu'elle n'était pas seule, mais en vain, elle était trop occupée à suivre les figures de danse et elle ne l'entendit pas... Bien sûr, Mahaut ne se gêna guère pour intervenir : elle courut depuis le haut du pré pour les rejoindre et fondit sur l'innocente spectatrice, si bien que Bathilde crut qu'elle ne pourrait s'arrêter à temps et qu'elle allait la renverser sur son passage...

— Désolée, cette pente est vraiment traîtresse... attaqua la téméraire jouvencelle en balbutiant de vagues excuses.

— Tu m'as surprise sur le moment, je ne t'avais pas vue arriver aussi vite... Mais il n'y a pas de mal, la rassura aussitôt la promise d'Eudes en lui adressant un sourire encourageant. Comment t'appelles-tu ? Moi, je me nomme Bathilde...

— Oui, je sais, tu es la fiancée de mon cousin Eudes qui se cache derrière toi, lui rétorqua la gamine effrontée en éclatant de rire.

L'embarras de son benêt de cousin la divertissait fort et il n'eut pas le temps de se dissimuler derrière un bosquet d'épines afin de se soustraire à la vue des demoiselles comme il l'envisageait depuis quelques secondes. Bathilde se retourna d'un seul coup et aperçut un grand gaillard à la tignasse rousse, très emmêlée, à quelques pas d'elle. Sa joue gauche était marquée d'une égratignure sanglante, visiblement toute fraîche, des gouttes de sang perlaient encore à l'endroit où Anselme venait de l'atteindre de la pointe de son épée, une baguette de noisetier particulièrement dure et acérée.

— J'ai essayé de vous faire comprendre que je n'étais pas très loin de vous, bafouilla le damoiseau, les joues cramoisies de confusion.

La présence de sa cousine, une vraie peste, accentuait davantage son trouble et il ne savait plus quoi dire... D'un geste nerveux, il frotta sa joue blessée et ne réussit qu'à la maculer davantage de sang, il fixait le sol et n'osait lever les yeux sur elle.

— Quel garçon maladroit, lui lança Mahaut, impitoyable. Ce n'est pas vrai : c'est Anselme qui a encore gagné... Tu t'es fait battre par un fils de manant, toi mon cousin issu de noble lignage ?

— Mais la partie n'est pas finie et je vais me rattraper... lui répliqua-t-il encore plus gêné.

Bathilde avait sauté de son perchoir et s'était approchée de lui sans qu'il s'en aperçoive. Elle avait sorti un mouchoir de toile fine, brodé à ses initiales, et avant qu'il n'ait eu le temps de se rendre compte de ce qui lui arrivait, elle essuyait avec précaution le sang coulant sur sa joue.

— C'est... c'est pas la peine..., bredouilla-t-il tout confus. Vous, vous..., vous allez salir votre beau mouchoir, protestait-il, mais il n'avait pas la force de s'écarter d'elle.

Ses gestes doux, quasiment maternels, lui plaisaient et la proximité de la demoiselle l'attirait comme un aimant. Il plongea son regard dans le sien et admira ses prunelles d'un bleu profond, aussi soutenu que celui des pervenches fleurissant dans les sous-bois... « Pour une fois, se dit-il, il avait vraiment de la chance : non seulement sa promise était très belle, mais bonne et douce à la fois. »

— Ben, on dirait que vous allez vous entendre, clama Mahaut d'une voix forte leur perçant les oreilles. Me voilà rassurée, ça vaut mieux pour vous, puisque vous allez coucher ensemble dans très peu de temps à mon avis...ajouta la perfide.

En entendant ses paroles, Bathilde avait aussitôt retiré sa main de la joue de son promis, comme si elle avait été brûlée au fer rouge, il avait senti qu'elle se crispait violemment, choquée par les affirmations de sa cousine Mahaut. A ce moment, Eudes se sentait toujours incapable de formuler une seule remarque sensée. En service, il avait surtout l'habitude de côtoyer des garçons de son âge, il ne se passait pas un seul jour sans qu'ils se querellent, se battent à la moindre occasion et il était capable de vomir les pires injures. Mais quand il s'agissait de s'adresser à une gente demoiselle, il ne savait que dire, ignorait la façon de se comporter... Pour lui, cette fille ne représentait qu'une sorte de garçon, mais habillée de jupons. Tout à coup, ce fut le grand silence, un groupe d'adultes descendait le pré et s'avançait dans leur direction. Jehan de Villon, son père, suivi de son frère aîné portant le même prénom que lui et les trois frères de la demoiselle venaient en tête. Bathilde s'était prestement enfuie, souhaitant se montrer discrète, elle se cachait derrière les autres demoiselles. Mahaut n'avait pas bougé et attendait la suite des événements, car elle était très curieuse de nature.

—Tu es encore là, vaurienne, l'interpella Jehan, le seigneur des lieux. Ton père ferait mieux de te corriger plus souvent pour t'apprendre à obéir... Ma parole, tu ressembles à un vrai garçon manqué, pas à une demoiselle du Fresnoy, conclut-il.

—Je... Aïe, aïe, tu m'as fait mal...

Eudes s'était vengé de tous les affronts reçus aujourd'hui en écrasant sans pitié l'orteil de sa cousine. Par une sorte d'instinct infaillible, il avait deviné qu'elle n'hésiterait pas à répondre à son père et voulait lui éviter d'être fouettée. Certes, elle était souvent désagréable avec lui, mais il l'aimait bien ! Jehan frappa dans ses mains et dispersa l'attroupement de curieux qui s'était formé autour d'eux. Les jouvenceaux retournèrent à leurs occupations favorites sans se faire prier. Le seigneur ordonna alors à son fils de le suivre, ils grimpèrent en direction du verger, situé dans l'angle sud-ouest des dépendances du château, et ils s'installèrent à l'ombre des fruitiers pour parler. Son père faisait semblant de s'intéresser aux premiers bourgeons apparaissant sur les cerisiers et Eudes ne savait quelle contenance adopter, se balançant d'un pied sur l'autre. Les dialogues avec son père étaient plutôt rares, il s'agissait le plus souvent de semonces, parce que le jouvenceau avait commis une bêtise et il le craignait beaucoup, redoutant toujours d'être sévèrement puni.

—A la fin, arrête de t'agiter... lui ordonna ce dernier, agacé. Tu me donnes le tournis à force de sautiller comme un galopin... Dis-moi plutôt : elle te plaît, ta future femme ?

Il n'avait jamais vu son père émoustillé de cette façon, les yeux brillants, il le questionnait en lui décochant d'étonnants clins d'œil de connivence, presque d'égal à égal.

—N'oublie pas que tu es devenu un homme, maintenant. Surtout, ne t'avise pas à me faire honte, ajouta-t-il encore. Alors, cette fiancée ?

reprit-il encore dans le but de taquiner son fils. Pour ma part, elle me conviendrait parfaitement au lit...

—Oh, merci père, lança l'intéressé tout intimidé. Bien sûr que je la trouve très belle, il faudrait être difficile pour prétendre le contraire. Mais je m'inquiète, père, si vous saviez à quel point : si elle refusait de m'épouser, si elle ne voulait pas de moi par hasard ? Parce que je ne suis pas assez beau pour elle ou que...

—Morbleu, fiston, le coupa-t-il. Que vas-tu inventer là ? Elle sera fière d'accepter un si bon parti, foi de Jehan de Villon...

—Moi, je n'en suis pas aussi sûr que vous, père...

—Tu m'irrites les nerfs à la fin, te dis-je. Cette pucelle n'a pas vraiment le choix, ses frères tiennent absolument à l'établir très vite et c'est ce qui nous a donné l'avantage, fiston. Leur père, le vieil Erard de La Ferrière est au plus mal en ce moment... Comme il désirait la savoir mariée avant sa mort à un bon parti... Le vieux filou ne fait pas confiance à ses fils, on connaît la chanson...

Puis son père l'avait congédié sans égard, il avait assez perdu de temps avec ce fils stupide qui ignorait sa chance, estimait-il, car il était lui-même grand amateur de belles femmes. Le noble et vaillant écuyer avait accepté comme un cadeau providentiel la blonde demoiselle, douce et effacée, qui rougissait en se débattant, quand il tentait de l'embrasser dans les recoins obscurs des salles du château. A la suite de leur première rencontre dans le pré, il s'arrangeait toujours pour se trouver sur son chemin, cherchant à mieux cerner sa personnalité et son caractère. Surtout, il se languissait de connaître son opinion à propos de ce mariage. « Comment trouvait-elle son fiancé, était-il à son goût ? »

Chaque fois qu'il le pouvait, il s'amusait à la poursuivre, essayant de l'attraper par la surprise ou la ruse en se saisissant de l'une de ses longues nattes blondes, lorsqu'elle traversait les couloirs sombres et glacés desservant les salles du château paternel. Mais ce n'était pas sa cousine Mahaut, un vrai garçon manqué, et il dut bientôt cesser ce petit jeu stupide qui finirait par la fâcher. Puis à la longue, elle avait appris à mieux le connaître à son tour, ne s'effarouchant plus au contact de ce jouvenceau brusque et maladroit, mais pas méchant, qui lui chatouillait la joue de sa fine moustache encore peu fournie. Ces jeux interdits avaient même fini par lui plaire et elle consentait parfois à lui offrir ses belles lèvres roses et charnues, si attirantes, pour qu'il l'embrasse comme de vrais amoureux. C'est elle qui parlait le plus souvent, il se contentait de l'écouter, bouche bée d'admiration.

« Où sa fiancée allait-elle chercher toutes ces inventions sur l'amour courtois, l'amour tout court, d'ailleurs ? » s'étonnait-il.

Lui, il ne songeait qu'à l'embrasser partout dans le cou et à s'aventurer plus loin, tant et si bien qu'il s'enhardissait à entrebâiller le col de sa chemise, à la caresser de ses mains dures, exigeantes, pressé d'atteindre ses petits seins tellement excitants. Mais elle l'arrêtait très vite à l'aide de tapes légères, plutôt énergiques, n'hésitant pas à le menacer de tout raconter à ses frères. Eudes, le sang échauffé, mais tout penaud, obéissait de peur de lui déplaire. Au cours de la journée, les futurs promis s'efforçaient de ruser afin d'échapper à l'espionnage des adultes qui ne les quittaient pas d'un pas et renforçaient plus étroitement leur surveillance au cours des banquets où l'on festoyait tard dans la nuit. On ne plaisantait guère avec l'honneur des demoiselles nobles et la parenté veillait avec un soin jaloux sur la pureté de la fiancée qui devait rester vierge jusqu'à son mariage. Si par malheur, on l'avait déflorée avant ce sacrement, c'était une fille perdue, car aucun chevalier sensé ne voudrait la prendre pour épouse... Pour Bathilde, c'était une vieille servante toute édentée qui veillait sur sa vertu à la place de ses trois frères trop occupés à se divertir en bonne compagnie...

Cependant une fin d'après-midi, peu avant vêpres, ils réussirent à déjouer l'attention de Prudence. Très gourmande de nature, elle ne put résister à l'invitation alléchante d'une autre servante lui proposant de venir déguster des poires confites au miel dans les cuisines du château. Sans hésiter, Eudes s'était saisi de la main blanche de Bathilde et l'avait entraînée en courant dans la direction des écuries situées légèrement en contrebas près de la basse cour de la forteresse. Depuis sa plus tendre enfance, il recherchait le contact des chevaux et adorait en monter plusieurs au cours de la même journée. Pour lui, il était très important de savoir si la femme qu'on lui destinait, partageait les mêmes goûts et se montrait à la hauteur de ses ambitions : il ne rêvait que de longues chevauchées à travers la campagne et les bois de sa contrée qu'il pleuve, qu'il vente ou qu'il neige ! La bise morvandelle venant du nord vous glaçait les sangs mais d'après Eudes, c'était le meilleur moyen de chasser toute trace de nostalgie ou d'ennui en hiver... Cependant ce n'était qu'un jeune inconscient et ce jour-là, il mesura toutefois les conséquences de son imprudence qui auraient pu le priver de sa fiancée à jamais... Désirant absolument évaluer ses compétences de cavalière, il décida de seller Bella, la pur-sang grise de son frère aîné, peut-être la plus rapide, en tout cas la plus fougueuse de toutes les montures des écuries du château. Heureusement pour lui, Bathilde n'était ni une débutante ni une novice en matière d'équitation, mais elle faillit néanmoins se laisser surprendre par le relief pentu des abords de la motte féodale. Le pré, où ils s'élancèrent au grand galop, était tout bosselé, des roches granitiques affleuraient par endroits et le sol accusait de très fortes dénivellations se traduisant par des pentes abruptes, très raides, d'une traîtrise insoupçonnable à première vue. Manifestement, Eudes possédait un avantage non négligeable par rapport à la jeune cavalière, car il connaissait sur le bout des doigts ce terrain accidenté qu'il parcourait à cheval tous les jours.

De plus, la monte en amazone était d'une pratique plus délicate pour réagir dans les situations scabreuses, où l'on risquait plus facilement de basculer en avant et de tomber de sa monture. D'une main experte, Bathilde ralentit à temps la pur-sang arabe qui cherchait à prendre de la vitesse, mais elle évita de la brusquer en préservant sa bouche de toute action violente.

Sinon, Bella se serait cabrée ou encore emballée en profitant de la situation. Les épaules en arrière, elle se contenta d'assurer prudemment son assiette. Après un rapide coup d'œil derrière elle, pour s'assurer que personne ne les observait, en plein galop, Bathilde réussit à s'asseoir à califourchon sur la jument, retroussant sa robe comme elle le pouvait. Très agile, elle passa une jambe par dessus son encolure, chaussant aussitôt l'autre étrier. De cette manière, elle contrôla plus efficacement l'allure de sa monture qui obéit à ses actions de jambes... Bella fut domptée à la minute même et ne s'avisa plus de l'embarquer, car sa jeune cavalière n'avait pas froid aux yeux.

Pour l'éblouir, Eudes avait choisi de monter un superbe étalon alezan, d'une taille impressionnante, mais c'était encore un poulain dont il devait perfectionner le dressage car il était à peine débourré. Sur le moment, il réalisa qu'il aurait été incapable de se porter au secours de Bathilde, si cette dernière n'avait pas réussi à maîtriser Bella, trop occupé lui-même avec Loyal, le jeune selle français, qui s'était déjà amusé à lancer deux ou trois ruades successives pour le désarçonner plus sûrement. Sa fiancée aurait pu tout simplement se rompre le cou ou se fracasser la tête contre un rocher, si par malheur, elle avait fait une mauvaise chute... Mais ce ne fut pas le cas, ils prirent énormément de plaisir à chevaucher tous les deux, rapprochant le flanc respectif de leur monture de façon à se retrouver jambe contre jambe, à vive allure. Les cheveux au vent, les joues rosies par l'émotion et une brise légère, ils parcoururent cette immensité verte, délicieusement odorante, en se laissant emporter par une sensation grisante d'entière liberté. Une multitude de fleurs printanières parsemait la prairie se fondant avec l'herbe drue, s'étendant à perte de vue sur l'horizon bien dégagé. Mais personne ne devait s'apercevoir de leur fugue. Après avoir galopé à perdre haleine sur plusieurs lieues, que les robes de Bella et de Loyal, l'alezan, furent toutes trempées de sueur, ils se dépêchèrent de rentrer aux écuries pour les bouchonner et prendre soin d'eux comme ils l'avaient appris... C'est à partir de ce jour-là, qu'Eudes tomba vraiment amoureux de Bathilde et pour le restant de sa vie ! L'exploit équestre de la demoiselle avait largement suffi à l'éblouir et à le convaincre qu'elle était décidément l'épouse qu'il lui fallait.

Bathilde, mince et élancée, était déjà une grande jouvencelle, bien proportionnée de corps, selon les critères à la mode en ce XIIIème siècle. Lorsqu'elle se déplaçait d'un endroit à l'autre au château, notamment en présence d'invités, elle s'arrangeait de manière à faire onduler ses hanches souples, mais généreuses, suffisamment épanouies. De l'avis unanime, exprimé par la majorité de ses admirateurs – et ils étaient nombreux au château de son père – elle possédait une chute de reins superbe, qu'elle mettait en valeur en nouant très serré de belles ceintures, ce qui faisait également ressortir la délicatesse de sa taille menue. Enfin, ses longues robes dissimulaient des jambes interminables, robustes et agiles à se mouvoir comme celles d'une pouliche gracile, de mignons petits seins très hauts perchés dont le galbe parfait, les rondeurs appétissantes attiraient le regard des hommes...

Mais c'était seulement quand Prudence, sa vieille servante, l'autorisait à porter une robe plus échancrée que d'habitude à l'occasion d'une fête spéciale ou certains soirs de festins, au cours desquels elle devait honorer les siens en affichant une beauté et une prestance digne des de La Ferrière.

Mise en garde par ses sœurs plus âgées, dont elle copiait volontiers les manies vestimentaires, elle attachait une importance particulière à la perfection de sa peau blanche, presque laiteuse, en prenant soin de ne pas s'exposer au soleil, surtout l'été. Ces nobles demoiselles ne tenaient guère à ce qu'on les confonde avec les paysannes au teint coloré et hâlé, parce qu'elles travaillaient toute la journée au grand air. Par endroits, comme dans le creux fragile à la naissance de ses épaules, le grain de sa peau était tellement fin qu'il devenait presque translucide, de petites veinules bleues le parcouraient, visibles à l'œil nu. Cette découverte touchante émouvait toujours Eudes, même si ce n'était plus une nouveauté. Chaque fois, à sa vue, il en perdait presque la tête... Mais elle possédait encore un nombre d'atouts considérables qui l'avantageaient par rapport aux compagnes de son âge, à savoir un visage agréable, des traits harmonieux au contour bien dessiné, éclairé par de superbes yeux bleus. Son regard d'une beauté inoubliable s'illuminait d'une joie insolente lorsqu'elle souriait. Un nez droit, minuscule, des joues pleines où se creusaient d'adorables fossettes, une bouche superbe et attirante aux lèvres roses, pulpeuses à souhait, s'ouvrant sur des dents blanches parfaitement alignées complétaient le tableau extrêmement flatteur qu'on aurait pu dresser à propos de sa jeune fiancée.

Au château de son père, les servantes lavaient sa splendide chevelure bouclée à l'aide d'une décoction de fleurs de camomille pour qu'elle conserve les précieux reflets blonds, si originaux, qui la distinguaient des autres blondes plus communes. Quand elle défaisait ses tresses le soir pour les brosser, ses cheveux épais, souples et brillants, ondulaient jusqu'au bas de son dos, suscitant l'admiration ou même l'envie des autres demoiselles jalouses de sa blondeur si fascinante. Ses membres paraissaient légers et déliés comme ceux d'un oisillon tombé du nid, elle n'avait pas de gros os saillants comme sa cousine Berthe. Soucieuse de son apparence, elle soignait ses mains fines et délicates aux longs doigts effilés, très blancs, en utilisant toutes sortes de crèmes et d'onguents confectionnés à base de plantes. Enfin, sa noble tête, très expressive et distinguée, reposait sur un long cou à la peau claire et au port élégant qui la faisait paraître fière, presque altière, quand elle la redressait en relevant son joli menton insolent.

Son éducation était celle d'une gente demoiselle, sa mère, puis ses sœurs et des cousines plus expérimentées qu'elle, parce que déjà mariées à des chevaliers, avaient veillé à ce qu'elle sache coudre des vêtements pour ses futurs enfants, filer la laine, broder des ceintures ou encore des nappes d'autel pour les églises. Suivant l'exemple édifiant de ces nobles épouses et mères de famille, elle savait chanter, réciter par cœur des poèmes ou des chansons de geste célèbres, jouer d'un instrument de musique, elle affichait une préférence pour le luth. Ce penchant pour la musique lui permettait de distraire la compagnie au cours des longues soirées d'hiver. Naturellement, elle avait appris très jeune à chevaucher en amazone pour se promener avec ses amies ou les suivantes de sa mère à la belle saison, il lui arrivait également d'accompagner son père et ses frères à la chasse. Bercée dans l'art de la vénerie, elle avait consulté plusieurs ouvrages prêtés par son père, un véritable passionné, elle savait même élever et dresser de jeunes faucons. Chaque jour, elle les visitait et les soignait dans le colombier du château, où on les enfermait dans de grandes volières.

De nature joyeuse, presque insouciante, elle avait trouvé Eudes à son goût, car il était solidement charpenté de corps, d'une résistance à toute épreuve. Beaucoup plus grand qu'elle, il la dominait de plus d'une tête, ses puissantes épaules larges et musclées par l'entraînement quotidien au métier des armes faisaient rêver plus d'une gente demoiselle à la cour du duc de Montjeu. Un autre atout plaidait en sa faveur : il possédait une taille étroite, harmonieuse, contrastant avec le haut du corps plus développé, des cuisses épaisses, des jambes agiles et sûres le campaient sur le sol sans la moindre défaillance, lui permettant également d'agripper avec adresse le flanc de ses montures. Lorsqu'il combattait à pied, il n'avait jamais reculé d'un pouce face à un quelconque ennemi. Il avait encore de grands bras vigoureux et habiles, entraînés à lever haut l'épée, à lancer le javelot le plus loin possible ou à tenir sa lance sans l'échapper au moindre choc. Parfois, il gesticulait en exhibant de robustes mains carrées aux ongles noirs, toutes brunies par la vie au dehors, sans arrêt marquées de griffures rouges vif ou balafrées de cicatrices marron plus foncé, dues à des coups journaliers, inévitables, ou à des blessures plus profondes. Son visage n'était peut-être pas vraiment séduisant, mais Bathilde ne disposait pas de beaucoup d'éléments de comparaison en matière de beauté masculine.

Un de ses frères, plus malchanceux que ses compagnons, était revenu borgne d'un combat et son propre père portait une horrible balafre sur la joue gauche, souvenir d'un tournoi malheureux remontant à sa jeunesse. La plupart du temps, elle se référait au jugement très sûr de ses sœurs et cousines, quand un éventuel prétendant s'annonçait au château à la recherche de l'assentiment paternel pour obtenir la permission de faire la cour à l'une d'entre elles. Mais hélas, elles étaient toutes absentes pour l'occasion présente... Des traits grossiers comme taillés à la serpe, de petits yeux enfoncés dans leurs orbites, d'un vert pâle quelconque, presque décoloré, d'épais sourcils roux, extrêmement broussailleux, se rejoignant à la racine du nez qu'il avait fort et busqué, une multitude de taches de rousseur constellant sa peau déjà naturellement hâlée ne plaidaient guère en sa faveur. Ces défauts imputables à son physique le complexaient quand il se trouvait en présence d'une femme. Evidemment, il se doutait qu'elle n'hésiterait guère à comparer sa figure ingrate à celle presque parfaite d'un Adonis ou de l'Apollon des statues antiques. Qu'il en pâtirait assurément et que ce parallèle lui serait défavorable dans tous les cas... En l'observant de côté, on songeait davantage au profil fuyant d'une bête sauvage évoquant une tête de renard ou de loup. Une bouche démesurée, s'ouvrant sur de grandes dents blanches, mais très irrégulières, faisait penser en considérant leur taille à une dentition de cheval. Enfin, des lèvres rouges, très charnues, lui donnaient un air cruel.

Jouant de malchance, il n'avait même pas l'avantage d'une belle chevelure : des cheveux d'un roux éclatant, presque rouges, aussi raides et bourrus que les crins de la dernière jument de son père, la Rousse, qui portait bravement son nom. Pour le desservir davantage, ils étaient souvent ternes et cassants, toujours emmêlés, parce qu'il ne supportait pas qu'on le peigne et poussait des hurlements féroces quand une servante s'y risquait...

Pour cette opération délicate, il n'acceptait que Lizarde, sa vieille nourrice, qui le servait encore au bain et parvenait parfois à le coiffer correctement une à deux fois l'an à force de patience. Mais c'était bien la seule et unique personne capable de réussir ce véritable exploit !

Deux jours après leur première entrevue, on les avait officiellement fiancés au cours d'un banquet qui avait eu lieu dans le château paternel de Saint-Aubin. Ils ne se connaissaient même pas et ne mesuraient pas la valeur de l'engagement qu'ils allaient prendre tous les deux car ils étaient encore jeunes... Auparavant, le père d'Eudes l'avait fait mander auprès de lui par un de ses serviteurs, afin de lui remettre en mains propres un petit écrin d'argent, orné de délicates sculptures d'ivoire. Comme d'habitude, le cadet ne savait plus quelle attitude adopter en sa présence et n'osait le questionner au sujet de ce mystérieux cadeau.

— Ouvrez ce coffret, c'est pour vous, lui ordonna-t-il. C'est la propre bague de fiançailles de ma mère, Alix de Brenne, dame de La Roche Salvée. Prenez en soin, vous l'offrirez demain à votre future femme qui la transmettra plus tard à l'un de vos enfants...

Il avait balbutié de vagues remerciements en ouvrant avec maladresse le précieux coffret qu'il tenait entre ses gros doigts malhabiles et tremblants. Une magnifique bague en or, sertie d'une émeraude éclatante, reposait à l'intérieur, placée sur un tissu de velours orange clair... Les joues de Bathilde avaient rosi d'émotion lorsqu'il la lui avait offerte en présence de ses frères, de sa famille et de tous les habitants du château. Son père lui avait expliqué qu'il devrait embrasser sa fiancée à ce moment précis, afin de sceller leur consentement légitime. Le visage écarlate, d'un rouge aussi vif que la crête d'un coq de basse-cour, mais toutefois plus emprunté que le fier volatile, Eudes avait enfin écarté le long voile mauve cachant à moitié la figure de Bathilde et s'était penché pour lui baiser doucement les lèvres devant tout le monde. Il s'agissait là d'une permission exceptionnelle, seulement consentie à l'occasion de leurs fiançailles. Les personnes présentes les avaient applaudis très fort et les camarades de jeu du jouvenceau l'avaient hué, sifflé bruyamment, puis leur avaient adressé toutes sortes de plaisanterie de mauvais goût. D'une manière solennelle, les fiancés avaient donc échangé leurs promesses en présence des frères de la future mariée, son père trop âgé, ne pouvait plus se déplacer depuis le hameau de St-Martin-de-Commune où résidait cette branche de la famille des de La Ferrière du Chastenay.

Des mois entiers s'étaient écoulés et il n'avait plus jamais revu sa promise avant leur mariage qui avait eu lieu à l'automne suivant. Dès le milieu de l'été, il avait quitté le service du duc de Montjeu pour vivre définitivement chez son père, Jehan de Châtillon-en-Frazois, dit de Villon. Le jeune écuyer venait tout juste d'être adoubé chevalier, l'année de ses quinze ans, et il avait participé à plusieurs tournois où il avait révélé sa force ainsi que son habileté, en faisant déjà deux ou trois prisonniers. Pour payer leur rançon, l'un d'entre eux lui avait cédé ses propres armes relativement anciennes, mais de belle fabrication, il avait hérité également d'un superbe destrier noir encore étalon, échangé par un autre prisonnier ruiné. Eudes s'était senti très fier de lui et Bérenger, son propre écuyer, relatait volontiers les exploits guerriers de son jeune maître à qui voulait lui prêter une oreille attentive...

En octobre, ils avaient été unis devant Dieu à l'église de Saint-Aubin en présence de tous leurs parents et amis. Le festin de noces avait duré trois jours d'affilée et son père avait engagé les revenus d'une de ses terres pendant une année entière, pour que son fils cadet n'ait pas à rougir devant la famille de sa femme. Jehan de Villon n'avait pas regardé à la dépense pour accueillir ses hôtes, ses propres invités, ainsi que la famille de sa belle-fille qui s'était déplacée pour l'occasion. Le mariage avait été célébré en grandes pompes chez les parents du marié, ce qui était contraire à l'usage, mais le vieil Erard de La Ferrière était trop malade et souffrant pour qu'il en fût autrement. Les frères aînés, trop contents de se débarrasser d'un fardeau inutile et d'une bouche à nourrir supplémentaire, parce qu'ils avaient eux-mêmes à charge leur propre famille, avaient refusé d'endosser ces frais colossaux pour satisfaire leur plus jeune sœur. Qui leur rembourserait les dépenses considérables, engendrées par l'organisation des noces ?

Jusqu'à présent, Eudes n'avait pas connu beaucoup de femmes. Avec ses compagnons d'armes, il lui était arrivé de culbuter une fille de paysan derrière une haie vive ou une grange du château. Mais c'était quelque chose de tout à fait naturel pour un noble damoiseau et personne ne s'offusquait d'une telle pratique dans la mesure où la plupart des filles étaient consentantes, trop heureuses de servir un beau seigneur. Il ne savait pas comment s'adresser à une demoiselle de qualité, redoutant de se montrer grossier ou superficiel. La plupart du temps, il se taisait, craignant de débiter des injures ou de raconter des bêtises comme il savait si bien le faire avec ses camarades. Le duc de Montjeu usait parfois de violence pour parvenir à ses fins, quand il désirait une gamine de treize ou quatorze ans, fille de vilains. Eudes avait été souvent choqué en tant que témoin d'une semblable action qu'il réprouvait en son for intérieur, mais il ne lui appartenait pas de juger son maître et parrain d'armes. Ce noble seigneur entretenait toujours deux ou trois concubines vivant au château aux côtés de sa légitime épouse. Sa dernière dame étant presque une enfant d'ailleurs, une pucelle de treize ans qu'il avait achetée à son père, un châtelain pauvre et ruiné. Son voisin n'avait pas osé le mécontenter en lui opposant un refus catégorique, lourd de conséquences.

Bathilde et Eudes s'étaient donc installés au château fort de Saint-Aubin, le jour même de leur mariage. Après la cérémonie et le festin qui avait suivi, le père du marié leur avait accordé pour eux seuls une grande chambre propre et bien éclairée dans un bâtiment annexe, au fond de la cour du château, où ils avaient passé leur nuit de noces, ainsi que les quatre suivantes. La demoiselle avait tout de même perdu son assurance et la plupart de ses illusions rêveuses au cours de cette première nuit, effarouchée par la réalité brutale des étreintes et des nouvelles exigences de son jeune époux si déroutantes. Mais des parentes plus âgées l'avaient néanmoins avertie de ce qu'il attendait d'elle, lui avaient conseillé de se laisser faire en adoptant une attitude soumise, consentante. Comme on était loin des belles chansons d'amour dont elle raffolait tant !

Puis elle s'était habituée à la présence de ce grand corps d'homme, qui occupait toute la place, parce qu'il dormait les bras écartés en travers du lit et qu'il l'empêchait de dormir... Ou parce qu'il la serrait très fort contre lui, à l'étouffer de baisers passionnés, puis lui secouait l'épaule en la questionnant, alors qu'elle venait à peine de s'endormir.

— Tu es heureuse avec moi, ma Thilda ? Est-ce que je suis un bon mari pour toi ? Cherchait-il encore à savoir. Tu peux tout me dire, ma mie, mon cœur, parce que je te chéris si fort...

— Bien sûr, Eudes. Il n'existe pas de meilleur époux au monde que vous... N'oubliez pas que je vous chéris, moi aussi, mon doux et tendre ami, lui susurrait-elle à l'oreille pour le calmer.

Et il ne cessait de bavarder avec elle, de l'interroger au beau milieu de la nuit, alors qu'elle tombait de sommeil jusqu'à ce qu'il obtienne une réponse flattant sa fierté de jeune marié qui s'estimait comblé par sa beauté, sa fraîcheur innocente. Ou encore, il l'aimait avec fougue jusqu'à ce que les premières lueurs de l'aube blanchissent les larges ouvertures de la chambre où ils dormaient... Après le château s'animait, c'était l'heure de se lever, son jeune époux était pressé de partir à la chasse. Puis il l'oubliait la journée entière, ne s'intéressant à elle qu'au moment d'aller se coucher. Mais cinq jours plus tard, le maître des lieux refermait la pièce à clefs et les jeunes mariés dormaient avec d'autres couples dans une des nombreuses chambres du donjon. Malgré l'embarras engendré par cette promiscuité obligatoire, ils s'estimaient heureux de disposer d'un bon lit douillet avec un édredon en plumes pour eux seuls. De manière plutôt ingénieuse, Eudes avait fait installer par des domestiques tout un système de perches en bois, complété par de lourdes tentures de velours afin d'isoler leur couche, leur permettant ainsi de bénéficier d'un semblant d'intimité. Néanmoins, ils entendaient quand même les ronflements du vieil oncle Julien et les disputes fréquentes du propre frère d'Eudes, Jehan II de Villon, qui se querellait sans cesse avec son épouse Isabeau. Bérenger, le fidèle écuyer de son mari, dormait d'ailleurs au pied du lit en compagnie de ses trois ou quatre chiens de chasse courants. Leur sommeil était parfois troublé par les pleurs d'un nourrisson qui avait mal aux oreilles ou souffrait d'un mal de ventre. A leur tour, leurs propres enfants naquirent au château de Saint-Aubin...

Bathilde disposa de nouveau de la belle chambre de sa nuit de noces pour y mettre au monde son premier fils, Enguerrand. C'était encore une jouvencelle de quinze ans, presque une gamine, et elle crut mourir au cours de la terrible épreuve qu'elle dût surmonter bravement, assistée par les tantes de son mari et ses propres belles-sœurs, sans oublier Brune, une fidèle servante, qui l'avait suivie depuis le château de St-

Martin-de-Commune. D'une manière implorante, elle appelait à l'aide sa pauvre mère, morte en couches, alors qu'elle était à peine âgée de dix ans... Pour éviter des complications et des plaintes inutiles, son beau-père avait éloigné son jeune époux quelques jours avant la date présumée de sa délivrance. Jehan l'avait envoyé chasser une semaine entière en compagnie d'amis fidèles dans une immense forêt lointaine à l'extrême limite de leurs possessions nivernaises. Comme elle était jeune et résistante, de constitution saine, elle se remit sans peine de ce premier accouchement. Au printemps suivant, peu de temps après la naissance de leur fils aîné, elle constata avec étonnement qu'elle avait encore grandi de plusieurs pouces, Brune dut rallonger l'ourlet de ses robes devenues trop courtes pour couvrir ses chevilles...

Après tout, ce n'était pas si désagréable d'être une jeune maman... D'autant que le vieux beau-père, Jehan de Villon, la félicita de lui avoir donné un vaillant petit garçon.

Après la cérémonie des relevailles, où le prêtre la purifia des péchés que l'on imputait à la conception de son enfant, elle put regagner la grande salle du château pour y prendre ses repas avec son époux et participer à la vie sociale de la communauté. Néanmoins, elle n'avait pas assisté au baptême de son fils, qui eut lieu les heures suivant sa venue au monde. Mais on célébra tout de même cette première naissance et son époux la fêta en la faisant asseoir à la place d'honneur sous le grand écu familial. Cependant, peu de temps après cette période de réjouissance, elle se désolait car le nouveau-né maigrissait, sans doute était-elle trop jeune ou n'avait pas assez de lait pour le nourrir. Bathilde dut se résoudre à engager une nourrice, Guillemette, pour le petit Enguerrand. Au début, elle éprouva une violente jalousie à l'égard de cette personne pourtant innocente, femme de sergent, qui selon elle, lui dérobait l'affection de son tout petit...

Puis elle connut bien d'autres soucis, quand une de ses dames de compagnie lui raconta que son tendre époux la trompait avec La Finette, une paysanne de son âge, servant occasionnellement dans les cuisines du château. Bathilde, choquée, le confondit devant tout le monde et faillit causer un véritable scandale... La Finette en question se promenait les pieds noirs de crasse dans ses sabots fourrés de paille, elle avait des joues rubicondes, une taille épaisse, des cheveux raides et d'une couleur fade. Bathilde se sentit dégoûtée à sa vue car elle faisait très sale, quand elle demanda à Brune de la lui désigner un jour qu'elle traversait la cour du château. Eudes la calma en lui jurant qu'il n'aimait qu'elle seule. Il ne mentait guère d'ailleurs et se comportait comme la plupart de ses semblables qui ne respectaient guère les filles ou les femmes de paysans. Pour lui, le fait de prendre une fille serve ne comptait guère et c'était un droit acquis par des générations de seigneurs... Mais il fut plus prudent désormais, se cachant pour satisfaire des besoins qu'il estimait tout à fait naturels. Puis le temps s'écoula très vite comme dans un rêve : Enguerrand grandit, entouré de l'affection de sa maman et de la dévouée Guillemette. Il commençait à faire ses premiers pas lorsque Bathilde s'aperçut avec terreur qu'elle était de nouveau grosse. Cette fois-ci, elle pleura et tempêta pour de bon, cherchant par tous les moyens possibles à se débarrasser de ce fardeau encombrant. Brune tenta de l'aider dans son entreprise meurtrière, mais elles échouèrent lamentablement à court d'idées. En tombant de l'échelle conduisant à la salle haute du donjon, Bathilde en fut quitte pour un gros bleu à la cuisse. Une chute de cheval en plein galop ne l'aida pas davantage à se débarrasser de son fruit. Mais elle fut bien punie car elle eut très mal au dos pendant une bonne quinzaine de jours. L'épouse dut se résigner et accepter cette grossesse qui fut encore plus pénible que la première. Parfois elle était si malade, tellement affaiblie, qu'elle devait rester couchée plusieurs jours de suite ou se traînait lamentablement à travers les salles du château de son beau-père, incapable de tenir une aiguille ou de s'intéresser à quoi que ce soit... Le plus terrible restait à venir, elle ne fit qu'enfler au fil des mois, se désespérant de l'état de son ventre qui grossissait de manière déraisonnable. Les dames du château s'interrogeaient toutes à ce sujet, elles n'avaient jamais vu un abdomen aussi volumineux chez une personne de constitution si frêle. Il n'y avait rien d'étonnant à ce fait, Bathilde donna naissance à des jumeaux.

Durant toute une nuit, sans répit, elle endura un véritable calvaire et après la naissance d'un solide garçon que l'on prénomma Pierre, elle perdit connaissance tellement elle souffrait... Plusieurs heures s'écoulèrent lentement avant qu'une jolie petite fille vienne au monde. On l'appela Mélisande...

Par la suite, chaque année, Bathilde dut se résigner à supporter les mêmes malaises et indispositions pénibles, puis à risquer sa vie au hasard d'accouchements très différents les uns des autres, mais engendrant toujours autant de souffrances pour la future mère, bénéficiant seulement de l'assistance d'une sage-femme ignorante, une villageoise un peu plus expérimentée que les autres femmes. Ses grossesses se succédaient à un rythme assez soutenu, elle n'y échappa pas une seule année au cours de sa jeunesse, à tel point qu'elle n'avait même plus le temps de s'occuper de ses autres enfants qui grandissaient et que l'on confiait à Guillemette, la fidèle nourrice d'Enguerrand. Dès qu'elle avait récupéré quelques forces, elle les consacrait toujours au plus petit, le dernier-né, car il requerrait des soins maternels très attentifs à une époque où il risquait d'être emporté par une mauvaise fièvre, un coup de froid, ou une épidémie quelconque.

Six années entières s'écoulèrent et le père de Jehan et d'Eudes vieillit d'un seul coup, sa santé commença à décliner, puis il sentit que sa fin approchait... De manière fort raisonnable, Jehan 1er de Châtillon-en-Frazois, dit de Villon, seigneur de Villon, de Langeais, de Villars-Toucy et de Frain décida de mettre ses affaires en ordre avant de quitter ce monde. L'aîné de ses fils, que l'on nommerait désormais Jehan II de Villon, hériterait donc du fief de Villon et de son propre château. Après sa mort, ce chevalier et sa femme Isabeau tiendraient des mains d'Hugues IV duc de Bourgogne, par conséquent leur suzerain, le château dc Villon connu plus tard sous le nom de « Vieux Château » de Saint-Aubin, les bois, les prés dessous Frain, c'est-à-dire le village de Villon et Bussy. Cette seigneurie englobait trois paroisses au total. Quant au cadet, le vieux père eut la sagesse de le faire investir du fief de Bissey, peu de temps avant sa mort, en l'an mille deux cent soixante et onze. Eudes avait alors vingt-deux ans lorsqu'il reprit cette seigneurie de Bissey, se trouvant à une lieue de Marnay, quatre d'Autun, quatre de Saulieu. Le domaine appartenait à la baronnie des évêques d'Autun, qui le tenaient eux-mêmes en « arrière-fief » des ducs de Bourgogne. Ces derniers l'inféodèrent donc à un seigneur laïc... Les nombreux frères d'Eudes et de Jehan étaient partis en service auprès de seigneurs plus puissants que leur père en Champagne, parfois même jusqu'en Ile-de-France, ou avaient réussi à s'établir sur leurs propres terres par d'habiles mariages. Parmi les plus jeunes, Dom Guy de Roussillon entra dans les ordres et devint prieur de Saint-Saulge. Les autres filles de Jehan de Villon étaient mariées depuis longtemps à des seigneurs ou chevaliers de la région nivernaise.

Eudes de Villon fut le premier seigneur de Bissey au XIIIème siècle. Une fois que son vieux père Jehan fut enterré, il décida de s'établir avec les siens à quelques lieues de Saint-Aubin, à Bissey... Il ne pouvait indéfiniment mendier l'hospitalité de son frère aîné, Jehan. Le domaine qui lui avait été confié se présentait sous la forme de terres et d'une maison forte avec fossés et moulin. Eudes décida de l'aménager à sa guise pour y vivre avec sa famille.

Il commença par utiliser les corvées des paysans vivant sur ses terres pour faire amener dans un pré voisin des chariots entiers de pierres de taille, de facture assez grossière dans l'ensemble. La construction de son logis et le réaménagement des fortifications exigeaient des quantités considérables de ce matériau provenant d'une carrière située à plusieurs lieues de là. En attendant que le plus gros des travaux soit effectué, Eudes décréta qu'il se réfugierait avec les siens dans un vieux bâtiment déjà existant de forme rectangulaire, servant de grange pour entreposer les provisions de foin, de grains, de paille, ou même d'abri destiné aux soldats. Le seigneur pressa le maître d'œuvre, chargé de l'important chantier, de s'occuper en priorité de la restauration de cette bâtisse ancienne de manière à la rendre confortable pour que sa famille puisse s'y installer dans les meilleurs délais. Il devenait urgent, notamment, de réparer le toit pour éviter que des trombes d'eau ne se déversent à l'intérieur quand il pleuvait. Abandonnée depuis plusieurs années, elle se trouvait dans un état de délabrement si avancé qu'on apercevait un carré de ciel à travers les chevrons de la charpente, juste à l'arrière de la pièce principale. Sa jeune épouse fut tentée de protester contre l'absurdité d'une telle décision quand elle découvrit l'endroit où ils allaient vivre avec leurs enfants, mais elle dut faire bonne figure devant ses servantes. Ces dernières se plaignaient déjà suffisamment en déplorant le manque de place et l'humidité stagnante des pièces où ils devraient patienter, entassés les uns sur les autres, le temps que l'on construise leur nouveau logis...

Provisoirement, des menuisiers habiles avaient fabriqué et monté des cloisons en bois pour rendre l'espace plus convivial, permettant à la famille du seigneur de s'isoler de leurs serviteurs. Néanmoins, malgré tous ces aménagements, dame Bathilde avait fini par détester ce bâtiment trop sombre, parce qu'il manquait d'ouvertures, où elle devait faire brûler une quantité considérable de chandelles une grande partie du jour et de la nuit. Heureusement qu'il possédait quand même deux immenses cheminées, ce qui leur évitait de souffrir du froid mordant en hiver ou de l'humidité constante au printemps... Déjà qu'avec tous les travaux, elle n'osait s'aventurer dans la cour avec ses enfants car c'était un véritable chantier, où l'on risquait à tout instant de glisser dans la boue envahissant les moindres recoins ou de se faire écraser par une pièce de charpente ou des pierres qui auraient échappé des mains d'ouvriers maladroits. Plus téméraire qu'elle, son époux adorait cette ambiance bruyante et agitée. Eudes ne cessait de circuler d'un endroit à l'autre, échangeait des propos avec les maîtres ou les compagnons de chaque corporation ou corps de métier, l'architecte et les contremaîtres responsables de l'avancement des différentes opérations, donnait des ordres ou des contre-ordres selon son humeur du moment.

Le seigneur avait engagé plusieurs équipes de maçons, de charpentiers et de couvreurs qu'il avait placés sous les ordres d'un maître d'œuvre gérant l'ensemble du chantier. Dans le pays, de très vieux habitants racontaient que la motte féodale avait été implantée à cet endroit depuis le siècle dernier... De profonds fossés d'une largeur impressionnante entouraient de chaque côté une vaste surface de dimensions gigantesques, facilement aménageable, puisqu'elle ne comportait aucune dénivellation d'une quelconque nature. Comme le vieux moulin qui existait déjà, ils étaient alimentés par une rivière, le Cernin.

Pour que leur protection soit plus dissuasive encore, ces fossés étaient complétés d'un talus en terre battue dont Eudes renforça encore l'efficacité en faisant déverser des montagnes de glaise argileuse que les ouvriers avec l'aide des paysans avaient rejetées de côté en creusant les fondations des nouvelles constructions. Le rempart s'élargit de manière considérable et s'éleva encore en hauteur, l'équipe de terrassiers travaillant de l'aube jusqu'à la nuit noire...

Puis les maçons s'attaquèrent à la construction d'une tour massive, de forme carrée, qui comprendrait au moins trois étages habitables. Elle serait également très haute, ce donjon servirait de logis à Eudes et à sa famille. Après maintes réflexions, mais sans consulter personne, le seigneur décréta qu'elle s'implanterait à l'angle nord-est de l'immense espace plat dont il disposait à l'abri des remparts. Pendant ce temps, une autre équipe d'ouvriers se chargerait de restaurer le mur d'enceinte d'origine, pas assez élevé de l'avis de son propriétaire, de le rehausser dans un premier temps. D'ailleurs, on en profiterait également pour repousser ses limites actuelles, ce qui permettrait non seulement d'agrandir le périmètre extérieur de la forteresse, mais aussi sa superficie à l'intérieur des fortifications.

Par cette extension, on gagnerait énormément de place, le seigneur disposerait donc d'une surface plus étendue qu'il aménagerait selon ses besoins. La courtine ou mur d'enceinte devait protéger efficacement les habitants du château en cas d'attaque. Du côté sud, juste en face de l'emplacement de son futur logis, Eudes décréta qu'on diviserait cette « chemise » de pierres en deux parties et qu'on bâtirait un pont-levis en plein milieu. Bien sûr, on le ferait précéder d'un pont dormant flanqué d'une tour de garde et de deux meurtrières pour assurer sa défense. Afin que la surveillance de la place soit plus sûre, cette architecture défensive serait renforcée sur tout son périmètre par l'édification d'un chemin de ronde bordé d'un parapet, lui-même hérissé de merlons et de créneaux. Quelques années plus tard, le seigneur ferait élever quatre tours à chaque angle de la courtine, ces constructions seraient pourvues de plusieurs archères ou meurtrières percées dans la maçonnerie. Ce qui renforcerait encore l'efficacité des défenses du château fort, tout en compliquant la tâche de ses éventuels assaillants. C'est ce qu'il avait projeté dans un avenir proche... Mais pour l'instant, la réalisation de ces travaux d'une ampleur considérable était suffisamment ardue, les groupes de travailleurs ne savaient plus où donner de la tête.

Une première équipe se consacra à l'édification du donjon et d'autres bâtiments annexes à l'intérieur de l'enceinte, tandis que la seconde perfectionnait le système défensif de la forteresse. Quelques mois avant sa mort, dans un élan de générosité surprenant, le vieux père d'Eudes lui avait remis un coffre rempli de pièces d'or. Aussi le nouveau seigneur des lieux ne lésina-t-il pas sur la dépense et entreprit d'ajouter de nouvelles bâtisses à quelques pas du donjon. Selon ses indications précises, l'équipe de maçons s'attaqua à la construction de grandes cuisines, puis de vastes écuries, sans parler de deux granges supplémentaires... Un peu plus loin, Eudes fit bâtir une salle d'étuves pour les commodités et le confort des habitants du château. Enfin, il consacra ses derniers deniers à ériger une petite chapelle de dimensions modestes certes, mais en belles pierres de taille, pour respecter le souhait de sa dame.

A l'autre extrémité de la haute cour, le plus loin possible des habitations, pour éviter que l'on ne soit dérangé par des aboiements continuels, il n'avait pas oublié de faire maçonner avec le restant des pierres un immense chenil pour accueillir sa meute de chiens de chasse. Pour accélérer son déménagement, un compagnon charpentier lui conseilla d'ajouter encore quelques bâtiments provisoires en bois pouvant servir de granges ou de réserves à matériaux, où l'on pourrait également loger les ouvriers, ce qui éviterait une perte de temps importante en ce qui concernait l'avancement des travaux...

Le château bénéficiait de la présence du Cernin, un ruisseau prenant sa source à plusieurs lieues au nord, à Bligny-en-Morvan. Ce « ru » se montrait très utile non seulement pour la défense de ce dernier, mais aussi pour toutes les activités annexes du village, car le seigneur possédait un moulin. Le moulin dit banal, propriété d'Eudes de Bissey, parce qu'il en avait hérité avec les terres, servait à moudre les céréales indispensables à la survie de la plupart des habitants du château et du bourg, puisqu'elles constituaient la base de l'alimentation pour les plus pauvres. Ce qui permettait, hélas, au seigneur d'affamer les paysans, car ils lui étaient redevables des fameuses banalités, des impôts très lourds, équivalant à une bonne partie de leurs récoltes. Mais il en allait de même sur chaque seigneurie, à une époque où la terre représentait un moyen de domination sur les plus démunis...

Dans cette contrée au climat rigoureux et humide, où les hivers s'éternisaient en longueur, on cultivait surtout le sarrasin encore connu sous le nom de « blé noir » et le seigle. Ces céréales poussaient mieux sur les terres pauvres et froides, communément appelées « ségalas » comme dans le Massif Central, parce qu'elles étaient plus résistantes que le blé et le froment très sensibles aux gelées tardives. Il y avait aussi des champs d'avoine, quelques parcelles cultivées d'épeautre, une espèce de blé particulièrement rustique, d'autres de méteil, un mélange de blé et de seigle semés et récoltés ensemble. La culture des céréales, très exigeante, absorbait la plus grande partie des terres cultivables. Par conséquent, on ne disposait pas de prés suffisants ou de pâtures assez étendues pour y développer l'élevage. Faute d'engrais, puisqu'on n'élevait pas assez d'animaux, le fumier manquait pour enrichir la terre et l'on se trouvait dans l'obligation de pratiquer la jachère. Ce mot étant synonyme de repos de la terre, que l'on laissait sans culture pendant au moins un an voire deux, pour qu'elle puisse se reconstituer. D'une année sur l'autre, on ne cultivait pas la même chose sur les parcelles labourées à l'automne et ensemencées à cette saison ou au printemps, selon le choix de l'assolement pratiqué de manière collective dans le bourg ou la communauté villageoise. C'était l'inévitable rotation des cultures...

Les paysans prenaient d'abord en charge les propres terres du seigneur Eudes que l'on désignait par le terme de « réserve » pour les cultiver. Le plus souvent, elles étaient proches du château, ce travail supplémentaire faisait partie des nombreuses corvées qui leur étaient imposées chaque année. Les autres terres lui appartenant, les tenures, étaient louées à ces mêmes vilains. C'étaient les plus nombreuses, elles se localisaient sur l'ensemble du bourg et même au-delà, englobant une partie du village de Montigny-en-Morvan, un peu plus au nord, provenant de l'héritage de sa femme.

Les possessions d'Eudes ne s'arrêtaient pas là, puisqu'elles s'étendaient jusqu'aux hameaux de La Feurtaine et du Tronçay, les dépendances de son propre manoir. Le seigneur exerçait une autorité toute puissante sur l'ensemble des vilains peuplant le village de Bissey, il imposait sa volonté en maître absolu à l'intérieur de chaque chaumière. Néanmoins, Eudes ne possédait qu'un tiers seulement de la justice de ce même bourg, qui était également pour la même proportion à l'évêque d'Autun et à un autre seigneur. Mais son droit de justice s'exerçait quand même jusqu'aux hameaux précédemment cités, La Feurtaine et Le Tronçay... Ce qui se traduisait par la présence d'un gibet et de fourches patibulaires, volontairement placés à l'entrée du bourg sur la route venant d'Autun, dans un but dissuasif pour mieux impressionner les éventuels voleurs ou maraudeurs. C'était surtout Aimeri, son intendant, qui se chargeait de punir les brigands fautifs. Il ne faiblissait jamais quand il s'agissait de condamner à mort un coupable et de le faire pendre haut et court, contrairement à Eudes, qui répugnait à se montrer cruel envers autrui. C'était un homme simple et bon qui n'exerçait pas son droit de justice à tort et à travers dans le seul but de faire régner la terreur parmi les vilains. Néanmoins, il était près de ses intérêts et châtiait sans pitié les gueux ou les « ventres creux » inconnus se risquant à braconner dans ses bois ou sur ses terres.

Deux longues années s'étaient écoulées avant que le seigneur et sa famille puissent s'installer au château et vivre comme l'exigeait leur rang de famille noble. C'était du temps où le roi Philippe III le Hardi exerçait son autorité toute puissante, étendant son pouvoir sur l'ensemble du royaume de France. Au sein du duché de Bourgogne, la seigneurie de Bissey était rattachée au bailliage de Saulieu, à quelques lieues plus au nord, sur la route d'Avallon et d'Auxerre... Enfin, le seigneur et son épouse avaient commencé à vieillir tout doucement, s'étonnant tous les deux que leurs enfants grandissent aussi vite... Eudes se sentait heureux de vivre sur sa seigneurie comme il l'entendait avec ses amis et familiers. Jusqu'à ce soir, où toutes ses certitudes tranquilles avaient basculé dans l'horreur avec le trépas violent de cette pauvre fille.

— A quoi songez-vous, mon ami ? l'interpella soudain Bathilde en le tirant par la manche de sa tunique. Je vous sens bien soucieux en ce moment... Qu'y-a-t-il ?

— Rien qui ne vous portera préjudice, ma mie... Un incident à la chasse que je m'en vais régler de ce pas. Reposez-vous en attendant, je viendrai vous voir demain...

Puis il déposa un baiser sur son front avant de la quitter. Quand il ouvrit la porte de la salle d'étuves, il fut ébloui par une luminosité inattendue : un blanc manteau immaculé recouvrait le sol de la haute cour, s'étendant aux abords et jusque sur les toits du château. Comme il gelait très fort, Eudes resserra les pans de sa pelisse et se dirigea d'un pas alerte vers les cuisines d'où s'échappaient de délicieuses odeurs de viande rôtie. Dom Léonard logeait dans une pièce contigüe aux principaux bâtiments servant à préparer les repas et à entreposer les provisions. Le moine s'estimait heureux de vivre ici, où le gîte et le couvert lui étaient gracieusement offerts par le seigneur des lieux, d'autant que son rôle de chapelain n'était pas trop prenant.

Une fois qu'Eudes eût exprimé ses ordres de manière claire et précise, le moine docile s'empressa de lui obéir : il disparut dans une petite pièce jouxtant la chapelle afin de revêtir ses habits sacerdotaux et se munir des objets indispensables pour ondoyer le nouveau-né.

Libéré d'une démarche malgré tout pénible, le seigneur se hâta enfin vers la grande salle de festins du donjon, où s'étaient réunis tous ses amis et invités... Eudes était pressé de connaître le résultat des recherches sur le crime de la forêt confiées à son intendant Aimeri. Mais avec cette quantité de neige tombée, il n'y aurait sans doute plus la moindre trace ni piste à exploiter ?

3 - *Un Noël morose et perturbé par une nouvelle naissance au château.*

Ce vingt-deux décembre mille deux cent soixante dix-neuf s'achevait, c'était le jour même du solstice, marquant le début d'un terrible hiver qu'Eudes de Bissey ne risquait pas d'oublier de sitôt... Pourtant, il fut accueilli par de la musique et des chants, puis des cris de joie, au moment où il poussa la porte de la grande salle du donjon. Tous ses amis et compagnons se divertissaient en attendant sa venue, son fidèle écuyer avait ordonné à des valets de monter des caves du château quelques tonneaux de son meilleur vin de Bourgogne. Bérenger remplissait sans arrêt les hanaps et les coupes d'un excellent Pinot noir, secondé par deux jeunes pages, il servait lui-même les invités du seigneur. Une troupe de musiciens ambulants, ménestrels et jongleurs, accompagnés de bohémiens avait demandé l'hospitalité la veille au seigneur offrant leurs services pour le divertir, lui et sa famille, à l'occasion des fêtes de Noël. Parmi eux, il y avait même un montreur d'ours traînant à sa suite trois bêtes enchaînées, d'une taille impressionnante, parce qu'elles avançaient debout sur leurs pattes arrières. Il se prétendait également dresseur d'animaux et exhibait un singe à la mine malheureuse, habillé d'une camisole d'un vert criard, la tête couverte d'un bonnet fourré, sans doute était-il frileux... Juché sur l'épaule droite de ce singulier personnage, il se cramponnait fermement à lui.

Des chiens savants, quatre ou cinq caniches à l'air malin, exécutaient toutes sortes de cabrioles drôles, acrobatiques, preuve d'une agilité certaine. Pour amuser le public, l'un d'entre eux imitait à la perfection la démarche pataude des ours. Plusieurs poneys et chevaux aux harnais de cuir teints de couleurs vives et aux brides originales, décorées de nombreux pompons et de plumes fantaisie les suivaient, menés par des enfants à peine couverts de guenilles disparates, très colorées. On apercevait parfois une épaule à demi nue, un petit carré de poitrine imberbe, presque toujours la peau des coudes et des genoux de ces malheureux grelottant de froid.

Ce soir-là, ils s'étaient mêlés aux invités, installés dans un coin éclairé de la salle, où les plus curieux d'entre eux pouvaient les observer à loisir. La nature lui ayant fait don d'une oreille musicale, Eudes constata avec soulagement que leur musique était d'excellente qualité. Il s'agissait d'airs très enjoués, entraînants, sans doute appris au cours de leurs pérégrinations en Provence. En ce moment même, trois ou quatre musiciens jouaient une composition occitane à la mode en s'aidant d'une cithare, d'une lyre et de plusieurs violons. Au milieu d'eux se tenait une jeune femme à la peau très hâlée, vêtue d'une jupe bariolée à volants et d'un caraco rouge aux manches ornées d'un bouillonnement de dentelle de la même couleur, exhibant de magnifiques cheveux noirs, souples et tout bouclés, qu'elle avait lâchés insolemment sur ses épaules et qui ondulaient jusqu'à ses reins. L'inconnue attirait tous les regards des convives épatés par sa beauté mystérieuse, presque exotique. La bohémienne accompagnait les musiciens de sa belle voix grave, reprenant les paroles mystérieuses d'un chant en langue d'oc.

Dans la vaste pièce devenue soudain silencieuse, personne ne les comprenait car ici, au centre du royaume de France, on s'exprimait en langue d'oïl, mais la mélodie était très agréable, douce à entendre... De superbes plats d'argent débordant d'amandes, de noix, de noisettes et de raisins secs de Smyrne habilement présentés, des assiettes d'étain garnies de fruits confits au miel, enfin des coupes remplies à ras bord de poires au sirop baignant dans leur jus sucré avaient été disposés sur l'immense table. En fait, les valets avaient ajouté des tréteaux les uns à la suite des autres et posé des planches par-dessus. L'ensemble dessinait une gigantesque lettre L, recouverte de plusieurs nappes blanches. Ces friandises étaient à portée de main des invités du seigneur dans l'intention manifeste de les faire patienter un moment, en attendant son arrivée. Juste devant la table dressée, un serviteur zélé avait installé quatre ou cinq braséros rougeoyants où rôtissaient des châtaignes dans de grandes poêles à fond percé, sous la surveillance d'un jeune page les distribuant au fur et à mesure aux invités. D'un geste mécanique, révélateur d'une longue habitude, le jouvenceau les faisait glisser dans de petits cornets de dentelle durcie et les tendait avec un grand sourire aimable à tous ceux qui s'approchaient, attirés par l'odeur si caractéristique de la châtaigne grillée. L'ambiance festive dérida Eudes, s'efforçant d'oublier tous ses soucis, il sourit à ses amis qu'il apostropha gaiement :

— Eh bien, je vois qu'on ne s'ennuie pas durant mon absence, attaqua-t-il l'air jovial. Je suis désolé pour ce retard, mais ma dame avait besoin de réconfort, reprit-il en hésitant.

— Déjà ? Tu ne perds pas de temps avec ta dame, plaisanta le comte Herbert de la maison forte de l'Huis Arnaud, un voisin bourru et sans grande éducation. Il y a un autre petit en route, mes amis ? s'esclaffa-t-il en frappant ses cuisses énormes du plat de la main.

— Qu'as-tu à l'esprit, Herbert ? C'est bien de toi, pareille idée... Non, dame Bathilde est souffrante et se désole parce que notre fils n'a qu'un souffle de vie...

— Heureux homme, encore un fils...lui rétorqua le compère en lui tapant amicalement l'épaule. Vous en ferez un autre au printemps, si celui-là ne survit pas, le consola-t-il. Vous n'êtes pas trop vieux tous les deux...

— Sans doute, mais ma dame est si fatiguée, soupira Eudes, soudain attristé par cette pensée.

— Allons, mon ami, l'interpella un autre seigneur. Il y a tant de belles filles serves dans les environs que tu ne t'ennuieras pas...

— A ce propos, se souvint tout à coup le maître du château. Comme la pauvre Violette des Lemoine, une jolie garce... C'est terrible, ce qui lui est arrivé... Qu'as-tu trouvé, Aimeri ? questionna-t-il en se frayant un passage jusqu'à son intendant en grande conversation avec Jacques de Banlay, un de ses amis les plus loyaux.

Les deux hommes tenaient chacun une coupe de vin à la main, gesticulaient en parlant très fort. A l'élocution hésitante d'Aimeri, Eudes comprit que son intendant était déjà passablement éméché.

— Ben, sire, ben... Eh, ben, pas grand chose, maintenant que la neige a tout recouvert. Avec mes soldats, on a juste reconduit la gamine chez elle... C'était pas bien gai ! La mère hurlait en s'arrachant les cheveux et son vieux père pleurait à chaudes larmes. Les pauvres gens n'y comprenaient rien : la Violette était partie de bon matin garder son troupeau de chèvres dans le pré au-dessus de leur métairie, pas loin de la Roche aux Fées... Depuis, ils l'ont plus revue...

— C'est assez curieux en effet, fit remarquer le sire de Bissey. Comment a-t-elle pu se déplacer seule et à pied, aussi loin de chez elle ? Il y a au moins cinq bonnes lieues...

— A moins que quelqu'un ne l'ait enlevée et traînée là-bas sur son cheval, intervint Jacques de Banlay en se raccrochant au bras de son ami, parce qu'il avait beaucoup bu, lui aussi.

— Point sotte ton idée, concéda Eudes. Suivant ton plan, le monstre a pu abuser d'elle et l'assassiner en toute tranquillité, puisqu'il n'y a jamais personne dans cette forêt...

— Donc, reprit Aimeri, c'est fatalement quelqu'un qui n'était pas au courant de vot'chasse, seigneur. Encore un errant ou un maraudeur de passage...

La discussion reprit de plus belle tandis que l'on passait à table, valets et servantes apportaient à tour de rôle les plats de poissons, de gibier et de viandes rôties... Ils pesaient si lourds, ils étaient d'une longueur démesurée, presque incroyable, qu'il fallait être au moins deux hommes ou deux femmes solides pour les soulever en se gardant de se brûler ou de les échapper par mégarde. Un marcassin entier, farci dans son jus, fut présenté au seigneur du château qui le découpa lui-même à l'aide d'un énorme coutelas. Ensuite, Eudes disposait chaque morceau de viande sur un tranchoir, une épaisse tranche de pain, que lui présentait un serviteur debout à ses côtés, avant de le tendre à ses invités. La mine alléchée par le délicieux fumet de la viande, tous les regards se tournaient vers lui dans l'espoir d'obtenir la meilleure part. Les serviteurs les plus délurés couraient dans l'escalier en colimaçon de la tour, se pressaient pour éviter que les mets ne refroidissent, car on les avait préparés dans les cuisines attenantes au donjon, tout en bas. Les saucières d'argent ou de laiton, les coupelles remplies à ras bord de sauces piquantes, très épicées, ou encore de jus de viande embaumant l'air circulaient sur la table, présentées par de jeunes valets entraînés à les manipuler sans en renverser une seule goutte. Il n'y avait pas de dame présente ce soir-là, la maîtresse de maison étant absente, ses dames de compagnie et suivantes avaient choisi de souper entre elles dans un endroit calme. Par conséquent, les hommes relâchèrent leur attitude, s'adonnant sans retenue au plaisir de la bonne chère. Des plaisanteries grossières, obscènes, fusaient de part et d'autre de la tablée et le capiteux vin de Bourgogne, délicieux, mais traître, coulait à flots...

Soudain, Eudes sentit la présence de quelqu'un dans son dos, il se retourna en s'essuyant la bouche dégoulinante de l'épaisse sauce au poivre, cuisinée pour relever le goût de la viande de marcassin rôtie. Sans aucun égard pour son beau bliaud de drap rouge, tout neuf, il utilisa la manche de son vêtement, bientôt maculée de taches grasses s'étalant ici et là sur le tissu. Son fils aîné se tenait derrière lui, hésitant à l'apostropher.

— Faites excuse, père, commença Enguerrand en rougissant. Mais je m'inquiète à propos de la santé de notre mère. D'après ce que vous avez dit tout à l'heure, elle n'est pas vaillante ? Et notre petit frère ?

— Oh, ils ne vont pas très fort tous les deux, admit le père embarrassé par ses questions. Mais assieds-toi auprès de moi, lui ordonna-t-il. Je vais t'expliquer... Pousse-toi de là, Jacques, fais place à mon fils... ajouta-t-il en s'adressant à son ami qui avait tiré un siège pour l'installer près de la cathèdre du seigneur.

— Ta pauvre mère se désole, l'état de son petit la chagrine fort... reprit-il en se tournant vers Enguerrand, une fois assis à côté de lui.

C'était plutôt un bon père, sévère certes, ne tolérant aucune faiblesse chez ses fils quant à l'apprentissage de leur métier de futur chevalier, mais il tenait à leur affection. Eudes se sentait fier de ses aînés qu'il avait entraînés à se battre dès leur plus jeune âge. En attendant leurs premiers tournois, il veillerait à ce que la bravoure, l'intrépidité héritées du fameux lignage des Bissey ne faiblissent jamais... Le sire Eudes de Bissey était avant tout un bon vivant. C'était un homme simple, pas fier du tout. De plus, il ne cherchait jamais d'ennui ni de querelle à ses voisins, fait plutôt rare à une époque, où le moindre mot de travers servait de prétexte pour lever l'épée et faire couler le sang.

L'infortuné seigneur ne se doutait guère qu'il allait vivre une période particulièrement éprouvante cet hiver-là... Toute une série de contrariétés et d'événements perturbateurs, plus pénibles les uns que les autres, allaient bouleverser sa vie habituellement si tranquille en temps de paix. Ce chevalier de nature franchement pacifique n'avait pas d'autre ambition que d'organiser de grandes chasses sur son domaine, des battues de plusieurs jours pour éliminer les loups affamés en hiver, afin de protéger les paysans vivant sur sa seigneurie. Enfin, il ne songeait qu'à offrir de joyeux festins à ses meilleurs amis et voisins, où l'on banquetait plusieurs jours d'affilée dans la bonne humeur, pour entretenir des relations cordiales entre seigneurs issus du même monde.

Le soir, il ne rêvait qu'à retrouver sa dame dans le plus grand lit du château, le plus douillet assurément, avec un gros édredon de plumes dans la plus vaste chambre du donjon. Cette pensée le ragaillardissait, lui échauffant les sangs... Mais il rêvait, à coup sûr ! Déjà que son épouse ne serait pas remise à temps pour les fêtes de Noël qui s'annonçaient dans moins de trois jours. Hélas, elle n'accepterait pas de batifoler avec lui avant un long moment, il lui faudrait encore patienter sagement en envisageant plusieurs semaines d'abstinence. Cette quasi certitude le contraria énormément. Un autre souci se rajouterait à tous ces désagréments d'ici quelques heures à peine : d'habitude, elle s'occupait entièrement de l'organisation des banquets, donnait des ordres aux valets et servantes pour que les fêtes soient réussies. Qui s'en chargerait à sa place ? Malgré le détachement tout à fait masculin qu'il faisait semblant d'afficher à chaque naissance, l'absence de sa dame le déstabilisait davantage qu'il ne voulait l'admettre... L'an dernier, elle avait gardé le lit pendant plus d'un mois à la suite d'un accouchement long et pénible.

Pourtant, il se consola très vite et se souvint tout à coup que son intendant leur avait parlé d'une jeune servante, une toute nouvelle, qui avait pris son service au château depuis moins d'une semaine.

— Va me quérir Aimeri sur le champ, ordonna-t-il au petit page qui remplissait sa coupe de vin.

De manière discrète, il l'attira dans un coin dès son arrivée, formula sa demande sans gêne ni détour, le chargeant de lui ramener la belle dans sa chambre pour cette nuit.

—N'ameute pas toute la troupe au passage, lui recommanda-t-il en le retenant un court instant par la manche de sa tunique. Cette peste d'Isolde rapporte tous mes faits et gestes à mon épouse, alors sois muet comme une tombe au sujet de cette affaire...

C'était l'une des suivantes de dame Bathilde, elle se nommait Isolde de La Ferté. Une veuve d'une vingtaine d'années de noble naissance, mais pauvre, s'offusquant sans cesse de la conduite du seigneur du château qu'elle qualifiait d'indigne. Non satisfaite de se permettre de le juger, elle poussait encore dame Bathilde à se rebeller contre lui, en formulant toutes sortes de remarques judicieuses derrière son dos. D'ici le printemps, Eudes projetait d'ailleurs de remarier cette prétentieuse et il savourait d'avance sa vengeance : le mari qu'il lui destinait était fortuné, mais c'était une brute épaisse, sans aucune éducation !

Aimeri désapprouvait ce genre de mission outrepassant franchement ses fonctions d'intendant. Mais il n'était pas en mesure de désobéir à son seigneur, surtout depuis qu'ils étaient rentrés bredouilles. Ce n'était guère le moment de mécontenter son maître. Ce soir-là, Aimeri avait trop bu comme la plupart des hommes présents au banquet, il expédia sa tâche sans manifester aucun égard ni pitié pour l'intéressée. Poussant brutalement la porte de la cuisine d'un coup d'épaule énergique, il s'avança en titubant mais sans hésiter, en direction d'une blonde ravissante qu'il avait remarquée dès son arrivée au château, parce qu'elle était très jolie. Cette beauté se prénommait Maria et se tenait assise sur un banc, accoudée au bord de la table, où elle s'employait à éplucher des légumes pour la soupe du lendemain. Sans prononcer un mot ni s'abaisser à lui fournir une explication d'aucune sorte justifiant son geste très inattendu, il la souleva de son siège. Au moment où il était apparu sur le seuil de la pièce, les serviteurs présents s'étaient écartés précipitamment, se réfugiant auprès de l'âtre ou dans les recoins les plus sombres, une fillette s'était même cachée sous la table. Bien sûr, l'infortunée servante se débattit en hurlant, lui mordit la main pour qu'il la libère tout de suite. Mais rien ne le fit changer d'avis, il retroussa sa jupe devant tout le monde, lui administra une rude fessée pour la faire taire, lui conseillant de ne plus lutter, sinon il la frapperait plus durement encore... Puis il quitta les lieux en emportant la pauvre fille plaquée contre son flanc droit, comme s'il avait soulevé un vulgaire paquet de guenilles. Personne n'avait réagi ni émis une seule protestation : ils se taisaient tous, paralysés par la peur. Auparavant, l'intendant lança à la ronde pour effrayer davantage la domesticité :

— Silence, vous autres, sinon vous aurez affaire à moi... les menaça-t-il. Bande de fainéants, vous faites pas grand chose à ce que je vois... Mais ça va changer demain, vous ne manquerez pas de besogne après la petite fête de ce soir...

L'innocente Maria tremblait de crainte, appréhendant le sort qu'on lui réservait. Aussi sanglotait-elle tout haut, maîtrisée par la poigne de fer de cette brute sentant fort l'alcool et la sueur, qui grimpait les marches d'escalier deux par deux, apparemment très pressé. Prudente, elle se protégea la tête en la couvrant de son bras droit, craignant qu'il ne la heurte à la muraille de pierres et qu'il finisse par l'assommer ou la blesser. « Qu'est-ce qui l'attendait cette nuit ? » Ses parents l'avaient pourtant prévenue, lui déconseillant de se louer au château comme servante, les jolies filles représentaient toujours des proies faciles à portée de main pour le seigneur. Mais l'hiver était venu, ils mouraient tous de faim dans leur pauvre chaumière, ayant épuisé les maigres réserves amassées au cours de l'été. La maladie de l'un de ses plus jeunes frères l'avait décidée à franchir le pas, lorsqu'elle s'était risquée à venir mendier une miche de pain et des herbes médicinales pour calmer la toux déchirant la poitrine du malheureux gamin. Dom Léonard l'avait accueillie avec courtoisie lui expliquant la manière de faire bouillir les plantes : elle les utiliserait en décoction deux fois par jour et les ferait boire au petit malade. Enfin, il avait disparu dans les cuisines, puis lui avait glissé un panier de provisions sous le bras, se permettant alors de lui conseiller :

— Pourquoi ne viendrais-tu pas travailler au château ? Tu pourrais aider les tiens à survivre, la mauvaise saison commence à peine... lui avait-il déclaré avec un grand sourire d'encouragement. Réfléchis Maria, il manque justement une servante depuis que la Madelon a regagné le hameau de La Feurtaine...

La métairie des parents de la Madelon était éloignée de la leur, mais des bruits avaient couru sur son compte, rapportés par leurs plus proches voisins. Si la servante était partie du château, c'est parce que le seigneur ou plutôt son intendant l'avait chassée : elle était grosse et accoucherait très bientôt... Maria s'était dit qu'elle ne ressemblait pas à cette misérable fille sans volonté, qu'elle avait du caractère, elle, enfin qu'on ne réussirait pas aussi facilement à la forcer à coucher avec le maître. Depuis quelques années déjà, elle avait appris comment résister aux propositions malhonnêtes des hommes tournant autour d'elle comme des mouches, les soirs de fête au village. Mais elle s'était lourdement trompée, elle n'était pas en sécurité au château ! Aucun serviteur n'avait protesté ni songé à la défendre, tandis que cette brute d'intendant l'enlevait sous leurs yeux. Il n'y avait donc aucune solidarité entre pauvres gens... Seule la petite Gervaise lui avait recommandé, pas plus tard qu'avant-hier, de se méfier d'Aimeri pire qu'une bête malfaisante, d'une cruauté sans égale selon elle. La gamine, extrêmement prudente, le fuyait comme la peste depuis qu'il avait abusé contre son gré de l'une de ses compagnes, la belle Audevère, travaillant avec elle aux cuisines. La malheureuse n'avait pas survécu à ce drame qui s'était déroulé au printemps dernier. Dès qu'Audevère s'était aperçue qu'elle était grosse des suites de ce viol ignoble, commis par l'intendant en personne, elle avait demandé à la Pierrette du village d'en bas, une guérisseuse, de lui préparer une potion pour faire passer l'enfant. La majorité des habitants craignaient cette femme, parce qu'ils l'accusaient de pratiquer la sorcellerie. Sans doute la pauvrette était-elle beaucoup trop jeune ou affaiblie pour supporter un avortement pratiqué dans des conditions aussi rudimentaires, Gervaise lui avait raconté que son amie était morte en perdant beaucoup de sang...

Personne n'avait daigné les aider, pourtant ce n'était pas faute d'avoir appelé au secours des servantes plus âgées, notamment plus expérimentées qu'elle dans ce domaine. Mais en vain ! Gervaise s'était résignée à ce lâche abandon, seulement elle était restée jusqu'à la fin pour soutenir Audevère : elle tenait la main de la jeune mourante, étendue sur sa misérable paillasse de fougères sèches. Son amie s'était éteinte doucement aux premières lueurs de l'aube, elle n'avait pas encore quatorze ans...

« Comme elle avait été stupide et comme elle regrettait maintenant d'avoir désobéi à ses pauvres parents ! » songea-t-elle en se remémorant le récit de sa compagne. L'affreux Aimeri allait la violer à son tour, se dit-elle en frissonnant et elle ne pourrait pas s'y opposer : il était fort comme un bœuf. Soudain, il s'arrêta devant une porte, frappa quelques coups discrets et entra sur la pointe des pieds. Puis les événements se précipitèrent, elle entendit une voix inconnue bourdonner derrière son dos : Aimeri la déposa sans ménagement par terre, à peine était-elle retombée sur ses pieds qu'il la poussa en avant dans la direction de cette voix mystérieuse... De surprise, elle trébucha, faillit tomber à même le sol, où les dalles de pierre avaient été recouvertes d'iris et de joncs sauvages. Maria se trouva face à un homme d'âge mûr, assez fort, à peine plus grand qu'elle, à la barbe et à la chevelure entièrement rousse. C'était le seigneur du château en personne ! Elle l'avait aperçu dans la basse cour près des écuries, alors qu'il descendait de cheval et Gervaise lui avait murmuré à l'oreille :

— Celui-là, c'est not'maître. Le seigneur Eudes... Méfie-toi de lui, il est pas meilleur que les aut'...

Aimeri avait disparu sans faire de bruit et Maria se retrouvait seule avec ce personnage tout de même impressionnant pour une pauvre paysanne comme elle. Le maître du château et de toutes les terres de la seigneurie, y compris celles de ses parents ! Cette nuit-là, parce qu'il se sentait infiniment triste, surtout parce qu'il avait abusé de l'excellent vin de Beaune provenant de ses caves, Eudes avait décidé de se consoler avec cette Maria dont Aimeri leur avait vanté les charmes tout à l'heure. L'intendant n'avait pas menti et il avait décidément bon goût : un beau brin de fille aussi élancée que sa dame, blonde comme elle, avec de magnifiques yeux verts qui le fixaient sans crainte, mais en manifestant un grand étonnement. Intéressé, il fit quelques pas vers elle et s'aperçut qu'elle était à peu près propre, qu'elle veillait à ce que sa mise soit soignée. Elle portait des vêtements simples, mais néanmoins en bon état. Ses cheveux avaient été coiffés, de longues tresses d'un blond très pâle évoquant la couleur du lin encadraient un visage aux traits fins, délicats, toutefois empreints de fierté. D'ailleurs, elle relevait bravement la tête et refusait d'avouer qu'elle mourait de peur devant lui. Seulement, Eudes se sentait invincible, celle-là n'allait pas faire la forte tête, elle allait obéir à son maître comme toutes les autres... Sans un mot, il se jeta sur elle, la prit dans ses bras et tenta d'atteindre ses lèvres qu'il désirait tant baiser. L'infortunée Maria se défendit à l'aide de ses ongles pour le griffer au visage, elle se débattit avec fureur, cherchant à lui échapper par tous les moyens. Cependant, ce « corps à corps » inégal l'épuisa peu à peu, sans qu'elle ne parvienne à repousser les avances de son assaillant. Pour finir, Eudes lui immobilisa les bras en les lui tordant sans pitié derrière le dos, la maintint contre lui et commença à l'embrasser partout dans le cou en essayant de dénuder sa gorge à l'aide de ses dents.

Maintenant, elle devinait clairement ses intentions. Comme elle n'avait aucune chance de lui échapper, parce qu'il déployait une force colossale, supérieure à celle d'Aimeri, en dernier recours, elle essaya de l'attendrir et se mit à pleurer.

— S'il vous plaît, not'maître, laissez-moi tranquille, supplia-t-elle en sanglotant. J'suis pas assez jolie ni assez instruite pour vous, comme les aut'dames du château...

— Oh que si, Maria, prétendit-il les sens enflammés par sa présence. Moi, je te trouve très belle...

— Mais non, pour l'amour de Dieu, laissez-moi partir... se défendait-elle vaillamment.

De nature farouche, la belle Maria se battit jusqu'à l'épuisement pour préserver son honneur. Sa résistance teintée de désespoir amusait le seigneur qui se prit au jeu...

— Pourquoi refuses-tu de coucher avec moi, Maria ? lui lança-t-il d'un air amusé en lui caressant la joue. C'est un honneur que je t'accorde... De plus, tu n'as guère le choix, ma belle, si tu tiens à garder ton travail au château. De cette façon, tu pourras aider ta famille, tes plus jeunes frères, si j'ai bien compris ? Je te jure que tu le regretteras pas si tu acceptes de te montrer gentille avec moi... Au moins, dans ma demeure, tu mangeras tous les jours à ta faim...

— Sûr'ment, not'maître, lui répondit-elle, ses beaux yeux noyés de larmes.

A cet instant, elle réalisa qu'elle menait une lutte inutile, déloyale, parce que perdue d'avance. Comment résister aux avances malhonnêtes d'un maître et seigneur tout puissant, aussi déterminé qu'Eudes cette nuit-là ? Mais elle tenta de l'apitoyer une dernière fois, elle n'acceptait pas de céder aussi facilement à ses volontés de bête lubrique.

— C'est que j'peux pas, not'maître, j'ai pas le droit, avança-t-elle en sortant tout à coup du mutisme consentant qui l'avait paralysée les minutes précédentes. L'curé me grondera à coup sûr, car j'ai un promis, reprit-elle avec davantage d'assurance en le regardant droit dans les yeux.

— Ah, bon. Comment tu expliques ça, tu vas te marier bientôt ? Moi, ça me gêne pas, il viendra après son seigneur, c'est dans l'ordre des choses... lui rétorqua-t-il d'une manière provocante, presque méprisante.

— Pour moi, si, lui répliqua-t-elle en lui tenant tête. L'Norbert, mon promis, d'la métairie des Combes Brûlées m'attend pour me marier au printemps. Il est pas commode et me battra quand il s'apercevra que j'suis plus pucelle... Pitié, seigneur, il m'tuera peut-être, tellement il est jaloux... Au dernier bal du village, il a roué de coups l'André de la ferme de Ruisselle, parce qu'il me faisait les yeux doux...

— Tu n'as pas fini de m'en conter, Maria ? gronda le seigneur impatient. Ton Norbert, mes soldats n'en feront qu'une bouchée, même armé de sa fourche. Ne crains rien, ma jolie, je saurai te protéger... Foi d'Eudes, il ne touchera pas à un seul cheveu de cette belle tête...

— Mais, c'est que... vous l'connaissez vraiment pas, recommença Maria déstabilisée par l'assurance de ses propos. Vous pouvez pas agir d'la sorte, seigneur, c'est pas possible...

Eudes comprit que la jeune servante était maligne, qu'elle cherchait à gagner du temps pour mieux lui échapper. A la fin, il en eut assez de parlementer avec elle. Fou de désir, il la souleva dans ses bras, la jeta sur le lit, lui arracha ses vêtements et la posséda avec une rage exacerbée, quasiment sauvage. Maria hurla de douleur et de désespoir, quand il s'abattit de tout son poids sur elle, mais elle ne pouvait plus lutter désormais. L'écuyer Bérenger avait posé plusieurs chandelles allumées sur les rebords de bois du grand lit, comme il le faisait toujours à la tombée de la nuit. Une fois qu'Eudes se fût rassasié de ce beau corps encore innocent, à la fois d'une jeunesse et d'une perfection si attirantes, qu'il eût assouvi sa passion charnelle, il eut tout de même honte de sa conduite. La lumière des bougies éclairait faiblement le pauvre visage meurtri de Maria pleurant son humiliation. Alors il la serra contre lui avec maladresse, tentant de la consoler de l'irrémédiable :

— Dors, ma belle Maria, lui chuchota-t-il à l'oreille. Ne t'en fais pas, ton seigneur et maître veillera sur toi. Tu seras heureuse avec moi... Dès demain, je te ferai porter un beau bonnet de dentelle. Tu aimes la dentelle, ma mie ?

— J'sais pas, maître...J'en ai jamais eu... lui répondit-elle franchement indifférente.

— Tu aimeras ce genre de colifichet comme les autres femmes, pas vrai Maria ? Fais-moi donc un beau sourire... l'encouragea-t-il.

La pauvrette s'exécuta aussitôt de peur de le mécontenter, mais Eudes en profita pour la câliner, l'embrasser partout, tant et si bien qu'il ne put résister à la tentation de la posséder derechef. La malheureuse Maria subit ses assauts bestiaux sans se débattre comme la première fois, elle avait compris que sa résistance ne servait à rien, qu'elle contribuait seulement à aggraver ses souffrances... La servante, qui aurait dû dormir avec les autres domestiques dans l'appentis jouxtant les cuisines sur un misérable grabat dont on avait bourré le matelas de fougères sèches, s'endormit entre les bras du seigneur dans de superbes draps de lin brodés, ensevelie sous un monceau de couvertures en peaux de bêtes, au sommet desquelles trônait un moelleux édredon de plumes. Mais Eudes étreignait contre lui un pauvre corps martyrisé, une âme vaillante, torturée par la honte et le désespoir... Un froid glacial et humide tomba soudain sur leurs épaules, malgré l'immense cheminée d'où jaillissaient de grandes flammes d'un jaune orangé, on sentait à peine la chaleur du feu trop éloigné du lit. De minuscules gouttelettes d'eau ruisselaient lentement le long des pierres glacées du mur, se condensaient dans l'épaisseur du tissu des tentures les recouvrant de haut en bas. Eudes pesta entre ses dents contre le mauvais temps et le froid de cet hiver. Au printemps, les domestiques devraient encore dépendre et aérer les magnifiques tapisseries, auréolées ici et là de taches de moisissures vertes. Sinon, elles seraient définitivement abîmées.

Dès que l'aube apparut, Eudes chassa Maria de son lit avec une brusquerie fort déroutante pour la malheureuse. Cette attitude surprenante, très sèche, contredisait les paroles bienveillantes de la veille. C'était un peu comme si son maître la rendait responsable de ce débordement nocturne et rejetait entièrement la faute sur elle.

Ce matin, il tenait à la chasser également de sa mémoire, il avait honte de sa conduite de la nuit passée, mais il attribua cette faiblesse à l'abus de vin et au grand chagrin qu'il éprouvait en songeant à dame Bathilde. Comme il gelait dans la chambre, il s'habilla précipitamment, tout en échafaudant de sages résolutions. Par exemple, il jurait de ne plus faiblir en se laissant tenter par d'autres femmes, promettant de ne plus profiter de sa condition de maître pour les séduire. De grand matin, il avait décidé de rester fidèle à son épouse. Mais la journée commençait à peine... Maria s'était empressée de se vêtir à son tour de sa robe de laine, puis elle avait fui sans poser de questions ni oser adresser la parole au seigneur. La pauvrette redoutait déjà l'accueil des autres servantes à la cuisine : que penseraient-elles de sa mésaventure honteuse ? Elles l'accableraient sans doute de leur mépris, peut-être même qu'elles l'insulteraient en la traitant de traînée ou de fille facile ?

Ses méditations terminées, Eudes ressentit tout à coup l'envie de bouger, il quitta la chambre, emprunta le rude escalier en colimaçon, mais buta en chemin contre quelque chose de mou. Fort heureusement, il avait très vite réagi, se gardant d'appuyer sur la chose en question car son pied était chaussé d'une botte de cuir. Son ami, Jacques de Banlay, gisait en travers des premières marches de pierres, Eudes se pencha sur lui et le secoua d'une manière énergique en l'attrapant par l'épaule :

— Réveille-toi, mon brave, tu vas attraper la mort par ce froid...le gronda-t-il comme s'il s'adressait à un enfant. Pire, tu ne tarderas guère à te faire écraser par un valet mal réveillé ou grincheux... Allez, debout Jacques...

Mais l'intéressé ne réagissait toujours pas, terrassé par un sommeil de plomb, les semonces verbales d'Eudes accompagnées de secousses de plus en plus fortes ne réussirent qu'à augmenter la fréquence et l'intensité de ses ronflements sonores. Son ami décida alors d'employer les grands moyens. Après avoir hélé Bérenger, son fidèle écuyer, ils le relevèrent tous les deux à grand peine. Sans son aide, le baron n'y serait jamais parvenu, car Jacques était un grand gaillard plutôt solide, d'une corpulence hors du commun. Puis ils l'étendirent sur un lit inoccupé, Eudes le recouvrit d'une fourrure de bête traînant sur un siège en bois à côté d'eux.

—Pas la peine, seigneur, lâcha Bérenger un sourire amusé aux coins des lèvres. Vot'Jacques a le cuir résistant et il a dormi tout la nuit sur la pierre froide. L'air glacial ne semble point l'avoir trop dérangé...

—Tu as raison Bérenger, mais c'est mon ami... Et je m'en veux de l'avoir laissé dormir dans une position aussi inconfortable, indigne de son rang... Il faudra tancer les valets censés veiller au confort de mes invités, tu t'en chargeras dès ce matin...

Les premières lueurs de l'aube pointaient timidement le bout de leur nez à travers les meurtrières de l'escalier du donjon. Eudes s'approcha d'une ouverture, jeta un coup d'œil au dehors, curieux de savoir si la neige avait fondu... Une clarté inhabituelle à une heure aussi matinale l'éblouit à l'instant même, une luminosité exceptionnelle, incomparable, si caractéristique de l'épaisse couche de neige recouvrant les abords du château et ses environs d'un blanc manteau immaculé.

Apparemment, il avait dû neiger toute la nuit et le tapis neigeux lui sembla plus dense que la veille : le puits au centre de la haute cour disparaissait tout entier, enseveli jusqu'à la margelle, dont on devinait encore les pointes acérées en fer forgé. Un froid glacial stagnait dans l'escalier, lieu de prédilection des courants d'air, aussi frissonnèrent-ils tous les deux à la vue de ce paysage hivernal. Sans plus tarder, ils s'élancèrent en riant pour rejoindre le rez-de-chaussée, sautant plusieurs marches à la fois pour se réchauffer comme le feraient des gamins espiègles. Leur élan puéril et joyeux fut rapidement stoppé, d'autres corps d'ivrognes endormis gisaient encore en travers des marches et ils durent les enjamber avec précaution. Eudes réprouvait ouvertement ce manque de tenue à l'intérieur de sa demeure, tout de même choquant.

—Où sont mes deux fils ? s'inquiéta-t-il tout à coup.

—Rassurez-vous, baron, je me suis occupé d'eux et les ai reconduits jusqu'à leur chambre... Pierre ne tenait plus sur ses jambes...

Eudes ne prit même pas la peine de le remercier, c'était quelque chose de très naturel selon lui. Le service d'un écuyer englobait la protection de son seigneur et cette obligation davantage considérée comme une sorte de devoir moral s'étendait à tous les membres de sa famille en n'importe quelle circonstance, aussi déroutante soit-elle... Le froid s'intensifia encore durant les fêtes de Noël que l'on passa en famille, cloîtrés à l'intérieur du château, où les plus frileux se disputaient les places proches des cheminées. Le seigneur parut à l'église du village pour la traditionnelle messe de minuit en compagnie de ses familiers, de son intendant et de son écuyer, sans oublier quelques-uns de ses enfants... Vêtus de leurs plus beaux atours, tuniques, bliauts de laine, manteaux, capes et chapeaux doublés de fourrure, ils éblouirent les villageois qui remarquèrent d'abord les aînés : Enguerrand et Pierre, puis les deux filles, Mélisande et Pétronille pratiquement du même âge, enfin deux autres garçons Alaric et Odinet, qui avaient respectivement onze et dix ans. La suite de sa nombreuse progéniture restait au manoir sous la surveillance de Guillemette, la nourrice attitrée de la famille depuis la naissance d'Enguerrand. Eudes avait estimé que ses derniers enfants étaient encore trop jeunes, que la longueur de l'office entièrement chanté en latin les aurait passablement ennuyés. La petite Mahaut, qui fêterait son septième anniversaire au printemps, avait hurlé en protestant contre une telle injustice. L'an dernier, sa maman l'avait assise devant elle sur l'encolure de sa vieille jument grise et elle avait accompagné ses parents à la messe. Mais son père ne revint pas sur sa décision. Tout ce beau monde s'était déplacé à cheval, un valet chargé de surveiller leurs montures les avait attachées dans une grange proche de l'église, redoutant qu'elles n'attrapent du mal en se refroidissant au cours d'une attente se prolongeant parfois au-delà d'une heure. Mais ils se retrouvèrent tous pour réveillonner en joyeuse compagnie. Tout en guettant leur retour avec impatience, Mahaut s'était consolée en jouant avec sa sœur Tiphaine plus jeune qu'elle de deux ans. La dernière fille du baron et de dame Bathilde, la petite Rosalinde, une magnifique enfant de plus de trente mois dormait à poings fermés dans son berceau, qu'une servante avait installé dans la chambre de Guillemette durant l'absence de sa mère.

Dame Bathilde n'était pas capable de quitter la salle d'étuves, toujours épuisée des suites de son accouchement difficile, elle ne pouvait pas encore se lever. Des étourdissements violents la saisissaient quand elle se risquait à poser un pied par terre. Des servantes veillaient sur elle et le petit Guillaume. A chaque instant du jour et de la nuit, elles le soulevaient de son berceau avec d'infinies précautions pour le déposer dans les bras de sa mère quand elle le leur demandait, parce qu'il s'épuisait à pleurer. Surmontant le cap décisif des premiers jours, son petit pourtant très faible avait survécu tant bien que mal et elle le nourrissait au sein. Le dernier-né avait été ondoyé par Dom Léonard le soir même de sa naissance, tellement Bathilde redoutait les conséquences néfastes pour ne pas dire mortelles d'un baptême dans la chapelle glaciale du château sur sa santé déjà précaire. Si Eudes se souvenait du nombre exact de ses enfants : dix d'entre eux avaient survécu en comptant Guillaume, il avait oublié depuis longtemps le prénom de tous les autres, de pauvres petits anges morts en bas âge...

Seule leur mère priait tous les jours pour eux et gardait encore leur souvenir ému dans son cœur. Après la naissance de ses quatre premiers enfants : Enguerrand, puis des jumeaux Pierre et Mélisande, suivis de Pétronille, elle avait pleuré la perte de Florie, une belle petite fille, qui avait quand même grandi parmi eux jusqu'à l'âge d'un an. Mais l'infortunée fillette avait été emportée l'été suivant sa venue au monde par une mauvaise fièvre qu'elle avait attrapée après avoir bu du lait aigre, de qualité douteuse, parce que les servantes le conservaient sur la table de la cuisine, sans même prendre la précaution de le placer au frais dans la cave. Sans doute était-ce une forme de dysenterie que l'on nommait alors la diarrhée verte des nourrissons, si redoutable et presque toujours mortelle, parce qu'on ne savait pas la soigner ? Bathilde était demeurée longtemps inconsolable, car elle avait eu le temps de s'attacher à cette enfant douce, très affectueuse.

Environ un an après, la naissance d'Alaric l'avait détournée un moment de sa peine. La fois suivante, c'était de nouveau un autre fils, Odinet, qui venait au monde. Mais ensuite, un petit garçon Adhémar était mort-né et elle l'avait également beaucoup pleuré. Entre temps trois filles étaient venues agrandir la famille : Mahaut, Tiphaine et Rosalinde, la plus jeune. Hélas, elle avait encore perdu un troisième enfant, la toute dernière Laudine, née à Pâques l'an passé, qui n'avait vécu que quelques jours, mais avait tant souffert... Son chagrin n'était plus aussi vif que les premières semaines qui suivirent la disparition de sa petite fille, mais si les plaies de son immense douleur maternelle s'étaient peu à peu refermées, elles n'étaient pas complètement cicatrisées et elle songeait souvent à elle. Dame Bathilde avait enfanté treize fois en quinze ans de mariage, sans parler de deux fausses couches qui l'avaient beaucoup affaiblie. Ce n'était pas un phénomène rare en ces temps difficiles, où la mort fauchait sans pitié les plus faibles, à savoir les nourrissons, les enfants dans la fleur de l'âge, sans parler naturellement des vieillards. Très pieuse, la dame se consolait d'avoir encore dix enfants bien portants et priait Dieu tous les jours pour qu'ils restent en bonne santé. Mais elle songeait qu'elle était peut-être trop vieille maintenant pour porter d'autres enfants, puisqu'elle ne réussissait plus à en garder un seul en vie depuis la naissance de Rosalinde.

Quand elle put enfin se lever et s'asseoir dans un fauteuil près de la cheminée, elle reçut la visite de ses deux grands garçons venus la saluer et l'embrasser avant de repartir en service au fin fond de la Nièvre. Comme ils s'étaient agenouillés à ses pieds, attristée par leur départ, elle les serra très fort contre elle, caressa leurs cheveux et pleura amèrement... Plongée dans les affres d'un nouvel accouchement, elle les avait à peine entrevus au cours de leur séjour et ils la quittaient déjà ! De plus, elle s'inquiétait de l'état des routes peu sûres à cause des brigands ou des voleurs, enneigées et verglacées de surcroît. Elle leur fit donc mille recommandations pour qu'ils acceptent de se couvrir chaudement et promettent de faire preuve de prudence en chemin. Une mauvaise rencontre n'était pas à exclure, ils devaient se méfier de tout le monde... Mais les deux jouvenceaux riaient des appréhensions de leur mère, ce n'était pas la première fois qu'ils voyageaient seuls en hiver et si on les attaquait, ils sauraient se défendre. Ils étaient devenus des hommes, maintenant. Bientôt, ils seraient chevaliers ! Qu'elle se rassure à ce sujet : ses deux garçons sauraient se montrer dignes de leurs valeureux ancêtres et de leur lignage. Bon sang ne saurait mentir...

Une dernière fois, ils lui baisèrent les mains et le front en fils aimants, très respectueux à l'égard de leur mère. Enguerrand sécha avec son mouchoir les larmes qui avaient coulé sur ses joues et Pierre se pencha sur le berceau de Guillaume en lui déclarant que c'était vraiment un bel enfant. Puis elle ressentit un grand vide qui la glaça tout entière, grelottant de froid et de chagrin, elle se réfugia auprès de son lit en se retenant aux quelques meubles jalonnant son passage, attendit qu'ils aient refermé la lourde porte derrière eux pour prendre le petit Guillaume dans ses bras. Auparavant, elle l'avait enveloppé d'une chaude couverture de laine et elle le pressa contre sa poitrine en lui chantonnant une berceuse. Le nouveau-né avait encore pleuré une grande partie de la nuit, Brune qui dormait sur une paillasse au pied de son lit s'était relevée plusieurs fois pour le tendre à sa mère afin qu'elle puisse l'allaiter... Mais ses pleurs incessants et ses gémissements maladifs n'avaient pas cessé pour autant, les deux femmes ne parvenaient pas à le consoler.

Guillaume n'avait pas faim, à peine avait-il saisi à l'aide de sa petite bouche le mamelon gorgé de lait que sa mère lui offrait, qu'il le lâchait aussitôt et pleurait toujours demeurant inconsolable. Bathilde le berçait en le câlinant, il continuait de crier... C'était désespérant à la fin, elle voyait bien que son enfant souffrait, mais qu'elle ne parvenait pas à le soulager d'une quelconque manière. Avec Brune, elles avaient réfléchi à l'éventualité suivante : le lait maternel l'indisposait peut-être, lui causant des coliques ou une mauvaise digestion responsables de ses plaintes perpétuelles. Bathilde avait repris confiance et elle avait demandé à Odette, une de ses dames de compagnie, de le nourrir à son tour. Odette, beaucoup plus jeune que la dame du château, avait accouché début novembre d'une jolie petite fille. Celle-ci se portait comme un charme, son corps minuscule à la naissance s'allongeait déjà, se développait de jour en jour. Le nourrisson gigotait sans arrêt quand on la démaillotait, agitant ses bras et ses jambes potelés de partout. Ses joues colorées, toutes rondes, prouvaient qu'elle était en bonne santé. Mais Guillaume ne profita pas davantage, languissait toujours et maigrissait de manière anormale : le lait d'Odette ne lui convenait guère mieux que celui de sa mère.

Le nouveau-né le digérait très mal et rejetait constamment un peu de liquide blanchâtre séchant sur son menton et au coin de ses lèvres. Une odeur aigre, désagréable de lait caillé imprégnait ses beaux bavoirs brodés et ses vêtements. Parfois, il vomissait le précieux liquide à grands jets et il fallait toujours qu'une servante soit présente auprès de son berceau pour le préserver d'un étouffement si vite arrivé à cet âge, si l'on n'y prenait garde. La nuit, Bathilde et Brune ne dormaient que d'un œil afin de le surveiller. Les deux femmes ne faisaient pas confiance aux servantes parfois négligentes ou tout simplement paresseuses. Si bien que l'infortunée mère conservait peu d'espoir de le garder en vie et redoutait de le voir s'éteindre à tout moment. Ces inquiétudes finissaient par lui gâcher son propre repos, car elle demeurait sans cesse sur le qui-vive... Une fois encore, la malheureuse déplorait les limites de l'amour maternel, confrontée à son impuissance manifeste à sauver son enfant !

L'indifférence de son seigneur la tourmentait également, elle ne l'avait revu que deux ou trois fois depuis la naissance, pas davantage. Et il ne s'attardait jamais à son chevet, toujours pressé par une obligation ou une tâche urgente le réclamant au château. A chacune de ses brèves visites, il jetait à peine un regard sur leur dernier-né pourtant souffrant. Puis un beau jour, alors qu'elle reposait dans son lit et que les servantes la croyaient profondément endormie, elle surprit une conversation qui l'anéantit sans pitié, ruinant les derniers espoirs la maintenant en vie...

— Maintenant, l'maître, il fait chercher la Maria tout'les nuits et la garde auprès d'lui... Il a pas perdu d'temps et y doit pas s'embêter avec ct'beau brin de fille... souffla la Nina à voix basse.

— Moi, j't dis que ça va faire du bruit, en conclut l'autre commère quand même étonnée par la nouvelle. Son promis, l'Norbert y sera pas content, et quand y se fâche, y vaut mieux s'écarter d'son chemin...

— Grosse nigaude, qu'est-ce qu'y pourra faire contre l'seigneur ? lui répliqua la dite Nina en suivant un raisonnement tout à fait réaliste. L'gars y s'écrasera et filera doux comme nous aut'au château... C'est l'maître, on y peut rien... Et l'maître et seigneur y se sert toujours en premier... gloussa-t-elle d'une manière grivoise.

Comme les paupières de dame Bathilde avaient bougé de manière presque imperceptible et bien malgré elle tellement l'étonnement, puis l'indignation provoqués par ces ragots étaient grands, la grosse Berthe fit signe à l'autre de se taire.

—Continue d'plier tes draps, la Nina, ça vaudra mieux que d'raconter tes sornettes...lui ordonna Berthe un doigt sur la bouche. Tu vas réveiller not'dame...

La première servante avait compris et désormais elles furent plus prudentes pour échanger leurs potins glanés ici et là, quand elles rencontraient les autres gens du château. Mais le mal était fait : dame Bathilde avait tout entendu, de grosses larmes d'amertume et de déception roulaient sur ses pauvres joues amaigries, mais elle voulut les cacher à ses servantes comme si elle espérait se préserver de la honte en se comportant avec dignité.

—Je ferais mieux de me laisser mourir, songea-t-elle, désespérée. De cette manière, il ne s'abaissera plus à coucher avec une servante, il pourra se remarier à une noble et jeune demoiselle...

Mais elle ne parvenait pas vraiment à se résigner et interrogea Brune le soir même, alors qu'elles se trouvaient seules dans la pièce. La servante se sentit embarrassée, mais décida de se montrer très franche avec elle, elle ne nia donc pas les faits connus du plus grand nombre de personnes au château. Pleine de compassion, elle s'était assise au chevet de dame Bathilde et lui caressait doucement la joue. Si Brune s'accordait une telle familiarité, c'est parce qu'elles se connaissaient depuis très longtemps et que des liens d'affection les rattachaient l'une à l'autre.

—Vous en faites pas, ma dame. Vous connaissez les hommes aussi bien que moi... C'est qu'une passade, votre baron se fatiguera vite de cette donzelle... Allons, ne pleurez pas comme ça, il le mérite pas...

Brune servait Bathilde depuis qu'elles étaient jouvencelles, du temps où elles vivaient toutes les deux à St-Martin-de-Commune. Peu à peu, elle s'était attachée à sa maîtresse, parce qu'elle était généreuse et douce envers ses servantes, très équitable de surcroît, qu'elle les traitait toujours de manière respectueuse, humaine en quelque sorte. Cette conduite de bonne chrétienne était toutefois remarquable en ce siècle, où les plus puissants ne se gênaient guère pour imposer leurs volontés aux plus faibles. Les épouses de chevaliers n'échappaient pas à cette coutume établie, faisant loi partout dans le royaume. Il n'était pas rare que l'une d'entre elles gifle une servante pour une simple maladresse ou parce qu'elle était de mauvaise humeur ! Dame

Bathilde parvenait à se faire obéir en s'abstenant de ce genre de geste qu'elle estimait fort déplacé, sans même prendre la peine d'élever la voix la plupart du temps. Alors Brune, d'une fidélité sans limite, ne supportait pas de voir souffrir sa maîtresse qu'elle estimait trop compatissante avec tout le monde. Notamment, la servante déplorait la faiblesse de dame Bathilde à l'égard de son mari, parce qu'elle lui pardonnait toujours ses écarts de conduite sans conserver la moindre rancune. Au fil des ans, Brune était devenue une confidente, presqu'une amie très chère pour Bathilde, même si le baron tolérait mal la complicité les unissant, reprochant à son épouse de déroger à son rang de noble dame en accordant sa confiance à une servante. Prévenante, cette dernière s'arrangeait toujours pour la consoler de ses peines comme elle le pouvait en évoquant des souvenirs communs du temps où, jeunes pucelles, elles demeuraient encore au château du vieil Erard de La Ferrière, joyeuses et insouciantes de nature. Un autre lien, plus fort que le précédent, la rattachait encore à sa maîtresse. Bathilde lui avait quasiment sauvé la vie, si bien que Brune n'oublierait jamais son intervention...

La servante malchanceuse avait connu de plus graves déboires que sa maîtresse déçue par les infidélités de son mari. Dans le domaine de la vie amoureuse, elle avait frôlé le drame. D'ailleurs, on avait évité de justesse un malheur grâce à l'affection que lui portait dame Bathilde. Mariée peu de temps après son arrivée au château de Saint-Aubin à un soldat du vieux Jehan de Châtillon se prétendant très amoureux d'elle, Brune avait vécu un véritable enfer sur terre...

D'une brutalité sans égale, très jaloux et suspicieux de nature, l'odieux personnage la battait sans raison... Lorsque Brune prenait son service le matin auprès de dame Bathilde, elle se présentait de plus en plus souvent devant elle avec un œil enflé ou d'énormes hématomes lui défiguraient une partie du visage, ou encore elle tentait de cacher, mais en vain, une lèvre fendue par un mauvais coup. Ses mains et ses bras portaient également des traces de la correction infligée la veille au soir par son bourreau. Au début, la servante gênée essaya de lui mentir, prétendant qu'elle avait glissé dans la cour ou qu'elle était tombée dans l'escalier. Naturellement, dame Bathilde ne fut pas dupe... D'autant que les sévices corporels dont sa servante était victime ne cessaient pas, bien au contraire... Un beau jour, elle entreprit d'en parler à cœur ouvert avec elle. Brune se libéra de son chagrin, lui avoua en pleurant toutes les horreurs qu'elle endurait depuis plus de deux longs mois maintenant. Ses confidences de femme battue, prisonnière d'un mariage synonyme de cauchemar quotidien, révoltèrent Bathilde qui n'hésita pas à intervenir le jour même auprès de son jeune époux.

En pleurs, elle avait supplié Eudes de sauver sa servante des mains de cette brute épaisse, qui finirait par la tuer à force de s'acharner sur elle. En ce temps-là, le baron était très amoureux de sa tendre épouse, il avait séché ses larmes à l'aide de baisers et lui avait promis d'intervenir sans tarder. Pour une fois, il s'était violemment opposé à son vieux père, alors qu'il n'osait jamais le contrarier d'habitude. Prenant la défense de Brune, il avait exigé le renvoi immédiat du soldat brutal qu'on accompagnerait d'une bourse bien remplie pour calmer ses protestations indignées. Il était grand temps : la veille, il avait encore roué sa femme de coups si forts et si rudes l'atteignant à la colonne vertébrale, qu'elle ne pouvait plus marcher le lendemain matin et que l'apothicaire mandé à son chevet craignit une forme de paralysie. Cet acte barbare décida le vieux Jehan à agir, il chassa le mari indigne en menaçant de le dénoncer et de le livrer à la justice du bailli... Auparavant, sur l'ordre de dame Bathilde, des servantes avaient pris la précaution de cacher sa jeune épouse dans une pièce du donjon où les hommes d'armes ne pénétraient jamais, cantonnés à leurs propres quartiers et à l'extérieur ou encore sur le chemin de ronde. D'ailleurs, Bathilde s'était démenée pour conserver sa servante auprès d'elle les mois suivants et ne l'avait plus quittée depuis le fâcheux accident qui aurait pu l'handicaper à vie. C'est de cette manière que le mariage de Brune avait été définitivement cassé. Le soldat, rendu encore plus méchant et aigri par sa mésaventure, avait dû se résoudre à repartir chez lui sans sa compagne. Ce ne fut pas faute de l'avoir cherchée partout dans les endroits qu'elle fréquentait tous les jours au cours de son travail en inspectant la cuisine, les caves, ou le cellier... De cette union brève, mais extrêmement traumatisante, Brune avait gardé un souvenir très concret. Huit mois après la séparation qui l'avait libérée des chaînes de l'esclavage conjugal, elle donnait naissance à une jolie petite fille qu'elle prénomma Eliette. Le nourrisson grandit au château parmi les enfants de dame Bathilde et les nombreux bâtards du vieux Jehan. Maintenant, la fillette avait une dizaine d'années et faisait le bonheur exclusif de sa maman. Suite à cette expérience désastreuse, Brune avait conçu une haine farouche et obstinée à l'égard des hommes, qui refusait de s'estomper avec le temps.

Dorénavant, elle se méfiait de tous les personnages masculins sans faire aucune exception, les fuyant tous comme si elle affrontait une épidémie de peste ou le diable en personne. D'une suspicion quasiment maladive, elle repoussait sans ménagement ceux qui s'avisaient à la courtiser au château et dans les fêtes du village, se tenant prudemment sur ses gardes. A plusieurs reprises, sa maîtresse lui avait conseillé de se remarier, au moins pour donner un père à son enfant, mais Brune refusait de l'écouter, sourde à ses remarques pourtant pleines de bon sens...

Une courte période de dégel avait succédé au froid vif et mordant, d'une rigueur exceptionnelle, de la dernière semaine après Noël. Dame Bathilde encore faible, mais déterminée, avait profité de ce temps plus clément pour se réinstaller au château avec son dernier-né, le petit Guillaume. En attendant la période de ses relevailles, elle ne tenait pas à se laisser bafouer plus longtemps par une servante, fut-elle plus jeune et plus jolie qu'elle, redoutant les conséquences d'une telle emprise sur son époux. Bathilde veilla à retrouver sa place et ses prérogatives de maîtresse de maison dans les plus brefs délais. D'ailleurs, elle ne rencontra aucun obstacle ni surprise désagréable pour l'empêcher de concrétiser son projet. Maria avait disparu comme par enchantement du lit de son seigneur, le soir même où Bathilde réintégrait le château. Aussi, une fois allongés dans leur vaste couche, où ils avaient passé autrefois tant de nuits délicieuses à s'aimer, Bathilde se serra contre son mari, avide d'affection et d'une sorte de reconnaissance.

— Paix, Bathilde. Tu dois te reposer, il faut que tu dormes, protesta-t-il en la poussant du coude.

— Mais baron, il ne s'agit pas de cela, s'écria-t-elle, offusquée. Je recherche juste un peu de tendresse, le supplia-t-elle les larmes aux yeux. Un geste amical envers votre épouse, c'est trop vous demander ?

Sans qu'elle sût comment la conversation avait subitement dévié, elle se surprit en train de lui adresser à voix haute d'amers reproches, l'accusant naturellement de l'avoir trahie sous son propre toit et jusque dans son lit... Eudes, très gêné tout de même, ne s'abaisserait pas à lui mentir sur ce qui s'était passé. Au château, il n'y avait pas d'intimité possible, mais il chercha à justifier sa conduite pourtant inqualifiable.

— C'est de ta faute aussi Bathilde, commença-t-il en hésitant. Tu désertes le grand lit où tu sais que je déteste dormir seul, se plaignit-il de fort mauvaise foi.

— Mais baron, comment faire autrement ? protesta-t-elle soudain en colère. J'étais en train d'enfanter, votre remarque me semble très injuste...

Aux remontrances visant à souligner sa condition d'épouse déshonorée sous son propre toit par les débordements de son époux succédèrent bientôt les pleurs et les cris de désespoir. Eudes se sentait mal à l'aise, on entendait tout ce qui se passait d'un lit à l'autre, malgré les épaisses tentures les séparant des couches voisines à l'autre extrémité de la chambre. Il y avait surtout Bérenger tout près sur sa paillasse, étendu à leurs pieds... S'il se moquait du jugement de ses propres cousins et neveux logeant avec lui, en revanche, l'opinion de son écuyer comptait énormément. De toute évidence, il tenait à son estime et souhaitait éviter qu'il le considère comme un mari dur ou inconscient.

Aussi Eudes s'empressa-t-il d'attirer Bathilde contre lui pour la consoler comme une enfant. A force de caresses et de bonnes paroles, il parvint enfin à couvrir le bruit de ses sanglots et à l'apaiser. Mais elle ne voulait plus quitter ses bras, s'accrochant à lui comme si cette étreinte désespérée évoquait à s'y méprendre le geste d'une naufragée se cramponnant de toutes ses forces à une main tendue au beau milieu d'une mer déchaînée. Dans son esprit, cette image s'assimilait sans l'ombre d'un doute à ce qu'elle considérait purement et simplement comme l'échec, l'anéantissement de son propre mariage.

— Jurez-moi baron, que vous m'aimez encore un peu. Juste un peu, mon ami, suppliait-elle en pleurant de nouveau. Sinon, je quitte sans regret ce bas monde, je vous laisse le champ libre pour vous remarier. Quant à moi, j'entre au couvent sans faire d'histoire...

— Arrête de m'assommer avec de telles balivernes, Bathilde, s'indigna Eudes tout de même inquiet. Et tes enfants, tu y songes ? Que deviendront-ils sans leur mère ? protesta-t-il d'une manière convaincante. Tu déraisonnes, ma douce, je t'aime encore. Mais j'ai eu un moment de faiblesse, voilà tout ! Tu peux bien me pardonner encore une fois cet écart, ma belle ?

— Bien sûr, baron, concéda-t-elle entre deux sanglots. Par contre, si je suis devenue un fardeau pour vous, trop vieille et trop laide...

— Allons, Bathilde, protesta-t-il, vraiment embarrassé. Je ne t'ai point répudiée ni chassée de ma demeure à ce que je sache... Dors, ma douce, arrête de te tourmenter... Tous les seigneurs couchent avec leur servante un jour ou l'autre, lui rappela-t-il, sûr de son bon droit. Demande aux épouses de nos amis et voisins, tu seras surprise par leurs confidences...

— Mais ce que font les autres seigneurs m'est égal, lui répliqua-t-elle d'un air buté. Si vous souhaitez que je reste au château, donnez-moi votre parole, baron...

— Que faut-il encore te promettre pour te convaincre de ma bonne volonté ? se renseigna Eudes, prêt à lui affirmer n'importe quoi pour obtenir la paix dans son ménage.

— Seigneur, jurez-moi de chasser cette servante, cette Maria... Qu'elle quitte le château au plus vite : renvoyez-la chez elle dans son hameau. De cette façon, je serai plus tranquille, je vous en prie, Eudes...

— Eh bien, qu'à cela ne tienne, s'engagea son époux très conciliant. Tu n'entendras plus jamais parler de cette Maria. Dès demain matin, elle partira rejoindre sa famille. Je te l'assure, Bathilde, et elle disparaîtra de ta vie...

Une fois de plus Bathilde dut se soumettre aux volontés de son seigneur et maître, sans parlementer davantage, elle se contenta de ses serments bien qu'elle doutât de leur sincérité profonde. Toutefois, Eudes comprit qu'il était allé trop loin en dépassant les limites du tolérable à ses yeux. Dame Bathilde n'admettait pas qu'il ait fait dormir à sa place une servante dans le lit conjugal, considérant ce fait comme un affront personnel.

« La prochaine fois, se dit-il, je serai plus prudent ». D'un naturel pacifique, il détestait les drames conjugaux et souhaitait éviter ce genre de disputes très pénibles à n'importe quel prix.

Bathilde s'était enfin endormie contre sa poitrine, mais lui, il ne pouvait trouver le sommeil en évoquant le souvenir de ses nuits avec la belle Maria. Au moins avec elle, il ne se gênait pas comme avec une noble dame, il n'avait pas besoin de discuter pendant des heures pour parvenir à ses fins. Elle se taisait, puis obéissait à ses ordres. Comme sa beauté était émouvante d'ailleurs, si jeune et délicieusement innocente, alors il échafaudait déjà des plans dans sa tête afin d'organiser de nouvelles rencontres. Il était hors de question de la renvoyer chez elle... Un désir fou le tenailla soudain en imaginant qu'il tenait Maria toute nue entre ses bras.

Ce n'était pas une mince affaire, d'autant que la belle n'était guère consentante et ne se rendait pas aussi facilement, refusant toujours de se plier à ses volontés. Parvenu à cette étape de son raisonnement, il réalisa que ses affirmations précédentes étaient tout à fait fausses, que tout maître qu'il était soi-disant, il ne s'imposait pas sans exercer une sorte de chantage, que les choses se compliquaient avec une personnalité aussi forte que celle de Maria. Après tout, se dit-il, c'est peut-être ce qui l'excitait vraiment au sujet de cette fille. Le fait d'avoir l'impression qu'elle risquait de lui échapper à tout moment, se dérobant comme une anguille entre ses mains, alors qu'il croyait l'avoir conquise pour de bon. « Autrement, elle n'a rien de plus extraordinaire que les autres », prétendait-il en taisant de nouveau la vérité comme si ce mensonge le rassurait, balayant de façon catégorique la fascination quc Maria exerçait sur lui. Blasé à propos de son pouvoir de seigneur et maître, Eudes se lassait assez vite de ses servantes, une fois qu'il avait réussi à coucher avec elles.

La plus habile et la plus belle d'entre elles, Boussarde, avait réussi à entretenir une liaison suivie avec lui durant plus de six mois environ. Boussarde était bien la seule à avoir réussi ce genre d'exploit ! Mais c'était une histoire ancienne, remontant à plus de sept ans en arrière... A l'époque, cette jeune paysanne de quatorze ans, mince et agréable à regarder, n'avait pas réussi à le retenir plus longtemps. Pourtant, elle était rusée comme une fouine. Boussarde avait partagé le sort de toutes les autres filles, Eudes l'avait renvoyée chez elle avec une bourse pleine. Auparavant, il l'avait mariée à l'un de ses tenanciers, parce qu'elle portait son petit. Depuis il la revoyait encore, mais de manière épisodique, le plus souvent pour lui faire un nouvel enfant. Une fois qu'elle était grosse, il ne s'intéressait plus à elle... Le cours de ses réflexions l'entraîna très loin, il consacra une partie de la nuit à dresser le bilan de sa vie amoureuse et de ce fait ne s'endormit qu'une heure avant l'aube. Entre temps, son épouse Bathilde s'était levée plusieurs fois pour donner le sein à Guillaume qui n'avait cessé de s'agiter et de crier pendant son sommeil.

— D'habitude, les nourrissons dorment sur les deux oreilles quand ils sont repus du lait maternel. Le comportement pénible de celui-ci ne saurait se prolonger plus longtemps, décréta-t-il. Dès la nuit prochaine, Bathilde le confiera à Guillemette, sinon elle dormira seule avec lui. A quoi bon me priver de Maria si mon épouse perturbe mon sommeil avec les pleurs de ce nouveau-né ? C'est intolérable ! se dit-il en parfait égoïste comme s'il n'était pas le propre père de Guillaume.

Un courant d'air glacial le réveilla et il grelotta en s'enfouissant plus profondément sous l'épais édredon de plumes. A côté de lui, Bathilde semblait endormie, mais il apercevait encore des traces de larmes séchées le long de ses joues creuses, d'une pâleur alarmante... Il l'observa quelques minutes encore pour constater qu'elle avait davantage maigri et n'était plus que l'ombre d'elle-même, comme une sorte de fantôme qui se serait allongé auprès de lui. Un court instant, il fut pris de remords, s'estimant tout de même responsable de ce désolant gâchis. Pourquoi l'aimait-il aussi mal en la faisant souffrir malgré lui de manière intolérable ?

Déjà levé et habillé, Bérenger s'activait sans perdre de temps. Agenouillé auprès de l'immense cheminée, il soufflait sur les braises rougeoyantes afin de les ranimer et s'apprêtait à ajouter de menues brindilles, puis des bûchettes fendues en deux, entreposées dans un panier à côté de l'âtre. « Que faisaient donc les domestiques ? » s'indigna tout à coup le seigneur, puis il l'interpella le plus discrètement possible.

— Laisse donc cela, mon ami, lui ordonna-t-il à voix basse. Ce n'est pas ton travail, la servante n'est pas encore levée ? Demande à....

Eudes s'arrêta à temps, il allait dire : « A Maria ». « A, à...reprit-il en cherchant ses mots. Enfin, je ne connais point le nom de la personne chargée d'entretenir le feu dans cette chambre... »

— Ne vous en faites pas, baron, lui répondit-il en lui adressant un grand sourire. Cela ne me dérange guère, je craignais que le petit et votre dame ne prennent froid. On dirait qu'il a encore neigé cette nuit...

Bérenger était gai et aimable de nature, très dévoué également, il remplissait largement son rôle d'écuyer. Si les circonstances l'exigeaient un jour, il donnerait volontiers sa vie pour sauver celle du baron et de ses proches. Eudes sauta du lit sans attendre davantage, d'un geste maternel, il remonta couvertures et fourrures sur les épaules de son épouse qui gémissait en dormant. De toute évidence, son sommeil manquait de sérénité, lui paraissait presque aussi perturbé que celui du petit Guillaume. Les deux hommes s'éclipsèrent sans bruit, de peur de réveiller les enfants et nourrissons reposant à quelques pas de là. Comme sa mère était revenue depuis hier soir, Rosalinde dormait dans un grand berceau à côté d'Henri, plus jeune qu'elle de quelques mois. C'était le fils de Denise, la suivante la plus appréciée de Bathilde...

4 - *Le terrible et interminable hiver 1279-1280.*

Décidément, cet hiver mille deux cent soixante dix-neuf était encore plus rigoureux que de coutume. Pourtant, on avait l'habitude du froid et de la neige dans cette région au climat plutôt rude, caractéristique de ce massif ancien. Mais cette année-là, c'était vraiment exceptionnel... Dès la Toussaint, il avait gelé à pierre fendre, un épisode neigeux avait succédé à ces fortes gelées se prolongeant durant trois semaines environ. En raison de ce froid persistant, Eudes et tous ses vilains craignaient que les semailles d'automne ne soient gâchées, puisque le sol avait gelé en profondeur. Ce qui se traduirait inévitablement par de très maigres récoltes ou pas de récolte du tout, l'été suivant. Le résultat dépendait des caprices de la nature, surtout de la résistance des graines, enfin de la bonne ou de la mauvaise exposition des terres qui se montrerait déterminante. Dans les champs situés au plein nord, particulièrement froids et venteux, il ne pousserait que des mauvaises herbes. Déjà que les rendements étaient faibles dans ces contrées, on récoltait en moyenne deux ou trois grains de blé pour un grain que l'on avait semé et encore, si le temps s'était montré clément. Ce ne serait vraisemblablement pas le cas de cet hiver-là, qui avait fort mal débuté...

Dès la fin novembre, des pluies torrentielles avaient noyé, puis détrempé le sol, créant des ilots de boue se multipliant au beau milieu des champs labourés et ensemencés. Malgré un semblant de redoux, c'était déjà le désastre dans les chaumières des plus pauvres. Des paysans affamés et miséreux demandaient la charité au seigneur, en s'agglutinant des heures durant devant le pont-levis du château dans l'espoir qu'on leur distribue un morceau de pain, des légumes secs ou un morceau de lard. Parfois les femmes s'étaient même déplacées, serrant contre elles leurs enfants mourant de froid.

C'était à Aimeri de régler ce genre de problème, puisqu'il connaissait par leur nom la plupart des tenanciers de la seigneurie et veillait à ce qu'aucun étranger ne se soit glissé parmi eux pour profiter des dons du seigneur. Généralement, Eudes lui ordonnait de s'occuper de ces malheureux en priorité et de donner à chacun une miche de pain, parfois deux, si la famille comptait de nombreux enfants. L'intendant exigeait que cette opération se déroule dans le calme, des soldats l'accompagnaient le plus souvent pour éviter les bagarres à la porte du château. Mais après la distribution générale, ce n'était plus son problème et les bienheureux nantis risquaient de se faire attaquer et dépouiller de leur bien précieux par des bandes d'affamés les guettant à la sortie du bourg, alors qu'ils regagnaient leur pauvre masure ou chaumière isolée en rase campagne. Sur la grand route, on apercevait souvent quelques mendiants solitaires, parfois des groupes d'errants qu'on estimait plus redoutables que les premiers en raison de leur nombre... Tous ensemble, ils allaient mendier de la nourriture aux portes des châteaux ou des riches demeures bourgeoises. Dame Bathilde commandait toujours à un serviteur de leur porter de quoi manger : de la soupe chaude ou un quignon de pain. Mais Eudes s'était fâché en lui interdisant de s'apitoyer sur le sort de ces inconnus : ils avaient assez à faire avec leurs paysans et tous les miséreux de la paroisse.

Les soldats s'arrangeaient pour disperser ces misérables en douceur, car le seigneur redoutait toujours des émeutes. Même si ces pauvres hères affamés, très affaiblis dans l'ensemble, ne paraissaient pas dangereux, en se regroupant, ils représentaient une menace potentielle qu'on ne pouvait négliger. Les serviteurs et paysans attachés au château ne manquaient jamais de l'essentiel, ils étaient nourris tous les jours et en quantité suffisante. Mais dans les chaumières, les métairies les plus éloignées, c'était bien souvent la misère... Dame Bathilde, très obéissante, s'occupait en priorité de leurs propres vilains en suivant les conseils d'Eudes. En cachette de son époux, parce qu'il ne souhaitait pas qu'elle s'éloigne exagérément du château, elle faisait seller sa jument grise et en compagnie de plusieurs de ses suivantes s'arrangeait toujours pour les visiter régulièrement. Chaudement vêtues, elles chevauchaient parfois sur plusieurs lieues, s'attardant dans des endroits isolés, perdus à la lisière de sombres forêts ou de landes désertes, les fontes de leur selle garnies à ras bord de vivres, le plus souvent des miches de pain, des légumes secs, pour les plus démunis de leurs vilains. La dame leur fournissait aussi des plantes médicinales pour soigner les maux les plus courants, quelques vêtements passés de mode, mais encore en bon état pouvant servir à les protéger du froid.

Chaque hiver, Eudes la grondait en formulant toujours les mêmes reproches : un jour, elle regretterait ses imprudences, car on finirait par s'attaquer à elles, pauvres femmes sans défense, pour les dépouiller... Ce n'étaient pas ses malheureuses suivantes qui la défendraient, on les retrouverait violées et égorgées le long d'un bois ou d'un fossé, menaçait-il afin de l'effrayer. Si bien qu'elle avait fini par accepter d'être escortée par Bérenger et plusieurs soldats. Certes, la dame était connue dans les environs, les vilains la respectaient parce qu'elle était bonne et charitable de nature, s'évertuant à soulager leurs misères les plus criantes. D'ailleurs, elle était toujours bien accueillie dans les familles pauvres qu'elle visitait et les quelques passants qu'elle croisait en chemin la saluaient toujours de manière polie. Mais elle avait fini par admettre d'elle-même qu'elle ne devait pas tenter le diable... D'autant que courant novembre, à la fin de sa grossesse, elle se sentait tellement épuisée qu'elle ne pouvait même plus se déplacer à cheval. Quand elle avait demandé à Aimeri de la remplacer auprès des pauvres et des malades, il avait refusé de manière catégorique :

— Sûrement pas, dame, avec tout le respect que je vous dois... s'était-il écrié en protestant avec force. Le sire Eudes me gronderait de gaspiller les réserves de nourriture de manière aussi imprudente. Songez, dame, que l'hiver commence à peine... Songez d'abord à vos enfants...

Bérenger, lui, avait eu pitié de la détresse légitime de sa maîtresse, se montrant plus compréhensif et arrangeant, il avait accepté d'escorter la grande Hermengarde, une de ses dames de compagnie, dans sa mission de bienfaisance. Avec Bathilde, elle faisait chaque semaine la « tournée » des familles les plus pauvres de leurs vilains. Mais un jour, l'écuyer avait ralenti de lui-même le rythme de ses interventions charitables car il s'était aperçu que les réserves de grains diminuaient dans les granges du château et que l'on cuisait nettement moins de pains.

Un serviteur travaillant aux cuisines l'avait averti que trois des immenses saloirs entreposés dans les caves étaient déjà vides sur la dizaine qu'elles contenaient en totalité. Bientôt, il n'y aurait plus de viande à manger pour les mois à venir... Puis Bérenger considéra un autre fait encore plus préoccupant d'ailleurs : le gibier finirait par manquer lui aussi. C'était la seule et unique ressource dont le seigneur disposait pour remplacer la viande de bœuf ou de porc qu'on élevait sur les terres de la réserve du château. Les animaux sauvages souffraient également du grand froid, de pauvres oiseaux épuisés par la faim tombaient raides morts en plein vol. Pour le seigneur, la chasse constituait la seule façon de renouveler ses réserves de viande. Or le gibier se faisait de plus en plus rare, nettement moins abondant que les années précédentes. « Une calamité n'arrivait jamais seule », songeait Eudes de manière très réaliste.

Même les loups affamés se cachaient, terrés dans leurs tanières ou au plus profond de la forêt, mais ils constituaient tout de même une menace non négligeable, risquant de s'attaquer en meute aux malheureux paysans ou braconniers s'aventurant dans les bois. Certaines mauvaises années, taraudés par la faim, ils ne craignaient plus rien et s'approchaient des fermes et métairies les plus reculées, n'hésitant pas à attaquer bergers et bergères, choisissant leurs victimes parmi les plus jeunes ou les plus faibles, parce qu'ils ne pouvaient pas se défendre. Ils égorgeaient d'abord le chien de berger chargé de les protéger avec le troupeau. Ensuite, c'était la curée ! Or, à la mi-janvier, la situation empira sans commune mesure, générant une angoissante tout à fait légitime : comment le seigneur ferait-il pour aider les miséreux affamés vivant et travaillant sur les terres de la seigneurie ? Les malheureux ne cessaient de s'agglutiner à la porte du château pour réclamer à manger. Hélas, leur nombre ne cessait de grandir de jour en jour...

Une autre inquiétude, de nature très différente il est vrai, tourmenta bientôt Eudes au sujet de ses chevaux. Est-ce que les races les plus fragiles, minorquines et arabes, nées et élevées sous des cieux plus cléments supporteraient ce froid intense ? Ces bêtes constituaient un vrai capital, la majorité d'entre eux avait coûté une petite fortune au seigneur comme Fandango, le splendide étalon andalou, auquel il était tant attaché. Cette monture d'exception lui était aussi précieuse que la prunelle de ses yeux... Il faudrait songer à les installer dans un endroit plus chaud, surtout plus sain, les écuries situées dans la basse cour et creusées à même le sol rocheux étaient non seulement glaciales, mais humides comme de vraies caves. Le fait que les palefreniers économisaient la paille pour en avoir suffisamment jusqu'à l'été suivant n'arrangeait guère le confort des bêtes. Un hiver, pourtant moins rigoureux que celui-là, imitant ce que faisait son vieux père dans sa forteresse de Saint-Aubin, le seigneur avait ordonné aux garçons d'écurie de monter les chevaux dans la grande salle du donjon, dont ils avaient jonché le sol de paille fraîche. Ils s'étaient servis d'échelles et avaient utilisé la grande trappe au fond de la pièce pour les hisser à grand peine. Mais au bout de quelques jours, l'odeur des bêtes mêlée à celle du fumier était devenue insupportable et dame Bathilde avait protesté et tempêté si fort qu'il avait dû céder et les faire redescendre dans leur logement initial. Son épouse lui avait déclaré que ce n'était pas leur place et qu'elle n'acceptait pas de vivre dans une écurie avec ses enfants et ses dames de compagnie.

Une telle puanteur agressait ses narines délicates et surtout cette putréfaction stagnant dans le lieu où ils prenaient leurs repas menaçait leur santé, notamment celle plus fragile de leur propre progéniture. A juste titre, elle prétendait qu'il était malsain de vivre enfermés avec des animaux, que c'était la porte ouverte aux épidémies comme la peste si meurtrière... Mais la plupart des chevaliers et hommes d'armes de l'entourage masculin du sire de Bissey ne semblait pas gênée par cet aménagement provisoire leur rappelant des souvenirs de champs de bataille, où hommes et bêtes cohabitaient dans une promiscuité de tous les instants, vivant et mourant ensemble sans distinction d'aucune sorte...

Comme si la situation n'était déjà pas assez dure à gérer en temps ordinaire, le mauvais temps compliquait tout et Eudes craignait d'affronter des problèmes de disette, plus grave encore des famines, risquant d'entraîner troubles ou émeutes dans les campagnes si le froid perdurait... Les prochaines récoltes seraient forcément médiocres et si toutes les réserves de grains avaient été épuisées pour affronter l'hiver : comment feraient-ils au printemps suivant pendant la période de « suture », juste avant les moissons de l'été ? Deux mauvaises récoltes consécutives entraînaient à coup sûr la disette, une troisième survenait et c'était la famine ! Eudes tremblait en imaginant d'autres conséquences plus dramatiques encore : faute de nourriture, les gens mouraient par dizaines ou centaines et les campagnes se dépeuplaient... Ces crises de mortalité si fréquentes étaient redoutées et redoutables pour tous : maîtres et paysans. Il n'était pas rare que la population d'un village soit entièrement décimée en l'espace de quelques mois. Une année, Eudes avait vu mourir plusieurs de ses tenanciers trop affamés et privés de l'essentiel pour résister au froid et à la maladie. C'était partout la même désolation : dans les champs, les potagers et les vergers, où les gelées avaient sévi de manière durable, très funeste. Il n'y aurait pas de fruits cette année-là, c'était une quasi certitude, déplorait-on dans le bourg. Au cours de certaines nuits très froides, sous les morsures impitoyables du gel, on entendait éclater les branches et même les troncs des fruitiers plantés aux abords du château et dans les vergers plus modestes.

L'atmosphère générale manquait de sérénité, perturbée par des tensions diverses au village et dans les hameaux de La Feurtaine et du Tronçay. Aimeri, son intendant, lui relatait presque chaque jour qu'un nouveau malheur s'était abattu sur ses vilains. Parfois la maladie de l'un d'entre eux, d'autres fois tout simplement la mort et ces deuils empirèrent en plein hiver à cause du manque de nourriture. Dès novembre, la famine avait emporté plusieurs vieillards et nourrissons affamés, trop faibles, les mauvaises fluxions de poitrine et les fièvres dues à la pluie avaient poursuivi leur œuvre mortelle s'attaquant aux hommes et aux femmes valides dans la fleur de l'âge. Les plus maladifs ou les plus misérables s'éteignaient sans bruit, faute de nourriture et de soins. Dom Léonard, le chapelain, visitait rarement les malades, redoutant les risques de contagion à une époque où les épidémies n'étaient pas rares, le plus souvent mortelles. Le moine se contentait de soulager quelques pauvres triés sur le tas, prélevant son aumône dans les cuisines du château.

Dans certaines contrées, la misère était si grande que les habitants se nourrissaient de glands et de racines, de charognes pourrissant ici et là, de cadavres d'animaux domestiques, chats ou chiens, parfois de rats crevés... Les maladies et les empoisonnements ne tardaient guère à se développer dans ces organismes éprouvés, délabrés par les privations. Eudes avait grand peur de ces faits colportés de château en château et s'efforçait par tous les moyens possibles d'écarter ce genre d'extrémités. Pour les prévenir, il avait ordonné à Aimeri de distribuer des quartiers entiers de petit salé et de bas morceaux de porc remplissant tout un saloir, sacrifié plusieurs sacs de grains pour cuire des pains et les distribuer ensuite à ses vilains. La neige accompagnée d'un froid intense obligeait les paysans à se tasser au coin de la cheminée alimentée d'un maigre feu, car on manquait également de combustible. Ces intempéries gênaient leurs activités quotidiennes, ils se cantonnaient chez eux, n'en sortaient que matin et soir pour transporter la nourriture de leurs bêtes depuis la grange. L'étable était généralement attenante à la pièce commune où ils vivaient tous ensemble, séparée par un rideau ou une cloison en bois ; ainsi, ils pouvaient profiter de la chaleur animale. Certains manquaient de forces et d'énergie pour ramasser du bois mort, seul droit dont ils disposaient, l'intendant les surveillait et leur interdisait évidemment de couper des arbres dans la forêt. C'était le bien du seigneur sur lequel il veillait avec un soin jaloux, n'hésitant pas à châtier sans pitié ceux qui se risquaient à chaparder le moindre morceau de bois ou de gibier.

Comme si tous ces désastres et calamités de toutes sortes ne suffisaient pas, il y avait eu cette série de crimes « crapuleux », inexplicables, s'abattant sur la population du bourg de Bissey. A la suite de ces événements terribles, la terreur régnait dans les chaumières, les fermes et la plupart des métairies éloignées du village, où les pauvres gens ne se sentaient plus en sécurité. Depuis la disparition horrible de la Violette des Lemoine, crime non encore élucidé, deux autres avaient suivi en l'espace d'à peine un mois... Ce matin-là, alors qu'Eudes et son écuyer Bérenger se restauraient dans l'immense salle du donjon en compagnie de trois autres personnes, des hommes d'armes et un chevalier voisin, on frappa à la porte. C'était Aimeri de Thil, rouge et essoufflé d'avoir couru si vite, tellement il était impatient de prévenir son seigneur. Bien élevé, il commença d'abord par le saluer, baissant la tête avec humilité.

— Sire, le malheur nous poursuit... commença-t-il, extrêmement embarrassé. Je ne comprends pas...

— Qu'y a-t-il Aimeri ? questionna le seigneur intrigué par son comportement extravagant. Tu as découvert l'assassin de la Violette, c'est pas trop tôt. Un brigand ou un maraudeur quelconque à mon avis ?

— Hélas, non, sire... Nous n'avons rien trouvé... Les hommes rechignent à sortir par ce froid glacial. Pas plus tard qu'hier, ils ont refusé de seller...

— Que me contes-tu là ? l'interrompit brusquement son interlocuteur très en colère. Par le sang du Christ, il suffit : qui commande à mes gens armés ? Est-ce bien toi, espèce de fainéant ? Alors, je suis toute ouïe ?

— Sire, il n'y a rien de nouveau... déplora l'intendant. Enfin si, un autre meurtre dans la forêt de Palaizot cette fois-ci, lâcha-t-il tout à coup pour se libérer d'un grand poids. Encore une fille de vilains !

— Morbleu ! C'est pas possible ! rugit Eudes en renversant l'écuelle de soupe posée devant lui. On n'a jamais entendu pareille histoire par ici...

— Une fillette égorgée de même manière que la Violette, la fille des Lemoine. Sûrement violentée cette fois-ci, son jupon était tout retroussé, ses cuisses maculées de sang... crut-il bon de préciser.

La dernière tirade de l'intendant réveilla la compagnie encore endormie, des remarques égrillardes fusèrent bientôt dans la salle.

— Y a pas besoin de les tuer pour les posséder ces serves, lança un imprudent sans réfléchir. C'est dommage d'abîmer la marchandise...

Mais cette remarque stupide ne fit rire personne, l'heure était trop grave : la nouvelle les avait tous glacés de stupeur. Surtout, Eudes complètement abasourdi par ce nouveau malheur.

— Tais-toi donc, espèce d'imbécile, le coupa-t-il franchement agacé. Ce n'est guère le moment de plaisanter... Ventre-Dieu, nous allons faire diligence et attraper ce vil scélérat qui effraie nos gens... Rejoignez-moi tous aux écuries...

Obéissant aux ordres du seigneur, les palefreniers sellèrent prestement les chevaux et il franchit le pont-levis au galop en compagnie d'une vingtaine de soldats et de sa suite composée d'amis et fidèles compagnons d'armes. En chevauchant d'une traite, ils atteignirent les lieux du crime en moins d'une demi-heure, malgré la neige et le verglas qui pourtant ralentissaient leur progression. Les sabots des chevaux enveloppés de vieux chiffons dérapaient quand même sur le sol gelé à la moindre dénivellation, notamment dans les endroits très pentus, comme il en existait beaucoup dans la région. Néanmoins, on évita de justesse plusieurs chutes : c'étaient tous des cavaliers chevronnés. Les abords du lieu où gisait le cadavre leur parurent plus sinistres encore que la première fois. Il faisait un froid glacial : de la buée s'échappait des naseaux de leurs montures et des bouches des hommes quand ils prenaient la parole, on avait l'impression que ces petits nuages évanescents, pourtant insignifiants, allaient se transformer en glace à la minute même. Il y avait une épaisse couche de neige recouvrant le sol et elle s'accrochait partout dans les buissons et les arbres.

Leurs branches malmenées protestaient à leur manière, l'une d'entre elles cédait parfois sous le poids du givre dans un craquement sinistre, navrant, qui les faisait sursauter malgré eux, troublant le silence de la forêt pétrifiée par la froidure. Un métayer, braconnier à ses heures, avait indiqué à Aimeri l'endroit où se trouvait la pauvrette, se gardant naturellement de lui préciser les raisons de sa présence dans les bois. Ils se repérèrent d'après ses dires approximatifs, une fois qu'ils eurent atteint une sorte d'embranchement à la croisée des chemins. A une lieue de là, tout en bas d'un ruisseau gelé, ils firent une découverte plus macabre encore que celle de la chasse datant des fêtes avant Noël. D'autant que cette fois-ci, il s'agissait d'une gamine d'une douzaine d'années environ, victime innocente qui avait été souillée, puis immolée comme une pauvre biche aux abois... L'infortunée petite n'avait presque pas de formes féminines, son corps était d'une maigreur épouvantable.

— Recouvrez-la sans plus attendre, ordonna Eudes bouleversé par un spectacle aussi affligeant. Quelqu'un connaît cette pauvrette ? lança-t-il à la ronde.

Personne ne lui répondit, la scène les avait tous plus ou moins choqués. Le regard fixe ou au contraire affolé de certains d'entre eux trahissait même de l'épouvante. Mais c'étaient des hommes, des chevaliers, pourtant habitués à la vue du sang et des cadavres. Pour cette raison, ils évitaient de laisser transparaître leurs sentiments, craignant qu'on ne les traite de couards ou de faibles « femelles », insulte suprême pour ces vaillants combattants. Bérenger réagit le premier en exprimant son émoi :

— Je sais point qui est cette fillette, sire... Tout ce que je peux affirmer, c'est qu'il s'agit d'une œuvre satanique, celle de Belzébuth en personne. Quel homme sain d'esprit s'en prendrait à une enfant aussi jeune ? C'est un meurtre répugnant et indigne d'un chevalier, ajouta-t-il en crachant par terre pour signifier son dégoût.

Ses dernières paroles se suspendirent à ses lèvres, les hommes rassemblés tendirent l'oreille, alertés par des bruits significatifs, de plus en plus proches d'eux, leur indiquant la présence d'un homme ou d'un animal. De toute évidence, un être vivant quel qu'il soit progressait dans leur direction, non sans rencontrer quelques difficultés. Cette menace assez vague finit par se préciser, car des branches craquèrent soudain, les plaques de verglas et l'épais tapis de neige figée sur le sol crissèrent sous des pas humains qu'ils identifièrent immédiatement, sans confusion possible. Néanmoins, Eudes tressaillit quand il sentit que des mains inconnues s'agrippaient à ses bottes et qu'une masse de cheveux châtain foncé s'étalait à ses pieds, interrompant le cours de ses tristes réflexions.

— C'est toi, la Bertille de l'écart des Hautes Terres ? questionna-t-il l'air soucieux.

— Oui, not'maître. Mon aînée, ma Flora, on la cherche partout, elle est pas rentrée d'puis hier au soir. On a retrouvé l'chien, pis les moutons dans l'champ, mais point d'p'tiote... Quand l'Jeansou nous a parlé de c't crime d'grand matin... C'est pas ma p'tiote, des fois ?

Avant qu'il n'ait pu réagir d'une quelconque manière, Bertille s'était déjà relevée, avait franchi le fossé et écartait le manteau que Bérenger avait étendu sur la jeune trépassée. Un cri de bête blessée à mort se fit entendre aussitôt, la pauvre mère hurla de toutes ses forces :

— C'est ma p'tiote... Ma pauvr 'Flora... Pauv'de nous, pitié pour elle...

Bertille s'était agenouillée pieds nus dans la neige. Dans sa précipitation, elle avait perdu ses sabots. Puis elle avait saisi le visage glacé de sa fille entre ses mains et sanglotait tout haut en la berçant contre elle : « C'est pas possible...Ma pauv'Flora... Pourquoi, on t'a fait ça à toi ? » se lamentait-elle encore anéantie de douleur.

Un long cri de désespoir ou plutôt de rage répondit bientôt aux manifestations de douleur de la mère. Personne n'avait entendu venir le misérable hère couvert de guenilles rapiécées, d'une veste cousue en peaux de lapins grossièrement assemblées et de braies déchirées, trouées aux genoux. C'était Yvon, son mari...

Une crasse tenace, incrustée depuis plusieurs jours luisait sur son visage osseux, de grands sillons noirs descendaient le long de son nez, mais ses yeux immenses de couleur bleu lavande lançaient des éclairs de fureur semblables à ceux d'une personne qui aurait subitement perdu l'esprit...

—L'maudit ! J 'vas l'crever avec mon couteau... S'attaquer à ma gamine qu'a pas treize ans...Sûr que j'l'tuerai, même avec ma fourche, j'l'raterai pas... Ct'ordure...

Immobile, le regard dur et étrangement sec, il s'appuyait sur un solide bâton de noisetier, une faucille pendait à sa ceinture de flanelle lui entourant les reins, mais il refusait de s'épancher ou de verser une seule larme. Fier et impassible, il dominait son chagrin jusqu'à le métamorphoser en une colère sourde, froide, montant du plus profond de ses entrailles. C'était un colosse, plus grand que tous les hommes présents, il les dépassait largement d'une bonne tête et une vraie force de la nature également... Yvon abattait l'ouvrage de deux hommes à la fois, quand il était nourri correctement de légumes, de pain et de bouillies de céréales. Mais là, au cœur de l'hiver, il n'avait plus que la peau sur les os. Pourtant, sous l'immense carcasse presque décharnée, recouverte d'horribles oripeaux, on devinait que se cachaient d'habiles bras noueux, qu'il était bâti tout en muscles. Des lanières de peaux de bêtes enroulaient ses longues jambes d'une maigreur épouvantable, mais par endroits on entrevoyait sa peau nue, ses pieds de géant rougis par le froid dépassaient de ses sabots fendus, ébréchés par endroits.

—Relève-toi la Bertille, tonna-t-il d'une voix décidée. Tes pleurnicheries feront pas revenir not'pauv'p'tiote...

D'un bond agile, il franchit les quelques pouces le séparant d'elles et il voulait déjà découvrir leur fillette en arrachant le manteau de Bérenger.

— C'est pas pour nous c't genre d'biaude, commença-t-il furieux.

Bérenger l'avait rejoint, arrêtant son geste en l'empoignant avec fermeté par le bras.

— Laisse-la couverte, Yvon. C'est mieux pour ta femme, épargne-lui au moins cet abominable spectacle...

Mais le père, très indépendant et têtu, se débattit avec une énergie ou plutôt une rage insoupçonnable alors qu'il mourait presque de faim. D'un seul coup, il réussit à se dégager et repoussa sans ménagement Bérenger. Puis d'un geste de colère, il lança au loin le manteau de l'écuyer qui atterrit dans le ru.

Avant que Bertille n'ait eu le temps de réagir, il avait rabattu d'un mouvement leste le jupon de sa fille. Puis très digne, il souleva la jeune morte qui ne pesait pas bien lourd et la serra contre sa poitrine. Un court instant, Bérenger qui se trouvait tout près des pauvres parents, crut voir son regard s'embuer de larmes... Cette émotion fugitive ne dura pas et il retint impérativement sa peine. Mais la pauvre mère avait compris et sanglotait très fort maintenant.

— Pire qu'des bêtes, souffla-t-il le regard haineux en s'approchant du sire de Bissey, son maigre fardeau pressé contre lui comme s'il souhaitait encore protéger sa fille d'un quelconque danger.

Hélas, il était trop tard ! Le malheur s'était déjà abattu sur elle.

— Qu'entends-tu par là, Yvon ? lança Eudes sans se laisser impressionner par son attitude vaguement menaçante. Tu ne soupçonnes quand même pas les gens du château, ce serait un comble ? J'en réponds sur mon honneur, il n'y a pas de criminel parmi nous...

Aimeri de Thil s'était interposé entre les deux hommes, faisant reculer Yvon qui refusait pourtant de baisser les yeux, soutenant le regard de son seigneur.

— Avec nous aut', pauv'vilains, tout vous est permis not'maître, rétorqua le père outragé par la souillure infligée à sa fille. Mais très orgueilleux, il refusait toujours de plier l'échine.

— Baisse les yeux, toi le croquant, l'avertit néanmoins Aimeri. En voilà des façons... Obéis et respecte ton seigneur, sinon...

— Cesse, Aimeri, lâcha Eudes, tout de même contrarié. Son chagrin de père lui fait perdre la tête, je le comprends car j'ai moi-même des enfants...

— Mais enfin, tu me connais Bertille, reprit-il en s'adressant à sa femme. Est-ce que vous avez eu à vous plaindre de moi, un jour ou l'autre ? Suis-je un seigneur impitoyable envers vous tous ? Je ne suis pourtant pas responsable du mauvais temps qui vous affame...

— C'est ben vrai, not'maître, admit-elle dans un souffle. Pis, vous nous avez encore aidés l'mois passé en nous acquittant des redevances d'la Saint-Martin qu'on pouvait pas vous payer... Excusez mon homme, c'est c't grand malheur...

— Viens Yvon, lui conseilla-t-elle en poussant le géant de côté, elle l'avait attrapé par la manche et tirait pour le faire avancer. On a assez d'not'peine, va...

— Attends, Bertille, lui ordonna Eudes en fouillant dans sa poche à la recherche de sa bourse. Après avoir dénoué les cordons, il en sortit une pièce de dix sols en argent.

— C'est pas grand chose en considération de votre malheur, soupira-t-il en la lui glissant dans la main. Avec l'Yvon, vous pourrez acheter une brebis ou une chèvre. Choisis-en une belle, si vous pouvez patienter jusqu'à la foire de printemps... En attendant, passe chercher du pain et de la farine aux cuisines du château, je donnerai des ordres... Mais je sais bien que rien ne peut consoler de la perte d'une enfant, ajouta-t-il en reculant d'un pas.

— Ne refuse pas Yvon, lança-t-il à l'intéressé. Je connais ta fierté, mais pour une fois, accepte en pensant à tes autres petits qui ont faim... Et ça aidera la Bertille à faire bouillir la marmite par ces temps difficiles...

L'autre, serré de près par sa femme, accepta de garder le silence, mais il redressa la tête d'une manière hautaine, comme si ce geste de charité l'humiliait davantage, ajoutant des souffrances supplémentaires à sa douleur déjà insupportable.

— Tout ça s'paiera un jour, marmonna l'Yvon entre ses dents, dès qu'ils se furent éloignés de quelques pas. Pour sûr, ça s'paiera not'maître...

Quelques minutes après que les malheureux parents eurent disparu entre les arbres, grimpant tant bien que mal en coupant à travers les pentes verglacées de la châtaigneraie pour atteindre le sommet de la montagne et regagner au plus vite leur misérable chaumière, le groupe d'hommes présents au bord du ru se sentit soulagé comme si une menace s'éloignait soudain... Un vent de révolte avait plané un court instant dans l'air, remettant en cause l'autorité du seigneur.

— Le pauvre Yvon est devenu fou à cause de la mort atroce de sa fille, conclut Bérenger peiné par son attitude injuste. C'est un rude travailleur qui abat de l'ouvrage, mais quel sale caractère ! Je plains la Bertille, elle doit pas s'amuser tous les jours avec pareil énergumène.

— Pour ma part, je supporte pas l'arrogance de ces manants, l'interrompit Aimeri. Je l'aurais volontiers fait taire ce gueux, si vous me l'aviez ordonné sire, précisa-t-il encore en s'adressant à Eudes.

— Il suffit vous deux, les arrêta le seigneur d'un geste de la main traduisant son agacement. On rentre au château, il n'y a plus rien à faire ici...

— Quant à toi, Aimeri, gronda-t-il le regard courroucé. La prochaine fois, garde tes conseils, je sais tout de même ce que j'ai à faire... Aussi, je te préviens devant tout le monde : remue-toi davantage avec tes hommes pour retrouver le coupable le plus prestement. Sinon, tu ne feras pas long feu dans ma maison, foi d'Eudes de Bissey... Je n'ai que faire d'un paresseux et de ses propos fort outrecuidants pour me servir... Tu ne réussiras qu'à pousser mes vilains à se révolter contre moi...

L'imprudent intendant tâtait de la colère du seigneur qui, pour finir, se retournait contre lui. Le pont-levis à peine franchi, alors que les hommes mettaient pied à terre dans la cour du château, on l'entendit donner des ordres à quelques soldats et dévoués serviteurs.

— J'exige que vous soyez tous armés jusqu'aux dents, munissez-vous de tout ce qui vous tombe sous la main... Emparez-vous sans hésiter du moindre coutelas ou poignard même usagé. Prévoyez aussi des quantités importantes de bougies et des lanternes, nous allons battre la forêt du côté de La Pierre Levée... Nous y passerons toute la nuit, s'il le faut, mais nous trouverons quelque chose. Si Dame Fortune daigne nous sourire, nous parviendrons à débusquer cet infâme criminel...

Les remarques offensantes, surtout injustes d'Eudes l'avaient piqué, blessé dans son amour-propre, même si son inconscience aveugle le révoltait. Si le seigneur croyait que c'était facile de chercher une aiguille dans une botte de foin, qu'il vienne s'y frotter lui-même ! Il n'y avait pas d'indice ni la moindre trace du coupable en raison de cette quantité de neige qui s'accumulait au fil des jours. D'autre part, il ne pouvait veiller toutes les nuits avec une poignée d'hommes pour surveiller l'ensemble des terres et des forêts de la seigneurie car sa superficie était trop étendue. « C'était une mission quasiment impossible, le meurtrier pouvait frapper n'importe où, à n'importe quel moment du jour ou de la nuit », songeait-il en enfourchant son vieux cheval alezan. Puis d'une voix forte, Aimeri cria qu'on abaisse le pont-levis pour les laisser sortir. Hélas, le proche avenir lui donna entièrement raison.

Comme il souhaitait absolument mettre la main sur l'abominable monstre responsable de tous ces crimes odieux afin de l'empêcher de nuire de nouveau, ils patrouillèrent sans relâche pendant une dizaine de jours, parcoururent le bois de Trangy dans tous les sens, explorant les moindres recoins où il aurait pu se cacher, battant les fourrés les plus broussailleux, les tanières habilement cachées des renards. Hardis et volontaires, ils s'aventurèrent jusque dans les bauges puantes des sangliers. Enfin, ils n'hésitèrent pas un seul instant à troubler le silence de l'ermite habitant une cabane proche de la Roche du Diable. Mais en vain... L'intendant et ses hommes avaient chevauché une grande partie du jour jusqu'à la nuit tombée pour rentrer bredouilles au château, lorsqu'on l'informa tout à fait par hasard qu'un autre crime venait d'être commis, mais plus au nord. En fait, c'était exactement dans une direction opposée à celle des endroits qu'ils venaient de prospecter, passant chaque combe, chaque clairière au peigne fin, à la recherche de la moindre piste ou d'un éventuel maraudeur se cachant dans ces solitudes reculées.

Les soldats exténués, transis par le froid, lui obéissaient à contre cœur et il voyait bien qu'au moindre incident, ils finiraient par se retourner contre lui et se révolter. Aimeri de Thil n'était pourtant ni un poltron ni un homme peureux, mais que pourrait-il faire contre une vingtaine d'hommes déterminés et armés comme de véritables combattants ? Blasé, il se dit qu'il mourrait à coup sûr, victime de son devoir qu'il accomplirait sans défaillance. Jusqu'à présent, il avait obéi et servi le seigneur Eudes en faisant preuve d'une fidélité irréprochable, trouvant plaisir à se dévouer sans cesse pour le contenter. De son côté, il n'avait jamais eu à se plaindre de son maître... Mais maintenant, avec ces histoires de viols et de crimes, il n'en pouvait plus de supporter ses reproches tranchants, catégoriques. Si les choses s'envenimaient ou perduraient, il partirait avec son armure, ses armes et son vieux cheval – c'était tout ce qu'il possédait au monde – il s'en irait chercher fortune ailleurs, du côté de Tonnerre ou d'Auxerre, où l'on recrutait parfois des intendants le long de la vallée du Serein riche en châteaux forts et autres demeures seigneuriales...

Le troisième meurtre avait porté un coup brutal à tout le monde au château, dix jours après celui de Flora, la fille de Bertille et du grand diable d'Yvon de l'écart des Hautes Terres. Cette fois-ci, il s'agissait d'un jeune garçon. Un mardi matin, au lever du jour, des braconniers avaient retrouvé le petit Auberi de la métairie des Grandes Bruyères sur les hauteurs de La Pierre Levée, gisant non pas dans un bois, mais dans un fossé à l'orée d'un grand champ, la gorge tranchée comme les précédentes victimes. Le gamin avait tout juste onze ans. C'était au demeurant un enfant superbe, beau de visage, avec des traits fins et délicats comme ceux d'une demoiselle. D'ailleurs, il n'était pas bâti aussi solidement que la plupart des fils de paysans du village. En se rendant sur les lieux du crime et en découvrant la malheureuse victime, Eudes s'était dit que le meurtrier avait pu le confondre facilement avec une fille, s'il l'avait agressé alors qu'il faisait encore nuit... Sa silhouette longiligne, presque efféminée, l'aurait abusé d'une manière trompeuse. Ce nouveau drame échauffa davantage les esprits des vilains demeurant dans les alentours. Déjà que les accusations non fondées d'Yvon, le père de Flora, poursuivaient partout le seigneur Eudes. L'infortuné père de famille ne s'était pas gêné pour l'accuser ouvertement de complicité avec le meurtrier devant ses gens rassemblés.

Trois crimes sordides avaient eu lieu en l'espace d'un mois et demi. C'était impensable, on n'avait jamais rien vu de tel ! Un mystère angoissant, parce que non élucidé jusqu'à ce jour, malgré la vigilance et les efforts considérables, déployés par son intendant, comme avait pu le constater le seigneur Eudes. Ces derniers jours, Aimeri ne s'était guère ménagé, se démenant comme un forcené, obsédé par l'idée de faire aboutir à n'importe quel prix ses recherches en employant les grands moyens. Les nombreuses battues renouvelées tous les deux ou trois jours, les chevauchées nocturnes sous des températures glaciales, les tours de garde dans certains bois isolés où il avait posté plusieurs hommes n'avaient rien changé à la détermination de l'assassin. Puisque le monstre avait derechef aveuglément frappé... Aimeri n'avait obtenu aucun résultat, pas le moindre indice, déplorait Eudes en proie au découragement. Voilà que maintenant, toutes sortes de rumeurs aussi originales qu'absurdes couraient dans les chaumières, se propageant même dans les masures les plus isolées, sans doute alimentées par la haine d'Yvon. Le vilain ne supportait plus la domination écrasante des seigneurs dans le Morvan, la contrée où il était né.

Une telle réaction désespérait le seigneur Eudes, s'il respectait le chagrin du père exaspéré par la mort de son enfant, il ne comprenait pas qu'il utilise son propre malheur pour pousser les autres paysans à la révolte... En son âme et conscience, Eudes se sentait responsable de la sécurité de toutes les personnes vivant sur sa seigneurie. C'était un devoir moral en quelque sorte, une exigence concrète qu'il avait toujours assumée avec succès, sans rencontrer aucun problème particulier depuis l'année mille deux cent soixante et onze où le comte de Nevers l'avait investi de son fief. Après tout, c'était lui, le seigneur et maître qui commandait sur ce domaine et l'ensemble de ses terres... A plusieurs reprises, les soupçons, puis les accusations directes des vilains s'étaient multipliés au point de perturber le déroulement des traques menées sur ses ordres. Au cours de ses nombreuses investigations, Eudes s'était aperçu que la plupart d'entre eux détestait ouvertement Aimeri, son intendant, que cette haine presque palpable englobait la soldatesque armée l'accompagnant au cours de ses rondes. Et si c'étaient les soldats en personne qui assassinaient leurs pauvres enfants ? rapportait-on dans les alentours, y compris dans le bourg de

Bissey. Le seigneur Eudes n'était plus le bienvenu comme avant, des regards suspicieux, remplis de rancune et de colère se posaient sur lui tandis qu'il visitait ses fermes ou ses métairies à la recherche de la moindre piste ou de quelque témoignage. On ne le recevait plus de la même façon dans les chaumières, où il aimait pourtant s'asseoir sur un banc et partager un oignon accompagné d'un quignon de pain rassis avec ses habitants. Car le seigneur n'était pas un homme fier ni prétentieux en aucune manière.

Maintenant, les croquants se méfiaient de lui : ils cachaient leurs femmes et leurs filles à l'intérieur de leur masure dès qu'ils entendaient le galop de leurs chevaux. Les cours de fermes devenaient subitement désertes, gardées par un vieux corniaud ou un molosse aux crocs menaçants. Un climat de peur s'était installé dans le bourg et les environs de Bissey, se propageant même jusque dans les villages voisins. On soupçonnait tout le monde, surtout les étrangers circulant sur les routes, bien qu'ils ne soient pas nombreux par ce mauvais temps. Prudents, les malheureux tenanciers hésitaient à laisser sortir leurs femmes et leurs filles...

Pourtant, c'était souvent une nécessité, s'ils voulaient survivre à la dureté de l'hiver, ils ne pouvaient rester plus longtemps claquemurés chez eux. Au moindre rayon de soleil, on en profitait pour sortir le maigre bétail que l'on plaçait sous la surveillance des enfants les plus âgés et d'un chien de berger, c'était une précaution obligatoire si on ne voulait pas perdre une bête. Les femmes, elles, partaient à la recherche du moindre morceau de bois qui réchaufferait leur chaumière. Poussées par la nécessité, elles s'aventuraient parfois jusque dans la forêt pour rapporter des fagots ou encore quelques branches mortes, cassées par le vent. L'atmosphère rendue angoissante, sinistre par tous ces crimes mystérieux devenait davantage oppressante à la campagne, renforcée par la dureté de l'hiver emprisonnant tous les manants dans un environnement hostile et une chape de silence. Le moindre trajet d'une métairie à l'autre coûtait d'énormes efforts à ses occupants, car ils se déplaçaient à pied affrontant un froid vif, dur à supporter pour leurs organismes affaiblis, se risquaient sur des chemins verglacés dont le tracé avait presque disparu sous des monceaux de neige, des congères d'une hauteur incroyable. Si les malheureux se perdaient en route, c'était la mort assurée... Les pauvres gens avaient l'impression d'être coupés du monde réel, comme livrés pieds et mains liés à une sorte de monstre anthropophage qui profitait de cet hiver d'une rigueur exceptionnelle pour exterminer leurs enfants. Ils se trouvaient tous à la merci d'un effroyable cauchemar, interminable...

Depuis huit ans qu'Eudes avait repris le fief et la seigneurie de Bissey, il n'avait jamais rien connu de semblable... Pourtant dans le passé, les hivers rudes avaient affamé de pareille manière ses paysans. Une année même, il avait dû affronter une période de disette, le printemps suivant son installation au château, alors qu'on était en pleins travaux de construction. Pendant près de deux mois, Eudes avait délaissé ses projets architecturaux pour se préoccuper uniquement de leur survie. Avec l'aide de dame Bathilde, très dévouée pour soulager toutes les misères, ils avaient limité les dégâts, sauvant le plus grand nombre de personnes possible, exténuées, fragilisées par le manque de nourriture. Tout était rentré assez vite dans l'ordre et on n'avait pas déploré une trop grande mortalité, contrairement à d'autres villages touchés par la disette qui avaient perdu plus de la moitié de leur population. Le seigneur des lieux avait sacrifié plusieurs pièces d'or prélevées dans les coffres où il gardait les économies destinées à l'édification de sa demeure, soucieux d'abord de procurer à manger à tous ses vilains. A la foire de Saulieu, Aimeri avait réussi à dénicher du méteil, ce qui était un véritable exploit en soi, à l'acheter à un tarif exorbitant comme cela se produisait toujours en cas de crise.

Au cours d'une disette, les profiteurs et les marchands malhonnêtes multipliaient le prix des céréales par trois ou par quatre. Enfin, l'intendant était parvenu à acheminer sans encombre jusqu'au château un chariot rempli des fameux sacs de grains synonymes d'espoir, parce que porteurs de vie... Néanmoins, une vingtaine de soldats de la garde du seigneur l'accompagnait pour veiller sur le précieux chargement, sinon on les aurait attaqués en cours de chemin, puis dévalisés et assassinés sans aucune pitié ni remords.

C'était le sort le plus fréquent que l'on réservait aux imprudents ou plutôt aux inconscients circulant sur les routes sans protection. Ce geste humain avait valu au seigneur l'estime et le respect de la plupart des hommes et femmes besognant sur ses terres.

Mais en ce mois de février douze cent quatre-vingts, plus rien n'allait comme Eudes le souhaitait... Au sein même de sa famille, il se trouvait confronté à de nombreux soucis et la sérénité des années passées lui faisait cruellement défaut. Une liaison d'à peine quelques jours avec une servante avait causé un véritable orage conjugal, mettant son propre mariage en péril. Aujourd'hui encore, il sentait bien que dame Bathilde ne lui avait pas tout à fait pardonné son infidélité. Cette déplorable aventure lui avait considérablement aigri le caractère, alors qu'elle était de nature plutôt douce et confiante avant ce regrettable faux pas dont il assumait naturellement l'entière responsabilité.

La santé précaire de Guillaume, leur dernier-né, causait de graves soucis et des complications supplémentaires à sa dame déjà suffisamment fatiguée et éprouvée par sa naissance. Le nourrisson avait survécu malgré sa faiblesse, mais il ne profitait guère et requerrait toute l'attention et les soins de sa mère. Il pleurait presque toutes les nuits et Bathilde se relevait inlassablement sans se plaindre une seule fois. Son épouse s'était violemment opposée à sa propre décision, refusant de le confier à la nourrice Guillemette comme il le lui avait vivement conseillé. Autrefois, elle lui aurait obéi sur le champ, sans se risquer à une seule protestation. Mais décidément, elle avait beaucoup changé... Très courageuse, chaque nuit, elle s'empressait de se lever dès qu'elle entendait le moindre bruit provenant du berceau, s'empressait de prendre le petit dans ses bras pour le nourrir ou le consoler, avant que ses pleurs ne réveillent son mari et toute la chambrée reposant à l'étage. Tous ces tracas familiaux s'ajoutaient à d'autres soucis extrêmement pénibles et le seigneur Eudes désespérait de vivre comme il l'entendait, c'est-à-dire dans la paix et la bonne humeur. Dans son château fort, emprisonné par le froid et la neige comme ses pauvres vilains dans leur chaumière, il attendait la venue du printemps comme celle d'un miracle qui le libérerait enfin de tous ses problèmes... Mais il se trompait lourdement à ce sujet !

5 - *Un printemps tant attendu et déterminant.*

Le mois de mars de l'an mille deux cent quatre-vingts s'imposa avec lenteur et difficulté comme s'il ne parvenait pas à chasser la rigueur exceptionnelle de l'hiver. Les pauvres hères vivant sur la seigneurie de Bissey finirent par se sentir prisonniers, parce qu'ils se calfeutraient à l'intérieur de leurs chaumières, où ils peinaient à se réchauffer. Comme il était interdit de couper du bois dans la forêt appartenant au seigneur, ils se contentaient d'alimenter l'âtre avec des branches mortes, à la rigueur quelques morceaux de piètre qualité, abandonnés sur place par son intendant. Ils ouvraient aussi la porte de l'étable communiquant avec leur misérable logis pour profiter de la chaleur dégagée par les bêtes. Si par mégarde, ils laissaient le feu s'éteindre, les températures chutaient d'un seul coup, devenaient glaciales, l'eau gelait dans les seaux et les abreuvoirs. La situation des châtelains n'était guère plus enviable que celle de leurs paysans dès que l'on s'éloignait, ne serait-ce que de quelques pas des immenses cheminées où brûlaient des troncs d'arbres entiers, un froid mordant vous glaçait les sangs, tandis qu'une humidité persistante s'abattait sur vos épaules. Le village entier grelottait encore de froid, ses habitants les plus démunis mouraient de faim, tombaient d'inanition s'ils se risquaient à s'écarter des chemins sillonnant le bourg. Alors que la terre commençait à peine à dégeler en profondeur, des pluies diluviennes avaient succédé à la neige encore présente s'étalant par plaques plus ou moins étendues, durcies par le gel, d'une couleur blanchâtre virant à un gris sale, tenaces dans les endroits les moins bien exposés comme les hauteurs dominant la vallée et le château fort ou encore dans les profondeurs de la forêt. Le spectre de la disette, talonné en général de près par celui de la famine, hantait naturellement les pensées du seigneur de Bissey et il ne cessait de déplorer la perte de ses gens trépassés au cours de l'hiver. Partout, c'était une immense désolation...

Après la fonte des neiges, les prés, les bois, les terres cultivables, ainsi que la plupart des chemins étaient déjà passablement inondés et tous les villageois pataugeaient dans la boue, aussi bien le seigneur que ses propres vilains. Les trombes d'eau déversées du ciel au début du mois firent songer à un vrai déluge et perturbèrent la vie quotidienne, comme elles compliquèrent davantage le travail de la terre. Ces précipitations abondantes, incessantes de jour comme de nuit, noyaient les parcelles labourées ou emblavées, faisaient disparaître routes et sentiers. A perte de vue, on ne voyait que des étendues d'eau croupie d'une couleur suspecte, marron ou noirâtre, stagnant sur le sol. Les quelques manants se risquant à l'extérieur se protégeaient de la pluie à l'aide de vieux sacs de jute qu'ils mettaient sur leur tête, mais ils étaient vite trempés... Leurs enfants attrapaient de mauvaises fièvres et on entendait tousser dans toutes les chaumières et même jusqu'au château. Dom Léonard soignait ses habitants à l'aide de tisanes sucrées au miel et leur recommandait de sucer de la pâte noire de sambucus ou sureau, souveraine pour ce genre d'affection respiratoire, qu'il distribuait toutefois avec parcimonie en considérant l'augmentation du nombre de malades.

Certaines masures passablement délabrées à l'automne n'avaient pas résisté aux rigueurs climatiques, leurs murs de torchis se fissuraient de toutes parts. De plus, il y pleuvait à l'intérieur comme à l'extérieur. De ce fait, l'intendant du château avait ordonné que l'on répare à la hâte les dégâts touchant leur toiture de chaume. Il voulait absolument éviter qu'elle ne s'effondre sur leurs infortunés habitants, suffisamment souffreteux après ce rude hiver, afin que leur soient épargnés des tourments supplémentaires. Subitement, à la mi-mars, les pluies cessèrent comme elles étaient apparues, l'herbe commença à reverdir et les jours grandissaient de manière spectaculaire. Tout le monde finit par reprendre espoir... D'ailleurs, il n'y avait pas eu d'autre meurtre après celui du malheureux Auberi des Grandes Bruyères, au lieu-dit de la Pierre Levée. Le seigneur Eudes chargea son intendant de faire le tour des fermes et métairies pour organiser les travaux de printemps. Dans un premier temps, il s'agissait de remettre les hommes valides au travail, comptabiliser le maigre cheptel de vaches, chèvres, moutons et porcs qui avait durement souffert de l'hiver. Certains tenanciers ou métayers n'avaient pas hésité à sacrifier une brebis ou un porcelet pour assurer leur survie, quand ils avaient trop faim... Ensuite, ils affirmaient que la bête avait disparu ou péri d'une maladie et qu'ils l'avaient enterrée sans perdre de temps, de crainte que le reste du troupeau ne soit touché par la contagion. Mais rien n'échappait à la vigilance d'Aimeri, qui notait le nombre exact de têtes de bétail sur un grand registre, pour le compte de chaque vilain vivant sur la seigneurie. Très bien organisé, s'appuyant sur une mémoire infaillible, il n'oubliait jamais le moindre animal, y compris les bêtes à plumes de la basse-cour, dont la moitié ou parfois davantage revenait au seigneur selon la nature du fermage ou des accords conclus avec lui. Inutile de préciser qu'il ne restait pas grand chose aux malheureux croquants qui n'avaient même pas le droit de protester. Sinon, l'intendant n'aurait pas hésité à faire fouetter jusqu'au sang l'insolent ou le révolté qui s'y serait risqué pour lui donner une leçon. Evidemment, le seigneur cautionnait toujours les agissements de son propre représentant, même si en privé, il lui recommandait de se montrer moins dur en considération des malheurs qui s'étaient abattus cet hiver sur le village.

L'ambiance familiale semblait plus sereine également au château. Dame Bathilde avait récupéré des forces, mais hésitait encore à sortir : la cour du château était impraticable à cause de l'invasion de la boue, malgré les planches et les rondins qu'on avait jetés ici et là pour la traverser. Avec ses dames de compagnie, elles ne s'éloignaient guère de la vaste salle du donjon au premier étage, où elles se plaisaient à coudre et à broder en écoutant de la musique. L'une de ses favorites du moment, Denise, jouait de la cithare pour accompagner ses chants tandis que ses compagnes tiraient l'aiguille, filaient la laine en se servant de leur rouet. Cette suivante possédait une voix flûtée, mélodieuse, son répertoire varié surprenait toujours ses compagnes qui ne se lassaient jamais des lais d'amour si appréciés de la plupart d'entre elles, s'égarant parmi les chansons guerrières, très entraînantes, ou les chansons à boire plus grivoises... Non seulement elles cousaient pour leur famille, leurs propres enfants en bas âge surtout, mais elles confectionnaient encore des objets pieux, destinés à la chapelle du château ou à l'église du village.

Ce printemps-là, dame Bathilde s'appliquait à broder une nappe d'autel – pour réaliser cet ouvrage, elle se surpassait en utilisant des points compliqués comme le point de Damas – qu'elle avait promise au prêtre de l'église de Bissey si Guillaume, son dernier-né, survivait... Pour l'instant, il s'accrochait tant bien que mal à la vie, malgré sa maigreur et sa santé fragile. Comme dame Bathilde était bonne et généreuse de nature, qui plus est, toujours très amoureuse de son époux, elle lui avait presque pardonné l'offense qu'il lui avait infligée au moment de sa naissance. De toute façon, c'était une habitude prise depuis des années, du fait qu'il la trompait souvent... Une fois de plus, elle décida de fermer les yeux sur sa scandaleuse infidélité. Le baron se sentait tout ragaillardi par l'approche du printemps, de très bonne humeur également, il s'imaginait que les bienfaits liés au renouveau de la nature s'étendraient à son foyer et à sa maison. Aussi décida-t-il d'exposer aux siens des projets caressés dès les fêtes de Noël, mais auxquels il avait renoncé temporairement, tellement l'ambiance générale était tendue et morose à cette époque-là... Sans hésiter davantage, il profita du fait que ses deux fils aînés leur avaient rendu visite et demeuraient au château durant quelques jours pour convoquer femme et grands enfants à une sorte de réunion exceptionnelle dans la grande salle du donjon. C'était par un bel après-midi ensoleillé d'avril.

Le seigneur avait seulement ordonné à son écuyer Bérenger d'être présent parmi eux, son intendant étant très occupé à l'extérieur sur ses terres, d'ailleurs cette affaire-là ne le concernait guère. Tandis que le premier était plus ou moins impliqué dans la vie familiale d'Eudes depuis son mariage. Dame Bathilde avait paru un peu surprise sur le moment, mais elle avait deviné sans peine de quoi il s'agissait. Seulement l'annonce de ce conseil de famille la contrariait énormément, parce qu'elle n'envisageait pas cette échéance dans un avenir aussi proche. D'un point de vue très égoïste, elle souhaitait profiter le plus longtemps possible de la présence de sa fille aînée au château. Pour la simple raison que Mélisande n'était pas indifférente à ses soucis de mère de famille, qu'elle s'efforçait de l'aider du mieux possible en la secondant dans l'éducation de ses nombreux frères et sœurs. Au quotidien, la jouvencelle se dévouait afin de leur inculquer les principes de base de la politesse et d'une conduite irréprochable, elle la remplaçait encore pour surveiller leurs jeux ou leurs promenades. C'était donc une aide précieuse pour dame Bathilde, de plus en plus fatiguée, constamment débordée par toutes sortes d'obligations et ses nombreuses tâches de maîtresse de maison. Même si elle savait qu'un jour, son époux déciderait de toute façon du sort de leurs aînés, elle redoutait néanmoins les arrangements qu'il leur avait réservés. D'ailleurs, Eudes ne l'avait ni informée ni même consultée à ce sujet. C'était lui, le chef de famille, et elle n'avait pas voix au chapitre. En tant qu'épouse, elle devrait lui obéir docilement comme leurs enfants le feraient à leur tour. Quant aux intéressés, ils ne se doutaient nullement de ce qui se tramait derrière leur dos et les deux garçons pensaient que leur père désirait les éclairer sur la suite de l'affaire concernant les crimes sordides de l'hiver. En toute innocence, les trois jeunes gens bavardaient avec insouciance en attendant l'arrivée du seigneur et maître du château. La lumière tentait de pénétrer à grands flots dans la vaste pièce, très sombre d'habitude, et l'ambiance était plutôt joyeuse s'accordant avec cette journée de printemps radieuse.

Mélisande s'était penchée au dehors et faisait signe à Gervaise, une jeune servante, avec laquelle elle avait tissé des liens d'amitié depuis peu de temps. Cette dernière était chargée d'un panier de linge mouillé qu'elle allait étendre sur l'herbe du pré le plus proche, parce qu'il était inondé d'un beau soleil tout neuf. D'autres domestiques plus âgées l'accompagnaient et leurs rires, leurs bavardages incessants, parvenaient jusque dans la pièce. Pour s'occuper les jouvenceaux croquaient quelques noisettes, les dernières des provisions faites à l'automne, et plongeaient à pleines mains dans une coupe placée au mitan de l'imposante table en chêne, dressée par les valets. Puis sans faire de manière, ils recrachaient les coques vides en les lançant le plus loin possible à même le sol recouvert de fraîches brassées de joncs, d'herbes odorantes, cueillies le matin même.

Dame Bathilde souriait à ses enfants, confortablement installée dans un fauteuil à côté de sa corbeille à ouvrages, tout près de la cheminée encore allumée. Depuis plusieurs jours maintenant, elle brodait une chasuble neuve pour Dom Léonard leur chapelain, les siennes étant toutes usées ou déchirées. A l'instant présent, elle se sentait vraiment heureuse de vivre, presque détendue, entourée de ses trois aînés et elle priait pour que son mari n'arrive jamais jusqu'à cette salle, retenu par un empêchement quelconque... Tout à fait lucide, elle n'ignorait pas qu'ils savouraient leurs derniers instants de béatitude, redoutant les conséquences des projets d'Eudes, comme on appréhende le feu dans la forêt en période de sécheresse. L'intervention de son mari risquait de bouleverser la quiétude familiale si fragile et surtout d'éloigner à jamais ses enfants de la maison. Cette séparation inéluctable, parce que fatidique, venait la perturber à un moment où elle aspirait à vivre encore quelques mois avec ses aînés. Mais ce dernier brisa ses espoirs insensés en pénétrant en trombe dans la salle, très rouge et décoiffé, particulièrement essoufflé d'avoir grimpé au pas de course la quarantaine de marches le séparant du rez-de-chaussée. En réalité, il avait surgi de la salle d'armes du château, où il passait en revue celles qu'il destinait justement à ses deux fils en compagnie de l'un de ses capitaines. Avant de s'installer dans sa cathèdre de bois, il héla Bérenger pour qu'il lui serve une coupe de vin clairet ; la gorge sèche, il éprouvait un très vif besoin de se désaltérer. Puis il cala son dos contre des coussins moelleux, se redressa de toute sa taille, avant de déclarer d'une manière solennelle :

— Voilà, mes enfants, je vous ai rassemblés tous les trois dans le dessein d'évoquer votre futur établissement, commença-t-il en épiant leur réaction. Moi, à votre âge, j'étais déjà chevalier et jeune marié...

— Ce projet ne concerne donc que mes frères, l'interrompit Mélisande, presque soulagée par ses propres déductions, même si en son for intérieur, elle développait de sérieux doutes à ce sujet.

Tout en s'adressant à Eudes, elle s'appuyait de manière familière contre l'épaule de sa mère, faisant mine d'examiner l'avancée de son travail de broderie, alors qu'elle détestait franchement ce genre d'ouvrages. De nature impétueuse et remuante, la demoiselle estimait qu'elle avait toujours mieux à faire que de rester assise durant des heures entières à coudre ou à broder. Mélisande préférait se dépenser au grand air.

— Dans ce cas, pourquoi t'aurais-je demandé de venir, ma fille ? lui fit sévèrement remarquer le baron. Est-ce qu'il t'arrive de réfléchir un tantinet avant de dire de telles sottises ?

— Mais père, s'écria-t-elle naïvement. Moi, je me trouve qu'il est trop tôt pour me marier. Enfin, tant que je n'ai pas rencontré le prince charmant... D'autant que je me sens heureuse de vivre au milieu de vous : je ne suis pas pressée de quitter ma famille...

— Tant mieux, mon enfant, reconnut Eudes, tout de même embarrassé par sa déclaration. Mais il n'en va pas ainsi dans la vie, ce ne sont pas les enfants qui décident à la place du père... Quand une opportunité se présente, il faut savoir la saisir à temps. Sinon...

— Sinon, quoi ? intervint Bathilde, jusqu'à présent silencieuse. Notre Mélisande a raison, Eudes. Rien ne presse : elle est encore jeune et peut rester avec nous une ou deux années de plus au château...

— Mais qu'est-ce que vous avez, femmes, à toutes vous liguer contre moi ? rugit le seigneur du lieu. Mélisande obéira comme tu as accepté de le faire, quand nos pères ont décidé de nous marier...

— Justement Eudes, trancha de nouveau Bathilde sur la défensive. Puisque nous avons vécu ce genre d'expérience, nous pouvons peut-être comprendre les réticences de notre fille et lui épargner un mariage contre son gré et toutes les désillusions...

— Jamais de la vie, femme, tonna le chef de famille, soudain agacé par l'intervention de son épouse. Qu'oses-tu insinuer devant nos enfants, Bathilde ? Que notre union ne t'a pas satisfaite ? lui lança-t-il d'un air de défi proche de la cruauté.

— Que nenni, mon cher époux, protesta-t-elle d'une voix blanche. Puisque dans notre cas, tout s'est arrangé : rappelez-vous, Eudes, nous nous sommes plu tout de suite... J'ai encore souvenance de notre première chevauchée où j'ai failli me rompre le cou, parce que vous m'aviez confié la jument grise de votre frère Jehan ? Une vraie...

— Cesse de babiller ainsi, la coupa-t-il avec impatience. C'est si loin maintenant, ces vieux souvenirs n'intéressent pas nos enfants... Surtout, cela ne les regarde pas...

— Et pourquoi pas, père ? se risqua timidement Mélisande. Moi, je raffole de ce genre de confidences, lorsque mère me raconte l'histoire de votre rencontre, de vos fiançailles, enfin de votre mariage dans le vieux château de Saint-Aubin... C'est si beau, si touchant...

— C’est du passé, ma fille, soupira-t-il bruyamment. Revenons plutôt au présent. Pour mon aînée, ma belle Mélisande, j’ai choisi un des plus beaux partis de toute la Bourgogne. Nous avons eu de la chance : ce noble chevalier s’apprêtait déjà à se remarier... Seulement, comme ta dot n’est pas négligeable...

— Quoi ? Vous me destinez à un vieillard, un veuf de surcroît ? s’étrangla-t-elle de stupeur. Ce n’est pas possible, père, vous ne m’imposerez pas une telle monstruosité... A moi qui croyais être votre fille adorée ? gémit-elle en pâlissant soudain.

— Le chevalier à qui je t’ai promise est encore vaillant, ma fille, riposta-t-il d’un ton assuré. Il te fera de beaux enfants, sois-en sûre. De plus, c’est un preux et ce n’est pas parce qu’il a quelques années de plus que moi...

— Combien d’années de plus que vous ? Quelle horreur ! Mais c’est pure folie, père, hurla-t-elle, les yeux hagards, sans attendre sa réponse. C’est vraiment un vieux, un très vieux fiancé, que vous me destinez ! Miséricorde, père ! Qu’ai-je fait de mal pour mériter un tel châtiment ?

— Tais-toi, Mélisande, lui ordonna ce dernier sur un ton sec. A la fin, tu m’agaces de faire autant d’histoires... Tu obéiras, un point c’est tout, comme une fille bien élevée et de noble naissance. D’ailleurs, lorsque tu connaîtras le nom de ton futur mari, tu en seras très fière et me remercieras...

— Plutôt mourir ou entrer au couvent chez les nonnes Bénédictines, que d’épouser un vieillard, protesta Mélisande avec véhémence en tapant du pied.

Sans réfléchir davantage, elle s’était levée du banc où elle était assise aux côtés de sa mère et venait juste de se placer devant le siège de son père, décidée à lui résister de toutes ses forces. Pour mieux le provoquer en quelque sorte, en lui prouvant qu’il ne l’effrayait point...

La jumelle de Pierre était une ravissante demoiselle de quatorze ans, grande pour son âge, puisqu’elle le dépassait déjà d’une bonne tête au moins. De manière étrange et bien qu’ils soient jumeaux, ils ne se ressemblaient guère... Mélisande était une vraie beauté, ayant hérité des traits et de la grâce de sa mère au même âge. A une ou deux exceptions près toutefois, au lieu d’être blonde comme dame Bathilde, elle possédait de magnifiques tresses châtain clair et d'immenses yeux de couleur noisette, pétillants de malice. Pierre, quant à lui, manquait de taille comme son père. Il était laid de visage, parce qu'affublé du même profil fuyant de loup ou de renard, et par malchance, il possédait des cheveux roux, identiques aux siens, très raides donc, par conséquent impossibles à coiffer. Si bien que les défauts physiques liés à son apparence générale le faisaient paraître sournois, travers que l'on reprochait souvent à Eudes. Les différences opposant les jumeaux ne se limitaient pas à leur physionomie, elles concernaient également leur caractère. Autant Mélisande était gaie, enjouée, à la limite sémillante, que son jumeau demeurait silencieux, buté, taciturne. Si bien qu'on oubliait toujours la présence de Pierre, quand il se produisait dans une assemblée familiale ou autre. De nature très franche, directe aussi, la demoiselle ne se laissait influencer par personne. Même lorsqu'elle était encore enfant, elle avait toujours manifesté un grand désir d'indépendance, participait aux jeux organisés par les garçons si ceux-ci lui plaisaient, refusait que sa nourrice lui impose des occupations plus calmes, que l'on réservait d'habitude aux filles. Guillemette avait appris à maîtriser les colères fréquentes de la gamine intrépide qui ne reculait sous l'effet d'aucune menace. A la surprise générale des enfants de son âge, elle ne se gênait guère pour critiquer la conduite des aînés, sans faire preuve de la prudence la plus élémentaire. Ce qui lui valut quelques mémorables fessées paternelles. Bien sûr, il y avait toujours un garnement plus déluré que les autres ou une gamine jalouse pour se risquer à répéter ses paroles déplacées ou à dénoncer son attitude rebelle aux adultes.

Au contraire, Pierre était extrêmement méfiant, trop réservé, timide même, ne dévoilant jamais le fond de sa pensée à qui que ce soit. Effacé, inexistant, il ne se faisait jamais remarquer, se contentant de ce que les circonstances présentes lui offraient sans jamais oser réclamer autre chose. Surtout, il obéissait docilement aux ordres de son père qu'il admirait en secret. Le cadet vivait dans l'ombre de ce dernier et s'efforçait de l'imiter à la moindre occasion... Les yeux furibonds de Mélisande lançaient des éclairs, elle trépignait de rage en fixant son père d'une manière fière et insistante. « Me ferez-vous languir plus longtemps avant de m'annoncer le nom du prestigieux fiancé que vous me destinez ? » lui demanda-t-elle enfin, sur un ton dédaigneux.

A son tour, dame Bathilde tremblait de tous ses membres comme une feuille malmenée par le vent, mais sous l'effet d'une appréhension vraiment légitime : elle connaissait sa fille aînée sur le bout des doigts. Le projet insensé d'Eudes les plongeait dans une situation délicate qui ne tarderait guère à dégénérer. Bientôt, elle prévoyait que le débat finirait par s'envenimer, mais au détriment de sa fille. Mélisande braverait la colère paternelle sans craindre les conséquences désastreuses qui en découleraient à son désavantage. D'ailleurs, la mère de famille ne s'était pas trompée : à l'instant même, une lueur de défi s'allumait dans le regard farouche de la jouvencelle, tandis qu'elle attendait la réponse de son père.

— Que nenni, ma fille, lui répondit aussitôt Eudes, pressé de classer l'affaire. A la fin de l'automne, au plus tard en hiver, vous deviendrez comtesse de Bertranges en épousant le sire Milon, seigneur de ce lieu...

— Mais c'est une mauvaise farce, père ? s'indigna-t-elle, interloquée par l'effet de surprise. Ce n'est tout de même pas l'horrible barbon ventripotent, au nez tout rouge et à la peau couverte de pustules, que vous aviez invité l'automne dernier à la chasse dans les bois de Montigny-en-Morvan ?

— Si fait, ma fille, confirma Eudes en tapant du poing sur la table. Estime-toi heureuse qu'il ait accepté, parce qu'on lui proposait d'autres alliances plus brillantes...

— Miséricorde, père, pas lui ! s'écria l'aînée de ses filles qui avait contourné la très longue table pour s'emparer de sa main droite. Il a l'haleine putride d'un sanglier, les dents toutes gâtées, et il perd le peu de cheveux qu'il a conservés sur la tête... Avec un regard vicieux, en plus... Tenez, il a même essayé de me coincer dans l'escalier du donjon pour me pincer les fesses...

Enguerrand ne put s'empêcher de s'esclaffer tellement le portrait brossé par sa sœur se rapprochait de manière frappante de la réalité. Mais son père lui signifia de se ressaisir à l'instant, tandis que sa mère lui faisait remarquer en guise d'avertissement :

— Tu riras peut-être moins des malheurs de ta sœur, quand tu apprendras à ton tour le nom de ta fiancée...

Ce rappel à l'ordre inattendu, mais justifié, le stupéfia et il finit par se soucier de son propre sort.

—Vous me destinez également à une veuve plus âgée que moi, père ? s'exclama-t-il, soudain livide.

—Mais non ! Tu vois bien que ta mère prend un malin plaisir à nous dresser les uns contre les autres... Il suffit, vous allez tous m'écouter et m'obéir...

—Je vous en conjure, père, articula Mélisande avec difficulté. Vous ne souhaitez tout de même pas devenir l'artisan de mon malheur ?

—Brisons là, ma fille, lui intima-t-il d'un air sévère, presque méprisant. Lâche ma main et relève-toi dignement : tu te donnes en spectacle... Ta conduite ne ressemble guère à celle d'une demoiselle de noble lignage...

Entre temps, la jouvencelle était tombée à genoux devant son père, s'agrippait à la manche de sa tunique de toutes ses forces, en refusant de desserrer les doigts crispés sur le tissu qu'elle froissait...

—Mais enfin, père. Vous ne comprenez donc pas ? insistait-elle, soudain butée. Je préfère mourir, je vous le répète, plutôt que d'être sacrifiée à cet ignoble vieillard lubrique...

Cette fois-ci, Eudes ne put retenir sa colère et son impatience, il lui administra un soufflet retentissant qu'il regretta presque aussitôt. Bouleversée, Mélisande se releva d'un bond agile, recula de quelques pas en s'appuyant contre le mur, mais c'était pour mieux se défendre et le braver de plus belle...

—Vous me vendez comme un agneau de lait ou une brebis qu'on destine à l'abattoir sans aucune pitié pour votre enfant, l'accusa-t-elle l'esprit clairvoyant. Il n'y a que vos intérêts qui comptent dans cette affaire de mariage, lui reprocha-t-elle encore. Vous ne vous souciez même pas du mal que vous me faites... Jamais de la vie, je n'accepterai une telle union, finit-elle par conclure, déterminée à ne pas céder.

—Mère, aidez-moi, si vous éprouvez de l'affection pour votre enfant, reprit-elle en se tournant du côté de Bathilde et en lui tendant la main d'une manière suppliante.

—Ma blanche colombe, l'apostropha cette dernière qui s'était levée à son appel et la protégeait en lui faisant un rempart de son corps.

—Il y a sûrement une autre solution, Eudes, vous lui trouverez un prétendant plus jeune et qui lui conviendra mieux, suggéra-t-elle en se tournant vers lui. S'il vous plaît, baron... Pour l'amour de Dieu, écoutez votre épouse et votre fille...

Sans sommation, Eudes les avait brutalement séparées en bondissant de son siège. Puis il ordonna à son fidèle Bérenger sur un ton qui n'admettait aucune réplique :

— Conduis cette pucelle indisciplinée à la chambre de la tourelle nord et enferme-la à l'intérieur. Ensuite, veille à la faire surveiller jour et nuit pour qu'elle ne trouve pas le moyen de s'échapper. Enfin, donne des ordres très stricts à ses gardiens : ils doivent l'empêcher à tout prix de communiquer avec quiconque. On verra bien si elle ne change pas d'avis après quelques jours de méditation solitaire, où tu ne lui feras porter que du pain sec et de l'eau....

— Vous ne le regretterez pas, seigneur ? questionna timidement le fidèle écuyer, contrarié par les directives de son seigneur qu'il lui faudrait pourtant exécuter.

— Tu oserais désobéir à ton maître, Bérenger ? Ce serait bien la première fois depuis tant d'années que tu me sers loyalement... tonna Eudes, hors de lui, cette fois-ci.

Sous l'effet de la semonce, Bérenger sursauta comme si on venait de le brûler au fer rouge et se risqua à effleurer d'une main tremblante le bras de la rebelle :

— Suivez-moi, demoiselle Mélisande, la pria-t-il d'une voix engageante. Vous ne feriez qu'augmenter davantage le courroux du baron en vous opposant à lui...

Résignée ou plutôt blasée, elle précéda le brave écuyer de son père à qui elle voulait éviter des ennuis, craignant que la fureur paternelle ne s'abatte sur un pauvre innocent. Quelques secondes après, on entendit le bruit de ses pas résonner sur les marches de pierre, tandis qu'elle grimpait lestement à l'étage supérieur. Bérenger referma sur leur passage la lourde porte qui grinça sur ses gonds. Saisis de stupeur, ni dame Bathilde ni ses deux fils n'avaient prononcé un seul mot tellement l'éviction de Mélisande avait été rapide... Sans nul doute, il n'était pas recommandé de résister aux volontés du seigneur de ce lieu. Dame Bathilde demeurait prostrée dans son coin, les joues inondées de grosses larmes, en proie à un chagrin sincère. Elle pleurait sans faire de bruit, affalée sur le banc où son mari l'avait repoussée d'un geste brusque, furieux qu'elle ait osé soutenir sa fille et s'opposer à son autorité. Quant aux garçons, ils ne fanfaronnaient guère contrairement à leur habitude, trop préoccupés de savoir ce que leur père leur réservait comme surprise désagréable. Très anxieux, Pierre triturait sa moustache d'un geste nerveux et renouvelait ce tic à chaque instant. Quant à Enguerrand, il faisait les cent pas dans la pièce pour tromper son impatience. Les deux frères avaient hâte de connaître les intentions d'Eudes. Après cette violente querelle, ils avaient compris qu'ils devraient se plier à ses décisions, sans broncher ni même protester. Pourtant, ils connaissaient l'affection de leur père pour Mélisande et n'auraient jamais imaginé qu'il lui imposerait une alliance aussi monstrueuse, contre nature en quelque sorte. Ils imaginaient sans mal qu'elle rendrait leur sœur extrêmement malheureuse. Pour avoir côtoyé plusieurs jours de suite son prétendant à la chasse, ils trouvaient le personnage repoussant, presque répugnant, d'une moralité plus que douteuse.

Le fait d'imaginer la belle et douce Mélisande dans le lit de ce vieillard lubrique leur donnait la nausée. Aussi tremblaient-ils plus ou moins d'appréhension en prévoyant le pire... « Et si notre père nous sacrifiait également à quelque horrible veuve laide et édentée, plus âgée que notre mère, nous n'aurons même pas le droit de nous y opposer et de nous dérober », songeaient-ils pétrifiés de dégoût en imaginant la chose. Avec stupéfaction, ils découvraient enfin la face cachée de leur père, leur modèle et véritable idole en ce qui concernait Pierre, alors qu'ils ne l'auraient jamais imaginé aussi dur et impitoyable. Enfin, ils comprenaient clairement pourquoi leur mère pleurait autant et aussi souvent, en déduisirent que la pauvre femme ne devait pas être heureuse en ménage. Jusqu'à présent, ils n'auraient jamais osé considérer cet aspect très intime de la vie privée de leurs parents. Maintenant qu'ils entraient dans l'âge d'hommes, ils analysaient avec davantage de maturité ou de recul les vicissitudes de la vie...

Eudes se décida enfin à briser le silence malsain, pesant, qui s'éternisait dans la pièce, rendant l'air léger du printemps presque irrespirable. Par sa faute, l'atmosphère « bon enfant » du début de l'après-midi s'était appesantie de tensions inévitables, dont la réalité n'aurait pas échappé à une personne étrangère franchissant le seuil de la porte de la salle à ce moment précis. Tout à coup, le seigneur déclara d'une voix forte et énergique :

— Finissons-en avec nos affaires, cette sotte nous a déjà fait perdre assez de temps... Arrêtez d'afficher cette figure de Carême tous les deux, je ne suis ni un monstre ni un ogre prêt à vous dévorer tout crus... Que diable : un peu de dignité, mes fils !

Enguerrand, très nerveux et perdu dans ses pensées, avait sursauté au son de sa voix. Néanmoins, il s'empressa de lui répondre :

— Assurément, père. Rassurez-vous à ce sujet : nous n'avons pas peur de vous et n'oserions jamais vous juger. Par contre, il est vrai que nous brûlons d'impatience de connaître le nom de nos futures épouses... Vous êtes sûr qu'elles sont jeunes et tout de même jolies ? l'interrogea-t-il une pointe d'inquiétude dans la voix.

— Il suffit vous deux, vous me décevez beaucoup aujourd'hui, trancha Eudes, vraiment contrarié. Vous feriez mieux de vous intéresser à votre adoubement. Après toutes ces années passées en service, je croyais qu'il vous tarderait de devenir chevaliers. Pour moi, c'est la chose la plus importante... Vous ne voulez pas savoir quelles armes j'ai sélectionnées pour vous et leur provenance ? De quel superbe destrier vous allez être nantis tous les deux comme de grands enfants gâtés ? Mes fils seraient-ils des ingrats ?

— Si, bien sûr que si, père, intervint Pierre, gêné par la tournure du dialogue amorcé par Enguerrand. De votre côté, il faut nous comprendre aussi, nous sommes jeunes et fougueux, curieux d'en savoir davantage à propos de nos fiancées... C'est important pour nous, père, puisque nous allons partager leur existence... et leur lit ! osa-t-il dire en oubliant toute prudence et en se risquant à lui lancer un clin d'œil grivois. Vous savez bien que si elles sont trop vieilles ou trop laides, c'est la catastrophe assurée... tenta-t-il de se justifier avec maladresse.

— Naturellement, j'ai saisi l'essentiel de ton discours... l'arrêta son père d'un geste agacé de la main. Tant pis, vous découvrirez plus tard les chevaux que je vous destine. D'ailleurs, ils se reposent d'un long voyage aux écuries. On me les a livrés pas plus tard qu'hier et ils viennent de loin, croyez-moi ! Il faudra songer à vous entraîner sur leur dos avant le tournoi, sinon vous ne serez pas à l'abri de surprises désagréables...

Eudes s'efforçait tant bien que mal de leur cacher son dépit, la réaction de ses fils le blessait, le décourageait et le peinait en même temps. Leur père avait imaginé qu'ils ne songeraient qu'à leur adoubement futur, à leur destrier et à leurs armes...

— Et pour ce qui est de nos futures épouses ? insista Enguerrand en se risquant à l'interrompre dans le cheminement de ses pensées, tellement l'anxiété le rongeait.

— Eh bien, voilà ! En tant qu'aîné, toi Enguerrand, tu épouseras une demoiselle noble, énonça-t-il avec fierté. C'est la fille d'un châtelain voisin, le baron de Suze, sa forteresse de La Turpillière dépend du hameau de Banlay comme celle de notre ami Jacques. Ida de Suze doit avoir à peine vingt ans, il me semble ? Elle est encore jeune et héritera d'une fortune conséquente et d'une belle seigneurie à la mort de son père, le vieil Edme... Ses trois frères ne sont jamais revenus de croisade et reposent à Jérusalem. Paix à leur âme !

Avant que Pierre n'ait eu le temps d'ouvrir la bouche, il reprenait d'une voix enjouée :

— Quant à toi, Pierre, il est vrai que je te destine une veuve. Certes, dame Yolande est une femme mûre, puisqu'elle approche de la trentaine. De ce fait, tu n'auras pas affaire à une écervelée. De plus, c'est une véritable aubaine pour toi, car il s'agit d'une noble dame d'excellent lignage, qui plus est, propriétaire d'une maison forte à Crôts-les-Bar... Presque un petit manoir. Après ton mariage, tu deviendras maître de belles terres très fertiles, car les frères de la dame préfèrent mener grand train de vie à Dijon, à la cour du duc de Bourgogne. Ils se soucient comme d'une guigne de faire fructifier la seigneurie de leur sœur, tellement ils détestent vivre à la campagne...

— Mais elle a été mariée longtemps, père ? Sans doute abîmée par des grossesses trop rapprochées ? s'inquiéta Pierre, franchement déçu.

— La belle affaire, mon fils. Tu t'en contenteras, voilà tout, lui déclara-t-il en haussant les épaules. Ses voisins, les sires de Commegrain, la disent plutôt douce et avenante de nature. Un autre élément plaide en sa faveur : tu ne seras pas embarrassé par les héritiers de son précédent mariage. Pour le plus grand malheur de la dame, hélas, elle n'a gardé qu'un seul enfant de vivant, parmi tous ceux qu'elle a eus avec son défunt mari. Une petite fille de trois ans, d'après ce qu'on m'a rapporté...

—Si c'est Yolande de Bar, tu as vraiment de la chance, le coupa Bathilde, compatissante. C'était une vraie beauté, jadis... D'une grande douceur et facile à vivre, je peux te le confirmer car je l'ai connue et fréquentée peu de temps avant mon mariage... Très lettrée également et point sotte...

—Savez-vous quelque chose sur ma propre fiancée, mère? l'interrompit Enguerrand de manière fort impolie. Est-elle jolie comme celle de mon frère?

—Sûrement, mon fils, lui répondit-elle sur un ton navré trahissant son embarras. De toute manière, elle est plus jeune que celle de ton frère. Brune de peau et de cheveux, peut-être un peu forte, parce qu'on la dit très gourmande... Je l'ai aperçue au cours du banquet donné par le duc de...

—As-tu fini avec tous ces vains commérages, Bathilde? la blâma Eudes, exaspéré par son intervention qu'il estimait une fois de plus fort déplacée. Ce n'est pas parce qu'elle est légèrement enrobée qu'elle ne pourra pas faire de beaux enfants... Un peu d'embonpoint n'a jamais nui à la maternité, bien au contraire...

—Tout de même, soupira Enguerrand, vraiment dépité. Je n'ai pas de chance, c'est sans doute pour cette raison qu'elle n'a pas encore trouvé de prétendant à son âge... Presque vingt ans et toujours pucelle, ce n'est plus une jeunette...

—Balivernes, rugit Eudes, mécontent. C'est parce que son vieux père Edmes souhaitait avant tout confier son héritage à quelqu'un de bien, un vrai chevalier, à qui il pourrait accorder toute sa confiance. C'est la pure vérité, je n'en connais pas d'autre...

—Quand est-ce que nos promises nous seront présentées? se hasarda Pierre qui ne désirait pas que le débat se prolonge indéfiniment, puisqu'il en connaissait la finalité de toute façon.

—Tiens, tiens, on dirait que vous êtes intéressés mes garçons? crâna le père pour se donner bonne conscience. D'abord, il faut que vos mérites soient reconnus et que vous soyez devenus chevaliers. Vous n'avez plus que quelques mois devant vous pour faire vos preuves. La fête de Pâques tombe un vingt-quatre avril, cette année... Juste après votre adoubement auront lieu les joutes équestres de Thiernais, où je suis sûr que vous me ferez honneur parmi tous les autres bacheliers, ajouta-t-il sur un ton enthousiaste. Je compte sur vous, mes fils, pour accomplir de vraies prouesses...

—Baron, baron, vous ne pouvez vraiment pas reconsidérer le projet d'union de notre Mélisande ? se risqua Bathilde, préoccupée par l'avenir de leur fille. Elle ne cédera jamais, surtout si vous employez la force. Je suis très inquiète à son sujet, elle est capable du pire pour éviter ce mariage. Têtue comme elle est, elle préfèrera...

—Assez bavardé, femme, l'arrêta immédiatement Eudes. Allez plutôt rejoindre vos suivantes. D'ailleurs, il me semble que vous avez des ordres à donner aux cuisines pour le festin de ce soir, n'oubliez pas que nous recevons mon ami Jacques de Banlay... la congédia-t-il sans plus d'égard.

—Quant à vous deux, suivez-moi à la salle d'armes, nous avons encore beaucoup de points de détail à régler. Ne serait-ce que pour préparer correctement votre armement. Le brave sergent Dutilleul, mon fameux maître d'armes, vous attend depuis un bon moment... J'espère que vous ne négligez aucun de ses entraînements, maintenant que la date du tournoi de Tonnerre a été arrêtée à la Pentecôte par le comte de Champagne lui-même, conseilla-t-il à ses deux fils en se dirigeant vers la porte.

—Finalement, qu'envisagez-vous pour Mélisande, père ? s'inquiéta Enguerrand d'une toute petite voix, tellement il craignait d'être rabroué, humilié en présence de son cadet. Mère a parfaitement raison à son sujet : notre sœur est fière certes, mais elle est aussi très fragile, alors qu'on la croit solide comme un roc... insista-t-il encore avec une maladresse désolante.

—Pas de changement par rapport à ce que j'ai décidé tout à l'heure, le coupa Eudes, furieux et consterné que l'un de ses fils remette en question ses décisions. Tu n'oserais tout de même pas commander ton vieux père ni contredire ses ordres, tonna-t-il en enflant la voix. Tu tiens absolument à ce que je te fasse enfermer au cachot à ton tour ? le menaça-t-il pour en finir sur un ton résolument cynique.

Enguerrand n'avait plus rien à ajouter : il fit mine d'adopter un air piteux, surtout il se força à incliner la tête devant son père. Aux yeux de ce dernier, cette apparente soumission signifiait qu'il avait parfaitement compris l'avertissement. Cependant un grand froid envahit soudain son cœur, l'infâme cruauté et la curieuse indifférence paternelles l'avaient énormément déçu aujourd'hui et il frissonna d'appréhension en songeant au sort de Mélisande. Au château, les jours suivants, tous les hommes valides appartenant à la maison du seigneur ne se préoccupèrent plus que de parfaire l'entraînement des jeunes écuyers. L'enjeu était de taille : le moment venu, il fallait absolument qu'ils soient prêts à se battre comme de valeureux guerriers. Dans toutes les conversations, il n'était plus question que de joutes fameuses ou d'exploits guerriers qui avaient jalonné la vie aventureuse des chevaliers présents et marqué fortement leur mémoire...

Dans le pire des cas, ces évocations n'étaient guère rassurantes pour les futurs combattants, il n'était pas rare que ces démonstrations militaires s'accompagnent d'accidents mortels ou très graves. Pourtant, en ce siècle, elles auraient dû se limiter plutôt à une épreuve sportive, puisqu'en fait, on combattait à « armes courtoises » et non plus réelles comme au cours des périodes précédentes. Néanmoins, c'était encore un simulacre de combat condamné par l'Eglise et interdit à plusieurs reprises par le pape en personne... Herbert de l'Huis Arnaud racontait à qui voulait l'entendre que son propre cousin Erard, fort comme un taureau, avait franchement décapité son adversaire, emportant à la fois son heaume et sa tête à la pointe de sa lance, tellement le heurt consécutif à leur rencontre avait été d'une violence inouïe... La charge de cavalerie se faisait généralement, lance sous le bras, exploitant à fond la puissance de choc du cheval au grand galop. Connaissant la brutalité du personnage en question, cette anecdote sanglante, rapportée au sujet d'un membre de sa famille n'étonnait pas grand monde. C'était au tour de Jacques de Banlay, maintenant, de se souvenir de la mésaventure d'un garçon de son âge en service avec lui. Malchanceux, il avait été éborgné au cours d'une joute, la maladresse pourtant connue de son rival étant seule en cause dans ce regrettable accident. L'apothicaire mandé auprès de lui, parce qu'il jouissait d'une certaine notoriété à la hauteur de ses compétences, n'avait pu sauver son œil droit perforé d'un coup de lance qui avait traversé la visière de son heaume.

Un autre familier de l'entourage d'Eudes évoquait le cas de son propre frère qui était resté paralysé à la suite d'une mauvaise chute de cheval. En plein tournoi, sous le feu de l'action, il n'avait pas ralenti assez vite son destrier, si bien qu'il n'avait pu le maîtriser au moment crucial et qu'ils avaient mordu la poussière tous les deux. Hélas, le lourd animal s'était abattu d'un bloc sur son cavalier lui brisant le dos. Plusieurs vertèbres avaient été touchées et le malheureux s'était rétabli après de longs mois d'immobilité totale, non sans avoir enduré d'atroces souffrances. Mais à la fin de cet interminable calvaire, il n'avait jamais pu marcher de nouveau, se retrouvant infirme à l'âge de vingt ans.

Toujours présent au cours de ces conversations, Eudes censurait tout de même certains récits qu'il connaissait par cœur, de peur d'effrayer ses garçons encore novices dans le métier des armes. Sans avoir l'air de se mêler de tout, le père en profitait pour glisser avec habileté quelques recommandations de prudence élémentaire, suivies d'une quantité de conseils judicieux, très utiles pour affronter les situations les plus scabreuses. Evidemment, il assistait chaque jour à l'entraînement de ses fils et ne manquait aucune passe d'armes, n'hésitant pas à intervenir et même à bousculer le pauvre sergent Dutilleul s'il se trouvait dans son champ d'action. Soucieux de les guider au mieux, il mettait en évidence les nombreux dangers les guettant à chaque instant et leur expliquait dans le détail comment ils pouvaient les vaincre, en s'abstenant notamment du moindre moment de faiblesse ou d'inattention toujours fatal au cours d'un combat. Ce qui ne rassurait pas davantage les jeunes écuyers qui, après toutes ces mises en garde, redoutaient de se faire « embrocher » au moindre faux pas...

Chaque jour, les palefreniers sellaient leurs chevaux – de solides Andalous choisis par leur père et acheminés depuis un élevage fameux du sud de la Péninsule Ibérique – et les garçons s'entraînaient sans relâche dans le pré à côté du château, situé légèrement en contrebas. Par n'importe quel temps, qu'il pleuve, qu'il vente ou que le soleil darde ses rayons déjà chauds sur leur armure la chauffant à blanc et leur brûlant la peau, Enguerrand et Pierre se tenaient en selle plusieurs heures d'affilée, lourdement armés, lance et javelot en main...

Inlassablement, sans avoir le droit de se plaindre ou de se reposer un instant, ils affrontaient des chevaliers aguerris, des amis ou connaissances de leur père, qui s'efforçaient de leur faire réviser les techniques de base et les cas de figure les plus fréquents que l'on utilisait pour le combat à cheval. Souvent, ils étaient les victimes toutes désignées de ces adultes prétentieux, parce qu'ils avaient largement fait leurs preuves sur les champs de bataille. Il y avait même un croisé parmi eux, un seigneur du bailliage de Saulieu, qui avait accompagné le roi Louis IX au cours de la VIIIème Croisade, celle où il avait été fait prisonnier. Ces combattants professionnels ne se privaient guère pour se moquer de ces jeunes novices et les assaillir de quolibets ou de moqueries douteuses au sujet de leur inexpérience flagrante. Si l'on en croyait ces vétérans, c'était même le seul moyen dont ils disposaient pour les encourager au combat. A leur manière assurément rude, parce qu'ils ne s'embarrassaient pas de pitié, ils tâchaient de perfectionner les connaissances pratiques des jeunes écuyers et d'éprouver leurs compétences ou leur résistance physique, de les endurcir en quelque sorte. Evidemment, l'ensemble des savoir-faire essentiels et des apprentissages préliminaires avait été inculqué au cours de leurs années de service par le maître d'armes de leur parrain, parfois par le duc lui-même, quand il disposait de suffisamment de temps pour les entraîner.

Mais les affrontements actuels prenaient souvent l'allure d'une épreuve humiliante, blessante pour leur amour-propre durement éprouvé. Des valets avaient pris la précaution d'enrouler de chiffons épais la pointe de leurs lances déjà émoussées pour limiter la gravité des blessures qu'ils pourraient s'infliger. Mais la violence du choc opposant les adversaires était néanmoins réelle et on ne pouvait exclure totalement aucun risque, le danger était quand même présent au cours de ces entraînements fictifs certes, mais censés simuler de véritables combats. A la suite de ces séances, les deux garçons étaient souvent couverts d'énormes hématomes violet foncé s'étendant à tout le corps et de croûtes purulentes dans les zones de frottement du haubert ou cotte de mailles ou encore de brûlures irritantes, gênantes, qui les faisaient souffrir au moindre mouvement. Les frères partageaient le même sort, peu enviable à bien des égards : en général, ils se réveillaient tout endoloris et de multiples courbatures torturaient leurs muscles. C'était la rançon inévitable des efforts de la veille. Ou alors, ils découvraient avec étonnement que leurs bras et jambes portaient encore la marque d'ecchymoses ou de plaies consécutives aux coups reçus en combattant. Mais ils devaient oublier ces désagréments passagers selon leur père, mépriser la souffrance qu'ils engendraient pour recommencer à se battre comme si de rien n'était, se remettre gaillardement en selle pour se perfectionner et parfaire leur savoir de combattant...

Il n'était pas rare que l'un des jeunes cavaliers soit désarçonné, qu'il vide ses étriers et se retrouve par terre au beau milieu de l'herbe tendre. Les écuyers et serviteurs présents devaient alors se précipiter pour le remettre en selle, il ne pouvait se relever seul sans l'aide de quelqu'un, compte-tenu du poids et de l'inconfort de son armure bloquant le moindre de ses mouvements. Leur père se montrait dur et intransigeant au sujet de leur apprentissage, ne laissant rien au hasard ni ne tolérant la moindre faiblesse, car il ne restait plus que quelques jours avant l'adoubement de ses fils...

6 - *L'adoubement des fils du seigneur de Bissey.*

Cet événement tant attendu déclencha un véritable remue-ménage dans tout le château et entraîna le déménagement d'une partie de la maison du seigneur, qui s'installa à Thiernais au cours de la semaine sainte, trois jours avant Pâques. Pour accueillir la «fine fleur» de la noblesse du duché de Bourgogne, on avait aménagé une prairie d'une étendue considérable en la transformant en un vaste campement, très pratique. La plupart des seigneurs morvandiaux se retrouvaient là, par le simple fait qu'un de leurs fils avait atteint l'âge d'être adoubé. C'était le cas de figure le plus fréquent. D'autres chevaliers profitaient de l'événement pour se réunir et rencontrer des amis ou connaissances, parce que durant toute l'année, ils vivaient dans une seigneurie reculée à l'écart de toute distraction... Le dimanche de Pâques, plus de trente jeunes gens devaient être adoubés à l'occasion de cette grande fête de la Chrétienté. Pour la majorité d'entre eux, ils étaient issus de la noblesse morvandelle des environs, y compris celle du comté de Nevers, et ce rite profane à ses origines achevait en quelque sorte leur formation de guerrier. Dorénavant, c'était une cérémonie solennelle: déjà au siècle précédent, elle revêtait un caractère religieux, on parlait alors du «huitième sacrement» de l'Eglise. Dans chaque demeure seigneuriale, il y avait toujours un jeune homme de noble naissance, écuyer de son état, que l'on adouberait chevalier. Durant tout le mois d'avril, une grande effervescence avait régné dans la plupart des châteaux et manoirs des alentours, où l'on se préparait à cette étape capitale de la vie. Pour l'ensemble de ces jouvenceaux âgés d'environ une quinzaine d'années, elle marquait non seulement l'entrée dans la chevalerie, mais dans le monde adulte également. De ce fait, elle revêtait une importance primordiale. En période de paix, ce rituel essentiellement militaire au XIème siècle coïncidait maintenant avec une grande fête de l'Eglise.

Celle de Pâques permettait d'attirer le plus grand nombre de personnes possible, parce qu'elle annonçait le renouveau de la nature concordant avec l'arrivée du printemps. La circulation était plus facile sur les routes, surtout si l'on devait accomplir de longs trajets. Autrement, il est vrai que ce rituel pouvait avoir lieu à l'improviste sur le champ de bataille, notamment. Il n'était pas rare qu'un jeune écuyer soit adoubé de cette manière, à la suite d'un acte de bravoure. Par exemple, lorsqu'il avait sauvé la vie de son seigneur tombé entre les mains de ses ennemis... Le duc Hubert de Montaigu, parrain d'armes des deux fils du seigneur de Bissey, s'était déplacé depuis son fief de Cosne-sur-Loire et les avait rejoints le jour du vendredi saint. Avec toute sa maison et la troupe de ses serviteurs, il s'était installé en grandes pompes à côté des tentes plus modestes d'Eudes. Les deux garçons étaient entrés à son service à l'âge de sept ans pour Enguerrand, de six quant à Pierre, dès qu'ils avaient su se tenir correctement à cheval et appris à se battre. Leur père leur avait enseigné les rudiments nécessaires au métier des armes, qu'ils avaient perfectionnés tout au long de leur service à la cour du duc de Montaigu. Rude apprentissage au cours duquel ils étaient passés successivement par les rangs de damoiseau, de valet, enfin d'écuyer, pour mieux servir leur seigneur et maître.

La cérémonie en elle-même était chargée d'une profonde signification religieuse à une époque où la religion catholique s'imposait dans tout le royaume de France et en Occident, exception faite de quelques communautés de confession juive. Les futurs chevaliers avaient commencé par jeûner. Le jour précédant l'événement, ils s'étaient préparés par une veillée d'armes qui s'était prolongée toute la nuit. En fin d'après-midi, dame Bathilde s'était glissée discrètement à l'intérieur de la vaste église de Thiernais afin d'apercevoir ses fils, ses beaux damoiseaux, s'apprêtant à devenir des hommes.

Le groupe de jeunes aspirants se tenait devant l'autel et ils priaient tous d'une manière fervente, tête nue, vêtus d'un bliaut de laine d'une blancheur immaculée, agenouillés sur le sol. Certains s'étaient étendus de tout leur long à même les dalles de pierres froides, où reposaient les chanoines et curés de la paroisse ayant eu le privilège d'être ensevelis dans ce lieu sanctifié, faisant face au chœur illuminé par les rayons du soleil. L'astre céleste traversait les vitraux de couleurs vives décorant les arcs gothiques de l'église où dominaient le rouge, le bleu ou le vert, enchâssés dans des armatures noires en plomb, d'aspect plus sévère. Lorsque la dame de Bissey se fut habituée à la semi pénombre des lieux, elle réussit enfin à distinguer parmi tous les autres, le visage agréable et régulier d'Enguerrand qui ne souriait pas contrairement à son habitude. L'air grave, métamorphosé par la prière, la peau de ses joues très pâles lui apparut tout à coup translucide, presque diaphane, comme s'il avait été touché par la grâce divine. Un court instant, sa mère songea à la réincarnation d'un ange sur la terre, tant son fils lui semblait superbe, transfiguré par la foi, devenu presque immatériel. Pierre avait imité son frère, les mains jointes, serrées contre sa poitrine, il demeurait à genoux, fixait l'autel et au-delà les statues des saints exposées dans des niches creusées de l'autre côté du mur, tout autour du déambulatoire desservant le chœur. Cette réincarnation matérielle des grands martyrs de L'Eglise, devenus ses saints patrons, était censée susciter l'adoration des fidèles, tout comme la présence de reliques enchâssées au pied de l'autel. De temps en temps, le cadet levait la tête en direction de l'immense croix de Jésus, le Christ martyrisé pour le salut de tous les hommes, des pauvres pécheurs sur cette terre. Mais il n'était pas aussi concentré que l'aîné, parfois il manifestait des signes d'impatience ou d'agacement se traduisant par des gestes involontaires, saccadés, trahissant son état d'esprit plus terre à terre. Sa mère constatait qu'il ne tenait déjà plus en place et que l'envie de bouger le démangeait très fort. « Comment ferait-il pour résister toute la nuit ? » se demanda-elle avec anxiété.

Soudain, dame Bathilde sentit qu'on lui touchait le bras, elle sursauta et leva les yeux vers l'intrus qui la dérangeait dans sa contemplation toute maternelle. C'était un chanoine sans doute, parce qu'elle vit qu'il était vêtu plus richement qu'un simple curé. Le religieux austère fronça les sourcils, lui signifiant qu'elle n'avait pas sa place céans, irrité par cette présence féminine, dérangeante. Evidemment, il lui demanda de s'en aller immédiatement, afin de ne pas perturber la veillée de prières des futurs chevaliers, préliminaire obligatoire à leur adoubement. La châtelaine de Bissey obéit néanmoins sans se rebeller et elle se retira le plus discrètement possible, suivie par sa servante qui l'avait accompagnée.

Auparavant, comme elle était très pieuse, elle prit le temps de se signer en tournant son regard vers l'autel et de le fixer d'une manière exaltée, puis elle s'appliqua pour faire une génuflexion correcte dans l'allée centrale desservant la nef. Brune s'était éclipsée quelques secondes avant elle, craignant des ennuis avec l'homme d'église qui les regardait encore d'un air courroucé, tandis qu'elles poussaient les lourds battants de la gigantesque porte en bois cloisonnant le porche du narthex, destinée à mieux isoler les fidèles du monde extérieur. Les femmes n'avaient pas leur place dans ce rituel exclusivement masculin, fussent-elles mères de famille, épouses ou fiancées. Avant d'entrer à l'église, les jeunes écuyers avaient été purifiés par un bain rituel, symbolique, pour les laver de tous leurs péchés et ils avaient revêtus des vêtements blancs, preuve irréfutable aux yeux de tous, qu'ils étaient exempts de toute souillure... Puis ils avaient confessé toutes leurs fautes au curé de la paroisse de Thiernais, leur accordant l'absolution en échange d'une pénitence : réciter plusieurs ***Pater Noster***, des ***Ave Maria***, d'autres prières ou encore des dizaines de chapelets selon la gravité de ces dernières... Le lendemain, ils recevraient la communion.

Dans le campement, tout le monde s'était réveillé dès l'aube, encore plus tôt pour la bande de serviteurs et servantes chargés de préparer le premier repas de leurs maîtres, d'aider les nobles dames et demoiselles à se vêtir, à se parer ou à se parfumer... C'était, décidément, un grand jour pour tous. La plupart des pères de famille avait emprunté sur les revenus de leurs terres ou de leurs biens pour que leur fils, tout du moins l'aîné, se souvienne pendant longtemps de son adoubement... Après la longue nuit passée à l'église à se recueillir, les jeunes aspirants s'étaient apprêtés à l'écart de leur parenté dans une petite salle proche de la cure, mise à leur disposition par le curé du village. Il y avait trop d'éléments profanes qui intervenaient pour que cette ultime préparation ait lieu dans un endroit saint. En ce moment, on ne parlait plus que d'armes offensives et défensives, de protections guerrières, ou de races de chevaux. Palefreniers, écuyers et serviteurs s'étaient retrouvés auprès des futurs chevaliers pour les habiller de tuniques rembourrées et de chausses spéciales, vérifier s'il ne manquait pas de boucle à leur ceinturon. Il régnait un brouhaha incroyable dans la pièce, il fallait hurler pour se faire entendre. Quelques pères de famille anxieux s'étaient approchés des fenêtres ouvertes et tentaient d'interpeller leur progéniture, pressés de prodiguer leurs ultimes recommandations avant la cérémonie. D'autres s'étaient regroupés juste devant la porte et évoquaient le souvenir de leur propre adoubement, non sans ressentir une certaine nostalgie, tout à fait légitime. Le moment venu, un homme d'église au crâne tonsuré avait franchi le seuil de la pièce, frappé dans ses mains pour obtenir le silence, ordonnant aux jeunes écuyers de se rassembler devant lui. Puis il les avait conduits en une longue file jusqu'à l'évêque chargé de les recevoir chevaliers. De temps à autre, il se retournait pour les gronder, ces aspirants manquaient vraiment de discipline : certains jeunes se bousculaient en riant derrière son dos, il entendait des plaisanteries ou des obscénités choquantes qui parvenaient jusqu'à ses chastes oreilles. D'une voix sèche, il leur rappela qu'on leur faisait un grand honneur cette année, puisque l'évêque d'Autun en personne, monseigneur Jean de Bellegarde, s'était déplacé afin de présider la cérémonie.

Comme il faisait beau, celle-ci se déroulerait à l'extérieur dans une belle prairie, où l'herbe poussait verte et drue. Les jours précédents, des menuisiers aidés d'habiles manœuvres recrutés dans les alentours avaient élevé une grande estrade construite de solides madriers en chêne, surmontée de plusieurs pièces de charpente en bois, où l'on avait cloué et fixé plusieurs morceaux d'étoffe épaisse. Ce dais de velours pourpre, souligné de galons, de passementeries diverses, orné de dorures rutilantes, était censé protéger le représentant du haut clergé des rayons déjà ardents du soleil ou de la pluie, si par malheur, le temps se gâtait... De chaque côté de cette construction en bois de dimensions considérables, un escalier bâti dans la même matière permettait au futur chevalier de venir s'agenouiller devant le siège de l'évêque et de repartir ensuite, sans gêner ceux qui attendaient leur tour...

Une foule conséquente s'était déjà massée au pied de l'édifice provisoire que l'on avait dressé pour l'occasion. Depuis leur place, les spectateurs les plus proches pouvaient apercevoir un vaste autel, décoré de tissus et de broderies précieuses, où l'on avait déposé les armes que monseigneur Jean de Bellegarde avait bénies la veille. On avait installé l'imposant siège épiscopal devant cet autel, symbole religieux par excellence, occupant presque tout l'espace disponible. D'autres armes étaient alignées le long des parois de tissu ou gisaient à même le sol. Soudain, les cris de la foule cessèrent, suivis d'un grand silence ému, pour signaler l'arrivée des futurs chevaliers. Dès maintenant, le premier d'entre eux avait gravi les marches, recevait d'un guerrier en armure posté à l'entrée de l'estrade la « colée », coup assez fort sur la nuque, qu'il lui assenait de la paume de la main. Sans doute était-ce le vestige d'une épreuve destinée en principe à vérifier sa force ou sa résistance physique ?

Puis le jeune homme avançait de quelques pas, se prosternait, puis s'agenouillait devant le siège de l'évêque avant de recevoir l'armure et les armes qui l'accompagneraient toute sa vie dans le dur métier de combattant. Dans cette attitude humble, il prêtait serment d'observer l'éthique chevaleresque en jurant de défendre les clercs, les pauvres, les faibles femmes. En un mot, tous ceux qui ne possédaient pas d'armes... L'évêque ordonnait alors à l'aspirant de se relever et le ceignait lui-même du baudrier et de l'épée, prononçant à voix haute la formule : « Sois chevalier », pour qu'elle soit entendue de toute l'assemblée présente. Le geste central qui « faisait » le chevalier était la remise de cette épée, ou plus exactement du baudrier ou ceinturon auquel elle pendait. Ce « baudrier » chevaleresque était réellement l'insigne du chevalier. Toutes les épées avaient été bénies et consacrées la veille par monseigneur Jean en personne, le plus haut représentant de l'Eglise dans le diocèse, ce qui leur donnait un caractère sacré. Plusieurs personnes assistaient l'évêque : un chevalier, le plus souvent le parrain d'armes, attachait les éperons du futur guerrier, puis lui remettait le haubert, le heaume, l'écu, la lance... Ensuite, il lui donnait l'accolade. Une longue file de postulants patientait tant bien que mal au pied de l'estrade, chacun attendait son tour sous la surveillance d'un autre homme d'église les exhortant à la prière.

La famille des chevaliers «en herbe» s'était massée le plus près possible des lieux où se déroulait l'adoubement d'un des leurs. Mais tous n'avaient pas eu la chance d'être bien placés, c'était impossible, car ils étaient trop nombreux.

Dans cette foule dense et compacte, on se bousculait à grand renfort de coups de coudes ou d'épaules, on se marchait sur les pieds. Les plus grands écartaient sans ménagement les personnes de taille moyenne ou plus petite pour mieux voir et de ce fait finissaient par leur masquer la vue. Certains juraient de colère ou criaient de douleur lorsqu'on leur écrasait un orteil, s'échauffaient en voulant se défendre. D'autres spectateurs se contorsionnaient dans tous les sens et bien des têtes semblaient se dévisser dans l'espoir d'apercevoir l'évêque ou le groupe des postulants. Dame Bathilde attendait sagement, fort heureusement protégée d'un côté par son époux Eudes et son fidèle écuyer Bérenger qui l'encadrait de l'autre, pour lui éviter de mauvais coups. Curieuse et très excitée, elle tentait de se hisser sur la pointe des pieds afin de guetter le passage tant attendu de ses fils. Soudain, les événements se précipitèrent: Eudes la souleva de terre pour la hisser sur ses épaules, tandis qu'Enguerrand s'agenouillait le premier devant l'évêque, autrement elle n'aurait rien vu... De proches voisins mécontents tentèrent de protester, mais Bérenger les fit taire en intervenant sur le champ. Elle n'entendit même pas ce qu'il leur disait, les yeux rivés sur son fils aîné, extrêmement tendue, elle se concentrait en priorité sur la scène qui se déroulait sur l'estrade quelque peu éloignée de l'endroit où ils se tenaient. C'était tout de même un spectacle confus, elle distinguait assez mal les traits de son fils. Mais elle versa quelques larmes émues lorsqu'elle le vit enfin debout et revêtu de son armure, la taille ceinte de son épée. Il lui parut aussi beau que l'effigie de saint Georges terrassant le dragon de son glaive, une de ses statues préférées, qu'elle contemplait toujours avec joie à l'église les dimanches et jours de fête... Pour le cadet, elle eut une vision encore plus floue de ce qui se passait. Brusquement, ils furent écartés tous les trois par une sorte de géant qui les repoussa quelques pouces plus loin. Le temps qu'Eudes et Bérenger rétablissent la situation en tirant leur épée, il était déjà trop tard... Plusieurs minutes s'étaient écoulées et dame Bathilde ne put entrevoir que le duc de Montaigu donnant l'accolade à

Pierre. Puis son cadet descendit les escaliers pour rejoindre le petit groupe des chevaliers frais émoulus qui discutaient très fort et se mêlaient les uns aux autres pour échanger leurs impressions sur l'expérience unique qu'ils venaient de vivre. Une fois que chaque aspirant eût reçu ses armes, l'évêque se leva et réclama le silence en levant les bras vers le ciel.

Sans manifester aucune impatience, il attendit d'être obéi, puis il prit la parole en leur adressant à tous, y compris à la foule présente, un sermon sur leurs devoirs. D'une voix forte et posée, il évoquait plus particulièrement le sens de l'engagement moral qu'ils venaient de contracter aujourd'hui. Son discours fut sagement écouté par tout le monde, surtout lorsqu'il leur rappela les principales obligations du chevalier en insistant sur la bravoure, la fidélité au suzerain, la loyauté dans le combat... Infatigable et énergique, il leur remémorait encore d'autres devoirs comme celui de protéger l'Eglise et les clercs, plus généralement de défendre la Chrétienté, enfin de combattre les Infidèles. La sincérité de ses déclarations toucha tous les chevaliers présents, rappelant aux plus âgés certaines valeurs oubliées ou négligées, motivant les plus jeunes pressés de se surpasser et d'atteindre l'idéal du preux chevalier vers lequel ils tendaient tous à l'unanimité. C'était la fin de la cérémonie. Les cloches de l'église retentirent alors : elles sonnaient « sixte », les six coups de midi.

C'était l'heure de la grand messe et les chevaliers récemment adoubés se rangèrent avec docilité auprès de l'homme d'église qui les rassembla un peu plus loin. De là, ils se dirigèrent vers le sanctuaire en compagnie de leur famille pour célébrer la Résurrection de Jésus. L'évêque d'Autun, assisté de plusieurs prêtres et dignitaires attachés à son service, était chargé de la célébration de l'office religieux. Evidemment, la participation exceptionnelle du chef du diocèse lui donnait un caractère plus solennel que les dimanches ordinaires. Le bâtiment, pourtant de dimensions considérables, était tellement rempli de monde que certains paroissiens n'avaient pu s'installer à leur place habituelle, cédant ce privilège aux familles des futurs guerriers venues des environs ou de plus loin encore. De condition plus modeste que l'assemblée de nobles présente à l'intérieur, ces personnes se contentaient de se regrouper sur le parvis de l'édifice où ils s'agenouillèrent en silence. D'autres fidèles se serraient encore à l'extérieur, d'où la voix de l'évêque leur parvenait lointaine, presque inaudible. Mais comme ils connaissaient par cœur les paroles et les réponses de l'office en latin, sans avoir besoin d'ouvrir leur missel, objet de culte possédé par certains riches bourgeois, on voyait leurs lèvres bouger et ils priaient avec ferveur, tête nue sous le soleil déjà chaud. Les nouveaux chevaliers s'approchèrent tous ensemble de la Sainte Table en une longue file recueillie pour recevoir la communion...

A la fin de la messe, une fois que la foule des fidèles se fût dispersée, chacun vaquant à ses occupations dominicales, un somptueux festin avait été servi sous d'immenses toiles de tente dressées dans une vaste prairie, toute plate, s'étendant à perte de vue derrière l'église. La fine fleur de la noblesse morvandelle était présente et il y avait beaucoup de monde. Les plats de viande succédaient aux plats de poissons et les mets les plus fins, les plus rares, circulaient entre les tablées. Les écuyers allaient et venaient en remplissant les coupes des seigneurs des meilleurs vins de Bourgogne. Les chevaliers novices uniquement étaient tenus de s'astreindre à une sage tempérance, sinon ils ne seraient plus en mesure de s'entraîner et de se battre les heures suivantes. Ils auraient le temps de se rattraper le soir, où l'on festoierait encore tard dans la nuit... Au milieu de l'après-midi, un des écuyers parmi les plus délurés servant le comte de Nevers s'improvisa comme héraut pour annoncer que les joutes équestres allaient commencer... Tant bien que mal, il se chargerait également d'annoncer le nom des combattants en déchiffrant les armoiries peintes sur leur écu ou les draperies protégeant les pièces de l'armure de leur monture. En l'espace de quelques minutes, la tente se vida de tous les chevaliers présents, jeunes et vieux, qui s'empressèrent de se diriger vers les enclos, où les chevaux sellés depuis un long moment piaffaient, s'excitaient, hennissaient en les attendant. Eudes s'était levé de table en titubant légèrement et le fidèle Bérenger l'aida à boucler son ceinturon, puis à ceindre son épée qu'il avait posée à côté de lui pour s'empiffrer plus commodément et goûter à tous les plats présentés avec recherche.

Bientôt, il n'y eut plus un seul homme à l'intérieur de la tente, où les femmes paressaient encore un moment, alourdies par la nourriture trop riche, étourdies par les vins forts, capiteux... Plus d'une noble dame s'était endormie sans façon, les coudes sur la table.

Leurs servantes veillaient à ce qu'elles ne tachent pas leurs beaux voiles brodés, en les disposant le long de leur dos ou en les soutenant habilement sans les réveiller. D'autres encore se seraient écroulées sous les tréteaux de bois de l'interminable tablée où s'étaient alignés les convives, sans la vigilance de ces dernières. Dévouées, elles les avaient aidées à regagner leur propre tente pour s'y allonger une heure ou deux, le temps de faire la sieste, de digérer les mets copieux et épicés...

Déjà, les premiers bacheliers se tenaient en selle, trépignaient d'impatience ou de nervosité avant d'entrer en lice, vaste espace plat, délimité par une palissade en bois où allaient se dérouler les joutes. Ces chevaliers, frais émoulus, devaient faire leurs preuves et démontrer leur adresse au public innombrable qui commençait déjà à s'exciter, s'efforçant de tromper son interminable attente... Un peu partout, on entendait fuser les pires jurons, des cris de déception ou d'enthousiasme, parce qu'on croyait que le moment était enfin venu... Plusieurs bourgeois richement vêtus, quelques paysans modestes, s'agglutinaient au pied des pieux fichés dans le sol, se mêlaient aux seigneurs présents. Les nobles dames et les jeunes demoiselles commençaient à s'installer sur une estrade en bois formée de plusieurs étages de gradins superposés, légèrement surélevés, leur permettant d'une part de bénéficier d'une vue d'ensemble sur les joutes qui allaient se dérouler. D'autre part, la bienséance exigeait qu'elles se tiennent à l'écart de la foule pour se protéger des plaisanteries grossières ou des avances déplacées des hommes. Dès que le héraut souffla dans sa trompette, la trentaine de participants démarra au grand galop. Parmi eux, il y avait plus d'un jeune vaniteux pressé de se faire admirer par une entrée remarquée dans la lice. Au premier plan, on avait installé plusieurs figurines représentant des soldats et les plus adroits d'entre eux s'exerçaient à les transpercer dès la première charge de cavalerie.

Enguerrand, trop nerveux, faillit être bousculé par son voisin de droite qui s'élança en même temps que lui pour fondre sur la même cible. Par chance, il réagit à l'instant même et eut le réflexe de retenir Nikita, la superbe jument noire, offerte par son père à l'occasion de son adoubement. C'était une coûteuse Pure Race Espagnole, amenée à grands frais d'Andalousie. Elle affichait un port de tête altier, tout en développant une fougue et des allures de guerrière née. Pierre, son cadet, avait dû se contenter d'un hongre gris, plus commun, mais toutefois solide, un des nombreux frères de Fandango, le bel étalon de son père. Comme l'exigeait la tradition, Eudes avait favorisé l'aîné, son héritier, et le cadet avait reçu un cheval de moindre valeur. Néanmoins, Ouragan était quand même un magnifique destrier et il avait coûté cher au baron Eudes, le double de la somme qu'il aurait payée pour la même monture s'il avait pu se résoudre à la choisir dans un élevage français de Normandie. Mais le seigneur était vaniteux, sa fortune lui permettait d'offrir le meilleur à ses fils, pour qu'ils se maintiennent à la hauteur des exigences dues à leur rang. Au milieu de cette multitude bruyante, en perpétuel mouvement, Enguerrand reconnut son frère à l'originalité du cimier fixé tout en haut de son heaume et aux armoiries peintes sur son écu... Machinalement, il le suivit des yeux et s'aperçut alors que Pierre avait atteint, puis renversé le mannequin dès la première tentative.

Les applaudissements chaleureux des dames juchées sur l'estrade de fortune parvinrent jusqu'à lui, ainsi que les cris d'encouragement de la foule massée aux abords de la palissade. A leur manière, ils saluaient de concert son habileté. Dépité par la victoire trop facile de son frère, il rabattit le nasal de son heaume qu'il avait relevé durant quelques minutes pour respirer un peu d'air frais, éperonna Nikita et se jeta de nouveau dans la mêlée hurlante, désordonnée, qui s'agitait dans tous les sens et se déployait sur l'immense terrain mis à sa disposition. Néanmoins, il guidait sa monture avec prudence, se tenant sur le qui-vive, parce qu'il redoutait qu'elle ne soit blessée par la maladresse ou la précipitation d'un de ses voisins. Ce genre d'accident était fréquent au cours des joutes équestres, bien qu'il fût strictement défendu de s'attaquer à un cheval et de lui faire du mal au cours d'un tournoi, il y avait toujours des risques importants à prendre en considération dans ce genre de manifestations plutôt brutales. D'une grande docilité, Nikita partit au petit galop, puis il la sollicita pour qu'elle accélère l'allure, pressé de se diriger vers un endroit plus calme et moins fréquenté de la lice. Il n'y avait là que quatre ou cinq chevaliers présents qui s'entraînaient à la quintaine, appelée encore joute du sarrasin... C'était essentiellement un jeu d'adresse, où chaque concurrent devait percuter à l'aide de sa lance tendue un trophée de cinq armes ou le bouclier d'un mannequin de paille juché au sommet d'un mât fixe ou rotatif.

A quelques pouces de ces premières installations, pour transformer cet entraînement en divertissement plus risqué, on avait accroché un bras articulé qui se trouvait en position perpendiculaire par rapport au pieu de bois ou au mannequin. Sur ce système assez perfectionné pendait une masse d'armes accrochée à une chaîne ou encore un fléau hérissé de piquants de fer. Celui-ci tournait sans arrêt pour frapper dans le dos celui qui l'avait heurté avec maladresse ou inexpérience. Chaque tentative demeurait extrêmement hardie et les chevaliers risquaient parfois d'être blessés ou encore assommés par la violence des coups portés de manière aveugle par le mécanisme... Il n'y avait que les plus habiles ou les plus téméraires qui s'y essayaient sous les encouragements des dames et de la foule. Leurs initiatives osées, parce que particulièrement dangereuses, pimentaient le spectacle de manière divertissante. Pour le moment, personne ne se bousculait devant ces quintaines, un jeune chevalier prétentieux venait d'être gravement blessé à la tête, des serviteurs et plusieurs écuyers l'avaient transporté inanimé pour le soigner dans sa tente. Depuis cet accident déplorable, les spectateurs attendaient de ses nouvelles, mais elles tardaient à venir... Enguerrand ne tergiversa pas longtemps, sans réfléchir davantage, il choisit de se diriger vers la quintaine articulée d'une lourde masse.

Les battements de son cœur s'accélèrent dans sa poitrine jusqu'à devenir infiniment douloureux. Durant un court instant, il crut qu'il allait manquer de souffle ou s'évanouir avant d'atteindre sa cible. Mais il se ressaisit aussitôt en songeant à la honte de son père et à son propre déshonneur s'il échouait de façon lamentable. Pour se donner du courage, il se souvint à bon escient qu'il s'était déjà entraîné à cet exercice périlleux dans la prairie du château de Bissey. En un éclair, il se remémora les conseils judicieux du baron, ce qui suffit à le réconforter amplement.

Puis il garda tout son sang-froid, s'efforça de respirer avec calme en soufflant par le nez avant de s'élancer droit sur cette quintaine. Alors, il s'imagina qu'il s'agissait d'un ennemi redoutable le provoquant avec hargne sur le champ de bataille. Dès le premier essai, il réussit à percuter le mannequin et la masse d'armes en s'aidant de sa lance, puis à les renverser dans son élan. Cet exploit inattendu le préserva assurément de tout péril, ainsi que sa monture. Dans le cas contraire, il se serait sans doute souvenu de sa maladresse pendant longtemps. C'était un véritable coup de maître ! Cette initiative louable et surprenante de sa part lui permit de prendre confiance en lui et de chevaucher à l'aise comme s'il se trouvait encore à Bissey...

Cette fois-ci, Pierre eut moins de chance que lui... Le cadet désirait absolument l'imiter, soucieux de se valoriser aux yeux de son père, mais il partit trop tôt sans avoir pris le temps de se concentrer, d'examiner avec attention le mouvement de balancier du mannequin. Malheureusement pour lui, il rata son coup et faillit être renversé par la lourde masse d'armes en métal, qui le frappa avec traîtrise dans le dos. La respiration coupée pendant plusieurs minutes, le corps paralysé d'une douleur intense, fulgurante, il ne dut son salut qu'à l'excellent réflexe d'Ouragan, qui prit le galop sans attendre son ordre. Sinon, Pierre aurait été frappé une nouvelle fois par le mouvement du balancier qui ne s'arrêtait jamais et sans doute, aurait-il fini assommé. Dépité, le cadet jeta des regards envieux à son frère Enguerrand qui, à quelques pas de lui, venait de réussir une seconde charge, tout aussi brillante que la première... « C'était injuste à la fin : comment faisait-il pour s'en sortir avec autant d'élégance et sans aucun dommage ? » ruminait-il, vexé.

Ces exercices d'entraînement se prolongèrent jusqu'au milieu de l'après-midi, puis Jacques, l'intrépide écuyer du comte de Nevers, promu héraut d'armes pour l'occasion, annonça que l'on allait organiser plusieurs joutes équestres avant la tombée de la nuit. Enguerrand pressa les flancs de Nikita et se précipita au grand galop vers la tribune où l'on inscrivait les vaillants bacheliers, avides de se mesurer à un adversaire. Le comte de Saulieu avait accordé une permission exceptionnelle, puisque ces joutes étaient plus ou moins défendues, l'Eglise les tolérait de manière illicite, mais il ne fallait pas en abuser... Il y avait eu trop de morts et de blessés les années précédentes, mais la noblesse se moquait de ces interdits. Cette caste privilégiée adorait «tournoyer» du printemps jusqu'à l'automne, quand il n'y avait pas de guerres entre seigneurs...

Sur son siège de fortune, dame Bathilde tremblait d'appréhension depuis la tribune où elle avait pris place en compagnie de ses filles, de ses suivantes et de quelques amies, sans oublier la fidèle Brune. Une fois de plus, l'aîné des Bissey eut encore beaucoup de chance... L'adversaire d'Enguerrand fut désarçonné dès le premier coup de lance qu'il plaqua habilement contre la partie centrale de son haubert. Déséquilibré par le choc, ce dernier vida les étriers et roula dans l'herbe tendre. Au grand soulagement du vainqueur, les valets de pieds le relevèrent sans aucune blessure ni égratignure. Les deux jeunes gens se donnèrent l'accolade et échangèrent des paroles aimables, plutôt courtoises, comme l'exigeait le savoir-vivre en pareille circonstance.

Eudes qui n'avait rien perdu de la scène, gesticula dans la direction de son aîné et le héla en lui ordonnant de regagner les enclos où l'on avait parqué les chevaux... Abasourdi par l'aberration d'une telle décision, Enguerrand obéit immédiatement, mais tenta de parlementer avec son père. Il était résolument décidé à poursuivre les joutes...

— C'est trop bête, père, de se satisfaire d'une seule victoire, commença-t-il en relevant la visière de son heaume. Je vous en supplie, laissez-moi me battre encore une fois... J'en suis tout à fait capable...

— Cela suffit, Enguerrand, l'arrêta Eudes d'un geste courroucé. Moi, à ta place, je ne tenterais pas le diable : tu as réussi un véritable exploit, tu dois t'en contenter...D'ailleurs, as-tu pensé à ménager ta pauvre jument ? gronda-t-il pour créer une diversion. Ecoute comme sa respiration est saccadée, regarde sa robe trempée de sueur : elle risque de prendre du mal. Va t'occuper d'elle sans plus tarder, elle mérite quelques attentions après toutes les joies qu'elle t'a procurées aujourd'hui... lui commanda-t-il.

Ce rappel à l'ordre paternel porta ses fruits. Honteux, Enguerrand se saisit de la bride de Nikita et, les épaules affaissées, s'éloigna sans rien dire. Il était très fier de sa monture et n'accepterait pas qu'elle subisse les négligences ou les soins bâclés de valets ou palefreniers peu sérieux. Eudes connaissait les faiblesses de son fils, à savoir sa grande sensibilité, sa passion pour les chevaux qui comptaient beaucoup dans sa vie. Pour l'amour et le respect des équidés, il aurait tout sacrifié... De soulagement, le père soupira très fort et songea que pour une fois, il avait prononcé les bonnes paroles, celles qui éviteraient de heurter sa susceptibilité à fleur de peau. Il estimait qu'Enguerrand s'était suffisamment exposé au danger et redoutait toujours un mauvais coup ou une vilaine blessure. Il désirait absolument protéger sa chère progéniture. D'ailleurs, il se précipita sans plus attendre vers le lieu où se déroulaient les joutes, cherchant à retrouver Pierre qu'il avait perdu de vue depuis un bon moment. Mais il échoua dans ses recherches, gêné par la présence d'autres bacheliers, qui lui barraient la vue en s'agglutinant par petits groupes devant la tribune, pressés à leur tour de prendre part aux combats. Méprisant la peur, ils brûlaient d'impatience de prouver leur valeur guerrière. Découragé, il chargea Bérenger de lui ramener son fils. Pierre attendait à l'écart, immobile ou plutôt figé sur Ouragan, redoutant un nouvel échec, peu pressé de se jeter dans la mêlée...

Quelques minutes plus tôt, au moment où il avait aperçu son père donnant l'accolade à Enguerrand, le félicitant, le congratulant à grands renforts de tapes amicales dans le dos pour lui manifester sa joie, sa fierté tout à fait légitime, il eut d'abord honte de lui et fut tenté de s'enfuir au loin. Son amour-propre blessé, il se ressaisit et décida tout de même de s'approcher du groupe des jouteurs pour s'intéresser aux engagements. Mais perdu dans ses pensées, il hésitait encore, admettant qu'il n'était peut-être pas fait pour se battre et se mesurer à toutes sortes de dangers. Soudain, il reconnut Bérenger, l'écuyer de son père, qui de toute évidence se dirigeait vers lui. Alors, il chassa toutes ses appréhensions et s'approcha au grand galop de la tribune pour se faire connaître à son tour. Sans un mot ni un regard, il avait évité Bérenger en le contournant à cheval, tellement il redoutait d'être incapable de lui cacher ce moment de faiblesse et ses nombreuses tergiversations trahissant sa couardise.

La première charge de cavalerie, lance sous le bras – une arme offensive d'une taille impressionnante, puisqu'elle atteignait presque dix pieds de long – ne fut guère concluante : son adversaire, sans doute aussi perplexe et timoré que lui, avait pris soin de l'éviter. A la dernière minute, il s'était lâchement dérobé, éperonnant son destrier pour qu'il s'écarte sur le côté, s'éloigne le plus possible pour se trouver hors d'atteinte de Pierre. La foule indignée les hua, leur lança toutes sortes d'injures blessantes, ses cris de colère et de déception parvenaient jusqu'au centre de la lice, étendue plate et herbeuse, où se massait le plus grand nombre de chevaliers.

Les plus volontaires d'entre eux s'entraînaient encore dans un endroit dégagé en exécutant différentes figures équestres, destinées à exercer leurs montures à la rapidité et à l'obéissance. Pour la seconde tentative, Pierre éperonna violemment Ouragan qui hennit sous l'effet conjugué de la douleur et de la surprise : aussi ses sabots arrachèrent-ils de grosses mottes d'herbe qui voltigèrent en l'air, avant de retomber un peu plus loin. La détermination de son cavalier ne faisait aucun doute : cette fois-ci, il se battrait jusqu'au bout, quoiqu'il puisse lui en coûter. Malheureusement pour lui, le jeune chevalier qu'il affrontait éprouvait la même rage de vaincre que la sienne... D'une manière calculée, réfléchie, il se concentra afin de mieux viser les plaques de métal recouvrant la partie supérieure du haubert de Pierre, comme il galopait à sa rencontre. Très habile et méthodique, il réussit à lui décocher un grand coup de lance qui dévia un peu plus haut, alors qu'il visait la poitrine de son adversaire. Sous la violence du choc, celui-ci passa par-dessus l'encolure d'Ouragan avant de mordre la poussière... Le cadet des fils du seigneur de Bissey fit appel à tout son courage et utilisa ses dernières forces pour ne pas hurler de douleur, alors qu'il gisait dans l'herbe totalement incapable de se relever sans l'aide de quelqu'un. L'humiliation cuisante de se sentir ainsi déshonoré aux yeux de tout le monde demeurait sûrement la plus forte et l'aidait à maîtriser sa souffrance physique. Mais il reconnut à peine le sergent Dutilleul et Bérenger, l'écuyer de son père, qui s'efforçaient de le remettre debout et l'aidèrent tant bien que mal à quitter la lice pour laisser le champ libre aux autres chevaliers impatients de se battre. Soutenu sous les aisselles par Bérenger, il titubait comme un homme ivre, tandis qu'une mauvaise sueur inondait son dos et coulait devant ses yeux lui brouillant la vue, sans qu'il parvienne à identifier avec exactitude la source de la douleur irradiant dans tout son corps. Parvenu à la tente des Bissey, il s'effondra sur un siège disposé à l'entrée de l'abri de toile, réclamant qu'on le laisse respirer un peu sans l'étouffer. « Pourquoi se regroupaient-ils massivement autour de lui ? » leur reprocha-t-il d'une voix éteinte, à peine audible.

Ce n'est que lorsqu'Auberi, le fils d'un tenancier d'Eudes, lui servant d'écuyer maintenant qu'il était devenu chevalier, commença à lui retirer son armure qu'il se mit à pousser des cris atroces... Alors sans prévenir, il le frappa violemment en se servant de son poing, l'envoyant rouler à terre. N'écoutant que ses propres souffrances, il n'avait pas épargné celui qui se démenait pour le soulager de son mieux. Auberi demeurait prostré dans le coin de la tente où il avait atterri et sanglotait tout haut.

D'habitude plutôt compréhensif, Eudes le força à se relever en lui décochant de méchants coups de pieds dans les côtes, passant ainsi sa colère sur le malheureux enfant, pourtant innocent de sa déconvenue. Enguerrand se précipita pour le protéger des brutalités du seigneur.

— Calmez-vous, père...lui conseilla-t-il, atterré par les manifestations d'une telle bestialité. Auberi n'est nullement responsable de ce qui est arrivé à Pierre...

— Ne te mêle pas de cette affaire, tonna le baron ulcéré par la remarque d'Enguerrand. Je corrige un incapable qui doit s'endurcir pour servir correctement mon fils, sinon...

Les plaintes déchirantes de Pierre les interrompirent sur le champ. Mandé d'urgence dans la tente des Bissey, le chirurgien aida deux ou trois serviteurs plus expérimentés qu'Auberi à enlever la cotte de mailles du blessé, ce qui n'était pas une intervention aisée en soi. Le visage blême, les traits tordus par la souffrance, il endurait le martyr, mais se retenait de hurler franchement en présence de cette assemblée en majorité masculine. D'une manière courageuse, il se contentait de grommeler entre ses dents, de gémir à voix basse en évitant de se faire remarquer... Usant de nombreuses précautions pour le manipuler, on l'avait étendu sur un lit de camp dressé à la hâte, où le praticien s'apprêtait à le palper et à l'examiner sous toutes les coutures. Celui-ci découvrit très vite que Pierre avait l'épaule droite, démise par le coup de lance de son adversaire. L'arme avait tout simplement été déviée de sa trajectoire, parce qu'elle avait dérapé sur la surface métallique des plaques du haubert.

D'un geste autoritaire, il ordonna aux hommes présents de sortir et demanda à son aide de relever plusieurs pans de la toile de tente, de façon à ce que le blessé puisse respirer à l'aise. Un autre valet à son service venait de lui apporter une sacoche de cuir contenant ses instruments ainsi que diverses médecines. D'un clin d'œil rapide, il fit signe à son premier serviteur, un homme corpulent au visage de brute épaisse, lui commandant d'immobiliser le blessé, tandis qu'il remettait à sa place l'os de l'épaule sorti de son articulation. Une fois de plus, les manifestations bruyantes de Pierre traduisaient une douleur intolérable, si bien qu'elles interrompirent les conversations des familiers en parvenant jusqu'à l'extérieur de la tente. Les hommes patientaient en bavardant pour tenir compagnie à Eudes. Sans plus attendre, le père rongé d'inquiétude se précipita à l'intérieur, mais dès qu'il s'approcha de Pierre, celui-ci parvint à se maîtriser et à garder le silence...

Puis à bout de force, il perdit connaissance durant quelques minutes, ce qui le soulagea de toute évidence, tandis que le chirurgien et ses aides bandaient l'épaule blessée pour la maintenir dans une position correcte. Lorsque Pierre ouvrit les yeux quelques minutes après son évanouissement, il découvrit avec stupéfaction qu'un visage féminin était penché sur lui et qu'une main très douce caressait son visage. A l'aide d'un mouchoir de toile fine, cette main s'appliquait à effacer les traces de larmes et de sueur perlant sur sa peau. A ce moment-là, il rougit très fort de sa faiblesse impardonnable et de son manque de résistance confronté à la souffrance physique. Mais plus personne ne faisait attention au blessé à l'intérieur de la tente. C'est dans cette posture peu glorieuse et qui ne l'avantageait guère en tout cas, qu'il fit la connaissance de sa fiancée, dame Yolande de Bar...

En effet, Eudes de Bissey n'avait pas renoncé à ses projets matrimoniaux concernant ses enfants. Sans daigner les informer de son idée, il avait décidé que l'adoubement de ses fils constituerait une excellente occasion pour mettre en présence les futurs promises et promis. La cérémonie allait donner lieu à des réjouissances et à des festivités qui se prolongeraient une grande partie de la journée du lendemain. Selon une habitude fort détestable au demeurant, il aimait surprendre ses semblables en évitant de leur annoncer ses intentions. C'était presque maladif chez lui...

— Voici dame Yolande de Bar, ta fiancée, annonça Eudes d'une voix pleine de suffisance et assez forte, afin que sa phrase soit entendue des personnes présentes.

Sous l'effet du choc provoqué par l'émotion, Pierre se sentit de nouveau défaillir, puis rougit comme un gamin avant de bredouiller d'une manière confuse.

— Vous auriez pu au moins m'aviser de cette entrevue, père, lui reprocha aussitôt le cadet humilié. Voilà que je suis déshonoré de vous rencontrer après cet échec cuisant, dame... Si vous saviez combien j'ai honte, tellement honte que je me sens indigne de vous...

— Chut, reposez-vous, mon ami, et cessez de vous tourmenter de cette manière, l'interrompit sa promise touchée par son regard brouillé de larmes. Vous avez joué de malchance aujourd'hui, même le plus fameux chevalier n'est pas à l'abri de ce genre de déception... Vous vous rattraperez la prochaine fois...

— Ma foi, vous avez tout à fait raison, dame Yolande, approuva Eudes en hochant la tête. Ta fiancée est une dame très sensée, Pierre. Qui parmi nous peut se vanter de n'avoir jamais été blessé un jour ou vaincu une seule fois au cours d'une joute ?

— Plutôt battu une vingtaine de fois qu'une seule, plus souvent salement « égratigné » que mes adversaires, lui répondit en riant Jacques de Banlay. Il faudra t'habituer, Pierre, c'est le sort réservé à nous autres combattants, où le quotidien est fait de coups et de blessures s'accompagnant de tout un lot de souffrances. Parfois, il nous arrive de pleurer des morts, poursuivit-il en s'adressant au cadet de Bissey. Et encore, estime-toi heureux à ce sujet : nous ne sommes pas en guerre... Moi, qui ai participé à l'ost de...

La voix familière se perdit tout à coup dans un ronronnement lointain, l'attention du blessé se concentrait sur les caresses de la main compatissante s'attardant encore sur ses joues, l'apaisait en lui faisant oublier l'intensité de la douleur lancinante qui ne l'abandonnait plus depuis tout à l'heure.

— Laissons-les un moment ensemble, décida soudain Eudes en faisant signe à tous ces témoins curieux de sortir. Mon fils a besoin de repos comme le chirurgien l'a recommandé...

L'assemblée masculine obéit à Eudes sans émettre une seule protestation. Les chevaliers étaient pressés de courir se désaltérer dans des lieux plus gais et plus animés, où ils se regroupaient par affinité dans des abris de fortune pour boire. Pierre fit la connaissance de sa future épouse dans l'intimité de cette tente tout à coup vide et silencieuse. Lors du conseil de famille, sa mère ne lui avait pas menti : dame Yolande avait été très belle dans sa jeunesse.

A trente ans, elle conservait encore un joli visage aux traits fins et agréables, à peine marqués de quelques rides, illuminé par de splendides yeux bleu foncé, faisant songer à la couleur des fleurs de lavande. Des boucles de cheveux blonds indisciplinées s'échappaient de son voile, malgré l'utilisation d'un bandeau de toile que les servantes avaient serré tout autour de sa tête, afin de retenir sa magnifique chevelure, opulente à souhait, comme on le devinait aisément. Ses longues mains blanches, si fines, à la peau satinée comme du velours étaient tellement agréables au toucher et puis elles diffusaient tant de chaleur et de bien-être au blessé. De prime abord, les maternités ne semblaient pas l'avoir exagérément marquée ni trop abîmée. Dans l'ensemble, sa silhouette apparaissait mince et svelte, même menue comme celle d'une enfant, avec des membres longs et délicats aux attaches déliées, très élégantes.

A première vue, elle ne semblait pas très grande, à peu près de la même taille que Pierre... L'heureux fiancé s'empara de sa main droite pour la porter à ses lèvres et elle ne le repoussa pas comme il s'y attendait pourtant. Dame Yolande accepta même de s'asseoir quelques minutes auprès de lui, lorsqu'il le lui suggéra d'une petite voix timide : elle lui sembla si légère qu'il sentit à peine bouger la couche étroite et inconfortable sur laquelle il reposait, tandis qu'elle prenait place. D'autorité, elle se saisit de son autre main pour la serrer entre les siennes, tout en lui souriant de manière naturelle, parfaitement détendue. Puis de nouveau, elle caressa tendrement son visage. Cette présence féminine et la douceur de ses attentions presque maternelles le réconfortèrent davantage que la tisane amère que le chirurgien lui avait fait avaler avant de quitter la tente. Selon toute vraisemblance, sa future épouse n'était pas seulement belle, mais elle possédait d'autres qualités humaines, infiniment plus appréciables, comme la bonté et la pitié. Dans son for intérieur, ce constat le ravit et le rassura pour l'avenir, d'autant qu'il avait rencontré dans son entourage tant de demoiselles frivoles et intéressées, notamment insensibles à l'égard de toute souffrance humaine.

De son côté, dame Yolande s'était d'abord affolée en apprenant de la bouche de ses deux frères que son jeune promis était à peine plus âgé que le premier fils qu'elle avait mis au monde au début de son mariage. Cependant le comportement réservé et courtois de Pierre la rassura bientôt : elle ne serait pas confrontée à un monstre et saurait l'apprivoiser en se montrant habile, surtout douce avec lui... Lucide quant à sa situation personnelle, elle n'ignorait pas que les sires de Tailly, ses propres frères, l'avaient vendue à l'un des garçons du baron de Bissey, au cadet plus précisément, qui selon la tradition n'hériterait pas de son père. Mais elle n'était pas en mesure de protester contre cette volonté mâle qui avait tranché sur son sort, sans se préoccuper de son avis. Néanmoins, elle avait repoussé le plus longtemps possible cette échéance fatidique, prétendant chaque fois qu'elle rencontrait ses frères, qu'elle n'était pas pressée de se remarier... Son statut de veuve lui plaisait plus particulièrement, puisqu'elle était à peu près libre de vivre comme elle l'entendait avec sa petite Aubrée, sa dernière enfant, née les mois suivants le décès de son époux. Toutefois, elle avait affaire à des hommes calculateurs et jouisseurs. Ses frères dépensaient une grande partie de leur fortune à la cour du duc de Bourgogne et ne semblaient nullement intéressés par les travaux des champs.

A la fin, ils lui rétorquèrent que le domaine et les terres ne pouvaient rester plus longtemps sans maître, comme c'était le cas depuis bientôt trois ans, maintenant. Aussi, elle avait été contrainte d'accepter la proposition de ses frères et de rencontrer son prétendant. A l'issue de cette entrevue, elle se sentit soulagée d'un grand poids en scrutant les traits encore puérils, apparemment inoffensifs de son jeune fiancé. Certes, il n'était pas très beau, mais ne ressemblait point à une brute épaisse pour autant. En tant que faible femme, elle redoutait vraiment d'être mariée à un chevalier jaloux ou violent, comme c'était le cas de sa voisine Yseult de Commegrain, très malheureuse en ménage. Son époux, un rude guerrier mal dégrossi de caractère, la maltraitait à la moindre occasion et la frappait presque tous les jours. Au cours de ses promenades quotidiennes à cheval, dame Yolande entendait parfois les cris d'épouvante de la pauvre femme battue. Malgré l'éloignement de leur château, ils parvenaient quand même jusqu'à la grand route.

D'ailleurs dans le voisinage, tout le monde connaissait la situation navrante de la malheureuse, mariée trop jeune et contre son gré, à cette véritable brute. Mais jamais personne n'avait tenté quoi que ce soit pour soulager sa détresse. Il n'était pas de bon ton de se mêler des affaires conjugales des autres, fussent-ils de nobles seigneurs... La solidarité masculine s'imposait dans cette société d'ordres très hiérarchisée et on se disait qu'à la limite, son mari avait peut-être des raisons de la battre et qu'on les ignorait en grande partie ?

Yolande plongea son regard bleu lavande, d'une profondeur remarquable, dans celui de Pierre qui la contempla avec amour. Malgré lui, il ferma bientôt les yeux sous l'effet foudroyant d'une très grande fatigue, si soudaine. Tout à fait sereine en envisageant maintenant son avenir, la dame se dit qu'elle réussirait à l'amadouer sans se donner trop de mal. Le jeune chevalier se sentait vraiment épuisé, la drogue que le chirurgien lui avait fait absorber tout à l'heure paralysait totalement son corps, ses bras et jambes refusaient de lui obéir, devenus très lourds, comme des sacs remplis de sable ou de gravier. Pour compliquer les choses, cette léthargie n'épargnait guère ses facultés mentales. Le sommeil le gagnait peu à peu, provoquant une envie irrésistible d'endormissement. Pierre luttait de toutes ses forces pour rester éveillé, craignant de paraître impoli aux yeux de sa promise. Dame Yolande, infiniment charitable et attentive à la souffrance de son prochain, comprit très vite sa gêne et le rassura en adoptant un ton maternel, protecteur.

— Endormez-vous tranquillement, lui conseilla-t-elle, bienveillante. Je demeure à votre chevet pour veiller sur vous en attendant la venue de votre mère, dame Bathilde, que je connais très bien...

— Mais dame, j'aurais tant aimé profiter de votre présence, bavarder un peu avec vous, afin que nous puissions faire connaissance, lui rétorqua Pierre, vraiment désolé. Sans ce stupide accident, nous aurions festoyé ensemble ce soir et dansé toute la nuit comme de vrais amoureux...

— Soyez sans crainte, mon ami, nous nous rattraperons plus tard, lui assura-t-elle, amusée par son enthousiasme puéril. Nous aurons tout le temps de nous divertir pendant la période de nos fiançailles...

D'un geste tendre et spontané, dame Yolande pencha son beau visage vers lui pour l'embrasser sur le front.

Pierre aurait préféré goûter à ses belles lèvres colorées, fraîches comme des pétales de roses, qui l'attiraient si fort, mais il se raisonna et se contenta de garder ses mains dans les siennes en les serrant très fort. Exténué, il cessa enfin de se débattre et plongea dans les bras de Morphée en s'imaginant déjà au Paradis. D'ailleurs, tous les anges du ciel avaient le visage de dame Yolande...

Après avoir quitté son cadet blessé, Eudes s'était empressé de rejoindre le baron Edme de Suze, à qui il avait donné rendez-vous dans l'une des tentes les plus vastes et les plus luxueuses du camp. C'étaient celles de connaissances communes, de nobles et riches seigneurs, qui les avaient invités tous les deux à venir festoyer ce soir. Les pères de famille avaient convenu ensemble que ce serait le lieu idéal pour la présentation des futurs fiancés. Ida de Suze avait accompagné son père avec une joie touchante, exubérante : elle brûlait d'impatience, tant elle souhaitait connaître enfin le beau chevalier qu'on lui destinait comme mari. Pour la demoiselle laide, que les garçons de son âge et de son rang repoussaient sans indulgence ni pitié, il n'y avait pas de doute possible : il serait fatalement superbe, puisqu'il était de noble lignage, comme le lui avait annoncé son père. D'ailleurs, ce dernier avait lourdement insisté sur l'opportunité de ce mariage inespéré, alors qu'elle avait dépassé sa vingtième année sans qu'aucun prétendant ne se présente au château, malgré l'attrait d'une dot pourtant cossue. Son vieux père avait sacrifié plusieurs bonnes terres appartenant à son domaine qu'il cèderait à son futur gendre pour mieux l'appâter, sans grand succès jusqu'à présent, il fallait bien le reconnaître...

L'union projetée avec le fils aîné du seigneur de Bissey ressemblait à un véritable conte de fées aux yeux de la jeune héritière timide et empruntée. Son physique ingrat ne lui permettait pas d'envisager une alliance plus prometteuse. Depuis plus de cinq ans déjà, elle avait assisté à tous les mariages de cousines ou de parentes éloignées, devenues femmes de chevaliers, dès l'âge de treize ou quinze ans à la rigueur pour les plus pauvres d'entre elles. Malgré la dot alléchante promise par son père, elle désespérait de trouver un prétendant digne d'elle, c'est-à-dire un noble chevalier. Tous les fils de seigneurs amis ou voisins se détournaient d'elle avec un regard dédaigneux, quand elle apparaissait aux fêtes ou rencontres organisées dans les environs. Plus d'une fois sur son passage, elle avait surpris des remarques peu flatteuses, y compris des moqueries ou des plaisanteries de mauvais goût, visant à dénigrer son apparence. Ces vexations humiliantes, répétées, avaient accru son embarras naturel. Maintenant, elle redoutait de se produire en public au milieu d'inconnus et cette sensation de malaise s'aggravait avec le temps qui s'écoulait, sans apporter de véritable solution à son problème. Une fois, elle avait pourtant accepté de se rendre jusqu'à Avallon, à la cour du duc de Montmort, dans l'espoir d'y rencontrer un gentil fiancé. Mais comme d'habitude, ses chances étaient bien maigres, compromises à l'avance... Cette fois-ci, ce fut l'échec le plus humiliant, le plus frustrant aussi de toute sa jeunesse... Plusieurs chevaliers jeunes et attirants, également en âge de se marier l'avaient raillée sans indulgence, la méprisant dès le premier regard pour s'intéresser à d'autres demoiselles plus belles et plus avenantes qu'elle. Sans perdre de temps, ils avaient immédiatement lié connaissance et Ida avait été mise à l'écart.

L'infortunée demoiselle ne réussissait qu'à attirer la convoitise de seigneurs veufs, plus âgés qu'elle, et encore... Au château de Précy-sous-Thil, elle avait même subi l'agression d'un vieux barbon édenté, à l'haleine empuantie par le vin. En considérant son âge, elle ne s'était pas méfiée, mais le perfide avait réussi à l'attirer dans un coin peu éclairé de la salle avec l'intention de la trousser à son aise. Ida s'était farouchement défendue, avait poussé des hurlements indignés, dès qu'il avait tenté de l'embrasser sur la bouche. Irrité par sa résistance, l'amoureux éconduit l'avait souffletée à plusieurs reprises, l'assommant à demi par la violence de ses coups, se dépêchant ensuite de s'enfuir avant que le maître des lieux ne découvre sa conduite inqualifiable. Les cris stridents de l'outragée avaient évidemment alerté les invités et les habitants du château qui s'empressèrent de la secourir. A la suite de cette mésaventure désobligeante, Ida avait compris qu'elle se marierait difficilement et que dans le meilleur des cas, elle ne servirait qu'à assouvir les désirs charnels d'un homme qui ne s'intéresserait jamais à elle d'une autre manière.

Sa lenteur d'esprit ajoutée à une laideur affligeante l'empêchaient de prétendre à un beau mariage, même arrangé, sort que l'on réservait à plupart des demoiselles de sa condition. Cette funeste vérité la désespérait vraiment, ruinait son moral : les jours, les mois, puis les années se succédaient et elle n'avait toujours pas trouvé de mari ni de fiancé. A la fin, elle finit par se rattraper sur les plaisirs de la bonne chère, ne se privait guère en abusant de mets gras ou sucrés qui flattaient de manière très agréable son palais. C'étaient à peu près les seules compensations qu'elle pouvait s'offrir en ce bas monde. Pour le reste, elle devait affronter seule de fréquents moments d'abattement ou de révolte, au cours desquels elle se morfondait en silence contre l'injustice de son sort et l'indifférence de la nature qui l'avait si mal pourvue. Si bien que l'embonpoint décrit par dame Bathilde correspondait tout à fait à la réalité.

A vingt ans passés, Ida était une demoiselle de taille moyenne, mais grasse et potelée de partout, brune de peau et de cheveux, rarement souriante, encore moins aimable... Les rebuffades fréquentes et les moqueries incessantes des garçons de son âge l'avaient considérablement aigrie, tout en lui forgeant un caractère de plus en plus acariâtre, très désagréable envers autrui. Par exemple, Ida se vengeait de ses cruelles désillusions en s'attaquant aux servantes les plus faibles, surtout les plus jolies, qu'elle jalousait plus particulièrement. Il ne se passait pas un seul jour, sans que l'une des malheureuses attachées à son service ne soit agressée de manière méchante et le plus souvent injuste. Les insultes les plus grossières, les gifles cinglantes, les pincements sournois, pleuvaient parfois sur ces pauvres innocentes pour une simple maladresse ou un oubli sans importance. Mais cette jalousie récurrente, fort inefficace au bout du compte, ne la rendait ni meilleure ni plus belle aux yeux de ses semblables...

Jusqu'au milieu de cette journée exceptionnelle, Enguerrand avait vécu son adoubement comme le plus beau jour de sa vie. Débordant de reconnaissance, il bénissait le ciel qui lui avait permis de bénéficier de circonstances favorables et d'une chance inouïe pour valoriser ses capacités guerrières. Mais la suite des événements allaient très vite le décevoir...

D'abord, il dissimula mal sa surprise, puis son agacement, lorsque son père le fit chercher partout à l'intérieur du camp par son fidèle Bérenger, alors que les jeunes chevaliers fêtaient leurs exploits guerriers. Pourtant, ils avaient bien mérité de profiter de ce moment de détente. Par petits groupes de camarades, ils goûtaient aux meilleurs vins de Bourgogne ou de Champagne, plaisantaient et s'amusaient... Mais Enguerrand, en tant que fils obéissant et docile, dut se résoudre à suivre Bérenger sans poser de questions. De toute façon, il savait pertinemment que l'écuyer de son père ne pourrait pas lui répondre, incapable de l'éclairer sur les motifs de la démarche paternelle, gardée secrète comme toujours. Eudes les rejoignit à la croisée des chemins menant à l'installation prestigieuse du duc de Montaigu, son parrain d'armes. Sans un mot, le baron leur fit signe de le suivre : il avançait d'un bon pas, ne daignant pas se retourner une seule fois. Soudain, Eudes s'arrêta devant un emplacement ensoleillé, plutôt dégagé, regroupant plusieurs tentes bariolées de couleurs vives, richement décorées de rubans de soie et de dorures flottant au vent, appartenant sans doute au même propriétaire. Des rires graves, d'autres plus aigus s'égrenant en cascade, de francs fous rires, des cris d'enthousiasme tonitruants ou exaltés s'échappaient de cet endroit.

Ces manifestations joyeuses, mais bruyantes, provenaient toutes de gosiers masculins et indiquaient qu'on ne s'ennuyait guère à l'intérieur de la plus grande des tentes. Le baron écarta une lourde tenture barrant l'entrée et invita son fils à le suivre sans aucune explication. Enguerrand avait le sourire aux lèvres en pénétrant dans ce lieu convivial, mais il changea très vite d'attitude. Après quelques instants d'indécision, il finit par se sentir très embarrassé... Tous les invités et les hommes appartenant à la maison du duc s'étaient subitement tus et leurs regards se tournèrent dans sa direction. Ils l'observaient de la tête aux pieds, comme s'il s'était subitement transformé en monstre ou en bête curieuse. Cet examen détaillé augmenta encore sa gêne et ses joues s'empourprèrent malgré lui. « Que signifiait ce piège grossier dans lequel son père l'avait entraîné ? » se demandait-il, plutôt perplexe et franchement ennuyé. Il n'y avait que des inconnus parmi les personnes présentes dans l'assemblée. Soudain, Enguerrand eut envie de s'enfuir loin d'eux, de leur curiosité abusive, presque malsaine. Si l'intervention orale de son père clarifia la situation, elle n'en diminua pas davantage son trouble qui s'accentua au fil de ses paroles.

— Mes amis, je vous présente mon fils aîné, Enguerrand, clama-t-il avec une fierté non dissimulée. Vous avez vu tout à l'heure comment il sait se battre, aussi brave et fougueux que son père, foi d'Eudes...

Son malaise s'intensifia jusqu'à devenir insoutenable et à ce moment-là, l'intéressé serait volontiers rentré sous terre pour qu'on l'oublie... Des coups d'œil inquisiteurs le matraquaient de tous les côtés et des demoiselles le contemplaient bouche bée à quelques pas de là... Mais le plus dur restait encore à venir pour le jeune chevalier. Sans un mot ni même un encouragement, son père le dirigea d'une manière autoritaire, le poussant par les épaules en direction d'un inconnu. C'était un vieillard de petite taille, tout rabougri, au visage très ridé et à la chevelure entièrement blanche.

— Edme, voici celui qui t'aimera comme un fils, prendra soin de ta fille et tiendra ton domaine comme un preux chevalier, clama-t-il d'une voix de stentor, afin d'être entendu de toute l'assemblée. Hélas, il ne remplacera jamais tes propres garçons que tu as perdus en Terre Sainte et qui reposent déjà au Paradis... Mais tu peux compter sur sa bravoure et son honnêteté...

— Viens, mon noble fils, approche-toi, ordonna-t-il à Enguerrand sur un ton mielleux comme s'il désirait le flatter. Voici notre voisin, le seigneur Edme de Suze, que tu serviras et honoreras comme il se doit...

— Mais où se trouve donc votre Ida ? reprit-il en s'adressant à Edme. Elle n'est pas souffrante au moins ? le questionna-t-il, soudain préoccupé.

C'était trop fort, Enguerrand n'aurait jamais soupçonné une telle infamie de la part de son propre père. Le baron aurait dû le prévenir : au moins, il se serait préparé à la perspective de cette rencontre. Maintenant, il devait se montrer aimable envers ceux qui l'apostrophaient pour le féliciter, s'efforcer de sourire en s'avançant pour saluer son futur beau-père. Ce dernier lui parut épuisé et en mauvaise santé, de gros cernes violets sous ses yeux accusaient une fatigue certaine. De plus, il avait le teint brouillé et affichait une maigreur alarmante. Mais néanmoins, il lui fit bon accueil.

— Tu t'es bien battu ce tantôt, jeune chevalier, commença-t-il en lui proposant une coupe de vin. Prends place parmi nous, je vais te présenter ma fille sans plus tarder...

Les conversations avaient repris aussi naturellement qu'elles avaient cessé à son arrivée, allaient bon train maintenant, on avait même du mal à s'entendre... Tout à coup, d'une manière instinctive, parce qu'Enguerrand était habitué à affronter le danger, il sentit une présence étrangère, très proche de lui. En même temps, il devina qu'un regard perçant s'attardait dans son dos. Alors, il se retourna d'un seul bloc pour se retrouver face à une demoiselle quelconque, plutôt petite et relativement corpulente, aux formes rondes, très épanouies. Puis inévitablement sous l'effet de l'émotion, ses grosses joues devinrent très rouges, ce qui l'enlaidit davantage... Penaude, elle cachait son visage derrière ses mains, ne sachant plus quelle contenance adopter. Le sang d'Enguerrand se glaça dans ses veines, il se fit violence pour éviter de la bousculer et s'enfuir sans demander son reste. « Père est un vrai félon doublé d'un menteur, songea-t-il avec amertume. Que vais-je devenir flanqué d'un tel laideron à mes côtés tous les jours de ma vie ? Et toutes les nuits également, ce qui est pire... » Une rancœur tenace, mais pourtant fort légitime à l'égard de son père, le paralysait dans une attitude guindée et il demeurait immobile, silencieux. D'un geste agacé, plutôt brutal, Eudes le secoua par l'épaule pour le ramener à la réalité.

— Tu es devenu muet, Enguerrand ? gronda-t-il, furieux. Ma parole, on croirait que tu as oublié les bonnes manières que je t'ai enseignées...

Le jeune chevalier se força à sourire, s'inclina devant la demoiselle et lui offrit son bras pour la conduire à la place désignée par son père. Mais il agissait comme une sorte d'automate, son sourire se figeait sur ses lèvres, tandis que son cœur se serrait : il n'éprouvait plus que de l'indifférence comme s'il n'était pas concerné par ce mauvais rêve.

La présence inattendue de Mélisande réussit à le distraire quelques minutes de son immense déception. La pauvre sœurette était encore plus à plaindre que lui ! Raide comme une statue, le visage fermé, le regard hagard, elle demeurait assise à côté d'un vieillard d'une concupiscence redoutable. Enguerrand devina sans peine qu'il lui faisait la cour : il la dévorait des yeux, tout en lui débitant des insanités repoussantes, s'était emparé de sa main droite et tentait de lui caresser la nuque. Mélisande se raidissait de toutes ses forces, essayait de lui échapper, mais en vain... Finalement, il réussit à l'embrasser dans le cou et ce geste déplacé auquel la malheureuse demoiselle ne pouvait se dérober sans causer de scandale, lui souleva le cœur et elle se pâma de peur ou de dégoût en s'affaissant sur sa voisine la plus proche. Des servantes accoururent aussitôt et s'empressèrent de la transporter dans la tente de son père. Eudes s'était levé de table, s'agitait dans tous les sens, fort mécontent de cet incident fâcheux, parce qu'il le discréditerait auprès du seigneur Milon et n'arrangerait guère ses affaires. Peut-être risquerait-il de compromettre ce mariage inespéré selon lui ?

La journée, qui avait si bien commencé, s'achevait sur un véritable cauchemar, une sorte de méprise intolérable, où Enguerrand se débattait contre le destin en compagnie de sa sœur bien-aimée, plus affectée que lui par la malchance. « Ah, s'il avait disposé d'une fortune personnelle ou s'il était nanti d'un quelconque pouvoir, le baron Eudes ne déciderait pas ainsi de leur vie, en faisant preuve d'autant de désinvolture », regrettait-il, navré de son impuissance notoire. « Ils s'enfuiraient tous les deux et lui, l'aîné, prendrait soin de Mélisande, la protègerait et lui ferait rencontrer un jeune et vaillant chevalier, digne d'elle et de sa beauté », se surprenait-il encore à rêver. Mais ce n'était pas le cas et Enguerrand ne souhaitait pas mécontenter davantage leur père. Sinon, sa colère retomberait sur toute la famille et gâcherait la belle fête de ce soir. « Qui sait : Pierre serait peut-être rétabli d'ici quelques heures et pourrait se joindre à eux ? » espérait-il en frère aimant et attaché à son cadet. Sa bonne humeur et son entrain si communicatif lui manquaient déjà.

Pour le moment, il fit semblant de s'intéresser à sa fiancée, la questionnant de manière polie, afin de savoir ce qui la passionnait dans la vie... Malgré ses louables efforts pour lier la conversation, Ida demeurait muette comme une carpe, trop intimidée par son charmant prétendant. Non seulement il était d'une grande beauté, susceptible de rendre envieuses toutes ses relations féminines, mais il s'exprimait encore avec tant d'aisance. Ce constat d'éloquence inhabituelle chez un jeune bachelier, loin de l'éblouir, la déstabilisait davantage encore.

« Qu'aurait-elle pu lui déclarer d'intéressant d'ailleurs ? De quelle manière pourrait-elle lui avouer qu'elle appréhendait l'avenir en quelque sorte ? Notamment s'il devait ressembler aux journées de solitude interminables, particulièrement mornes, qu'elle affrontait depuis plusieurs années déjà ? Comment lui dire que plus le temps s'écoulait, plus elle redoutait de subir le célibat contre son gré et ne rêvait qu'à un mariage d'amour ? Enfin, réussirait-elle à lui taire ses principaux défauts : à savoir qu'elle était méchante, gourmande, paresseuse de nature, et qu'elle se laissait porter par un quotidien facile, où elle se satisfaisait de douceurs matérielles, sans s'élever vers des aspirations plus nobles ou plus spirituelles ? » déplorait-elle en s'efforçant d'être lucide en quelque sorte.

Ce mutisme inquiétant amena Enguerrand à se poser une nouvelle question qui finit par l'obséder : « Que ferait-il si sa fiancée était vraiment simple d'esprit, en plus de sa laideur navrante ? » se demandait-il, complètement bouleversé par cette éventualité. Mais le vieil Edme remarqua son désarroi et se rapprocha du futur couple, si mal assorti.

— Pas d'affolement, gentil chevalier, ma fille souffre d'une timidité maladive, l'informa-t-il sur un ton bienveillant. Mais cependant, elle n'est point sotte... C'est de ma faute aussi : à force d'être toujours souffrant, nous ne recevons plus grand monde au château. Cela dure depuis plusieurs années maintenant, poursuivit-il en se lamentant sur son sort. Ce qui explique aisément son extrême réserve en présence d'inconnus...

— Soyez tout à fait rassuré à ce sujet, insista-t-il en poursuivant son monologue, sans qu'Enguerrand ne l'y invite. Après le décès prématuré de ma pauvre épouse, elle a quitté le château pour étudier au couvent des Bernardines de Notre-Dame-des-Isles, tout près d'Auxerre. A Orgelaine, protégées par la comtesse Mathilde d'Auxerre, les nonnes se sont chargées de parfaire son éducation. Ida sait lire et écrire, compter, sans faire trop d'erreurs. Naturellement, elle connaît des rudiments de latin. Enfin, elle sait tenir une maison et diriger l'ouvrage des servantes, sans que j'aie besoin de m'en mêler. Ma fille est elle-même très habile de ses mains pour filer la laine, coudre et broder... Sans doute manque-t-elle d'entraînement pour se déplacer à cheval, mais c'est bien la seule chose qu'on puisse lui reprocher. Là encore, c'est entièrement de ma faute : je ne monte plus depuis si longtemps ni ne chasse à courre. Mais cette lacune n'a pas trop d'importance, n'est-ce pas ?

—Pas du tout, lui répondit Enguerrand sur un ton aimable. Je ne souhaitais pas l'intimider, mais je cherchais seulement à la connaître...

—Louable intention, mon futur gendre. Poursuivez donc sans moi... l'encouragea-t-il. Fais un effort pour parler à ton promis, Ida, gronda le vieux père en quittant la table. Profites-en : pour une fois qu'un jeune chevalier s'intéresse à toi...Et ce n'est pas n'importe qui : le fils aîné du seigneur de Bissey...

La semonce paternelle produisit un effet immédiat, Enguerrand fut submergé par un flot de paroles ininterrompu, à tel point qu'il regretta le silence pesant des minutes précédentes. Ida ne semblait plus capable de s'arrêter tellement elle souhaitait lui raconter des faits et anecdotes qui, évidemment, la présentaient sous son meilleur jour. Mais lui, ne l'écoutait déjà plus, s'inquiétant : « Dans combien de temps serai-je débarrassé de cette présence importune, irritant mes nerfs ? Il n'existe pas de moyen plus sûr pour me gâcher tout bonnement les festivités de mon adoubement... »

Hélas, il voyait bien qu'il ne serait pas libéré de sitôt : demoiselle Ida ne le quittait plus d'un pas, s'accrochant niaisement à son bras, qu'elle ne voulait plus lâcher sous aucun prétexte. Une vieille servante lui servait de chaperon. Evidemment, le vieux père tenait à la vertu de sa fille qu'il avait déjà tant de mal à marier...

Enguerrand enrageait et piétinait d'impatience dans ce lieu bruyant, où il ne connaissait personne d'intéressant avec qui dialoguer. Décidément, il ne pourrait jamais retrouver ses camarades dont la bonne humeur lui manquait.

S'ils le voyaient arriver affublé de cette grosse fille noiraude à ses côtés, il serait la risée de tout le groupe de joyeux lurons qui ne se priveraient guère pour se moquer de sa malchance. Comme s'il avait deviné ses intentions, son père le tira de ce mauvais pas en le séparant d'une compagne trop envahissante. Contre toute attente, il lui rendit provisoirement sa liberté.

—A présent, mon garçon, cours rejoindre tes camarades, l'invita-t-il d'un air guilleret, presque joyeux. Vous avez largement mérité de faire la fête tous ensemble... Quant à toi, Ida, prends mon bras pour que je te reconduise auprès de ton père. Ce n'est pas la place d'une demoiselle de bonne famille...

— Si, bien sûr que si... Moi, je veux absolument accompagner mon promis, protesta-t-elle avec une vigueur insoupçonnable de la part d'une personne aussi effacée. Il n'y a pas de mal à...

— Taisez-vous, demoiselle Ida, vous allez m'obéir à la fin, lui commanda Eudes sur un ton sec. Me feriez-vous déjà regretter de vous avoir choisie pour bru, mon enfant ?

— Oh que non, sire, je vous suis à l'instant, décida-t-elle en s'appuyant sur son bras. Je vous en supplie : ne dites rien à mon père, il me punirait pour autant d'outrecuidance. Je vous demande pardon : je ne m'opposerai plus jamais à vos ordres...

Par cette intervention directe et autoritaire, Eudes souhaitait récompenser son aîné qui lui avait procuré de grandes joies aujourd'hui. Il était légitime qu'il profite des festivités données en l'honneur de son adoubement et de ses premières joutes. La pensée de Pierre, immobilisé sur son lit de souffrances, le contrariait déjà suffisamment, sans que se rajoute la mauvaise humeur de l'aîné. Une autre idée, plus perturbante que la précédente, lui traversa tout à coup l'esprit. « Et si cette Ida de Suze n'était pas l'épouse idéale pour mon fils aîné ? » se surprit-il à douter en éprouvant quelques remords. La donzelle lui avait paru sacrément impertinente, pas facile à diriger en tout cas, alors qu'un laideron de cette trempe avait plutôt intérêt à se faire oublier... Néanmoins, il est vrai qu'elle lui avait cédé dès qu'il avait haussé le ton, sans avoir l'idée de se révolter comme sa propre fille Mélisande. Mais tout de même, il faudrait la surveiller attentivement, afin qu'elle ne prenne pas trop d'emprise sur Enguerrand. Cette contrainte inattendue, dérangeante, faillit gâcher l'agréable perspective de la soirée. D'un pas alerte, il se hâta vers la tente de Milon, comte de Bertranges, pour régler le problème de ses fiançailles avec Mélisande. C'était une intervention extrêmement délicate : sous peine de froisser la susceptibilité du futur promis, il devait pourtant l'inciter à faire preuve de davantage de patience et d'une plus grande compréhension à l'égard de sa fille. Après cette ultime démarche, elle obéirait à son tour, se soumettrait aux exigences paternelles, une bonne fois pour toutes...

Les festivités de la soirée et du lendemain finirent par distraire tous les membres de la famille : en compagnie de dame Bathilde et de leurs grands enfants, Eudes commença par rendre visite à des amis, puis ils festoyèrent une grande partie de la nuit jusqu'aux premières lueurs de l'aube. Il y eut des chants et des danses pour égayer ce banquet très long où les seigneurs se regroupaient par affinités personnelles, liens de vassalité ou de parenté.

Même Mélisande, tout juste remise de son évanouissement, s'amusa comme une folle et accorda deux ou trois danses à Milon, sieur de Bertranges, pour sauver les apparences et contenter son père. Auparavant, elle avait exigé de lui une attitude correcte, sans qu'il ne tente aucun geste déplacé à son égard, avait-elle cru bon de le prévenir. Pour concrétiser les accords de son père et du vieil Edme, Enguerrand s'était montré galant avec sa jeune promise, acceptant de lui concéder une faveur exceptionnelle. Durant toute la soirée, il lui avait réservé sa préférence en lui accordant toutes les danses, sans s'intéresser aux autres demoiselles. Enfin, il l'avait quittée pour aller s'enivrer avec ses camarades jusqu'au lendemain, profitant de ces précieux instants, où il n'était pas obligé de supporter sa présence. A peine rétabli, Pierre parut au festin en compagnie de dame Yolande de Bar en s'appuyant sur elle, le bras droit en écharpe. Pourtant, le couple nouvellement formé s'abstint de danser, car Pierre souffrait encore beaucoup de son épaule. De toute évidence, il craignait d'être bousculé par mégarde au cours de ces danses très entraînantes, mais au rythme effréné, qui se prolongèrent jusqu'à l'aube. Cette privation ne le punit pas vraiment, car il prit plaisir à bavarder avec sa promise. Ensemble, ils passèrent un agréable moment à deviser de choses et d'autres, sans s'ennuyer le moins du monde. Dame Bathilde les observa du coin de l'œil et reconnut que son époux avait fait le bon choix en ce qui concernait Pierre, leur cadet. De toute évidence, les fiancés formeraient un couple parfaitement assorti.

Les fêtes et les distractions se poursuivirent sans relâche, s'éternisèrent tout au long de la journée du lundi de Pâques. La noblesse morvandelle semblait peu pressée de rejoindre ses châtellenies et seigneuries respectives... Parmi ses membres, quelques seigneurs imprudents s'étaient pratiquement ruinés. En l'espace d'un jour ou deux, ils avaient dépensé la totalité des revenus fonciers de leur domaine. Cette insouciance déraisonnable les forcerait à emprunter sans tarder, s'ils souhaitaient vivre selon leur rang tout le reste de l'année. Fort heureusement pour sa famille, ce n'était pas le cas d'Eudes, suffisamment aisé et toujours prévoyant. Toutefois, à l'occasion de ces fêtes onéreuses, il avait quand même sacrifié le montant des redevances en argent de trois de ses meilleures terres. Une somme considérable qu'il avait pris soin d'économiser depuis plus de six mois. Le baron Eudes de Bissey donna le signal du départ et s'éloigna du bourg de Thiernais parmi les premiers... Trois charrettes pleines à craquer de vêtements, d'armes, de provisions pour la route suivaient une longue file de cavaliers au nombre desquels figuraient le seigneur et son épouse, ainsi que leurs plus grands enfants en âge de chevaucher. Les plus jeunes se contentaient de voyager dans un char bâché à quatre roues sous la surveillance de Guillemette, la nourrice de la famille. Plusieurs valets, quelques serviteurs zélés, trottinaient derrière eux à dos d'ânes ou de mulets fermant la marche...

7 - *Un début d'été guerrier : le tournoi de Tonnerre.*

A Bissey, le printemps tira sa révérence en beauté, cette année-là... Dans la journée, les apparitions du soleil, loin d'être avares, se prolongeaient de manière sensible, heureux présage du retour de l'été. Si le joli mois de mai ne tint pas ses promesses coutumières – il n'y eut pratiquement pas de fleurs dans les vergers du bourg et du château, puisqu'un grand nombre de fruitiers avait gelé – quelques « rescapées » avaient tout de même survécu au désastre. Dans le jardin de simples du seigneur, abrité par de hautes claies d'ajoncs tressés et exposé plein sud, les carrés géométriques des plantes aromatiques renaissaient après la taille sévère du jardinier. Egarées au milieu de leur verdure exubérante, les minuscules fleurs de thym d'un mauve très pâle embaumaient l'air de senteurs fortes, tandis que les clochettes violet foncé des sauges se redressaient fièrement au-dessus de leurs délicates feuilles nuancées de gris, duveteuses à souhait. Partout, les vilains s'activaient dans leur modeste potager, retournant et préparant la terre maintenant réchauffée pour recevoir les semences de légumes, les bulbes d'oignons, d'échalotes... Aussi loin que se dirigeait le regard, les prairies s'habillaient de vert éclatant, d'une couleur franche et triomphante, ragaillardies par les pluies printanières. Les haies s'étaient étoffées d'un feuillage dru, tout neuf, et l'aubépine commençait à fleurir. Les étamines blanches de ces rosacées sauvages jaillissaient des buissons épineux à travers la campagne pour parfumer chemins et sentiers. Près du puits du château, les bosquets de lilas blancs s'épanouissaient au soleil et les servantes entretenaient avec soin les quelques plantes s'étalant au pied des rosiers qui grimpaient le long des murs de la cour intérieure menant au donjon. Attentives aux conseils de dame Bathilde, elles avaient arraché les espèces brûlées par le gel, bêché le sol, avant de les remplacer par de nouvelles. Celle-ci avait résolument sélectionné les couleurs des massifs, leur recommandant de se cantonner aux plantes qui produiraient des fleurs d'une blancheur immaculée ou à la rigueur d'un beau jaune orangé, assez soutenu. Tous les serviteurs chargés de ces travaux de jardinage connaissaient ses préférences et les respectaient au grand étonnement du seigneur Eudes, son mari.

Un peu à l'écart de ces bienfaits liés au renouveau de la nature, la forêt exhibait encore les stigmates de l'hiver : les branches dénudées des arbres portaient des bourgeons prometteurs, mais très fragiles. Ces derniers refusaient de s'ouvrir dans certains endroits mal exposés, trop froids. Les nuits étaient plutôt fraîches et dans cette région rude, inhospitalière, les habitants devraient parfois attendre la fin du mois ou le suivant pour que les bois reverdissent entièrement... Les feuilles mortes de l'automne précédent jonchaient encore le sol comme si elles protestaient, refusaient de se fondre avec la terre de ce massif ancien pour produire de l'humus. Malgré l'apparition tardive de la végétation, ces lieux déserts et isolés semblaient pourtant renaître comme si les températures diurnes, plus élevées, les revigoraient d'un souffle nouveau.

Les bois s'animaient soudain, partout les chants incessants des oiseaux les égayaient, des insectes bourdonnaient çà et là près des flaques d'eau stagnantes ou des mares. Les moustiques pullulaient au-dessus des étangs et des zones marécageuses, à peine asséchées par les rayons déjà chauds du soleil. Leurs rondes incessantes, bruyantes, les poussaient à se déployer en larges cercles concentriques se reflétant sur les étendues d'eau d'une couleur bleu intense, virant parfois au marine foncé. Des sangliers hardis aux longues défenses menaçantes sortaient de leurs bauges puantes, cerfs et biches s'élançaient en bonds agiles et gracieux depuis les taillis de broussailles, se risquant parfois à traverser une combe ou une clairière. Lièvres et renards se décidaient à pointer le bout du nez hors de leur terrier, poussés par la faim ou le besoin impérieux de se désaltérer. Les déplacements du gibier en quête de nourriture se multipliaient au cours de la journée, se prolongeaient même pendant la nuit plus propice à l'aventure, surtout à la traque. Les prédateurs les plus redoutables s'attaquaient aux plus faibles et ne se reposaient qu'une fois l'estomac bien rempli. C'était en quelque sorte la terrible loi de la nature à laquelle aucun être vivant ne pouvait échapper ni se soustraire, même au cœur de la forêt...

Au château, dans toutes les conversations, il n'était plus question que du tournoi de Tonnerre qui aurait lieu à la Pentecôte, en juin. Dès la dernière semaine de mai, une effervescence exceptionnelle bouleversa la tranquillité de la demeure du seigneur de Bissey. Cette agitation inhabituelle se concentrait surtout dans les pièces du rez-de-chaussée, notamment dans l'espace consacré à la salle d'armes et à l'armurerie. Palefreniers, garçons d'écurie, écuyers et serviteurs multipliaient leurs déplacements à l'intérieur de l'enceinte fortifiée du château jusque dans les dépendances et les écuries. Anxieux, préoccupés, ils couraient dans tous les sens afin de vérifier que tout serait prêt pour le départ de mercredi. Une lourde responsabilité reposait sur leurs épaules. A force d'expérience, ils savaient que leur seigneur et maître ne tolérerait pas le moindre oubli ni la plus insignifiante négligence au sujet de ces préparatifs. Il n'était pas recommandé de partir en voyage avec un cheval boiteux, à la ferrure défectueuse ou usée. Dès l'aube, le maréchal-ferrant se démenait pour que les montures du seigneur et de ses fils soient ferrées à temps. Ses aides étaient également débordés, ils se chargeaient des ronciers, des chevaux de cavalerie plus légère, ou encore des sommiers chargés de transporter les bagages.

Le maître d'écurie surveillait les opérations de rangement et à la moindre maladresse houspillait les valets chargés d'emballer les harnais et les filets de parade dans d'immenses coffres en bois cerclés de fer. Ils y entassaient tant bien que mal étriers, courroies, sangles et sanglons de cuir, sans oublier les étrivières, ainsi que toutes sortes de mors de forme et d'utilisation très différentes. Avec d'infinies précautions, d'autres enveloppaient dans d'épais tissus de drap les selles coûteuses du seigneur, tout en veillant à préserver de la moindre éraflure le cuir luxueux, d'une qualité supérieure. On prenait également grand soin des autres selles plus ordinaires que l'on protégeait à l'aide de toiles usagées ou de vieux draps de lin tout élimés. Le sergent Dutilleul, le maître armurier, dépensait aussi beaucoup d'énergie à répertorier les armes nécessaires pour le tournoi, celles que l'on destinait à l'ensemble des guerriers du château.

Dans un premier temps, il les examinait avec la plus grande minutie afin de vérifier leur état général, détecter la moindre anomalie nécessitant une réparation d'urgence. Parfois, c'était la pointe trop coupante d'une épée ou bien la vétusté d'une armure rendant sa protection inefficace. Le mois précédent, il avait fait restaurer certaines lances dont le bois avait été brisé ou encore endommagé durant les combats du mois d'avril. A la fin de son inspection, il avait exigé que l'on repeigne tous les écussons de façon à en raviver les couleurs. Que l'on redresse ensuite les écus déformés ou bosselés par la violence des mauvais coups échangés. Les armoiries de la maison de Bissey, un écu losangé avec un lambel de cinq pièces, devaient apparaître de façon très nette, pour éviter toute confusion avec d'autres. Les pièces du rez-de-chaussée, situées en dessous de la grande salle du premier étage du donjon, débordaient donc d'une activité incroyable par le simple fait qu'elles jouxtaient l'armurerie et la salle d'entraînement très vaste, où les hommes accédaient de plein pied depuis la cour. Ces dépendances sombres et humides, vides de meubles, étaient affectées au rangement des armes, mais servaient également d'annexe à la sellerie proche des écuries, où l'on entreposait le matériel d'équitation le plus prestigieux appartenant au seigneur. Evidemment, il était plus facile de le surveiller dans ces lieux proches de l'habitation principale. Mais leur fréquentation était réservée aux hommes, essentiellement aux soldats et combattants de tous bords, qui y circulaient en toute liberté et relâchaient leur attitude. Tout au long de la journée, on les entendait proférer les pires jurons... C'était à celui qui débiterait le plus grand nombre de plaisanteries grossières, obscènes, et leurs rires gras, excités, résonnaient entre les murs de pierres. Bien sûr, la plupart de ces mots crus aurait choqué les chastes oreilles des demoiselles. Ce qui interdisait toute présence féminine, à l'exclusion de celle des servantes les plus délurées qui s'aventuraient là-bas, dès qu'elles pouvaient se libérer de leur service pour bavarder avec les soldats et d'une certaine manière les provoquer.

Le départ d'Eudes, de ses deux fils et de leurs écuyers avait été programmé dès le mardi de la semaine précédant la Pentecôte. Déjà qu'ils devraient chevaucher durant deux ou trois jours entiers avant d'atteindre la ville de Tonnerre et encore dans le meilleur des cas, si leur déplacement se déroulait sans incident ni retard particulier. Cette fois-ci, dame Bathilde n'accompagnerait pas son mari ni ses fils comme à l'occasion de leur adoubement à Thiernais. C'était une faveur exceptionnelle qu'Eudes lui avait accordée en l'invitant à une cérémonie capitale, très émouvante pour une mère, sûrement parce qu'il s'agissait de leurs aînés... C'était aussi une façon de se faire pardonner l'infidélité criante de sa liaison avec Maria. D'ailleurs à ce sujet, il avait juré à son épouse que tout était terminé. Mais comme d'habitude, il lui avait menti. En réalité, il profitait de la moindre occasion pour revoir la servante en cachette. Par contre, il se montrait plus prudent, s'entourait de la discrétion la plus totale et de la complicité de son intendant. Mais pour ce tournoi, il ne souhaitait pas s'embarrasser de la présence contraignante de son épouse, de ses filles et de ses enfants en bas âge, qu'elle n'abandonnait jamais sous aucun prétexte. Ce qui compliquait énormément le moindre déplacement et les retardait chaque fois, malgré les protestations de dame Bathilde prétendant le contraire... Son fidèle intendant, Aimeri de Thil, garderait le domaine durant son absence, lourde responsabilité qu'il assumait toujours en pareilles circonstances.

Mais il serait également chargé d'assurer la protection de la dame du château et de tous ses enfants qui demeureraient à Bissey. Une tâche infiniment plus délicate que la précédente aux yeux de l'intéressé...

A la date convenue pour le départ, alors que le jour n'était pas levé et qu'il faisait encore nuit noire dans la cour du château, dame Bathilde et ses grandes filles sortirent enveloppées de leur cape de drap, posée à la hâte par-dessus leur chemise de nuit très légère, presque transparente à cette saison. Leur mère avait insisté pour qu'elles soient présentes afin de dire adieu aux hommes de la maison. Par ce geste, elles honoraient leur père et leurs frères. De plus, c'était aussi l'occasion de leur manifester un attachement sincère en souhaitant bonne chance aux futurs combattants. Mélisande, encore mal réveillée, ronchonnait dans son coin et se frottait les yeux en baillant, pestant contre les ordres absurdes de son père qui avait décidé de partir avant l'aube. Mais dame Bathilde l'avait grondée, lui rappelant que c'était le devoir d'une noble dame d'assister au départ ou à l'arrivée des chevaliers du château lorsqu'ils allaient se battre, ne serait-ce qu'à l'occasion d'un tournoi...

Plus jeune qu'elle d'un an, sa sœur Pétronille grelottait malgré la douceur de la nuit, parce qu'elle tombait littéralement de sommeil. La pauvrette se cramponnait au bras de l'aînée, redoutant de chuter à même le sol de terre battue de la cour. Aussi pour qu'elle reste éveillée, Mélisande pinçait de temps à autre la chair potelée de son avant-bras. Volontiers querelleuse, Pétronille ne se laissait pas faire sans riposter et ce petit jeu innocent finit par les distraire toutes les deux. Deux ou trois servantes leur tenaient compagnie, parmi elles se trouvait la fidèle Brune toujours présente pour les grands événements jalonnant la vie de sa maîtresse. Après une attente qui parut interminable aux deux demoiselles, elles aperçurent enfin les pâles lueurs des lanternes tenues par des serviteurs. Aimeri les avait chargés d'éclairer le chemin remontant des écuries dans le dessein de faciliter les allées et venues des hommes se préparant au départ. Bientôt, dame Bathilde entendit le pas des lourds destriers frappant le sol dur de leurs fers, le seigneur avait commandé que l'on empierre cette voie de passage à cause de la boue stagnant dans la pente à la mauvaise saison. Peu après, les premiers cavaliers apparurent... Eudes de Bissey ouvrait la marche fièrement monté sur Fandango, son bel étalon espagnol, suivi de près par son écuyer Bérenger de Mizieux. Ses deux fils chevauchaient également à quelques bottes de lui et de son fidèle compagnon, se redressaient sur leur selle en cambrant la taille afin de paraître plus grands. Pour le voyage, ils avaient revêtu une simple cotte de mailles très fine, plus légère que le haubert. Néanmoins, ils s'étaient coiffés d'un casque rond, armés d'une courte épée et d'un poignard pendant de chaque côté de la large ceinture leur entourant la taille. A cette époque, que l'on disait rude et impitoyable pour les plus faibles, il était dangereux de voyager sans armes à portée de main. A tout moment, on risquait de se faire attaquer par des voleurs ou des bandits de grands chemins. Mais les armures massives et encombrantes, les heaumes avec nasal, les longues épées utilisées depuis l'époque des

Croisades, ainsi que les lances des chevaliers reposaient dans des coffres transportés par des bêtes de somme en prévision du tournoi. Parmi leurs compagnons, certains avaient jeté un manteau de drap fin sur leurs épaules à cause de la fraîcheur matinale, surtout pour se couvrir si une averse orageuse les surprenait en cours de route.

Mais le tissu léger effleurait de temps en temps la croupe de leur monture au risque de l'agacer par ces frottements répétitifs et d'entraîner une ruade. D'autres l'avaient sagement plié et disposé à l'arrière de leur selle pour éviter ce genre d'incident. Le seigneur fit halte au milieu de la cour près du puits, où les dames s'étaient regroupées pour les saluer, leur offrir de quoi se désaltérer avant le départ. Dame Bathilde tendit la première la coupe remplie de bon vin à son mari, tandis que Mélisande et Pétronille accomplissaient les mêmes gestes empreints d'une certaine solennité pour chacun de leurs frères. Une première servante se chargeait de remplir les coûteux récipients, de superbes pièces d'orfèvrerie, au fur et à mesure que la seconde s'empressait de les tendre aux dames du château. La maîtresse de maison détestait les chasses, les voyages et les équipées guerrières, où son mari s'éloignait immanquablement d'elle pour une durée plus ou moins longue. Notamment, lorsqu'il s'agissait du service d'ost s'étalant sur une quarantaine de jours environ... Depuis son mariage, elle appréhendait chaque séparation, redoutait à juste titre que ce soit l'occasion inespérée pour lui de la tromper sans qu'elle n'en sache rien. Cette nuit, dans l'immense lit conjugal, elle s'était amoureusement serrée contre Eudes, tentant d'obtenir de lui des promesses illusoires comme celle de lui rester fidèle durant cette courte période. Dame Bathilde connaissait bien les faiblesses de son époux, incapable de résister à l'attrait exercé par une belle femme. Et elle se tourmentait déjà en songeant qu'elles devaient être nombreuses dans la grande ville de Tonnerre.

Par conséquent, cette pensée la rendait très malheureuse. Une fois qu'il eût bu d'un seul trait le contenu de sa coupe sans descendre de cheval, qu'il se fût penché pour la remercier en l'embrassant sur les yeux et la bouche, il voulut prendre congé d'elle sans plus tarder, car ses compagnons commençaient à s'impatienter... D'un mouvement spontané et irréfléchi, elle se jeta contre l'encolure de Fandango pour enserrer de toutes ses forces la jambe droite de son mari. De surprise, l'étalon faillit se cabrer et l'aurait même renversée sans la présence d'esprit de son cavalier qui le maîtrisa à grand peine. Fandango était une bête superbe, mais d'une nervosité excessive. Sous le regard désapprobateur de Brune qu'elle sentait peser dans son dos, elle réussit tout de même à baiser l'extrémité pointue de la botte de son mari comme si elle vénérait un saint. A maintes reprises, la servante lui avait répété qu'il ne méritait guère de tels égards, qu'elle gagnerait à se montrer plus froide avec lui et que c'était elle, la véritable sainte. Si elle se référait encore à l'opinion personnelle de ladite Brune, la conduite libertine de son mari exigeait une plus grande sévérité, en tout cas un plus grand détachement de sa part. Au château, personne n'ignorait qu'il la bafouait et la trompait sans vergogne depuis les premiers mois de leur mariage.

Mais dame Bathilde ne voulait rien entendre à ce sujet, elle se comportait comme une épouse très amoureuse et aimante : elle ne manquait jamais une occasion de lui prouver la sincérité de son attachement. Pour la récompenser de la persévérance de son amour jamais démenti, malgré ses liaisons scandaleuses, il se pencha une nouvelle fois pour baiser ses lèvres. Cette marque d'affection prodiguée devant tout le monde toucha la dame du château qui n'arrivait plus à se séparer de son époux.

Très éprise, elle n'hésitait pas à s'accrocher à ses jambes, bravant le risque de se faire piétiner par sa monture fougueuse. Mais cette obstination qu'Eudes trouvait déplacée, finit par l'agacer... Perdant patience, il lui commanda de le lâcher immédiatement et de cesser ce petit jeu ridicule, d'embrasser ses fils qui méritaient eux aussi, de bénéficier des encouragements et de l'affection de leur mère pour leurs premiers combats. Blessée par ce rappel à l'ordre autoritaire, que dame Bathilde estimait plutôt injuste, elle se détacha de lui à regret et s'avança pour saluer ses grands garçons. En signe de respect, Enguerrand sauta prestement à bas de sa jument. Pour être plus libre de ses mouvements, il tendit les rênes de Nikita à son écuyer, tandis qu'il s'agenouillait devant sa mère pour qu'elle lui accorde sa bénédiction. Très émue, la dame s'exécuta de bonne grâce : elle traça le signe de la croix à l'aide de son pouce sur le front et la poitrine de son aîné. Puis elle s'empara de ses mains pour le relever. Une fois debout, Enguerrand la dépassait de plus d'une tête, il dut se baisser pour embrasser sa mère sur les deux joues. Puis ce fut le tour de Pierre...

Peu à peu, la cour se vida de tous les cavaliers présents qui se suivaient à la queue leu-leu. Les premiers sortis avançaient maintenant au pas sur la route principale traversant le village. Aimeri de Thil avait ordonné que les soldats montant la garde abaissent la herse et le pont-levis, mais ils furent relevés dès que le dernier voyageur eût quitté la cour. Angoissée et même perturbée par leur départ, dame Bathilde ne pouvait se résoudre à regagner la chambre du donjon, prêtant une oreille attentive aux voix des chevaliers encore proches qui bavardaient gaiement en évoquant l'itinéraire de leur périple. Trop heureux de partir à l'aventure, plusieurs d'entre eux entonnèrent des chants guerriers sans se soucier de troubler le sommeil des villageois. Il est vrai qu'à cette saison, ces derniers ne traînaient guère au lit, s'affairaient déjà dans les écuries auprès de leurs bêtes pour la première traite, pressés d'aller travailler dans les champs. Insensiblement, les voix, les chants et les cris de joie ou d'enthousiasme s'estompèrent en un murmure à peine audible. Le jour se leva enfin... Dame Bathilde s'aperçut que ses deux filles luttaient contre la fatigue et le sommeil, que les servantes s'impatientaient en frappant du pied, pressées de se jeter sur leur misérable grabat, où elles ne bénéficieraient que d'une petite demi-heure de repos avant d'attaquer leurs tâches quotidiennes.

Alors la maîtresse du château ressentit un grand vide insoutenable, comme cela se produisait inévitablement chaque fois qu'elle était confrontée à l'absence de son mari, si bien qu'elle eût envie de hurler... Mais elle se raisonna par égard pour ses enfants. En silence, elle se lamenta sur son sort, qui était celui d'une épouse délaissée plus souvent qu'à son tour... De toutes ses forces, elle lutta pour surmonter ce sentiment d'abandon, susceptible d'entraîner un profond découragement, qui l'aurait gênée pour assumer ses responsabilités de mère de famille. Aussitôt que la petite troupe montée eût rejoint la vallée du Cernin, un vent de liberté souffla entre les oreilles des chevaux et de leurs cavaliers pour les ragaillardir. Enthousiastes, ils prirent tous le galop sans s'être concertés, trop contents de dégourdir leurs membres endoloris par le manque d'action et de se réveiller pour de bon.

Pour la plupart de ces guerriers, qui ne redoutaient guère de se battre, la participation à un tournoi annonçait toujours une période festive, très agréable dans l'ensemble. Durant quelques jours, non seulement ils se sentiraient dégagés des contraintes familiales, domestiques, mais aussi soulagés des nombreuses responsabilités concernant la conduite de leur fief. Plusieurs voisins et amis accompagnaient Eudes comme les sires de Commegrain qui se joignirent à lui, à quelques lieues de son château dans la haute vallée du Cernin. Le comte Herbert de l'Huis Arnaud les attendait avec ses gens dans un endroit montagneux, situé plus au nord, sur la grand route comtale menant à Saulieu. Quelque temps après, les montures utilisées depuis Bissey paraissaient fourbues, parce qu'elles avaient grimpé des côtes plutôt raides sur plusieurs lieues d'affilée et de manière ininterrompue. Les robes des chevaux étaient entièrement trempées de sueur, des essaims de mouches bourdonnaient autour d'eux, les titillaient de leurs piqûres incessantes. Si bien que l'on dût faire halte une bonne lieue avant Saulieu dans une vaste métairie appartenant à l'un des seigneurs du petit groupe. Les bâtiments de ferme disposaient d'un immense abreuvoir, où les chevaux purent enfin se désaltérer à l'ombre. Les chevaliers atteignirent les portes de la ville au milieu de la matinée, alors qu'il faisait déjà chaud...

Hugues de Montigny proposa que l'on se recueille tous ensemble à la basilique Saint-Andoche avant de poursuivre le voyage. C'était jour de marché et la bourgade était très animée. Aux aurores, la foule compacte, disparate, composée de marchands ambulants, de paysans libres, de badauds et d'habitants avait envahi les artères principales et ses ruelles adjacentes, plus tranquilles. Les écuyers secondés par les valets se montrèrent vigilants pour surveiller bêtes et bagages. A peine étaient-ils en nombre suffisant, tellement les rues et la place avoisinant l'église grouillaient de monde. D'un geste déterminé, Bérenger de Mizieux brandit son épée devant lui pour qu'on leur libère assez d'espace, il désirait également écarter les curieux s'agglutinant autour de leur petit groupe. Parmi tous ces promeneurs se cachaient sûrement quelques voleurs ou détrousseurs, des tire-laines de tous bords. Ou pire, un ou deux bandits de grand chemin se glisseraient peut-être parmi eux dans l'espoir de dérober quelque objet de valeur. Fandango, le bel étalon d'Eudes, piaffait d'impatience tandis que son maître se livrait à ses pieuses oraisons. Un jeune garçon d'écurie appartenant à la maison de Bissey s'efforçait de le rassurer par des caresses accompagnées de paroles apaisantes. Mais il poussa tout de même un soupir de soulagement lorsque Pierre, le cadet des Bissey, apparut sur le parvis de la basilique. Quelques commères s'étaient attroupées sur la place, près de la fontaine, et les plus hardies ne se gênaient guère pour interpeller les hommes présents.

— Viens donc chez moi, brave garçon, je te servirai à boire... les invitait une matrone joufflue en usant de son plus beau sourire. Un bon brouet de légumes mijote dans ma marmite et mon homme n'est pas là avant la tombée de la nuit...

— Laisse tomber, Marjorie, lui conseilla sa plus proche voisine. Tu vois bien qu'ils sont muets comme des carpes. Comme si on leur avait tranché la langue à ces benêts...

Des rires gras, des plaisanteries douteuses ou obscènes fusaient de toutes parts et les plus jeunes serviteurs qui n'avaient jamais quitté Bissey jusqu'à ce jour, se sentirent mal à l'aise tout à coup. Mais à peine sortis de la basilique, les seigneurs mirent aussitôt le pied à l'étrier et Herbert donna le signal du départ. La foule s'écarta sans qu'on eût besoin de prononcer une seule parole, craignant d'être bousculée, voire piétinée par un cheval plus indiscipliné ou plus nerveux que les autres. Ce genre d'accident se produisait souvent pour le plus grand malheur des passants se hasardant en ville, où il n'était pas facile de circuler en raison de l'étroitesse des rues et du manque criant de place. Parfois, c'était même dangereux... Après les lourds destriers des nobles seigneurs venaient plus de trente roncins montés par les écuyers et les chevaliers pauvres de leur entourage. Quelques palefrois servaient à de nobles chevaliers spécialement pour les longues chevauchées, fréquentes au cours des voyages, ou encore pour la parade.

Eudes préférait utiliser sa monture habituelle à la fois pour les déplacements et les combats. Autrement, il ne quittait jamais son étalon sans éprouver des regrets, parfois des remords. D'ailleurs, ses deux fils l'imitaient en tous points, rechignant à se séparer du cheval qu'ils montaient tous les jours... Enfin venaient les sommiers ou bêtes de somme qui avançaient très lentement à cause des ânes et des mulets lourdement chargés, ce qui retardait tout le groupe. Généralement, ils fermaient la marche en compagnie des valets. Pour le repas de la mi-journée, on s'installa dans une superbe prairie qui venait d'être fraîchement fauchée dans les environs de Précy-sous-Thil. L'endroit très calme était bordé d'arbres majestueux, de grands chênes centenaires. Maîtres et serviteurs en profitèrent pour s'accorder un long moment de repos à l'ombre. Ensuite la troupe montée prit la direction de Semur-en-Auxois, où l'on évita de se rendre directement en ville sur les conseils d'Eudes. En effet, à quelques lieues de là, il connaissait un seigneur qu'il avait rencontré des années auparavant, alors que les deux vassaux avaient été appelés pour participer à l'ost du comte de Nevers. Depuis cette époque, ils étaient devenus de vrais amis. C'était le sire de Vic de Chassenay et les chevaliers qui accompagnaient Eudes acceptèrent de faire un détour pour se reposer chez lui durant la nuit. Auparavant, le baron leur avait fourni des explications à propos de cette étape, ils se rendirent à sa proposition fort commode et quittèrent la grand route à Courcelles-les-Semur. A la croisée de plusieurs voies, où ils ne rencontrèrent âme qui vive, ils le suivirent et bifurquèrent pour emprunter un chemin de terre peu carrossable qui les conduirait au château de son ami. Hue de Vic était veuf depuis quelques années déjà et n'envisageait pas de se remarier de si tôt, prétendant qu'il était trop âgé. A vrai dire, il chérissait l'entière liberté dont il jouissait depuis la mort de son épouse, même si de manière contradictoire, il se sentait parfois très seul dans sa demeure. L'intérieur du logis seigneurial abandonné aux mains des servantes était à peine entretenu et souvent désordonné. Ces dernières limitaient leur travail à l'essentiel, sans faire trop de zèle. Mais si Hue s'en contentait sans que cette négligence ne lui pèse – il se plaisait mieux dans ses écuries, où il passait des heures en compagnie de ses chevaux, que dans sa propre demeure – il devenait plus exigeant quant à la qualité de la cuisine. Pour cette raison, il avait conservé à son service une cuisinière âgée qui le régalait de mets succulents et variés.

Obéissant à ses ordres, celle-ci avait d'ailleurs été chargée de former une jeune servante pour que ses meilleures recettes ne tombent pas dans l'oubli. Pour le reste, le vieil homme encore agile préférait passer le plus clair de son temps à chasser sur ses terres durant une grande partie de l'année. Néanmoins, il accueillit Eudes et ses compagnons à bras ouverts, pressa les servantes pour qu'elles préparent la salle du donjon. Puis, tout guilleret d'avoir de la visite, il descendit d'un pas alerte à la cuisine pour transmettre ses consignes à la vieille femme préposée aux marmites trônant dans l'immense pièce voûtée. Une armée de valets et de servantes s'éparpilla aussitôt dans la basse-cour et les écuries pour tordre le cou à quelques volailles, saigner un veau bien gras. Depuis plusieurs jours, le vieux seigneur rentrait bredouille de la chasse, le gibier plutôt rare se terrait à l'abri. Sans doute, était-ce à cause de ces fortes chaleurs ?

Chevaux, ânes et mulets furent logés dans une écurie vide. On entreposa les bagages à l'intérieur d'une grange surveillée par quelques soldats chargés d'effectuer des rondes de nuit au château. Les serviteurs, valets, palefreniers au service des invités se mêlèrent à la propre domesticité du châtelain. Ils finirent par fraterniser et se retrouvèrent aux cuisines, où ils se régalèrent dans la bonne humeur. Quant aux seigneurs, ils s'installèrent dans la vaste salle du donjon, où leurs propres écuyers leur servaient à boire du meilleur vin des coteaux de Chablis. Peu après minuit, passablement éméchés pour la plupart d'entre eux, ils décidèrent d'aller se coucher : ils partiraient tôt le lendemain matin et devraient encore affronter une longue journée de voyage avant d'atteindre Tonnerre. Le vieil Hue tenta, mais en vain, de les retenir une heure ou deux de plus. Solitaire la plupart du temps, il appréciait beaucoup la conversation d'Eudes qui le distrayait de la monotonie quotidienne. Cette histoire de crimes non élucidés, perpétrés au sein même de la seigneurie de son ami, l'intriguait vraiment et il raffolait d'obtenir toujours davantage de détails sordides, sanglants, de sa propre bouche... Mais Eudes, épuisé, refusa de se laisser entraîner à discourir plus longtemps, prétendant qu'il était temps de dormir afin d'être en forme pour le tournoi. Face à la mine désappointée de son vieux compagnon, une idée brillante lui vint alors à l'esprit, qu'il exprima aussitôt en guise de consolation :

— Pourquoi ne te rendrais-tu pas avec nous à Tonnerre ? Quelques jours en compagnie de joyeux lurons te distrairaient de tes sempiternelles chasses : tu devines qu'on s'amusera énormément là-bas...

Qu'on fera peut-être des rencontres intéressantes, il y aura sans doute quelques preux chevaliers, tout disposés à nous régaler de récits de croisades, comme tu les aimes tant... Il n'y a pas grand-chose qui te retienne ici, n'est-ce pas ?

—Non, pas vraiment, soupira le vieil Hue. Et puis comme Thierry, mon brave intendant, s'occupe déjà de mes terres durant une grande partie de l'année, personne n'y verra de changement notoire...

—Alors, c'est entendu, tu nous accompagnes... Va vite te reposer mon ami, en attendant l'heure du départ. Et dès demain matin : en route, mauvaise troupe...

Le vieil Hue, son écuyer et deux de ses fidèles serviteurs vinrent grossir la troupe de chevaliers se rendant au tournoi.

D'ailleurs, le seigneur connaissait une sorte de raccourci leur offrant l'opportunité de contourner la ville de Semur-en-Auxois en chevauchant par des sentiers de traverse peu fréquentés, à travers bois et champs. De cette manière, ils atteignirent plus rapidement le bourg de Villaines-les-Prévôtes. De là, ils suivirent une route principale où ils rencontrèrent des marchands, d'autres voyageurs qui se dirigeaient comme eux à Montbard. Une fois arrivés en ville, ils décidèrent d'abord de se restaurer dans une auberge fameuse qu'ils connaissaient de longue date, depuis le temps qu'ils empruntaient cette route au cours de leurs déplacements jusqu'à Avallon, Sens, ou même jusqu'à l'évêché de Langres. Ils s'attardèrent quelques heures dans ce lieu agréable, convivial, pour que l'on prenne soin de leurs montures qu'ils confièrent à des garçons d'écurie. Evidemment, ces derniers s'étaient empressés de desseller les chevaux, les avaient libérés du filet ou du bât pour les bêtes de somme et ils avaient pu boire de l'eau fraîche, manger à satiété du bon foin odorant, avant de se reposer sur de la paille toute propre.

Avant de repartir, les montures des seigneurs avaient été brossées avec soin pour ôter la sueur et la poussière de la chevauchée collant à leur robe. A quelques lieues de Montbard se trouvait une vieille abbaye en ruines, mais d'un commun accord, les chevaliers décidèrent de s'y arrêter seulement au retour, parce qu'ils étaient pressés d'arriver à Tonnerre avant la nuit. Malgré les courbatures et les maux de reins que les plus âgés d'entre eux commençaient à ressentir maintenant, on dut se remettre gaillardement en selle. Cette fois-ci, la petite troupe montée emprunta la route longeant la vallée de l'Armançon. Pour se donner du courage, certains seigneurs entonnaient des airs enjoués, revigorants, des chansons de guerre également. Plusieurs écuyers les accompagnaient avec plaisir, parce qu'ils connaissaient par cœur ces chansons, à force de les avoir entendues un peu partout dans les réunions jalonnant leurs pérégrinations. Bérenger de Mizieux possédait une belle voix, grave et mélodieuse à la fois, et ses compagnons lui demandaient de leur apprendre des chants nouveaux qu'il mémorisait sans peine, même s'il ne les avait entendus qu'une seule fois. L'écuyer d'Eudes jouissait d'une solide réputation de fin connaisseur et d'amateur éclairé dans ce domaine et il s'en sentait assez fier, même si son maître affichait un certain dédain au sujet de ce don. De temps en temps, les seigneurs s'élançaient au galop pour dégourdir les pattes de leurs chevaux, mais leur progression était retardée par la lenteur des roncins et des mules ployant sous le poids de leurs charges, ils n'avançaient plus qu'au pas. En milieu de journée, les futurs tournoyeurs atteignirent enfin Ancy-le-Franc, Tanlay n'étant plus qu'à quelques lieues de cette bourgade.

Enfin, peu de temps avant la tombée de la nuit, à la brune, ils aperçurent le clocher de l'abbaye Saint-Michel dont les formes architecturales se dessinaient sur la hauteur située au sud-ouest de la ville, faisant face au château de la comtesse de Tonnerre. Marguerite de Bourgogne était l'épouse de Charles d'Anjou, le propre frère de saint Louis. Le château de Montbêlant se trouvait sur la montagne, en arrière de l'église Saint-Pierre, où passait la grande voie romaine reliant Auxerre et Chablis, à Joigny et à Sens. Marguerite de Bourgogne portait le titre de reine de Jérusalem, de Naples et de Sicile, parce que la descendance des derniers comtes de Nevers-Auxerre et Tonnerre était partie en Orient. L'un d'entre eux, Philippe de Courtenay deviendrait empereur latin de Constantinople.

Pour se loger à Tonnerre, ils profitèrent de l'hospitalité offerte par un riche bourgeois, Jean Pernette, un ami du sire Erard de Commegrain. Il avait proposé de l'accueillir pendant la durée de leur séjour avec ses compagnons de voyage, trop flatté de recevoir de nobles seigneurs dans sa superbe demeure. A travers le dédale des rues étroites et tortueuses, Erard leur ouvrit le chemin car le sieur Pernette, marchand d'épices et de soieries, logeait dans une artère parallèle à la rue Saint-Pierre, tout près de la crypte Sainte-Catherine. Après avoir suivi le chevalier Erard tout le long de la rue du Prieuré, une chaussée pavée, où claquèrent les sabots ferrés de leurs montures, à son signal, les cavaliers s'arrêtèrent et mirent pied à terre. A ce moment-là, ils se retrouvèrent devant une porte cochère d'une largeur impressionnante, fabriquée de solides panneaux en chêne coûteux, que le menuisier avait renforcée d'une armature et d'une multitude de clous en fer. Erard utilisa un bel heurtoir poli, ouvragé en bronze, pour signaler leur arrivée.

Lorsqu'il déclina son identité et le motif de sa visite à travers le bois très épais de l'entrée, plusieurs serviteurs se précipitèrent aussitôt pour leur ouvrir le portail. L'un après l'autre, ils pénétrèrent dans une cour intérieure spacieuse, délimitant sur ses quatre côtés un vaste tènement immobilier dont ils n'auraient jamais soupçonné l'importance depuis la rue. La hauteur de la façade des bâtiments maçonnés dans un amalgame de chaux, de briques, de poutres de bois entrecroisées les avait tout de même étonnés. Au rez-de-chaussée, une boutique ordinaire occupait toute sa longueur et s'ouvrait directement sur la voie passante. Mais le soir de leur arrivée, les lourds volets de bois étaient déjà clos. Deux tours en « échauguette », aux fenêtres ornées de simples vitraux opaques, enchâssés à l'intérieur d'un quadrillage de plomb noir foncé, décoraient les murs ordinaires de cette demeure à peine différente des autres en apparence... Une enseigne en fer forgé se balançait au gré du vent, juste au-dessus de la devanture de l'échoppe. Au centre de la plaque métallique, dentelée de fioritures sur ses bords, le ferronnier avait dessiné, puis peint des pots d'épices et des aunes de tissus divers qu'on avait du mal à identifier en raison de la simplicité de cette représentation d'une grande naïveté. En s'approchant de quelques pas, la clientèle savante qui savait au moins lire, pouvait reconnaître les mots poivre, muscade, épices d'Orient, tracés en lettres fines, presque minuscules sur le devant des pots, ainsi que les indications suivantes « soie et tissus précieux » figurant tout en bas. Quelques rues plus loin se trouvait le quartier des Tanneries près d'une boucle de l'Armançon, la présence de l'eau étant une condition obligatoire pour se livrer à cette activité. Mais les autres commerçants redoutaient la proximité de ces artisans, le travail des peaux empuantissait l'air de terribles odeurs, particulièrement tenaces. Aussi, quand on leur en offrait la possibilité, ils s'installaient le plus loin possible des tanneries. Toutefois, comme on manquait de place pour s'établir en ville, les artisans et commerçants devaient parfois composer, s'arranger de la situation, lorsqu'ils ne souhaitaient pas se retrouver à l'extérieur des murailles, dans les faubourgs mal famés, où l'on redoutait toujours une agression quelconque. Ce qui avait été précisément le cas du marchand qui consentait à les accueillir pour ces quelques jours.

Leur installation rue des Fontenilles, où logeait le sieur Pernette, parut comme un arrangement très commode pour les nouveaux arrivants. D'une part, les seigneurs morvandiaux ne sortiraient pas un seul denier de leur bourse. D'autre part, ils limiteraient les risques de vols fréquents dans le vaste campement prévu pour accueillir l'ensemble des participants au tournoi. Bien évidemment, il n'y avait pas que les nobles seigneurs, leurs écuyers et valets, qui s'y établiraient pour ces quelques jours. Ce genre de rassemblement attirait dans leur sillage toute une foule de voleurs, de brigands, ou simplement de maraudeurs à la recherche d'un mauvais coup, de filles faciles, se glissant parmi tout ce beau monde dans l'espoir de gagner quelques pièces ou de quoi survivre... Quant à eux, ils s'estimaient privilégiés, puisque maître Pernette avait mis à leur disposition un entrepôt vide dans l'arrière-cour de sa demeure, sorte d'hôtel particulier, s'étendant sur un grand terrain entouré de hauts murs, situé très en retrait de la rue, de ses activités et de ses bruits dérangeants.

Dans ce lieu paisible, quasiment inaccessible aux intrus, ils eurent la possibilité de remiser à l'abri tous les coffres contenant leurs vêtements et leurs armes encore plus précieuses à leurs yeux, tandis que leurs serviteurs logeaient juste à côté dans une sorte de dépendance. Le soir de leur arrivée, ils furent accueillis et servis comme de véritables princes avec tous les égards dus à leur rang de nobles seigneurs par la nombreuse domesticité de maître Pernette. C'était un marchand relativement aisé, enrichi par le commerce très lucratif des épices et de la soie. Un de ses oncles du côté maternel, armateur de métier, allait chercher ces produits rares, très prisés des Occidentaux, en Orient et lui, maître Pernette, les réceptionnait dans le port de Bordeaux pour les acheminer ensuite par voies terrestres jusqu'à Tonnerre. Au cours de ces voyages fréquents, programmés tout au long de l'année, il engageait une troupe de mercenaires qu'il avait sélectionnés en fonction de leur fidélité et de leur dévouement, puisqu'il les chargeait de la protection des précieux convois. Au fil des ans, il avait amassé une petite fortune dépassant largement ses ambitions premières.

Tard dans la nuit, après que maître Pernette eût ordonné qu'on leur serve un vrai festin, digne de la cour d'un duc ou d'un prince, les seigneurs regagnèrent leurs appartements. A deux ou trois, selon les affinités et les liens de chacun, ils se partageaient une chambre confortable, voire luxueuse, donnant sur la cour intérieure du logis. Les chevaliers se reposèrent enfin, veillés par leurs écuyers dormant au pied de leur lit, comme ils le faisaient d'habitude dans leur propre château. Le lendemain, ils se levèrent tôt pour aller prier à la crypte Sainte-Catherine aperçue la veille, alors qu'ils traversaient à cheval la rue Saint-Pierre. A l'intérieur, surpris par la fraîcheur agréable des murs de pierres très épais, ils purent se recueillir dans le silence tout en admirant les voûtes romanes construites au siècle dernier. Avant de quitter la ville, ils n'oublieraient pas de se rendre à l'abbaye Saint-Michel faisant face au château de la comtesse de Tonnerre, de l'autre côté du vallon. En voyage, les seigneurs ne perdaient jamais une occasion de s'adonner à la prière en pénétrant dans un sanctuaire placé sur leur route, que ce soit une simple chapelle, une cathédrale ou une abbaye, sans parler des lieux de pèlerinage recommandés par l'Eglise. Parfois, ils assistaient à la première messe de la journée comme ils le firent ce matin-là...

En fin d'après-midi, Eudes et quelques-uns de ses compagnons décidèrent de se rendre aux étuves pour se débarrasser de toute la poussière et la saleté engrangées au cours du voyage. Jusque-là, ils s'étaient contentés d'ablutions sommaires, torse nu dehors, s'aspergeant de l'eau d'une fontaine ou à la rigueur de celle d'un abreuvoir destiné aux bêtes de ferme en fonction des opportunités rencontrées en chemin. A Tonnerre, c'était un établissement digne de ce nom, que fréquentaient les riches bourgeois de la ville. Le tenancier de ces lieux fort propres et bien entretenus au demeurant offrait la possibilité de prendre des bains chauds et de vapeur, mais aux hommes exclusivement. Ces pratiques courantes d'hygiène se trouvaient à portée de main des personnes aisées dans leur demeure cossue, puisqu'elles étaient servies par leurs valets. Mais ici, dans cet endroit neutre et impersonnel, elles étaient à la recherche d'autre chose qui ne se trouvait pas forcément chez eux... Au premier étage, le propriétaire, petit homme chauve et plutôt grassouillet, proposait des repas légers que l'on servait dans une grande salle enfumée, mal éclairée, à l'atmosphère glauque... Les servantes se déplaçant au milieu des clients pour leur apporter les boissons et les mets commandés étaient en fait des filles de joie. Elles profitaient de l'occasion pour négocier d'autres services... Pour Eudes, cette visite n'était pas fortuite, il avait délibérément choisi cet établissement qu'il connaissait depuis plusieurs années déjà, pour l'avoir fréquenté à chacune de ses visites dans cette ville. Le seigneur morvandiau tenait à parfaire l'éducation de ses fils avant leur mariage. L'initiative paternelle choqua d'abord Enguerrand qui faillit refuser et se sauver à toutes jambes de cet endroit mal famé. Mais Bérenger calma son courroux, l'invita à se détendre et à s'asseoir auprès de lui pour bavarder un moment.

Les pichets d'un mauvais vin, âpre et piquant à la fois, circulaient entre les tablées. Dans le feu de la conversation, sans même s'en rendre compte, l'aîné des Bissey se mit à boire plus que de raison. Son frère commença par s'étrangler de surprise, quand il comprit grâce aux allusions de mauvais goût des hommes présents, que les filles se promenant parmi eux n'étaient que des prostituées. Pierre réalisa enfin qu'elles se trouvaient à leur disposition en échange de quelques modestes deniers, telles de malheureuses proies trop faciles. Dans son coin, Enguerrand buvait beaucoup, avalant gobelet sur gobelet de ce vin bon marché qui lui brûlait les entrailles, en faisant semblant de s'intéresser aux propos de Bérenger qui n'était pas dupe de son manège. Le jeune chevalier s'enivrait pour se donner du courage. Cependant les deux frères n'osaient protester ni contredire la façon d'agir de leur père. A moitié ivre, Enguerrand se laissa entraîner en titubant par une fille au visage avenant et aux longs cheveux châtains.

Déterminée, elle le poussait vers l'une des chambres minuscules de l'étage, une mansarde située directement sous les toits. Pierre, qui n'avait pas bu une seule goutte de vin, choisit sans l'aide de personne une jeune femme potelée, souriante, dont il observait les déplacements et les déhanchements langoureux depuis un long moment, captivé par les clins d'œil malicieux qu'elle adressait aux hommes sur son passage.

Quand ils quittèrent ce lieu de délices ou de perdition selon l'appréciation de chacun, il était déjà tard et ils filèrent en direction de la maison de maître Pernette pour le souper.

C'est à peine s'ils échangèrent deux ou trois mots en chemin, pourtant Eudes désirait connaître l'avis de ses deux garçons. Selon lui, il ne leur manquait plus grand chose maintenant pour se comporter comme de vrais hommes. Mais il voyait bien que le moment était mal choisi, parce qu'ils étaient pressés, surtout peu loquaces...

Le lendemain, les chevaliers accompagnés de leurs écuyers traversèrent à cheval les rues de la ville en avançant au pas, parce qu'elles étaient encombrées de nombreuses charrettes, de charrois divers, destinés à son approvisionnement. Il y avait beaucoup de monde circulant d'un quartier à l'autre : des ouvriers se rendant à leur travail, des artisans se hâtant vers leur échoppe, enfin des servantes chargées de quelques emplettes pour leur maîtresse. Ce qui les incita à la prudence. Pour eux, il était temps de rejoindre l'immense campement situé à côté du lieu où se déroulerait le tournoi, dans le dessein de s'informer de la manière dont il allait s'organiser. Dans cet endroit ouvert à tous vents régnait une agitation encore plus intense qu'à l'intérieur de la cité. De nombreux « tournoyeurs » commençaient à s'installer, se saluaient avec des cris de joie ou de surprise, s'interpellaient en hurlant pour se faire entendre... Ce brouhaha indescriptible perturbait à peine les serviteurs, se démenant dans tous les sens pour monter les tentes, déballer les bagages de leurs maîtres dans les meilleurs délais. Des chevaux énervés par la chaleur, fatigués par le long périple accompli, hennissaient sans cesse, réclamant à boire ou à manger... Les manifestations sonores, émises par les hommes et les animaux, se mélangeaient, s'amplifiaient en provenance des quatre coins du campement et enflaient jusqu'à se transformer en un tintamarre abrutissant. De temps à autre, quelques bêtes plus agitées que les autres cherchaient à briser cordes et entraves qui les retenaient prisonnières. Malgré ces précautions, lorsqu'une monture réussissait à s'échapper, de jeunes palefreniers couraient aussitôt à sa poursuite, avant qu'elle n'ait eu le temps de faire du dégât, de renverser une tente ou des bagages, de bousculer un passant se trouvant sur son chemin par hasard... Certains chevaliers venaient parfois de très loin, de Flandres ou d'Angleterre, mais aussi d'Ile de France, de Champagne, ou encore de Franche-Comté toute proche. Bien sûr, l'endroit désigné pour le déroulement des épreuves était situé à l'extérieur des faubourgs de la ville, dans les champs les moins fertiles, octroyés par la comtesse de Tonnerre. Par chance, ils se trouvaient en jachère cette année-là. Par contre, on avait sélectionné avec soin d'immenses étendues toutes plates, où chevaux et cavaliers pourraient s'ébattre à l'aise, sans avoir à redouter pentes et dénivellations de terrain, traîtresses au cours des combats. A quelques pas de ces friches herbeuses, il y avait de nombreux saules, quelques frênes à la forme extravagante, tout tordus par les caprices de la nature. Ces arbres procureraient de l'ombre aux spectateurs pendant les moments les plus chauds de la journée. En tendant l'oreille, on entendait couler l'Armançon, la proximité de ses berges leur apporterait de la fraîcheur. Par conséquent, la majorité des cultures, le plus grand nombre de prairies, ainsi que les pauvres masures des vilains seraient à l'abri de la moindre destruction ou d'un malencontreux saccage, parfois inévitables au cours de ces jeux, par le simple fait qu'ils simulaient de véritables combats.

Ce grand tournoi de la Pentecôte allait durer trois jours consécutifs et attirerait beaucoup de monde, des spectateurs et des curieux venus des alentours, parfois de plus loin. La douceur extrême de la saison se prêtait à la vie en pleine nature, il était très agréable de dormir à la belle étoile, parce qu'on étouffait à l'intérieur des maisons tellement les nuits étaient chaudes. De riches bourgeois endimanchés côtoieraient de pauvres paysans aux vêtements troués ou déchirés, trop heureux de s'offrir une ou deux heures de distraction gratuite, une fois qu'ils se seraient libérés des travaux exténuants des champs. Comme il avait fait particulièrement beau durant tout le mois de mai, les foins étaient déjà commencés... Quant aux seigneurs engagés, ils avaient prévu de mener grand train de vie pendant plus d'une semaine au moins, ils pouvaient largement se permettre une telle fantaisie, puisque d'autres travaillaient et peinaient à leur place... Naturellement, au gré des rencontres multiples, offertes par ce grand rassemblement, Eudes et ses compagnons seraient invités à festoyer dans les tentes de seigneurs plus riches qu'eux, affichant des titres de noblesse époustouflants. Ce serait le cas de son parrain d'armes, le duc de Montjeu, ou d'autres ducs encore plus puissants que lui. Parmi eux, certains nobles étaient même invités à la cour du roi de France, où ils séjournaient plusieurs mois d'affilée dans l'année.

Le matin de la Pentecôte s'était enfin levé et le soleil déjà haut dans le ciel annonçait une journée radieuse. Quelques heures avant le tournoi, les heaumes ornés de cimiers multicolores avaient été exposés sous les bannières des participants dans ce qu'on appelait un cloître, une grande pièce spécialement réservée à cet usage. Les premières épreuves débutèrent tôt dans la matinée, avant que la chaleur n'ait eu le temps de ramollir l'énergie guerrière des combattants. Ces « commençailles » qui ouvraient les joutes, étaient réservées aux débutants, les bacheliers, ou encore aux jeunes chevaliers récemment adoubés. Comme c'était le cas d'Enguerrand et de Pierre de Bissey... Le héraut d'armes, la trompette à la main, déchiffrait les armoiries des chevaliers avant d'annoncer leur nom d'une voix forte, tandis qu'ils pénétraient au pas dans la lice. Les spectateurs aisés de Tonnerre et des environs avaient revêtu leurs plus beaux atours, guettaient leurs champions favoris tout en supputant ou même en pariant sur leurs chances de victoire. Certains bacheliers avaient accroché au sommet de leur heaume un long morceau de tissu précieux, confié par une noble dame, d'autres encore exhibaient fièrement la manche amovible d'une robe fixée avec des boutons de corail ou des lacets de couleur, qu'ils avaient attachée à leur ceinture ou à leur bras de manière plus imprudente. Selon la tradition, ils se battaient pour défendre les couleurs, l'honneur d'une belle et gente demoiselle ou encore d'une dame, qui leur avait confié ce bien précieux, gage de sa confiance la plus totale. A ce titre, les tournois illustraient vraiment l'alliance du code d'honneur de la chevalerie et de l'amour courtois. Mais hélas, aucun des fils d'Eudes n'eut la chance d'obtenir ce privilège flatteur : leurs promises étaient absentes et ils n'avaient jamais eu l'occasion de courtiser une noble dame durant leur service. Le dimanche, il ne se produisit aucun événement mémorable pour les jeunes chevaliers. Pourtant très courageux, ils se battirent de manière plus qu'honorable, sans se hisser néanmoins à une quelconque gloire à la suite d'une victoire éclatante. Mais ils ne subirent aucun dommage ni blessure non plus. C'était l'essentiel aux yeux de leur père...

En fin de journée, le baron participa à des rencontres plus animées que celles de la matinée, réservées aux chevaliers les plus expérimentés. Sans éprouver aucune crainte, il s'engagea avec plusieurs de ses amis dans des mêlées à cheval, où l'on combattait à la batte ou à l'épée neutralisée. Cette épreuve nommée behort ou «béhourd» était particulièrement spectaculaire et dangereuse. Hélas, il y avait souvent des morts et des blessés graves jonchant le sol de la lice lorsque sonnait la fin des combats... C'est pour cette raison que le pape Innocent II au concile de Clermont, en Auvergne, avait condamné la pratique du tournoi en l'an onze cent-trente. Mais la chevalerie française n'avait pas tenu compte de cette décision. Presque cinquante ans après, au IIIème concile du Latran, le pape Alexandre III avait de nouveau défendu qu'on se batte de cette manière... Malgré la multiplication de ces interdits, le tournoi restait l'activité la plus prisée des chevaliers, fiers de montrer leur force et leur endurance au combat. Eudes et ses amis faisaient partie de cette catégorie de combattants intrépides et ne concevaient pas de mettre un terme à ce qui représentait pour eux une véritable façon de vivre. Néanmoins, vers l'an mille deux cent quatre-vingts, l'année même du tournoi de Tonnerre, comme tous les autres membres de la chevalerie française, ils avaient accepté que les armes courtoises ou émoussées remplacent les armes de guerre plus meurtrières. Cette fois-ci, il s'agissait d'une décision royale.

Les affrontements de la journée du dimanche ne furent guère concluants, les seigneurs morvandiaux capturèrent seulement deux prisonniers et durent se contenter de partager entre eux leurs chevaux, armes et armures, car ces chevaliers étaient trop pauvres pour payer leur rançon. C'était un bien maigre butin pour tous les membres de l'équipe. Ce soir-là, la plupart des hommes de la maison de Bissey invitée au festin donné par le comte de Nevers burent plus que de raison et ils s'enivrèrent tous sans exception. Des années auparavant, Eudes avait prêté hommage à ce même comte de Nevers pour l'investiture de son fief de Bissey. Malgré ces débordements nocturnes, le baron fut en pleine forme le lendemain pour s'adonner à un autre type d'exercice équestre, la joute, valorisant davantage les individualités et mettant en scène la parade des participants, notamment de haut rang. De plus en plus souvent, les joutes finirent par remplacer les mêlées trop sanglantes. Depuis des années, Eudes raffolait de ce genre d'affrontement équestre, un combat d'homme à homme, où deux chevaliers allaient au-devant l'un de l'autre dans un galop effréné, chacun cherchant à chasser l'autre de sa selle en se servant d'une lance épointée, tenue fermement sous le bras. A son habitude, dans la journée du lundi de Pentecôte, il réussit à vaincre plusieurs de ses adversaires en combat loyal. Pour lui, ce fut l'occasion inespérée de s'enrichir davantage, car il s'était opposé à de puissants seigneurs qu'il battit sans effort et captura dans la foulée. Ces prisonniers fortunés ne rechignèrent pas à lui verser une forte rançon en échange de leur liberté. Puis sans rancune, ils burent ensemble dans la tente du duc de Clisson qui les invita à festoyer avec lui et d'autres connaissances... La notoriété d'Eudes en matière de tournoi stupéfia ses deux fils qui n'imaginaient pas que ses exploits guerriers étaient connus, voire appréciés des plus illustres seigneurs du duché de Bourgogne.

Pierre, le cadet, eut moins de chance que son père. Au cours d'une joute, il avait évité de justesse la chute en se cramponnant de toutes ses forces à sa selle, mais avait brisé sa lance en mille morceaux sans parvenir à atteindre son adversaire. Même Enguerrand – qui pourtant, s'était montré brillant aux joutes de Thiernais – ne remporta pas de victoire ce jour-là.

Sans compter que la participation du lendemain fut encore la plus désastreuse de toutes pour l'aîné. Non seulement, il ne réussit à vaincre ni à capturer un seul prisonnier, mais sa brave jument Nikita fut blessée à l'épaule par la lance de son adversaire. Comme l'objet se déporta de sa cible à la dernière minute, il l'atteignit à la clavicule, lui meurtrissant cruellement les chairs, sans toutefois briser l'os. Quelques pouces plus loin et la malheureuse bête risquait d'avoir le poitrail enfoncé par la violence du choc. Dans ce cas-là, la nécessité de l'abattre pour abréger ses souffrances se serait imposée d'office. A la suite de l'incident, les larmes d'Enguerrand ruisselaient sur son visage, trahissant une émotion trop forte, suivie aussitôt d'un soulagement évident. Naïf ou trop confiant, il n'avait jamais envisagé le fait que sa monture puisse être victime, elle aussi, de blessures mortelles. Fort heureusement, ce drame avait été évité...

Enguerrand n'avait pas encore relevé la visière de son heaume, il souhaitait dissimuler ses pleurs afin de se protéger des moqueries de son entourage. Ces hommes durs ne s'apitoyaient que rarement sur le sort d'un cheval et n'auraient pas hésité à railler ce qu'ils considéraient comme un manque de virilité. Ce contretemps fâcheux contraria fortement le jeune chevalier et ébranla ses velléités guerrières... Déçu par l'atroce réalité entourant les risques réels des combats, davantage pour les chevaux que pour les hommes d'ailleurs, il n'insista pas pour s'engager de nouveau et se contenta sagement d'assister aux victoires de son père. D'ailleurs, il se sentait préoccupé par l'état de sa jument blessée et il prit le temps de la câliner longuement, tandis que le chirurgien pansait sa plaie superficielle et sans gravité alarmante. A l'avenir, il se promit de veiller davantage sur sa monture et de la ménager, car il s'était imaginé à tort que sa superbe Nikita était invincible... Ce jour-là, il dut fatalement reconnaître que son erreur de jugement aurait pu lui coûter très cher !

Plus belliqueux, Pierre estima qu'il était temps pour lui de prendre sa revanche. Une intuition lui soufflait que, très abattu par la blessure de sa jument, son aîné s'éloignerait des combats durant toute la journée. Mais c'était une très mauvaise idée, puisqu'il faillit être capturé par le fringant baron du Mesnil. Ce dernier fondit sur lui avec une hargne et une rage insoupçonnées de la part d'une personne aussi frêle. Pierre réussit à lui échapper en esquivant à la dernière minute la brutalité et la sauvagerie inattendues d'une semblable attaque. Quelle honte pour le cadet de Bissey, si son père avait été obligé de dépenser de l'argent pour obtenir sa libération ! Comment le baron aurait-il réagi si son adversaire était parvenu à ses fins, en le faisant prisonnier ? A la suite de cette mésaventure, Pierre se calma à son tour et se résigna à se cantonner à un rôle de spectateur passif en se mêlant à la foule enthousiaste...

Pour les derniers affrontements du tournoi, Eudes avait l'esprit tranquille et ne tremblait plus pour la sécurité de ses fils.

Ainsi, il put s'adonner entièrement au plaisir de tournoyer sans contrariété ni arrière-pensée et il en profita pour s'engager dans de nouvelles joutes équestres, où il excellait depuis l'âge de la maturité. Comme ses fils, il ne s'était pas fait spécialement remarquer au cours des tournois de sa jeunesse ou alors de façon épisodique, très irrégulière. Ce qui le consola en partie de leurs résultats plutôt médiocres. Mais par la suite, il s'était exercé à se battre, surtout endurci non seulement d'un point de vue physique, mais avait appris à se forger un moral d'acier pour surmonter n'importe quelle épreuve. Bénéficiant d'une solide expérience, il enchaînait dorénavant victoire sur victoire... Ce qui lui valut de gagner encore de nouvelles armes, et même une armure complète, mais de petite taille, donc difficilement négociable, s'il souhaitait la revendre plus tard. Pour le dernier combat, il hérita encore d'une superbe jument andalouse, Jubilosa, qu'un chevalier allemand, le vaincu, dut lui céder à contrecœur, parce qu'il était pratiquement ruiné et sans autre moyen pour s'acquitter de ses dettes. Fin connaisseur en matière de chevaux qu'il aimait, Eudes se réjouit de cette opportunité qui flatta sa vanité. Le baron s'enorgueillissait de posséder des montures prestigieuses et d'une grande beauté.

Tant et si bien qu'Eudes n'avait pas hésité à s'engager une fois de plus dans des « mêlées » de cavaliers, où des équipes de hasard se constituaient pour capturer et rançonner un maximum d'adversaires. Méprisant le danger, il se sentait sûr de lui et désirait terminer le tournoi sur un acte de bravoure. C'est de cette manière qu'on pouvait s'enrichir davantage et partager un fabuleux butin avec chevaux, armes et armures saisies sur les vaincus. Mais cette mêlée collective de cavaliers était furieuse, le plus souvent sanglante. Evidemment, elle requerrait une solide expérience des combats et un sang-froid inébranlable. Le dernier jour du tournoi, l'équipe formée la veille fut une fois de plus victorieuse à la grande satisfaction des petits seigneurs morvandiaux. Cette fois-ci, ils affrontaient un groupe de rudes Flamands plus grands que la moyenne. De surcroît, on les disait exagérément vantards. Eudes avait refusé que les palefreniers lui sellent Fandango, de peur qu'il ne soit blessé... Son bel étalon possédait une valeur inestimable à ses yeux.

Chaque fois que les engagements comportaient des risques pour sa monture préférée, il se satisfaisait d'un destrier plus ordinaire. Celui qu'il avait choisi ce jour-là n'était pas très beau, un bai plutôt commun, d'une taille impressionnante néanmoins, solidement charpenté et robuste, mais très maniable en même temps. Bien sûr, il connaissait ses qualités pour l'avoir monté plusieurs fois dans les prairies de Bissey. Notamment, il savait qu'il pouvait compter à la fois sur sa force et sa vivacité et que dans l'ensemble, il répondait toujours d'une manière infaillible aux ordres transmis par son cavalier.

Eudes avait également sélectionné avec grand soin les membres de son équipe, mais par pure courtoisie, il n'avait pu en éliminer Herbert de l'Huis Arnaud. Faisant preuve de la même lucidité que lui, les autres seigneurs de l'équipe morvandelle désapprouvaient les méthodes violentes et parfois cruelles de ce chevalier qui ne ratait jamais l'occasion de se défouler sur ses adversaires les plus faibles, en usant d'une bassesse affligeante. Néanmoins, Herbert savait se battre dans les pires conditions, ne redoutant pas grand chose ni les averses diluviennes ni les fortes chaleurs.

De plus, on le craignait comme on le respectait parmi les autres tournoyeurs, qui se méfiaient toutefois de son extrême brutalité, au demeurant très efficace. Le tournoi de Tonnerre s'acheva sur la victoire éclatante d'Eudes et de ses amis « bourguignons » et fut fêtée toute la nuit suivante dans la tente du comte de Nevers. A juste titre, tout le monde se réjouissait, puisqu'on ne déplorait aucune perte pour l'ensemble des adversaires : pas de mort ni de blessé grave dans les deux camps. Le méchant Herbert n'avait pu étancher sa soif sanguinaire ni assouvir ses instincts les plus vils, car Eudes le surveillait étroitement. Vif comme l'éclair, il avait retenu son bras vengeur au moment où il s'apprêtait à frapper son adversaire sans défense, parce qu'il venait de le jeter à bas de sa monture. D'autres amis et connaissances avaient aidé Eudes à maîtriser sa fureur meurtrière, tandis que l'on éloignait prudemment le malheureux vaincu. Ce jour-là, il eut tout de même beaucoup de chance, parce qu'il avait bénéficié de leur vigilance commune.

Les jours suivants, le baron Eudes adopta une conduite plus raisonnable que la plupart de ses amis, se gardant de dépenser sur le champ la totalité du butin qu'il avait amassé au cours du tournoi. Sur ses ordres, les serviteurs avaient soigneusement rangé armes et armures dans de grandes malles à la fois étanches et résistantes aux chocs, dont ils devaient assurer la surveillance. Il avait lui-même caché à la tête de son lit des coffrets métalliques de plus petites dimensions, mais remplis de pièces d'or, le montant des rançons payées par ses adversaires vaincus. Quant aux chevaux, ils avaient rejoint les siens dans les écuries du sieur Pernette. Eudes s'intéressait notamment à Jubilosa qu'il projetait de faire saillir par son fameux étalon Fandango, à peu près certain d'obtenir une descendance de qualité. D'ici quelques années, il s'imaginait déjà en train de dresser de superbes poulains et pouliches, des « Pure race espagnole », nés et élevés dans les prairies de Bissey. Ce qui lui permettrait d'asseoir la réputation d'excellence de ses écuries. Dans son entourage, il y avait suffisamment de nobles seigneurs n'hésitant point à dilapider en l'espace d'un jour ou deux la totalité des sommes durement acquises en fêtes et festins très onéreux... Suivant l'exemple d'autres compagnons d'armes, Eudes profitait également de leurs largesses sans aucun scrupule ni état d'âme particulier. Ces étourdis auraient dû réfléchir davantage à l'avenir et économiser en prévision de temps difficiles... Des aléas fréquents que le destin réserve à chacun et dont personne n'est jamais vraiment à l'abri. Le baron de Bissey nourrissait d'autres projets plus égoïstes pour dépenser la coquette somme d'argent qu'il venait de gagner par la force de ses armes et au péril de sa vie également.

Dans l'euphorie de ses victoires en apparence faciles, Eudes s'efforçait d'oublier qu'il avait été légèrement blessé à la cuisse gauche, que la douleur le réveillait souvent au cours de la nuit et qu'il boita plusieurs jours de suite. Déçu par ce contretemps fâcheux, il dut s'abstenir de chevaucher pendant cette période qui lui sembla interminable. Pourtant, il brûlait d'envie d'essayer Jubilosa et n'aurait laissé ce soin à personne d'autre, pas même à Enguerrand, qui montait pourtant à la perfection. Mais des élancements insoutenables le clouaient de douleur, dès qu'il tentait de se hisser sur sa selle. D'ailleurs, le chirurgien lui avait recommandé d'attendre que cette vilaine plaie se referme complètement avant de se lancer dans une nouvelle expérience.

Sinon, il ne pourrait quitter Tonnerre à cheval et devrait voyager à l'intérieur d'un chariot bâché, ce qui était la pire des humiliations pour un preux chevalier. Comme la fin des épreuves du tournoi ne sonna pas le départ immédiat d'Eudes et de ses amis, ils s'attardèrent encore une semaine entière dans cette ville, ce qui laissa davantage de temps à cette regrettable blessure pour se refermer et se faire oublier. Imitant l'attitude désinvolte des autres seigneurs morvandiaux, le vieil Hue ne semblait pas pressé de retrouver son château. Après avoir batifolé avec la mort durant trois longues journées, sans trêve ni repos pour la plupart d'entre eux, ils étaient tous décidés à faire la fête et à profiter de la chance inouïe d'être encore en vie...

Le sieur Pernette les accueillit à bras ouverts et les plus habiles orateurs du groupe acceptèrent volontiers de lui raconter leurs exploits tant sportifs que guerriers. Au cours du repas du soir, ils ne se faisaient guère prier pour évoquer ces moments glorieux et arrangeaient leur récit, transposant plus ou moins la vérité à leur avantage, de façon à éblouir le marchand plutôt crédule qui les considérait tous sans exception comme des braves. Ce qui amusait énormément Eudes, qui profita de la situation, il s'était rarement trouvé confronté à une si grande tentation. Néanmoins, il prit soin d'afficher un air très sérieux et très digne, lorsqu'il narra devant tout le monde qu'ils avaient massacré sans pitié au moins cinq adversaires au cours de ces combats, éparpillant la cervelle de l'un des malheureux vaincus à même l'étendue herbeuse de la lice. Aussitôt, Herbert de l'Huis Arnaud s'était esclaffé, incapable de se retenir de glousser en l'écoutant, tandis que le sieur Pernette avait blêmi d'un seul coup, atterré par l'évocation de telles atrocités lui glaçant les sangs. Mais il ne douta pas un seul instant de ses paroles, loin d'imaginer qu'il s'agissait d'une plaisanterie de très mauvais goût. Dès le lendemain de ce festin copieusement arrosé et très gai, le baron avait prévu de rendre visite à un maître drapier dont la boutique se tenait au sommet du chemin de Vauchèvre.

Depuis le terrible hiver qu'il venait de passer claquemuré à l'intérieur de son donjon, il se désolait de porter toujours les mêmes vêtements et il avait remarqué que les tuniques et pourpoints de ses fils s'effilochaient au bas des manches, qu'à différents endroits, le tissu se déchirait au niveau de l'ourlet. Ce qui l'avait décidé à leur commander des habits neufs, plus solides que les précédents. Ne lésinant pas sur la dépense, il avait également prévu que les ouvriers travaillant dans l'échoppe de l'artisan en profiteraient pour leur coudre un ou deux manteaux chauds, des capes en drap de laine, afin d'affronter les rigueurs du prochain hiver. Quant à lui, il avait envie de renouveler une partie de sa garde-robe de cérémonie en prévision des fêtes qui s'annonçaient à l'occasion du mariage de ses trois enfants. Le maître drapier connaissait Eudes depuis plusieurs années déjà et savait qu'il réglait toujours ses commandes au comptant. Comme le baron était un client assidu, il en profita pour négocier au meilleur prix quelques aunes de beaux tissus, de la soie notamment, ainsi que du damassé de qualité. Les servantes les plus habiles du château tailleraient de jolies robes pour son épouse et ses plus jeunes enfants. Il savait d'ores et déjà que maître Pernette ne leur offrirait aucune des superbes étoffes qu'il conservait avec un soin jaloux dans ses entrepôts et il ne tenait pas à s'abaisser en marchandant avec lui.

Pendant ce temps-là, les ouvriers et apprentis couturiers s'affairaient auprès de ses fils, occupés à prendre les mesures nécessaires pour la confection de leurs tenues, qu'ils viendraient rechercher à la fin de la semaine...

En quittant l'échoppe de l'artisan, Eudes grimpa à travers un lacis de rues étroites et pentues en direction du château de la comtesse. Soudain, il s'arrêta devant la boutique d'un orfèvre qu'il fréquentait depuis la mort de son père. C'était l'époque, où pour la première fois de sa vie, il avait serré quelques deniers dans sa bourse et qu'il les avait sacrifiés pour offrir des bijoux à dame Bathilde. D'un geste décidé, il poussa ses fils à l'intérieur et à leur grand étonnement, il conversa avec l'orfèvre comme s'il avait eu affaire à un ami de longue date. Il est vrai que de temps en temps, lorsque le baron manquait d'or, maître Olivetti lui prêtait volontiers quelques sacs remplis des précieux deniers pour le secourir. Bien sûr, Eudes méprisait cet homme et répugnait d'avoir recours à ses services. Ce n'est pas tant le fait qu'on le disait de confession juive qui l'embarrassait, mais les propres exigences de l'usurier qui l'humiliaient... Eudes était forcé de mettre en gage une de ses terres afin de lui offrir les garanties nécessaires à chaque emprunt. Pour les intérêts, maître Olivetti ne se montrait pas trop gourmand comme la plupart de ses confrères, hommes parfois malhonnêtes, qui n'hésitaient pas à vous spolier des revenus entiers de toute une année sur une ou plusieurs bonnes terres.

Mais c'était avant tout un brillant orfèvre, talentueux même, sans parler de ses qualités de marchand rusé, flatteur envers sa clientèle. Le visage souriant, il les invita d'une voix aimable à le suivre en direction d'un comptoir de bois massif, recouvert d'un magnifique tissu de velours pourpre. Assez fier de son travail, il désirait leur présenter les nouvelles pièces qu'il avait réalisées au cours de l'année écoulée. Curieux, intéressé, le trio se pencha pour admirer les dernières créations de l'artisan qu'il étala sur le tissu flamboyant, afin de mieux faire ressortir la beauté, l'originalité de celles-ci finement ouvragées dans l'or le plus pur. Tout de suite, Eudes se laissa tenter par une superbe bague en métal précieux, d'une couleur insolite, un beau rose aux reflets cuivrés, ornée d'un grenat rouge sang, enchâssé avec délicatesse à l'intérieur d'une monture de forme ovale. La pierre rare, tout à fait exceptionnelle, était retenue par de minuscules griffes coulées dans le même métal. C'était décidé, il la donnerait en cadeau à son épouse, dame Bathilde. Enguerrand et Pierre écarquillèrent de grands yeux étonnés, lorsque l'orfèvre annonça le prix du bijou. Le baron n'avait même pas cherché à savoir combien il coûtait avant son acquisition, comme s'il s'estimait assez fortuné pour se le procurer de toute façon. Les aînés ignoraient que leur père était aussi riche et qu'il pouvait se permettre de telles folies...

Puis il les consulta sans perdre de temps, pressés qu'ils donnent leur avis à propos des bagues de fiançailles qu'ils offriraient à leur promise, cet été. Enguerrand se mordit la langue, de manière irréfléchie, il avait failli ouvrir la bouche pour protester, dire que c'était inutile pour la sienne. Aucun bijou, pas même le plus beau ni le plus resplendissant de tous les joyaux de la terre, ne raviverait le teint mat, sans éclat de demoiselle Ida. Mais par pure lâcheté, il se tut et laissa Eudes choisir à sa place, tellement il accordait peu d'intérêt et d'enthousiasme à ce mariage comme si ce n'était pas le sien...

Pour une fois, Pierre exprima son avis et imposa ses goûts sans se préoccuper des réactions de son père. Pour sa part, il choisit donc une superbe améthyste dont la couleur originale rehausserait l'éclat des yeux de dame Yolande, prétendit-il à voix haute, fier de la beauté de sa future épouse. Pour le moment, le baron ne se souciait pas du montant de l'addition et poursuivit ses emplettes...

Tout naturellement, il n'oublia pas sa fille chérie, Mélisande. Pour elle, il désirait un bijou absolument sublime et son choix s'arrêta sur un magnifique bandeau en or, serti d'une multitude de pierres rares, regroupées en son centre, de délicates arabesques finement ciselées l'entouraient de part et d'autre. Le baron comptait l'offrir à sa fille aînée à l'occasion de son mariage dans l'espoir d'adoucir sa déception. En prenant du recul, le père considérait la rébellion de Mélisande comme une réaction tout à fait légitime pour une personne de son âge.

Eudes dépensait sans compter, c'était sa façon à lui d'exprimer sa satisfaction quant à l'issue du tournoi : il avait amassé une coquette somme d'argent, des armes et des chevaux, le bien le plus précieux à ses yeux. De plus, ses deux fils n'avaient même pas été blessés et ressortaient à peu près indemnes de l'aventure, à l'exception de quelques bosses et égratignures sans conséquence... En toute humilité, il remercia le ciel et tous les saints du Paradis parce que, par miracle, on ne leur avait porté aucun coup sérieux ni infligé aucune atteinte invalidante. D'ailleurs, il promit de faire brûler des cierges à l'église de Bissey et à l'intérieur de sa propre chapelle évidemment, en signe de reconnaissance. C'était ce qui comptait le plus pour lui : il aurait sacrifié sa vie pour sauver celle de ses garçons ! Si les jeunes chevaliers avaient été moins chanceux que lui, leur père avait tout de même réussi à les protéger du pire en leur interdisant de se jeter dans des mêlées sanglantes de manière irréfléchie...

8 - *La révolte inattendue, mais fâcheuse des vilains de la seigneurie de Bissey.*

Durant l'absence du baron Eudes, bien des malheurs s'étaient abattus sur les habitants du château de Bissey les éprouvant de manière cruelle et toujours inattendue... Une semaine environ après le départ des « tournoyeurs », dès le lever du jour, alors que dame Bathilde s'apprêtait à donner le sein à son dernier-né, elle l'avait trouvé inanimé dans le berceau où il reposait à côté du fils de sa suivante. Aussitôt, elle avait poussé de grands cris horrifiés réveillant toute la chambrée encore endormie. A l'instant même, Brune s'était relevée de la paillasse installée par terre, près de la vaste couche de sa maîtresse. En se frottant les yeux, elle s'était approchée pour examiner le nourrisson... Quand elle le souleva dans ses bras, elle comprit qu'il n'y avait plus rien à faire : il était déjà tout raide et glacé. Sa mère se précipita pour le lui arracher des mains et comprit enfin l'affreuse réalité. A ce moment-là, elle hurla encore plus fort que précédemment, à la manière d'une démente qui ne savait plus contrôler ses émotions. Brune força la dame à s'asseoir sur le rebord en bois sculpté du lit, tandis qu'elle serrait son tout petit contre sa poitrine. Puis la servante lui entoura les épaules d'un bras amical et s'efforça de la consoler comme elle en avait pris l'habitude chaque fois que cette dernière se trouvait plongée dans une profonde affliction. D'autres femmes attachées au service de la châtelaine intervinrent pour s'occuper des enfants en bas âge, la nourrice Guillemette se trouvait débordée, incapable de les réconforter tous en même temps. Un désordre indescriptible régnait dans la pièce, accompagné d'une cacophonie assourdissante, où gémissements et pleurs provoqués par ce réveil brutal surgissaient, s'amplifiaient au fur et à mesure que les petites têtes ensommeillées se dressaient des couches où ils dormaient à plusieurs. De si grand matin, cette agitation anormale renforçait la panique générale, créant une atmosphère surnaturelle, macabre, à la suite de l'affreuse découverte de dame Bathilde.

— Calmez-vous, ma dame, la suppliait Brune avec une grande douceur. Maintenant, vous devez songer à vos autres enfants qui ne comprennent pas ce qui est arrivé. C'est votre devoir de les préserver de la dure réalité. Ces innocents ont bien le temps de découvrir ce qu'est la mort et le cortège de souffrances qui l'accompagne. D'habitude, vous êtes une si bonne mère pour eux...

— Mais Brune, tu ne comprends pas, toi non plus ? s'énervait Bathilde en pleurs. J'ai laissé mourir mon petit Guillaume par une négligence coupable. Si je ne m'étais pas endormie, si j'avais veillé sur lui, il ne serait pas mort... se lamentait-elle à voix haute. Je l'aurais protégé, l'apothicaire l'aurait soigné...

— Dame, regardez donc la vérité en face, la réprimanda la servante avec fermeté. Vous savez bien qu'il n'y avait plus rien à faire, que ce nourrisson était pratiquement condamné dès sa naissance...

— Comme tu es sotte et méchante, ma pauvre Brune, se rebella dame Bathilde dans un sursaut de colère. Avancer de telles sornettes, cela ne te ressemble guère...

— Allons ma dame, vous devez vous soumettre à la volonté de Dieu...poursuivit la servante sans tenir compte de la remarque de sa maîtresse. C'est sans doute préférable pour ce pauvre petit. Ces derniers temps, il n'avalait plus grand chose, refusait même votre sein et les bouillies préparées par Guillemette. De jour en jour, il maigrissait à vue d'œil...

Soudain, le chagrin de l'infortunée mère creva comme un mauvais abcès, la libérant d'une angoisse profonde, toujours latente, qui la tourmentait depuis trop longtemps. Depuis six longs mois en fait, six longs mois de souffrances et de vaines espérances, de luttes également... Presque la moitié d'une année, durant laquelle elle s'était acharnée sans relâche, de jour comme de nuit, ne mesurant ni son temps ni sa peine pour maintenir son petit Guillaume en vie.

— C'est trop dur, ma pauvre Brune, déplora dame Bathilde, les yeux noyés de grosses larmes, coulant sans cesse sur ses joues. Je ne m'habituerai jamais à la maladie de mes petits, encore moins à subir cette séparation définitive, si cruelle me déchirant le cœur et les entrailles... Regarde Brune, on dirait que Guillaume n'a pas souffert, reprit-elle comme si elle souhaitait d'elle-même atténuer l'intensité de son chagrin. Il s'est sans doute éteint doucement au cours de la nuit, il n'a même pas crié comme il le faisait si souvent. Les traits de son joli minois sont calmes et reposés, presque sereins, semblables à ceux d'un petit ange... s'attendrit-elle, inconsolable.

Brune profita de cette période d'accalmie pour que sa maîtresse consente à abandonner le nourrisson aux mains des servantes qui allaient procéder à sa toilette mortuaire. Avec une docilité surprenante, contrastant avec la violence de la crise précédente, la dame accepta alors de quitter la chambre, soutenue par Brune. Mais elle sanglotait très fort, se cachant le visage entre les mains... François, un serviteur très âgé, attendait à la porte comme un chien fidèle. Ce matin, depuis les cuisines où il prenait son premier repas, il avait été alerté par les cris stridents, poussés par la dame. Comme Brune, il servait au château de son vieux père à St-Martin-de-Commune et l'avait suivie à l'époque où elle était encore demoiselle, peu de temps avant son mariage. Le vieil homme veillait toujours sur sa maîtresse, quand le baron Eudes était absent du château. Malgré le regard dur et désapprobateur de la servante lui signifiant qu'il n'avait rien à faire ici, qu'il devrait libérer le passage sans plus tarder, il s'agenouilla aux pieds de dame Bathilde en baissant humblement la tête. Bouleversé par sa grande douleur, François la vénérait comme une vraie sainte et ne supportait pas de la voir si malheureuse. Très embarrassé, il voulut lui adresser des paroles de réconfort, murmura d'une manière maladroite : « Dame, j'partage votre peine. Vot'petit, il a pas eu de chance... »Sans un mot, celle-ci s'empara de ses mains pour les serrer très fort dans les siennes et l'obligea à se relever. Le vieil homme intimidé ne savait quelle attitude adopter :

— Courage, ma dame, courage... balbutia-t-il dans un souffle.

Puis il s'effaça, se rangea contre le mur en pierres, pour que les deux femmes puissent emprunter l'escalier conduisant à la salle du donjon. Ce geste d'amitié la toucha droit au cœur. Au moins, il y avait quelqu'un en dehors de sa propre famille, un homme simple et dévoué, capable d'éprouver de la pitié pour son enfant, ce qui n'était pas le cas de tout le monde au château.

Toujours aussi froid avec elle, l'intendant Aimeri ne fit aucun cas de la mauvaise nouvelle et sans commentaire, quitta la salle commune dans l'intention d'aller quérir au plus vite Dom Léonard. Méfiant, désabusé, il anticipait les réactions d'Eudes qu'il savait violentes, le plus souvent injustes à son égard, redoutant que sa colère ne finisse par s'abattre sur lui. Chaque fois qu'il y avait un problème grave, le seigneur se défoulait sur son malheureux intendant... Au fil des ans, Aimeri s'était peu à peu transformé en une sorte de souffre-douleur muet et soumis, un bouc émissaire, ou un exutoire commode aux débordements spectaculaires du seigneur. Notamment, lorsque celui-ci se sentait impuissant pour affronter des situations pénibles. Mais dame Bathilde ignorait ou faisait semblant d'ignorer la dureté de son époux à l'égard de ceux qui le servaient chaque jour au château. Comme on était en été, qu'il faisait chaud, il ne fallait pas tarder pour organiser les obsèques du petit Guillaume. D'ailleurs, il y avait tant de nourrissons qui mouraient avant d'avoir atteint leur première année, que personne n'y prêtait guère attention. Néanmoins, dame Bathilde exigea tout de même que Dom Léonard organise une cérémonie à la chapelle du château pour rendre un dernier hommage à son enfant et dans l'intention que l'on prie tous ensemble pour lui dire adieu. Elle eut lieu dès le lendemain. Peu après, on le porta en terre afin qu'il repose dans le cimetière du village auprès de ses frères et sœurs disparus avant lui... Alors que le chapelain s'apprêtait à bénir une dernière fois le petit cercueil couvert de fleurs blanches, que sa mère tenait à peine debout, soutenue par Mélisande et Brune devant le caveau des seigneurs de Bissey, soudain, on entendit des cris surprenants dans les rues du bourg d'habitude tranquilles à cette heure-ci.

La rumeur encore lointaine au départ enfla tout à coup, sembla se rapprocher d'eux en grandissant comme une menace brutale... En deux ou trois enjambées souples et rapides, Aimeri rejoignit le mur clôturant le cimetière du côté de la rue pour observer ce qui se passait au village. Après un bref coup d'œil, il s'en retourna vers l'assemblée de femmes et de quelques hommes se recueillant devant la dépouille du petit Guillaume. Sur un ton sec, éludant toute explication, il leur ordonna simplement de regagner le château sans perdre une minute. A Dom Léonard qui protestait que la cérémonie n'était pas encore achevée, il répliqua avec franchise :

— Si vous ne vous dépêchez pas, votre dernière heure est venue... Dans ce cas, ne prenez pas la peine de quitter cet endroit, lui lança-t-il sur un ton ironique. Ces paysans sont armés jusqu'aux dents... A vous de choisir ! Il est grand temps d'abréger ce discours...

A ces mots, Aimeri s'empressa auprès de la châtelaine et de ses enfants. Par chance, il y avait des chevaux qui les attendaient à la porte sous la surveillance des serviteurs. L'intendant avait songé à s'entourer de cette précaution au cas où la dame se serait sentie épuisée ou souffrante à l'issue de l'enterrement. Sans attendre davantage et sans se donner la peine de solliciter sa permission, il la souleva de terre et la hissa derrière lui sur la croupe de son cheval, car il s'agissait d'une urgence. Puis il veilla à ce que Mélisande, Pétronille, et tous les autres enfants présents au cimetière soient pris en charge de la même manière par ses fidèles soldats à qui il venait de crier des ordres brefs, mais précis.

A cet instant crucial, la dame du château comprit que l'heure était grave, sinon l'intendant ne se serait jamais abaissé à une telle familiarité. Son étonnement grandit encore quand elle réalisa qu'ils contournaient les tombes à cheval, ce qui était un horrible sacrilège à ses yeux. Sur l'ordre d'Aimeri, ils se dirigeaient vers une petite porte dérobée, couverte de lierre grimpant, donnant vraisemblablement sur la rase campagne. Ce dernier avait évité avec soin l'entrée principale menant au village où grondait l'agitation. Brune avait surmonté sa répugnance maladive à l'égard des hommes pour suivre sa maîtresse et se cramponnait à la taille d'un sergent, la petite Rosalinde serrée contre sa poitrine. Ce matin, alarmée par un vague pressentiment, elle avait pourtant déclaré à sa mère que la place de l'enfant n'était pas ici, qu'elle serait mieux au château avec les autres bambins. Mais cette dernière avait refusé de l'écouter, exigeant que la fillette les accompagne à tout prix. De manière très égoïste, elle avait sacrifié la sieste de la petite qui se reposait toujours une heure ou deux en début d'après-midi. Quant à Eliette, la propre fille de Brune, sa mère avait préféré qu'elle reste jouer tranquillement dans la cour du château sous la bonne garde de la nourrice Guillemette. Dom Léonard se décida enfin à tout abandonner sur place, ce qui n'était pas dans ses habitudes, parce qu'il se montrait plutôt soigneux de nature et que les objets sacerdotaux qu'il utilisait pour le culte étaient onéreux. Quand il s'aperçut qu'il n'y aurait bientôt plus une seule monture de libre, il délaissa le précieux seau contenant l'eau bénite et le goupillon en argent doré, un superbe travail d'orfèvrerie, posés bien en évidence devant les tréteaux soutenant le cercueil, sans même avoir l'idée de les emporter avec lui. Les fils de la dame, Odinet et Guy, avaient aidé leurs frères et sœurs plus jeunes à grimper en croupe derrière les soldats en les soulevant dans leurs bras. Alaric, le plus âgé d'entre eux, puisqu'il avait fêté ses dix ans, avait quitté le château depuis le printemps pour entrer au service d'un seigneur voisin.

Des servantes affolées, apeurées par le bruit, des valets pressés de se sauver au plus vite, se bousculaient pour atteindre la sortie avant les chevaux, qui progressaient lentement à cause des écarts que leurs cavaliers leur commandaient d'exécuter, soucieux de respecter les pierres tombales en se gardant de les fouler. Mais leur attitude agaça Aimeri qui leur cria de dégager le passage : ils ne quitteraient le cimetière qu'après le départ de la famille du seigneur. Faisant preuve d'un détachement glacial, il ne voulut pas prêter l'oreille aux plaintes et jérémiades des uns et des autres, même s'il savait pertinemment que les pauvres gens se déplaçant à pied avanceraient moins vite qu'eux et se trouveraient bientôt en danger de mort. L'épaule droite de son cheval heurta malencontreusement un serviteur obstiné qui tentait de passer avant lui et il eut du mal à retenir le vieil alezan, craignant qu'il ne le renverse à terre et le piétine à l'aide de ses sabots. L'incident servit de leçon, les autres piétons reculèrent prudemment de quelques pas, contraints par la force des choses d'attendre que tous les cavaliers aient rejoint le chemin bordé de saules, s'enfonçant en direction de la vallée du Cernin qui coulait en contrebas... Aimeri se retourna d'un seul coup sur sa selle et fit signe à ses hommes de se hâter. Puis il talonna son hongre et prit le galop malgré le mauvais état du sentier en prenant soin de s'écarter des plus gros trous creusés dans le sol.

Bien sûr, il était prudent et s'arrangeait pour préserver sa monture d'éventuelles blessures en évitant les nombreuses ornières et fondrières qui le défonçaient par endroits. Par moments, il s'approchait si près des berges du ruisseau que la dame eut peur qu'ils ne finissent par tomber à l'eau.

— Tenez-vous fermement à moi, dame, lui recommanda-t-il sur un ton expéditif. Nous n'avons pas d'autre choix, il faut arriver au château avant cette bande de mécréants... Sinon...

Mais il ne prit pas la peine de terminer sa phrase, concentrant tous ses efforts pour amorcer un virage difficile près d'un bosquet de saules pleureurs. Il ne tenait pas à faire prendre un bain à sa maîtresse, encore moins à la noyer. Les cris sauvages et l'agitation indescriptible de tout à l'heure se faisaient plus lointains, s'estompaient derrière le rideau d'arbres amortissant de manière sécurisante les voix furieuses, haineuses, appelant à la révolte et au meurtre... Après le tournant, une belle ligne droite se dessina devant eux, alors Aimeri éperonna sans pitié son vieux cheval pour qu'il accélère l'allure. Bientôt, dès que l'on fût à découvert en quittant les rangées de taillis boisés, les murailles grises de la forteresse apparurent : elles se découpaient à l'horizon où brillait un ciel bleu, sans nuage. Comme elle enserrait de toutes ses forces la taille de l'intendant de peur de tomber, dame Bathilde sentit qu'il tremblait d'excitation ou d'appréhension, tellement il redoutait d'arriver trop tard. Sans doute craignait-il de rencontrer les émeutiers, de se heurter de front avec eux, parce qu'il se sentait responsable de la vie de la dame et de ses enfants ? Aussi franchirent-ils les dernières lieues au grand galop et la route devint toute poudreuse sous les sabots des chevaux soulevant des nuages de poussière. Soudain, les narines délicates de dame Bathilde furent incommodées par une odeur nauséabonde, persistante de sueur, qui inondait assurément le dos du cavalier. Parvenu à hauteur du pont-levis, Aimeri s'agita comme un forcené en criant d'une voix forte :

— Ouvrez-nous vite la porte, bande de fainéants... Plus vite que ça, sinon je vous ferai tous fouetter... Vous nous avez tout de même reconnus, non ? hurla-t-il encore hors de lui.

Un sergent plus malin que les autres se trouvait par chance sur le chemin de ronde à ce moment-là et il activa les manœuvres des soldats en leur donnant des instructions claires, très utiles. Son initiative fut récompensée par un précieux gain de temps. Le pont-levis enfin abaissé et la herse relevée, les cavaliers pénétrèrent par petits groupes de trois au grand galop pour se réfugier dans la première cour du château, la basse cour. Dès que le dernier homme chevauchant en compagnie de Dom Léonard les eût rejoints, Aimeri s'époumona à ordonner la manœuvre inverse, celle qui les protégerait de la colère des paysans en les enfermant à l'intérieur, herse descendue et pont-levis remonté, précieux remparts contre l'envahisseur.

— Mais vous n'attendez pas que les serviteurs du château arrivent jusqu'ici, maître ? lança naïvement l'un des sergents d'Aimeri. Si ces pauvres gens demeurent à l'extérieur des remparts, ils risquent tous, aussi nombreux soient-ils, de se faire massacrer sans pitié...

— Ce n'est pas mon affaire, Louis, lui rétorqua froidement l'intéressé en le foudroyant du regard. Mêle-toi de ce qui te regarde et pour l'instant présent, prends plutôt soin des chevaux... Veille à ce qu'on les bouchonne avec soin, ils sont en nage...

— Tout de même, maître Aimeri, reprit un autre sergent, révolté par une telle insensibilité. Ce sont des êtres humains comme vous et moi, qui souffrent dans leur chair...

— Il suffit maintenant, Macaire... trancha ce dernier, agacé. Ne te tracasse donc pas pour eux, ils sont plus malins que tu ne l'imagines et vont se cacher en attendant que la fureur des vilains se calme...

Soudain les paroles de l'intendant furent couvertes par des cris de rage, des insultes, des manifestations de colère toutes proches :

— A mort, à mort les gens du château. Qu'on les crève tous...

Il était grand temps, sans les manœuvres promptes et habiles des gardiens de la porte principale qui avaient réussi à utiliser herse et pont-levis en un temps record, les assaillants seraient déjà à l'intérieur de la basse cour, prêts à mettre leurs menaces à exécution. D'un geste de soulagement manifeste, Aimeri s'épongeait le front à l'aide de son mouchoir extirpé de l'une des poches de ses braies et cherchait partout l'endroit où s'était réfugiée la dame du château... La main droite, plaquée au-dessus de ses sourcils broussailleux en guise de visière pour protéger ses yeux clairs des rayons ardents du soleil, il scrutait avec attention l'immense espace qui s'offrait à lui. En même temps, en s'aidant parfois de ses doigts, il comptait et recomptait le nombre des enfants du seigneur. Dieu soit loué ! Pas un seul ne manquait à l'appel. Tels de jeunes chiots délaissés par leur mère, ils s'étaient regroupés auprès de Mélisande et Pétronille qu'ils entouraient à la recherche d'un peu d'affection et de sécurité. Les grandes sœurs s'efforçaient de les rassurer et de les consoler du mieux qu'elles le pouvaient, en leur affirmant par exemple qu'ils ne risquaient plus grand chose à l'intérieur de l'enceinte. Mais les demoiselles ne comprenaient pas davantage qu'eux l'événement auquel ils étaient tous mêlés de gré ou de force. Néanmoins, elles avaient quand même flairé le danger imminent les menaçant, ainsi que leur propre famille. Dame Bathilde ne leur était d'aucun secours, effondrée sur un banc de pierre près de la margelle du puits, elle ne cessait de sangloter en berçant la petite Rosalinde dans ses bras. Brune avait retrouvé sa fille Eliette et la serrait très fort contre elle, à tel point que la gamine cherchait à se dégager de son étreinte.

—Mais arrête, maman... protestait-elle en se débattant. S'il te plaît, arrête : tu me fais mal à la fin. Tu vas finir par m'étouffer...

Une ou deux questions fondamentales torturaient l'esprit de la pauvre mère au moment de ces retrouvailles touchantes, où elle fondait d'affection, bouleversée par une émotion intense : « Que serait devenue ma pauvre fillette, si j'avais été tuée ce tantôt par ces brigands ? Surtout, qui aurait pris soin d'elle, puisqu'elle ne peut compter que sur moi en ce bas monde ? » L'intendant toussota assez fort en s'approchant des deux femmes, car la dame suivant l'exemple de Brune était également perdue dans ses pensées...

—Dame, je vous laisse pour organiser la défense du château, l'avertit-il en faisant preuve d'une grande détermination. L'émeute gronde à nos portes... Tous vos petits sont sains et saufs, c'est l'essentiel. On aurait pu être assassinés tous ensemble...

—Aucun de vos enfants n'a disparu, il me semble ? s'assura-t-il encore d'une voix inquiète en s'adressant cette fois-ci à Mélisande et Pétronille.

Un signe de tête affirmatif des filles aînées confirma la véracité de cette appréciation capitale à ses yeux. Auparavant, elles lui avaient adressé un grand sourire débordant de reconnaissance pour le remercier d'avoir pris soin de leur famille. Soulagé, il s'éloigna à grands pas en direction de la salle d'armes et de l'armurerie du château. « Et Dutilleul qui a accompagné le seigneur Eudes à Tonnerre, réalisa-t-il tout à coup. Son aide m'aurait pourtant été précieuse pour dénicher toutes les armes dont on aura besoin si le siège s'éternise... Ah ! celui-là, pesta-t-il entre ses dents. Jamais présent quand on a besoin de lui », maugréa-t-il encore. Une critique très injuste toutefois, parce que le sergent Dutilleul n'avait fait qu'obéir aux ordres de son seigneur en le suivant à Tonnerre.

Pas davantage que la dame et ses deux filles aînées, Aimeri ne connaissait les causes de cette émeute. Toutefois, il devait néanmoins en convenir, c'était bien une émeute ! Une jacquerie quoi, une révolte de vilains ! Les propres vilains du seigneur Eudes, supposait-il en toute logique. « Mais pour quelle raison ? » se demandait l'intendant. « Pourquoi la situation avait-elle subitement dégénéré, alors que tout était très calme au village, pas plus tard que la veille au soir ? » En quête d'une réponse, il analysait ses propres faits et gestes, se rappelait qu'il avait visité une métairie juste avant le souper. Comme d'habitude, il avait donné des ordres pour attaquer les foins dès l'aube le lendemain, dans le grand champ de la Pièce aux Riolles. Une terre exploitée par les vilains de la métairie des Trois Fontaines, située quelques lieues un peu plus bas. Dans l'ensemble, les modestes travailleurs avaient adopté une attitude obéissante et soumise, ils l'avaient écouté avec attention. Certains lui avaient même posé des questions directes au sujet de ces fenaisons, pour savoir combien de temps ils devraient laisser l'herbe sécher sur place. D'autres avaient évoqué des risques d'orage... D'un commun accord, l'intendant avait répertorié, puis distribué les tâches de chacun. Il ne se souvenait pas d'avoir entendu aucune contestation ni protestation à ce sujet. Tout semblait parfaitement normal... « Que s'était-il donc passé pour qu'ils changent aussi brutalement d'attitude, deviennent anormalement agressifs, se transforment soudain en bêtes sauvages, prêtes à mordre et même à tuer ? » Une telle incohérence dépassait les limites de l'entendement, Aimeri perdait le peu de latin que le curé lui avait enseigné...

Car l'intendant n'en douta plus un seul instant : il s'agissait de leurs propres vilains, de ceux et de celles qui vivaient grâce aux bienfaits de leur seigneur. En prêtant l'oreille, il avait reconnu des voix de femmes, d'autres plus rudes, masculines donc, mais familières comme celle de Norbert des Combes Brûlées. L'amoureux trompé de cette garce de Maria dont le seigneur s'était entiché pour son plus grand malheur... Pas de doute, l'homme souhaitait se venger, laver l'affront dans le sang. Dans le bourg, où il était connu comme le « loup blanc », personne n'ignorait sa jalousie maladive et tout le monde se méfiait de son extrême violence. L'instant suivant, il identifiait sans équivoque possible celle d'Yvon, le père de la malheureuse Flora de l'écart des Hautes Terres, la fillette assassinée en janvier de cette année.

— A mort les seigneurs, rugissait-il avec une force titanesque. Pas de pitié pour c'te vermine pire que des bestiaux. Pas de pitié, répétait-il comme ils en ont pas eu pour nos p'tiots... A mort, à mort...

— A mort, à mort, reprenaient les autres en chœur.

A ce moment précis, en tendant de nouveau l'oreille afin de mieux saisir les causes de la révolte, il perçut des bruits sourds, insistants, ressemblant à s'y méprendre à des coups de haches que l'on portait contre du bois dur... Un court instant, il crut pourtant que c'était un mauvais rêve. Soudain, il comprit : quelques vilains parmi les plus dégourdis avaient sûrement franchi les douves à la nage et s'attaquaient avec acharnement à l'immense porte cloutée et bardée de fer, barrant l'accès de l'entrée principale. S'ils réussissaient à franchir ce premier obstacle, il n'y aurait plus que la herse pour les protéger de la fureur meurtrière animant leurs assaillants. « Mais, pourquoi ? » rabâchait-il une fois de plus. « Que voulaient-ils obtenir à la fin ? » se demandait vainement l'intendant. Pourtant, ils savaient d'ores et déjà que toute révolte contre le seigneur méritait la peine de mort et que l'on finissait toujours par écraser les vilains, parce qu'ils étaient désarmés... « Pourquoi cette bande d'inconscients, d'insoumis, risquait-elle leur vie et celle de leurs proches, alors qu'ils étaient déjà suffisamment éprouvés par le malheur ? C'était sans doute pour quelque chose d'important ou une situation d'une gravité exceptionnelle », songea-t-il subitement. Il évoqua aussitôt un nouveau crime plus crapuleux que les autres, qui aurait enflammé leur colère tout à fait légitime. Malgré la surveillance sérieuse qu'il continuait d'exercer de manière consciencieuse, il ne se passait pas une semaine sans qu'il organisât des rondes discrètes, mais régulières, l'ignoble assassin aurait-il encore frappé ?

S'il avait eu la chance d'avoir un foyer à lui et des enfants, de la même manière que ces pauvres gens, il n'aurait pas supporté qu'on les égorge en les sacrifiant tels des agneaux innocents, les uns après les autres... finit-il par admettre en faisant preuve d'une grande lucidité. De nouveau, il s'efforça d'écouter, tendit l'oreille en réclamant le silence des hommes d'armes qui l'entouraient, se tenant prêts à obéir à ses ordres.

— Espèce de bougre, de pourceau répugnant... C'est toi, le foutu intendant de not'seigneur qui abuse de nos p'tites et les égorge ensuite pour qu'elles se taisent à jamais, l'accusa Norbert des Combes Brûlées.

— T'es bien comme ton maître, éructa-t-il de nouveau. Si j'vous attrape, foi de Norbert, j'vas vous les couper à tous les deux pour vous ôter l'envie d'recommencer...

— Corne de bouc, moi, j't'aiderai à l'tenir, hurla très fort Yvon des Hautes Terres. Comme quand on saigne l'goret...

— On va l'châtrer en premier, l'Aimeri, menaça une voix anonyme, cette fois-ci. Comme le seigneur il est pas là, on va commencer par lui...cria l'inconnu en éclatant d'un gros rire gras, obscène. Préparez vos couteaux les gars, affutez-les avec soin, y'aura du spectacle...

— Fumier, ordure, on t'trouera d'abord la panse, pis on balancera tes tripes et ton cœur aux chiens, proposa la Bertille, l'épouse d'Yvon. Ton maître y devrait pas t'faire confiance, espèce de bête malfaisante, face de rat puant...

A la suite de ces charmantes interpellations, les choses devenaient plus limpides : Aimeri connaissait enfin ses ennemis et les raisons de leur courroux. Mais tout à coup, il ressentit une gêne extrême, rougissant du fait que les soldats les plus proches aient entendu ces insultes dégradantes, l'accusant d'être l'auteur d'un nouveau crime. D'un geste d'agacement rempli d'une colère sourde, grandissante, il les dispersa :

— Filez sans perdre une minute à la réserve d'armes, ordonna-t-il avec un sang-froid stupéfiant. Macaire, je te charge de veiller à ce que chaque homme soit armé d'une épée courte, d'un poignard, d'une masse d'armes... Des trois à la fois, ce serait parfait afin de pourfendre ces rustres. Autrement, répartis les armes entre les hommes. Prévois aussi un écu ou un vieux bouclier pour les protéger. Les faux et les fourches de ces gueux sont tout de même coupantes...

— Quant à toi, Lucien, suis-moi... lança-t-il à un homme de confiance. Commence par faire verser de la poix dans les marmites, qu'on active les feux... Dis-moi : il y a encore des réserves de pierres et de boulets de plomb sur le chemin de ronde bordant le côté de la route ?

— Y'en a un peu partout, messire, aux quatre coins de la courtine, mais davantage encore devant les fossés. Vous inquiétez pas, j'm'en occupe...

Lucien grimpa lestement les escaliers extérieurs menant au chemin de ronde en compagnie de quatre soldats qu'il avait hélés sur son passage.

— Suivez-moi, vous aut'... Ventre-Dieu, on va s'rendre utiles et leur montrer comment on sait s'défendre en cas d'attaque... claironna-t-il à la ronde comme si ses paroles possédaient le pouvoir magique de rassurer les défenseurs du château.

Pendant quelques minutes, l'intendant avait ruminé dans sa tête, cherchant des explications à ces accusations déplacées, mais assurément injustes. Soudain, il se souvint de l'imprudence commise la veille et comprit pourquoi la population du bourg et des alentours le croyaient coupable en le désignant comme l'assassin présumé d'un nouveau crime. Les circonstances mêmes étaient contre lui, il aurait dû rentrer immédiatement au château après son intervention à la métairie des Trois Fontaines, puisque le seigneur l'avait chargé d'assumer la sécurité de sa dame et de ses enfants. Mais voilà, il n'avait pas résisté à la tentation, comme il suivait la vallée des Forêts, il avait décidé de bifurquer en chemin. Pressant son vieil alezan, il en avait profité pour filer en direction des bois du Moussey pour rejoindre sa maîtresse. C'était juste pour passer une heure ou deux en sa compagnie et rentrer au château avant la tombée de la nuit. Ces temps-ci, il la voyait moins souvent à cause de l'absence de son seigneur et elle lui manquait... Albane la Rousse habitait dans une cabane en bois couverte de chaume, bâtie au milieu d'une grande clairière à la lisière de la forêt, où elle survivait tant bien que mal avec ses deux enfants en bas âge. Leur rencontre remontait à plusieurs mois déjà au cours de ce terrible hiver, où il prospectait les moindres recoins de ces lieux isolés, sauvages, à la recherche du criminel effrayant les pauvres gens. C'était une toute jeune veuve, âgée d'une vingtaine d'années. Son mari plus vieux qu'elle, charbonnier de métier, toussait tous les hivers et n'avait pas résisté à celui-là, plus rude que les précédents...

Accablé par une mauvaise fièvre sans doute liée à son mal de poitrine, il s'était éteint dans leur abri de fortune à la fin du mois de novembre. La pauvre Albane n'avait plus aucune famille pour la recueillir avec ses enfants. Le plus petit était un poupon de sept mois qu'elle nourrissait encore au sein. La plus âgée, une gamine d'environ deux ans, qui batifolait dans ses jambes sans lui apporter beaucoup d'aide. Son pauvre mari ne lui avait laissé que trois chèvres et un jeune chien pour la défendre, le Noiraud, comme seul et unique bien. C'était une bête superbe, un grand chien entièrement noir, sorte de molosse mâtiné avec du chien loup, il gardait sa maîtresse et ses petits tel un Cerbère fidèle. Parfois, il l'aidait même à chasser du gibier pour les nourrir. La belle rousse avait appris à se défendre, elle habitait trop loin des autres fermes et métairies. Délurée, courageuse, elle profitait des moindres ressources offertes par la forêt comme elle en avait pris l'habitude depuis son mariage.

Albane savait identifier les herbes sauvages et les utilisait pour soigner sa famille, elle triait aussi les plantes comestibles poussant dans les bois. Dès l'automne, ils s'étaient nourris de champignons et de baies, elle avait amassé d'énormes provisions de châtaignes, des quantités de noisettes. Seulement, ses réserves s'étaient épuisées après le décès tragique de son mari. Aimeri avait fait sa connaissance dans des circonstances bien particulières. Par un jour de neige et de froid glacial, il l'avait surprise alors qu'elle était occupée à poser et relever des pièges dans les bois, une gibecière sous le bras. Au début, il l'avait prise pour un homme car elle s'était emmitouflée dans la cape brune, usée de son défunt mari, coiffée de son vieux feutre tout mité, pour se protéger des morsures du gel. Au moment où il se jetait sur elle par surprise, l'accusant de voler son seigneur, il avait commencé par la secouer rudement par les épaules, un chien féroce lui avait sauté à la gorge et l'avait renversé, puis immobilisé sur le sol.

—Arrête mon Noiraud, arrête... avait-elle ordonné à l'animal qui ne voulait pas lâcher prise.

A cet instant, Albane venait de reconnaître l'homme « à tout faire » du seigneur du village.

— Pitié, messire, pitié, avait-elle repris en toute hâte. C'est normal que l'Noiraud me défende si on m'attaque...Depuis la mort de mon pauvre Pierre, on a plus rien à manger, je volais pas... Enfin, juste un peu, je suis toute seule avec mes petits et ce corniaud...

Comme elle s'était débattue quand il l'avait saisie brutalement entre ses mains, le vilain feutre était tombé par terre et une magnifique chevelure rousse, toute bouclée, avait jailli des épaisseurs de la cape. De splendides prunelles d'un vert émeraude l'avaient fixé dans les yeux pour implorer son indulgence, tandis qu'elle s'emparait du collier de son chien pour le maîtriser. Car elle n'ignorait rien au sujet de la fâcheuse réputation s'attachant à l'intendant, les vilains détestaient cet homme cruel et méchant profitant de leurs malheurs pour les accabler davantage.

— Laisse-moi d'abord supprimer cette bête dangereuse... lui répondit-il en s'avançant vers elle, un poignard à la main.

— Jamais de la vie, avait-elle hurlé en serrant contre ses jambes le chien qui continuait de gronder. Vous me tuerez d'abord, je vous laisserai pas faire... C'est que j'y tiens à mon Noiraud... Allez-y : qu'attendez-vous pour agir ? lui lança-t-elle une lueur de défi dans le regard.

— Bon, ça suffit... Je ne vous veux aucun mal, moi... On fait la paix, d'accord ? l'apaisa-t-il avec un grand sourire.

Pour une fois, touché par la beauté et la fierté émanant de cette femme peu ordinaire, l'intendant avait éprouvé de la pitié et l'avait raccompagnée jusqu'à sa misérable cabane. En chemin, elle s'était décidée à lui faire des confidences, lui racontant sa vie de misère. Son récit l'avait touché et il lui avait promis de lui apporter des vivres dès le lendemain, de la protéger également de ce meurtrier détraqué, errant dans les bois. Sur un ton amical, il l'avait incitée à davantage de prudence, mais elle avait ri en lui affirmant qu'elle ne risquait rien avec son Noiraud. Que son chien donnerait sa vie pour elle... Cet homme rude, austère, comprit avec stupéfaction qu'il était en train de vivre une expérience insolite, lui, qui d'habitude ne s'embarrassait guère avec les sentiments. Mais ce jour-là, bien qu'Aimeri s'en défendît de toutes ses forces, il tomba amoureux... Le plus souvent, il se contentait de butiner à droite et à gauche, se satisfaisant d'ébats bâclés avec des filles de vilains parfois sales, mal dégrossies, qui n'avaient pas retenu l'attention du seigneur. Bon prince, Eudes lui cédait les moins attirantes ou les plus laides, car c'était lui, le maître, et il le lui faisait bien sentir en se servant toujours le premier... Son avant-dernière conquête, une fille de métayer quasiment muette, se laissait faire sans manifester aucune émotion, mais n'oubliait jamais de lui réclamer de l'argent en tendant la main, aussitôt après avoir cédé à ses volontés. Parfois les parents offraient eux-mêmes les services de leur fille contre de l'argent ou un arrangement pour obtenir les meilleures terres. Cette bassesse navrante l'accablait toujours d'une grande tristesse, même s'il profitait des avantages de la situation, après son seigneur naturellement. Cette fois-ci, c'était une relation tout à fait différente de ce qu'il avait vécu auparavant et qui avait à peine marqué sa vie amoureuse...

Sans doute, parce qu'Albane était une très belle femme et s'efforçait de prendre soin de sa personne, malgré ses maigres ressources. Chaque matin, elle lavait son visage à l'eau claire dans une cuvette d'étain toute cabossée, démêlait, coiffait sa chevelure à l'aide d'un peigne en corne ébréché auquel il manquait plusieurs dents. Elle entretenait avec soin ses pauvres habits sans ménager sa peine, en les reprisant souvent pour qu'ils durent le plus longtemps possible. La jeune mère appliquait les mêmes principes à ses enfants, les lavait tous les jours et veillait à ce que les pauvres hardes les recouvrant soient à peu près propres. L'intérieur simple et rustique de sa minuscule chaumière respirait l'ordre, elle balayait souvent l'unique pièce pour en chasser la boue et la saleté. Chaque jour, la jeune femme luttait avec courage, se démenait pour affronter des conditions de vie laborieuses, placées sous le signe de la misère et d'un dénuement extrême. De caractère très indépendant également, elle n'avait pas cédé tout de suite aux avances de l'intendant. Aimeri avait mis du temps à la conquérir, il ne l'avait pas prise aussi facilement qu'une fille de vilains. Plus d'un mois s'était écoulé avant qu'elle ne tolère ses premiers baisers, qu'elle accepte ses présents : de la nourriture d'abord, enfin des vêtements chauds pour elle et ses enfants. D'après les regards méprisants des gens du village, elle devinait pourtant qu'elle avait encore moins d'importance qu'une fille de vilains, puisqu'elle possédait carrément moins d'animaux, de vaisselle, de linge et d'ustensiles de cuisine que la plus pauvre d'entre elles.

Mais son bien le plus précieux, d'une valeur inestimable à ses propres yeux, c'était sa liberté. Libre d'aller et venir comme elle l'entendait, elle ne recevait d'ordre de personne et ne dépendait d'aucun maître ni seigneur. C'est ce qui la rendait fière et la consolait de tous ses malheurs. De toute façon, elle aurait préféré mourir de faim, plutôt que de mendier du pain chez ses voisins ou au village.

Au fil des jours, Aimeri avait appris à la connaître et à la respecter. Il s'étonnait d'une telle force de caractère peu commune chez les femmes qu'il avait très mal jugées jusqu'à présent, reconnaissait-il volontiers. Dans cette pauvre cabane, où seul le foyer était maçonné avec de la terre glaise, le reste étant un assemblage de planches ou de rondins de bois grossiers avec seulement une ouverture pour la porte, l'intendant avait passé des moments délicieux auprès d'elle et de ses jeunes enfants. Comme la plupart des femmes d'ailleurs, Albane savait lui apporter chaleur et réconfort, quand la vie se montrait décidément trop difficile ou le sort injuste selon les jours. Parce qu'elle était douce, compréhensive, toujours disponible, il avait appris à se confier à elle, lui narrant sa vie quotidienne faite d'oppositions et d'exigences, de rapports de force très pénibles, plutôt éprouvants avec les vilains, inévitablement suivis de reproches abusifs, de remarques méprisantes de la part du seigneur Eudes. Son maître le critiquait sans vergogne devant tout le monde, ne se montrait jamais satisfait de son travail, malgré l'honnêteté et le dévouement dont il avait toujours fait preuve pour le servir. Puis au cœur de l'hiver, cette relation insolite de prime abord s'était transformée peu à peu en une liaison passionnée, où les deux amants s'épanouissaient pleinement l'un et l'autre, parce qu'ils avaient fini par se comprendre, s'apprécier mutuellement, sans aucune équivoque.

Au contact de la belle Albane, Aimeri avait réussi à se débarrasser de la carapace de dureté et d'indifférence qui le caractérisait autrefois. Quelques soldats fidèles connaissaient son existence, il avait chargé les plus sérieux d'entre eux de surveiller son pauvre logis, surtout de protéger ses habitants, au cours des rondes fréquentes qu'ils effectuaient dans la forêt sur ses ordres. Ces hommes dévoués à sa cause rentraient seuls au château, se chargeant de couvrir son absence auprès du seigneur, lorsqu'il passait la nuit chez sa maîtresse... Chaque fois qu'il pouvait se libérer, il s'empressait de chevaucher jusqu'à la petite cabane au milieu de la forêt pour serrer Albane dans ses bras. Aimeri s'aperçut qu'il avait de plus en plus souvent envie de s'évader pour la rejoindre comme hier soir, à la recherche d'un peu de tendresse. Mais ce besoin devenant de plus en plus exigeant était la cause de l'imprudence impardonnable de la veille et il le regrettait déjà amèrement. Des vilains l'avaient sans doute aperçu, alors qu'il galopait à brides abattues à travers sentes et sentiers, torturé par l'impérieuse nécessité d'apaiser le désir fou qu'il éprouvait pour Albane...

Soudain des cris victorieux le ramenèrent sur terre, quelques planches du panneau de la porte principale émirent un craquement sinistre indiquant que le bois cédait, se fendait sous les coups de hache incessants des vilains. Ce qui les encouragea à poursuivre leurs efforts. Aimeri constata avec stupeur qu'ils redoublaient d'ardeur, il percevait les ahanements sonores des assaillants s'acharnant sans relâche contre le chêne dur, impatients de parvenir très vite à leur fin.

L'intendant réalisa alors qu'il avait complètement oublié de se préoccuper de la dame et de ses enfants, trop absorbé par la situation d'urgence, qu'il s'efforçait de maîtriser avec le peu de moyens dont il disposait en de pareilles circonstances. Auparavant, il ordonna à quelques soldats de se mettre en position défensive, de former un arc de cercle devant l'entrée, prêts à tirer quelques flèches sur les vilains, si par malheur, ils réussissaient à s'engouffrer à l'intérieur... Puis il rejoignit la maîtresse de cette place forte menacée. Ce fut une excellente idée : dame Bathilde n'avait pas bougé d'un pouce, berçant toujours la petite Rosalinde, qui avait fini par s'endormir dans ses bras. Prostrée, le regard perdu dans le vague, elle paraissait comme indifférente au danger, détachée des réalités du monde qui l'entourait. Sans hésiter un instant, Aimeri la saisit par un bras, la força à se relever pour la fixer droit dans les yeux. Cette audace incroyable la surprit à peine venant de la part de cet homme froid, plutôt réservé d'habitude.

— Ecoutez-moi, dame, je vous en conjure... la supplia-t-il d'une voix grave, tendue par l'émotion. Si ces gueux réussissent à enfoncer la porte, il n'y a plus que la herse pour leur barrer l'accès au château. Regagnez sans tarder la haute cour, où vous serez moins exposée avec vos enfants et grimpez tout en haut du donjon...

—Macaire, viens par là, s'interrompit-il pour héler l'un de ses sergents. Tu accompagneras la dame et les demoiselles, surtout surveille les enfants, en prenant garde qu'aucun d'entre eux ne s'égare en chemin, lui ordonna-t-il dès que l'intéressé les eût rejoints. Je te fais confiance, mais je te jure sur mon honneur, que tu répondras de leur sécurité sur ta vie...le menaça-t-il encore avant de poursuivre. Puis, tu les guideras tous ensemble jusqu'à la salle de garde de l'aile nord du donjon, celle qui se trouve au point culminant... Une fois là-bas, tu emprunteras la galerie secrète conduisant à l'endroit que tu sais...

Ses paroles ambigües étonnèrent les filles aînées du seigneur qui n'avaient jamais entendu parler de ces lieux énigmatiques, alors qu'elles vivaient au château depuis leur plus tendre enfance.

—Dame, suivez cet homme sans parlementer, l'exhorta-t-il sans lui fournir davantage d'explications. Une fois qu'il vous aura conduits à l'abri, je vous en supplie, demeurez-y avec vos enfants. Ne cherchez pas à en sortir sous aucun prétexte, même si vous entendez des cris ou de l'agitation. La cachette manque de lumière, il est vrai, mais vous aurez de l'air pour respirer, soyez sans crainte... Surtout, elle est sûre. A part Macaire et moi, personne d'autre ne connaît son existence. Sauf votre seigneur, bien sûr, puisqu'il en a lui-même ordonné la construction. Les vilains ne viendront pas vous dénicher là-bas...

Puis sans transition, il mit un genou en terre devant la dame.

—Bénissez-moi, dame, lui demanda-t-il avec humilité. Nous allons peut-être tous mourir pour défendre le château. Quant à vous, vous ne risquez rien si vous suivez mes consignes, c'est l'essentiel... Ainsi, je ne trahirai pas la promesse faite à votre époux...

—Ah, j'allais oublier, reprit-il en se relevant une fois que la dame eût tracé le signe de croix au-dessus de sa tête. Emportez avec vous assez d'eau et de vivres pour plusieurs jours, on ne sait jamais... Dieu vous garde en bonne santé avec vos petits, ajouta-t-il pour conclure avant de s'éloigner à grands pas.

La dame restait muette, Aimeri ne lui avait pas offert l'opportunité de placer une seule parole au cours de cet étrange monologue. Mélisande et Pétronille avaient pâli en entendant les ordres de l'intendant, mais elles s'empressèrent de rassembler leurs frères et sœurs sans perdre un instant. Le petit groupe apeuré suivit docilement le sergent Macaire. Dame Bathilde se secoua pour sortir de la léthargie paralysante qui s'était emparée d'elle depuis la mort de Guillaume. Désormais consciente et lucide, elle entrevit l'horrible réalité, se mit à trembler en craignant pour la vie de ses enfants... C'était inconcevable, les vilains n'allaient pas les massacrer tous ensemble, sans qu'elle tente l'impossible pour les sauver. Son instinct maternel la poussa à agir sur le champ et elle décida d'appliquer à la lettre le plan de l'intendant, en apparence judicieux. D'ailleurs, il n'y avait pas d'autre choix possible. Comme ils longeaient les cuisines, elle commanda à Brune de prendre les provisions nécessaires avec la plus grande discrétion, une servante pouvait toujours les espionner, les trahir, et par la suite, dénoncer leur fuite...

Pétronille proposa spontanément de l'aider, elles ne seraient pas trop de deux personnes pour soulever cabas et paniers chargés d'une grande quantité de vivres. « Prenez tout ce que vous pouvez emporter, avait précisé la dame. Si jamais le siège s'éternise, nous ne souffrirons pas de la faim... ».

« Pourquoi son seigneur ne revenait-il pas de Tonnerre, alors que sa famille se trouvait en grand danger ? » se lamentait-elle en silence. « Eudes n'était sans doute pas très loin de sa demeure, peut-être parviendrait-il à sauver les siens s'il arrivait à temps ? » se demandait-elle avec anxiété.

Cet espoir tout de même fragile réveilla son courage et elle pressa ses petits pour qu'ils escaladent le plus rapidement possible les marches en colimaçon du donjon. De manière énergique, elle leur donnait l'exemple en se hâtant avec Rosalinde dans les bras. Au début, la fillette ne lui parut pas très lourde, mais au fur et à mesure qu'elle grimpait, elle s'essoufflait davantage et le poids de la petite ralentissait son avancée. Mélisande avait choisi de porter Marie. Agée de quatre ans maintenant, la gamine était plus ronde et encombrerait davantage sa mère affaiblie par le chagrin. Mahaut, qui avait fêté ses sept ans au printemps, voulait être considérée comme une grande et tirait par la main sa sœur Tiphaine, plus jeune de vingt mois. Elle l'invitait à accélérer l'allure en attaquant les degrés en pierre deux par deux, mais à ce rythme-là, les petites jambes de Tiphaine se lassèrent promptement. La fillette commençait à pleurer et à geindre quand ils atteignirent le niveau de la grande salle, sa mère s'aperçut qu'elle était vraiment épuisée. Il y avait encore deux étages à escalader et l'escalier à vis tournait en se rétrécissant davantage, si bien que les pierres anguleuses des murs vous râpaient la peau au moindre moment d'inattention. A chaque maladresse, on risquait de s'écorcher les coudes ou de se blesser plus gravement, si l'on n'y prenait pas garde...

Tiphaine refusait d'avancer et pleurnichait qu'elle voulait qu'on la porte comme ses petites sœurs. Butée, Mahaut s'acharnait à la dissuader du contraire, mais ne parvenait pas à obtenir quoi que ce soit d'elle. De toute évidence, l'enfant ne tenait plus sur ses jambes. Macaire se trouvait dans l'impossibilité matérielle de s'occuper d'elle, les bras encombrés de paniers de provisions, il avait soulagé Mélisande et Brune en se chargeant d'un maximum de choses lourdes, volumineuses.

Odinet se dévoua en lui tendant les bras, puis il la souleva de terre comptant l'installer sur ses épaules, mais il eut peur de la blesser en considérant l'étroitesse de l'escalier, d'autant que Tiphaine pleurait toujours et s'affolait d'un rien... Prudent, il se contenta de la serrer contre lui en veillant à protéger sa tête dans les endroits critiques et d'avancer coûte que coûte sans retarder les autres. Un étage plus haut, son frère Guy eut pitié de lui. Le visage écarlate, il haletait très fort et peinait à suivre le petit groupe. Au cours de l'ascension, les garçons se relayèrent en se ménageant des étapes, la fillette passait des bras d'Odinet à ceux de Guy et vice versa, lorsque le porteur se sentait trop fatigué... Des respirations rauques, des halètements bruyants, tout un cortège d'essoufflements plus ou moins prononcés selon l'âge et la santé de chacun traduisaient autant de signes manifestes de la fatigue générale. Les dernières marches furent franchies avec une lenteur désespérante, les grimpeurs avaient du mal à lever un pied après l'autre, notamment ceux qui étaient accablés de charges pesantes. Personne n'avait le courage de parler, chacun économisait ses forces pour atteindre le sommet...

Leur progression devint de plus en plus pénible et ils poussèrent des soupirs de soulagement lorsqu'ils aperçurent la porte débouchant sur le chemin de ronde. Enfin arrivés là-haut, Macaire posa les paniers remplis à ras bord à ses pieds, prit le temps de tamponner son visage couvert de sueur à l'aide d'un mouchoir d'une propreté douteuse.

— Tout va bien, annonça-t-il pour les rassurer. Mais une fois dans la salle de garde, faudra m'écouter et faire très attention. Y'a un passage difficile, où on devra ramper comme dans une sorte de tunnel...

Investi contre son gré d'une mission délicate, le pauvre Macaire avait du mal à s'exprimer, parce qu'évidemment, il souhaitait leur cacher que le plus dur restait à accomplir...

— Vous allez voir les p'tiots, c'est très drôle... ajouta-t-il pour apaiser l'inquiétude qu'il lisait dans les interrogations consternées se peignant sur le visage des uns et des autres, à la suite de sa déclaration. On s'amusera bien tous ensemble... promit-il encore, en faisant preuve d'une maladresse affligeante.

Dame Bathilde jeta un regard désemparé à Mélisande, elle ne connaissait pas davantage qu'elle l'existence de cette mystérieuse cachette... « Réussiraient-ils à traverser ce boyau en compagnie des enfants pour l'atteindre, les sous-entendus obscurs de Macaire laissant présager le contraire ? Et s'ils mouraient tous étouffés dans ce passage privés d'air et de lumière ? » songea-t-elle avec angoisse. Après s'être retourné plusieurs fois en balayant d'un coup d'œil inquisiteur l'escalier pour s'assurer qu'ils n'étaient pas suivis, Macaire poussa la porte de la salle de garde. Ensuite, il les invita à pénétrer à l'intérieur, mais revint aussitôt sur ses pas pour refermer l'épais panneau de bois à l'aide d'une grosse clé qui grinça dans la serrure. A ce moment crucial, il mit un doigt sur sa bouche pour obtenir le silence, mais ce fut inutile : l'appréhension et la peur paralysaient toutes les langues... Les pleurs de Tiphaine s'étaient calmés et elle s'était endormie contre l'épaule de son frère Guy. Macaire se dirigea sans hésiter vers le manteau de la cheminée occupant tout un pan de mur, se pencha en dessous pour actionner une sorte de mécanisme. Les grands garçons ne purent retenir des cris de stupéfaction, au moment où les pierres maçonnant le fond de l'âtre s'écartèrent avec lenteur.

Une ouverture sombre et étroite apparut bientôt sous leurs yeux étonnés. Le sergent s'empara de plusieurs lampes à huile posées sur la table dont il alluma la mèche avec précaution. Aussitôt après, il en tendit une à chacun des adultes présents, ainsi qu'aux deux gamins, Odinet et Guy.

— Faites très attention à ne pas la lâcher par terre, leur recommanda-t-il en leur confiant l'objet. En se brisant la lampe répandrait de l'huile sur le sol, ce qui causerait un incendie... C'en serait fini de nous, on grillerait à petit feu...

En entendant ces mots, la main d'Odinet trembla comme une feuille secouée par un vent violent de tempête, tellement il redoutait de commettre l'irréparable bêtise par simple maladresse ou étourderie.

— Vous poserez la lampe bien à plat devant vous comme moi, leur conseilla-t-il encore. J'ouvre la marche enfin, si on peut dire, car on va se déplacer à la manière des serpents, plaisanta-t-il. Et vous, demoiselle Mélisande, vous la fermerez... Vous tracassez pas, on arrivera à bon port... Quand on se sera tous engagés dans la galerie, vous appuierez sur cette pierre-là, la seule de forme hexagonale. Observez-la attentivement pour mieux la repérer, je pourrai pas vous aider ni revenir en arrière... De cette manière-là, lui indiqua-t-il en mimant les gestes à accomplir. Vous avez compris, demoiselle ?

— Pas de souci Macaire, lui assura celle-ci. J'ai saisi ce qu'il faut faire, ne perdons pas de temps...

Le corpulent sergent se mit à plat ventre, commença à ramper péniblement en prenant appui sur ses coudes. De la main droite, il tenait avec précaution la lampe à huile la poussant devant lui. En même temps, en s'aidant de l'autre main, il tirait tant bien que mal les paniers à provisions posés à proximité de son flanc gauche. A son tour, la dame l'imita, une fois allongée, elle demanda à l'un de ses garçons de jucher la petite Rosalinde sur ses épaules. Puis elle ordonna à la fillette de se cramponner fermement à son voile et elle suivit Macaire sans se poser de question. Tout émoustillés par la curiosité et le goût de l'aventure, Odinet et Guy l'imitèrent avec souplesse en chargeant sur leur dos leurs plus jeunes sœurs, Marie et Tiphaine. La dame tendait tous ses muscles, s'efforçait de suivre Macaire en utilisant la force de ses avant-bras pour avancer plus vite...Le gros homme soufflait, pestait contre les rugosités du sol dur lui écorchant la peau fragile des coudes, mais il avançait vaillamment, talonné par l'envie d'en finir au plus vite. Il lui tardait tant de se rapprocher de l'endroit où il les mettrait tous à l'abri du danger. Des toiles d'araignée s'accrochaient à leurs cheveux et tombaient parfois devant leurs yeux, une odeur âcre, puissante de renfermé, leur piquait la gorge et les forçait à tousser.

Tout à coup, Pétronille hurla car elle s'était retrouvée face à un gros rat répugnant qui, selon ses dires, la fixait de ses petits yeux méchants, remplis de cruauté... Déployant un sang-froid incomparable, Mélisande ne s'était point effrayée et suivant les consignes de Macaire, elle avait réussi à refermer l'ouverture béante du boyau sombre et hostile dans lequel ils s'enfonçaient inexorablement vers l'inconnu... Quelque temps après, Macaire ralentit un instant ses mouvements harassants de reptation pour les encourager :

— Tout le monde est là ? Vous faites pas de bile, on arrive bientôt à destination...

Quelle déception connut alors dame Bathilde ! Dévorée d'inquiétude pour le sort des siens, elle le suivait de tellement près, que son front manqua de heurter les talons des chaussures du sergent. Alors qu'elle s'attendait à déboucher dans un endroit vaste et lumineux, ils atterrirent dans une sorte de cellule de forme carrée comportant quatre côtés égaux. Sa partie supérieure n'était pas délimitée par des poutres, mais des parois de pierres s'élevaient d'une manière abrupte, puis se rétrécissaient au fur et à mesure que le regard se dirigeait vers le haut. C'était comme une sorte de chapeau bizarre, posé à l'envers. Par endroits, les murs étaient percés de fentes si étroites qu'ils laissaient passer des filets d'air, mais filtraient la lumière du jour avec avarice. Une fois que leurs yeux se furent accoutumés à une sorte de semi-obscurité, ils trouvèrent les lieux sinistres.

— Vous en faites pas, précisa Macaire en levant à bout de bras sa lampe pour éclairer le cône pointu servant de plafond. Il y a de l'air qui vient de là-haut. Vous pourrez tous respirer à votre aise, car il y a pas mal de bouches d'aération dans la maçonnerie. Tout a été prévu...

— Par contre, ne bougez pas d'ici, dame, lui recommanda-t-il une dernière fois avant de les quitter. Dans le souterrain, c'est plus dangereux à cause des rats et des vermines rampantes qui le peuplent et circulent en toute liberté... Surtout, c'est pas ventilé comme ici, faites-moi confiance...

Puis il aida les demoiselles et Brune à entasser les provisions à l'intérieur de niches humides, sortes de cavités creusées à même la pierre ou la roche, pour éviter que les bêtes nuisibles ne les attaquent durant leur sommeil. Après ce rangement sommaire, il fit signe à Mélisande d'approcher d'un recoin de la pièce. Là, il lui désigna un gros tas informe, très intriguant, s'élevant à mi-hauteur du mur et entièrement recouvert d'une masse sombre, si bien qu'elle ne pût deviner ce qui se cachait en dessous...

— Si jamais vous êtes embêtés par des bestioles, servez-vous de ces vieilles lames pour vous en débarrasser... Attention, elles sont encore coupantes, faut pas que les petits jouent avec...

Par curiosité, Mélisande se risqua à soulever un pan de l'épais tissu poussiéreux, imprégné d'humidité, et découvrit plusieurs épées très longues, des poignards enroulés dans des couches superposées de vieilles couvertures usagées. Sans doute avait-on pris cette précaution, afin de les protéger de la rouille ?

— Grand merci, Macaire, lui répondit-elle d'un air tout à fait naturel. Ne vous tracassez pas, nous saurons nous défendre... Avec ces deux solides gaillards, la famille ne craint pas grand-chose, ajouta-t-elle en désignant ses jeunes frères.

La réaction de la demoiselle l'étonna tout de même, pas de cri d'affolement ni de vaine pleurnicherie. D'ailleurs Mélisande lui parut sereine, seulement préoccupée d'assurer le bien-être des siens. En ce moment, elle aidait déjà sa mère à installer les fillettes sur des banquettes étroites pouvant servir de couchette, disposées le long des murs, où l'eau suintait par endroits.

— Dès que c'est possible, éteignez les lampes, crut-il bon de les prévenir. Quand vous dormirez, faites-le sans hésiter. Pas besoin de lumière, comme ça vous économiserez l'huile... Si jamais le siège dure...

Après leur avoir adressé un signe amical de la main, il ébouriffa les cheveux de Guy et d'Odinet d'un geste familier et s'engagea dans l'étroit passage par où ils étaient venus... Maintenant le silence les entourait de manière angoissante, obsédante, comme si on les avait ensevelis à l'intérieur d'un tombeau glacial. Après le départ du sergent, il n'y avait plus personne pour les protéger. La dame s'aperçut alors qu'elle tremblait de tous ses membres, se retenait pour ne pas claquer des dents, car elle souhaitait éviter par tous les moyens d'effrayer les plus petits. Pourtant, il ne faisait pas spécialement froid à l'intérieur, seuls des courants d'air frais traversaient de temps en temps la pièce où ils se trouvaient enfermés. « Claquemurés comme des prisonniers dans un infâme cachot, pire au fond d'une oubliette meurtrière », songea la dame. Mélisande reprit ses esprits la première et commença par tirer la porte en bois restée entrebâillée après le départ de Macaire. « Inutile d'attirer de la vermine malfaisante », se dit-elle, prudente. De manière minutieuse, elle inspecta les environs apparemment protégés de telles calamités, constata-t-elle avec soulagement.

— Nous sommes en sécurité ici, déclara-t-elle d'une voix ferme, afin de rassurer les siens. A l'abri des brutalités de ces maudits vilains qui osent s'attaquer à notre château... C'est l'essentiel pour nous tous : peu importe le lieu de notre cachette, nous devons nous en arranger...

— Mais on peut pas rester trop longtemps confinés dans ce trou, se risqua Guy, moins fanfaron que tout à l'heure, lorsqu'il se réjouissait à l'idée de vivre une aventure excitante. Moi, j'ai l'impression d'étouffer, je me sens pas à l'aise du tout...

— Moi, c'est pareil, renchérit Odinet, tout pâle en se raccrochant aux mains de sa sœur. On va sortir bientôt ? Dis, demain peut-être, s'il te plaît Mélisande ? s'inquiétait-il au bord des larmes.

D'un geste maternel, elle serra très fort ses deux grands frères contre elle, les taquina en pinçant leurs joues toutes rebondies, signe évident qu'ils appartenaient encore au monde de l'enfance.

— Allons, ce n'est pas le moment de faiblir, messires mes frères, gronda-t-elle en adoptant une grosse voix bourrue, imitant à la perfection celle du baron. Moi qui vous considérais déjà comme des braves, prêts à partir au combat avec père. Vous vous êtes montrés si courageux dans ce passage lugubre, très habiles également à manipuler vos lampes à huile comme des grands... Maintenant, vous devez réconforter nos petites sœurs et prendre sur vous pour ne rien laisser transparaître de vos angoisses... leur conseilla-t-elle pour les inciter à se ressaisir.

Par-dessus la tête brune de Guy et celle très blonde d'Odinet – les deux garçonnets lui arrivaient déjà à l'épaule – à la dérobée, elle jeta un regard interrogateur à dame Bathilde qui ne lui semblait guère vaillante depuis leur installation. Perdue dans ses pensées, leur mère ne fit même pas attention à elle. De toute évidence, elle ressentait les mêmes tourments qu'eux, se trouvant sur le point de s'effondrer et de pleurer toutes les larmes de son corps... Pétronille était assise sur une couchette improvisée auprès des plus jeunes et berçait Rosalinde dans ses bras. Cette dernière suçait son pouce et frotta ses yeux à plusieurs reprises, ce qui signifiait qu'elle ne tarderait guère à s'endormir.

Appuyée contre la paroi glaciale du mur, insensible au froid et à l'humidité stagnante, Brune se tenait raide comme une statue caressant la tête d'Eliette, sa fille, qui sanglotait doucement apeurée par le fait de se retrouver dans cet endroit inconnu et pour le moins insolite. Jusqu'à maintenant, la servante avait réussi à faire oublier leur présence à toutes les deux, suivant dame Bathilde comme son ombre, de crainte que Macaire refuse qu'elles les accompagnent... Mais le sergent n'avait posé aucune question, les intégrant au groupe qu'il devait protéger et conduire en lieu sûr. La servante ne savait plus si elle devait se réjouir ou se lamenter sur son sort. Certes, elle échapperait aux violences des émeutiers et à la mort assurée si les vilains parvenaient à pénétrer à l'intérieur du château, mais elle se demandait néanmoins combien de temps ils pourraient survivre abandonnés dans ce « trou à rats », avare d'air pur et de lumière ? « Les provisions seraient-elles suffisantes pour tout ce petit monde ? » calculait-elle en évaluant grosso modo les quantités et le nombre de bouches à nourrir. Il leur faudrait faire durer le plus longtemps possible les réserves d'eau conservées dans des outres en peau de chèvre, rationner les adultes... Cette pensée chassa son inaction pesante et elle se secoua afin de répertorier les miches de pain, la viande séchée et les jambons, les pots de graisse et de confiture, placés en hauteur sur les conseils du sergent. Chaque jour, elle devrait les utiliser avec parcimonie et réfléchit également à la manière d'éviter tout gaspillage de nourriture. Consciente des difficultés présentes, elle tenait absolument à veiller à ce que les enfants ne souffrent pas de la faim et une fois de plus, décida de priver les aînés. Leur organisme résisterait mieux à l'abstinence que celui des plus jeunes soumis à des besoins plus exigeants, du fait qu'ils étaient encore en pleine croissance.

Quant à Mahaut, Tiphaine et Marie, installées sur les bas flancs leur servant de couchettes, elles paraissaient à peine perturbées par la rusticité des lieux, babillaient de concert et s'amusaient toutes les trois sans se préoccuper de leur entourage.

— Prenez exemple sur elle, railla Mélisande sur un ton volontairement mordant et incisif, en s'adressant aux plus grands. Vous constaterez par vous-mêmes que tout danger est écarté, les petites se sentent à l'abri comme si elles logeaient encore dans la grande salle du donjon...

— Mais c'est parce qu'elles se rendent pas vraiment compte, protesta Odinet d'une voix geignarde. Moi, je trouve que c'est trop laid, ici...

— Père fera fouetter Aimeri pour avoir osé nous conduire dans un tel endroit, déclara Guy sur un ton rempli de suffisance. C'est ce qui lui arrivera dès son retour. D'ailleurs, je l'exigerai tout de suite, si père n'y songe pas de lui-même...

— Cesse de dire des bêtises, le coupa aussitôt Mélisande. Aimeri essaie de nous sauver la vie en sacrifiant la sienne pour défendre le château. La prochaine fois, essaie de réfléchir un peu avant de raconter n'importe quoi, lui conseilla-t-elle d'une manière assez rude.

Mais la grande sœur l'attira de nouveau contre elle pour le consoler. Les yeux du gamin débordaient de grosses larmes trahissant sa peur intense, ainsi que sa détresse. D'un geste très doux, elle essuya une larme qui roulait sur sa joue.

— Moi, je dirai à père que je suis très fière de vous, car vous vous êtes comportés comme des garçons vraiment courageux au cours de cette épreuve, promit-elle en s'adressant à ses frères. Alors, plus de larmes ni de lamentations inutiles, cela ne change rien... On va s'organiser pour s'installer dans les meilleures conditions afin de dormir. Après une bonne nuit de sommeil, tout ira beaucoup mieux, vous verrez... Si on faisait d'abord une petite prière pour demander à la Vierge Marie de nous aider ? proposa-t-elle aux gamins captivés par ses propos. Comme on le fait chaque soir dans la grande salle du donjon ? Mère sera contente de nous...

En un clin d'œil, les deux garçons s'agenouillèrent à même le sol pour dire leur prière. Mélisande les imita et avant qu'Odinet n'ait commencé à réciter les paroles pieuses à voix haute, les petites se bousculèrent, dégringolèrent de leur couchette pour se joindre à eux.

Leurs cris d'enthousiasme faillirent réveiller Rosalinde qui dormait à poings fermés dans les bras de Pétronille. Usant d'une infinie douceur, elle caressa la tête de la fillette qui avait ouvert les yeux et s'apprêtait à pleurer. Puis elle la câlina avec tendresse et Rosalinde se rendormit aussitôt, réconfortée par les marques d'affection de sa grande sœur. Pétronille dut se contenter de murmurer les phrases familières, rassurantes de ***l'Ave Maria,*** qu'elle connaissait par cœur tout en berçant la petite contre sa poitrine. Dame Bathilde et Brune avaient complété le petit groupe familial et priaient avec ferveur, agenouillées l'une à côté de l'autre... Ensuite Mélisande, secondée par la servante, entreprit de distribuer quelques provisions et de l'eau aux enfants, avant de les aider à s'allonger sur leur couchette pour la nuit. Sa mère la remercia pour ses différentes initiatives en lui adressant un pâle sourire, tout contrit. Mais lorsque l'aînée s'approcha d'elle pour lui proposer de la nourriture, elle refusa poliment. Ce soir, quelques gorgées d'eau lui suffiraient, elle ne pourrait rien avaler d'autre. Les heures de la nuit s'égrenèrent lentement comme si le temps s'était arrêté dans ce piège sordide, où Mélisande craignait de mourir avec tous les siens. Une sensation lancinante d'étouffement, d'angoisse profonde, liée à l'imminence d'un danger inconnu les guettant à n'importe quel moment, faillit provoquer un mouvement de panique irrépressible. Sans doute que cet affolement proche de l'épouvante lui aurait fait perdre la tête ? A plusieurs reprises, sous ses assauts répétitifs, elle résista de toutes ses forces et lutta tant bien que mal pour chasser la tentation de se laisser entraîner à la dérive.

Chaque fois, elle s'efforçait de contrôler sa respiration et le seul moyen efficace qu'elle trouva pour s'occuper l'esprit fut la prière. Quand elle priait de toute son âme, elle surmontait ses appréhensions pourtant justifiées et sa peur reculait comme par miracle... La pensée qu'elle devait être solide comme un roc pour soutenir les siens l'aida beaucoup dans sa démarche hasardeuse, fort difficile. Puis épuisée par cette épreuve, elle plongea dans un sommeil agité, peuplé des pires cauchemars. A peine reposée, elle se redressa d'un bond énergique sur sa couche pour tenter d'apercevoir les premières lueurs de l'aube à travers les fentes de la muraille. Au tout début, elle ne vit absolument rien, puis progressivement ses yeux se familiarisèrent avec l'obscurité environnante et elle aperçut enfin la faible lumière du jour. Un vrai miracle ! Alors elle s'allongea sur le côté, s'enveloppa dans la couverture de laine rêche, désagréablement piquante, et se rendormit soulagée.

Plus tard, les cris des enfants la réveillèrent et elle entrevit Brune qui leur servait le premier repas de la matinée. Aussi considéra-t-elle cette première nuit passée dans des conditions épouvantables comme une sorte de victoire personnelle et elle se prit à espérer en l'avenir...

« Rien n'est perdu si père rentre dans quelques jours, songeait-elle, plus optimiste que la veille. Il nous retrouvera tous bien vivants... Certains parmi nous auront le visage défiguré, boursoufflé par les piqûres de ces horribles punaises. D'autres encore seront marqués sur tout le corps d'affreux boutons, à cause cette fois-ci de ces puces sanguinaires qui nous infligent ces démangeaisons pénibles... Mais Dieu merci, nous serons vivants, bien vivants... » Cette pensée la réconforta et elle se leva pour chercher un flacon d'eau de lavande qu'elle pensait avoir glissé parmi les provisions, en prévision de ce genre de désagréments. Selon sa mère, c'était un moyen souverain pour prévenir ou soulager ces maux bénins. Chaque soir, au château, elle badigeonnait le visage et le corps des plus petits, afin de les protéger durant la nuit. Puis elle aida Brune à « épouiller » la petite Rosalinde qui s'était réveillée en hurlant, agacée par les morsures des puces, qui l'avaient couverte de plaques rougeâtres sur tout le torse. Dévouée, attentive et généreuse, elle ne songeait qu'à réconforter les siens, à seconder sa mère quelque peu désemparée face aux événements tragiques qui la déstabilisaient complètement en la privant de tout sens des réalités. Si bien que les heures finissaient par s'écouler, sans que la demoiselle en prenne tout à fait conscience, trop occupée à se sacrifier au service de ses frères et sœurs.

Pour rassurer et divertir les plus jeunes, elle accepta d'abord de leur raconter des fabliaux et des histoires, quelques contes merveilleux... Au cours de ces heures interminables, elle réussit à les distraire de manière plaisante, alors qu'ils étaient condamnés à l'immobilité la plus totale. Ensuite, elle céda à leurs demandes incessantes en se laissant aller à entonner de belles chansons. Son répertoire très étendu englobait évidemment des chansons d'amour, parfois licencieuses pour les enfants. Mais dame Bathilde ne lui fit aucune remarque alors que d'habitude, elle se montrait inflexible au sujet de l'éducation de ses petits. Pétronille ne se fit pas prier pour l'accompagner de sa belle voix flûtée, agréablement mélodieuse. Avant de les quitter, Macaire leur avait précisé qu'il n'y avait aucune chance qu'on les entende crier dans ce cachot aux murs très épais et que les enfants pouvaient hurler à leur aise pour se défouler, si par hasard, l'envie les démangeait.

Peu à peu, tous ensemble, ils perdirent la notion du temps qui s'écoulait, se repérant tout de même au lever et au coucher du soleil. Pour les prisonniers enfermés de leur propre gré, c'était le seul moyen de comptabiliser les jours se succédant avec une lenteur désespérante. A l'aide d'un couteau à lame pointue, Mélisande gravait dans le mur au-dessus de sa couche un trait horizontal indiquant chaque nouvelle journée, signalée par l'apparition de l'aube qu'elle guettait avec toujours autant d'impatience. Alors qu'elle venait de tracer à grand peine une huitième marque sur la pierre dure, très glissante – par endroits, certaines étaient entièrement recouvertes de mousse – elle crut entendre un bruit curieux, inhabituel en tout cas...

Cette manifestation sonore l'inquiéta, d'autant qu'elle ne lui parut pas très éloignée de leur cachette. Etait-ce un quelconque signe de vie qui se manifestait ? Quelqu'un cherchait-il à les retrouver ? Mais s'agissait-il d'un ami ou d'un ennemi ? Cette dernière question étant la plus obsédante et la plus angoissante de toutes...

9 - *Retour à l'ordre : la révolte enfin matée.*

Après avoir festoyé pendant plus d'une semaine entière parmi les nobles chevaliers les plus distingués du campement, le seigneur Eudes se dit qu'il s'était bien amusé et qu'il avait dépensé suffisamment d'argent chez les artisans de Tonnerre... Selon sa propre conscience, il était grand temps d'économiser ce qui lui restait du montant des rançons, s'il désirait offrir des noces somptueuses à ses aînés d'ici la fin de l'année. Cette perspective représentait évidemment son souhait le plus cher. Un beau matin, sans daigner prendre la peine de consulter ses voisins et amis, il décida de regagner Bissey pour assister à la fin des fenaisons dans les prairies de sa seigneurie. Bien qu'il accordât toute sa confiance à son intendant au sujet des travaux agricoles, il lui tardait de se retrouver sur ses terres. Son meilleur ami, Jacques de Banlay, décida de le suivre, ainsi qu'Herbert de l'Huis Arnaud. Mais Hue de Chassenay refusa de les accompagner ce jour-là. Le vieil homme estimait qu'il pouvait encore se distraire en se faisant inviter par d'autres barons plus riches et de plus fameuse réputation que les précédents. Aussi assista-t-il au départ d'Eudes sans exprimer trop de regrets ni de mélancolie. A peine deux jours plus tard, le groupe de chevaliers armés arrivait aux portes de Saulieu en compagnie de leurs écuyers. C'était peu de temps avant la tombée de la nuit. Leurs chevaux fourbus, couverts de sueur et de poussière, ne voulaient pas avancer au-delà. Eudes décida donc de faire halte dans une auberge à l'intérieur des murs de la cité. Il avait entendu parler de cet établissement jouissant d'une excellente réputation jusque dans les alentours et même dans les bourgs voisins. S'il se référait à sa solide expérience de voyageur, il savait que les pauvres bêtes trop exténuées ne les porteraient pas jusqu'à la métairie de l'un des sires de Commegrain, pourtant à peine éloignée de quelques lieues à la sortie de la ville...

Depuis ce matin, un sombre pressentiment le taraudait et il se torturait sans raison valable à propos du sort des siens qui l'attendaient sans doute avec impatience dans son château. Tout à coup, il était pressé de retrouver ses enfants pour les embrasser, les serrer contre son cœur... Il eut même une pensée émue pour le petit Guillaume si chétif, anormalement malingre. Alors qu'ils remontaient des écuries pour rejoindre la vaste salle commune de l'auberge, Eudes surprit les bribes d'une conversation échangée entre deux valets d'écurie. Machinalement, il tendit l'oreille.

— Y paraît que ça chauffe et que ça bouge du côté de la vallée du Cernin... Que des gueux se sont même armés...chuchota le premier sur le mode de la confidence.

— A ce qu'on dit, y's auraient même attaqué les gens du château, poursuivit le second compère. Pour sûr, ça va faire du grabuge...

En entendant ces mots pourtant discrets, le sang du seigneur Eudes se figea dans ses veines et en quelques enjambées, il fondit sur celui qui les avait prononcés.

— De quel château parles-tu, l'ami ? questionna le seigneur sur un ton dur, pressant.

— Ben, à vrai dire, j'sais pas mon noble seigneur... Moi, j'connais pas le nom de ces belles demeures qui sont pas pour nous aut', riposta le malheureux palefrenier, soudain effrayé par son attitude vaguement menaçante.

— Ce ne serait pas la forteresse du seigneur de Bissey, par hasard ? suggéra Eudes en l'empoignant par le col de son vêtement tout rapiécé. Vas-tu parler à la fin ou faut-il que je te frappe pour obtenir une réponse ? s'énervait-il encore en le soulevant de terre.

— J'sais pas, moi... pleurnicha l'intéressé en levant le bras devant son visage pour se protéger. Je répète c'qu'mon voisin, l'Jacquou des Loges, logeant près des terres des sires d'Commegrain m'a rapporté pas plus tard qu'hier au soir...

— Laisse-le tranquille, intervint Jacques de Banlay en posant une main apaisante sur l'épaule de son ami. Si près de Saulieu, nous sommes tous plus ou moins concernés. Il s'agit sûrement du château de l'un d'entre nous, finit-il par conclure de manière très juste.

— Selle-nous des chevaux frais et fringants pour moi et mes hommes, pas des bourrins, ordonna Eudes à l'autre valet, qui demeurait figé sur place à la suite de l'altercation. Nous te confions les nôtres que nous récupèrerons plus tard... Gare à vos oreilles, si vous les avez mal soignés ou négligés d'une quelconque manière. Ce sont des bêtes de qualité, ajouta-t-il encore. Voici une bourse bien garnie pour vous dédommager de votre peine, mais pressez-vous : pour que nous soyons prêts à partir dès que possible...

Un quart d'heure plus tard, le baron Eudes, ses amis, et la troupe de soldats les accompagnant chevauchaient à vive allure sur la route comtale, pressés de rejoindre au plus vite la vallée du Cernin. Obsédés par la mauvaise nouvelle qu'ils venaient d'apprendre, tourmentés par le sort incertain de leurs familles, ils ne ménageaient guère leurs montures d'emprunt, en espérant qu'ils arriveraient à temps pour sauver femmes et enfants d'une mort atroce, indigne de leur rang. Dès qu'ils atteignirent la lisière de la forêt, Erard de Commegrain quitta le premier le petit groupe de chevaliers, s'élançant tel une furie sur une monture nerveuse, rétive. Pressé, il emprunta un chemin de traverse étroit, décrivant de nombreuses courbes. Mais c'était l'itinéraire le plus court pour se rendre à son manoir, sans perdre de temps. Son frère Louis le suivit dans la foulée et éperonna jusqu'au sang sa monture qui ne galopait pas assez vite. D'une ruade furieuse, cette dernière faillit se débarrasser de son cavalier qui la maîtrisa non sans mal, avant de s'enfoncer parmi les frondaisons bordant le sentier tortueux. Un court instant, Eudes se demanda si ses amis parviendraient indemnes chez eux, tellement ils pressaient leurs chevaux manquant manifestement de moyens... Quelques lieues plus loin, un autre voisin s'écarta de la troupe montée dans l'espoir d'apercevoir les abords de son château depuis la grand route. Il bifurqua sur sa droite, fit un détour, car la forteresse se situait dans un creux au fond de la vallée, mais plus au nord.

Comme personne n'attendait Herbert dans sa demeure – il effrayait toutes les prétendantes potentielles par sa brutalité et son caractère impossible – il décida de suivre Eudes pour le plaisir de se battre, éventuellement de tuer le plus grand nombre possible d'ennemis quels qu'ils soient.

La cause de ses amis et connaissances deviendrait obligatoirement la sienne... Peu de temps après, en tendant l'oreille, les seigneurs perçurent le bruit d'une galopade effrénée qui se rapprochait d'eux. Bientôt, ils entendirent clairement des cris, puis les rires de l'heureux chevalier dont la demeure avait été épargnée. Naturellement, il ne put dissimuler sa joie transparaissant à travers ses paroles :

— C'est pas chez moi, les amis, tout est tranquille là-haut dans le Bois de la Vèvre, leur assura-t-il avec une inconscience coupable, ne se souciant nullement de heurter la susceptibilité de ceux qui se tourmentaient encore pour leur famille.

— Alors, plus de doute, conclut Eudes dont l'inquiétude croissait au fur et à mesure qu'on se rapprochait de la vallée. C'est fatalement chez Jacques ou chez moi que ça se passe... A moins que ce ne soit chez les sires de Commegrain, reprit-il en gardant encore un faible espoir.

Mais dix bonnes minutes après, les intéressés galopaient derrière eux à vive allure pour les rattraper sur le champ. Maintenant, les chevaliers distinguaient nettement les bruits de la dispute opposant les deux frères.

— C'est de ta faute aussi, Erard, attaquait le plus âgé des deux. Si tu n'étais pas aussi brutal avec les chevaux, nous n'aurions pas perdu autant de temps pour en seller de nouveaux, lançait-il sur un ton accusateur.

— Moi, je bats pas ma femme comme toi, commença Erard mal à propos. Quelle bonne farce, Louis ! Tout de même, tu ne vas pas regretter cette « carne » qui a failli me tuer et la préférer à ton propre frère ? le dénonçait-il pour se défendre. Il n'y a pas trop de retard, puisque nous allons les rejoindre bientôt. Même sans écuyer sous la main, je suis capable de seller un cheval dans un temps record. N'empêche que tu as largement profité de l'aubaine, puisque tu as pu te procurer une meilleure monture, non ?

— Holà, les amis, attendez-nous, rugit-il encore d'une voix de stentor à l'attention des autres chevaliers pour qu'ils consentent à ralentir légèrement l'allure. Tout va bien chez nous, mais on ne vous abandonnera pas pour autant. Les sires de Commegrain ne sont ni lâches ni insensibles aux malheurs de leurs voisins, jura-t-il sur un ton empreint de gaieté.

La nouvelle chassa les dernières illusions d'Eudes... Sur le moment, il crut qu'il allait perdre son sang-froid, céder à un mouvement d'affolement intense, pourtant assez rare chez lui, d'habitude. Alors qu'ils amorçaient la descente vers le village et le château de Bissey, les chevaliers aperçurent des lueurs vives comme des feux follets dansant ici et là, à travers les bosquets d'arbres leur masquant la vue de la vallée. Cette fois-ci, le seigneur de Villon n'eut plus aucun doute... C'était bien son château qu'on assiégeait ! Les lumières qu'ils venaient d'entrevoir correspondaient en fait aux bougies et aux lanternes des émeutiers. Bientôt, comme ils avaient progressé de quelques lieues, ce qui les rapprocha de l'endroit en question, les oreilles des chevaliers furent agressées par de terribles cris d'excitation, de colère, ou encore de provocation... Apparemment, les vilains étaient engagés dans le feu de l'action.

A ce moment crucial, l'angoisse qui avait paralysé le baron Eudes les minutes précédentes l'avait quitté sur le champ, faisant place à une colère froide, déterminée. C'était décidé, il se vengerait et punirait les coupables de manière exemplaire !

—Les gueux, ils ont osé s'en prendre à mon château, songeait-il encore, abasourdi par ce fait stupéfiant. Plus grave encore, ils ont profité de mon absence pour s'attaquer aux miens et leur faire du mal... Bande de couards et de pendards, de crève-la-faim... vociférait-il, la main droite crispée sur le pommeau de son épée.

Avec un sang-froid inébranlable, il prépara un plan d'attaque pour se débarrasser au plus tôt des coupables et fondre sur eux tel le bras vengeur de Sennachérib dans la Bible. Obéissant à ses ordres, la troupe montée se sépara en deux groupes bien distincts. Eudes et ses soldats arriveraient par la route principale pour surprendre les émeutiers, tandis que Jacques et ses fils, secondés par quelques hommes sûrs, longeraient les berges du Cernin pour les attaquer par derrière et leur couper tout moyen de retraite si d'aventure, ils tentaient de s'enfuir... Les manants seraient cernés de toutes parts, pris dans une sorte de tenaille ou de piège grossier, d'où ils ne pourraient s'échapper vivants. Le plan du baron Eudes fonctionna à merveille : les croquants furent d'abord surpris de voir surgir leur seigneur au beau milieu de la nuit, alors qu'ils ne l'attendaient pas, qu'aucun guetteur ne l'avait annoncé sur la grand route du village. Mais ils se reprirent aussitôt, soulagés de constater la faiblesse des effectifs de la troupe montée l'accompagnant. Ce n'est pas une quinzaine d'hommes armés qui allait les effrayer, les forcer à reculer si près du but. Une mêlée sanglante s'ensuivit sans tarder : les vilains résistaient bravement, s'efforçant d'embrocher le plus grand nombre possible de chevaliers ou de soldats avec leurs fourches aux longues dents acérées. Les révoltés les plus farouches n'hésitaient pas à trancher la gorge de leurs ennemis en se servant de leurs faucilles aiguisées, coupantes comme des lames de rasoirs.

Certains amis du baron n'avaient même pas pris la peine de descendre de cheval et chargeaient les paysans qui succombaient, piétinés, écrasés sous les sabots de leurs imposants destriers. Une fureur indescriptible saisit la masse des émeutiers, lorsqu'Eudes en personne décida de mettre pied à terre, pour se jeter plus commodément dans un « corps à corps » meurtrier comme un vulgaire soldat. Heureusement que Bérenger de Mizieux fut plus rapide que le grand Norbert des Combes Brûlées, sinon le seigneur aurait été décapité sur le champ, sans avoir eu ni le temps ni l'opportunité de se défendre, attaqué lâchement par derrière. Non seulement la rancune du fiancé détrôné de Maria était extrêmement tenace, mais elle se doublait d'un sentiment de haine d'une force et d'une violence inouïes. Norbert se battit comme un lion enragé, blessant plusieurs fois le fidèle écuyer au bras et au thorax, mais finalement Bérenger le transperça d'un habile coup d'épée en pleine poitrine et le laissa agoniser près du fossé... Entre-temps, Jacques de Banlay et les siens étaient parvenus sur les lieux de l'échauffourée, surprenant les assaillants de l'autre côté, ils les immobilisaient, les capturaient dans une sorte de nasse assassine. Les femmes luttaient également avec la même hargne désespérée que leurs pères ou leurs maris, n'hésitant pas à s'exposer aux coups et au danger, elles bravaient la mort avec le même courage que les hommes.

Eudes s'apprêtait à ordonner qu'on les ménage, quand la Bertille de l'Yvon faillit le renverser en se jetant sur lui dans un élan farouche, très agressif :

— Bande d'assassins ! Vous êtes tous les assassins d'nos pauvres p'tits... lui cracha-t-elle au visage. Vous avez pas honte d'couvrir d'tels monstres...

— Calme-toi, Bertille, l'arrêta le seigneur en la saisissant par un bras. Cela suffit d'accuser sans preuve, tonna-t-il, courroucé par ses accusations injustes, sans fondement.

Comme il avait énormément de mal à contrôler l'excitation de la malheureuse qui se débattait en hurlant très fort, il n'eut pas d'autre choix que de l'assommer en lui assenant un coup de poing adroitement porté à la tempe. Ensuite, il l'allongea dans l'herbe tapissant les abords du fossé le plus proche. Cette méthode expéditive le libéra de l'importune sur le champ.

— Dans la mesure du possible, essayez de maîtriser les femmes, cria-t-il à ses hommes. Mais je vous en conjure, épargnez-leur toute brutalité, surtout évitez de verser la moindre goutte de leur sang. Faites-les prisonnières... De cette manière, elles ne pourront plus nuire à nos soldats. Pour cette raison, n'hésitez pas à les ligoter fermement en vous aidant de cordes solides. J'insiste sur le fait que je vous interdis de les blesser ou de les tuer, sinon vous serez sévèrement punis, les menaça-t-il de manière très sérieuse.

Depuis l'époque où il avait été adoubé chevalier, il répugnait à s'attaquer aux femmes qu'il protégeait en toutes circonstances, fidèle au code d'honneur de la chevalerie. Mais cette nuit, au cœur de l'action, ses amis et connaissances s'étonnèrent de sa clémence, car les femmes de vilains pullulaient de toutes parts. Nombreuses, d'une efficacité redoutable, certaines d'entre elles ne rechignaient pas à frapper de toutes leurs forces, combattant avec un acharnement sanguinaire, hors du commun, en imitant les brutalités des hommes. Soudain, Eudes s'aperçut avec effroi que plus de la moitié de la monumentale porte en chêne de l'entrée principale avait été saccagée, que les planches et madriers de bois brisés, déchiquetés par les coups de hache, s'étalaient à même le sol. A la vue de ce spectacle désolant, il réalisa que sans leur arrivée tardive au cours de la nuit, les vilains auraient pénétré aisément dans le château dès le lendemain matin. Cette constatation navrante, plutôt contrariante, raviva sa colère et il décida d'écraser sans plus attendre la révolte, afin de punir sévèrement tous ces gueux qui avaient osé menacer les siens...

Des cadavres de vilains jonchaient déjà les abords des fossés, les douves elles-mêmes, jusqu'à la route conduisant au village. Dès les premiers affrontements, les défenseurs de la forteresse avaient manifesté leur stupéfaction, puis le cœur en liesse, ils avaient acclamé leurs sauveurs avec des cris d'enthousiasme. Après ces interminables journées de siège, ils n'osaient même plus espérer l'arrivée imminente de leur maître et seigneur.

— C'est vous, seigneur Eudes ? lança timidement Macaire depuis le haut du rempart. Ben, c'est un vrai miracle auquel on croyait plus... On pensait que vous seriez jamais rentré à temps et qu'on allait tous se faire massacrer comme du vulgaire bétail...

— On s'est bien défendu not'maître, reprit la voix d'un sergent inconnu. Ils étaient prêts à entrer et ont presque défoncé la porte... Nous, on les a retardés le plus possible en leur balançant toutes sortes de projectiles... On leur a rien épargné : pas même l'huile bouillante sur leurs sales trognes...

— Ce sont quand même des malins, ces croquants, reprit Macaire. Il y a trois nuits en arrière, sans faire de bruit, ils ont grimpé le long de la muraille dans le noir. Plus de dix hommes habiles comme des singes nous ont surpris sur le chemin de ronde, alors qu'on sommeillait...

— C'est pas de not'faute, poursuivit l'autre sergent, embarrassé. On s'attendait pas à les voir surgir comme des démons armés jusqu'aux dents au beau milieu de la nuit...

— Votre intendant a été salement touché, lâcha Macaire, tout penaud. L'Yvon y s'est jeté sur lui, on a rien pu faire, nous autres... On était trop occupés à défendre notre peau et à en découdre avec ces mécréants bien décidés à nous trucider pour ouvrir les portes par tous les moyens possibles...

— Aimeri n'est pas mort au moins ? questionna Eudes, fou de rage. Tenez bon, on va se débarrasser au plus vite de cette sale engeance, promit-il encore.

— On se fait plus de bile, not'seigneur, maintenant qu'vous êtes là, lui affirma l'autre sur un ton réjoui. D'ailleurs, foi de Renaud, tous ceux qui sont entrés pour nous attaquer, y sont trépassés... On a pas fait d'quartier, on les a tous occis avec nos épées...

— Le sire Aimeri a supporté le plus dur : il a déliré toute la nuit et tout le jour suivant, mais il a survécu... précisa Macaire. Dom Léonard craint toujours que sa vilaine blessure s'infecte, il a refusé qu'on la cautérise au fer rouge, prétendant qu'à coup sûr, on aggraverait son état en rajoutant des brûlures... Mais faut espérer qu'il va résister, seigneur... Le gaillard semble solide. Surtout, il a pas envie de passer l'arme à gauche, maintenant qu'il a une femme à...

Macaire suspendit ses paroles à l'instant même, conscient de son imprudence : ce n'était pas le moment d'évoquer la liaison de son maître et d'Albane. Un mot de plus et il aurait trahi sa confiance. Sûrement que le seigneur Eudes ne pardonnerait pas facilement à son intendant le fait de lui avoir caché l'existence de cette femme. Peut-être même le punirait-il de cette cachotterie, qu'il interprèterait comme un manque total de confiance à son égard ? Mais le sergent eut beaucoup de chance, les événements se précipitèrent, si bien que le seigneur ne l'interrogeât pas sur la signification de sa dernière phrase. Eudes et ses hommes ne s'attardèrent pas davantage au pied de la muraille, ils n'avaient plus le temps de bavarder, car l'attaque faisait rage... Les vilains luttaient comme des braves et préféraient mourir au combat, plutôt que de céder un pouce de terrain. Mais leur résistance s'affaiblissait au fil des heures, leur bravoure diminuait, leurs efforts guerriers s'essoufflaient, au moment où les hommes de Jacques de Banlay se joignirent à ceux du baron pour mieux les écraser. L'heure était grave... A ce moment tragique, ils comprirent qu'ils étaient tous perdus... Les malheureux ne possédaient pas d'armes véritables, dignes de ce nom, puisqu'ils utilisaient leurs outils de travail pour attaquer les soldats. A l'exception, peut-être de longs couteaux servant à égorger le goret une fois l'an et à dépecer la viande.

Mais il y avait un autre fait aggravant qui les pénalisait davantage : ils n'étaient pas entraînés à se battre comme la troupe de chevaliers et leurs hommes. Ces pauvres inconscients affrontaient de rudes guerriers. Le carnage se poursuivit sans pitié, l'effectif du petit groupe d'émeutiers se réduisit peu à peu... Presque toutes les femmes avaient été capturées, neutralisées, ligotées, puis jetées en tas sur le bas-côté de la route. Leurs hommes accablés, exténués, réalisaient qu'ils n'étaient pas de taille à s'opposer plus longtemps aux soldats. Mais pour rien au monde, ils n'auraient réclamé la clémence de leur seigneur en l'implorant de cesser le combat. Parmi les plus coriaces, certains avaient choisi de poursuivre la lutte jusqu'à la mort, refusant de se rendre à n'importe quel prix. De toute façon, ils n'avaient plus grand chose à perdre.

— Arrêtez la bataille sur le champ, leur proposa tout de même Eudes, peiné de massacrer de la sorte des hommes en bonne santé et valides, ses propres travailleurs. Vous serez châtiés, reprit-il d'une voix forte. Mais c'est surtout la tête des meneurs que je veux, n'hésitez pas à dénoncer ceux qui vous ont poussés à cet acte insensé... Ils seront pendus « haut et court » à mon gibet, s'ils acceptent de se rendre tout de suite. Mais je promets d'épargner tous les autres...

Les vilains les plus malchanceux ne tenaient guère à la vie, parce qu'ils pleuraient la disparition cruelle d'un enfant, aussi les plus vindicatifs d'entre eux hurlèrent-ils en chœur :

— Plutôt brûler dans les flammes de l'enfer que de trembler devant des assassins. Espèces de bougres, de maudits...

Une fois que cinq ou six irréductibles succombèrent sous les coups d'épée des hommes d'Eudes, les autres prirent peur en voyant se profiler leur dernière heure. Deux ou trois émeutiers furent massacrés de manière effroyable. Certains soldats peu scrupuleux utilisèrent la masse d'armes pour en finir au plus vite et ils succombèrent dans d'atroces souffrances, le visage réduit à l'état de bouillie, méconnaissables... L'un des survivants, le père de Maria, tomba à genoux devant le baron.

— Pitié, seigneur Eudes, pitié... le suppliait-il. Vous nous connaissez, on aurait jamais osé s'révolter cont'vous sans c'crime odieux qui nous a fait perdre la tête... Encore une d'nos gamines qu'avait pas treize ans, la pauvre Marjolaine. Quand son père l'a retrouvée violentée et égorgée dans le Bois de l'Envers, on a tous tremblé pour nos femmes et nos filles...

— Même qu'l'Yvon y disait que c'était vot'intendant, seigneur, se risqua un vilain assez déluré. La veille, y l'a vu partir sur son canasson et galoper à bride abattue dans c'te direction...

— Pour sûr que c'est lui, l'coupable, not'seigneur... affirma un autre homme possédant une tête énorme, aux cheveux hirsutes. Puisqu'il est parti droit vers l'Bois d'l'Envers, y a pas d'doute... Y connaît la forêt comme sa poche...

Mais le seigneur ne voulut pas perdre de temps et ne daigna même pas leur répondre. D'ailleurs, comment aurait-il pu réfuter leurs accusations, puisqu'il était absent au moment où s'étaient déroulés les faits ?

— Emparez-vous de ces hommes et enfermez-les au cachot, ordonna-t-il à ses soldats. Je déciderai plus tard de leur sort... En attendant, il me tarde de revoir les miens : où se trouvent donc dame Bathilde et les enfants ?

— Mais seigneur, écoutez au moins c'qu'on peut vous apprendre au sujet du crime, protesta un vilain ligoté comme un animal. S'il vous plaît, seigneur...

— Plus tard, ce n'est pas le moment, sale rustre, le coupa Eudes, agacé. Tais-toi, sinon, il t'en cuira...

Les ordres du seigneur furent exécutés promptement, les prisonniers regroupés sur le côté, pieds et poings liés par de solides cordes. Parfois, on leur ficela tout le corps comme du dangereux gibier de potence, ce fut le sort réservé à ceux qui s'étaient débattus ou avaient injurié les soldats. L'un d'entre eux s'était même risqué à mordre cruellement à la main l'homme d'armes qui s'était emparé de lui. Ce dernier l'avait violemment frappé au visage, avant de l'entraver avec tout un système de cordes lui coupant presque la respiration, si bien que le prisonnier s'était évanoui... On comptait environ une vingtaine de survivants, hébétés, ils se traînaient lamentablement à la suite des soldats. Ils n'avaient même plus la force de protester ou de tenter une quelconque justification, tellement l'immense lassitude, ajoutée au profond découragement qui s'étaient emparés d'eux, les paralysaient. Plus de la moitié de leurs compagnons avait péri sous les coups et les violences des soldats... Soudain, le bruit de la herse qu'on relevait les tira de leur torpeur. A peine le seigneur et sa suite avaient-ils pénétré dans la basse cour, qu'on les malmenât de manière plutôt injuste, simplement pour les faire avancer en direction des cachots situés en contrebas des écuries, près du chenil. Plusieurs trébuchèrent en chemin, gênés par leurs entraves, leur écorchant la peau tendre des poignets ou des chevilles. Mais durs, impitoyables, les soldats les insultaient, leur lançaient de grands coups de pied dans les côtes ou les tibias, frappant à l'aveuglette, afin de les obliger à se relever sans tarder. Ils tenaient à se débarrasser au plus vite de cette sale besogne, parce qu'ils aspiraient à un repos bien mérité. Dans un éclair de lucidité, certains vilains comprirent alors qu'il valait mieux pour eux que le seigneur décide dès le lendemain d'une exécution rapide. De cette manière, bien des souffrances inutiles leur seraient épargnées...

— J'irai visiter Aimeri et les blessés plus tard, décréta Eudes sur un ton qui n'admettait aucune réplique. Macaire, conduis-moi à ma femme et à mes enfants, ordonna-t-il au sergent.

— Sire, sur l'ordre de votre intendant, je les ai mis à l'abri là où vous savez, chuchota-t-il d'une manière énigmatique, un doigt sur la bouche. J'ai pas eu le temps d'aller les voir par la suite et...

Sans daigner l'attendre, rongé d'inquiétude, Eudes se précipita en direction de l'escalier du donjon. Auparavant, il avait hélé ses deux fils sur son passage :

— Enguerrand et Pierre suivez-moi, j'ai besoin de vous deux... Pendant notre absence, prends le commandement de la suite des opérations, Macaire, cria-t-il à l'homme qui arrivait très essoufflé dans leur direction. Veille surtout à la protection du château en disposant un peu partout des hommes sûrs, surtout près de la porte. Nous nous occuperons demain des cadavres jonchant la route et les fossés, c'est du plus mauvais effet... Adresse-toi au sire de Banlay si c'est nécessaire, il sera de bon conseil...

Puis ils s'engouffrèrent tous les trois à l'intérieur du dégagement menant à l'escalier, plongé dans une totale obscurité à cette heure-ci. Pierre avait songé à attraper des lampes à huile en passant devant les cuisines et ils grimpèrent sans poser de questions sur les talons de leur père, apparemment très pressé, surtout soucieux. Pas un seul mot ne fut prononcé au cours de l'ascension, uniquement accompagnée par le souffle bruyant des trois hommes qui haletaient pour se hisser prestement au sommet du donjon. Une fois parvenus à la salle de garde, Eudes ordonna à Pierre :

— Fiston, retourne sur tes pas, descends une dizaine de marches et patiente quelques minutes afin de t'assurer que personne ne nous a suivis... Crie très fort, si tu remarques quelque chose de suspect, on viendra à la rescousse. D'accord ?

Pierre obéit aussitôt et disparut, absorbé par les ténèbres environnantes. Enguerrand ne comprenait pas l'intérêt de toutes ces cachotteries et s'étonnait de leur présence dans ce lieu.

—Mais enfin, père, que se passe-t-il ? l'interrogea-t-il prudemment. Je ne comprends pas où se trouvent mère, mes frères et sœurs... Pourquoi n'allons-nous pas les retrouver dès maintenant ?

—Chut, mon fils, lui dit-il. Justement, nous nous y rendons de ce pas, mais avant de les rejoindre, nous devons prendre quelques précautions élémentaires...

Dès le retour du cadet des Bissey et une fois qu'il leur eût affirmé que tout était calme, que l'escalier se trouvait désert, Eudes les conduisit à la salle de garde. Puis il referma la porte à clefs et les deux frères ne purent retenir des exclamations de surprise, lorsqu'il se pencha pour actionner le mécanisme dissimulé sous le manteau de la cheminée.

—Il est grand temps pour vous de connaître les secrets de cette demeure, leur déclara-t-il sur un ton mystérieux. Cette cachette aménagée dans le donjon date de l'époque de la construction du château... Evidemment, c'est moi qui en ai eu l'idée, poursuivit-il. Pourtant, je n'aurais jamais songé que j'en aurais vraiment besoin un jour. C'était une simple mesure de précaution...

Les bruits sourds, que Mélisande avait perçus quelque temps auparavant, n'étaient en fait que les appels d'Eudes et de ses frères qui rampaient à perdre haleine dans le boyau étroit, malcommode, les conduisant à leur refuge.

—Tenez bon, on arrive, criait Eudes, tout joyeux à la pensée de revoir les siens. Holà, c'est nous, ne craignez rien... Nous serons bientôt là...

—Nous allons vous délivrer d'ici très peu de temps, poursuivait Enguerrand débordant d'un enthousiasme puéril. Tout est fini, la révolte a été matée...

Malheureusement, la demoiselle ne saisissait pas distinctement les voix de son père et de ses frères dont le son était déformé par les parois épaisses du boyau. Dans certains endroits, on avait creusé à même la roche pour établir son tracé.

C'était comme s'ils se trouvaient enfermés à l'intérieur d'une caisse de résonnance. Pour elle, ce tapage anormal représentait assurément un danger, aussi réveilla-t-elle de manière un peu rude Guy et Odinet en les secouant énergiquement par l'épaule.

—Debout, mes frères, leur commanda-t-elle sur un ton pressé. J'ai entendu du bruit et on dirait que la menace se rapproche de nous... Si ces manants nous attaquent, nous allons nous battre, foi de Bissey...

A leur grand étonnement, elle se dirigea vers le tas d'armes dissimulé dans un coin contre la paroi du mur, puis souleva peaux et couvertures le recouvrant. Bouche bée, ils l'observaient sans prononcer un mot, ne songeant même pas à l'aider. Après plusieurs tentatives infructueuses, les protections épaisses, très lourdes, la gênaient dans ses mouvements, elle réussit enfin à extraire quelques vieilles lames, plusieurs coutelas. Très fière du secret jalousement préservé, elle brandit une épée devant elle, puis se calma pour choisir avec soin celles qu'elle confierait à chacun d'eux. Consciencieuse, elle fit plusieurs essais, se référant à la taille de ses frères pour sélectionner l'arme qui leur conviendrait le mieux. Prudente, elle exigea d'abord qu'ils fassent très attention pour les manipuler, les prévenant qu'ils pourraient se blesser gravement s'ils n'écoutaient pas ses conseils. En quelques mots, elle leur expliqua comment s'en servir, exécuta plusieurs passes d'armes comme elle l'avait vu faire à ses frères aînés dans la prairie devant le château. Sa démonstration improvisée déchaîna la passion des gamins qui l'imitèrent à l'instant, pressés de se battre comme des grands. Après avoir jeté un dernier coup d'œil aux occupants du cachot qui dormaient encore, elle leur ordonna :

—Disposez-vous de chaque côté de la porte pour surprendre nos assaillants, commença-t-elle. Comme je suis l'aînée, je ferai face au danger... Observez avec attention la façon dont je me sers de mon épée et imitez-moi sans aucune hésitation. Ne tardez pas à attaquer nos ennemis, surtout s'ils sont nombreux...

—Il est important d'agir vite, de profiter de l'effet de surprise, leur répétait-elle avec insistance. Sinon, si nous attendons trop, nous serons débordés par ces mécréants et ils en profiteront pour nous achever. Courage, mes frères, nous allons défendre chèrement nos vies et celles des nôtres... Père ne rougirait pas de nous, foi de Bissey...

Quelle ne fut pas la stupéfaction du seigneur Eudes de Bissey, lorsqu'il faillit être pourfendu d'un violent coup d'épée, au moment où il poussa la porte de la cachette... Dans sa précipitation, savourant à l'avance le bonheur de retrouver les siens, il avait tout simplement omis de s'annoncer de vive voix, estimant cette précaution inutile. Avec sa vivacité coutumière, il dévia à temps le bras vengeur qui dirigeait l'attaque contre lui et l'aurait atteint de plein fouet, puis il recula prudemment de quelques pas. Il ne s'attendait guère à une telle réception : armée d'une lourde épée, qu'elle brandissait avec courage devant elle, solidement campée sur ses deux jambes, sa fille Mélisande protégeait l'entrée du cachot. Fière et décidée à lutter jusqu'à la mort, un poignard pendait également à sa ceinture, la demoiselle n'avait pas envie de se défiler face à la menace...

—Mais c'est moi, Mélisande, hurla son père, estomaqué par sa détermination farouche. Calme-toi, ma belle, vous ne craignez plus rien maintenant...

De surprise, elle lâcha son épée et le bruit qu'elle fit en chutant à même le sol dur, ajouté aux cris de joie d'Odinet et de Guy qui avaient reconnu leur père, réveilla tout le monde... Dame Bathilde se frottait les yeux, ne sachant plus exactement si elle rêvait encore ou si elle était vraiment éveillée. Mélisande pleurait maintenant, blottie contre la poitrine de son père, qui lui caressait doucement les cheveux.

—Là, c'est fini, ma belle...lui murmurait-il à l'oreille. Tout danger est écarté dorénavant. Mais je suis fier de toi, ma fille, tu étais prête à combattre comme une lionne...

—Et de nous, père ? s'écrièrent en chœur Guy et Odinet. Nous aussi, on était prêt à se battre... Voyez comment on manie l'épée, Mélisande nous a appris... Regardez comme on sait se mettre en garde, père...

—C'est ce que je constate, mes garçons, répliqua aussitôt Eudes en s'intéressant à eux. En vérité, je suis très fier également de vous autres. Mes garçons sont des braves, de futurs chevaliers... Seulement, vous ne m'avez pas laissé le temps de vous le dire... Et je suis également très fier de toutes les personnes enfermées ici, ajouta-t-il encore, soucieux de ne blesser aucune susceptibilité.

A regret, il dut desserrer l'étreinte qui le liait à sa fille aînée pour accueillir ses plus jeunes fils qui se jetèrent à son cou, fous de joie. Les petites s'accrochaient en riant et en criant à ses jambes pour qu'il les embrasse sur les deux joues. A l'exception de Rosalinde qui n'osait pas s'approcher de son père, préférant les caresses d'Enguerrand et de Pierre. En ce moment, elle souriait à ce dernier, parce qu'il la câlinait avec tendresse, tandis que l'aîné la chatouillait dans le cou, ce qui finit par la faire rire aux éclats. Dame Bathilde attendit sagement son tour avant de se réfugier contre la poitrine de son époux et quémander ses baisers. Eudes poussa un immense soupir de soulagement en constatant de ses propres yeux que les siens n'avaient pas trop souffert de cette réclusion forcée. Dans son enthousiasme délirant, il n'avait pas remarqué l'absence de Guillaume...

—Nous avons porté en terre notre dernier-né, notre petit Guillaume...lui fit remarquer la dame, encore bouleversée par cette épreuve qu'elle avait dû affronter seule par la force des choses. C'était peu de temps avant cette affreuse jacquerie, lui précisa-t-elle avant d'éclater en gros sanglots nerveux.

—Là, c'est fini, ma dame, lui affirma-t-il en la serrant tendrement dans ses bras. Je te jure que je ne te quitterai plus aussi souvent, promit-il sous le coup de l'émotion. Et puis, nous aurons encore de beaux enfants, ma mie, ma toute douce... L'important, c'est que vous ayez survécu à cette attaque qui aurait pu se transformer en véritable drame...

—C'est de ma faute aussi, reprit Eudes en battant sa coulpe. Je n'aurais jamais dû vous abandonner aussi longtemps...

—Si on sortait maintenant de cet infâme cachot, sans s'attarder davantage ? suggéra Mélisande en laissant éclater sa joie. Il nous tarde de nous retrouver à l'air libre, pas vrai les enfants ? Nous discuterons dehors de tout ce qui nous est arrivé...

A peine une heure plus tard, le seigneur et sa famille avaient regagné la vaste chambre du donjon où Brune s'était empressée d'allumer du feu dans la cheminée, afin de chasser toute trace d'humidité. Parce qu'il était bon aussi de profiter à loisir de la chaleur et du spectacle des belles lueurs dansantes des flammes, qui se projetaient sur le mur d'en face, quand on avait vécu plus d'une semaine dans une semi-obscurité. Guillemette l'avait aidée à coucher les plus jeunes enfants, qui reposaient à plusieurs dans des berceaux ou des petits lits, disposés à quelques pas des immenses couches des adultes. Dame Bathilde avait longuement brossé ses cheveux blonds s'étalant jusqu'à ses reins et s'apprêtait à les natter pour la fin de la nuit, assise sur l'un des montants en chêne du lit.

—Venez vous reposer mon ami, lança-t-elle en accompagnant son invitation d'un large sourire épanoui. Nous dormirons plus longtemps demain matin, car l'aube ne tardera pas à se lever...

—Dans un moment, ma mie, ne lui répondit-il. Je dois encore visiter Aimeri sérieusement touché, si j'en crois le sergent Macaire, lui déclara-t-il l'air soucieux. Je me dépêche de m'acquitter de ce devoir... Toutefois, ne m'attendez pas si vous avez envie de dormir...

Epuisée, dame Bathilde, ravala sa déception et s'endormit une fois de plus sans la présence de son mari à ses côtés. Mais tout était rentré dans l'ordre, Eudes se trouvait désormais au château pour veiller sur sa famille et elle adressa une courte prière à la Vierge Marie pour la remercier de les avoir protégés du pire... Puis elle sombra dans un sommeil profond, sans rêve... Quant au seigneur du château, il ne dormit que quelques heures à peine, tellement les événements de la veille l'avaient profondément bouleversé. Cette nuit, l'état d'Aimeri lui avait paru préoccupant : plongé dans les affres de la douleur, il ne l'avait même pas reconnu, se débattant et s'agitant sur sa couche, les yeux obstinément clos. Dom Léonard, qui le veillait, lui avait demandé poliment de quitter la chambre. Il était inutile de fatiguer le blessé qui n'entendait pas ses paroles de réconfort. Sans doute, délirait-il encore ?

Bien qu'Eudes fût réveillé depuis un long moment, il traînait des pieds pour se lever. Naturellement, il redoutait d'affronter la sinistre réalité, l'assimilant jusqu'à la dernière minute à un épouvantable cauchemar. Bien entendu, il se doutait qu'un véritable cataclysme l'attendait au-delà des murs du château : à l'extérieur, les morts et les blessés agonisant encore dans les fossés n'auraient pas disparu comme par enchantement... Alors, il se fit violence. Après un solide repas, pris dans la grande salle en compagnie de ses amis, il décida de rejoindre ses hommes. Ces derniers attendaient sûrement ses ordres, impatients d'effacer les traces sanglantes de la bataille de la nuit. Hélas, ce matin, Eudes ne pouvait pas s'appuyer sur Aimeri, alité et souffrant. Pour une fois, il apprécia à sa juste valeur le vide créé par son absence qu'il déplorait avec amertume. Plus que jamais son efficacité, son dévouement jamais démenti, lui manquaient cruellement, d'autant que les vilains avaient évoqué un nouveau crime, le quatrième depuis le mois de décembre mille deux cent soixante-dix neuf. Après un bref examen de conscience, il éprouva de vagues remords à son égard. Eudes ne s'abaissait jamais à le remercier pour la conduite du domaine, ne le félicitait pas davantage quant à son honnêteté et le sérieux de son travail.

D'une probité incroyable, il n'avait jamais cherché à lui dérober le moindre denier, alors qu'en principe, il traitait seul avec les vilains, recevait de l'argent au nom du seigneur. Par contre, ce dernier ne ratait jamais une occasion de lui adresser de cinglants reproches en public, quand il y avait des problèmes. Presque toujours, il le rendait responsable d'événements indépendants de sa volonté comme ces crimes mystérieux qui leur empoisonnaient l'existence à tous, au château comme au village... Le seigneur reconnut que sa conduite était injuste dans de nombreux cas, très égoïste de manière générale. A la suite de ces réflexions, il promit de changer d'attitude si par chance, Aimeri demeurait en vie... Désormais, il saurait l'encourager, faire preuve de davantage de compréhension, le récompenser pour ses bons et loyaux services.

Dame Bathilde avait juste eu le temps de lui raconter comment il les avait sauvés d'entre les mains des vilains à l'occasion des obsèques du petit Guillaume... Bientôt, ses sages résolutions à propos d'Aimeri furent balayées par d'autres préoccupations générales, davantage matérielles. Qui s'occuperait des blessés, fallait-il les emprisonner avec les autres coupables ou leur permettre de se soigner chez eux ? Cette dernière solution lui coûterait moins cher, mais lui parut discutable. Enfin, que faire de tous ces corps encombrant les fossés et la route ? La vue de ce carnage indescriptible, surtout inutile, lui donna la nausée, il eut à peine le temps de se retirer à l'écart derrière un parapet en pierres pour rendre son repas. Arrivé depuis plusieurs minutes déjà dans la cour, Jacques de Banlay s'était aperçu de son malaise et s'efforça de le réconforter. Son ami était un homme juste et non une brute sanguinaire, il le savait également sensible à la misère d'autrui.

— Allons Eudes, ne perds pas courage, lui dit-il en lui entourant les épaules d'un geste amical. Ce massacre était inévitable, tu as fait le bon choix : c'était ta vie et celle de tous les tiens contre la leur. Il n'y avait pas d'autre moyen que d'employer la force pour arrêter la fureur meurtrière de ces misérables...

— Sûrement, Jacques, sûrement... lui répondit ce dernier d'une voix éteinte, attristée. Mais qui va travailler sur mes terres, maintenant ? Avec une telle hécatombe, ajoutée à la mortalité de cet hiver, il n'y aura plus grand monde...

— Ecoute, mon ami, je vais rester quelques jours à Bissey pour t'aider, lui proposa-t-il, car il le voyait peiné. Mon écuyer Gauthier ira rassurer mon épouse et la prévenir de mon absence...

— C'est ce que tu souhaites vraiment, Jacques ? Ce n'est pas une trop grande privation que tu t'imposes à cause de moi ? Il doit te tarder également de revoir les tiens... s'inquiétait l'ami en question d'une manière sincère.

— Du moment que les enfants sont en sécurité, pour le reste... Enfin, tu connais Odette, plaisanta-t-il pour détendre l'atmosphère. Il y a les bons et les mauvais jours, souvent plus fréquents que les premiers... Tout de même, tu connais les raisons pour lesquelles je ne m'éternise jamais très longtemps chez moi ?

— Et puis, quand un ami a besoin de vous, on ne peut pas l'abandonner, n'est-ce pas ? reprit-il sur un ton plus sérieux. Tu agirais exactement de la même façon si je me trouvais dans ton cas. D'ailleurs, qui m'a sauvé la vie en me ramassant à moitié mort sur le champ de bataille aux portes de Langres, du temps où l'on guerroyait pour l'ost du comte de Champagne ? Je n'oublierai jamais ton geste, mon ami, j'aime trop profiter de l'existence... Alors un service rendu en vaut bien un autre. Pour ma part, ce n'était pas un des moindres...

— Bien parlé, Jacques, reconnut Eudes en lui décochant une tape dans le dos. D'ailleurs, tu t'offriras des compensations, je te connais... Gare, tu vas encore vider ma cave de mon fameux vin de Beaune... J'aurais dû songer à le cacher avant, diantre...

— Trop tard, mon ami, lui déclara Jacques en riant. En tant que fidèle disciple d'Epicure, j'apprécie en effet ton vin qui n'a jamais fait de mal à personne, je le confirme... Néanmoins, rassure-toi : j'attendrai ce soir avant de boire... Une rude journée nous attend encore, ne perdons pas de temps...

— Viens donc avec moi, Jacques, l'invita Eudes ragaillardi par sa présence. Moi, j'irai surveiller les corvées d'enlèvement des cadavres du côté de la route. Quant à toi, tu t'occupes des douves ? Pour ce qui est des blessés, je ne sais pas...

— A mon avis, il serait sage que tu ordonnes d'évacuer sans tarder tous ces corps, avant qu'ils n'empuantissent l'atmosphère, proposa ce dernier avec une logique évidente. Moi, à ta place, je ferais brûler toutes ces charognes dans les « mouilles » marécageuses après le ru. C'est à la fois loin du château et du village, on ne sentira pas l'odeur...Quant aux blessés, Dom Léonard n'est jamais accablé de besogne, il pourra s'en charger. Si tu les enfermes dans les petites salles jouxtant les cachots, tu pourras les faire garder sans souci par deux ou trois soldats de confiance. Mais attention, tu ordonneras une surveillance continue, de jour comme de nuit...

— Evidemment, tu as raison comme toujours, Jacques, le complimenta-t-il avec franchise. D'après toi, si je fais atteler plusieurs charrettes tirées par des bœufs, au moins trois ou quatre, cela sera suffisant... Qu'en dis-tu ? Ensuite, les soldats aideront les domestiques à laver la route à grande eau. Avec cette chaleur, ces énormes flaques de sang attirent des nuages de mouches et d'insectes bourdonnant dans tous les coins...

— Eh bien ! Tu vois mon ami, ce n'est pas aussi difficile... Il suffit de se décider. Mais qu'est-ce qui te tracasse encore, Eudes ? A ta mine assombrie, je devine que...

— Il y a que c'est plus simple de s'occuper des blessés et des morts que des vivants, lâcha-t-il soudain en l'interrompant. Eux, au moins, ils ne protestent plus... Qu'est-ce que je vais faire des émeutiers ? Comment les châtier de leur crime ? Aimeri est incapable de s'en charger à ma place, regretta-t-il encore.

— Mais tu as le temps, Eudes, l'arrêta Jacques, embarrassé cette fois-ci par les questions soulevées par son ami. La colère est toujours mauvaise conseillère, laisse-les moisir quelques jours en prison au pain sec et à l'eau... Après, tu aviseras...

— Tu es de bon conseil, Jacques, le remercia Eudes, momentanément soulagé. Au cours de la matinée, j'envoie quérir le charpentier du village et quelques compagnons menuisiers pour l'aider. La réparation de la porte principale est urgente. Allons voir s'il n'y a pas besoin du forgeron en examinant d'un peu plus près la herse...

— Ah ! Je constate avec soulagement que tu ne manques pas d'idée, toi non plus... Il faut juste contrôler tes émotions, Eudes... Mais quand même, n'oublie pas d'aller embrasser ton épouse ce matin, le taquina-t-il. A mon avis, c'est un geste auquel elle ne restera pas insensible...

— Je n'y manquerai pas, mon ami, lui assura-t-il. Mais tout à coup, voilà qu'un autre souci m'assaille... Comme s'ils n'étaient pas assez nombreux, se plaignit-il. Celui-ci est de taille, crois-moi...

— Ah ! bon, il te manquait un ennui supplémentaire ? le questionna gentiment Jacques. Je ne vois vraiment pas, il faut arrêter de te créer...

— Quel homme naïf et rêveur ! l'arrêta Eudes d'un geste agacé. A ton avis, qui m'aidera à mener l'enquête pour ce nouveau crime ? Si j'ai tout compris, il serait même à l'origine de cette révolte... Je ne dois pas négliger cette affaire si je veux faire la paix avec mes vilains. Ils n'attendent qu'un geste de ma part...

— J'ai bien saisi le message, Eudes... Mais tu as le temps, je te le répète. Ne précipite rien pour l'instant... Attends, j'ai une idée : pourquoi ne t'appuierais-tu pas sur le sergent Macaire ? C'est le bras droit d'Aimeri, un homme à qui l'on peut faire confiance, il t'aidera à éclaircir cette histoire de crime... Bien qu'à ce sujet, je désespère qu'on trouve un jour ce monstre sanguinaire...

— Félicitations, comme d'habitude, tu es très inspiré Jacques, je dirais même brillant... Que ferais-je sans toi, mon ami ?

La vie s'imposait triomphante pour effacer toute trace de l'horrible tragédie de la veille. D'ailleurs, il n'y avait pas de dommage proprement dit, à l'exception de la grande porte, puisque les vilains n'avaient pas réussi à se glisser à l'intérieur du château. C'étaient surtout les abords de la forteresse, qui témoignaient encore des atrocités de la bataille ayant fait rage à l'extérieur. Il fallait donc faire disparaître les traces des combats au plus vite. Grâce à son ami, Eudes avait retrouvé un peu d'optimisme, notamment son entrain coutumier, qui lui permit de remettre de l'ordre dans sa demeure. Dame Bathilde avait accueilli son époux avec une joie non dissimulée et ils avaient partagé un moment très court, mais délicieux, en échangeant des propos affectueux, remplis d'espoir en l'avenir... Mais son épouse avait tenu absolument à se rendre dans la cour de leur château, alors qu'au contraire, Eudes souhaitait lui épargner la vue de ce spectacle affligeant... Dame Bathilde avait insisté, il avait fini par céder à sa demande pressante. Les mains jointes sur son chapelet de buis, elle s'était recueillie un long moment devant les cadavres des paysans, que les soldats avaient entassés par pleines charrettes comme s'il ne s'agissait pas d'êtres humains, mais de vulgaire bétail. Indifférente à l'odeur entêtante du sang et à celle plus atroce des morts, la dame priait sans même songer à se protéger des attaques de grosses mouches noires qui s'agglutinaient autour des attelages macabres.

Mélisande s'était échappée, elle aussi, de la chambre du donjon et son père n'avait pas réussi à lui interdire de sortir à son tour. Malgré elle, sa fille avait été impliquée au cœur des événements tragiques et s'était comportée de manière exemplaire, très courageuse... D'ailleurs, il était persuadé que la vision de l'implacable réalité endurcirait la demoiselle, trop sensible à son goût, et encline à la pitié envers leurs paysans.

Deux jours après, le château avait retrouvé un aspect à peu près normal... Seuls les coups de marteau assourdissants, les bruits plus aigus de l'herminette ou de la scie du charpentier et de ses aides troublaient la quiétude de la journée. Les compagnons travaillaient d'arrache-pied pour bâtir une nouvelle moitié de porte avec du bois neuf, consolider l'autre moitié fragilisée par les coups de hache des assaillants. Dans toutes les pièces de la demeure seigneuriale régnait une bonne humeur plaisante, souvent contagieuse. Maîtres et serviteurs savouraient le fait d'être encore en vie, chaque personne fêtait la fin du siège à sa manière. Partout, des chambres aux cuisines, en passant par la grande salle du donjon, les femmes chantaient à tue-tête, les hommes sifflotaient en s'adonnant à leur besogne habituelle. La dame et ses suivantes poussaient également la chansonnette en tirant l'aiguille, le soleil pénétrait à flots par les ouvertures étroites, percées dans la maçonnerie, ainsi profitaient-elles du beau temps. Jusque dans les cuisines, où les servantes plaisantaient, riaient à gorge déployée, se réjouissaient de leur chance formidable, malgré la chaleur infernale régnant près de la vaste cheminée, où elles se démenaient pour préparer les repas.

Pétronille et Mélisande les imitaient en exprimant la même joie de vivre, mais à l'extérieur, où elles avaient rejoint leurs plus jeunes frères et sœurs dans la cour du château et la prairie avoisinante. Depuis leur séjour dans cet abominable cachot, leur père ne pouvait plus leur interdire comme auparavant de jouer et de se dépenser à l'air libre. Ils souhaitaient rattraper le temps perdu... La nourrice Guillemette ronchonnait contre ces nouvelles habitudes, elle ne supportait plus de passer toute la journée au grand air. Suivant l'exemple de leurs aînées auxquelles elles s'étaient attachées durant leur réclusion, les petites en profitaient pour refuser de faire la sieste dans la grande chambre du donjon. Leur mère compatissante avait ordonné qu'on leur installe des couches de fortune, quelques litières, dans un endroit frais près du puits où elles se reposaient, protégées par des moustiquaires de tulle léger, transparent. Evidemment, leur nourrice devait les surveiller comme à l'intérieur du château. Pourtant, cette dernière n'aspirait qu'à retrouver la fraîcheur agréable, si bien conservée entre les murs de pierres épais du donjon, alors qu'on étouffait au dehors dans la cour poussiéreuse, réchauffée par les rayons brûlants de l'Astre du jour frappant dur dès le matin. Même à l'ombre, il n'y avait pas d'air ni le moindre souffle de brise légère... Guillemette, qui désirait protéger la blancheur laiteuse de sa peau en imitant les dames du château, finirait par être hâlée comme les paysannes travaillant aux champs.

Au cours de la journée, le seigneur Eudes se retirait plusieurs heures d'affilée avec son ami Jacques dans une pièce de dimensions modestes lui servant de cabinet de travail.

A l'intérieur d'énormes coffres cerclés de fer, il enfermait des parchemins importants, des documents concernant ses titres de propriété comme les terriers, d'autres où figuraient les charges et redevances des paysans de la seigneurie... Bien sûr, ce n'était pas pour se pencher sur ces papiers poussiéreux, très ennuyeux au demeurant, mais pour bavarder entre hommes à l'abri d'oreilles indiscrètes. Le seigneur de Bissey possédait tout de même quelques livres, mais il n'avait pas de bibliothèque digne de ce nom. Une Bible, quelques récits ou Chroniques des Croisades, des recueils de fabliaux... L'inventaire rapide, succinct, se limitait à ces quelques ouvrages, Eudes ne les consultait pas souvent pour ne pas dire jamais, préférant l'action à la lecture.

Tous les jours, il montait à cheval, partait à la chasse, s'entraînait à se battre un après-midi entier dans la salle d'armes du château, plusieurs fois par semaine. Maintenant que le calme était revenu, il souhaitait préparer les fêtes qu'il donnerait pour les fiançailles d'Enguerrand... Jacques de Banlay prolongeait son séjour chez lui, sans raison particulière, cette fois-ci. Son ami invoquait de vagues prétextes comme le fait qu'il n'était pas avare de conseils avisés dans presque tous les domaines de la vie courante et ces piètres excuses convenaient tout à fait à Eudes. Plus que jamais, ce dernier le sollicitait à chaque instant, appréciant sa présence qui ne le dérangeait nullement.

Nous étions au début du mois de juillet et Eudes avait projeté que les fiançailles auraient lieu dans le courant du mois, d'ici quinze jours à peine... En ce moment son ami, une plume d'oie taillée à la main, griffonnait d'une manière malhabile sur une feuille de parchemin pour y coucher la liste des invités. Ce spectacle divertissait énormément Eudes, Jacques avait dû recommencer deux fois déjà, il maculait de gros pâtés d'encre noire la précieuse feuille, pestant contre sa maladresse. Le seigneur du château ne tenait pas à commettre d'impairs et les fiançailles d'un aîné revêtaient de l'importance. C'était l'occasion idéale de resserrer les liens entre familles, amis et voisins, d'en établir de nouveaux avec les plus puissants ducs et comtes de la contrée... En aucun cas, il n'était question de heurter la susceptibilité de quelqu'un, en oubliant une invitation, ce qui fâcherait à coup sûr la victime de cette négligence. Que de tracas en perspective ! Ensuite, il faudrait prévoir deux ou trois festins, l'accueil et le logement des invités, qui demeureraient au château durant plusieurs jours. Pour une fois, Eudes soutiendrait son épouse, décida-t-il, soucieux d'éblouir ses hôtes, en la guidant pour l'élaboration de ces menus de banquets.

Quant à lui, il devrait organiser une grande chasse ou bien des joutes dans la prairie devant le château. La seconde idée lui sembla bien meilleure. De cette façon, ils ne traverseraient pas à cheval les champs de céréales, ce qui risquait de gâcher les moissons et de mécontenter les vilains... D'autant que les récoltes étaient loin d'être aussi abondantes pour se permettre un tel luxe. Mais y aurait-il suffisamment de place pour accueillir tout ce monde dans la pâture jouxtant sa demeure ? Eudes se torturait l'esprit pour répertorier les endroits en friche ou en jachère, où l'on pourrait s'ébattre à cheval sans manquer de place. En temps ordinaire, il les trouvait toujours trop nombreux et accusait Aimeri de faiblesse envers leurs vilains paresseux, parce qu'ils négligeaient d'essarter quelques arpents de terre supplémentaires pour les ensemencer de blé noir, d'orge, ou d'avoine pour les chevaux.

Malgré toutes les contrariétés qu'elles engendraient, Eudes raffolait de ces longues préparations fastidieuses, au cours desquelles on gaspillait beaucoup de temps, sans parler d'une énergie considérable pour organiser de belles réjouissances qui, à peine commencées, s'envolaient à vive allure le moment venu... Mais c'était une excellente distraction, le seigneur ne voulait plus songer qu'à ces fêtes prochaines en chassant au loin tous les soucis présents. Oubliée la diminution considérable du nombre de ses paysans travaillant sur sa seigneurie, qui pénaliserait l'avancée des grands travaux de cet été au moment des moissons et des labours plus tardifs à l'automne... Il ne songeait même plus à punir les coupables croupissant à l'intérieur de ses cachots. Son ami s'était dévoué en lui proposant de lui prêter aimablement quelques vilains qui s'établiraient à Bissey, le temps nécessaire pour prêter main forte aux siens durant les récoltes. De plus, Jacques ne manquait pas de ressources et l'avait informé qu'un seigneur des environs de Bar-le-Régulier, acculé à la ruine, se débarrassait d'un groupe d'hommes et de femmes qu'il ne pouvait plus nourrir. Eudes pouvait toujours tenter de racheter ces serfs en faisant une offre raisonnable, ce qui suffirait peut-être à combler les pertes humaines qu'il avait subies... Comme ce genre de commerce ne se pratiquait plus guère, Jacques lui proposa une entrevue avec le bailli de Saulieu pour arranger l'affaire en toute discrétion. Sur un ton malicieux, son ami lui suggéra un autre moyen plus « libertin » que les deux autres. D'une manière générale, presque toutes leurs paysannes étaient fertiles, Eudes devrait seulement veiller à favoriser l'union des plus jeunes pour qu'elles deviennent mères le plus tôt possible... A ce sujet, il ne put se retenir de débiter des plaisanteries de mauvais goût : le seigneur en personne ne pourrait-il pas aider à accélérer le processus de reproduction ? Ce n'était pas trop difficile, ni extrêmement fatiguant, non ? Toujours, sur le même ton, il proposa de se dévouer lui-même et de prêter main-forte à Eudes pour accélérer ce projet de repeuplement urgent des vilains...

L'idée saugrenue, mais amusante du sire de Banlay, détendit Eudes qui réfléchit tout de même à la manière de sanctionner les révoltés. Sinon, leur emprisonnement finirait par lui coûter de l'argent si sa durée s'étalait sur plusieurs semaines. A quoi bon le prolonger indéfiniment ? Après avoir consulté son intendant qui reprenait des forces de jour en jour, mais souffrait toujours de douleurs lancinantes à l'épaule, Eudes se prépara à agir... Les meneurs les plus dangereux, Yvon des Hautes Terres et Norbert des Combes Brûlées, avaient été tués, l'intendant lui conseilla tout de même de faire pendre haut et court quelques manants choisis au hasard, à titre d'exemple. A la fin de leur entretien, Aimeri crut qu'il avait persuadé le seigneur Eudes et qu'il agirait dans ce sens... Mais le jour suivant, Eudes sentait faiblir sa détermination, il n'était plus aussi sûr de lui : malgré l'horreur du crime commis par ses vilains, il répugnait à augmenter le nombre de morts déjà suffisant parmi eux, estimait-il. Comme il faisait preuve de lucidité et ne tenait pas à se comporter en tyran aveugle et sanguinaire, il décida d'écouter les plaintes des révoltés pour rendre un verdict plus juste. Après une conversation interminable, il réussit à persuader Jacques de Banlay de l'accompagner, afin de démêler les causes exactes de cette rébellion. Au départ, son ami s'était montré récalcitrant, cette idée ne l'enchantait guère : lui, il ne s'abaissait jamais à parlementer avec ses vilains, il ordonnait un point c'est tout, comme tout seigneur digne de ce nom.

Mais Eudes lui avait démontré qu'il n'agissait pas de la sorte par pure faiblesse, mais parce qu'il était soucieux d'adopter un comportement responsable et équitable. Ce qui était une préoccupation tout de même très rare à cette époque. De plus, les circonstances exceptionnelles de la révolte atténuaient également la faute de ses vilains. Ce dernier argument avait fini par convaincre Jacques, qui avait cédé aux prières insistantes d'Eudes, acceptant de le seconder une fois de plus...

Evidemment, le père de Maria fut entendu dans les premiers, ainsi que celui qui n'avait pas froid aux yeux et avait osé supplier le seigneur au moment de leur arrestation. Bien qu'Eudes les interrogeât séparément, leur récit concernant les faits fut identique : c'étaient bien

Yvon de la Bertille et Norbert des Combes Brûlées qui les avaient incités à la révolte, sans parler de ce dernier meurtre qui avait gravement échauffé les esprits. De façon naïve, très naturelle aussi, les deux hommes lui firent part de leurs soupçons, ne doutant pas un seul instant de la culpabilité d'Aimeri au sujet de ces crimes infâmes. C'est d'ailleurs ce qui avait attisé leur colère et déclenché l'émeute. Attentif aux propos de plusieurs vilains qui témoignèrent à la suite des premiers, le seigneur s'aperçut que la fureur de ces hommes et de ces femmes simples était surtout dirigée contre son intendant. Ils reprochaient seulement à leur seigneur de couvrir ses forfaits abominables, alors qu'il aurait dû les dénoncer et livrer le coupable à leur justice. Poursuivant leur logique, les vilains voulaient châtier son intendant en le mettant à mort, parce qu'ils le haïssaient plus que n'importe qui au monde, le rendant responsable de tous leurs malheurs, à cause de sa dureté, de sa cruauté sans égale, qu'ils supportaient depuis tant d'années... Perplexe, Eudes se vit alors contraint de mener sa propre enquête d'abord auprès des soldats, des villageois ensuite. Les premiers hésitèrent, tergiversèrent longuement avant de lui avouer les véritables raisons de la présence d'Aimeri dans le Bois de l'Envers.

Les soupçons des vilains amusèrent le sergent Macaire et ses hommes qui prétendirent qu'Aimeri n'avait rien à faire des filles de vilains, puisqu'il était très amoureux de la belle Albane, sa maîtresse. D'ailleurs, pour quelle raison les aurait-il tuées, alors qu'il pouvait les posséder sans se donner autant de mal ? « Aimeri ne ressemblait pas à un assassin », affirma Macaire en toute bonne foi. Par des allusions habiles, des exemples très concrets aussi datant de la révolte, le sergent n'hésita pas à sous-entendre un manque de gratitude choquant : l'intendant aurait donné sa vie pour le seigneur Eudes et sa famille... Ses affirmations sincères le dissuadèrent d'un entretien avec Aimeri qui l'aurait profondément attristé et peut-être même aggravé son état. Sans hésiter, les soldats s'étaient engagés à lui fournir le témoignage d'Albane, si c'était nécessaire. La jeune sauvageonne lui prouverait qu'il ne l'avait pas quittée de toute la nuit au cours de laquelle avait eu lieu le dernier meurtre... La plupart des villageois furent étonnés, ils n'appréciaient pas Aimeri et le craignaient, mais le croyaient incapable d'une telle horreur. D'ailleurs, il ne sortait jamais seul et ses soldats l'auraient sûrement dénoncé au moindre écart de conduite, trop heureux de se venger. En général, il les traitait durement sans la moindre indulgence ni pitié. C'était à peu près la seule vérité dont ils pouvaient témoigner par des exemples quotidiens, assurément convaincants...

Eudes écarta donc cette hypothèse farfelue, prêt à répondre sur son honneur de l'innocence d'Aimeri. Après avoir longuement discuté avec Jacques, il décida de la chose suivante. Se retranchant derrière le fait qu'aucun des membres de sa famille n'avait été blessé ni tué au cours de la révolte, le seigneur décréta qu'il pardonnait à ses vilains et userait de clémence à l'égard des survivants déjà suffisamment éprouvés par l'assassinat de leurs enfants. Aussi le seigneur les réunit-il tous ensemble sous la garde de ses soldats dans la basse cour du château pour les sermonner, annoncer le verdict de son jugement de manière solennelle.

— Vous serez tous fouettés, puis exposés une journée entière au pilori sur la place du village, leur annonça-t-il avec fermeté. Par la suite, vous serez surveillés étroitement par mes hommes pour éviter toute récidive... Enfin, pour vous punir de votre forfait, je double le nombre de jours de corvées durant une année entière, bande de misérables et d'ingrats...

Un profond silence accueillit les paroles du seigneur. Franchement mal à l'aise, les coupables éprouvèrent à la fois un immense soulagement et une grande stupéfaction. Ainsi, le seigneur n'ordonnait pas leur exécution, comme ils s'y attendaient tous plus ou moins ? C'était un vrai miracle !

Le père de Maria remercia le premier en s'agenouillant avec humilité sur le sol dur de la cour, face à Eudes.

— Merci not 'maître. On oubliera pas ce que vous faites pour nous autres, aujourd'hui... Et on vous demande de nous pardonner, c'était pas contre vous. Non pour sûr, pas contre vous... répétait-il à court d'idée.

Encouragés par son intervention, les autres reprirent en chœur :

— Pardon, not'seigneur. Pardon...

Eudes leur cria alors d'une voix déterminée :

—Je ne veux plus entendre parler de vos soupçons injustes à l'égard de mon intendant. Je me porte garant de sa conduite et vous jure que personne dans ma maison ne serait capable de commettre de telles abominations... Je le clame haut et fort: personne, vous dis-je. Je vous assure que je vais encore multiplier les patrouilles dans les bois, renforcer la surveillance des métairies... Mais vous, de votre côté, enfermez vos femmes et vos filles pour les mettre à l'abri de ce fou sanguinaire, leur conseilla-t-il. Pour le moment, je ne vois rien d'autre à faire, soyez vigilants...

Une fois qu'il eût résolu cette question fort embarrassante de la punition des coupables, Eudes ne songea plus qu'aux fiançailles de son aîné... Leur organisation l'occupait du matin au soir, maintenant que la date se rapprochait à grands pas. Avec beaucoup de sérieux, il s'intéressait au réapprovisionnement de ses caves, goûtait le vin avec son ami Jacques. Puis il importunait la cuisinière avec des questions plus surprenantes ou fantaisistes les unes que les autres, à propos de l'élaboration des menus de fête. Enfin, il visitait ses étables, sa basse-cour, pour comptabiliser le nombre de têtes de bétail ou de volailles tendres, grasses à souhait, qu'il sacrifierait pour contenter ses invités... Dame Bathilde ne l'avait jamais vu se comporter de la sorte en s'intéressant de si près aux choses matérielles.

D'habitude, il agissait plutôt avec désinvolture, se reposant entièrement sur elle de tous ces tracas liés à la préparation des réjouissances festives. Mais elle finit par comprendre que c'était sa façon d'oublier les événements tragiques qui les avaient tous menacés... En réalité, il s'agissait d'une excellente distraction pour son époux qui, par mesure de prudence, décida de fixer la date des fiançailles d'Enguerrand au trente et un juillet. Sinon, on ne serait jamais prêt à temps pour ces fêtes, compte tenu de tous les bouleversements qu'elles impliquaient, il était plus sage de repousser la date initiale de quelques jours pour mieux les réussir. Le vieil Edme comprit parfaitement les raisons énoncées par Eudes. Comme la plupart des châtelains voisins du seigneur de Bissey, la révolte des vilains l'avait particulièrement ému et il avait même craint l'annulation pure et simple de ces fiançailles. Quant à demoiselle Ida, évidemment, elle fut très déçue et rageait contre le mauvais sort qui retardait ses projets les plus chers. Mais elle dut patienter quelques jours de plus, avant de recevoir la promesse d'Enguerrand...

Son tendre promis lui manquait beaucoup, elle ne l'avait d'ailleurs pas revu depuis les fameuses joutes de Thiernais. Leur première rencontre remontait à la cérémonie de son adoubement, deux étapes capitales dans la vie du jeune chevalier. Par mesure de politesse et parce que la demoiselle impatiente lui avait fait parvenir plusieurs messages par le biais de ses suivantes, où elle le suppliait de lui rendre visite, Enguerrand dut céder à ses demandes pressantes. Deux ou trois fois par semaine, il rencontrait Ida de Suze en présence de son père ou d'une vieille servante. Leur château n'était éloigné que de quelques lieues de Bissey et en coupant à travers bois et champs, il y parvenait en moins d'une demi-heure. Le vieil Edme l'accueillait toujours à bras ouverts... A chacune de ses visites, il en profitait pour lui faire l'honneur de lui présenter son domaine. Ainsi, il lui faisait découvrir une nouvelle terre, une ou plusieurs dépendances ou encore une ferme ou une métairie... C'était une source inépuisable de conflits avec Ida qui se chamaillait sans arrêt avec son père à ce sujet, parce qu'il la privait de son prétendant. La jeune fille détestait monter à cheval, elle avait réellement peur de ces animaux. Aussi Enguerrand en profitait-il pour l'abandonner des heures entières en s'attardant avec son père et la quittait ensuite rapidement sous prétexte qu'il était tard...

Prétentieuse, orgueilleuse, surtout très exigeante, Ida n'aspirait qu'à se promener tranquillement une bonne partie de l'après-midi dans les allées du manoir de son père. Elle se montrait très fière de s'accrocher au bras d'Enguerrand pour que la domesticité puisse l'admirer, en quelque sorte envier sa chance. Bientôt, Ida fut satisfaite : maintenant que son promis connaissait toutes les métairies proches du château, le vieil Edme décida qu'on utiliserait un char tiré par des chevaux de trait pour visiter les plus éloignées... Sa santé déclinante ne lui permettait plus guère de chevaucher sur de longues distances, c'était trop épuisant pour lui. Cette solution devrait satisfaire tout le monde, se disait son vieux père et Ida pourrait les accompagner, profiter de la présence du jeune chevalier, bavarder avec lui, sans risquer pour autant une mauvaise chute. Une éventualité effrayante qu'elle redoutait tellement juste avant la date de ses fiançailles, qu'elle préférait se priver de sa compagnie, plutôt que de grimper sur le dos d'un cheval...

Le vieil Edme était très malin, ne se faisant plus guère d'illusion sur le genre humain. D'abord, il avait compris qu'Enguerrand obéissait à son père et se résignait à ce mariage uniquement par intérêt. Ce qu'il ignorait toutefois, c'est que le jeune chevalier se consolait, en se disant que le choix paternel aurait pu être pire et qu'il songeait notamment à l'union projetée pour sa propre sœur Mélisande. Le père d'Ida s'était aperçu que l'aîné des Bissey n'était pas indifférent à toutes les richesses qu'il étalait sous ses yeux et se félicita de les lui avoir montrées... De cette manière, il serait peut-être plus facile de le retenir et de réussir à le marier à sa fille. Autrement, tout à fait lucide, il n'ignorait pas que l'absence de charmes d'Ida faisait fuir tous les prétendants et que son caractère impossible n'arrangeait rien dans ce domaine. Sans être franchement calculateur ou cupide, Enguerrand réalisait tout de même qu'après la mort du vieil Edme, il deviendrait un seigneur très puissant dans la contrée, puisqu'il ne rencontrerait aucun obstacle sur son chemin pour s'affirmer en tant que maître d'une belle seigneurie. Peut-être bien que son futur fief était plus grand et mieux situé que celui de son père ? Certes, il y avait moins de bois qu'à Bissey, mais davantage de bonnes terres cultivables, et un nombre supérieur de vilains pour les travailler... De plus, le relief était nettement moins accidenté, les parcelles plus étendues et d'un seul tenant pour la plupart, ce qui était un avantage non négligeable pour obtenir de meilleurs rendements. D'une manière générale, l'exposition des terres était favorable aussi, il y en avait peu de situées en plein nord comme à Bissey, où les cultures gelaient sur place jusqu'en avril, les mauvaises années. Par des allusions très précises également, son futur beau-père ne lui avait pas caché qu'il était riche et disposait d'une fortune personnelle, considérable, dont hériterait sa fille unique. De son côté, le vieil homme partirait tranquille pour l'au-delà, puisqu'il savait son domaine entre de bonnes mains.

Au cours de ces conversations interminables et de ces échanges fréquents qui ennuyaient passablement Ida, il comprit que son futur gendre possédait des bases et des connaissances solides en matière d'agriculture. Son père l'avait sans doute initié dans ce domaine. En fait, il ignorait que c'était son intendant Aimeri qui l'avait intéressé, puis familiarisé à la bonne marche d'une seigneurie. Comme Enguerrand ne restait jamais en place quand il se trouvait au château de son père, il accompagnait volontiers ce dernier dans la tournée des fermes et métairies pour surveiller l'avancée des travaux ou régler certains problèmes avec les vilains. Aimeri lui avait appris une quantité de choses importantes sur les activités agricoles et s'était piqué à ce jeu valorisant à la fois pour les compétences du maître et de l'élève. Curieux de nature, Enguerrand s'intéressait à tout ce qui concernait la vie matérielle de la seigneurie, les périodes où l'on programmait les grands travaux, la sélection des graines pour ensemencer les champs, les relations avec les vilains... Bien sûr, le jouvenceau ne partageait pas souvent le point de vue de l'intendant sur la façon de traiter les pauvres gens. C'était leur seul point de mésentente grave... D'une manière générale, il l'estimait beaucoup trop sévère, car l'homme bénéficiant du pouvoir accordé par son père se montrait volontiers intransigeant envers ceux qui peinaient durement pour travailler la terre. Très jeune et surtout trop sensible, Enguerrand plaidait toujours leur cause et réclamait davantage de pitié.

Mais Aimeri, intraitable, prétendait qu'il ne fallait jamais leur faire confiance, qu'ils profitaient ensuite de la moindre faille pour paresser, voler, ou tromper le seigneur à propos des redevances. Néanmoins, ces divergences d'opinion n'empêchèrent nullement l'intendant de former le fils aîné du seigneur avec le sérieux et l'efficacité qui le caractérisaient depuis son arrivée à Bissey. D'abord, il lui montra comment il fallait tenir des registres de comptes précis pour chaque ferme, chaque métairie ou tenure... On devait se montrer encore plus vigilant dans le cadre d'un métayage à mi-fruit, puisque le vilain devait donner la moitié de la récolte et du cheptel au seigneur qui lui prêtait la terre et la plupart des outils, lui avançait les semences... Aimeri notait tous ces renseignements de manière très scrupuleuse, n'oubliait jamais la moindre pièce de volaille ni le plus petit sac de grains. Rien n'échappait à sa gestion précise et efficace. C'était une démarche essentielle lorsqu'il s'agissait de redevances en nature prélevées sur la récolte, comme pour le cens ou le champart. Méthodique, il expliqua encore à Enguerrand qu'on devait toujours se monter fin observateur, qu'on apprenait fatalement de nouvelles choses au contact de la nature. Surtout que l'on tirait de manière bénéfique des leçons des erreurs passées en évitant par exemple de les renouveler deux années de suite.

Ces remarques concernaient essentiellement l'agriculture avec le système de rotation des cultures et la pratique obligatoire de la jachère, du repos de la terre. On gagnait également à connaître la composition des sols et leur exposition, enfin en toute logique, on devait tenir compte du climat de la contrée et de ses particularités pour planifier les grands travaux comme les labours, les fenaisons, ou les moissons. Toutefois, Enguerrand refusait toujours d'assister aux assemblées comme celle de la Saint-Martin en novembre, où les vilains venaient payer leur dû dans la cour du château, faisant sonner dans leurs poches les quelques malheureux deniers gagnés à la sueur de leur front. Les mains chargées de paniers de légumes ou de volailles liées par les pattes, le dos ployant sous le poids de sacs de grains, ils poussaient devant eux plusieurs têtes de bétail ou les traînaient à l'aide d'une corde usée. La vue de ces misérables aux vêtements troués, rapiécés, d'une maigreur épouvantable, la face tannée par le soleil et le grand air, le révoltait, quand ils attendaient en une longue file docile. Ils appréhendaient tous plus ou moins les réclamations cupides, les remarques cinglantes et mesquines de l'intendant assis devant ses registres de compte étalés sur une table de fortune. Par mesure de prudence, quelques soldats l'entouraient afin d'assurer sa protection à la moindre anicroche.

Mais ces réalités trop « terre à terre » ennuyaient profondément Ida, qui préférait parler d'amour courtois avec Enguerrand. Tandis que le vieil Edme aimait échanger avec lui à propos du travail de la terre, il le sentait intéressé et le devinait intéressant du fait de ses connaissances et d'une expérience non négligeable de la part d'un homme aussi jeune. Selon lui, ses paroles posées reflétaient une certaine intelligence, un raisonnement juste et une attention touchante pour les petites gens, qu'il ne méprisait pas comme tant d'autres « blancs-becs » écervelés qui ne respectaient point leur prochain. Ses qualités humaines, ainsi que sa maturité d'esprit, avaient séduit le vieil homme qui ne douta plus des capacités de son futur gendre après plusieurs rencontres.

Une seule ombre ternissait le tableau flatteur de cette union : le caractère jaloux et possessif d'Ida, sa future fiancée, qui n'admettait pas que son père s'entende aussi bien avec lui. Aussi Edme conseilla-t-il vivement à Enguerrand de ne pas se laisser intimider par sa fille et de la remettre à sa place, sans perdre de temps. Le promis en question n'attendait que cette permission pour poser des limites à leur relation en refusant de se laisser envahir. De plus, il possédait un précieux avantage pour l'éloigner de lui, de temps à autre : les longues chevauchées à brides abattues qui ne s'accordaient guère avec le tempérament peureux d'Ida, détestant les chevaux de surcroît. Au cours de ses visites hebdomadaires, Enguerrand était très apprécié de tous : maîtres et serviteurs, sans aucune distinction. Sa nature enjouée, son caractère ouvert et serviable le rendaient très sympathique aux yeux de tous les habitants du domaine, fussent-ils de condition modeste. Il réservait toujours un mot gentil, un sourire complice au palefrenier qui récupérait sa jument, ou aux valets qui leur servaient des rafraîchissements. Les femmes, surtout, recherchaient sa compagnie, car il possédait un visage avenant, toujours souriant, avec des traits fins et agréables. De plus, le jeune chevalier était bien fait de sa personne, mince et athlétique à la fois, il affichait une taille supérieure à la moyenne. Ce qui attisait évidemment la jalousie maladive d'Ida. Les servantes les plus jolies ou les plus délurées n'étaient pas insensibles à son charme et complotaient en riant dans son dos. Mais l'attitude intolérante de sa promise, excessive à bien des égards, la ridiculisa à plusieurs reprises. Enguerrand ne s'intéressait pas spécialement aux autres femmes, même pas aux servantes, et préférait la compagnie de son père. Ida souhaita le soumettre à de nouvelles tentations en lui présentant plusieurs parentes et cousines, toutes plus belles et plus avenantes qu'elle, ce qui n'était pas une chose trop difficile. Si son fiancé se comporta de manière polie avec ces jouvencelles comme l'exigeaient les convenances, il ne s'en montra pas moins froid et réservé en leur présence, s'éclipsant dès qu'il en eût l'occasion pour rejoindre son futur beau-père. Maintenant, il n'hésitait plus à remettre Ida à sa place, en lui conseillant de surveiller sa conduite, de la calquer sur celle d'une noble demoiselle, en faisant preuve de davantage de réflexion et de retenue.

Ce n'était pas de cette façon malsaine, en espionnant sans cesse ses faits et gestes qu'elle l'attacherait à lui. Bien au contraire, cette jalousie abusive le ferait fuir au loin et ne l'empêcherait point de la tromper, s'il le désirait de toute façon. Enfin, par des allusions claires et directes, il finit par lui faire comprendre que ce serait lui, le maître dans leur ménage, et qu'elle devrait lui obéir en épouse docile et aimante. En digne héritier du baron de Bissey, jamais il ne se laisserait dominer par une femme, fût-elle la sienne... De manière impitoyable, Enguerrand lui précisa qu'il tenait à lui fixer ses conditions personnelles avant leur union, qu'il la laissait libre de les refuser, si elle n'acceptait pas de s'y plier à l'avenir. Selon lui, c'était une manière plus honnête d'agir et elle avait encore le temps de renoncer à ce mariage, si elle n'était pas d'accord avec lui. Ida comprit tout de suite la leçon et se montra désormais plus prudente avec son promis, parce qu'elle n'aurait jamais renoncé à lui, pour rien au monde... Une déception d'une telle envergure l'aurait tout bonnement tuée.

10 - *Nouveau crime et conduite scandaleuse de l'aîné des Bissey.*

A plusieurs reprises, Enguerrand avait été invité par le vieil Edme à passer une journée entière au manoir de La Turpillière, à Suze. Par un matin lumineux et très ensoleillé, il se décida enfin à le contenter, sachant qu'il ne pouvait se dérober plus longtemps à cette visite de courtoisie au risque de paraître impoli. La veille au soir, il avait envoyé un serviteur prévenir son futur beau-père de son arrivée. Comme il traversait à cheval un petit bois de feuillus, il entendit des bruits étranges, à la limite suspects. De surprise, il faillit avaler le brin d'herbe qu'il mâchouillait entre ses dents et s'étouffer... Cependant, il se ressaisit aussitôt, éperonna sa jument Nikita pour atteindre au plus vite l'endroit d'où provenaient des cris terrifiés, qu'il percevait clairement au fur et à mesure, qu'il se rapprochait au grand galop. Après un bref coup d'œil au soleil encore haut perché dans le firmament d'un bleu limpide, éclatant, il en déduisit qu'il était à peine tierce, neuf heures du matin. Il se trouvait environ à mi-chemin entre Bissey et Suze, quelques foulées supplémentaires et il ne tarderait pas à s'enfoncer dans la vaste forêt de la Chaux, très étendue. Malgré les efforts de sa brave Nikita qui peinait à accélérer l'allure dans ce terrain difficile, en évitant les troncs d'arbres et les buissons de ronces assez denses à cette saison, Enguerrand enrageait de ne pas avancer plus rapidement. Il brûlait d'impatience de secourir la personne qui poussait ces hurlements déchirants lui glaçant l'échine...

Comme il tendait l'oreille pour comprendre ce qui arrivait, il identifia sans équivoque possible une voix féminine. Mais il était trop tard, quand il atteignit enfin la lisière du bois... A quelques pas de lui, il distingua une forme gisant inanimée au pied d'un grand chêne, dorénavant silencieuse. Sans perdre un instant, il se dirigea droit sur elle. Au moment où il s'avançait pour lui apporter de l'aide, il découvrit qu'il s'agissait d'une toute jeune femme, le visage à moitié dissimulé par ses jupes et jupons, retroussés sur ses jambes blanches. Elle avait sans doute été violentée et le désordre indescriptible de sa tenue indiquait qu'Enguerrand avait dérangé le coupable, qui avait dû s'enfuir précipitamment, en l'entendant venir. Quand il sauta lestement à bas de Nikita, il conservait malgré tout un faible espoir de la trouver en vie... Pourtant, à l'instant où il rabattit les épaisseurs de tissu pour la recouvrir, il s'aperçut avec horreur qu'elle avait une plaie profonde à la gorge, que des flots de sang en jaillissaient sans interruption, continuaient à s'épancher par saccades régulières et que ses beaux yeux marron foncé exprimaient une incroyable stupéfaction provoquée par l'ignominie de l'agression barbare qu'elle venait de subir... Hélas, son regard s'était figé à jamais et lorsqu'il se pencha sur elle, il constata avec effroi qu'elle ne respirait plus. C'était fini... D'ailleurs, la pauvrette ne lui répondit pas, lorsque le chevalier bouleversé lui adressa la parole : « Tenez bon, demoiselle, je vous en supplie. Je vais aller chercher du monde... On va prendre soin de vous, panser vos blessures... » Quand il osa enfin la toucher, sa main était encore chaude, mais son corps se raidissait déjà, s'enfonçait dans la mort... Atterré, Enguerrand comprit soudain qu'il ne pouvait plus rien pour elle et il maudit son impuissance à la sauver.

A ce moment-là, il perdit son sang-froid, s'aperçut qu'il parlait seul et à voix haute, prononçant des paroles incohérentes... C'était sans doute une façon comme une autre de se rassurer. Depuis qu'il servait comme écuyer, il n'avait jamais été confronté à la mort, tout du moins à une mort aussi violente, d'une atrocité sans pareille. Prêt à céder à un mouvement d'affolement, il se força néanmoins à affronter la réalité et posa de nouveau son regard sur l'inconnue. A ses vêtements de simple cotonnade, ses longs cheveux noirs, lâchés sur les épaules – son bonnet blanc avait été jeté dans l'herbe à côté d'elle, ce qui prouvait qu'elle s'était sûrement débattue – il en déduisit que c'était sans doute une bergère. Son chien apeuré avait dû s'enfuir, incapable de la défendre contre un tel monstre... « Peut-être même que l'infâme agresseur l'avait tout simplement enlevée pour la conduire ici, l'absence de son troupeau comme celle de son fidèle gardien paraissaient également fort énigmatiques ? » songea Enguerrand. Un sentiment de culpabilité très fort le bouleversa tout entier : s'il était arrivé quelques minutes plus tôt, il aurait peut-être réussi à l'arracher des griffes de son assassin ? C'était trop bête, dire qu'il aurait pu faire quelque chose pour elle, il avait failli à son devoir de chevalier. Un acte d'une telle sauvagerie le révoltait, il découvrait la noirceur de l'âme humaine... Jusqu'à ce matin, le monde ne lui était jamais apparu aussi laid, la forêt aussi grise et sinistre. Pourtant, la vie palpitait tout autour d'eux, les oiseaux continuaient de chanter, les insectes bourdonnaient à travers les feuillages, une brise légère soulevait ses cheveux, caressait la peau de son visage comme s'il ne s'était rien passé...

Tout à coup, le jeune chevalier entendit des branches craquer, il leva aussitôt la tête et aperçut la silhouette d'un inconnu à cheval s'enfuyant à quelques pas de l'endroit où la pauvre bergère avait été assassinée. Sans doute, l'homme l'observait-il en silence depuis un moment. Sans perdre un instant, il siffla sa jument, s'empara des rênes, sauta avec souplesse en selle et se lança immédiatement à sa poursuite. L'instinct du chasseur avait été le plus fort, Enguerrand traquait sans doute l'assassin de ces infortunées femmes ou filles de paysans et cette pensée le stimulait, aiguillonnant sa volonté de se saisir de lui à tout prix. En parcourant ces lieux vaguement familiers, il se dit qu'il se trouvait sûrement sur les terres de son père, que ce bois lui appartenait encore, bien qu'il fût situé à l'extrême limite de sa seigneurie. En plein été, la forêt était extrêmement touffue, les branches basses des feuillus le gênaient dans sa progression, il ne pouvait prendre le galop sans risquer de se heurter la tête contre l'une d'entre elles et s'assommer. Sa jument de taille imposante ne se prêtait guère à ce genre d'équipée... L'homme chevauchant devant lui avait une bonne longueur d'avance, s'éloignait peu à peu en se dérobant à sa vue. Son cheval trapu, à peine plus haut qu'un grand poney, se faufilait à vive allure entre les troncs d'arbres comme s'il avait l'habitude de parcourir ce terrain accidenté en maints endroits. Enguerrand encourageait Nikita en donnant de la voix : « Vas-y, ma belle... Vas-y, pressetoi... »Mais à plusieurs reprises, elle glissa sur la pente humidifiée par la rosée du matin. Une autre fois, elle évita de justesse une dénivellation importante, un énorme trou caché par des feuilles mortes encore stagnantes et des branches cassées, amassées en gros tas par le vent. Quand il atteignit une clairière ensoleillée, où les arbres s'espaçaient en libérant du terrain et de la lumière, il put enfin galoper sans danger.

Hélas, il avait perdu la trace du fuyard, qui s'était évanoui comme par enchantement dans la nature. Déçu, il fit halte un court moment, descendit de cheval, afin de mieux observer les alentours, repérer les traces du passage du meurtrier, s'accroupissant pour examiner le sol. Peut-être trouverait-il quelques indices lui indiquant la voie par laquelle il s'était échappé ? Mais en vain, il ne put repérer la moindre empreinte de sabot à cause de l'épaisseur des feuilles mortes tapissant la terre. Soudain, il se sentit franchement découragé par cet échec cuisant qui l'humiliait. Tout à l'heure, il aurait pu se saisir facilement de l'homme à portée de ses armes, mais par inexpérience ou bêtise, il avait laissé passer sa chance.

Comme il regrettait déjà son manque d'intuition, il aurait dû deviner qu'il n'était pas seul, déceler la présence de ce dangereux assassin. Blessé dans son amour-propre, cette déception amère le priva momentanément de tous ses moyens. Maintenant, il se reprochait d'avoir gaspillé du temps en se lançant à sa poursuite, mais comment aurait-il pu agir autrement ? S'il avait choisi de retourner à Bissey pour alerter son père et ses soldats, il aurait pris davantage de retard, compte tenu de l'éloignement du château...

Un court instant, il revit le visage exsangue de la pauvre bergère, les flots de sang inondant le sol de la forêt. Pour chasser cette image obsédante, en s'aidant d'un coup de rein souple, il se hissa en selle et d'un geste brusque, maladroit, il fit faire demi-tour à sa jument en lui tordant la bouche. Nikita hennit très fort pour protester contre ce traitement inhabituel, choquant de la part de son cavalier. Mais il lui caressa l'encolure pour s'excuser et rebroussa chemin, pressé de rejoindre au plus vite les lieux du crime. Comme il revenait sur ses pas, il s'interrogea en proie à une grande indécision : « Devait-il aller chercher du secours auprès de son père ou de son beau-père ? Ne risquait-il pas de froisser la susceptibilité de ce dernier, en s'adressant d'abord au propriétaire de l'endroit ? »

Soudain, il se souvint qu'il n'était pas très loin d'une métairie du baron, située dans un endroit reculé, à la lisière des bois servant de limites au domaine rural. Lorsqu'il arriva au grand galop sur les terres de son père, les vilains manifestèrent leur étonnement en lâchant leurs outils : ils étaient occupés à faucher un pré immense, très pentu. Après avoir entendu son récit, ils décidèrent de le suivre sans tarder pour voir sur place, ce qu'il convenait de faire. Encore très jeune, le fils du maître leur avait paru ébranlé par ce drame. Plusieurs d'entre eux s'étaient baissés dans l'herbe sèche, odorante, pour ramasser leur faux ou leur faucille sans dire un mot...

Enguerrand les précéda jusqu'au pied du chêne maudit. A cheval, il avançait plus rapidement qu'eux se déplaçant à pied. Rendue nerveuse par la présence de ces inconnus, Nikita se mit au petit trot sans attendre ses ordres. Perdu dans ses pensées, il la laissa prendre de l'avance, un espoir insensé se saisit de lui : « Si par chance, il s'était trompé, si la touchante bergère était encore en vie ? » Pendant un court instant, il crut la voir bouger, mais ce n'était qu'une illusion trompeuse : la pauvrette était bel et bien morte ! Stimulé par la venue imminente des paysans qui se rapprochaient à grands pas, il descendit de sa jument et trouva le courage de s'agenouiller auprès d'elle. Il se décida enfin à lui fermer les yeux...

Mais de temps en temps, des tremblements nerveux parcouraient tout son corps, lc sccouant avcc forcc. La malheureuse, la gorge tranchée, s'était vidée peu à peu de son sang... Des taches sombres, de couleur pourpre, auréolaient le sol de la forêt, tout près de l'endroit où elle reposait. Des rugissements de fureur, des cris de désolation, des lamentations et des pleurs lui signalèrent l'arrivée des vilains qui se massaient derrière son dos. Bouleversé, Enguerrand ne put leur cacher les larmes qui coulaient sur ses deux joues. Mais il les essuya prestement avec la manche de sa veste, de peur que les hommes ne l'accusent de faiblesse. Néanmoins, à la vue de l'innocente victime, même les plus endurcis éprouvaient de la peine et ils respectèrent celle du fils du maître. Tout le monde se tut pendant un long moment pour rendre un dernier hommage à la jeune morte. Certaines femmes priaient à genoux, les mains jointes, d'autres avaient sorti leur chapelet de buis de la poche de leur tablier. Brusquement, un homme plus âgé que les autres interrompit ce moment de recueillement émouvant. De manière réaliste, très terre à terre, il savait que l'ouvrage n'attendait pas et que l'intendant les bousculerait sans ménagement, s'ils prenaient du retard pour les fenaisons. Le vilain s'éloigna de quelques pas dans le sous-bois, revint les bras chargés de branchages, qu'il déposa aux pieds de la bergère immolée. D'autres s'activèrent en suivant son exemple, l'aidèrent à confectionner le cadre d'un brancard de fortune avec des perches de bois trouvées un peu plus loin. Un dernier compère se pencha sur l'assemblage de fortune et s'efforça de le consolider à l'aide de grosses branches de noisetiers, souples et résistantes à la fois, qu'il tailla à un arbuste robuste poussant juste à côté du cadavre. Pour cette opération, il s'était servi de son coutelas qu'il portait toujours à sa ceinture. Une ou deux paysannes s'étaient approchées de la pauvrette pour l'identifier, soulagées de constater qu'il ne s'agissait pas de leurs propres filles, qu'elles venaient de quitter à l'instant. Les paysannes étaient restées dans le champ, où elles aidaient les hommes à faire sécher l'herbe, en la retournant avec leurs longues fourches en bois...

—Not'maître ! Je crois qu'on la connaît par ouïe dire et pour l'avoir vue une ou deux fois aux fêtes du village, s'écria l'une d'entre elles. Une pauv'gamine sans famille, que l'Pierrot de la métairie de la Troche a recueillie chez lui... Elle leur servait d'bergère...

—Tu es sûre de toi, Jeannette ? s'exclama Enguerrand, surpris. Mais alors, si tu ne te trompes pas : comment a-t-elle fait pour venir jusqu'ici ? Il y a plusieurs lieues à couvrir à pied...

—Nous, on sait pas, not'maître, lui rétorqua un métayer apparemment énervé, parce que son visage s'était empourpré et que son regard furibond contenait mal son indignation. Tout ce qu'on sait, c'est qu'elle a été encore saignée comme les autres... Si c'est pas malheureux, une aussi belle fille...

—C'est sûrement pour çà que le démon l'a assassinée, lui fit remarquer un autre compère. Nos pauv'femmes, elles ont plutôt intérêt à cacher leur beauté...

—Pis qui savait se défendre d'après ce qu'en disait l'Pierrot, reprit un troisième vilain. Elle s'laissait pas faire pourtant... Quel gâchis !

—Tu as raison Riquet, trancha Enguerrand, contrarié à son tour.

Mais pour l'instant, aidez-moi à la transporter dans un lieu plus convenable... Ensuite, nous préviendrons ceux qui l'ont adoptée...

A quelques lieues de là, une vieille grange, quelque peu délabrée, jouxtait une petite chapelle modeste, construite à l'orée de la forêt. Le bâtiment possédait encore une grande porte, mais vermoulue et abîmée en maints endroits. Cependant, on pouvait quand même la fermer, bien qu'il en manquât plusieurs morceaux et qu'on voyait le jour à travers. Dans un coin sombre, un des vilains dénicha une sorte de table ou plutôt un assemblage de planches en bois, posées les unes à côté des autres, et tant bien que mal, ils l'approchèrent et installèrent la jeune morte dessus...

— Les femmes, vous allez veiller sur elle en attendant mon retour, ordonna Enguerrand. Je ne serai pas long. Ce serait révoltant que la dépouille de la pauvrette soit déchiquetée par une bête sauvage, la porte ne sert plus à grand chose... Après tout ce qu'elle a déjà enduré, soupira-t-il, les larmes aux yeux.

La Finette lui effleura le bras en signe d'amitié, le chagrin sincère du fils du seigneur la touchait davantage qu'elle n'osait l'avouer.

— Comptez sur nous, not'maître, lui promit-elle. Nous aussi, on sait respecter nos morts...

Profondément perturbé par cette tragédie, après avoir jeté un dernier regard à la malheureuse victime, Enguerrand se décida à quitter la grange. Il détacha les rênes de sa jument qu'il avait attachées à un anneau scellé dans le mur du vieux bâtiment et se mit en selle. Maintenant, il savait qu'il irait directement à Suze chercher de l'aide, par crainte de paraître impoli aux yeux de son futur beau-père. Autrement, comment s'arrangerait-il pour justifier ce retard considérable ? Mais il se ravisa tout à coup, se retourna sur sa selle, le temps de héler un fils de métayer qu'il connaissait bien.

— Martin, va prévenir mon père, le baron Eudes, lui commanda-t-il. Une fois de plus, le crime a eu lieu sur sa seigneurie, ajouta-t-il en guise de justification. Presse-toi, l'heure est grave...

Le paysan lui obéit aussitôt, prit ses sabots à la main, avant de s'élancer en courant dans la direction de Bissey. Pour arriver plus vite au château, il coupa à travers les taillis et les frondaisons épaisses de la forêt. Lorsqu'Enguerrand arriva au manoir du vieil Edme au grand galop, tout semblait calme dans la cour, les pelouses et les jardins d'agrément entourant la demeure. A l'exception d'Ida, qui surgit comme une furie d'une porte latérale de la demeure, le visage en larmes, elle se jeta presque contre le poitrail de Nikita qui faillit se cabrer...

— Que vous est-il arrivé, mon ami ? Vous n'êtes pas blessé au moins ? s'enquit-elle en se cramponnant de toutes ses forces à ses bottes.

Le visage très pâle, les yeux rougis par des pleurs incessants, elle semblait tout à fait sincère.

— J'étais morte d'inquiétude à votre sujet... crut-elle bon de lui préciser, alors que c'était inutile.

— Tiens, ma jument ne vous effraie plus, aujourd'hui ? l'apostropha Enguerrand sur un ton ironique. C'est tout de même curieux, vous ne trouvez pas ma mie ?

— C'est que vous avez trois bonnes heures de retard, ce qui n'est pas dans vos habitudes, poursuivit-elle en l'interrogeant du regard.

Entre temps, Enguerrand avait sauté à bas de Nikita, tendait les rênes à un valet empressé, tout en bousculant Ida. Il n'avait pas daigné lui répondre ni calmer son anxiété non feinte.

— Où se trouve votre père ? lui demanda-t-il à son tour. Je dois lui parler à l'instant, il s'est passé quelque chose d'horrible et...

— Je suis là mon futur gendre, le rassura le vieil Edme, tout essoufflé parce qu'il avait couru. Que vous arrive-t-il de si dramatique ?

Ida n'était pas la seule à se poser des questions et le vieil homme lui parut intrigué à son tour. Il décida de les informer sur le champ, sans les faire languir davantage.

— Un crime affreux a encore été commis dans la forêt, lâcha soudain Enguerrand, soulagé de se libérer d'un poids énorme qui lui oppressait la poitrine depuis son arrivée. Je suis venu chercher de l'aide chez vous. Néanmoins, j'ai fait prévenir mon père, puisque c'est à la limite de ses terres...

— Je comprends mieux ton retard à présent, le rassura le vieillard ému par la nouvelle. Ne te tourmente plus à ce sujet, mon fils, je vais donner des ordres pour que quelques hommes nous accompagnent. Suis-moi, nous allons seller un cheval dans mes écuries...

— Quant à toi, Ida, rentre immédiatement au château, lui ordonna-t-il sur un ton qui n'admettait aucune réplique. Obéis sur le champ... Sinon, tu auras affaire à moi...

Le vieil Edme passa sa mauvaise humeur sur sa fille : cette nouvelle affaire de meurtre le contrariait vraiment. Ils n'avaient pas besoin de tracas supplémentaires à quelques jours des fiançailles. Malgré tout, il se sentait obligé d'accompagner son futur gendre et de le seconder au cours de cette épreuve inattendue. Mais il n'ignorait pas qu'il prenait de gros risques en montant à cheval, une chute pourrait lui être fatale ou le paralyser jusqu'à la fin de ses jours. Le plus terrible, c'est qu'il redoutait de ne plus être capable de galoper comme avant, de retarder les hommes armés qui les accompagnaient sur son ordre. Dans les écuries, Enguerrand ressentit son extrême nervosité et le mit à l'aise de manière très naturelle.

— Il est inutile de se presser père, commença-t-il sur un ton apaisant. Hélas, nous ne pouvons plus rien faire pour l'infortunée bergère. Seulement, je dois vous avouer quelque chose... ajouta-t-il sur un ton mystérieux.

— Quoi donc, Enguerrand ? s'exclama l'intéressé, surpris. Me cacherais-tu un fait important au sujet de ce meurtre ?

— En effet, une circonstance particulièrement gênante, qui me met très mal à l'aise et me culpabilise tout autant, reprit Enguerrand comme s'il s'adressait à un confident. Figurez-vous, père, que le meurtrier se trouvait à quelques pas de moi et que je l'ai laissé s'échapper...

— Comment ça, mon fils ? Tu l'as laissé fuir volontairement, sans chercher à le rattraper ? s'étonna le vieil homme.

— Mais non, père, je ne suis pas un couard, protesta Enguerrand. Malgré tous mes efforts, il m'a filé entre les doigts, en se glissant comme un serpent au travers des arbres. Il n'avait pas beaucoup d'avance sur moi, mais il connaissait la forêt par cœur. J'ai pourtant poussé ma jument autant que j'ai pu, mais j'ai perdu du temps. Et à la fin, je n'ai pas retrouvé sa trace... Comme je m'en veux !

— Dans ce cas, ce n'est absolument pas de ta faute, mon garçon, le consola le vieil Edme. C'est sûrement un fieffé coquin qui s'entend à semer ses poursuivants, parce qu'il se déplace en terrain conquis comme tu viens de le souligner. Il ne faut pas désespérer, nous finirons par nous saisir de lui, si tout le voisinage se lance à ses trousses... D'ailleurs, un jour ou l'autre, il finira fatalement par commettre une imprudence...

Le jeune chevalier fit avancer Nikita au petit trot, calquant son allure sur celle du cheval du vieil homme. Comme il n'ignorait pas qu'il souffrait d'une mauvaise santé, il souhaitait avant tout le ménager. Lorsqu'ils arrivèrent à l'endroit où s'était déroulé le drame, il retrouva son propre père. Usant de discrétion, il l'attira à l'écart pour lui avouer ce qu'il s'était passé et qu'il qualifiait sans indulgence d'échec personnel ou d'incompétence. Le baron Eudes le rassura immédiatement : il était encore jeune et manquait d'expérience dans certains domaines de la vie. C'était bien la seule chose qu'on puisse lui reprocher. Pour le reste, il lui fit les mêmes remarques que le vieil Edme et s'efforça de gommer ce sentiment de culpabilité pour le moins injuste. La journée se déroula selon un rythme précipité, tous les hommes valides s'étaient mobilisés pour organiser une grande battue à travers les bois du seigneur Eudes. Rentrés bredouilles en fin d'après-midi, ils étendirent leurs recherches, prenant le temps de fouiller de fond en comble chaque ferme ou métairie, sans oublier les granges et dépendances attenantes, dans l'espoir de découvrir la cachette de l'assassin. Mais de nouveau, ce fut une démarche inutile...

Pendant ce temps, le curé de Bissey avait organisé une veillée funèbre, où il invita tous les villageois à se recueillir dans la petite chapelle isolée dans les bois. Là, ils prieraient tous ensemble pour l'âme de la malheureuse victime. Ce n'est qu'à ce moment-là qu'Ida, accompagnée de plusieurs servantes et de serviteurs de confiance, retrouva son fiancé. Ce dernier avait passé la journée loin d'elle, en participant de manière très active à toutes les chevauchées organisées dans le dessein de capturer le dangereux meurtrier. Mais en vain, les cavaliers rentrèrent fourbus, démoralisés, sans avoir déniché le moindre indice qui les aurait guidés sur ses traces... Durement éprouvé par le déplacement à cheval de ce matin, le vieil Edme avait préféré se reposer dans sa chambre. « A quelle étrange affaire, plutôt sordide, était mêlé son futur gendre ? » songeait-il avec inquiétude. « Ces crimes ne cesseraient-ils donc jamais ? »

Cinq jours après eurent lieu les fiançailles d'Ida et d'Enguerrand au château de Bissey, ce qui était contraire à la coutume. Mais le vieux seigneur avait promis à Eudes que l'on célèbrerait le mariage à Suze et qu'il l'aiderait à couvrir une partie des frais engagés, en lui faisant don de plusieurs pièces d'or. Enfin, il le dédommagerait de ses peines en lui faisant parvenir deux ou trois pièces de gros bétail, des volailles, quelques faisans, plusieurs tonneaux de bon vin et des liqueurs qu'il conservait pour l'occasion. Préparées depuis le début du mois par Eudes et son ami Jacques de Banlay, les réjouissances furent somptueuses et s'étalèrent sur trois jours consécutifs et deux nuits entières. De manière officielle, Enguerrand s'engagea devant la famille et les amis réunis en renouvelant la promesse de mariage conclue par leurs pères. Pour une fois, les joues légèrement colorées, parce que le bonheur les rosissait, les larmes aux yeux, tellement elle se sentait émue, Ida reçut de ses mains une magnifique bague de fiançailles.

Devant tout le monde, il la lui passa au doigt avant de l'embrasser sur la bouche. Auparavant, Dom Léonard avait béni le coûteux bijou, choisi par Eudes chez l'orfèvre de Tonnerre. D'un geste bienveillant, le chapelain avait placé le jeune couple sous la protection de Dieu. Ida et Enguerrand s'étaient agenouillés devant lui, la tête humblement baissée, en se tenant par la main comme de vrais amoureux. Après le baiser de son promis, comblée, Ida s'était suspendue à son cou et ne voulait plus se détacher de lui en exigeant tout de suite un autre baiser. Mais Enguerrand la repoussa gentiment en l'éloignant de sa bouche, lui déclarant qu'ils devaient respecter une certaine décence, que tout le monde les observait... Toutefois, il ne put éviter qu'elle s'accroche à son bras et ne le quitte plus d'un pas jusqu'à l'heure du banquet. Les fiancés siégèrent tous les deux, l'un à côté de l'autre, à la place d'honneur qu'on leur avait réservée. Durant tout le festin qui se prolongea une grande partie de l'après-midi, Ida ne cessa de lui murmurer des mots doux à l'oreille, de s'emparer de sa main à la moindre occasion, de réclamer baisers et attentions délicates, dont son fiancé se montrait pourtant avare. Indifférente à tout, sauf à sa félicité personnelle, elle ne remarqua même pas que ses gestes affectueux ennuyaient de manière prodigieuse Enguerrand. Le pauvre chevalier se contenait de plus en plus difficilement, il devait fournir des efforts considérables sur lui-même pour éviter de la repousser en public... Comme les nouveaux fiancés étaient l'objet de l'attention et de la curiosité de l'ensemble des convives, il avait l'impression d'être « cloué au pilori » comme un voleur et attendait avec impatience la fin du repas. Pourtant, il crut qu'il ne se terminerait jamais, tellement il y avait de plats : des entrées de poissons, des oiseaux rôtis ou en sauce, il y eut même des paons et un cygne, toutes sortes de viande... Sans parler d'une succession de desserts, aussi variés que nombreux. Le tout arrosé des meilleurs vins de Bourgogne et d'ailleurs. De nombreux invités s'empiffrèrent jusqu'à l'écœurement et burent plus que de raison. Comme son père le lui avait recommandé la veille, Ida devait se surveiller étroitement pour éviter de succomber à la gourmandise. La bonne éducation exigeait que les fiancés touchent à peine aux mets succulents, qu'on leur présentait en premier pour les honorer. Aussi Ida devait-elle se contenter de les goûter du bout des lèvres, si elle souhaitait respecter la bienséance. Sinon, les personnes présentes la jugeraient très mal. Très gourmande de nature, la demoiselle se retenait donc pour éviter de se jeter sur la nourriture, comme elle le faisait d'habitude. Cette abstinence forcée la contrariait fortement et finit par ternir quelque peu la joie de ce beau jour. A son tour, elle vivait une sorte de supplice et en l'observant à la dérobée, Enguerrand jubilait dans son coin : il ne serait pas le seul à souffrir au cours de ces maudites accordailles.

Puis le baron Eudes frappa dans ses mains pour annoncer le début des réjouissances et du bal qui se dérouleraient dans la cour près du puits, où les musiciens s'étaient déjà installés. Enguerrand dut encore sourire à tout le monde, répondre poliment aux compliments qu'on lui adressait et enchaîner danse sur danse à la grande satisfaction de sa fiancée. Ida se cramponnait à lui de toutes ses forces et il comprit qu'elle aurait préféré se faire tuer sur place, plutôt que de lâcher sa main une seule seconde... Cette insistance proche de la démence l'effrayait et à plusieurs reprises, il eut l'impression d'étouffer comme si l'air qu'il respirait ne dépendait plus que de la volonté d'Ida.

Cette possessivité excessive, presque maladive, le dérangeait et il se dit qu'il ne méritait pas de susciter une telle passion. Si seulement Ida l'avait mieux connu, elle aurait très vite déchanté à son sujet... Pourtant, il devait faire bonne figure devant tous les invités, familles, relations ou connaissances. Le baron Eudes n'aurait pas toléré le moindre écart de conduite de sa part, risquant de compromettre cette union flatteuse pour son héritier. C'était en quelque sorte son œuvre, le résultat de longues tractations et de démarches fastidieuses qu'il avait menées auprès du père de la fiancée. Le seigneur Eudes l'avait prévenu à plusieurs reprises : il n'avait pas intérêt à tout détruire sur un coup de tête ou en provoquant un incident quelconque. Dans ce cas, il l'aurait tout simplement déshérité au profit de Pierre, son cadet. Enguerrand savait parfaitement que les menaces paternelles n'avaient pas été formulées à la légère et qu'il les exécuterait sans éprouver la moindre pitié à son égard. Rendu prudent par ces avertissements, le jeune chevalier patienta avec sagesse tout au long de ces trois interminables journées et se consolait le soir venu. Jusqu'à maintenant, il avait toujours réussi à s'éclipser discrètement en se débarrassant d'Ida, puis à rejoindre ses amis et compagnons d'armes. Plus personne ne faisait attention à eux, les attitudes se relâchaient souvent au cours de ces banquets s'éternisant une partie de la nuit. Comme tous les autres chevaliers présents à ces festivités, Enguerrand s'enivra en buvant plus que de coutume. Plus que jamais, il souhaitait oublier le triste sort qui l'attendait après son mariage... Mais dans son for intérieur, il décida de se venger à sa manière des contraintes imposées par son père, de rattraper tout le temps perdu avec cette fiancée qu'il n'aimait pas... C'était décidé, il se divertirait en compagnie de son frère Pierre. Ensemble, ils avaient prévu de bien s'amuser les mois précédents leur mariage. C'était le moment idéal, après cette ultime étape, il serait trop tard ! Une fois qu'ils seraient mariés, Enguerrand devrait assumer différentes responsabilités sur la seigneurie du vieil Edme pour le seconder et Pierre serait investi de son propre fief...

Néanmoins, très avisé et toujours aussi courtois, le fiancé réservait toujours trois ou quatre visites par semaine à Ida et à son père dans leur manoir de La Turpillière, à Suze. Le reste du temps, comme il connaissait bien les fermes et métairies du baron, il entraîna Pierre à le suivre dans ses errances sur la voie de la débauche... Les deux fils du seigneur de Bissey en profitèrent largement pour se dévergonder, ils n'avaient que l'embarras du choix parmi toutes les filles de vilains encore pucelles de la seigneurie d'Eudes. A tour de rôle, ils prirent chacun une ou plusieurs maîtresses en même temps. De plus, ils en changeaient fréquemment, au gré de leurs envies ou de leurs caprices, en clamant haut et fort que les habitudes tuaient la passion amoureuse. Dans ce domaine, ils avaient adopté une conduite très libertine, ne se fixant aucun interdit à l'exception des femmes de vilains déjà mariées, mais elles ne les intéressaient guère. Les deux frères les trouvaient trop vieilles, surtout la présence d'enfants compliquait les relations qu'ils souhaitaient légères et sans suite. Aussi butinaient-ils sans retenue auprès des jeunes paysannes « en fleurs », de préférence consentantes, mais celles qui se refusaient à eux les excitaient encore davantage que les autres... Ce manque absolu de moralité aurait pu leur créer de sérieux ennuis.

Mais comme ils étaient fils de seigneurs, les vilains hésitaient à se plaindre et à les dénoncer auprès de leur père, le maître de la seigneurie. Eudes reçut tout de même plusieurs doléances de tenanciers scandalisés par la conduite de ses rejetons, qui n'avaient pas hésité à se jeter sur leur fille et à la déflorer sous prétexte qu'elle leur plaisait, invoquant leur pouvoir de maître... Bon prince, Eudes calma les mécontents en les indemnisant avec des bourses bien garnies. Mais les incidents de ce genre se multiplièrent au cours de l'été et les vilains le sollicitaient sans arrêt pour les mêmes raisons, ce qui finit par l'irriter... Décidément, ses grands garçons allaient trop loin, le baron se fâcha pour de bon. Il décida de tempérer leurs ardeurs amoureuses en menaçant de les déshériter tous les deux cette fois-ci, s'ils n'adoptaient pas prestement une conduite plus sage avant leur mariage. Si leurs débordements amoureux parvenaient aux oreilles de leurs fiancées sous forme d'anecdotes sulfureuses, il ne répondait plus de rien quant à leurs projets matrimoniaux. Débonnaire et naïf, il oubliait très vite que c'était lui, leur propre père, qui avait ouvert la « boîte de Pandore » en les conduisant aux étuves de Tonnerre pour y rencontrer des filles de joie.

Comme les fiançailles de Pierre approchaient, le baron le menaça de tout révéler à dame Yolande, s'il ne cessait ce petit jeu stupide. Si les semonces paternelles se révélèrent efficaces pour le cadet, elles n'eurent aucune prise sur Enguerrand qui les oublia au bout de quelques jours. Puisqu'il lui était interdit de prétendre à de nouvelles conquêtes parmi les paysannes de la seigneurie paternelle, il décida d'élargir ses recherches à de plus vastes horizons...

Le hasard l'aida dans cette quête encore inédite pour lui. Un jour, il avait quitté le château de Bissey de grand matin pour se rendre jusqu'à Saulieu, la ville la plus proche. Alors qu'il se dirigeait vers l'échoppe d'un bourrelier, parce qu'il avait besoin de remplacer une pièce défectueuse du harnais de sa jument, il faillit renverser sur son passage une demoiselle inconnue. Pourtant, Nikita avançait au pas dans les rues pavées de la cité, ses sabots ferrés claquaient au rythme de ses déplacements lents, parfaitement cadencés. Mais l'imprudente ne tendit pas l'oreille, s'élança pour traverser, sans s'assurer auparavant que la voie était libre... L'incident se déroula à quelques pas de la basilique Saint-Andoche. De toute évidence, la demoiselle semblait particulièrement pressée. Le cavalier aguerri immobilisa à temps Nikita en la maîtrisant avec habileté. Autrement, elle aurait pu piétiner la jeune passante qui s'était pratiquement jetée contre son poitrail. Par mesure de politesse, Enguerrand ôta son chapeau pour la saluer, un sourire amusé au coin des lèvres. Rouge de confusion, la belle s'excusa de son étourderie, prétendant qu'elle rêvassait. Bien entendu, le chevalier courtois de nature descendit de sa monture pour bavarder avec elle plus commodément. C'est ainsi qu'il fit la rencontre de demoiselle Aubrée, fille d'un riche bourgeois de la ville, demeurant deux ou trois rues plus loin dans une maison cossue. En réalité, il s'agissait d'un pctit hôtcl particulicr, bâti tout au fond d'un immcnsc parc vcrdoyant et fleuri. Aubrée lui expliqua qu'elle se rendait au domicile de sa sœur qui mettait au monde son premier enfant. Une servante venait de les prévenir qu'elle était entrée en travail dès l'aube. Naturellement, ses parents avaient accepté qu'elle la soutienne au cours de cette épreuve difficile et l'assiste en cas de besoin. Leur propre mère lui avait refusé son aide, prétextant qu'il était beaucoup trop tôt pour se déplacer.

Surtout, elle préférait se consacrer à sa toilette plus importante à ses yeux que les souffrances endurées par sa fille aînée. Aubrée accorda tout de suite sa confiance à Enguerrand. Son visage aux traits agréables, sa mine très ouverte, avenante, ainsi que son sourire engageant lui inspirèrent une sympathie immédiate. Oubliant qu'elle s'adressait à un parfait inconnu, l'étourdie n'hésita pas à lui exprimer son indignation et à le mettre au courant des tracas familiaux qu'elle traversait en ce moment. Presque inconsciente de la fascination que sa beauté exerçait sur le jeune chevalier, elle continuait de discourir avec lui, comme si elle se trouvait en compagnie d'un ami de toujours... La demoiselle possédait un visage magnifique aux traits fins et réguliers, digne des statues de l'Antiquité grecque, un petit nez droit, de grands yeux d'une couleur très rare, identique à celle des violettes des sous-bois, mais à l'iris parsemé d'une multitude de paillettes dorées. D'une blancheur presque laiteuse, son front était haut, suffisamment dégagé, ses joues roses et rebondies se creusaient de mignonnes fossettes quand elle souriait. Ses lèvres ressemblaient à des pétales de roses colorés, si délicats, et s'ouvraient sur des dents très blanches s'alignant à la perfection.

D'humeur versatile, sa conversation passait du coq-à-l'âne, de sujets graves à d'autres plus futiles comme à l'instant, où elle avoua à Enguerrand qu'elle n'avait pas eu le temps de natter ses cheveux. Comme elle gesticulait très fort en lui expliquant que leur mère avait le cœur plus dur que de la pierre, la capuche de son manteau tomba en arrière. Ebloui, il découvrit avec ravissement que d'opulents cheveux blonds encadraient sa jolie frimousse d'une multitude de boucles douces et soyeuses, tombant en cascades sur ses épaules. Sa gaieté naturelle à la limite de l'exubérance, ses traits d'esprit brillants, toujours forts à propos, émurent le jeune homme qui à son tour, n'hésita pas à lui dévoiler son identité en lui précisant qu'il était le fils aîné du seigneur Eudes de Bissey. Cette déclaration ne produisit pas l'effet escompté sur la demoiselle qui demeura indifférente. D'une naïveté surprenante, Enguerrand s'imaginait que sa famille était connue dans toute la contrée. Sans transition, Aubrée s'intéressa à Nikita, lui flatta la tête et lui déclara qu'il possédait vraiment une très belle jument. Manifestement, elle n'avait pas peur des chevaux et rit à gorge déployée, lorsque Nikita se frotta gentiment contre son épaule pour lui réclamer de nouvelles caresses. A cet instant, ô combien magique, Enguerrand ne put se retenir de la comparer à demoiselle Ida. Comme tout serait plus facile et tellement agréable avec une aussi belle demoiselle, d'une gaieté contagieuse de surcroît ! songea-t-il à l'instant et il maudit encore son père Eudes qui gâchait son avenir. Pourquoi lui avait-il choisi une fiancée aussi laide et acariâtre que demoiselle Ida, alors qu'il existait tant d'autres beautés sur la terre ?

Naturellement, il se garda de faire part de ses réflexions amères à Aubrée. D'ailleurs, la demoiselle réalisa enfin qu'il était temps de prendre congé de ce beau chevalier et de se rendre chez sa sœur qui l'attendait sans doute avec impatience... Pourquoi s'était-elle attardée aussi longtemps, sans raison valable ? Après une dernière caresse à Nikita, elle le salua d'un signe de la main et fit mine de s'éloigner dans une direction opposée à celle qu'il comptait prendre. Enguerrand réagit immédiatement, la retint par le bras. Avant qu'elle n'ait pu faire un seul pas, il s'exclama :

— J'aimerais tant vous revoir, belle demoiselle Aubrée. Vous avez sûrement beaucoup d'autres choses passionnantes à me narrer. Moi, je suis prêt à vous écouter... Si on se rencontrait demain, près des ruines de l'abbaye ? Il y a un petit parc abandonné juste à côté du cloître et du mur d'enceinte...

— Ce n'est pas raisonnable, sire Enguerrand, lui répondit-elle avec franchise. Mes parents me surveillent étroitement et s'ils s'aperçoivent que je parle à un homme en cachette...

— Vous allez rendre visite à votre sœur comme aujourd'hui, n'est-ce pas ? lui demanda-t-il à brûle-pourpoint. C'est un excellent prétexte, nous pourrions faire connaissance plus longuement... A moins quc ma préscncc nc vous importunc ? ajouta-t-il pour la taquiner, car il avait deviné qu'il lui plaisait également.

— Non, bien sûr que non, protesta-t-elle avec un grand sourire. C'est seulement parce que je crains mon père... S'il vient à l'apprendre, il me fera fouetter...

— Alors tant pis, demoiselle Aubrée, conclut Enguerrand en se préparant à prendre congé sans insister davantage. C'est vraiment dommage que nous ne puissions nous fréquenter, parce que vous ne m'êtes pas indifférente...

— Attendez, sire chevalier, réagit-elle avec sa vivacité coutumière. J'essaierai de m'arranger pour venir et ce n'est pas une correction supplémentaire qui va me faire peur, lui assura-t-elle une lueur de défi dans le regard.

— A demain donc, belle Aubrée, lança Enguerrand sur un ton joyeux avant de grimper sur le dos de Nikita.

D'un geste élégant, la demoiselle avait légèrement relevé ses jupes pour courir plus vite sur le trottoir dans l'espoir de rattraper son retard et elle disparut bientôt au coin d'une rue. Quant à Enguerrand, il rêvait tout haut... Balancé au rythme apaisant des pas de sa jument, il savourait sa victoire en se demandant toutefois si Aubrée aurait le courage de désobéir à son père. Bouleversé par cette rencontre inespérée, il dut faire un effort de réflexion, car il avait complètement oublié pour quelle raison il se trouvait dans les rues de Saulieu, ce matin-là... La charmante Aubrée lui avait également caché quelque chose d'important, à savoir les causes réelles de sa révolte contre sa famille. Son père, maître Rochette, bourgeois et propriétaire d'immeubles de rapport, qu'il louait à travers toute la ville et jusque dans ses faubourgs, vivait par ce moyen de ses rentes et d'une manière assez confortable. Un an en arrière, il avait décidé que sa sœur Gisèle épouserait un riche bourgeois. Maintenant, c'était au tour de la cadette, il avait projeté de la marier avant fin décembre. L'heureux élu ne correspondait pas à ce qu'Aubrée attendait d'un prétendant, ne remplissait aucun des critères espérés pour la rendre heureuse. Et elle refusait de toutes ses forces ce mariage de convenance. A la même époque, sa sœur aînée avait beaucoup pleuré, allant jusqu'à s'opposer à son père, car son fiancé ne lui plaisait pas. Mais Gisèle n'avait pu résister bien longtemps à la volonté paternelle, leur propre mère lui ayant conseillé de se soumettre et d'accepter sa condition de femme. Depuis, la nouvelle épouse prétendait qu'elle était malheureuse en ménage, s'apprêtait à mettre au monde l'enfant d'un homme qu'elle n'aimait pas.

Blasée, désespérée, Gisèle se raccrochait à sa plus jeune sœur, dont les visites fréquentes constituaient le seul rayon de soleil illuminant les longues journées tristes et ennuyeuses, qu'elle passait en solitaire dans sa riche demeure. Cependant de nombreux valets et servantes se trouvaient à son service, chargés de prendre soin d'elle, d'obéir à la moindre de ses fantaisies ou caprices. Son mari, un maître drapier renommé, disposait de coquets revenus provenant d'un atelier et d'une boutique bien situés au centre de la cité. Mais il travaillait beaucoup et s'absentait une grande partie de la journée, absorbé par ses obligations professionnelles, sans parler des réunions fréquentes de sa corporation. L'épouse redoutait surtout les interminables soirées qu'elle passait inévitablement en sa compagnie, davantage encore les nuits. Prisonnière des liens établis par cette union, elle devait subir les assauts de cet homme dur, presque bestial, qui assouvissait ses plus bas instincts et ne s'intéressait qu'à son corps... Son mari ne songeait qu'à s'enrichir davantage, soucieux de se perfectionner dans son métier, pour mieux écraser les autres artisans de son mépris et de son savoir-faire. Les confidences discrètes, mais réalistes de Gisèle, avaient ému la belle Aubrée. Bien sûr, elle songeait qu'elle partagerait bientôt le même sort que son aînée, promise à un avenir sans joie et à un fiancé quelconque qui l'avait à peine regardée...

« Comment pouvait-on se donner à un homme pour lequel on n'éprouvait aucune attirance ni sentiment ? » se demandait souvent Aubrée en se torturant l'esprit. Pour une fois, lorsqu'elle avait osé poser la question à sa mère, celle-ci s'était montrée sincère. Dame Rochette avait longuement soupiré en lui affirmant que c'était le sort réservé à la majorité des femmes. Cette vérité sinistre s'étendait aux trois ordres de la société. Même les privilégiés ne faisaient pas exception à la règle, les femmes nobles souffraient autant que les autres des brutalités masculines. C'était la même chose pour les bourgeoises ou les paysannes ! Pour éviter ces déceptions ou pire ces frustrations inéluctables, il n'y avait qu'une seule solution : le couvent... Si elle préférait entrer dans les ordres, consacrer sa vie à Dieu en devenant nonne, qu'elle le dise à ses parents ! Aubrée avait considéré cette dernière suggestion comme une menace à peine voilée. D'ailleurs, sa mère lui avait fait comprendre que son père l'envisageait en dernier recours, s'il rencontrait une trop grande résistance de la part de sa plus jeune fille. Voilà le sort qui l'attendait, si Aubrée s'opposait à l'union qu'il projetait pour elle. Dorénavant méfiante, elle avait parfaitement retenu la leçon, tout à fait déterminée à s'adapter à la situation. Naturellement, elle ne tenait pas à finir ses jours cloîtrée dans une abbaye ou un couvent.

Aussi, lorsque tout à fait par hasard, elle rencontra le fils aîné du seigneur de Bissey, elle succomba aux effets ravageurs de son charme. De son côté, Enguerrand n'ignorait nullement qu'il plaisait aux femmes. Mais ce fut sans arrière-pensée qu'il s'intéressa à la ravissante Aubrée, tout simplement parce que sa beauté l'attirait comme un aimant et qu'il céda à un penchant naturel, sans se poser trop de questions. Le lendemain matin, Aubrée l'attendait à l'endroit convenu la veille. Puis ils s'éloignèrent main dans la main pour rejoindre une sorte de pâture abandonnée, en direction du faubourg de Boignard.

Au cours de cette première rencontre, ils ne parlèrent pas beaucoup, trop occupés à s'embrasser et à se caresser sans retenue, avides de se consacrer à la découverte du corps de l'autre. La demoiselle ne protesta même pas, elle aurait pu rétorquer à Enguerrand que c'était vraiment contraire à la proposition de la veille, où il avait exprimé le souhait de bavarder avec elle afin de mieux la connaître. Grâce à la complicité de Gisèle, ils purent devenir amants au bout d'une semaine. La jeune mère fit semblant de tomber malade, les cas de fièvre puerpérale n'étaient pas rares après les accouchements et emportaient de nombreuses femmes, mourant des suites de leurs couches... Gisèle simula la maladie à la perfection, usa d'artifices divers... Par exemple, elle tricha pour faire croire qu'elle avait beaucoup de température. Pour être plus crédible encore, elle joua la comédie, fit semblant de délirer de jour comme de nuit. La sage-femme, appelée à son chevet par son mari, se déclara impuissante à la soigner. Dans les courts moments où elle reprenait conscience, elle s'emparait de sa main et réclamait à cor et à cris sa jeune sœur, qui saurait la soulager de ses maux, prétendait-elle. Fort ennuyé, son époux ne pouvait s'absenter trop longtemps de sa boutique et de son atelier. Suspicieux de nature, il affirmait que sans surveillance, ses ouvriers en profiteraient pour négliger leur travail. Néanmoins, il céda à sa demande en allant trouver maître Rochette. Après lui avoir expliqué la nature de ses contrariétés présentes, il le supplia pour qu'il accepte que sa plus jeune fille vienne habiter chez eux durant quelques jours, en attendant la guérison de Gisèle. Maître Rochette ne pouvait refuser ce service à son gendre et accepta de lui confier Aubrée, sans se méfier. La cadette s'installa donc au domicile de sa sœur Gisèle et se montra très efficace dans le rôle de garde-malade qu'on lui avait confié.

Chaque jour, en début d'après-midi, Enguerrand la retrouvait dans une remise désaffectée, sorte de débarras fort commode, qui n'abritait que des vieilleries, des objets cassés ou inutilisés, des meubles très anciens, passés de mode. Un vieux lit tout bancal, dont le matelas était garni de paille poussiéreuse s'échappant par endroits du tissu déchiré, servit de refuge à leurs ébats passionnés... Complices, les deux sœurs se méfiaient de certains valets, de crainte qu'ils ne rapportent ces rencontres compromettantes au maître de maison. Il fallut donc ruser et se méfier de tout le monde pour que leur liaison demeure secrète le plus longtemps possible. A la fois très habile et plutôt leste, l'intrépide chevalier grimpait le long d'un mur donnant directement sur le jardin et l'arrière cour de la demeure du mari de Gisèle. Bien évidemment, il s'efforçait de respecter la discrétion la plus absolue dans ses allées et venues à travers la ville. Une fois parvenu à l'intérieur de la maison, il redoublait de prudence. Personne ne devait savoir qu'il entrait dans cette remise. Quelque temps auparavant, Enguerrand avait sympathisé avec le bourrelier de la rue de la Halle au Blé. Ce dernier acceptait de garder sa jument Nikita dans ses propres écuries, tandis qu'il se rendait à ses rendez-vous amoureux. En se déplaçant à pied, Enguerrand se glissait plus aisément dans le dédale des artères étroites, on remarquait davantage un cavalier et sa monture. Par mesure de précaution, il se retournait à chaque instant pour vérifier que personne ne l'avait suivi jusque-là. Aussi malin que prévoyant, il changeait souvent d'itinéraire, de façon à éviter que des curieux ne remarquent sa présence quasi journalière dans les mêmes rues...

Contrairement à ce qu'il avait espéré, il rencontra d'énormes difficultés pour justifier ses absences quotidiennes à Bissey comme à Suze, bien sûr. Avec son père, il usa de franchise en lui dévoilant une partie de la vérité, c'est-à-dire qu'il avait une liaison sérieuse et s'était attaché à la belle en question. Rassuré, le baron s'imagina qu'il allait retrouver une paysanne des environs et que la passion finirait par s'user avec le temps. Enguerrand se garda bien de prétendre le contraire...

Mais Ida acceptait très mal d'être négligée et lorsqu'il rentrait de Saulieu, le visage illuminé d'une joie sans partage, le regard exalté, perdu dans le vague, elle se doutait bien qu'il ne pouvait s'agir que d'une autre femme qu'il rencontrait en cachette. Folle de jalousie, elle le questionnait en vain pour connaître la vérité. Habile, manipulateur, il niait tout sans faire de détail et simulait une passion soudaine pour sa fiancée : il la faisait taire en la plaquant brusquement contre lui, s'emparait de ses lèvres avec avidité. Ses baisers gourmands la faisaient frémir de plaisir, ses caresses empressées la portaient aux nues avec un avant-goût de Paradis. Enguerrand se glissait dans le rôle de l'amoureux très épris, parce qu'il s'imaginait encore entre les bras d'Aubrée et ce subterfuge lui réussissait à merveille pour endormir la méfiance d'Ida. Conscient de l'enjeu, il se sentait prêt à accomplir n'importe quelle folie pour préserver sa liaison avec sa belle demoiselle...

Mais si l'on se référait au jugement de la haute société, le jeune chevalier était allé trop loin, il avait quelque peu dépassé les limites de la bienséance en s'intéressant à la fille d'un bourgeois de Saulieu. Une bonne quinzaine de jours après, maître Rochette découvrit la supercherie inventée par ses deux filles. Aubrée refusait toujours de rentrer à la maison, alors que Gisèle ne pouvait simuler plus longtemps la maladie. Alerté par cette évidence, il fit surveiller la maison de son gendre par un fidèle serviteur, qui découvrit sans peine qu'un homme rendait visite à ses filles durant l'absence du maître de maison. Très futé, le valet s'était posté à l'arrière des bâtiments. Il se doutait bien que le galant n'emprunterait pas l'artère très passante juste devant la demeure, qu'il éviterait avec soin l'entrée principale ayant pignon sur rue. C'est ainsi qu'il découvrit la manœuvre périlleuse d'Enguerrand, en train d'escalader le haut mur d'enceinte, et il s'en alla informer son maître sur le champ. Le père de famille comprit alors qu'il ne pouvait s'agir que d'Aubrée, Gisèle étant fort occupée avec son fils nouveau-né qu'elle allaitait. Furieux, maître Rochette se précipita rue de la Tour aux Fossés sans plus attendre et faillit surprendre Aubrée et Enguerrand encore au lit. L'infortunée Gisèle le retint à temps, mais elle dut lui avouer que sa sœur n'était pas seule dans la remise, où elle était soi-disant censée faire du rangement... Pour la punir de cette tromperie abjecte, son père la gifla très fort, la secoua sans ménagement pour qu'elle lui raconte toute l'histoire. En pleurs, l'aînée se contentait de gagner du temps en prétendant qu'elle ne savait pas grand chose, qu'elle avait été très malade... Lorsque son père la saisit par le bras, elle se mit à hurler très fort comme si on tentait de l'égorger, ce qui décupla la colère paternelle. Par chance, le jeune couple entendit les bruits de la dispute, les rugissements d'indignation de maître Rochette qui s'efforçait de couvrir les cris de Gisèle.

Comme il s'énervait tout seul, s'excitait comme un diable en pénétrant dans la cour intérieure du logis, Enguerrand réussit à s'enfuir avant d'avoir été découvert. Tel un dément, le père surgit dans la remise en bousculant tout sur son passage, se jeta sur sa plus jeune fille qu'il traîna à terre en la bourrant de coups de pieds et de coups de poings, pour qu'elle lui avoue son crime. Aubrée protégeait son visage des attaques brutales de son père comme elle le pouvait, mais très fière, elle ne versa pas une seule larme. Puis elle le fixa droit dans les yeux, reconnut qu'elle avait une liaison avec un homme. Arrogante, elle n'hésita pas à lui dévoiler l'identité de son amant, parce qu'elle savait qu'elle touchait là un point sensible, que son père souffrait de l'attitude méprisante de la noblesse locale à l'égard des roturiers. « Pensez donc, le fils aîné du seigneur de Bissey, un preux chevalier en chair et en os... Ce n'est pas n'importe qui ! » se gaussait-elle avec fierté en évoquant Enguerrand. Maître Rochette ne partagea pas l'enthousiasme de sa fille à ce sujet, continuait à la frapper durement en l'insultant de « catin ». Secondée par deux serviteurs fidèles, Gisèle réussit à l'arracher de ses mains, tellement elle redoutait que sous l'emprise d'une si grande fureur, il ne finisse par la blesser ou même la tuer... Aubrée se releva sans l'aide de personne, en redressant fièrement le menton. La pommette de sa joue gauche, marbrée d'un hématome de couleur violet foncé, était enflée, sa lèvre inférieure, fendue par un coup plus violent que les autres, saignait abondamment. Mais elle tenait toujours tête à son père, refusant de baisser les yeux comme il l'exigeait pourtant... Puis il l'attrapa par un bras, la traîna dans la cour et lui ordonna de monter à l'étage pour préparer ses bagages. Elle ne resterait pas une minute de plus chez sa sœur. La jouvencelle dut se plier à ses volontés, malgré les pleurs et les protestations de Gisèle qui voulait la retenir auprès d'elle. Mais le père de famille adopta une attitude inébranlable. Insensible aux supplications de l'aînée, il la menaça même de se plaindre à son mari, d'exiger une correction sévère afin de la punir de sa complicité coupable. Gisèle cessa aussitôt ses lamentations. Penaude, elle rentra chez elle pour accompagner Aubrée jusqu'à sa chambre. Enfin seules, tout en s'activant à préparer les vêtements de la plus jeune, de façon à n'éveiller aucun soupçon paternel, elles réfléchirent ensemble à la manière d'alerter Enguerrand. Serait-il assez prévoyant pour annuler la rencontre du lendemain ? Bien sûr, elles se doutaient que leur père lui tendrait fatalement un piège pour se venger du déshonneur qu'il avait infligé à sa fille.

— Surtout, ne vous avisez pas de prévenir le galant d'une quelconque manière, crut-il bon de leur préciser, lorsqu'elles le rejoignirent au rez-de-chaussée. Seigneur ou pas, ton amant va m'entendre et il devra réparer l'outrage...

— Pour l'amour de Dieu, père, ne faites rien dans ce sens, le supplia Aubrée, lucide. C'est une démarche inutile... Vous vous couvririez de ridicule par-dessus le marché, lui affirma-t-elle sur un ton déterminé. Ce jeune chevalier doit épouser bientôt une riche héritière, une noble demoiselle...

— Comment ? s'indigna le père, vraiment choqué par ses paroles. Mais tu es complètement inconsciente ou stupide, ma pauvre fille ! Tu étais informée de ce projet et tu t'es quand même donnée à lui... Enfin, pourquoi t'es-tu comportée de manière aussi insensée ? Je ne te comprends pas...

— Vous tenez absolument à le savoir, père ? le brava l'intéressée en plantant son regard dans le sien. Tout simplement, parce que j'avais envie de choisir celui à qui j'appartiendrais pour la première fois. Enguerrand s'est montré doux avec moi, tendre et délicat... Ce qui ne gâte rien, il possède un beau visage, on croirait voir un archange tombé du ciel. Très bien tourné de sa personne, avec un grand corps mince et musclé, lui... Pas comme ce laideron ventripotent que vous m'avez choisi...

La malheureuse Aubrée ne put finir sa phrase, son père la frappa de nouveau : gifles et horions pleuvaient sur elle à l'aveuglette. Puis il la renversa méchamment par terre, commença à lui décocher des coups de pieds dans le ventre... Par chance, maître Dubois ouvrit la portée d'entrée à ce moment crucial et cette diversion permit à Gisèle de relever sa sœur et de la protéger en lui faisant un rempart de son corps. Naturellement, elle se doutait que son père n'oserait pas s'attaquer à elle en présence de son mari. Le maître drapier se précipita pour voler au secours des deux sœurs.

—Auriez-vous perdu la tête, père ? s'indigna-t-il, surpris d'une telle brutalité venant d'un homme plutôt calme, pondéré d'habitude. Aubrée ne mérite pas d'être traitée aussi durement, c'est une demoiselle charmante, très serviable...

—Quand tu sauras ce qu'elle a fait, tu comprendras mieux pourquoi je la corrige si sévèrement, lança maître Rochette, contrarié par son intervention inopportune. Ma fille est une traînée de la pire espèce et une fois que tu apprendras de quelle manière elle a déshonoré sa famille... Grâce à la complicité de ton épouse, d'ailleurs... ajouta-t-il, impitoyable.

—Je vous en prie, maître Rochette, l'arrêta son gendre, gêné que ses serviteurs assistent à la querelle. Suivez-moi dans mon bureau, où nous serons plus à l'aise pour bavarder tranquillement entre hommes... S'il vous plaît...

Une bonne demi-heure plus tard, au moment où les deux bourgeois ressortirent de la pièce, la colère de maître Rochette était tombée. Par contre, maître Dubois s'adressa à son épouse sur un ton froid, cassant, et il enveloppa Aubrée d'un regard méprisant comme si elle avait commis un crime ou la pire des infamies. Sans ajouter un mot, maître Rochette fit signe à sa plus jeune fille de le suivre et ils quittèrent la maison sans se retourner. Les minutes précédant leur départ, Aubrée s'était jetée dans les bras de sa sœur qui s'efforçait de la consoler du mieux possible.

—Ne te tracasse pas, petite sœur, lui dit-elle en lui caressant les cheveux avec douceur. D'ici quelques jours, tout rentrera dans l'ordre...

—Tu le crois vraiment ? protesta cette dernière en pleurs. Je finirai par épouser ce balourd d'avocat, maître Fraizard. Comme toi, je serai franchement malheureuse le soir dans son lit...

—Non, c'est différent. Toi, au moins, tu pourras te consoler en songeant à ton bel amant, lui suggéra Gisèle dans l'espoir de la réconforter. Moi, je n'ai jamais connu les délices de la passion amoureuse. Rien que les étreintes forcées, animales de ce maître Dubois qui n'éprouve aucune tendresse pour moi...

— Merci, grande sœur, la bénit Aubrée en la gratifiant de son plus beau sourire, triomphant malgré ses larmes. Tu as tout à fait raison : l'évocation de cette folle passion amoureuse me soutiendra dans les moments difficiles jusqu'à la fin de mes jours...

— C'est une revanche sur la vie que tu as prise, ma belle, lui confirma Gisèle, très enthousiaste. Père ne pourra jamais t'atteindre ni t'ôter ce souvenir magique, bien qu'il t'impose un mariage forcé avec ce gros homme laid... A toi, qui es pourtant si belle...

Sans perdre un instant, les deux complices avaient réfléchi au moyen le plus sûr de mettre en garde Enguerrand pour éviter qu'il ne tombe entre les griffes de leur père, révolté par sa conduite libertine. « Est-ce que le chiffon blanc, noué à l'une des fenêtres du premier étage, suffirait à le dissuader d'attendre sa bien-aimée dans la remise ? » se demandaient-elles avec anxiété. C'était le signal convenu entre les jeunes amants pour signaler un péril quelconque ou une situation anormale incitant à la prudence. Enguerrand comprendrait sûrement que la voie n'était pas libre et qu'il devrait reporter sa visite à des jours meilleurs... Gisèle fut sévèrement réprimandée par son mari qui n'osa pourtant pas la frapper, parce qu'elle était la mère de son fils. Mais il découvrait son épouse sous un jour nouveau. De manière réaliste, il comprit enfin que son apparente soumission n'était qu'un leurre, il sentait bien qu'au moindre incident, elle était prête à se révolter contre son autorité. « Le mauvais exemple donné par sa sœur », se dit-il et il se promit d'espacer les rencontres entre elles, parce qu'il les estimait dangereuses pour l'équilibre de son propre couple. Il était encore scandalisé par la conduite ignoble, tellement inattendue d'Aubrée. Une demoiselle si raisonnable, si douce en apparence...

Le lendemain, Enguerrand pressentit qu'il y avait quelque chose de suspect en traversant les rues proches de la maison bourgeoise de Gisèle. Il y avait davantage de piétons qu'à l'accoutumée dans ces ruelles souvent désertes. A plusieurs reprises, il éprouva une impression désagréable comme si on le dévisageait avec insistance. L'incident de la veille l'incita à la méfiance et il se contenta de circuler dans la rue principale en flânant de manière nonchalante. Lorsqu'il se décida à contourner le bâtiment, il aperçut le chiffon blanc flottant à la fenêtre pour lui signaler l'imminence du danger. Tout en sifflotant un air entraînant lui trottant dans la tête depuis ce matin, il s'éloigna d'un pas alerte, se gardant bien de s'approcher du mur d'enceinte. Depuis leur cachette, les serviteurs de maître Rochette enrageaient, car ils l'avaient entendu venir. Comme ce dernier leur avait recommandé de se saisir de lui, une fois qu'il aurait pénétré à l'intérieur de la propriété de son gendre et seulement à ce moment-là, ils demeurèrent impuissants à agir. Autrement, de quel droit s'attaqueraient-ils à un homme circulant dans la rue, sans motif valable ? « S'ils intervenaient de façon irréfléchie, ils risquaient de graves ennuis avec la justice », les avait prévenus leur maître. Le même scénario se répéta deux jours plus tard et Enguerrand comprit que cette liaison divertissante touchait à sa fin, sans qu'il puisse changer le cours des choses...

Comme il rentrait au château de son père à Bissey, il perçut des éclats de voix et par mesure de prudence décida de contourner la grand route en évitant de s'approcher du pont-levis, de la herse et de l'entrée principale.

Puis il longea la courtine en direction de l'ouest, adressa un signe discret aux soldats postés sur le chemin de ronde, leur signifiant par là qu'ils ne devaient pas trahir sa présence. Cette précaution prise, il descendit de cheval et tendit l'oreille... Les échos de la dispute qui avait éclaté entre maître Rochette et son propre père lui parvenaient par bribes entrecoupées, mais il devinait aisément que sa conduite scandaleuse en était la cause. Apparemment, le baron Eudes ne voulait rien savoir, refusait de donner l'ordre d'abaisser le pont-levis pour écouter plus commodément les revendications légitimes de ce bourgeois furieux. Très digne, le seigneur ne souhaitait pas le recevoir, même dans la basse cour de son château, le traitant avec un mépris évident. Son attitude guindée, altière, irrita davantage maître Rochette que la faute commise par son propre fils. Sous l'effet de la colère, il réclamait réparation pour la virginité et l'honneur bafoué de sa fille. A la fin, agacé par ce discours pompeux, Eudes le somma de quitter la place, lui déclarant simplement qu'il était le seul responsable. S'il avait veillé correctement à l'éducation de sa fille et l'avait corrigée au moindre écart de conduite, il n'en serait pas à déplorer ce gâchis. « Si je devais parlementer avec les pères de toutes les filles déflorées par mes fils, il y aurait une file d'attente imposante devant le château... »prétendit-il encore avec l'arrogance propre aux hommes de sa caste.

Enguerrand décida de faire demi-tour et de s'éloigner tant que la voie était libre, sinon l'escorte accompagnant maître Rochette finirait par le repérer et le poursuivre... Tenant Nikita par les rênes réunies dans sa main droite, il avança avec précaution le long de la courtine, jusqu'à ce qu'il rencontre sur sa droite un sentier à moitié caché par les broussailles. En le suivant, il atteindrait la vallée du Cernin sans se faire remarquer. Pour échapper à la colère paternelle, il décida de rendre visite à sa fiancée à Suze et accepta l'invitation du vieil Edme qui le retint à souper. Il était très tard quand il rentra à Bissey, il faisait presque nuit noire. Des étoiles scintillantes commençaient à briller dans le ciel clair, minuscules fleurs de lumière, illuminant les quatre coins du firmament. Rêveur, nostalgique, Enguerrand s'arrêta un long moment pour les admirer à la sortie des écuries. Puis il s'élança en direction de la grande salle du donjon, où le baron Eudes l'attendait de pied ferme.

Ce dernier l'accueillit en lui décochant un rude coup de poing dans la mâchoire qui, de surprise, faillit le renverser par terre. A moitié assommé par la violence de l'attaque, le fils aîné n'osait protester ni relever la tête pour regarder son père en face, car il savait bien qu'il avait fort mal agi. Insensible à la douleur, mais prudent, il recula toutefois de quelques pas en préservant son visage de nouvelles brutalités. D'éventuelles représailles n'étaient pas à exclure, du fait que le baron était très en colère et souhaitait se venger des ennuis provoqués par son fils. L'apparente docilité de l'aîné calma son courroux, Eudes l'invita à s'asseoir pour parler un moment avec lui. Enguerrand ne chercha nullement à nier les faits, reconnaissant humblement ses torts... Mais le père sentit toutefois que son fils avait mûri, qu'il s'adressait à lui d'égal à égal, sans manifester la moindre crainte. Son discours plein d'assurance le troubla et à plusieurs reprises, il s'étonna d'un tel aplomb. Bien sûr, Enguerrand banalisa les événements relatifs à sa liaison avec la belle Aubrée, railla la colère de son bourgeois de père.

Sans éprouver aucune gêne ni le moindre remords, il finit par conclure que de tels écarts de conduite étaient parfaitement excusables pour un jeune chevalier de noble lignage. Apparemment très à l'aise, sur le mode de la plaisanterie, il évoqua les nombreuses aventures d'Eudes connues dans toute la contrée, ainsi que celles de son ami Jacques de Banlay, tout aussi fameuses. A son tour, le seigneur ne put nier la vérité et se dit qu'il était grand temps que son fils aîné quitte la seigneurie pour s'installer à Suze. Il ne supporterait pas qu'il y ait deux maîtres sur sa propre seigneurie et que son autorité soit ainsi bafouée... Toutefois, Eudes lui fit promettre qu'il ne reverrait plus la belle Aubrée, de peur que sa liaison ne s'ébruite et parvienne jusqu'aux oreilles du vieil Edme. La menace d'un scandale familial fut la plus forte, puisqu'elle pouvait conduire à l'annulation pure et simple de son mariage.

Enguerrand obéit à son père, parce qu'il y avait beaucoup d'intérêts en jeu. D'autant qu'il souhaitait se libérer de l'autorité paternelle en s'établissant sur son propre domaine, où il serait le maître... De manière cynique, l'incorrigible chevalier se dit qu'il rencontrerait bientôt une nouvelle conquête qu'il séduirait comme il avait profité de la belle Aubrée ! L'immense déception provoquée par le projet de mariage de son père l'avait endurci, transformé de manière radicale. Contraint d'accepter ce mariage sans amour qui le dégoûtait vraiment, il se dévalorisait sans cesse, se méprisait à tel point que son moral fut sérieusement atteint. Autrefois, il était d'un naturel plutôt gai et optimiste. A quelques mois de son union avec Ida, il se sentait triste et désabusé comme il ne l'avait encore jamais été...

11 - *Les fiançailles de Pierre et Mélisande assombries par de nouveaux crimes.*

Les fiançailles de Pierre et de Yolande eurent lieu au manoir de Crôts-les-Bar, héritage du défunt époux de la dame. Ses frères, les sires de Tailly, avaient tenu à concrétiser ce projet de mariage avec le fils cadet du seigneur de Bissey et s'étaient résolus à sacrifier une coquette somme d'argent pour donner une belle fête. A la cour du duc de Bourgogne, ils avaient bénéficié de rentrées d'argent exceptionnelles, des pensions et gratifications cédées aux courtisans par leur suzerain, par conséquent, ils avaient profité de ses largesses... Comme ils détestaient la campagne et le manoir de leur sœur qu'ils trouvaient triste, lugubre même, ils s'étaient dit que c'était l'occasion rêvée d'organiser festins, bals, et autres réjouissances pour le rendre plus vivant. Dans cet état d'esprit frivole, ils n'avaient pas lésiné sur les moyens et les dépenses allant de pair : depuis Dijon, ils avaient ordonné qu'on achemine sous bonne garde des chariots remplis à ras bord de victuailles, de vins fins, de liqueurs, de mets rares, plutôt recherchés, d'épices et de condiments venus d'Orient pour qu'ils parviennent jusque dans le Morvan. Dans d'autres charrettes attelées à de puissants traits de l'Auxois, leurs serviteurs avaient entassé de la vaisselle luxueuse, des assiettes d'étain, des coupes et hanaps d'argent, de splendides tapisseries, des tapis en laine, quelques coffres sculptés en bois précieux. Il y avait encore de riches étoffes, des robes, des voiles tissés dans des matières somptueuses, arachnéennes, des vêtements féminins à la mode, que les frères avaient l'intention d'offrir à dame Yolande pour la cérémonie. Franchement soulagés de ne plus avoir à se préoccuper de son sort, les deux frères s'étaient décidés à la gâter plus que de coutume. Désormais, c'est son mari qui serait responsable d'elle, à la fois pour lui assurer une vie matérielle décente et faire son bonheur si c'était possible. Cette dernière hypothèse ne les préoccupait guère. A leurs yeux, la première condition était évidemment la plus importante. L'heureux élu prendrait en charge toutes les tâches diverses d'intendance et de gestion du domaine, ainsi que les travaux agricoles relatifs à la seigneurie. De nature douce et généreuse, dame Yolande avait été éblouie par les présents de ses frères et ne les avait pas soupçonnés un seul instant d'être aussi indifférents à son égard. Elle n'avait pas deviné non plus qu'ils cherchaient à se faire pardonner leur attitude égoïste, le manque d'intérêt et d'affection criants qu'ils lui avaient manifestés dans le passé. Seigneurs menant grand train de vie à Dijon, capitale des ducs de Bourgogne, ils n'avaient jamais éprouvé la moindre pitié pour leur pauvre sœur demeurée veuve dans des conditions difficiles, abandonnée dans un manoir isolé, au fin fond du Morvan.

Au moment de la moisson, période où les rudes travaux des champs occupaient les vilains de l'aube jusqu'à la nuit, les seigneurs et toute leur famille s'amusaient beaucoup et profitaient pleinement des splendeurs de l'été. Les malheureux paysans s'échinaient sous un soleil de plomb, s'épuisaient à l'ouvrage : à l'aide d'une faucille, ils coupaient les gerbes de blé, les femmes les liaient au fur et à mesure, puis on les entassait sur des charrettes pour les mettre à l'abri. Au cours de la soirée, deux ou trois hommes devaient encore décharger leur contenu à l'aide d'une fourche et l'engranger au sec.

Ensuite, il faudrait battre la récolte au fléau de façon à séparer les grains de la paille, les conserver dans des sacs de toile... Les nuits étaient trop courtes, les vilains disposaient à peine de quelques heures de repos.

Antoine de Tailly avait choisi le dimanche de l'Assomption, la fête en l'honneur de la Vierge Marie, pour les fiançailles de sa sœur et de Pierre de Bissey. En bons chrétiens, les seigneurs et leurs invités s'étaient rendus en grandes pompes à l'église du bourg de Bissey pour entendre la messe dite par le curé de la paroisse. Les villageois avaient été éblouis par les riches toilettes des nobles dames, les harnachements sophistiqués de leurs chevaux, enfin par les vêtements de fêtes, tuniques brodées, bliauds de soie colorée, chapeaux extravagants des chevaliers... Une nuée de serviteurs accompagnait tout ce beau monde. Depuis leur manoir bâti dans les environs de Dijon, les frères de Tailly avaient déplacé une trentaine de personnes à leur service. La rue principale, la petite place devant l'église avaient été envahies par un flot humain, des cavaliers et des cavalières, des servantes et valets allant à pied, d'élégants chariots tirés par des chevaux toilettés et endimanchés de harnais luxueux... Plus personne ne pouvait approcher de l'entrée de l'édifice religieux, quelques soldats avaient été chargés par le seigneur Eudes de veiller à la sécurité de ses propres invités, tous issus de familles nobles. Depuis la révolte paysanne, il se méfiait des réactions de ses propres vilains. En homme averti, il redoutait que la fête ne soit gâchée par un incident quelconque et s'était entouré des garanties nécessaires pour assurer l'ordre au sein de sa seigneurie. Le jugement des frères de dame Yolande comptait énormément pour lui, parce qu'ils ne cachaient pas leur dédain à l'égard des petits seigneurs morvandiaux, vivant à l'écart de la cour de Bourgogne. Les quelques paysans qui n'étaient pas occupés à moissonner dans les champs réussirent à grand peine à apercevoir le cortège des chevaliers, des nobles dames et de leurs enfants. Deux ou trois rangs serrés de soldats armés les protégeaient et dirigeaient les mouvements des badauds et curieux, que l'on repoussait au loin par mesure de précaution...

Vêtu d'un superbe bliaud de couleur bleu nuit, agrémenté de broderies et de galons, coiffé d'un magnifique chapeau à plumes, Pierre avait offert son bras à dame Yolande pour entrer à l'église. Il faisait un temps magnifique, cette journée du quinze août débutait sous d'heureux auspices et s'annonçait radieuse. En ce beau jour de fête, le cadet du seigneur de Bissey fanfaronnait à son aise : ses fiançailles promettaient d'être brillantes, attirant une grande partie de la noblesse de la contrée. En tant que cadet, Pierre jubilait en songeant que pour une fois la cérémonie et les réjouissances seraient plus prestigieuses que celles données pour les fiançailles de son frère aîné. C'était une formidable revanche pour le cadet. On en parlerait encore longtemps dans le bourg et les alentours, tellement les habitants avaient été subjugués par la magnificence de la fête. Les fiançailles d'Enguerrand et d'Ida n'avaient pas fait grand bruit, on les avait déjà oubliées... Ebloui par la générosité des frères de sa dame, d'ores et déjà, le cadet des Bissey rêvait à un mariage princier. Pierre souriait à dame Yolande, rayonnante à son bras. Une ou deux fois, il se risqua à soulever son beau voile de soie légère, vaporeuse à souhait, pour lui baiser les lèvres.

Gênée par cette audace, la dame le suppliait de cesser ce petit jeu amoureux, parce qu'ils étaient la cible de tous les regards lorsqu'ils pénétrèrent à l'église. Pourtant, elle était très flattée que son fiancé soit aussi tendre avec elle. Pierre admirait sans retenue la beauté de dame Yolande. Si elle n'était plus de première jeunesse, c'était encore une femme ravissante, une vraie beauté, à la fois parfaite de visage et de corps. « Dès l'adolescence, la demoiselle avait sûrement fait battre les cœurs de nombreux chevaliers. Les prétendants devaient se bousculer à la porte du château de son père pour la demander en mariage », songeait Pierre. A cette époque-là, il n'aurait sans doute jamais connu la chance qui se présentait aujourd'hui et sa famille l'aurait immanquablement rejeté avec mépris. De plus, Pierre s'entendait à la perfection avec sa future épouse : facile à vivre, elle se montrait douce et chaleureuse avec lui. Dans les moments difficiles ou les épreuves, il savait qu'il trouverait toujours du réconfort auprès d'elle. Vêtus de guenilles, des enfants de vilains avaient réussi à se glisser sur le parvis de l'église, à la sortie de la messe. Ils tendaient leurs mains sales, noires de terre, pour mendier quelques sous. Bénéficiant de la liesse de cette belle journée, ils furent gâtés par le baron et sa famille. D'ailleurs, presque tous les invités n'hésitèrent pas à leur lancer quelques piécettes. Mais les gamins et les fillettes roulèrent dans la poussière, se battirent entre eux pour les récupérer par terre. Il y eut des cris de colère, des larmes et quelques égratignures parmi les misérables bambins...

Pour cheminer jusqu'à la seigneurie de Crôts-les-Bar, l'itinéraire emprunté se révéla très agréable. Les haies fleuries embaumaient le chèvrefeuille, l'herbe qu'ils foulaient sur leur passage était verte et odorante, les oiseaux chantaient à tue-tête. Partout, les vilains s'activaient dans les champs et l'on apercevait d'imposantes charrettes attelées à de solides bœufs blancs du Nivernais. Au fur et à mesure de l'avancée de leur travail, ils les chargeaient de gerbes de blé, d'avoine ou d'épeautre. Certains adressaient un joyeux signe de la main à la troupe de cavaliers et cavalières, chevauchant jusqu'au manoir de dame Yolande. De nobles dames, des enfants rieurs et très excités répondaient à leur salut en agitant dans leur direction leur mouchoir brodé ou leur manche amovible qu'elles détachaient de leur robe. Un air de fête flottait dans l'air, réveillant les esprits et les cœurs, trois jours et deux nuits entières de réjouissances attendaient les personnes conviées à ces fiançailles... Les frères de Tailly avaient choisi avec soin plusieurs musiciens en vogue dans le duché de Bourgogne. Des ménestrels, des trouvères, des jongleurs et des acrobates avaient accepté de les accompagner depuis Dijon jusque dans cette contrée du Morvan afin de divertir les invités. Pratiquement toutes les croisées et les lucarnes du manoir étaient grandes ouvertes sur la campagne, à cause de la chaleur étouffante de ce mois d'août. Tard dans la nuit et jusqu'au petit matin, on entendait de la musique qui s'échappait par ondes légères, se diffusant jusque dans les prairies avoisinantes. C'était très agréable, même pour les vilains peinant dans les champs à côté du château. Cette ambiance festive réjouissait tout le monde, plus particulièrement le seigneur Eudes et sa famille, qui avaient besoin d'oublier toutes les horreurs de la révolte paysanne du début de l'été.

Les banquets se poursuivaient jusqu'à l'aube, les convives abusaicnt du mcillcur vin dc Bourgognc ou dcs cotcaux du Tonnerrois. Certaines bouteilles offertes par les frères de dame Yolande provenaient même des propres caves des ducs de Bourgogne. Malgré tous ces excès de bonne chère et d'alcool, il n'y eut pas d'incident notoire. Les hommes ivres s'endormaient sur un banc dans un coin de la salle ou à l'ombre d'un arbre sur l'herbe, sans chercher querelle aux autres.

Au cours de ces belles journées, Pierre connut toutefois une légère déception. Sa passion pour sa fiancée ne faisant que grandir, il éprouva soudain un violent désir qu'il espérait bien assouvir avant la date du mariage. Durant un festin interminable, ennuyeux au possible, il attira dame Yolande au dehors, la tenant par la main. Très épris, il lui enlaçait la taille et lui susurrait des mots doux à l'oreille... La dame, un peu naïve, ne se méfiait pas et le suivit jusqu'à son verger séparé du château par de hauts murs de pierres. A l'ombre d'un jeune noyer, il l'embrassa avec fougue, commença à la caresser sur tout le corps, se risquant à lui dénuder la gorge... A sa grande surprise, sa promise l'arrêta aussitôt, repoussant ses assauts téméraires, elle le remit à sa place par des paroles courtoises, mais dissuasives. Seulement Pierre avait bu plus que de coutume, il ne tint pas compte des avertissements de Yolande, décida de passer outre et la forcer à se donner à lui... Un soufflet retentissant l'arrêta dans son élan au moment où il l'allongeait dans l'herbe et s'apprêtait à s'étendre sur elle. Furieuse, dame Yolande se releva d'un bond souple et rajusta son voile malmené, tout froissé par la manœuvre audacieuse, maladroite de Pierre. Depuis son veuvage, pour protéger sa vertu et sa réputation d'honnête femme, de toute évidence, la belle avait pris l'habitude de se défendre des entreprises des hommes.

— Ne vous aventurez plus jamais à ce genre de tentative déplacée, mon ami, lui déclara-t-elle en le fixant droit dans les yeux. Je suis une noble dame, pas une catin. En tant que telle, je ne vous appartiendrai pas avant le mariage...

— Désolé, ma mie, s'excusa Pierre en adoptant un air de chien battu. C'est que je vous aime tant et que je ne vois pas en quoi la chose nuirait à notre future union. Alors, un peu plus tôt ou un peu plus tard... Pourquoi ne pas profiter tout de suite, puisque nous nous aimons et sommes promis l'un à l'autre ?

— C'est une question d'honneur, jeune sire, à laquelle vous devez vous plier, lui déclara-t-elle sur un ton ferme. Vous êtes chevalier, il me semble ? Vous devez respecter les promesses de votre engagement, ainsi que les règles propres à votre caste... Si vous ne pouvez pas attendre le mariage, amusez-vous avec quelques filles serves en attendant, lui conseilla-t-elle encore.

En rougissant très fort, Pierre bafouilla quelque chose d'incompréhensible, puis finit par se taire à court d'arguments pour relancer le dialogue. Mais il pressentit que les apparences étaient souvent trompeuses, que sa future épouse était une femme de caractère. Sans doute, ne la manipulerait-il pas à sa guise, comme il l'avait cru de prime abord. Mais il se consola bien vite de cette déconvenue, puisque dame Yolande n'était pas jalouse et n'exigerait pas qu'il lui soit fidèle comme Ida, la fiancée de son frère, une vraie mégère exagérément possessive ! Néanmoins, dame Yolande sut lui faire oublier l'incident en déployant beaucoup de tact et de gentillesse.

Dans l'ensemble, les festivités furent très réussies et les invités regagnèrent leurs manoirs et châteaux, ravis par ces réjouissances... Tout le monde attendait avec impatience les secondes noces de dame Yolande avec le fils cadet du baron de Bissey !

Très différentes furent les fiançailles de Mélisande, la jumelle de Pierre. Son père l'avait promise au baron Milon, sieur de Bertranges. Plus âgé qu'Eudes, ce seigneur jouissait d'une excellente réputation dans le milieu de la noblesse du comté de Nevers. Du temps de sa jeunesse, c'était un preux chevalier qui savait se battre et aimait tournoyer par monts et par vaux. Sa témérité et son courage inébranlables, ainsi que son expérience de farouche guerrier le faisaient craindre à des lieues à la ronde. De plus, c'était un homme riche à la tête d'un magnifique domaine, qu'il ne cessait d'agrandir par de nouvelles acquisitions ou des mariages habilement calculés. Ses trois premières épouses étant mortes en couches ou de maladie, à peine la quatrième était-elle enterrée dans le caveau familial de la petite chapelle de son manoir, qu'il partait déjà à la recherche d'une nouvelle baronne de Bertranges. C'était un grand amateur de femmes, mais d'une moralité douteuse. Quelques années en arrière, il avait été mêlé à une affaire sordide, relative à plusieurs viols de fillettes de paysans, travaillant pour le compte d'un seigneur voisin. Cependant, comme il était fortuné et puissant, l'affaire avait été très vite étouffée, parce qu'il bénéficiait en plus de solides appuis politiques. Ce qui lui avait évité de sérieux ennuis avec la justice du comte. Si la plupart des hommes l'appréciaient pour ses valeurs chevaleresques, les dames plaignaient beaucoup la pauvre Mélisande... D'une laideur repoussante, ce fiancé âgé se comportait comme un coureur de jupons odieux, terrorisant les femmes et les filles de vilains...

Pendant plus d'un mois environ, Mélisande avait cru que son père reviendrait sur sa décision et que les fiançailles prévues début septembre n'auraient pas lieu. D'ailleurs, le sire de Bertranges n'avait pas assisté à celles de ses deux frères, la demoiselle espérait qu'il s'était fâché avec son père et qu'on ne le reverrait plus jamais au château de Bissey... Mais elle se trompait à ce sujet, Milon avait été invité par Eudes, mais à deux reprises, il s'était trouvé dans l'obligation de se décommander, parce que des affaires d'une urgence capitale le retenaient sur sa seigneurie. Il ne s'agissait que d'un pur hasard, mais Mélisande comme ses frères ignoraient ces raisons. Le baron n'ayant pas pour habitude d'informer les membres de sa famille de ses affaires en cours. Après l'attaque du château par les vilains, les relations tendues entre le père et la fille datant du printemps avaient évolué de manière plutôt favorable. A cette occasion précise, Eudes l'avait félicitée en présence de sa famille, souhaitant l'encourager à poursuivre dans cette voie et à développer des qualités dignes d'une noble dame. Une période d'accalmie avait suivi où une paix relative, quasiment idyllique, s'était instaurée entre le baron Eudes et Mélisande. Le père et la fille s'étaient enfin retrouvés comme avant la déplorable querelle qui les avait divisés quelques mois en arrière. C'était comme si elle pouvait encore compter sur la solide affection dont son père l'avait entourée au cours de son enfance et d'une grande partie de son adolescence. De manière perspicace, Mélisande sentait qu'il était très fier de sa conduite exemplaire et volontaire. Donc, ils avaient renoué le dialogue, rétablissant des relations de confiance, de complicité même, leur rappelant l'époque où ils s'entendaient à la perfection...

Sa grande fille ne supportait plus d'être enfermée au château et Eudes accepta volontiers qu'elle l'accompagne à la chasse en compagnie de ses frères. Mais il s'était montré plus réticent, lorsqu'elle avait exprimé le désir de participer aux battues destinées à débusquer l'assassin sévissant sur les terres de la seigneurie. Néanmoins, il avait fini par céder à sa demande... Bien sûr, il ne perdait jamais de vue sa fille et son fidèle écuyer avait reçu des consignes très strictes à ce sujet. Béranger répondrait sur sa vie et son honneur de la sécurité de Mélisande, lui avait fait jurer le baron, conscient de la nécessité d'une surveillance étroite, sans faille. Le père appréciait le sang-froid de Mélisande et l'expérience vécue lui avait permis de constater qu'il ne pourrait pas toujours lui éviter le danger, qu'il était vain de prétendre la protéger à tout prix. Il était beaucoup plus judicieux de l'endurcir et de l'aguerrir en la confrontant aux dures réalités de l'existence pour lui apprendre à mieux se défendre dans n'importe quelle circonstance.

Un climat de terreur régnait toujours sur les terres de Bissey... Après l'assassinat de la jeune bergère découverte par Enguerrand, deux autres crimes avaient eu lieu dans des conditions similaires. Un fou sanguinaire errait encore parmi eux, sans que personne ne parvienne à se saisir de lui...

La troisième victime de l'été, une paysanne âgée d'à peine quatorze ans, était reconnue dans tout le pays comme une véritable beauté. Depuis la fin du printemps, Flavie était la maîtresse en titre du cadet des fils du baron de Bissey. Sa dulcinée possédait une magnifique chevelure d'un roux flamboyant et de superbes yeux vert émeraude... Chaque semaine, Pierre lui rendait visite et la pauvre chaumière de ses parents abritait leurs amours clandestines. C'étaient de misérables tenanciers qui avaient hérité en majeure partie de terres ingrates, très froides, les moins fertiles de toute la seigneurie. A perte de vue, il n'y avait que des landes de genêts et de maigres prairies qui acceptaient de pousser dans un tel endroit. Non seulement Flavie possédait un physique flatteur, mais c'était une fille tendre, délicate et sensible. Parfois, Pierre regrettait amèrement de ne pas pouvoir l'épouser. De toute évidence, elle l'aurait rendu très heureux. Naturellement, il savait que c'était impossible, puisqu'il était déjà promis à dame Yolande dont il avait cru être amoureux à une époque. D'autant qu'il imaginait bien que son père ne tolérerait jamais une telle mésalliance. Mais la jeunesse, l'innocence et la fraîcheur de Flavie avaient fait pencher la balance en sa faveur, surtout depuis l'incident des fiançailles qui l'avait déçu... Pour se consoler, Pierre avait décidé de ne jamais se séparer d'elle, quoi qu'il arrive, et il la couvrait de cadeaux. Comme sa famille était vraiment indigente, il ne venait jamais les mains vides et la gâtait en lui apportant le plus souvent quelque chose d'utile, comme des vêtements simples, mais neufs et coupés à sa taille, mettant en valeur sa carnation laiteuse de rousse. Dévouées et complices, ses deux sœurs Pétronille et Mélisande choisissaient les tissus, les coloris, et donnaient des ordres à la couturière chargée de les confectionner. Pierre était très épris de Flavie, il aurait accompli n'importe quelle folie pour lui être agréable. Aussi n'avait-il pas hésité à lui offrir une chaîne et une croix en argent. De condition très humble, sa maîtresse avait été tellement émerveillée, lorsqu'elle avait contemplé celles qu'il portait toujours à son cou, lui affirmant qu'elle n'avait jamais vu rien d'aussi joli...

Ce nouveau drame les bouleversa comme si une sorte d'étau d'acier se resserrait sur la famille de Bissey. Des manouvriers embauchés pour la saison des moissons découvrirent le corps de la belle Flavie dans les hauteurs du Bois des Cornouilles, à plusieurs lieues de la métairie de ses parents. Comme toutes les autres victimes, la pauvrette avait été violée par son assassin, puis égorgée, avant d'être abandonnée mourante... Cette fois-ci, le démon pervers avait imaginé une mise en scène macabre. Parmi un alignement de rochers granitiques s'élevant dans le sous-bois, il avait pris la peine d'installer la malheureuse sur une longue pierre plate, semblable à un dolmen datant de l'époque des Celtes. Avec un soin méticuleux, il avait disposé, puis arrangé de façon harmonieuse ses magnifiques boucles rousses de chaque côté de ses épaules, lui avait également fermé les yeux... Puis il avait encore pris le temps de détacher la chaîne et la croix d'argent offertes par Pierre pour les exposer bien en évidence sur la poitrine de la jeune morte, comme s'il relevait une sorte de défi. Alerté par ses métayers, le baron s'était efforcé de cacher la mauvaise nouvelle à son cadet, redoutant une réaction excessive de sa part. Mais tout à fait par hasard, alors qu'il se trouvait dans les écuries, ce dernier avait surpris la conversation des palefreniers évoquant le crime crapuleux de la veille. En proie à un sombre pressentiment, Pierre s'était alors précipité dans la stalle de son cheval Ouragan pour le seller et s'était rendu à brides abattues à La Borderie. Hélas pour lui, c'était bien la belle Flavie qu'on avait assassinée !

Ce soir-là, la famille avait organisé une veillée de prières pour la pauvrette, où étaient conviés leurs plus proches voisins et quelques amis. Ses malheureux parents avaient d'abord cherché à éconduire le fils du baron, prétendant qu'il n'avait pas sa place parmi eux. Mais fou de douleur, il n'avait rien voulu entendre et s'était précipité à l'intérieur de la pauvre masure, afin de rendre un dernier hommage à sa bien-aimée. Baissant humblement la tête, le jeune chevalier avait ôté sa chaîne et sa croix en or et malgré les protestations indignées de la mère de Flavie l'avait attachée non sans mal à son cou. Avec le peu de moyens dont les paysannes disposaient, elles avaient entouré sa gorge à l'aide d'une bande de lin épaisse pour rapprocher les bords béants de l'horrible plaie, faite par le couteau de l'assassin. Par endroits, des auréoles d'un rouge vif commençaient à teinter le tissu, qui finirait bientôt par s'imprégner entièrement du sang de la victime. A la vue des traces du martyre qu'on avait infligé à Flavie, Pierre réprima quelques spasmes nerveux, tandis que des rugissements de colère s'échappaient de sa bouche et qu'il maudissait l'infâme meurtrier. Puis il s'était penché sur la pauvrette, l'avait baisée une dernière fois sur la bouche, comme s'il était seul dans la pièce. Enfin, très calme, il s'était agenouillé tout près d'elle, la tête enfouie contre le drap lui servant de linceul. Quelques vilains avaient protesté derrière son dos, menaçant de le chasser hors de la pièce. Mais il avait à peine remarqué leur mouvement de colère. Sous l'emprise d'un chagrin trop vif, il avait caché son visage entre ses mains pour pleurer plus à l'aise, le corps secoué de longs sanglots qu'il retenait à grand peine... Le soir même, le baron était venu le chercher pour le ramener au château, mais Pierre avait refusé de le suivre, malgré les remontrances cinglantes qu'il lui avait adressées. « Un fils de noble famille ne se donne pas ainsi en spectacle devant des paysans, c'est indigne de ton lignage », avait grondé le baron Eudes.

« Que feras-tu si dame Yolande refuse de t'épouser, quand elle apprendra ton attachement pour cette fille de vilains ? » Ni les avertissements ni les menaces du baron n'eurent un effet quelconque sur lui... Personne ne put dissuader Pierre d'assister aux obsèques de la belle Flavie, il se mêla à la population paysanne en deuil. En tête du cortège funèbre, il s'efforçait de soutenir la pauvre mère de la victime qui se raccrochait à son bras et ils pleuraient tous les deux partageant la même souffrance. Il fut le dernier à quitter la tombe de sa maîtresse qu'on avait enterrée dans une minuscule nécropole près d'un oratoire sculpté dans la pierre, à la lisière de la grande forêt. Certains vilains préféraient reposer à côté des terres où ils avaient tant peiné, tout près des bois et de la montagne, où ils avaient toujours vécu. Par la force des choses, ils n'ignoraient pas que personne ne viendrait prier sur leur tombe, si on les enterrait en bas dans le cimetière du village... D'ailleurs, ils manquaient le plus souvent d'argent pour se permettre le luxe d'une telle sépulture, plus coûteuse que céans. Le baron avait envoyé Enguerrand chercher son frère et il le trouva allongé dans l'herbe haute, à côté du lieu où on avait enseveli sa bien-aimée. Même la mère de Flavie n'avait pu le forcer à se relever après l'oraison du curé, qui s'était déplacé depuis le village de Bissey.

Ecrasé sous le poids d'un chagrin trop lourd à porter, Pierre suivit son frère sans lui opposer de résistance jusqu'au château. Mais il demeura trois jours et trois nuits à pleurer sans cesse, couché dans la paille auprès de son cheval Ouragan. Le cadet des Bissey avait le cœur brisé, repoussait les différentes tentatives de sa famille s'efforçant de le consoler. Au début, il refusait même de parler et de se nourrir. Contrairement à dame Bathilde qui s'affolait déjà d'un tel abattement, le baron prit le parti d'ignorer sa conduite pour le moins étonnante, se disant qu'il reprendrait fatalement une vie normale, un jour ou l'autre. Le père de famille ne se trompait guère, mais Pierre éprouvait encore beaucoup de chagrin et de temps à autre, de grosses larmes roulaient sur ses joues, lorsqu'il songeait à Flavie, sa douce amie, si tendre et si aimante. Indifférent à tout ce qui l'entourait, il ne prenait même pas la peine de les essuyer...

La dernière victime en date de cet été meurtrier était également proche de la famille de Bissey. Contrairement aux fois précédentes, ce n'était pas une pucelle, mais une toute jeune femme, qui fut immolée par l'assassin. C'était la belle Boussarde, une des maîtresses préférées du baron, qui lui avait porté plusieurs enfants, même après qu'il l'eût mariée à un vilain, Renaud.

Un jour pas comme les autres, son époux, tenancier de son état, la retrouva égorgée alors qu'il rentrait du bourg de Bissey. Dès l'aube, il avait quitté leur modeste métairie, poussant devant lui quelques chèvres, plusieurs moutons, deux gros paniers remplis à ras bord sous chaque bras, l'un contenant deux ou trois poules, l'autre deux pintades, une oie bien grasse... Il s'agissait de redevances en nature, qu'il devait fournir au seigneur pour une partie du loyer de sa tenure. L'intendant lui avait demandé de conduire ces bêtes au château ce jour-là, précisément. Quant à son épouse, Boussarde, elle était partie garder leur troupeau de chèvres sur la montagne de La Chevanne, en compagnie de leur chien de berger. Leur fille aînée s'occupait des enfants plus jeunes à l'intérieur de leur chaumière, ses parents lui avaient recommandé de ne sortir sous aucun prétexte. Renaud ne revit jamais sa femme vivante...

Quand il la découvrit le long d'un fossé au beau milieu de la côte de La Diconne menant à leur ferme, elle avait déjà succombé à une longue agonie, en se vidant lentement de tout son sang. L'infortuné mari lui avait fermé les yeux, puis s'était mis à hurler comme un fou en appelant au secours leurs plus proches voisins. Par chance, un vilain travaillant dans un champ juste à côté, arriva en courant. La pièce de terre, où il avait fauché durant une grande partie de la matinée, était délimitée par une haie touffue, mais jouxtait l'endroit où la pauvre Boussarde était morte. Lorsque Renaud le questionna au sujet de l'assassinat de sa femme, il lui jura qu'il ne l'avait pas entendue crier, sinon il se serait précipité pour l'aider. C'était encore une énigme... Les deux hommes réfléchirent et finirent par conclure que l'agression de Boussarde avait sans doute été commise ailleurs, cette montée étant tout de même un lieu de passage. Pourtant, le vilain ne s'était aperçu de rien : l'odieux criminel n'avait pas fait de bruit pour la transporter jusqu'à ce talus et l'abandonner mourante au milieu des hautes herbes.

Depuis le seuil de la porte, les enfants aperçurent un sinistre cortège cheminant jusqu'à leur masure. Les hommes ramenaient leur mère étendue sur une sorte de brancard de fortune et leur père se frappait la poitrine en se lamentant à voix haute. Alertées par ses cris, les voisines étaient venues, les avaient fait sortir pour s'occuper d'elle... Ce n'est qu'à ce moment-là qu'ils avaient compris que leur maman était morte. Puis elles avaient lavé Boussarde de tout le sang qui la recouvrait, l'avaient vêtue de ses plus beaux habits en choisissant parmi les moins déchirés. Pour finir, on l'avait allongée sur la table de la pièce unique, où logeait toute sa famille. Fou de douleur, Renaud était quand même parti à la recherche de leur troupeau de chèvres et de moutons. Les animaux délaissés par leur gardienne s'étaient égaillés à travers la montagne parmi les landes de genêts et de bruyères. Puis il avait sifflé leur chien pendant un long moment. Finalement, Pataud était quand même revenu, mais tout penaud et tremblant, la queue entre les jambes. La brave bête avait fixé son maître de ses grands yeux bruns en poussant de petits gémissements plaintifs. C'était comme s'il craignait qu'il ne lui reproche de ne pas avoir su protéger la belle Boussarde. « Peut-être même qu'il avait assisté au meurtre de sa maîtresse, mais qu'il n'était pas de taille à la défendre ? » se demandait Renaud. Pataud l'avait précédé sur le chemin conduisant à la maison et il s'arrêtait de temps en temps pour hurler à la mort. Pour flairer un grand malheur, on pouvait toujours se fier à l'instinct animal, infaillible dans ce domaine...

Quand le baron Eudes apprit l'horrible nouvelle, il entra dans une rage folle, intensifia rondes et battues de soldats pour empêcher l'ignoble forcené de frapper encore, d'assassiner les femmes et les filles de ses vilains. Mais cette fois-ci, il comprit qu'il s'agissait d'un avertissement à peine voilé, comme si une menace réelle planait directement sur lui et sa famille. En s'attaquant aux deux femmes de vilains que les hommes de la famille de Bissey avaient aimées, l'assassin dévoilait ses mauvaises intentions, montrant une détermination implacable, une volonté morbide de leur faire du mal par personne interposée. Eudes n'assista pas à l'enterrement de Boussarde, mais il rendit visite à Renaud pour lui remettre une bourse bien garnie, lui recommandant de veiller sur ses enfants et de se rendre au château s'il avait besoin de quelque chose pour eux. Une humiliation supplémentaire pour le pauvre vilain bafoué, écrasé de chagrin.

Renaud n'ignorait rien des liens attachant son épouse à leur seigneur, mais il les supportait bravement et souffrait en silence. Malgré les moqueries et les plaisanteries déplacées de leurs voisins au sujet des infidélités de la belle Boussarde, il l'aimait passionnément. Par ailleurs, il ne pouvait rien lui reprocher d'autre, elle se comportait comme une épouse attachante, dévouée, une travailleuse acharnée et une mère de famille exemplaire...

C'était presque la fin de l'été, les nuits commençaient à s'allonger de manière perceptible, les matinées demeuraient fraîches en attendant que les rayons du soleil réchauffent la campagne. Le baron et sa maisnie, ainsi que les soldats à son service rentraient fourbus des longues chevauchées quotidiennes à travers les bois, les landes désertes, d'où ils revenaient invariablement bredouilles. Intriguée par ces échecs répétitifs, Mélisande s'était impliquée dans cette « chasse à l'homme » d'une importance capitale pour rétablir l'ordre et apaiser les esprits surchauffés des personnes vivant sur la seigneurie. Tout au long de la journée, la demoiselle prenait plaisir à chevaucher au grand air sans ressentir ni lassitude ni courbature, privilèges enviés par les plus âgés, souffrant de douleurs ou de rhumatismes. Mélisande, elle, bénéficiait de la jeunesse et d'une résistance physique sans faille. Ces circonstances exceptionnelles lui permirent de découvrir l'étendue des terres de la seigneurie, de mieux situer les métairies, les fermes, enfin de rencontrer les vilains les habitant... Enfin, elle entra en contact avec l'univers sauvage de la forêt et de la montagne. Jamais encore elle n'avait pénétré plus avant à l'intérieur des bois, au plus profond de leurs entrailles, dans des endroits déserts et reculés dont elle ne soupçonnait même pas l'existence. Etonnée, elle n'aurait jamais imaginé qu'ils abritaient une vie à part, si différente de celle qui lui était familière depuis son enfance. Pourtant, elle s'était toujours intéressée à la campagne qui se trouvait aux portes du château. Ce fut comme une sorte de révélation... Mélisande se prit à aimer cette contrée qui était la sienne, mais qu'elle connaissait si mal quelques mois en arrière. La beauté, l'originalité de la forêt morvandelle la captivèrent à jamais, lui procurant des joies profondes, des émotions nouvelles, comme elle n'en avait jamais éprouvées jusqu'à présent. Se détachant de son proche entourage, elle oubliait qu'elle était accompagnée de beaucoup de monde, de tout un cortège de gens d'armes bruyants, peu discrets, pour se sentir parfaitement libre, épanouie par la magnificence de la nature.

Pour éviter de se faire remarquer par tous ces hommes, la demoiselle avait emprunté à ses deux frères une veste de chasse et des braies, elle nattait ses cheveux de manière très serrée, les cachait sous un vieux feutre, qui la protégeait de la pluie ou des rayons ardents du soleil à la mi-journée. Le plus souvent, elle se tenait aux côtés de son père, ils chevauchaient botte contre botte. Eudes profitait de cette occasion pour parfaire son éducation de cavalière. Après une semaine entière, il n'eut plus grand chose à lui apprendre, il avait corrigé certains travers ou mauvaises habitudes pouvant lui nuire. Comme sa fille aînée avait hérité de quelques-unes de ses qualités, elle se montrait excellente cavalière, presque aussi fameuse que son frère Enguerrand. De plus, c'était un vrai garçon manqué : elle ne craignait ni les chutes ni les risques insensés. En selle sur Gracieuse, sa grande jument baie, elle sautait par-dessus fossés et torrents avec une témérité qui surprenait les hommes de son père.

Ce dernier en profitait pour échanger quelques mots avec sa fille, étendre ses connaissances de la contrée en lui expliquant la façon dont les montagnes s'étaient formées, il y a plusieurs millénaires en arrière. Au passage, il lui indiquait les meilleures terres arables en lui détaillant la nature de leurs sols. Quant à la forêt, le père et la fille partageaient le même émerveillement. Les bois de feuillus exerçaient une attirance inexplicable sur eux comme une sorte d'envoûtement, sans qu'ils en aient vraiment conscience. Ensemble, ils adoraient chevaucher le long des sentiers caillouteux, parfois boueux, s'élancer à travers les futaies en soulevant des nuages de feuilles, se reposer auprès des berges d'un étang pour laisser boire leurs montures. Ils étaient toujours prêts à découvrir de nouvelles clairières où se dressaient des rochers granitiques, qui avaient surgi du sol à une époque lointaine. Pour s'orienter dans ces solitudes profondes et silencieuses, c'étaient d'excellents points de repères. Le spectacle changeant, offert par cette nature sauvage, capricieuse, ne décevait jamais le père et la fille. Comme une enfant, Mélisande poussait des cris d'admiration, des « Oh » et des « Ah » émerveillés, lorsqu'ils croisaient par hasard une biche élégante en train de se désaltérer au bord d'un torrent glacé dévalant des hauteurs de la montagne.

Malgré ses protestations indignées, Mélisande retenait toujours le bras de son père avant qu'il n'ait eu le temps de se retourner sur sa selle pour s'emparer d'une flèche, puis tendre son arc et viser l'animal. Ou bien elle frappait dans ses mains, faisait du bruit pour que la jolie bête ait le temps de s'enfuir. Le baron pestait, faisait semblant de se fâcher, mais il cédait toujours aux caprices de sa fille, renonçant pour une fois à satisfaire son instinct aiguisé de chasseur... Mélisande le remerciait en lui offrant son plus beau sourire ou s'emparait de sa main pour la baiser. Mais cette marque d'affection excessive le gênait, il ôtait son gant pour lui caresser tendrement la joue. Et ils riaient très fort tous les deux en contemplant les évolutions gracieuses du cervidé à la ligne fine et racée, qui s'enfuyait par bonds agiles pour leur échapper. Réconfortée par ces moments de complicité très agréables, Mélisande croyait avoir de nouveau conquis le cœur de son père. Le comportement familier, détendu, qu'il adoptait en sa présence l'avait rassurée en quelque sorte et elle se prenait à espérer en un avenir meilleur. Hélas, elle se nourrissait de fausses illusions entretenues par l'attitude équivoque de son père lui laissant entendre qu'elle pouvait tout lui demander comme avant... Bien qu'elle eût toujours évité d'aborder le sujet de son mariage, par crainte de briser la confiance et l'estime paternelle, restaurées depuis un bon mois maintenant, un beau jour, elle ne put se retenir et commit une grave imprudence... C'était au cours d'une nouvelle battue sur le versant septentrional du Bois de l'Envers, le plus rude et le plus escarpé du domaine forestier appartenant au baron. Partis de bon matin, ils avaient chevauché une grande partie de la matinée. Maintenant, ils faisaient halte dans un charmant sous-bois pour reposer leurs muscles échauffés et leur dos endolori par cette longue distance, qu'ils avaient parcourue d'une traite, sans ménager leurs montures. D'autre part, le terrain très accidenté de la forêt, traître par endroits, exigeait davantage d'efforts physiques et de concentration pour les cavaliers et leurs montures. Aussi en ce moment, ils appréciaient de souffler un peu, de relâcher la tension entretenue par les recherches : ils se tenaient toujours à l'affût d'un quelconque indice ou d'une présence inconnue dans la forêt.

Des hommes s'adossaient à un tronc d'arbre pour boire goulument de l'eau à la gourde qu'ils avaient attachée à leur ceinture, d'autres grignotaient un morceau de pain tiré d'une poche de leur veste. Enfin, les derniers se reposaient assis par terre, les jambes croisées à même le sol humide, déjà recouvert de feuilles mortes. Pendant ce temps, plusieurs d'entre eux s'occupaient des chevaux : ils les avaient conduits en les menant par la bride au bord d'un immense étang dont les rives étaient envahies de joncs, pour qu'ils puissent se désaltérer selon leurs besoins. Ensuite, ils les laissaient brouter le long des berges couvertes d'herbe verte, très tendre. Cependant, Eudes et Mélisande n'auraient laissé ce soin à personne et surveillaient eux-mêmes leur monture. Eudes flattait avec douceur le chanfrein de Fandango, tandis que Mélisande vérifiait l'état des sabots de Gracieuse en lui soulevant les pieds, l'un après l'autre. A l'aide d'un cure-pied, elle vérifiait leur état et les nettoyait en éliminant le moindre caillou qui se serait glissé à l'intérieur de ses fers, au risque de la blesser. Le père et la fille s'étaient retrouvés ensemble, partageant le même amour et le même respect des chevaux. Incapable de résister plus longtemps à la question qui la tourmentait dorénavant toutes les nuits, Mélisande se risqua à la poser à son père en empruntant toutefois des chemins détournés, mais très maladroits de toute façon.

— M'aimez-vous encore un peu, père ? lui lança-t-elle, sans réfléchir aux conséquences de son interrogation fort équivoque.

— Naturellement, ma fille, lui affirma-t-il aussitôt sur un ton péremptoire. Pourquoi me poses-tu une question aussi niaise ? J'aime et protège tous les enfants que le Bon Dieu m'a envoyés et ne souhaite qu'accomplir leur bonheur sur cette terre...

— Alors, pourquoi avez-vous décidé de me vendre à cet ignoble vieillard, père ? attaqua-t-elle sans avertissement. Je ne comprends pas vos dires contradictoires : vous venez d'affirmer que vous....

— Arrête-toi, Mélisande, gronda-t-il immédiatement. Je croyais que tu avais compris la leçon... Justement, c'est parce que je t'aime beaucoup et que je suis fier de toi, que j'ai projeté une union brillante pour ma Mélisande. Tu seras une noble dame riche et respectée, ma belle princesse...

— Mais à quel prix, père ? s'indigna Mélisande, très en colère. Avez-vous songé à ce que signifie ce mariage pour moi ?

— Tu feras comme toutes les autres femmes, ma fille, prétendit-il pour la calmer. Tu t'habitueras à ton époux et trouveras d'autres compensations procurées par la fortune. Les bienfaits matériels ne sont pas négligeables, crois-moi... Enfin, songe que ce mari âgé ne vivra pas trop longtemps : après sa mort, tu seras une veuve aisée et enviée de tous... A ce moment-là, tu pourras choisir un prétendant qui te plaira davantage...

— Mais c'est monstrueux, père, lui reprocha-t-elle sans lui laisser le temps de finir sa phrase. Ce manque de scrupule me choque vraiment, je ne vous imaginais pas aussi intéressé et calculateur ! Si j'épouse un noble chevalier, je n'ai pas l'intention de profiter de lui, mais de l'aimer d'abord...

— Tu n'es qu'une enfant rêveuse, Mélisande, décréta-t-il sur un ton méprisant. La vie te fera changer d'avis. D'une manière ou d'une autre, les événements te dresseront, t'ôteront tes belles théories trop éloignées de la réalité. Mais pour l'instant, tu m'obéiras un point, c'est tout... Le débat est clos...

—Non, je vous l'ai déjà dit, père. Je préfère mourir plutôt que de subir les assauts de ce vieillard lubrique, protesta-t-elle encore, parce qu'elle refusait de se plier aussi facilement à ses volontés. Vous m'imposez un véritable cauchemar...

—Dans ce cas, ma belle, prépare-toi à entrer au couvent, la menaça-t-il, agacé par la résistance de sa fille, qu'il croyait avoir vaincue depuis longtemps. Bérenger va t'escorter jusqu'au château, où tu prépareras tes bagages. Dès demain matin, je te conduirai près d'Auxerre pour vivre parmi les nonnes. La mère supérieure est une amie de longue date, la propre sœur de Jacques. Je suis sûr qu'elle te réservera un accueil chaleureux...

—Par pitié, père, capitula-t-elle, soudain. Pas le couvent, j'aime trop la vie : j'y mourrai d'ennui à petit feu...

—Alors, sois raisonnable, ma Mélisande, lui conseilla-t-il sur un ton radouci. Surtout, ne t'avise pas de me désobéir en tentant de te soustraire à tes fiançailles. Je serai obligé de te faire fouetter et de mettre mes menaces à exécution. Choisis une bonne fois pour toutes : le couvent ou le mariage... A toi de décider, ma fille, en ton âme et conscience...

—C'est bon, j'ai saisi la leçon, père, lui assura-t-elle, le cœur lourd, débordant de rancune. Je vous obéirai sans chercher à me rebeller, puisqu'il n'y a pas d'autrc solution...

Mélisande avait enfin compris que son père ne céderait jamais, qu'il préférait la sacrifier plutôt que de renoncer à ce mariage... A quoi cela servirait-il de lui rétorquer que c'était injuste, qu'il ne lui laissait pas le choix de toute façon, puisqu'il lui imposait un mari qu'elle abhorrait et qui la dégoûtait ? La mort dans l'âme, elle réfléchit à la façon de s'adapter à la réalité pour mieux l'affronter. Peut-être qu'elle finirait par trouver une sorte d'échappatoire qui lui épargnerait de trop grandes souffrances ? Mieux valait faire semblant de se soumettre plutôt que de se lancer dans un affrontement ouvert, d'où son père sortirait vainqueur de toute façon. Comme elle dépendait entièrement de lui et de son bon vouloir, il disposait de tous les moyens possibles et imaginables pour la briser sans pitié. Perspicace, intelligente, la demoiselle choisit de ruser pour éviter le pire... Déjà, elle ne changea rien à leurs habitudes, continua de l'accompagner à cheval tous les jours, comme si cette nouvelle querelle n'avait jamais eu lieu. De temps en temps, comme un éclair fugace, Eudes surprenait le regard noir de Mélisande chargé de reproches, mais il ne s'attardait jamais longtemps sur lui. La demoiselle demeurait muette comme une tombe, se contentait de l'observer à la dérobée de manière insidieuse, presque sournoise. Comment aurait-elle pu lui signifier différemment sa désapprobation, puisqu'elle ne disposait d'aucun autre moyen à sa portée ?

Bérenger avait reçu une nouvelle mission, il devait la surveiller encore plus étroitement, maintenant que la date fatidique de ses fiançailles approchait à grands pas... Nous étions début septembre et un remue-ménage épouvantable bouleversait les habitudes tranquilles des habitants du château.

Une fête magnifique s'annonçait, mais Mélisande suivait ces préparatifs avec une grande indifférence, comme si elle n'était pas concernée... Se référant aux fiançailles de ses deux frères, elle prit du recul et réalisa qu'il n'y avait rien de terrible pour l'instant. A la suite de réflexions très logiques, plutôt avisées, elle décida de se limiter le plus possible à son rôle de fiancée officielle. Pour éviter de souffrir, elle ferait semblant d'accepter cette comédie. Mais ce ne serait pas elle, Mélisande, mais une autre personne qui recevrait la bague, échangerait consentement et promesses... Ce détachement s'imposait comme une nécessité vitale, lui permettrait de survivre à cette épreuve, espérait-elle. En revanche, elle était vraiment décidée à échapper à cet ignoble vieillard, qui ne poserait pas la main sur elle. Tout à fait déterminée, elle se plierait à n'importe quel artifice ou supercherie pour défendre son honneur et sa virginité. Les sages résolutions de Mélisande l'incitèrent à la plus élémentaire prudence, mais elle simula une conduite soumise, obéissante en public.

Le jour de l'arrivée de son fiancé au château, elle ne chercha pas à l'éviter comme elle l'aurait envisagé des semaines en arrière. Adoptant l'attitude d'une intrigante rusée, elle l'accueillit en se forçant à se montrer aimable et gaie, fit semblant d'être heureuse de le retrouver... Evidemment, ces mensonges lui coûtaient beaucoup et la minaient de l'intérieur. Devant sa famille et tous leurs amis rassemblés, elle acceptait volontiers de se promener au bras du baron de Bertranges et de se montrer agréable, souriante avec tout le monde, comme si elle acceptait de son plein gré son futur mariage. Seulement, elle demeurait sans arrêt sur ses gardes. Les sens aiguisés, en alerte, elle avait caché une dague pointue dans la manche de sa robe pour se défendre. Surtout, elle évitait toujours de le rencontrer en tête à tête, s'arrangeait pour s'enfuir prestement, s'éclipser en toute discrétion, dès qu'il tentait le moindre geste déplacé. Par chance, elle avait compris que grâce à sa souplesse et sa vivacité coutumières, elle n'avait aucun mal à lui glisser facilement entre les mains et qu'elle courait plus vite que lui en cas de danger... Ces premières constatations logiques la rassurèrent, d'autant que Milon ne pouvait rien tenter en public, qu'une telle attitude l'aurait déshonoré devant tout le monde. Alors qu'elle se croyait seule à mener ce dur combat, qu'elle ne comptait sur l'aide de personne, à la suite d'un retournement miraculeux du destin, elle bénéficia de la complicité de son frère aîné.

Dès le début, Enguerrand avait remarqué le manège habile de sa sœur et il l'approuvait entièrement, l'encourageant dans cette voie, l'incitant toujours à prendre davantage de précautions. De manière extrêmement pudique, le frère et la sœur s'étaient parfaitement compris, sans avoir eu besoin d'échanger la moindre parole au sujet de ce projet d'union qu'ils désapprouvaient tous les deux et qui les révoltaient, mais pour des raisons différentes, naturellement. A maintes occasions, Mélisande s'aperçut qu'Enguerrand veillait sur elle comme un preux chevalier, soucieux de la protéger de la lubricité de son fiancé et de ses intentions plus ou moins malhonnêtes. Il renforçait sa surveillance en fin de journée et n'hésita pas à sacrifier une habitude qu'il considérait plaisante, en s'abstenant d'ingurgiter la moindre goutte de vin pour mieux remplir sa mission de chevalier servant. Le premier soir, d'un signe de la main, il fit comprendre à Mélisande qu'il était temps de quitter la salle.

Mais il la rejoignit à la sortie pour l'accompagner jusqu'à la chambre où elle devait dormir. Mélisande fut surprise de rencontrer dans les escaliers Thierry, l'écuyer de son frère. Le fait qu'il leur emboîta le pas pour grimper à l'étage l'étonna davantage encore... Enguerrand lui déclara que ce dernier dormirait à l'intérieur de la pièce, allongé devant la porte d'entrée comme un chien de garde, pour la protéger en cas de danger. Il ne faisait confiance à personne d'autre. Guillemette avait reçu des consignes très strictes pour le prévenir à la moindre alerte suspecte, elle s'adresserait à son écuyer qui les défendrait. Mélisande s'accrocha spontanément au cou de son frère pour lui manifester sa reconnaissance, ses attentions pleines de délicatesse la touchaient vraiment.

— Sois prudente, petite sœur, lui recommanda-t-il avant de sortir. Ne reste jamais seule avec cet épouvantail et crie très fort, s'il ose s'attaquer à toi... Ne t'inquiète pas, tout se passera bien... Je suis là pour te défendre, ma belle...

— Comment te remercier, messire mon frère ? Que Dieu te bénisse pour le soutien que tu m'apportes... Sinon, je capitulerais ou j'en mourrais... murmura-t-elle.

— Père ne doit s'apercevoir de rien, agissons avec la plus grande discrétion, lui suggéra le frère aîné. Autrement, il m'empêcherait d'intervenir. Courage, ma belle, ces deux journées seront vite passées... Tu as vaillamment résisté à la première, alors ne désespère pas...

Réconfortée par l'attitude responsable, protectrice d'Enguerrand, Mélisande se sentait moins seule pour affronter l'épreuve du lendemain. Comme dans un épouvantable cauchemar, elle reçut la bague de Milon, le remercia, s'arrangea pour dévier la trajectoire de son baiser. A la dernière minute, elle lui tendit sa joue droite au lieu de ses lèvres. Puis ils échangèrent leur consentement en présence de Dom Léonard. Mélisande joua parfaitement la comédie, même si elle souffrait énormément en son for intérieur. En tant qu'actrice principale de cette farce de mauvais goût, elle avait davantage envie de pleurer que de sourire aux invités. Les précautions d'Enguerrand ne furent pas inutiles, loin de là... Le soir même des accordailles, son vieux fiancé entreprit de la violer... Alors que le frère aîné l'escortait comme la veille pour la conduire jusqu'à la chambre, où elle dormait avec les enfants en compagnie de Guillemette, ils se heurtèrent au sire Milon passablement éméché. Pour ne pas attirer d'ennuis supplémentaires à Mélisande, Enguerrand le ménagea et se contenta de le repousser avec politesse en lui interdisant l'accès de la pièce. La demoiselle l'avait échappé belle, car Milon semblait déterminé à se jeter sur elle et... Effrayée, très pâle, elle n'osa même pas imaginer la suite... Avant de la quitter, son frère renforça la garde devant la porte de la chambre. Furieux, Milon avait disparu en grognant qu'il n'en resterait pas là, qu'il ferait valoir ses droits de fiancé avant son départ. Mais comme il avait beaucoup bu, il omit de se plaindre au baron Eudes de l'attitude inacceptable de sa mijaurée de fille, prétentieuse comme pas une.

Il s'enivra encore davantage pour oublier sa déception. L'aube de la dernière journée de festivité se leva enfin, pour le plus grand soulagement de Mélisande... Au cours du banquet de la mi-journée, son promis se montra franchement odieux avec elle. De manière sournoise, grossière, il tentait de lui caresser la cuisse, une main habilement glissée sous la nappe de la table.

Mélisande n'osait protester à voix haute, se contorsionnait avec souplesse dans tous les sens pour lui échapper. Comme il ne put parvenir à ses fins, de dépit, il la pinça d'un geste brutal, d'une rare sauvagerie, juste sous le sein droit. Les larmes aux yeux, Mélisande se débattit, car il lui avait fait très mal. Depuis le début du festin, elle endurait un véritable martyre... Dame Bathilde choisit ce moment pour venir bavarder avec sa fille. Sans façon, elle approcha un siège et se plaça entre les deux fiancés avec l'intention manifeste de s'installer pour un long moment. Le manège répugnant du vieux Milon ne lui avait pas échappé, il la dégoûtait de se comporter comme un vrai rustre en public. Aussi, avait-elle choisi un moyen apparemment innocent pour protéger son aînée. Rouge de courroux, le baron de Bertranges ne cachait pas son agacement, mais se retint d'être grossier, puisqu'il avait affaire à la mère de sa promise. Sur un ton sec, autoritaire, il lui demanda de regagner aussitôt sa place. Cependant la mère en question fit semblant de ne pas ouïr ses paroles, toujours aimable et souriante, elle ne bougea pas d'un pouce et continua de converser tranquillement avec Mélisande. Ce qui amusa énormément celle-ci...

Durant la séance de danses qui suivit le banquet, Mélisande dut supporter les paroles avinées de Milon qui la serrait de trop près, l'étouffait entre ses bras, en profitait pour lui caresser les hanches et les fesses, sans qu'elle puisse se défendre... Sur le point de défaillir, torturée par de violentes nausées, Mélisande supporta tout bravement lorsqu'une idée géniale lui traversa soudain l'esprit. Le visage illuminé d'un sourire angélique, elle écrasa le pied droit de son cavalier sans éprouver la moindre pitié. Comme sa grimace de douleur ne lui échappa pas, elle persista en appuyant de tout son poids sur le membre malade. Cette fois-ci, Milon faillit hurler tout fort devant tout le monde, car il souffrait de crises de goutte et le côté visé par Mélisande était le plus sensible. Evidemment, la demoiselle était au courant de ses problèmes, tout à fait par hasard, elle avait surpris ses confidences, alors qu'il évoquait ce genre de désagréments avec son père. Mélisande savourait sa vengeance et faisait semblant d'être aimable avec lui. Cependant, chaque fois qu'il dépassait les limites de la décence en se permettant une familiarité quelconque, elle s'arrangeait pour lui broyer le gros orteil droit, le plus douloureux, sans que personne ne s'aperçoive de son forfait... A la fin de la troisième danse, le vieil homme n'en pouvait plus : le mauvais traitement infligé par Mélisande avait réveillé d'atroces souffrances. Alors il pestait contre sa fiancée, la traitant tout bas de véritable garce. Comme il avait trop mal, il finit par lâcher sa proie et se laissa choir sur un banc. Enguerrand, qui avait observé la scène, jubilait dans son coin. Un sourire affable au coin des lèvres, il s'approcha de Milon pour lui offrir une coupe de vin. Le fiancé maltraité se consola en goûtant au bon vin et oublia sa promise qui en profita pour s'éclipser en toute discrétion.

Par un heureux hasard, tout à fait providentiel, un messager se présenta jusqu'à la grande salle du donjon, s'agenouilla devant le sire de Bertranges pour lui tendre un rouleau de parchemin cacheté avec de la cire. Après que Milon l'eût ouvert, déroulé et parcouru des yeux, un pli de contrariété barra tout à coup son front. Alors il se releva non sans mal, en évitant de poser tout le poids de son corps sur le pied malade, mais il chancela d'abord comme s'il avait perdu l'équilibre.

Puis il accepta de prendre le bras secourable, offert par Enguerrand d'une manière courtoise. Ce dernier le conduisit auprès de son père comme il venait de l'en prier instamment. Le sire de Bertranges devait quitter sur le champ le château de Bissey, une affaire d'une extrême importance le réclamait sur sa seigneurie. Prévenue par son frère, Mélisande avait aussitôt regagné la salle et s'approcha sur la pointe des pieds du petit groupe en grande discussion. Puis d'une manière traîtresse, comme elle ne se méfiait pas, son fiancé se jeta sur elle, s'empara de ses lèvres, les écrasa avec force, en l'importunant de son haleine fétide, empuantie par le vin.

Malgré son extrême répugnance, elle résista à cette horrible étreinte en fermant les yeux, se disant qu'elle serait bientôt débarrassée de sa présence. Faisant appel à une sorte de courage proche de l'héroïsme, elle réussit même à lui sourire, quand il la lâcha brusquement avant de prendre congé de son père. Les nerfs à vif, le cœur soulevé de dégoût, elle se réfugia sous un banc pour vomir à son aise. Des sanglots incontrôlables l'agitaient tout entière en la faisant trembler, mais elle se sentait enfin libérée de ce monstre abominable. Dame Bathilde se leva de table, contourna quelques convives pour s'occuper d'elle. Elle l'attira à l'écart pour sécher ses larmes avant qu'Eudes ne finisse par remarquer son malaise. L'épreuve des fiançailles prenait fin... Mais la demoiselle blessée, humiliée, jura de toutes ses forces que plus jamais un homme ne la forcerait à l'embrasser... Surtout, un vieillard de la trempe de Milon !

12 - *Un automne prometteur : les noces d'Enguerrand à l'origine d'une rencontre fortuite pour Mélisande.*

Au soir de ses fiançailles, Mélisande s'était sentie brisée par cet événement qu'elle avait assimilé à une épouvantable épreuve. Pourtant, cette dernière n'avait duré que trois jours. Ses réflexions poussées, voire désabusées à ce sujet, l'amenèrent à une prise de conscience très réelle à propos de son avenir. « Comment ferait-elle pour supporter Milon une semaine entière, puis un mois, une année, peut-être toute une vie ? » se demandait-elle avec anxiété. Le baiser de cet ignoble vieillard l'avait salie, offensée, et le moindre contact physique avec lui la faisait frémir de dégoût, sans qu'elle puisse contrôler cette répulsion instinctive, mais néanmoins salutaire... De manière lucide, la demoiselle réalisait qu'elle ne pouvait décemment envisager de vivre un seul jour avec cet homme pervers, amoral, tout simplement parce qu'elle ne l'aimait pas ni ne le respectait pas davantage. « Où puiserait-elle le courage nécessaire pour subir ses étreintes chaque nuit et survivre à ce cauchemar ? » se disait-elle encore. Mélisande savait bien qu'elle ne pourrait pas toujours se dérober à ses désirs amoureux et lui échapper comme elle avait toujours réussi à le faire jusqu'à maintenant... Quand elle se retrouverait dans le château de son mari, loin des siens, il l'obligerait à se donner à lui toutes les nuits, n'hésiterait pas à la prendre de force chaque fois qu'il en aurait envie ou encore pour la plier à ses volontés. Ce serait ni plus ni moins qu'une sorte de viol, mais un viol légalisé par le sacrement du mariage. « Plutôt mourir que de vivre cet enfer », se répétait-elle de plus en plus souvent, maintenant que la date fatidique approchait à grands pas. Jamais elle ne pourrait envisager une vie aussi honteuse et sans joie, où elle serait séparée de sa famille et de tout ce qu'elle aimait céans, à Bissey...

Plus que jamais Mélisande était décidée à se battre de toutes ses forces, elle ferait n'importe quoi pour échapper à une telle monstruosité... Pour l'instant, elle ne savait pas encore comme elle agirait, ni de quelle manière elle pourrait se soustraire au projet de son père qui ne tarderait guère à se concrétiser. « Comment refuserait-elle le destin que cet être cruel lui avait tracé, mais qu'elle aimait malgré tous les tourments qu'il lui faisait endurer ? Comment pourrait-elle le haïr, alors que leurs deux vies étaient solidement soudées par les liens du sang ? » se torturait-elle l'esprit. D'autant que Mélisande se retrouverait seule pour lutter si elle s'opposait au choix paternel. Sa famille ne lui serait pas d'un grand soutien : sa mère avait déjà essayé une première fois. Mais dame Bathilde n'avait pas réussi à fléchir la volonté de son mari. En réfléchissant aux différents moyens qui s'offraient à elle dans le cadre d'une révolte, plutôt que d'une soumission, elle s'aperçut qu'ils n'étaient pas nombreux, voire inexistants... Pourtant, elle ne se laisserait pas conduire au mariage comme une innocente brebis, condamnée au couteau du boucher. Mais dans son cas, il n'y avait pas beaucoup d'espoir. Soit Mélisande partagerait le sort de la plupart de ses compagnes en acceptant de se soumettre aux décisions de leur père, soit elle serait enfermée au couvent si elle choisissait la voie de la désobéissance.

Une solution qui ne l'attirait pas spécialement non plus : certes, elle échapperait à Milon, gagnerait du temps, mais serait privée de la liberté qu'elle chérissait tant, songeait-elle à court d'idées. Après ce constat en grande partie négatif, Mélisande conservait pourtant quelques certitudes : il fallait à tout prix gagner la confiance de son père, en se gardant d'éveiller le moindre soupçon. Le baron ne devait pas s'apercevoir de sa révolte intérieure, de son refus légitime d'épouser un homme qu'elle n'aimait pas. Tout était perdu d'avance si elle lui résistait ouvertement, elle n'était pas de taille à s'opposer à sa volonté, puisqu'il disposait de moyens supérieurs aux siens pour la réduire à l'obéissance. Avant d'agir, Mélisande s'efforcerait de réfléchir, de se concentrer sur un but précis, sans toutefois prendre le risque de se confier à quelqu'un, même aux membres de sa famille qu'elle aimait plus que tout au monde. C'était trop dangereux ! La demoiselle devait apprendre à ruser, à se méfier de son entourage si elle voulait conserver la plus petite chance de réussite pour se libérer et choisir seule sa vie de femme. Les jours suivants, le dialogue qu'elle tenta d'établir avec les êtres qu'elle chérissait le plus, la déçut beaucoup... Ni sa mère ni Enguerrand ne lui apportèrent de solution concrète pour la tirer du gouffre, où un mariage forcé la précipiterait bientôt. Pourtant, c'étaient les mêmes personnes qui l'avaient aidée, soutenue durant le séjour du sieur Milon. En fait, Mélisande réalisa qu'ils étaient eux-mêmes trop préoccupés par leurs propres problèmes, qu'ils s'engluaient à leur tour dans des situations délicates, inextricables, qu'ils subissaient malgré eux sans pouvoir se défendre... Quand elle interrogea son frère, se laissant aller à quelques confidences prudentes, en lui déclarant qu'elle voulait à tout prix échapper à ce mariage, elle fut désagréablement surprise. Ce dernier lui conseilla de se soumettre et d'accepter de s'unir avec Milon, il lui suffirait seulement de patienter quelques années en espérant sa mort. Ce n'était pas possible : Enguerrand avait énormément changé. Devenu cynique, il lui conseilla même d'épuiser son vieux mari au lit pour devenir veuve plus tôt. A la suite de tels propos, la déception de Mélisande fut immense et elle avait l'impression qu'ils ne se comprenaient plus et ne partageaient plus rien en commun... Devant son entêtement et ses protestations indignées, Enguerrand lui avait déclaré qu'elle ferait mieux de l'imiter : il embrassait, câlinait demoiselle Ida en public, bien qu'il la détestât de toutes ses forces...

Quant à sa propre mère, c'était tout simplement une victime. Dame Bathilde souffrait de sa condition de femme bafouée, humiliée par les nombreuses infidélités, les liaisons scandaleuses du baron Eudes... Un époux volage au possible, qui prétendait toutefois l'aimer. Ce qui réveilla les scrupules poignants de Mélisande : si elle abandonnait sa mère sans lui donner de ses nouvelles, sur qui cette dernière s'appuierait-elle pour s'occuper de ses nombreux frères et sœurs plus jeunes qu'elle ? Surtout, qui la soutiendrait d'un point de vue moral dans les moments difficiles ? Et ils ne manquaient pas dans la vie de la châtelaine, jalonnée d'épreuves plus rudes les unes que les autres. Mélisande estima donc qu'elle ne devait jamais lui confier ses projets en aucune façon. Sinon, sa mère ferait échouer ses plans et la trahirait malgré l'affection sincère qu'elle lui portait... La dernière personne sur qui elle aurait pu s'appuyer se déroba de manière imprévisible.

Sa sœur Pétronille se fermait à doubles tours et se taisait, refusant de donner son avis sur ce mariage, lorsque l'intéressée abordait le sujet. Pourtant, elle s'accordait bien avec Mélisande, non seulement elles avaient à peu près le même âge, mais elles partageaient une grande complicité. Depuis la plus tendre enfance, elles s'appréciaient, recherchaient la compagnie l'une de l'autre, secondaient leur mère pour la soulager du poids des responsabilités quotidiennes lui incombant en se chargeant d'éduquer les plus jeunes enfants. Pendant longtemps, elles avaient partagé les mêmes jeux, s'adonnaient encore à des loisirs communs comme la lecture et la musique. Chaque jour, elles pratiquaient l'équitation avec la même passion... Au cours de la révolte paysanne, elles s'étaient entraidées et soutenues mutuellement, partageant une détermination pratique et un courage exemplaire en tous points semblables. Poussée dans ses retranchements par sa grande sœur, Pétronille lui déclara qu'elle préférait entrer dans les ordres, plutôt que d'être mariée contre son gré à un homme qu'elle n'aimait pas... Tout à fait sereine, la cadette savait que ce serait bientôt son tour et elle avait déjà choisi de devenir nonne au couvent des Bénédictines de Dijon. Avec une grande lucidité, elle rassura Mélisande très étonnée par ses déclarations, lui affirmant qu'elle serait plus heureuse en se retirant à l'écart du monde. De toute façon, elle aimait tellement prier que cette vie contemplative lui apporterait sûrement davantage de joies et de satisfactions personnelles, qu'auprès d'un mari possessif ou infidèle. Mélisande comprit alors qu'elle faisait allusion au calvaire de leur propre mère, qu'elles plaignaient beaucoup toutes les deux, mais en silence...

Les semaines suivantes, Mélisande accepta de jouer la comédie pour endormir la méfiance de son père. En compagnie des autres demoiselles de la maison, elle fit semblant de se réjouir de son mariage. Très gaie et insouciante, elle riait, courait, batifolait avec ses compagnes. Elles jouaient à se poursuivre à travers toutes les pièces de l'étage réservé aux femmes, en s'amusant comme des folles. En adoptant une attitude soumise et obéissante, Mélisande réussit fort bien à le convaincre. De manière très naturelle, elle évoquait sa future union devant le baron, sans émettre une seule protestation ni revendication, surtout elle évitait de verser le moindre pleur. Surpris par une telle docilité, Eudes avait pris la peine de s'entretenir avec elle sur ce sujet brûlant. A la suite d'une longue conversation, il fut persuadé que sa fille était devenue raisonnable et se résignerait à son sort sans faire d'histoire... Préoccupé par le mariage de ses deux fils dont il assumait la plupart des préparatifs, Eudes oublia Mélisande...

L'union d'Enguerrand et d'Ida eut lieu à la mi-octobre par une belle journée froide, mais ensoleillée. Pour l'aîné, cet engagement n'avait rien de glorieux ni de solennel en soi, il s'inclinait devant l'autorité paternelle pour gagner son indépendance et vivre comme il l'entendait... Quelques jours avant la cérémonie, le vieil Edme avait fait très peur à son entourage et à la famille du futur marié. Victime d'un malaise plus sérieux que les précédents, il avait failli mourir d'une attaque à la suite d'un souper trop riche, où il avait beaucoup bu. De manière très égoïste, Ida se lamentait au sujet de cet incident fâcheux risquant de retarder son mariage. Seul l'accomplissement de son bonheur enfin à portée de main la préoccupait et elle oubliait volontiers que son vieux père avait le cœur très fatigué.

Fort heureusement, Edme fut sur pied dès le lendemain, ce malaise n'était pas le premier d'ailleurs ni le dernier, hélas... Toutefois, il fut soulagé de pouvoir compter sur l'aide et le soutien d'Eudes de Bissey et de son fidèle ami, Jacques de Banlay, qui l'aidèrent à terminer les derniers préparatifs du mariage prévu pour le dimanche suivant. Comme l'automne était particulièrement humide, que les pluies incessantes des semaines précédentes avaient détrempé les routes et les chemins que l'on empruntait d'habitude pour traverser la forêt, très vite, ce fut toute une expédition pour se rendre d'un lieu à l'autre. Certains sentiers avaient disparu complètement inondés, et par conséquent, étaient devenus impraticables. Partout, on pataugeait dans la boue, hommes et bêtes s'enfonçaient dans un magma infâme et repoussant. Le sol était si glissant que les serviteurs avaient jeté des branches mortes dans les endroits critiques pour faciliter le passage du cortège et disposé des planches en travers aux abords des deux châteaux. Vêtu de ses habits de fête, Enguerrand avait tenu à faire honneur à demoiselle Ida en chevauchant jusqu'au manoir de Suze, pour l'escorter ensuite à l'église paroissiale de Bissey, la plus proche... Plusieurs damoiseaux et amis très proches, les garçons d'honneur du marié notamment, l'avaient volontiers accompagné. Dans l'ensemble, c'étaient tous de joyeux lurons et ils s'étaient beaucoup amusés en chemin. Si bien qu'ils arrivèrent très excités, tous hilares et décoiffés, pour se présenter devant la future mariée, y compris Enguerrand. Celle-ci était énervée et de fort méchante humeur, car des serviteurs lui avaient rapporté que les déplacements de la noce seraient difficiles à la suite de ces fortes inondations. Comme elle détestait chevaucher même par temps sec, la perspective d'affronter à cheval un terrain instable, donc dangereux, la paniquait complètement... Pour la rassurer, ses demoiselles d'honneur lui avaient juré qu'elles iraient lentement, se contenteraient de diriger leur monture au pas durant la majeure partie du trajet. Bien entendu, elles souhaitaient éviter de salir leurs belles robes avant la cérémonie, aussi éviteraient-elles de trotter. Mais une fois en route, elles oublièrent très vite leurs promesses. Gagnées par la bonne humeur contagieuse des compagnons d'Enguerrand, plus d'une parmi elles lancèrent leur cheval au galop pour s'amuser un peu... Certains chevaliers et damoiseaux plaisantaient entre eux, jouaient à poursuivre les jeunes demoiselles qui furent forcées de trotter, puis de galoper pour mieux leur échapper. Les chevaux hennissaient en piaffant d'impatience, d'autres s'énervaient et menaçaient de se cabrer... La cavale d'Ida dont la bride d'en tête et le filet avaient été décorés de fleurs, de rubans roses et rouges, suivit le mouvement général, lorsque ses congénères s'élancèrent à vive allure, histoire de se dégourdir les pattes. D'habitude, c'était une brave bête très docile, la plus obéissante de toutes dans les écuries de son père, les palefreniers l'avaient sélectionnée avec le plus grand soin pour la mariée. Ida se mit à hurler de peur, parce qu'elle ne maîtrisait plus sa jument et dans un passage difficile, elle perdit l'équilibre, faillit s'étaler dans la boue.

Ce petit jeu, pourtant bien innocent, divertit Enguerrand malgré lui, mais il eut pitié de l'embarras de sa fiancée et se rapprocha d'elle au grand galop pour retenir sa monture. S'il avait attendu quelques instants de plus avant d'intervenir, Ida serait sans doute tombée... Les larmes aux yeux, le cœur battant, la malheureuse lui sourit pour le remercier. Chevaleresque et généreux, le futur marié accepta de chevaucher à ses côtés, sans la perdre de vue un seul instant.

Quand ils arrivèrent à l'église, son beau voile rouge était tout de travers, l'ourlet de sa robe souillé de boue noirâtre, gluante, et la future mariée imaginait déjà l'horreur du retour en sens inverse... Cependant, lorsqu'Enguerrand la souleva dans ses bras pour l'aider à descendre de cheval, car elle tremblait de peur, elle oublia tous ces désagréments stupides pour se consacrer à la joie de s'unir à lui. Avec son bien-aimé, elle ne redoutait rien. Mais il s'était déjà éclipsé de manière très discrète. Une de ses demoiselles d'honneur l'aida à remettre un peu d'ordre dans sa toilette avant d'entrer à l'église. Radieuse, elle apparut sur le seuil de l'édifice, puis fut menée à l'autel par son vieux père, tout aussi soulagé qu'elle, d'assister enfin à la conclusion de cette union. Dame Bathilde avait conduit son fils aîné jusqu'à ce lieu, très heureuse elle aussi, de paraître au bras de ce beau damoiseau à la longue chevelure bouclée, beaucoup plus grand qu'elle. Elle rayonnait de joie et de fierté, puisque c'était son œuvre à elle, le fils qu'elle avait porté et mis au monde, alors qu'elle atteignait à peine sa quinzième année !

Comme à regret, il se détacha de sa mère qui prit place aux côtés du baron Eudes, installé dans le premier banc réservé à la famille des seigneurs de Bissey. Puis il attendit l'arrivée de sa fiancée en adoptant une attitude nonchalante, presque détachée. Si bien qu'il ne vît pas tout de suite les regards enamourés qu'Ida lui lançait ni le sourire triomphant, illuminant son visage ingrat d'une grâce exceptionnelle, conférée par cet immense bonheur... Mais il se ressaisit aussitôt, s'efforça de se montrer plus attentionné à son égard. Le prêtre de la paroisse les fit agenouiller devant l'autel et les unit devant Dieu pour toute la vie. Ils échangèrent alors leur consentement mutuel et Enguerrand glissa un anneau d'or à l'annulaire d'Ida qui répéta les mêmes gestes pour lui. Enfin, il se pencha pour l'embrasser sur les lèvres. L'air rêveur, il avait répondu d'une manière machinale aux questions du prêtre et connaissait par cœur les réponses pour avoir assisté au mariage de plusieurs de ses amis. Il y eut un grand brouhaha et des cris de joie : les membres de la famille, les proches et compagnons rassemblés à l'intérieur de l'église s'approchèrent d'eux et ils reçurent leurs félicitations amicales. Tout à coup, le chœur et la nef se rétrécirent et leurs murs parurent trop étroits pour accueillir tant de monde. On en profitait pour embrasser la mariée sur les deux joues, des baisers sonores claquaient, elle répondait avec joie à ces manifestations de sympathie et de reconnaissance. Quant à Enguerrand, il recevait de grands tapes dans le dos, toutes sortes de bourrades, ses camarades gesticulaient, s'excitaient, parlaient à voix haute, si bien qu'ils auraient fini par bousculer les personnes présentes sans aucun égard ni pour leur âge ni pour leur condition. Mais il suffit qu'Eudes s'approchât de l'autel pour que ces garçons turbulents s'assagissent et décident d'aller attendre les jeunes mariés dehors. Il était grand temps, sinon leur attitude dévergondée aurait froissé le curé !

A la sortie de l'église, les cloches sonnèrent à toute volée, créant une cacophonie assourdissante, mais joyeuse. Les jeunes mariés furent accueillis par de nouveaux cris de joie enthousiastes, on les applaudit très fort et les amis d'Enguerrand avaient formé une haie d'honneur de part et d'autre du parvis et des marches de l'église. Certains villageois et même quelques vilains s'étaient déplacés depuis leur métairie, parce qu'ils appréciaient le fils aîné du maître, très simple, et toujours bon avec eux...

Comme des serviteurs avançaient les montures des invités de la noce, Enguerrand sentit qu'Ida se crispait à son bras. Alors il décida de la soulever et de la déposer sur l'encolure de sa fringante Nikita, tenue en mains par son écuyer Thierry, puis il sauta lestement en selle. Ayant passé un bras autour de la taille de son épouse pour la soutenir, le chevalier guidait sa jument de l'autre main, se forçait à sourire et à se montrer aimable avec les personnes l'apostrophant de tous les côtés avec familiarité et bonne humeur. A ce moment, Ida se sentait tellement heureuse, que la joie transfigurait les traits de son visage, comme si elle l'éclairait de l'intérieur. A tel point qu'on aurait pu la considérer comme presque jolie. Mais hélas, ce n'était qu'une illusion trompeuse... Quant à Enguerrand, il ne s'y méprenait guère.

La noce entière s'égailla à travers la forêt morvandelle, parée d'or et de roux à cette saison, pour regagner le manoir du vieil Edme à Suze. Bon nombre d'invités s'élancèrent à cheval pour traverser les bois profonds, encore touffus, parce que les arbres commençaient tout juste à perdre leurs feuilles. De temps à autre, un rayon de soleil réussissait à percer entre les cimes des chênes majestueux et on apercevait une trouée de ciel bleu. Le fond de l'air était encore frais et sans la présence de cette boue persistante, stagnante, la chevauchée eut été très agréable. D'ailleurs, les habitants de cette contrée comme la plupart des invités étaient habitués à son climat rude et à ses intempéries, ils s'en accommodèrent aisément. Cependant, le père de la mariée avait fait atteler plusieurs chars à bancs que les servantes avaient décoré de fleurs et de guirlandes multicolores afin de transporter les personnes âgées ou fragiles, ainsi que deux ou trois dames gênées par leur grossesse avancée. Bien sûr, il s'était réservé d'office une place dans l'un d'entre eux, son malaise récent l'avait tout de même affaibli. Par simple courtoisie, mais aussi parce qu'elle éprouvait de la pitié pour le vieil homme courageux, toutefois résigné à son sort, dame Bathilde prit place à ses côtés pour lui tenir compagnie le long du chemin. Tout naturellement, au cours de la conversation, il lui dévoila son impatience à voir naître un enfant, leur petit-fils à tous les deux, qui deviendrait son futur héritier. Le seigneur Edme n'ignorait pas que ses jours étaient comptés...

Lorsqu'ils arrivèrent dans la cour d'honneur du château de La Turpillière, une bonne partie de la noce était déjà installée dans la salle où aurait lieu le festin, au premier étage du donjon. Dame Bathilde, qui n'avait jamais eu l'occasion de visiter la demeure d'Edme, s'émerveilla tout à coup et se réjouit de la chance de son fils. A la mort de son beau-père, il deviendrait le maître d'un très beau domaine et habiterait un logis seigneurial plus grand et plus confortable que celui de Bissey, estimait-elle au premier regard.

Faisant fi de l'impatience d'Enguerrand, elle conclut que cela valait la peine d'attendre quelques années, avant d'être investi du fief de Suze... Cette promesse alléchante pour son avenir méritait un tel sacrifice, se disait-elle. Son fils saurait se monter raisonnable, mais au moins ici, il serait indépendant et ne se querellerait plus avec son père comme cela se produisait de plus en plus souvent à Bissey. Les musiciens étaient déjà installés sur une sorte d'estrade au milieu de la salle et les airs gais, enjoués des chansons de noces, chassèrent les tristes pensées de dame Bathilde, assombrie par l'évocation de la mort prochaine d'Edme. Comme d'ordinaire, le banquet fut très long et trop copieux.

Enfin les dames consacrèrent environ une heure ou deux à faire la sieste dans les chambres du second étage, ensuite du fait que les jours commençaient à diminuer sensiblement, les danses n'eurent pas lieu dehors comme en plein été, mais dans une vaste salle attenante à celle du festin du mariage. Il y avait beaucoup de monde : de nombreux chevaliers, plusieurs damoiseaux se bousculaient, se pressaient pour pénétrer dans les lieux déjà bondés, où flottaient des airs de musique entraînants. Dans leur coin, les musiciens accordaient leurs instruments et s'entraînaient à d'ultimes répétitions avant de jouer pour de bon. Empressés, curieux, les hommes s'intéressaient aux demoiselles présentes pour choisir celles qu'ils inviteraient à danser... Les plus laides et les plus insignifiantes n'auraient aucune chance d'être retenues. Rayonnante, Ida ouvrit le bal au bras d'Enguerrand, d'autres couples se formèrent et les imitèrent en se lançant dans un joyeux tourbillon. Mélisande et Pétronille s'étaient sagement assises sur un banc, les valets avaient disposé un nombre important de sièges le long des quatre murs de la salle pour accueillir les convives et les vieillards qui souhaitaient profiter du spectacle. Soudain, Mélisande tressaillit, une silhouette placée à quelques pas d'elles leur faisait de l'ombre, allant jusqu'à leur cacher une partie des danseurs. Sans perdre un instant, elle tourna la tête et fixa de manière méchante la personne importune qui avait l'audace de les observer. L'instant d'après, elle fut décontenancée, perdit toute agressivité, parce qu'elle croisa alors un regard très clair, surtout admiratif, posé sur elle. De grands yeux bleus, bordés de longs cils chatoyants, la contemplaient comme envoûtés sous l'effet de la fascination qu'elle exerçait sur l'inconnu... Tout d'abord, la demoiselle crut qu'elle rêvait et que cet hommage muet s'adressait à sa sœur.

— Nous nous connaissons, messire gentilhomme ? attaqua-t-elle afin de s'assurer qu'il ne s'agissait pas d'une méprise.

— Non, je ne crois pas, lui répondit l'intéressé en rougissant. Enfin, si, tout de même : voilà, je suis un ami de votre frère Enguerrand, lui précisa-t-il. Mais nous n'avons jamais été présentés...

— Et alors ? s'impatienta Mélisande, la voix légèrement tendue, en le dévisageant de manière fort impolie. Cet examen le mit davantage mal à l'aise.

— Vous..., vous..., vous êtes sa sœur Mélisande ? bafouilla-t-il, le visage écarlate maintenant.

— Oui, et voici ma sœur Pétronille, lui rétorqua-t-elle en observant la réaction de sa proche voisine.

Mais cette dernière ne s'intéressait ni à la conversation ni au nouveau venu, elle l'avait à peine remarqué, trop absorbée par le spectacle des chevaliers et de leurs dames exécutant des danses à figures compliquées, l'oreille ravie par la musique.

— Votre frère, enfin Enguerrand, reprit l'inconnu, m'a beaucoup parlé de vous... Nous étions en service ensemble...

— Que me voulez-vous, seigneur ? l'interrompit brutalement la demoiselle.

— Mais rien, demoiselle Mélisande, lui assura-t-il avec beaucoup de douceur dans la voix. Enfin, si, si... Quel « ahuri de Chaillot », je fais... Je..., je..., j'aurais aimé vous inviter à danser, finit-il par lâcher en la regardant dans les yeux.

— De quel droit, messire ? l'agressa-t-elle aussitôt, d'un ton courroucé. Moi, j'ignore à qui j'ai affaire...

En prononçant ses mots, elle s'était levée d'un seul coup et sans s'en rendre compte rapprochée imperceptiblement de son interlocuteur. A peine plus grand qu'elle, Mélisande se trouva face à un jeune chevalier svelte, bâti de manière harmonieuse avec de larges épaules, une taille mince et étroite. Son visage possédait des traits réguliers, plutôt communs, qui l'auraient fait paraître presque banal, s'il n'avait été éclairé par de magnifiques yeux bleus. Ses cheveux châtain foncé avaient été taillés selon une coupe au carré, très ordinaire, mais ils possédaient une texture brillante, infiniment soyeuse, avec des reflets mordorés et changeants en fonction de l'exposition à la lumière. Mélisande se surprit à songer qu'ils devaient être agréables au toucher. Une frange, beaucoup trop longue, lui retombait sans arrêt devant le nez en mèches raides et rebelles. Et il n'arrêtait pas de rejeter en arrière cette frange têtue d'un geste nerveux de la tête, à la manière d'un poulain effarouché ou rétif. Il avait une peau très claire comme celle d'une demoiselle, presque exempte d'imperfection, si ce n'est une multitude de taches de rousseur envahissant sa figure et ses mains. On ne voyait qu'elles sur son petit nez droit et retroussé. Son regard était franc et direct, il affichait un beau sourire avec des dents d'un blanc éclatant, bien alignées. Il avait l'air aimable et ouvert, très timide aussi, et se comportait de manière plutôt polie dans l'ensemble. Sa personne tout entière inspirait la sympathie...

—Je suis marri, vraiment marri, demoiselle... s'excusa-t-il d'un air coupable. Vous me troublez, demoiselle Mélisande, et je perds tous mes moyens devant vous...lui avoua-t-il avec franchise. Je me nomme Gaultier de Marnay, mes parents habitent le comté de Tonnerre. Notre château est toutefois plus modeste que celui-ci... De plus, je suis le troisième garçon de la famille... Mon frère aîné...

—C'est bon, l'arrêta Mélisande en riant cette fois-ci. Je ne fais pas une enquête sur votre personne pour le compte du bailli. Mais j'aime bien savoir à qui je m'adresse...lui répliqua-t-elle sur un ton malicieux.

—Et si nous allions danser, demoiselle ? l'invita-t-il en s'inclinant devant elle et en lui offrant son bras de façon galante. Maintenant que les présentations sont faites, vous savez que vous ne risquez rien avec moi, plaisanta-t-il encore avec un grand sourire.

—Comment, Enguerrand ne vous a rien dit à mon sujet ? s'étonna-t-elle d'un ton offusqué. Je ne peux pas, messire, surtout je ne dois pas accepter... Figurez-vous que mon père m'a fiancée au sieur Milon et...

—Dans ce cas, pourquoi votre fiancé vous délaisse-t-il en vous abandonnant sur ce banc ? s'indigna-t-il, soudain bouleversé par la nouvelle. Moi, à sa place, je veillerais sur vous...

—Mais vous n'êtes pas à sa place, monsieur, lui fit-elle remarquer sèchement. Le sieur Milon n'a pas pu assister au mariage de mon frère, retenu par des obligations de dernière minute sur son domaine... lui avança-t-elle en répétant les explications fournies par son père.

—Alors, vous acceptez mon invitation ? reprit-il, rempli d'espoir. Il n'y a aucun mal à m'accorder une danse, je suis un gentilhomme... D'ailleurs, il n'y a pas de danger pour vous : tout le monde peut nous voir...

—C'est bien pour cette raison que je ne danserai pas avec vous, messire, le coupa-t-elle à l'instant. C'est trop dangereux pour ma réputation et mon père me punira sévèrement, s'il m'aperçoit en compagnie d'un homme...

A ces mots reflétant pourtant la stricte réalité, les traits du visage de Gaultier de Marnay s'assombrirent au fur et à mesure qu'elle les prononçait... Très étonnée, Mélisande constata qu'il était incapable de lui cacher sa profonde déception. En ce moment, les yeux humblement baissés, il fixait les planches mal dégrossies du parquet et faisait craquer les jointures de ses doigts pour masquer sa nervosité extrême. D'un seul coup, il était devenu muet et triste, ne sachant plus quelle contenance adopter. Un court instant, Mélisande crut voir briller des larmes dans le regard de chien battu qu'il lui adressa à la dérobée... Alors la demoiselle eut pitié de lui, le tira du profond embarras où il se trouvait, en lui faisant une proposition surprenante.

— Comme vous vous comportez en gentilhomme, messire Gaultier, commença-t-elle d'une manière directe. Que vous êtes un ami d'Enguerrand en plus, j'accepte de me promener avec vous dans le parc, lança-t-elle sur un ton qu'elle voulait détaché.

Gaultier tressaillit comme s'il avait été brûlé au fer rouge et une lueur de reconnaissance s'alluma soudain, redonnant vie au superbe regard éteint par le refus précédent.

— Seulement, nous devons user de la plus grande prudence, l'avertit Mélisande en regardant de tous les côtés, pour vérifier si personne ne les espionnait. Mon père, le baron Eudes, me surveille étroitement et ne plaisante guère avec les questions d'honneur...

— Comment faire dans ce cas ? se désespérait le jeune chevalier.

Nullement dépourvue d'un sang-froid efficace, Mélisande organisa leur sortie. D'abord, elle s'éclipsa la première en toute discrétion. Elle avait recommandé à Gaultier d'attendre au moins dix bonnes minutes avant de la rejoindre. Surtout, il devait s'assurer que personne ne faisait attention à lui, ni qu'un indiscret ne faisait mine de le suivre. Comme ni l'un ni l'autre ne connaissait la propriété, Mélisande lui avait donné rendez-vous près du puits qu'on ne pouvait manquer, parce qu'il se situait au beau milieu de la cour. Il était à peine six heures du soir, mais le jour commençait déjà à décliner. Il leur restait peu de temps pour se balader dans le parc avant la tombée de la nuit. La demoiselle attendait sagement assise sur un banc de pierre à l'endroit convenu. Le puits, alimentant le château en eau potable, avait été superbement décoré à l'occasion du mariage de la fille unique du seigneur. Des servantes avaient disposé des bacs et des potées de plantes fleuries de couleurs claires sur le pourtour, des guirlandes de fleurs blanches et de feuillages tout neufs ornaient sa margelle délicatement ouvragée en fer forgé.

Mélisande ne patienta pas longtemps, Gaultier apparut bientôt, essoufflé d'avoir couru dans les escaliers et tout décoiffé, les joues roses et les yeux brillants de joie de la revoir. A cet instant-là, elle le trouva si jeune qu'on eut dit un charmant damoiseau ! Mélisande fit semblant d'être absorbée par le cours de ses pensées et il toussota pour lui signaler sa présence. Dans la cour, il lui parut encore plus emprunté et plus timide qu'à l'intérieur de la salle de bal. Derechef, ce fut Mélisande qui prit les choses en mains. D'un bond agile et décidé, elle se leva et lui fit signe de la suivre.

—Ne restons pas ici, sire, lui conseilla-t-elle. L'endroit est exposé à la vue de tout le monde, quelqu'un finirait par nous remarquer et le rapporterait à mon père...

—Il est donc si terrible, messire votre père ? lança son jeune soupirant.

—Peut-être pas de la manière dont vous l'entendez, lui répliqua Mélisande, froissée. Je l'aime beaucoup, je le respecte et l'apprécie, car c'est un chevalier digne et sans reproche... Seulement, je hais son obstination à vouloir me marier à ce vieillard horrible, lâcha-t-elle malgré elle.

Mélisande prit conscience de l'imprudence de cette confidence : pourquoi se confier à un inconnu et sur un sujet très personnel, aussi brûlant ?

—Quelle honte ! reprit aussitôt Gaultier. Votre père vous oblige à épouser un homme plus âgé que vous et...

—Cette affaire ne vous regarde nullement, sire... le coupa Mélisande. D'ailleurs, je n'aurais jamais dû vous parler de...

—Mais si, au contraire, vous avez bien fait de vous épancher, lui affirma Gaultier, révolté par une telle injustice. Pour couronner le tout, il est laid ! Il faut vous opposer à sa décision, demoiselle Mélisande, vous battre en refusant à tout prix d'épouser cet homme... Vous êtes si jeune et si belle... reprit-il avec fougue. A moins que vous ne l'aimiez, ce fiancé ? la questionna-t-il, rongé par une incertitude douloureuse.

— Vous plaisantez, sire Gaultier, se moqua Mélisande. C'est un vieillard affreux avec des manières répugnantes qui me dégoûtent. De toute façon, je n'aime personne, parce que je suis libre comme l'air, proclama-t-elle avec fierté.

A ces mots, sans prévenir, elle s'élança et se mit à courir très vite pour atteindre les allées du parc. Elle était vraiment très belle, silhouette svelte et menue dans sa robe vert clair, ses deux nattes châtain battaient le long de ses hanches en suivant ses mouvements, des boucles indisciplinées s'étaient échappées de son voile. Son visage avait encore une grâce puérile, très touchante, et elle respirait la joie de vivre. Gaultier la suivit sans perdre de temps et comme de vrais jouvenceaux, ils jouèrent à cache-cache en se faufilant derrière les bosquets de buis savamment taillés, se dissimulèrent parmi les arbustes d'ornement fleuris du jardin d'agrément du vieil Edme. Ils s'amusaient beaucoup tous les deux : le rire frais et haut perché de la demoiselle enthousiaste guidait Gaultier, quand il s'égarait au milieu de cette verdure exubérante.

Il y avait encore des massifs en fleurs, toutes sortes de rosiers, y compris des espèces grimpantes, s'agrippant à de curieuses arches s'élevant au-dessus de leurs têtes ou à des gloriettes façonnées avec art par les soins des jardiniers. Cet espace fleuri se trouvait à côté d'un plus grand parc, qui s'en distinguait néanmoins par ses dimensions considérables, ses immenses prairies encore verdoyantes s'étendant à perte de vue, ses espèces d'arbres rares, gigantesques, très âgés pour la plupart. Après s'être perdue plusieurs fois dans un véritable labyrinthe de haies de troènes, de lauriers et de buis aux formes géométriques, sévères, Mélisande finit par découvrir un petit coin tranquille, véritable havre de paix, où on avait disposé trois bancs de pierre en arc de cercle. Hors d'haleine, elle se laissa choir au hasard sur l'un d'entre eux et attendit son soupirant en tendant l'oreille. A pas de loup, il l'avait retrouvée là quelques minutes plus tard et hésitait à s'asseoir...

D'un geste trahissant son indécision, il repoussait les mèches lui tombant devant les yeux, ne sachant quelle attitude adopter...

— Prenez place à côté de moi, lui suggéra Mélisande pour le tirer d'embarras. Ce jardin est sublime avec ses fleurs magnifiques, tellement odorantes, d'une couleur si originale. Comme il est entretenu avec soin également : les jardiniers doivent y consacrer beaucoup de temps...

— Le beau-père d'Enguerrand est un seigneur aisé, il n'y a pas de doute... conclut Gaultier. Tant mieux pour mon ami, la vie lui sera peut-être plus facile... Malgré ce cadre agréable, je ne l'envie pas... Chez moi, à Marnay, il y a juste un grand pré après la palissade en bois. Mais c'est un endroit superbe, disposant d'une très belle vue sur les vignobles du Tonnerrois... J'adore m'y promener et m'asseoir dans l'herbe au printemps, confia-t-il à Mélisande.

— D'après moi, le bonheur n'est absolument pas lié à la richesse, reprit-il avec davantage d'assurance. La beauté de la nature est offerte à tout le monde, à tous ceux qui savent prendre le temps de la contempler. Il y a tellement de moments de joies simples pour les personnes qui parviennent à se contenter de peu...

— Très juste, sire Gaultier, renchérit Mélisande, séduite par son raisonnement. Comme vous, je ne recherche ni le luxe ni la fortune... D'ailleurs, le Morvan est plus pauvre que votre contrée, affirma-t-elle d'un air très sérieux. Mais ses forêts de feuillus sont tellement belles et attachantes. C'est de son extrême dénuement, des vastes étendues de landes de genêts désertes et très pauvres qu'il tire tout son charme. Du moins, à mes yeux... Au printemps, on pourrait comparer ces buissons fleuris à de l'or pur...

— Comme je vous comprends, demoiselle... approuva Gaultier en hochant la tête.

Les jeunes gens continuèrent de bavarder comme de vieux amis. Gaultier avait fini par surmonter sa timidité naturelle et s'était assis à côté de Mélisande, mais à une distance respectable toutefois. A aucun moment, il n'essaya de profiter de la situation. Quel bonheur pour la demoiselle ! Elle se sentait vraiment très à l'aise et en sécurité en sa compagnie. Mélisande découvrait avec un sentiment d'étonnement émerveillé, que les personnes du sexe opposé n'étaient pas toutes des obsédés ni des satyres prêts à se jeter sur elle comme le vieux Milon...

A la dérobée, elle observait Gaultier et le trouvait tout à fait séduisant. Surtout, c'était un être délicat et sensible, d'une grande pureté d'âme, songeait-elle avec une sorte de regret indéfinissable. C'était un vrai chevalier, respectant les valeurs de sa caste, qui ne ressemblait en rien à l'horrible baron de Bertranges. D'ailleurs, à la limite, elle aurait préféré qu'il soit plus entreprenant avec elle... Bien qu'elle s'en défendît, le jeune noble l'attirait et elle rêvait qu'elle se blottissait contre lui, que ses mains si fines et assurément douces se posaient sur elle pour la caresser. Ses lèvres vermeilles et bien dessinées auraient sûrement une autre saveur que celles d'un vieillard à la bouche édentée. Voilà qu'elle se prenait à imaginer ce que serait un premier baiser, un vrai... Avec quelqu'un de son âge, ou presque... Mais son courtisan, trop timide, se contentait de la dévorer des yeux, osant à peine lui effleurer la main.

Tout à coup, ce charmant tête-à-tête fut interrompu par des cris lointains. Une agitation anormale envahit le parc jusqu'à présent silencieux. En tendant l'oreille, ils comprirent alors qu'on recherchait Mélisande, plusieurs voix articulaient son prénom et se rapprochaient peu à peu de l'endroit où ils se trouvaient... Il n'y avait plus d'équivoque possible. Elle reconnut alors l'intonation furieuse des vociférations de son père et les appels tendus de ses frères dévorés d'inquiétude.

— Vite, nous devons nous séparer sans tarder, commanda Mélisande, soudain toute pâle et déjà debout. Si jamais père nous découvre ensemble, il vous tuera...

— Je crois que je suis prêt à mourir pour vous, demoiselle Mélisande, lui répondit Gaultier d'une voix chaude, vibrante de tendresse, qui l'émut profondément.

— Mais ce n'est plus le moment, sire Gaultier, protesta-t-elle en faisant preuve d'une grande lucidité. Il est trop tard et...

— Demoiselle Mélisande, l'interrompit son soupirant avec un enthousiasme délirant, coupé de la réalité. Je..., je..., je crois que je suis amoureux de vous... Je vous connais depuis quelques heures à peine, mais il n'y a plus de doute...

Toutefois les jeunes gens ne purent s'attarder davantage, les voix inquiètes et menaçantes enflaient, les cernaient de toutes parts et ils apercevaient les lueurs des lanternes et des bougies tenues par les serviteurs, dansant à travers le feuillage. Mélisande attrapa Gaultier par la main et l'entraîna en direction d'un endroit inconnu. Pourtant, elle ne connaissait pas davantage les lieux que lui, mais elle était franchement décidée à échapper à son père. S'il l'attrapait en compagnie du jeune chevalier, c'était la pire des catastrophes qui puisse lui arriver ! Comme Eudes lui avait appris à se déplacer sans faire de bruit dans la forêt et à s'orienter au beau milieu des bois, elle se servit de ses leçons pour s'enfuir au loin et se cacher... Le plus dur fut de regagner les salles du donjon sans se faire remarquer, puisque les recherches battaient leur plein et que son père avait mobilisé beaucoup de monde pour la retrouver. En arrivant tout près du château, ils se séparèrent sans s'attarder, mais Gaultier eut le temps de se saisir de sa main droite et de l'embrasser avec ferveur. Mais Mélisande le repoussa avec brusquerie tellement elle se sentait angoissée.

Le cœur battant la chamade, les jambes flageolantes, elle grimpa les escaliers du donjon en tremblant de peur d'être découverte, si proche du but. Puis elle se glissa dans la salle de bal, se frayant un passage parmi la foule des invités, réussit enfin à s'asseoir auprès de Pétronille comme si elle venait de la quitter à l'instant. Par chance, la place qu'elle avait laissée tout à l'heure, était encore libre.

— D'où viens-tu ? s'étonna cette dernière. Père te cherche partout et je crois bien qu'il se doute de quelque chose... Qui était ce damoiseau inconnu ?

Tout en la questionnant, Pétronille s'activait à remettre de l'ordre dans la tenue de sa sœur, de cacher sous son voile les mèches indisciplinées, libérées par sa course effrénée, d'arranger les plis de sa robe...

— Attention, le voilà, la prévint Pétronille en suspendant ses gestes. Tiens-toi prête à l'affronter...

Mélisande s'efforça d'adopter un air naturel, de calmer les battements de son cœur qui s'emballait dans sa poitrine et de récupérer son souffle. Il était grand temps !

— Où avais-tu disparu, Mélisande ? tonna soudain Eudes, rouge de colère. Voilà plus d'une heure qu'on te cherche partout...

Grâce à sa vivacité d'esprit coutumière, la demoiselle se ressaisit et inventa une histoire crédible afin d'échapper à son courroux.

— Père, je ne me sentais pas bien, mentit-elle avec adresse. De ce fait, Guenièvre m'a aidée à regagner l'étage pour que je puisse me reposer une heure ou deux dans la chambre des dames. Elle ne m'a pas quittée un seul instant, s'est allongée à côté de moi. Vous pouvez l'interroger, c'est la propre cousine de Bertille. Seulement, nous nous sommes endormies... J'ai encore très mal à la tête, se plaignit-elle.

— Comme c'est curieux, ma fille, lui fit remarquer Eudes en fin limier. Tu n'as pas l'air vraiment souffrante avec tes joues toutes roses et si fraîches... On dirait même que tu es encore essoufflée... Avec qui étais-tu Mélisande et que faisiez-vous ? gronda-t-il courroucé, parce qu'il n'était pas dupe de son mensonge.

Puis il la saisit brusquement par les poignets, la força à se lever pour le regarder droit dans les yeux.

— Tu n'étais tout de même pas en compagnie d'un homme ? Toi qui es pourtant si prude... la soupçonna-t-il en élevant la voix.

Mélisande se sentait prise au piège : « Comment pourrait-elle se soustraire aux questions de plus en plus pointues de son père et éviter un scandale en public ? » Eudes ne tarderait guère à s'échauffer et plusieurs personnes commençaient à les regarder comme des bêtes curieuses. Par chance, la musique couvrait les cris d'irritation poussés par son père. Alors, elle risqua le tout pour le tout et fit semblant de se pâmer, simulant un vrai malaise. La volonté de se préserver de la méchanceté de son père l'aida à se laisser choir par terre. Tout de même surpris par cet évanouissement inattendu, Eudes réussit à recueillir la tête de sa fille entre ses mains et à la soutenir avant qu'elle ne heurte le plancher, au risque de se blesser sérieusement.

Mélisande se contraignait à garder les yeux clos et à demeurer parfaitement immobile, se retenait presque de respirer tellement elle redoutait de se trahir... C'était très dur, elle avait énormément de mal à feindre et craignait de ne pouvoir réprimer le moindre battement de cil. Plusieurs badauds et curieux s'agglutinèrent autour d'eux et ce rassemblement bruyant, désordonné, lui fournit une opportunité inespérée et la tira d'embarras en quelque sorte. Maintenant, parce qu'il y avait foule, on la voyait mal : on ne distinguait plus qu'une forme allongée par terre, Eudes avait glissé un coussin sous sa tête, apporté par un serviteur zélé. Il en traînait un peu partout, de tailles et de formes différentes, jetés au hasard sur les bancs de la salle. Puis Mélisande perçut vaguement un mouvement d'agitation à quelques pas d'elle. Heureusement qu'elle ne vit rien, sinon son affolement l'aurait peut-être trahie... Plus prompt que l'éclair, son frère Enguerrand avait réussi à intercepter son ami Gaultier, qui tentait de se frayer un passage jusqu'à elle. Perturbé par cet attroupement qu'il distinguait assez mal de loin, mais dont il devinait plus ou moins la cause, l'infortuné chevalier redoutait qu'il ne soit arrivé quelque chose à sa bien-aimée et voulait se porter à son secours. Enguerrand comprit alors que les soupçons de son père étaient fondés.

— Recule immédiatement Gaultier, lui ordonna-t-il sur un ton dur. Tu ne ferais qu'aggraver les choses en t'interposant dans l'affaire et mon père punirait durement Mélisande...

— Mais qu'est-ce qu'elle a ? protesta Gaultier. Je suis fou d'inquiétude...

— Ah ! bon, dis-moi pour quelle raison ? Mais au fait, tu es censé connaître ma sœur Mélisande ?

— Disons que nous venons de passer un moment agréable ensemble, lui avoua Gaultier en toute franchise. C'est une demoiselle charmante, aussi belle que spirituelle... Tu ne m'avais pas menti en vantant sa beauté...

— Oublie toutes ces bêtises et ne cherche plus jamais à la revoir, lui conseilla son ami.

— Mais pourquoi Enguerrand ? insistait l'autre, très surpris de sa réaction. Si tu ne me racontes rien, je m'en vais de ce pas voir comment elle se porte. Ton père ne l'a tout de même pas frappée à cause d'une balade innocente en ma compagnie ?

— Rassure-toi, il n'y a rien de bien alarmant... l'arrêta Enguerrand, embarrassé par la ténacité de Gaultier. A mon avis, elle a simulé un évanouissement pour mieux lui échapper. Mélisande est rusée et ne dira rien. Mais ne va pas tout gâcher en intervenant de manière stupide. Maintenant va-t-en, je t'en supplie au nom de notre amitié... Avant que père ne se doute de quelque chose à ton sujet...

— Je t'obéis sur le champ, si tu promets de me donner de ses nouvelles... décida Gaultier, soucieux de protéger Mélisande.

— Compte sur moi, espèce de fou, lui jura son ami en lui décochant une bourrade amicale. Par le sang du Christ, je t'en supplie : ne compromets pas davantage Mélisande... Elle souffre déjà suffisamment et cherche par tous les moyens possibles comment échapper à ce mariage odieux, décidé par mon père...

Ces dernières paroles furent les plus convaincantes pour persuader Gaultier de s'éloigner momentanément. Il s'éclipsa sans plus tarder et on n'avait pas encore remarqué l'absence d'Enguerrand...

Pendant ce temps, Mélisande revenait lentement à elle, ouvrait les yeux et demandait d'une voix faible, éteinte, qu'on la conduise dans un endroit calme où elle puisse reprendre ses esprits. Prévenu par un de ses valets, le vieil Edme réussit à disperser les curieux, l'interrogea et accéda à sa demande. La demoiselle se reposait maintenant dans une chambre du premier étage en compagnie de plusieurs servantes et de Brune qui veillait sur elle, obéissant aux consignes de sa maîtresse. Pour faire oublier ce regrettable incident, elle décida de ne pas paraître au festin de ce soir. Ce fut une idée judicieuse : son père l'attendait de pied ferme pour lui poser d'autres questions, soucieux d'éclaircir toute l'affaire... D'ailleurs, des trois jours de festivités donnés à l'occasion de la noce, elle n'eut plus jamais l'occasion de paraître en public. Eudes n'avait même pas fait l'effort de se déplacer pour voir si elle allait mieux. Agacé par l'attitude très légère de sa fille, il avait donné des ordres sévères à son sujet. Sous aucun prétexte, elle ne devrait quitter la chambre. Sinon, il ferait fouetter sans pitié les servantes chargées de sa surveillance. Aux personnes qui l'interrogeaient sur les motifs de son absence, Eudes répliquait que sa fille aînée souffrait d'une forte fièvre, contagieuse de surcroît, et qu'elle devait rester alitée. Ceux qui avaient assisté à son malaise récent ne furent guère surpris par ses affirmations, qu'ils créditèrent sans aucun mal. Contre son gré, Mélisande se retrouvait prisonnière de la supercherie qu'elle avait elle-même inventée !

Le soir de ses noces, au cours du festin qui suivit, Enguerrand avait bu plus que de coutume : Thierry, son écuyer, remplissait sans arrêt sa coupe d'un excellent vin blanc, très léger, qu'il vidait aussitôt. Puis il avait goûté à d'autres vins de Bourgogne fameux, gardés depuis longtemps dans les caves du vieil Edme, et qu'il réservait pour une grande occasion. A plusieurs reprises, Pierre quitta sa place et s'installa auprès de son frère pour lui recommander d'être plus sobre. En tant que cadet dévoué, il crut bon de le mettre en garde : s'il continuait à boire de cette façon, il serait ivre mort avant la fin du repas. Mais Enguerrand refusait de l'entendre et se moquait de ses avertissements. De quoi se mêlait-il à la fin ? Atterrée par l'attitude insensée et provocante de son jeune époux, dame Ida voyait bien qu'il n'écoutait personne. Quand elle s'était permis de lui demander pourquoi il buvait autant, il l'avait rabrouée sans ménagement, lui adressant des regards moqueurs, lourds de sous-entendus... Quel relâchement choquant : il devenait vulgaire et grossier en paroles, les rares fois où il daignait s'adresser à elle ! La jeune mariée le découvrait sous un jour nouveau, totalement imprévisible, et que rien n'aurait laissé présager jusqu'à ce soir. Plus les heures s'écoulaient, plus elle appréhendait sa nuit de noces qu'elle avait imaginée autrement, parce qu'elle l'attendait avec impatience depuis si longtemps !

Lorsque le moment fut venu, les pères des jeunes mariés se levèrent de table pour les accompagner jusqu'à un bâtiment annexe, que l'on utilisait pour les événements importants rythmant la vie des châtelains comme les mariages et les accouchements. « Décidément, tout allait de travers », songeait Eudes en observant son fils aîné qui titubait entre les tables et se raccrochait au bras de la mariée en riant et en parlant très fort...

— Tu me fais honte, Enguerrand, cracha son père, très en colère. Il l'avait saisi par un bras et le secouait de manière assez rude. Pourquoi boire de manière déraisonnable, le soir de tes noces ? Tu es impossible, mon fils...

— C'est, c'est... pour me donner du courage, père, bafouilla le marié, oubliant la présence de son épouse.

Dame Ida s'était poussée sur le côté, le temps que dura la semonce paternelle, mais elle dut se rapprocher de son mari qui faillit s'écrouler, lorsqu'Eudes le lâcha brusquement de peur de créer un scandale. Enguerrand fut soulagé de s'appuyer sur son épaule, mais pour avancer, elle le soutenait à grand peine. C'était un immense gaillard, d'une taille supérieure à la moyenne. Le père du marié vint à son secours, l'empoigna derechef par un bras et l'attira à l'écart.

— Tais-toi, Enguerrand... lui ordonna-t-il, une lueur méchante dans le regard, lui signalant qu'il était prêt à le frapper. Pourquoi te donner ainsi en spectacle devant nos invités ?

Eudes avait écarté sans ménagement la pauvre Ida qui tentait de s'interposer entre eux, redoutant que sa brutalité ne se retourne contre son jeune mari.

— Tu as vraiment envie de te retrouver seul et pauvre, à mendier ton pain le long des routes ? le tança le baron pour le faire réagir. La menace de te déshériter est toujours valable, mon fils. Si tu ne te tiens pas correctement ce soir comme un gentilhomme de bon et noble lignage, je ne réponds plus de moi, le menaça-t-il encore hors de lui.

— C'est entendu, j'ai compris ce que vous attendiez de moi, lui assura l'intéressé. Soyez sans crainte, je saurai encore m'occuper de ma femme... A moins que vous ne soyez tenté de prendre ma place, père ? lui lança-t-il sur un ton provocateur. Cela ne vous dit vraiment pas, père ? insista-t-il d'une manière assez lourde.

— Cesse de me provoquer sur le champ, Enguerrand, lui ordonna l'intéressé. Sinon, tu risques de perdre gros...

— Que se passe-t-il, Eudes, vous vous querellez ? s'inquiéta le vieil Edme en se rapprochant d'eux, afin de mieux entendre ce qu'ils se disaient.

— Ce n'est rien, mon ami, le rassura Eudes, bon enfant. Tout va bien ! Enguerrand a un peu trop bu, voilà tout... Mais il va vite se dégriser, n'est-ce pas mon fils ?

— Si vous l'affirmez, père, je m'exécuterai sans problème... lui répondit le jeune marié docile. Mais où est passée mon épouse ? claironna-t-il à la ronde, soudain pressé d'en finir avec toute cette comédie.

— Viens, ma belle, dit-il à Ida en s'emparant d'autorité de son bras et en la serrant très fort. Tu vas voir, je saurai te rendre heureuse, lui glissa-t-il à l'oreille. Fais-moi confiance...

Lorsque les nouveaux mariés furent enfin au lit, Eudes souffla un peu en s'épongeant le front. Mais il ne se sentait pas tranquille pour autant : un esclandre de dernière minute était toujours possible... Ses enfants le surprendraient toujours, mais jamais dans le bon sens.

Les demoiselles d'honneur et d'autres jouvencelles de la famille d'Enguerrand et d'Ida avaient préparé celle-ci derrière un paravent situé dans un coin de la pièce, l'aidant à se déshabiller et à enfiler sa chemise de nuit. Elles l'avaient coiffée avec soin, brossant ses longs cheveux, brillants et ondulés, parce qu'elle les nattait de jour comme de nuit. Ce soir, Ida avait décidé de les lâcher sur ses épaules, espérant qu'Enguerrand la trouverait plus séduisante ainsi. Pétronille faisait partie du groupe des parentes chargées d'assister sa belle-sœur. Plutôt détachée des joies terrestres, elle se serait volontiers passée de ce qu'elle considérait comme une vraie corvée, d'autant que Mélisande n'était pas présente pour la distraire. Elle ne s'amusait pas comme les autres demoiselles, qui riaient, se bousculaient, se narraient entre elles des anecdotes osées à propos de la nuit de noces de sœurs aînées ou de cousines, indifférentes au sort qui attendait Ida. Ces récits surprenants la paniquaient davantage encore. Evidemment, elle ne pouvait s'empêcher de prêter une oreille à ce qu'elles se racontaient à voix basse. Pétronille n'avait pas trouvé de prétexte sérieux pour se dérober à la tradition, son absence aurait été considérée comme un manque d'affection à l'égard de son propre frère. Mais elle méprisait toutes ces coutumes qu'elle trouvait franchement avilissantes pour la mariée et la femme en général. Pourquoi permettre à autant de personnes, notamment les proches des jeunes mariés, d'assister à des moments aussi intimes de leur vie ?

Tout à coup, la pâleur subite de la mariée la frappa, elle eut pitié d'elle et ordonna à une servante de lui préparer un cordial pour la soutenir. Hélas, le calvaire d'Ida n'était pas terminé... Vint le moment de s'allonger aux côtés d'Enguerrand dans l'immense couche, de tirer sur eux draps et couvertures pour se couvrir de manière pudique, d'appuyer le dos contre deux oreillers moelleux, glissés par une servante. Puis il y eut un véritable défilé dans la chambre. Bon nombre d'invités en profitaient pour se dégourdir les jambes, en venant féliciter les jeunes mariés. Ida crut qu'ils ne s'en iraient jamais... Enfin, son père leur présenta une coupe de vin épicé qu'ils partagèrent, tandis que les demoiselles chantaient pour leur faire honneur et ils la burent lentement. Puis le vieil Edme et Eudes se levèrent des sièges qu'on avait installés au pied du lit et donnèrent le signal du départ. La pièce se vida d'un seul coup, faisant place à un grand silence, Ida entendit que son père fermait la porte à clefs derrière eux. Sans savoir pourquoi, elle regrettait déjà leur présence rassurante et maudit sa solitude. Le regard perdu au plafond, la tête mollement abandonnée contre les coussins, un court instant, Ida crut que son jeune mari s'était endormi...

Mais elle sentit bientôt son haleine empuantie par le vin contre sa joue, il tentait déjà de la caresser de ses mains dures et avides, une jambe glissée contre la sienne... Sans un mot, il bascula sur elle, s'affala de tout son poids, lui écrasa la bouche de ses lèvres pour étouffer ses protestations indignées. Ida se débattait farouchement, tandis qu'il commençait à lui dénuder la gorge. Ses mouvements brusques, saccadés, s'accompagnaient d'une grande maladresse, il lui tira les cheveux à plusieurs reprises et s'énervait contre les liens de sa chemise de nuit qui le gênaient. A ce moment, elle eut très envie de pleurer et de s'enfuir au loin pour lui échapper...

— Ote-moi cette chemise de nuit tout de suite, lui commanda-t-il, la voix pâteuse, son élocution se faisant difficile.

Et il s'impatientait de plus belle, car il ne parvenait pas à ouvrir le haut du vêtement. A la fin, il tira si fort qu'une des attaches céda, se rompit en un bruit sinistre, indiquant que le tissu très fin avait lâché... Son épouse ne faisait pas un geste, paralysée de crainte.

— Tu vas m'obéir, oui ou non ? Déshabille-toi, Ida... lui ordonna-t-il une nouvelle fois sur un ton dur et pressé. Enlève-moi cette chemise, sinon je la déchire entièrement avec mes dents, la menaça-t-il encorc.

La suite ne fut qu'un déchaînement de gestes brutaux, impulsifs, inconnus et plutôt désagréables pour Ida, Enguerrand obéissait à ses bas instincts de mâle, ne cherchant pas à l'épargner d'une quelconque manière. Le jeune marié avait sommeil, le vin l'avait abruti et il était pressé d'en finir au plus vite...

— Arrête de te débattre, lui conseilla-t-il. Tu me retardes, ma belle, cela ne sert qu'à te faire souffrir davantage...

Pour conclure, Enguerrand la pénétra d'un seul coup, d'une manière bestiale et sauvage, comme il ne l'avait encore jamais fait avec aucune femme. L'infortunée Ida hurla de douleur... Puis, sans une parole de consolation ou de tendresse, il roula sur le côté opposé du matelas, très loin de son épouse, et s'endormit aussitôt. Comme il dormait la bouche grande ouverte, ses ronflements sonores ne tardèrent guère à perturber le silence de la pièce. Réfugiée contre son oreiller doux et moelleux, Ida pleura longtemps, bouleversée par la honte, envahie par une déception incommensurable. Jamais de la vie, elle ne se serait attendue à une violence pareille de la part de son jeune mari ! Depuis plusieurs mois déjà, elle avait tant songé à la nuit merveilleuse, où elle appartiendrait corps et âme à son bien-aimé. En tant que demoiselle laide et délaissée depuis trop longtemps, elle accordait sans doute plus d'importance à tout ce qui se rattachait au mariage que la plupart de ses compagnes belles et courtisées. D'ailleurs, elle était très rêveuse, elle avait imaginé cette première fois autrement, l'avait associée à des paroles d'amour et d'affection échangées entre époux... Pour elle, c'était l'aboutissement d'une folle passion, se traduisant naturellement par une grande tendresse et s'accompagnant d'une incroyable volupté. La malheureuse resta éveillée une majeure partie de la nuit, tourmentée par l'idée qu'Enguerrand ne l'aimait pas et n'avait jamais été amoureux d'elle... Comme elle avait été sotte et naïve d'imaginer une chose aussi invraisemblable, elle assumait seule les conséquences désastreuses de sa belle histoire d'amour...

Le lendemain matin, tout à fait dégrisé, Enguerrand eut tout de même honte de son comportement de la veille, en observant les stigmates des humiliations infligées à la jeune mariée : son visage était encore rouge et très marqué avec des traits tirés, bouffis par les larmes, qui avaient séché au cours de la nuit. Recroquevillée sur elle-même, elle s'était éloignée le plus possible de lui, se retirant presque au bord de la couche. Mais il refusa de s'attendrir sur son sort, après tout elle avait bien cherché ce qui lui arrivait... Alors, il se dit que c'était une vengeance légitime en quelque sorte, s'inventant des excuses pour absoudre sa faute.

Au petit jour, la laideur de son épouse le frappa davantage que d'ordinaire et il prit en horreur cette figure commune aux traits lourds et grossiers, sans aucune grâce. Effrayé par la réalité, il la trouva presque repoussante. Impitoyable, il prit un ton joyeux et détaché pour la réveiller en la secouant rudement par l'épaule.

—Debout, dame Ida, lui cria-t-il aux oreilles. Il est l'heure de se lever et d'afficher devant tout le monde votre satisfaction de jeune mariée comblée... C'est bien votre cas, n'est-ce pas ? ironisa-t-il sur un ton moqueur et méchant.

Ida s'était réveillée en sursaut, elle avait mal au ventre, sa chemise de nuit était tachée de sang et elle avait très envie de pleurer. Devant sa mine défaite, Enguerrand lui déclara sans éprouver aucune pitié ni condescendance à son égard :

— Il faudra vous y faire, ma belle, lui déclara-t-il, tout émoustillé par une sorte de joie sadique, prenant plaisir à la torturer. Vous serez mienne toutes les nuits, ma mie. Et je m'occuperai de vous, tant que vous ne porterez pas un enfant... C'est bien ce que votre père désire le plus avant de quitter ce monde, n'est-ce pas ? Ce qu'il attend de notre union ? dit-il en l'observant attentivement.

— Oui, Enguerrand, soupira Ida, fataliste. Mais j'avais cru que cela se passerait de manière différente entre nous, que vous seriez doux et compatissant avec moi et...

— Quelle ambition démesurée, ma chère ! la coupa-t-il, peu soucieux d'en entendre davantage. Vous ne vous étiez pas renseignée avant ? Tous les hommes se comportent de cette manière, lui affirma-t-il avec une mauvaise foi évidente. Vous n'êtes pas une héroïne de romans courtois, moi non plus, d'ailleurs... Vous vous habituerez comme toutes les autres à la dure réalité, il n'y a pas de raison...

— Après tout, c'est bien vous qui avez souhaité ce mariage ? insistait-il pour mieux l'accabler. Vous m'avez désiré de toutes vos forces, souvenez-vous... A présent que je suis votre époux, vous devriez être contente, non ?

— Mais je tiens à vous et je vous aime Enguerrand...protesta Ida, blessée dans son amour-propre. Il faut sans doute que je me familiarise avec mon nouvel état, vos exigences de mari...

— De toute façon, il est trop tard pour revenir en arrière... la coupa Enguerrand, lucide. Il fallait y songer avant le mariage, maintenant vous devez subir comme moi... On verra une fois que vous serez grosse... Peut-être que je vous laisserai tranquille une nuit, de temps en temps... décréta-t-il avec cynisme.

Puis ils entendirent que l'on tournait la clef dans la serrure, Enguerrand sauta tout nu à bas du lit et se cacha derrière le paravent pour s'habiller. Une fois qu'il eût attaché son épée à sa ceinture, il s'éclipsa sans un regard ni une parole gentille pour son épouse. Comme si elle ne comptait pas pour lui... Maintenant, elle ne le reverrait pas avant ce soir, le vieil Edme avait organisé une grande chasse sur les terres de sa seigneurie à laquelle participeraient tous les hommes valides. C'était le père du marié, Eudes, qui dirigerait les opérations, car sa maladie lui interdisait ce genre de folie qui l'aurait achevé...

Des dames d'âge mûr comme la mère d'Enguerrand entourèrent Ida restée au lit, parce qu'elle se sentait faible et dolente. Puis elles la questionnèrent, afin de déterminer si elle serait bientôt grosse. Auparavant, elles l'avaient aidée à se lever pour qu'elle puisse faire sa toilette, étaient revenues examiner les draps du lit pour s'assurer que l'union avait été réellement consommée. Dame Bathilde réconforta la jeune mariée, lui faisant absorber une boisson forte. Toutes sortes de questions très gênantes pour la pudeur d'Ida fusèrent de la bouche de ces épouses expérimentées, non par curiosité malsaine ou déplacée, mais afin de s'assurer qu'elle donnerait bientôt une descendance à son vieux père... « Combien de temps avait duré l'acte ? Avait-il été renouvelé plusieurs fois au cours de la nuit ? » Cette dernière suggestion horrifia réellement Ida, si bien qu'elle mentît pour répondre en avançant à tout hasard le chiffre de trois. Mais en son for intérieur, elle se dit qu'elle l'avait échappé belle ! Enfin, de quand dataient les dernières règles de la jeune femme ? Les avis féminins étaient partagés au sujet de la conception : avait-elle déjà eu lieu ou non ? Dans tous les cas, toutes les dames étaient d'accord pour affirmer que le fruit était encore bien fragile et que la future mère devait absolument se ménager. Dame Bathilde se crut obligée d'intervenir, sinon, certaines d'entre elles se seraient violemment querellées. Notamment, une parente du côté du vieil Edme, dame Izembard du Mesnil, prétendant que sa nièce devait faire très attention, car elle portait déjà fruit. Dès aujourd'hui, elle souhaitait qu'elle garde le lit pour protéger la conception de la nuit.

— Laissez-la donc se remettre et profiter des réjouissances de ses noces, intervint dame Bathilde, agacée. Il est encore trop tôt pour savoir si elle a conçu ou non...

— Vous avez raison, dame Bathilde, trancha une proche cousine. Ce n'est pas comme nous autres qui aimerions connaître une année ou deux de répit entre chaque grossesse. Elle a bien le temps, la pauvre...

— Ce ne sera pas mon cas, reprit une autre dame fière d'annoncer son état. Au printemps prochain, j'accoucherai pour la dix-huitième fois et j'ai à peine trente-deux ans... On ne le dirait guère, je ressemble déjà à une vieille femme, se plaignit-elle néanmoins à ses compagnes.

De manière simple, sans aucune complaisance, elles continuèrent d'évoquer leurs grossesses passées ou futures en présence d'Ida et des autres demoiselles. Restée dans un coin de la chambre, Pétronille eut pitié d'elle et s'approcha pour l'aider à faire sa toilette et se vêtir. Jusqu'à présent, elle n'avait jamais éprouvé une grande sympathie pour sa belle-sœur qu'elle considérait comme hautaine et égoïste. Mais ce matin-là, elle lui trouva triste mine et s'efforça de la comprendre, de la soutenir par simple solidarité féminine. Car il n'y avait pas de doute possible, Ida avait souffert et son frère Enguerrand n'était sans doute pas étranger à ce fait : le visage de la jeune mariée portait encore des traces de larmes séchées, ses yeux étaient gonflés et très rouges à force d'avoir beaucoup pleuré. Les autres dames ne s'intéressaient plus à elle, puisque Pétronille et deux parentes d'Ida, Mélusine et Odette, l'avaient prise sous leur protection. Maintenant, elles évoquaient le souvenir de leur propre nuit de noce.

Dans l'ensemble, ces confidences n'étaient ni très gaies ni très encourageantes pour les demoiselles en âge de se marier. Derrière le paravent, où elles aidaient Ida à se laver entièrement, Pétronille tendit l'oreille dans l'espoir d'entendre le récit de dame Bathilde. Mais très réservée, cette dernière se taisait et se contentait d'écouter les autres en hochant la tête pour approuver certaines déclarations.

— Et pour toi, Bathilde ? attaqua soudain l'une de ses voisines. Comment ça s'est passé avec le baron Eudes ? Il n'est pas très tendre à ce que l'on raconte...

— C'est parce qu'il a beaucoup changé, il a vieilli et son caractère s'est aigri, le défendit aussitôt son épouse. Pour nous, c'était vraiment différent : nous étions très épris l'un de l'autre et je garde un souvenir émerveillé de nos premières étreintes...

— Tu as quand même changé d'avis, quand il a mis une servante dans ton lit ? lui fit remarquer une autre commère d'une méchanceté sans pareille.

Ce coup bas et inattendu la déstabilisa à peine et elle lui répliqua avec humour :

— Bah, il est comme tous les hommes, ni meilleur ni pire que la plupart de vos maris. Et puis, nous partageons toutes le même sort, n'est-il pas vrai ? Avec ces grossesses répétées, je n'ai guère rajeuni et les jeunettes sont plus attirantes que nous autres, vous ne croyez pas ?

Cette remarque très juste fit taire les autres dames qui n'osèrent rien ajouter. Au milieu de la matinée, Pétronille chercha à se glisser dans la chambre, où Mélisande était retenue prisonnière sur ordre de son père. Ce dernier avait expliqué au vieil Edme qu'il ne faisait plus confiance à sa fille et attendait avec impatience le jour de son mariage. Le beau-père d'Enguerrand lui avait répliqué qu'il agissait comme il l'entendait et qu'il pouvait compter sur la surveillance et la vigilance de ses propres serviteurs. Eudes l'avait remercié de sa collaboration, lui précisant qu'il souhaitait donner une bonne leçon à sa fille. Mélisande ne quitterait pas la chambre avant leur départ pour Bissey et serait privée des deux derniers jours de fête. Mais Pétronille réussit à s'introduire chez Mélisande et partagea avec elle ces heures de solitude qui auraient fini par lui paraître très longues. Comme les servantes connaissaient la demoiselle maintenant, qu'elles la trouvaient d'humeur plaisante, elles lui laissèrent apporter quelques vivres et surtout des livres. Les deux sœurs partageaient la même passion pour la lecture. La nuit suivante, elles dévorèrent chacune un livre intéressant, emprunté dans la bibliothèque du vieil Edme. A plusieurs reprises, Mélisande fut sur le point de tout avouer à sa sœur qu'elle aimait beaucoup : sa rencontre avec Gaultier, les quelques heures passées en sa compagnie... Néanmoins prudente, elle préféra se taire, se disant que de toute façon, cet événement n'avait plus aucune importance pour elle, parce qu'il survenait trop tard pour changer quoi que ce soit au projet de son père.

De son côté, Pétronille évita de mentionner la déception d'Ida et l'attitude révoltante de leur propre frère. Enguerrand fut assailli par son ami Gaultier, le pressant d'organiser un rendez-vous avec Mélisande. Tombé follement amoureux de la demoiselle dès le premier jour de leur rencontre, il souhaitait tant la revoir fût-ce au péril de sa vie.

Mais ce dernier l'arrêta dans son délire chevaleresque, soulignant le fait qu'en agissant de manière inconsidérée ou trop impulsive, c'était elle, qu'il mettait en danger. « Déjà que sa bien-aimée avait été punie par sa faute... » l'accusa Enguerrand de manière très injuste. Pour le dissuader de poursuivre ce genre d'initiative périlleuse, il lui avança un argument imparable auquel son ami finit par se rendre : « Si tu aimes vraiment Mélisande, comment t'arranges-tu avec ta conscience pour assumer la responsabilité suivante, à savoir qu'elle demeurera enfermée à doubles tours dans sa chambre jusqu'à la date de son mariage ? »

C'est le sort auquel elle serait inévitablement condamnée par son père, s'il s'obstinait dans cette voie dangereuse, insensée. Pour le moment, il serait plus sage de renoncer à l'idée de revoir la demoiselle. Afin de mieux le convaincre, Enguerrand lui précisa que leur père ne plaisantait pas avec l'honneur de ses filles, qu'il préférait les savoir mortes plutôt que déshonorées. Très malheureux, Gaultier dut se soumettre à la dure réalité et se contenta d'apercevoir Mélisande de très loin, lorsqu'elle quitta le manoir de Suze en compagnie de sa famille. Par mesure de prudence, il ne put même pas lui adresser un signe amical de la main et cette contrariété lui causa une grande déception. Son père, le baron Eudes, s'était placé à côté d'elle pour mieux la surveiller et ils chevaucheraient ensemble jusqu'à son château de Bissey.

Quant à Mélisande, elle se consola très vite : elle n'était pas vraiment amoureuse de ce jeune seigneur, qu'elle trouvait néanmoins charmant. Mais cette rencontre lui avait au moins prouvé une chose extrêmement rassurante : elle était capable de plaire et de faire battre le cœur d'un homme. « D'un vrai et d'un chevalier, songeait-elle, d'un garçon de son âge, et non pas d'un vieillard ignoble et repoussant. »

13 - *Le comportement étrange de Pierre, suivi de la fuite de Mélisande accompagnée de la petite Gervaise.*

Début novembre eut lieu le mariage de dame Yolande et de Pierre, dernière étape avant celui de Mélisande prévu pour le début du mois suivant... Il avait fallu patienter quelques jours : le curé ne célébrait pas d'épousailles à la Toussaint, le premier novembre, ni le lendemain, jour de la fête des Défunts. Le temps avait changé de manière radicale : chaque matin, il y avait des gelées blanches et une fine couche de givre recouvrait les terres labourées à l'automne. Au château de Bissey, toutes les cheminées avaient été allumées. Quand venait le soir, on se pressait autour du foyer pour se réchauffer. Pierre fut très déçu, car il avait imaginé cet hyménée autrement, encore plus fastueux et époustouflant que ses fiançailles. Mais les frères de la dame, Antoine et Cyprien de Tailly, étaient pressés de voir enfin la conclusion dc cttc union dans lc dessein de se débarrasser définitivement de tous les soucis matériels, relatifs au fief de Bar. Comme ils détestaient franchement séjourner à la campagne, parce qu'ils avaient l'impression d'étouffer en plein désert, coupés des réjouissances diverses, des bals et autres manifestations données à la cour des ducs de Bourgogne, ils ne tenaient pas à s'attarder plus de deux journées entières dans le manoir de leur sœur. Prétentieux, remplis de dédain à l'égard des petits seigneurs campagnards, ils considéraient le Morvan comme une région très froide et trop humide, particulièrement inhospitalière, où ils dépérissaient d'ennui...

Pour ces différentes raisons, ils comptaient repartir à Dijon dès le lendemain de la cérémonie et se montrèrent moins généreux qu'à l'occasion des fiançailles de cet été. D'une part, ils ne souhaitaient pas que les fêtes s'éternisent en longueur. D'autre part, ils redoutaient d'être retenus prisonniers par les rigueurs de l'hiver qui approchait à grands pas. Le manque de motivation des deux frères de la dame, ajouté à une pénurie de moyens financiers, limita le budget consacré aux festivités. Les bonnes années, dame Yolande parvenait tout juste à survivre sur sa seigneurie. A une ou deux reprises, elle avait même été obligée d'emprunter de l'argent à ses frères pour payer les semences de ses champs de blé ou réparer une toiture endommagée par les intempéries. Prudente et avisée, elle ne tenait pas à engager les terres de son fief à des usuriers prêtant sur gage, parce qu'elle ne serait plus maîtresse chez elle. D'autant que sa fille serait spoliée et ne toucherait pas la part d'héritage provenant de son père. Le mariage à l'église fut bâclé de manière hâtive, parce qu'il faisait très froid à l'intérieur, les fidèles frappaient du pied pour se réchauffer et soufflaient sur leurs doigts gourds en attendant l'arrivée du cortège. Il n'y avait plus aucune fleur fraîche, les gelées matinales s'étaient chargées d'achever les dernières roses, les blancs hellébores, et les chrysanthèmes de la Toussaint. Des villageoises dévouées avaient disposé deux ou trois bouquets de fleurs séchées près de l'autel et décoré les fenêtres de quelques branches de feuillages de houx. Comme la plupart de ses paroissiens, le curé grelottait de froid dans sa soutane au tissu élimé et rapiécée sur toutes les coutures, aussi attendait-il avec impatience le début de la cérémonie.

Déjà, il se surprenait à rêver aux belles flammes de couleur jaune orangé qui l'attendaient près de la cheminée... Les mariés s'agenouillèrent enfin devant lui et il put commencer les prières. Dame Yolande était tout à fait charmante, très élégante, la tête et le haut du buste couverts d'une capeline de fourrure blanche dont le revers immaculé encadrait son beau visage tendu par l'émotion, rosi par le froid. On apercevait à peine sa splendide robe de velours pourpre, car elle avait dû s'envelopper dans une cape brune, chaudement doublée en peaux de martre, pour mieux se protéger de l'onglée. Le marié n'avait pas fait de frais de toilette, ses beaux-frères s'étaient contentés d'apporter en cadeau la tenue de leur sœur. Faute de moyens, le jeune homme avait revêtu son bel habit de fiançailles et son père lui avait prêté un grand manteau fourré de vair pour qu'il le jette par-dessus ses épaules, son costume étant trop léger pour la saison. Eudes lui avait tout de même offert un chapeau neuf à la mode, un feutre de laine de bonne qualité aux nuances originales et colorées, d'un marron cuivré, orné de plumes aux reflets chatoyants.

Mais Pierre se sentait encore aigri, tourmenté par le meurtre de Flavie, sa charmante maîtresse, qui avait bouleversé sa vie. Depuis le milieu de l'été, il pleurait la disparition de la belle et douce amie tant aimée et se remettait difficilement de son chagrin. Sans sa présence, la vie lui paraissait insipide et sans éclat comme le mariage célébré aujourd'hui. Dame Yolande s'efforçait d'attirer son regard et de lui sourire en se montrant aimable. Mais peine perdue, les mains jointes comme s'il priait avec ferveur, les yeux baissés en signe de pieux respect, le cadet des Bissey ressemblait à une statue de marbre, indifférent à tout... Il n'accordait aucune attention à sa promise et sursauta lorsque le curé s'approcha d'eux pour l'échange des alliances qu'il venait de bénir. Infiniment déçue, dame Yolande s'accrocha au bras de son jeune mari à la fin de la cérémonie et ne put s'empêcher de lui adresser une remarque pertinente, très acide.

—Revenez sur terre, messire mon époux, lui souffla-t-elle à l'oreille. Efforcez-vous de sourire... Nous n'assistons pas à un enterrement, mais à un mariage... Il s'agit du nôtre en l'occurrence, ajouta-t-elle, les lèvres pincées.

—Désolé, ma mie, j'étais perdu dans mes pensées, lui répondit Pierre, incapable de justifier sa conduite.

—Vous songez encore à l'irrésistible Flavie? lui lança la mariée avec traîtrise.

—Mais non, protesta-t-il, embarrassé d'avoir à lui mentir. Qu'allez-vous imaginer d'aussi insensé, ma mie? Je vous assure que vous vous trompez...

Pierre ne put finir sa phrase: déjà, ils avançaient dans l'allée centrale de la nef et leurs paroles étaient couvertes par le bruit des acclamations spontanées, enthousiastes des personnes présentes. A l'intérieur de l'église, on n'entendait plus que des applaudissements frénétiques, des cris de joie, et même des sifflements émis par des damoiseaux excités, des garçons farceurs de l'âge du marié... De plus, le moment était mal choisi pour aborder un sujet aussi délicat. Blessée, humiliée par la froideur de son jeune époux, dame Yolande dut pourtant s'efforcer de sourire à tout le monde, répondre aux félicitations des uns et des autres...

De retour au manoir, elle tenta de distraire Pierre, boudeur et nostalgique depuis le matin. Sa bonne humeur et ses mots d'esprit très justes, faisant mouche à chaque fois, réussirent à le dérider au cours du repas de noces. Mais rendue plus prudente par son attitude étrange, elle évita de nouvelles allusions relatives à l'assassinat de sa belle maîtresse. Pourtant, de son côté, le marié avait compris qu'il était allé trop loin. Alors il se ressaisit, s'efforça d'accorder quelques attentions délicates à son épouse au cours des danses qui suivirent. Comme les aînés de la famille de Bissey, Pierre détestait simuler. Toutefois, il y était contraint ces jours-ci : sinon, que penseraient les invités et leurs familles respectives, présents pour les festivités suivant la cérémonie religieuse ? Pour sauver les apparences de cette union arrangée par son père, le cadet devait faire semblant d'être amoureux de dame Yolande... Grâce à elle, il devenait le maître de terres et d'un fief intéressant, ce qui valait bien quelques efforts de sa part en échange. Pierre de Bissey n'était pas un ingrat et s'appliqua pour honorer comme il se devait la mariée durant la nuit qui suivit... Dame Yolande avait encore un corps magnifique et l'imagination de son jeune époux fit le reste...

D'ailleurs, il était légitime de se questionner sur le revirement aussi brusque des sentiments du cadet, alors qu'il semblait très amoureux de sa fiancée quelques mois en arrière. Rancunier, sans doute trop impulsif, Pierre n'avait pas admis le refus hautain et catégorique de dame Yolande, alors qu'il brûlait de désir pour elle à ce moment-là... Ou bien, il avait beaucoup changé comme son frère aîné, Enguerrand. Enfin, dernière explication plausible, l'expérience de la vie avec son cortège de bonnes et mauvaises surprises lui avait considérablement endurci le caractère. Une chose était sûre, il ne s'était pas encore remis de la mort horrible de Flavie. Pratiquement tous les jours, il pensait à elle et la regrettait comme cette nuit-là, blotti dans les bras de dame Yolande, qui savourait son bonheur. Ses années de veuvage l'avaient astreinte à une abstinence forcée et elle se sentait enfin redevenir une vraie femme. Pierre se révéla comme un amant tendre et délicat, très habile aussi, ne manifestant aucune impatience ni brutalité. Enfin, il faisait preuve d'une vigueur exceptionnelle comme le constata dame Yolande, qui avait été mariée à un trop vieux mari. Pierre l'aima plusieurs fois au cours de leur nuit de noces... A la suite de ces délicieux ébats, ô combien prometteurs, l'épouse comblée crut qu'elle avait réussi à reconquérir le cœur du jeune marié. Mais elle se trompait lourdement, comme elle s'en apercevrait quelques jours plus tard. Après les réjouissances nuptiales qui s'envolèrent en un éclair fugace, réchauffant les premiers frimas annonçant le début de l'hiver, les dures réalités de la vie accaparèrent tout le monde.

Au château de Bissey, il y eut un grand vide : dame Bathilde avait du mal à réaliser que l'absence de ses deux fils serait définitive. Bien sûr, ils auraient l'occasion de séjourner à Bissey de temps à autre, mais ce ne serait plus jamais comme avant. Il est vrai qu'elle ne les voyait déjà guère à l'époque où ils étaient en service, mais le château de Bissey demeurait tout de même leur maison. Maintenant, ils avaient chacun leur propre manoir et c'est ce qui faisait toute la différence. Naturellement, pour contredire son épouse, Eudes refusait de reconnaître que ses aînés lui manquaient...

A la mi-novembre eut lieu l'investiture de Pierre. Le fief de Crôts-les-Bar dépendait du comte de Nevers. Il fallait se presser avant que les routes deviennent impraticables et qu'ils ne puissent effectuer ce déplacement jusqu'à Nevers, capitale du comte. Pour lui prouver leur affection, son père et son frère aîné l'accompagnèrent avec une escorte de quelques hommes armés. Le baron les avait choisis parmi ses sergents et ses soldats les plus valeureux, dignes de sa confiance. Il était grand temps de partir. Dans le massif du Morvan, il avait déjà neigé et le matin de bonne heure, les chemins étaient verglacés et glissants. Malgré ces inconvénients fréquents à la mauvaise saison, la petite troupe arriva sans encombre à Nevers et franchit la porte du Croux, trois jours après leur départ. Mais le comte ne pouvait pas les recevoir tout de suite, ses conseillers leur proposèrent une entrevue pour le lendemain... Après une journée d'attente, où ils s'installèrent dans une auberge de la ville, la cérémonie de l'investiture eut enfin lieu. D'ailleurs, Pierre n'était pas seul à rendre hommage à son suzerain, quatre ou cinq seigneurs patientaient déjà face à la salle de réception du château, où le comte devait les accueillir...

A genoux devant le siège de ce dernier, Pierre lui prêta hommage et lui jura sa foi pour le fief de Crôts-les-Bar qui lui était désormais confié. Après avoir échangé un baiser fraternel, le comte lui remit une sorte de bâton, symbolisant le fief dont il était le maître désormais. Puis Pierre prêta serment sur les reliques de saints, en renouvelant les promesses de servir son suzerain et de lui être fidèle. D'autres jeunes chevaliers attendaient sagement leur tour, le plus souvent accompagnés par leur père ou un membre de la famille plus âgé. Pierre de Bissey était devenu un homme maintenant, un chevalier responsable, parce que nanti d'une seigneurie. Aussi son frère Enguerrand l'enviait-il un tant soit peu, sans penser à mal. C'était plus fort que lui. Cet événement capital dans la vie d'un seigneur de noble lignage ne se produirait peut-être pas avant plusieurs années en ce qui le concernait. Il était tout de même assez dépité, puisque c'était lui, l'aîné des fils du seigneur de Bissey. Pour se consoler, il se dit que la seigneurie de Suze était au moins trois fois plus importante que celle de son frère et que son château fort de La Turpillière ne se comparait même pas à la demeure de Pierre, modeste manoir de campagne.

Des sentiments contradictoires le déchiraient en ce moment : d'une part, il brûlait d'impatience d'être le maître des terres et du fief de Suze pour les diriger à sa guise, ce qu'il faisait plus ou moins de manière tacite depuis son mariage. Epuisé et malade, le vieil Edme lui faisait confiance et se reposait de plus en plus souvent sur lui pour la gestion courante du domaine. D'autre part, il s'était attaché au vieil homme qui le considérait un peu comme son fils. De caractère plutôt franc et loyal, il ne souhaitait pas sa mort. Pourtant les deux événements étaient étroitement liés... Enguerrand ne serait pas officiellement le maître de Suze, tant que le vieil Edme serait encore en vie. Comme il souhaitait le rendre heureux pour qu'il connaisse la joie d'être grand-père avant de quitter cette terre, il ne ménageait guère ses efforts et honorait dame Ida toutes les nuits avec un soin scrupuleux. Sauf les veilles des jours de fête ou de ceux défendus par l'église, où les fidèles devaient s'abstenir de tout commerce charnel. Enguerrand se pliait à ces interdits, de peur que son épouse ne se venge en le dénonçant à son père ou pire au curé. Ce qui lui attirerait de sérieux ennuis dans le second cas de figure, l'église ne plaisantait pas à ce sujet.

Cette assiduité conjugale surprenait tout de même dame Ida, puis finit par l'épuiser à la longue, si bien qu'elle regrettait avec amertume le temps où elle était jeune pucelle, libre de disposer de son corps comme elle l'entendait. Comme son mariage avec le bel Enguerrand l'avait profondément déçue ! Pourtant, elle l'aimait de tout son cœur et de toute son âme ! Hélas, ce sentiment n'était pas réciproque... Blessée dans son amour-propre, elle n'ignorait pas que les hommages assidus de son mari ne poursuivaient qu'un seul et unique but : la rendre grosse pour qu'elle lui donne l'héritier qu'ils attendaient tous avec grande impatience, surtout son vieux père ! Pourtant, cela faisait à peine un mois qu'ils étaient mariés...

A la cour du comte, où ils séjournèrent plusieurs jours, Eudes rencontra d'autres petits seigneurs morvandiaux comme lui... Par les allusions perfides de l'un d'entre eux qui l'attira à l'écart, il apprit que toutes sortes de rumeurs désastreuses couraient sur le compte de Pierre, son cadet. A peine quelques jours après son mariage, son fils s'était jeté dans de folles aventures avec des paysannes de la seigneurie de Crôts-les-Bar. Le nouveau maître se comportait comme un véritable coq de basse-cour en tous points redoutable. Si Pierre évitait de s'attaquer aux servantes du manoir pour éviter d'irriter et de blesser dame Yolande, il ne se privait guère avec les filles de vilains, forcées de subir ses appétits d'ogre... Les malheureux pères de famille devaient surveiller leurs filles avec une vigilance accrue, surtout si elles étaient jolies. Certains les cachaient à l'intérieur de leur pauvre masure, mais n'osaient s'opposer à ses entreprises malhonnêtes, car le jeune seigneur était leur maître désormais, disposant d'eux comme il l'entendait... Décidément, les ennuis d'Eudes ne cesseraient donc jamais et il entra dans une colère noire, quand il apprit la vie dissolue de Pierre. Avant de se mettre en route pour le Morvan, son père ne perdit pas de temps pour le sermonner. « Dans son propre intérêt, il ferait mieux de s'intéresser à la seigneurie, plutôt que de courir les filles, lui conseilla-t-il. A son âge, il devrait songer à se calmer et prendre davantage de responsabilités... »

Humilié d'être grondé comme un gamin par son père, Pierre lui promit de changer de comportement, se trouva des excuses attribuant ses récentes bêtises à un trop grand désœuvrement. Le Morvan regagné, ils s'installèrent dans leur seigneurie respective, le cadet respecta les sages résolutions prises à Nevers. De son côté, Enguerrand accepta volontiers de lui prêter main-forte et de le seconder afin de rétablir une gestion correcte du domaine abandonné depuis si longtemps. Avec le retour imminent de l'hiver, ils ne pouvaient s'éloigner sur de trop longues distances. Mais lorsque le temps se montrait clément, ils en profitaient pour visiter les métairies situées à l'écart et les chaumières isolées. Guéri de ses blessures et de nouveau en bonne santé, Aimeri entreprit également de les aider avec la bénédiction de son maître et seigneur, qui se sentit enfin soulagé de l'attitude plus responsable du cadet. Ensemble, ils envisagèrent un plan de redressement général pour valoriser le domaine qui ne rapportait plus grand chose depuis plusieurs années, à l'exception de gros ennuis à la châtelaine, incapable de le gérer seule. Il était grand temps qu'un valeureux seigneur reprenne les choses en mains.

Dame Yolande s'était désintéressée de l'exploitation des terres de la seigneurie, préférant faire confiance à ses valets les plus braves, qui avaient géré tant bien que mal le quotidien à sa place. Certes, ils n'étaient pas malhonnêtes dans l'ensemble, mais c'est l'autorité d'un maître qui leur faisait défaut pour régler les problèmes courants avec les paysans qui travaillaient sur les terres du domaine. Autrement, tout allait à vau-l'eau, comme cela avait été le cas jusqu'à présent... Dame Yolande fut rassurée par l'attitude courageuse de son jeune mari, qui s'investissait sans réserve chaque jour dans sa tâche de maître. Au cours de la journée, Pierre ne se reposait plus une seule minute, s'intéressait à tous les aspects matériels de la vie de la seigneurie, cherchait à connaître les moyens dont il disposait pour obtenir des rendements agricoles supérieurs. Ce qui se traduirait par davantage de richesses pour lui et la nouvelle famille qu'il venait de fonder... Certaines terres n'étaient plus exploitées à la limite ouest de la seigneurie, les vilains peu scrupuleux de la métairie des Trois Châtaigniers préféraient les laisser à l'état de friche pour y emmener paître leur troupeau de chèvres et de moutons. Dame Yolande ne s'était aperçue de rien, mais cette négligence n'échappa pas à l'examen vigilant d'Aimeri qui secoua les paresseux, recommandant à Pierre de les chasser, pour confier ce travail à d'autres vilains plus méritants. Ce que le nouveau seigneur fit le jour même, insensible aux pleurs et protestations des malheureux qui allaient se retrouver sans abri à l'entrée de l'hiver. Pierre n'avait ni la sensibilité ni l'humanité d'Enguerrand ou de son père à l'égard des vilains, il suivait les conseils d'Aimeri en recherchant uniquement le profit. Les tenanciers commençaient à le craindre et s'empressèrent d'obéir à ses ordres, choqués par le départ forcé d'un des leurs, qui aurait du mal à retrouver une place et surtout un toit à cette saison. Perspicace, manipulateur, Pierre ne reculait devant aucune mesure, fût-elle draconienne pour ceux qui travaillaient la terre, et s'appuya sur l'expérience des serviteurs les plus fidèles, dévoués à la cause de leur maîtresse. Tant bien que mal, les malheureux avaient pallié l'absence d'un seigneur durant toutes ces années. Bénéficiant de leur aide et de leur soutien, il obtiendrait à coup sûr des résultats rapides et concluants pour améliorer la production agricole et enrichir le domaine.

Comme il avait pris la place de maître qui lui était attribuée par son mariage, son épouse se sentit soulagée d'un grand poids et décida de fermer les yeux sur ses infidélités. D'ailleurs ses liaisons sulfureuses avec les filles de vilains s'espacèrent peu à peu d'elles mêmes, il était trop absorbé par ses responsabilités quotidiennes, qui ne tarderaient guère à devenir écrasantes... Pierre attendait que les rigueurs de l'hiver lui permettent enfin de chasser sur ses terres, mais il avait encore tellement de travail qu'il ne pouvait l'envisager pour le moment. Dans son coin, Damc Yolandc sc languissait, mais pour avoir été mariée en premières noces à un seigneur extrêmement volage et coureur, elle savait par expérience que son jeune époux finirait par se lasser très vite et s'assagirait... Néanmoins, elle guettait ce moment avec impatience, ne songeant à rien d'autre. En tant que femme avertie, d'une grande sagesse, elle avait décidé qu'elle ne laisserait pas passer sa chance pour reconquérir l'amour de Pierre et l'attacher à elle pour toute la vie...

Depuis le printemps, au château de Bissey, Mélisande s'était liée d'amitié avec une jeune servante nommée Gervaise. Cette enfant d'un peu plus de treize ans gravitait dans l'entourage immédiat de Maria, la maîtresse du baron. D'ailleurs, cette Gervaise plutôt délurée et même futée n'avait pas hésité à lui raconter comment Aimeri avait enlevé la malheureuse servante, le soir même de la naissance de Guillaume. Au début, elle se méfiait de Mélisande, la demoiselle du château, qui espionnait peut-être pour le compte de son père, se disait-elle. Peu à peu, elle avait appris à la connaître : franche de manières et espiègle comme un damoiseau, celle-ci ne respectait guère les barrières sociales ou autres limites entre les habitants du château... Mélisande côtoyait aussi bien de nobles jouvencelles comme ses cousines par exemple, que des filles de condition plus modeste, des servantes ou des paysannes vivant à Bissey. Très indépendante, elle n'obéissait qu'à un seul critère de sélection pour les faire figurer au nombre de ses amies : une sympathie immédiate et des affinités plus poussées par la suite. Celles qui aimaient les animaux, plus particulièrement les chevaux, avaient de grandes chances de lui plaire... Mélisande chérissait avant tout la liberté et ne rêvait que d'agir à sa guise, sans contrainte d'aucune sorte. Par la bouche des autres serviteurs, Gervaise avait appris la révolte de l'aînée des filles du seigneur, qu'il avait fait enfermer plusieurs jours, parce qu'elle refusait de se plier à sa volonté. Cet état d'esprit frondeur avait séduit, puis conquis Gervaise, qui supportait de plus en plus difficilement sa condition de servante. Quand la demoiselle se sentait de bonne humeur ou qu'elle s'ennuyait, elle descendait aux cuisines croquer une pomme ou chaparder un morceau de gâteau sortant du four... De temps en temps, elle essayait d'entraîner Gervaise à l'extérieur, pour qu'elle accepte de se promener avec elle dans le pré jouxtant le château. Dans cet endroit herbeux, mais pentu, elles s'amusaient comme des enfants, jouant à courir à perdre haleine, ou bien elles ramassaient de pleines brassées de fleurs des champs au printemps et des champignons à l'automne. Parfois, le long des haies, elles cueillaient des paniers entiers de noisettes, des baies noires et juteuses, ou encore des mûres, qu'elles rapportaient à la cuisinière qui en ferait des confitures ou des gelées. La vieille femme n'osait pas gronder la demoiselle du château, toujours aimable et souriante, parce qu'elle lui rendait service en se chargeant de ces cueillettes à sa place. La plupart du temps, elle fermait également les yeux sur les absences de Gervaise, parce que la fillette très courageuse abattait ensuite le double de besogne, après s'être dépensée au grand air.

De toute façon, les servantes étaient suffisamment nombreuses pour qu'elle puisse se passer de ses services durant une heure ou deux. Mais de plus en plus souvent, elle s'échappait des après-midi entiers pour tenir compagnie à la demoiselle, qui se plaisait en dehors de la palissade et des murs du château. Bientôt, les sages promenades dans les environs de la forteresse lassèrent Mélisande qui avait envie de découvrir des horizons inconnus... Les chevauchées fréquentes dans la forêt avec son père avaient encore renforcé ce plaisir et ce goût inné pour l'aventure. Poussées par une curiosité naturelle, les deux complices organisèrent des expéditions nouvelles ou dangereuses, évidemment plus excitantes...

Ne craignant plus rien ni personne, malgré la vague de crimes sévissant à Bissey, Mélisande et Gervaise réussirent à se glisser à l'extérieur de la forteresse et à explorer les berges encore inconnues de la vallée du Cernin, toutes proches. La présence du ruisseau les fascinait toutes les deux, leur faisant oublier toute prudence. Pourtant, Mélisande savait qu'il y avait des courants dangereux et qu'elles risquaient de se noyer si par mégarde, elles tombaient à l'eau. Le baron avait maintes fois évoqué ces périls, justement pour avertir ses enfants des risques encourus. Il est vrai qu'il songeait surtout à ses garçons en s'entourant de ce genre de précautions. Mais rien n'arrêtait les jeunes aventurières intrépides. Comme elles avaient repéré une brèche dans le mur de la forteresse du côté ouest, en s'aidant d'un escabeau qu'elles plaquaient contre les pierres, elles grimpaient le long du rempart et se faufilaient en dehors de l'enceinte. Avant d'aller plus loin, elles usaient de prudence pour éviter d'alerter les soldats, qui les auraient dénoncées au baron Eudes. Durant quelques minutes, elles épiaient les mouvements des hommes montant la garde et ne disposaient que d'un laps de temps très court pour avancer l'échelle, gravir les barreaux parfois instables ou manquants, se sauver à toutes jambes. A chaque expédition, elles eurent beaucoup de chance : personne ne repéra l'objet insolite, posé le long de la muraille, sa couleur identique à celle des pierres se fondait dans la masse. Dans le cas contraire, elles auraient eu énormément de mal pour rentrer au château sans se faire remarquer... De l'autre côté de la courtine, elles atterrissaient sur une sorte de tertre argileux, assez élevé, se laissaient glisser jusqu'en bas avant d'atteindre un vaste espace plat. Elles arrivaient à la palissade et la franchissaient sans encombre car elle était trouée en maints endroits, où plusieurs pieux de bois avaient disparu, arrachés ou cassés par des soldats malveillants ou quelques maraudeurs. Puis elles dévalaient la pente en riant et se retrouvaient dans une prairie attenante à la réserve du château. Ensuite, ce n'était qu'un jeu d'enfant pour se dissimuler derrière les bosquets d'arbres et explorer cette partie de la vallée du Cernin. Peu à peu, des liens d'affection se nouèrent et Gervaise connaissait mieux Mélisande sachant qu'elle était digne de confiance. Chaque fois que c'était nécessaire, en faisant preuve d'indulgence et d'un bon sens pratique, la servante consolait la demoiselle comme elle le pouvait, lui conseillant de résister de toutes ses forces et de refuser le projet de son père.

D'ailleurs, la petite Gervaise détestait tous les hommes en général, plus particulièrement le baron Eudes et Aimeri, qu'elle considérait comme des violeurs en puissance... Au moment des fiançailles de sa jeune maîtresse, elle comprit tout à fait sa révolte, frémit d'horreur et de dégoût en apercevant au loin le fiancé qu'on lui destinait. Comme la plupart des autres servantes, elle plaignait beaucoup la pauvre demoiselle qui allait être mariée contre son gré à ce vieillard très laid, franchement repoussant. Des bruits circulaient au château, même parmi l'ensemble des serviteurs, au sujet des refus réitérés de la fille aînée du seigneur qui n'acceptait pas ce mariage avec le baron Milon de Bertranges. Si d'ordinaire les hommes se désintéressaient de son sort, pratiquement toutes les femmes comprenaient Mélisande et approuvaient sa rébellion ouverte contre son père. Plusieurs incidents fâcheux renforcèrent encore la complicité unissant la jeune servante à sa maîtresse... Dotée d'un physique plutôt ingrat, Gervaise s'imaginait que ce travers suffirait à la protéger des convoitises des hommes.

De taille moyenne, elle avait un visage quelconque avec des traits grossiers, de grands yeux marron foncé, sans éclat particulier, de grosses joues pendantes comme les bajoues de certains chiens de chasse, des lèvres épaisses... Pour aggraver cette impression d'ensemble déjà défavorable, ses cheveux châtain très clair pendaient en longues mèches ternes et raides, semblables à de la filasse de chanvre roui, de chaque côté de son visage. Quant à son corps, il était bâti comme celui d'un homme, solide et trapu de partout, avec des membres lourds, très épais. Il était difficile, sinon impossible, de deviner la moindre forme féminine chez elle. La gamine se consolait en se disant que c'était un avantage dans sa condition, grâce à cette force hors du commun, elle abattait le travail de plusieurs servantes à la fois. Parce qu'elle était très résistante de nature, elle se plaignait rarement d'être fatiguée. De temps en temps, le plus souvent au printemps, la cuisinière la faisait travailler dans le potager pour aider les jardiniers et Gervaise s'épanouissait en se démenant au-dehors... Parfois, quand elle s'ennuyait à la cuisine, on la retrouvait occupée à désherber des carrés de légumes ou à biner de jeunes plants de navets, si c'était la saison. Ces qualités liées à son apparence physique lui permettaient d'accomplir rapidement la besogne qu'on lui avait confiée et de se libérer ensuite pour rejoindre Mélisande. Mais la petite Gervaise était bien naïve et manquait d'expérience dans certains domaines de la vie. Veiller à s'habiller de vêtements sombres, très larges et informes le plus souvent, pour éviter d'attirer le regard des hommes sur sa silhouette fut vaines précautions... Le sergent Macaire la remarqua quand même, parmi toutes les autres servantes du château. Il faut dire que c'était peut-être la seule pucelle libre en ce moment, toutes les autres étaient réservées pour le maître ou vivaient en couple avec un serviteur du château. Agé d'environ une trentaine d'années, ce qui en faisait un homme très vieux pour son époque, le gros sergent Macaire n'était pas très beau, lui non plus...

Plutôt fort de nature, il était affligé d'un embonpoint précoce, dû en grande partie à sa gourmandise, mais aussi à son manque d'activités. Dans l'exercice de son métier de soldat, il s'essoufflait en montant l'escalier et peinait à courir. Les traits de son visage semblaient taillés à la serpe, il avait un gros nez difforme et boutonneux, les joues couperosées, et lorsqu'il souriait, il lui manquait déjà plusieurs dents. Les autres étaient noires et atteintes de caries, des sortes de chicots plutôt repoussants. Le pauvre Macaire n'avait rien de spécialement attirant en sa faveur et la plupart des femmes le fuyaient. Pour ne rien arranger à ces rapports déjà compliqués, il était très timide, se troublait en leur présence. Le plus souvent, elles le considéraient comme un benêt balourd et peu intéressant... Seulement, depuis la révolte des vilains et le repos forcé de l'intendant du seigneur, le sergent Macaire avait pris de l'importance, voire de la considération au château. Pour le récompenser d'avoir conduit sa famille en lieu sûr, Eudes lui faisait confiance, n'hésitant pas à le charger de missions capitales. Suivant l'avis de son ami Jacques de Banlay, le baron s'était appuyé sur lui à différentes occasions. Notamment, quand il avait fallu organiser la surveillance des coupables en attendant leur jugement. De plus, Macaire avait pris des initiatives louables pour tout remettre en ordre aux abords du château. Ses ordres furent exécutés avec une grande efficacité, parce que les soldats le craignaient et lui obéissaient au doigt et à l'œil...

Comme la petite Gervaise n'était ni très belle ni très séduisante, mais qu'on ne lui connaissait pas de galant, Macaire avait jeté sur son dévolu sur elle et souhaitait en faire sa maîtresse. Aux yeux de son soupirant, elle possédait néanmoins deux avantages non négligeables : sa jeunesse, elle n'avait que treize ans révolus, et sa virginité. Mais il avait oublié de lui demander son assentiment... Aussi le sergent Macaire admettait-il de plus en plus difficilement le fait que Gervaise lui oppose une résistance agressive, presque farouche. Pour l'appâter, il lui avait même promis le mariage. Celle-ci s'était enfuie en riant et en se moquant de lui. Le gros homme, au visage rubicond et d'une timidité maladive, la dégoûtait et elle évitait par tous les moyens de se trouver sur son chemin. Fort de la popularité dont il jouissait auprès du maître du château, Macaire se croyait tout puissant. A plusieurs reprises, il n'hésita pas à agresser la pauvre servante pour parvenir à ses fins. Très malin, il épiait ses allées et venues dans le château, l'espionnait sans relâche d'une manière sournoise.

Discret et habile à se déplacer sans faire de bruit, il réussissait à la coincer par surprise dans les escaliers ou dans un recoin sombre de la réserve de vivres. Une fois même, il faillit la violer à la cave en la renversant contre un énorme tonneau. A chaque agression, la petite Gervaise eut énormément de chance et le misérable ne put accomplir son forfait jusqu'au bout, dérangé par l'intervention d'un valet ou d'une servante énergique qui la défendit... La dernière fois, elle crut qu'il parviendrait à ses fins, Macaire avait réussi à retrousser ses jupes et s'appuyait de tout son poids sur elle, l'empêchant de se débattre et même de respirer. Un vieux serviteur, qui aimait bien la petite et qu'on avait chargé de tirer plusieurs pichets de vin à la cave, arriva juste à temps. Hue n'eut pas d'autre choix que d'estourbir son agresseur avec un gros morceau de bois trouvé dans un coin pour lui faire lâcher prise. Gervaise tremblait de tous ses membres et Hue l'entraîna rapidement en la prenant par la main, ils se sauvèrent tous les deux sans attendre que Macaire reprenne ses esprits. Il en fut quitte pour une énorme bosse à l'arrière du crâne.

Puis un jour, ce fut la fille aînée du seigneur qui se trouva mêlée à cette affaire. A la suite des confidences affolées de la petite Gervaise, elle lui avait toujours juré qu'elle la protégerait des entreprises malhonnêtes de Macaire si c'était nécessaire. Tout à fait par hasard, elle eut l'occasion de mettre ses promesses à exécution. Par un après-midi de novembre, Mélisande attendait que Gervaise remonte avec des paniers de linge sec qu'elle avait étendu sur des fils dans une pièce chauffée du rez-de-chaussée, parce qu'on était à la mauvaise saison. Elle avait croisé Macaire dans la cour, alors qu'elle guettait la venue de son amie. Il l'avait poliment saluée et elle avait répondu à son salut, puis elle avait continué de siffloter en taillant un morceau de bois pour patienter... De manière très discrète, elle se retourna sur son passage pour constater qu'il se dirigeait d'un bon pas vers l'escalier du donjon, alors qu'il n'avait rien à faire dans ce lieu. Ce qui intrigua fortement la demoiselle, qui décida de se cacher tout en bas des marches pour observer ce qu'il complotait. La petite Gervaise pénétra dans l'endroit sombre et mal éclairé en chantonnant un air très gai, parce qu'elle se réjouissait à l'avance de la perspective de la balade. Elle fut tout de même étonnée de l'absence de son amie, mais ne s'en formalisa pas pour autant.

Pleine d'entrain, elle attaqua les degrés de pierre deux par deux, un panier sous chaque bras, souhaitant déposer au plus vite son fardeau dans une pièce faisant office de lingerie. Après c'était l'affaire des servantes et des lingères, elle disposerait alors d'une heure ou deux pour se promener avec sa vaillante maîtresse. La cuisinière et ses aides n'auraient pas besoin d'elle avant l'heure de la préparation du souper, où elle devrait seconder une servante plus âgée qu'elle dans des tâches diverses. Soit elle éplucherait des légumes pour le brouet, tirerait des seaux d'eau du puits ou amènerait du petit bois pour réactiver les flammes de la cheminée... Absorbée par ses pensées, Gervaise ne se méfiait pas et hurla de frayeur, lorsqu'un homme caché dans un recoin obscur la saisit par un bras pour l'attirer à lui. De surprise, la gamine lâcha ses paniers de linge qui tombèrent sur les marches de pierre avec un bruit mat, plusieurs pièces s'éparpillèrent un peu partout, créant du désordre... Mais elle eut le temps d'appeler à l'aide.

—Cette fois-ci, je te tiens ma belle, ricana Macaire, l'air mauvais. Tu ne m'échapperas pas comme la dernière fois, lui assura-t-il en plaquant une énorme main velue sur sa bouche pour étouffer ses cris stridents.

Alertée par les hurlements de son amie, Mélisande sortit de sa cachette et grimpa aussi rapidement qu'elle le put l'escalier pour voler à son secours. Au cours de son ascension, elle distinguait les halètements rauques de l'agresseur de Gervaise et les gémissements étouffés de cette dernière se débattant avec fureur pour lui échapper... D'ailleurs, pour se défendre, elle l'avait griffé méchamment au visage et tentait de le repousser de toutes ses forces. D'une main, il l'avait plaquée contre les pierres froides de la muraille et de l'autre, il essayait de dénuder sa gorge tout en l'embrassant partout dans le cou. De grosses larmes roulaient sur les joues de l'infortunée servante qui se sentait prise au piège.

—Ne perds pas courage, Gervaise, j'arrive... l'avertit Mélisande en se doutant que son amie se trouvait dans une situation délicate.

Macaire fut très étonné d'entendre la voix de la demoiselle, persuadé que personne ne l'avait suivi jusqu'ici. Pourtant, il ne se décidait pas à libérer sa proie, si près d'atteindre son but. Lâchement, comme il n'avait plus rien à perdre, il profita des derniers instants qui lui restaient pour s'attaquer au devantier de toile de la robe de la pauvrette. Très excité, il voulait apercevoir les seins de sa malheureuse victime. Lorsque le tissu se déchira d'un seul coup, il rugit comme un animal en rut et posa ses lèvres gourmandes, avides, sur sa peau tendre. Pour l'écarter d'elle, Gervaise lui tirait violemment les cheveux et les arrachait par pleines poignées pour qu'il acceptât de lâcher prise. Le gros homme lui donnait mal au cœur, tellement son physique la répugnait. Quand Mélisande enjamba avec précaution les pièces de linge dispersées un peu partout, il se décida enfin à l'abandonner en la maudissant. La petite Gervaise jeta au loin les mèches de cheveux qu'elle tenait encore à la main, d'un air dégoûté.

— Tu n'as pas honte, Macaire, de forcer ainsi les jeunettes ? l'apostropha rudement la demoiselle. C'est indigne de toi...

— Mais c'est de la faute de cette garce, maîtresse, se défendit-il sur un ton geignard et plaintif. Quand elle se trouve sur mon passage, elle arrête pas de m'aguicher et de me faire accroire qu'elle veut bien...

— Quel fieffé menteur ! protesta la petite servante en se jetant dans les bras de Mélisande. Balivernes, demoiselle... Moi, j'm'intéresse pas aux hommes... J'les trouve trop brutaux, pire qu'des bêtes comme c'lui-là...

Encore bouleversée par cette agression sauvage, elle tremblait de tous ses membres, ses dents s'entrechoquaient comme si elle mourait de froid... Des spasmes nerveux l'agitaient encore par moments sans qu'elle puisse les réprimer, alors qu'elle n'avait plus rien à craindre.

— Hors de ma vue, Macaire, gronda Mélisande sur un ton méprisant. Ne t'avise plus jamais de t'attaquer à cette jeune pucelle qui est sous ma protection désormais...

— C'est pas ce que vous croyez, demoiselle, tenta de se défendre l'amoureux éconduit, très humilié. Moi, j'ai du sentiment pour cette fille. Si elle voulait, on pourrait s'établir en ménage, pourquoi pas se marier ? Je suis pas contre...

— Tu lui as demandé si elle était d'accord ? riposta aussitôt Mélisande. Pour se marier, il faut quand même s'aimer un peu, non ?

Cette hypothèse incroyable, à la limite farfelue, dépassait l'entendement du pauvre sergent qui s'embrouillait et ne parvenait pas à justifier sa conduite déplorable.

— Mais j'ai économisé durant des mois pour m'établir un jour, poursuivait-il, imperturbable. Avec moi, je vous jure qu'elle manquera de rien...

— Tu es nigaud ou tu es devenu sourd, Macaire ? s'énerva la demoiselle. Gervaise ne t'aime pas et ne souhaite pas t'épouser...

— Laisse-la, Macaire, reprit-elle encore en le fixant droit dans les yeux. Si tu désobéis, il t'en cuira et tu auras affaire à moi... Tu veux que j'en parle à mon père ?

— Non, pitié, demoiselle, la supplia-t-il. Le baron me châtierait et je le mérite pas. Mais elle me convenait bien cette petite...

— Tu n'as pas encore compris ? hurla Mélisande. Va-t-en et ne te montre plus avant un bon moment. Tu dois te faire oublier, lui ordonna-t-elle, très en colère. Gervaise te déteste... Maintenant, que je ne te rencontre plus jamais en train de rôder autour d'elle, sinon je te dénonce à mon père...

Le sergent Macaire s'apprêtait à disparaître et tête baissée, commençait à descendre les premières marches. Mélisande, impitoyable, l'arrêta à la dernière minute.

— As-tu songé à la personne qui va ramasser le linge de la pauvrette ? lui demanda-t-elle. C'est de ta faute, si elle a tout laissé choir... Avant de partir, ramasse-moi tout ça et range-le dans ces paniers, lui commanda-t-elle encore sur un ton qui n'admettait aucune réplique.

Malhabile et gêné par son gros ventre, Macaire eut bien du mal à récupérer les morceaux de linge et à les empiler correctement dans les grandes corbeilles d'osier tressé.

Imperturbable, Mélisande le regardait s'agiter dans tous les sens et s'efforcer de plier les pièces de linge d'une manière extrêmement gauche. Pendant ce temps, elle caressait les cheveux de Gervaise qui s'appuyait contre son épaule. L'attitude servile du sergent finit par l'amuser et elle eut envie de se moquer de lui. Mais Gervaise attendait le départ de son agresseur pour sécher ses larmes et reprendre ses esprits. Puis elle s'empara des mains de la demoiselle pour les embrasser, tellement elle débordait de reconnaissance.

— Qu'Dieu vous bénisse, demoiselle, qu'Dieu vous bénisse, lui répétait-elle. Si vous étiez pas venue, c'démon m'aurait prise... J'avais plus d'force pour m'défendre et sans vous... balbutiait-elle.

— C'est bien normal, petite Gervaise, j'ai tenu ma parole, la rassura gentiment sa maîtresse. Hélas, moi aussi, je sais ce que c'est que d'être agressée par un monstre...

Mais la servante ne l'écoutait plus que d'une oreille distraite, s'efforçant de remettre de l'ordre dans sa tenue. Soudain, avec horreur, elle s'aperçut qu'un peu de salive de Macaire avait séché sur la peau de son sein droit. « D'la bave de c'crapaud répugnant... » songea-t-elle au bord de la nausée.

— C't homme m'dégoûte vraiment, se plaignit la pauvrette. Si par malheur, y parvenait un jour à ses fins, j'm'pendrais, demoiselle, lâcha-t-elle dans un souffle. J'm'pendrais, j'supporterais pas d'être salie... Ah ! ça, non...

De nouveau, elle éclata en longs sanglots nerveux et Mélisande se contenta de hocher la tête en signe d'assentiment ou d'impuissance. Pour avoir été confrontée au même dilemme cruel, elle comprenait vraiment ce que son amie ressentait au plus profond de son être.

— Alors, je t'en supplie, ne commets plus jamais la moindre imprudence et évite les lieux isolés, lui conseilla Mélisande, prise au dépourvu. Tu vas être tranquille durant quelques jours, puisque le misérable me craint. A mon avis, il ne se risquera pas à te surprendre de sitôt...

— Pour sûr, demoiselle, grâce à vous... la remercia Gervaise en lui offrant un sourire épanoui. Hélas, l'gueux y'recommencera un jour, toujours à m'guetter, pire qu'l'diable... soupira-t-elle, blasée.

Mélisande avait parfaitement raison : depuis l'épisode de la révolte, Macaire connaissait bien son caractère farouche et déterminé. La fille aînée du seigneur ne craignait rien et se battrait jusqu'au bout pour défendre ceux qu'elle aimait... Mais le raisonnement de Gervaise était juste également, surtout clairvoyant. Pendant quelque temps, l'affreux sergent se tiendrait tranquille, car il savait que les menaces de la demoiselle n'étaient pas vaines et qu'elle n'hésiterait pas à le dénoncer au baron Eudes. Pour l'instant, il ne tenait pas à avoir d'ennuis et adopterait une conduite plus prudente. Cet après-midi-là, au cours de la balade, les amies en profitèrent pour réfléchir à leur propre destin, lui trouvant quelques points communs. Toutes les deux, elles semblaient confrontées à une malchance évidente, condamnées à supporter les assiduités d'un homme très laid, beaucoup plus âgé. Surtout qu'elles n'aimaient pas, ce qui était la pire des catastrophes en soi... Le projet de mariage de Mélisande et les agressions répétées de Macaire sur la personne de la petite Gervaise les enfermaient toutes les deux dans un sorte de piège grossier qui les écraserait sans pitié.

Elles finirent par conclure qu'il n'y avait plus qu'une seule issue possible : la fuite pure et simple. Afin que cessent les horribles crimes ensanglantant sa seigneurie, le baron Eudes avait engagé des mercenaires à sa solde, sa propre soldatesque étant insuffisante en nombre pour parvenir à se saisir de l'infâme assassin. Le baron les payait très cher pour qu'ils réussissent à mener à bien cette mission difficile, où ses hommes avaient échoué de manière lamentable. Bien entendu, pour maintenir l'ordre dans la forteresse et éviter d'éventuelles querelles entre gens d'armes, prompts à se battre pour une broutille, il avait placé ces soldats de métier sous la responsabilité du sergent Macaire. De ce fait, durant l'été, la petite Gervaise avait été soulagée pendant une assez longue période, qu'elle avait savourée avec bonheur. C'est Macaire qui leur transmettait les ordres du seigneur et veillait à ce qu'ils soient correctement exécutés selon ses consignes. Cette initiative avait libéré Mélisande et Gervaise, plus indépendantes et moins tendues durant quelques semaines. Mais dès le milieu de l'automne, Eudes avait été contraint de suspendre ces opérations militaires, trop coûteuses et inefficaces dans l'ensemble. Pour le moment, elles ne lui avaient rien rapporté de concluant, l'assassin courait toujours la campagne. Jusqu'à présent, il n'avait récolté que des ennuis supplémentaires, n'arrivait plus à compter les plaintes trop nombreuses de ses vilains mécontentés par les saccages des mercenaires intervenant au moment des récoltes. Ces derniers avaient été congédiés sur le champ, sans attendre qu'ils ne provoquent de nouveaux désastres...

Moins occupé désormais, le sergent Macaire ne songeait plus qu'à agresser la petite Gervaise... Mélisande se rendit compte qu'il était temps d'agir, sinon elles deviendraient bientôt des victimes inconsolables toutes les deux ! Après le mariage de Pierre, les préparatifs du sien battaient leur plein au château de Bissey courant novembre. La cérémonie devait avoir lieu début décembre, en fait le premier samedi du mois. Le baron s'affolait vraiment car il restait peu de jours pour que tout soit prêt à la date convenue. Pendant ce temps, Mélisande avait comploté avec sa nouvelle amie pour mettre au point un plan d'évasion : elles profiteraient de l'agitation ambiante, créée par la préparation du mariage et de ses festivités pour s'enfuir. La chose la plus délicate étant de choisir le bon moment : il fallait que ce ne soit ni trop tôt ni trop tard... Mélisande pensait que l'opportunité idéale se situait la veille de l'arrivée de son futur mari. La moindre erreur ou négligence de leur part risquait de tout faire échouer. L'une et l'autre, chacune à leur place, elles devaient redoubler de la prudence la plus élémentaire. Maintenant, il n'était plus question d'éveiller les soupçons du baron Eudes ou d'un membre de la famille, ou encore d'un serviteur indiscret. Déjà que le sergent Macaire n'avait pas hésité à dénoncer à son maître la complicité les liant l'une à l'autre. C'était une vengeance perfide, d'une grande bassesse, mais dont il se délectait pour toutes les humiliations passées ou à venir. Fort habile, il avait suggéré au baron que cette amitié pouvait cacher quelque chose d'autre. La demoiselle n'avait rien à faire avec une servante préposée aux cuisines. Quel point commun pouvait-il exister entre elles deux ?

De plus, le fait qu'elles se voyaient très souvent ces temps-ci l'avait alerté : « Que pouvaient-elles bien tramer à quelques jours du mariage de la demoiselle ? » De manière naturelle, mais très insidieuse, il avait fait part de ses soupçons au baron qui ne l'avait pas pris au sérieux.

Ce dernier s'était contenté de hausser les épaules en signe de mépris, refusant de l'écouter plus longuement. Comme son sergent était personnellement impliqué dans cette affaire, il n'accordait pas beaucoup de crédit à ses racontars. « Ce n'étaient que des cachotteries de bonnes femmes », lui avait-il répondu pour justifier son détachement. D'ailleurs, il connaissait bien sa fille qui avait pris fait et cause pour défendre la petite Gervaise. Avec sa fougue habituelle, Mélisande lui avait déclaré qu'elle protégerait la jeune servante des entreprises malhonnêtes de ce sergent. La ruse de la demoiselle avait fonctionné à mcrvcillc, son pèrc n'imaginait pas qu'cllc puissc invcntcr quclquc chose d'autre...

Pour les deux complices, la discrétion la plus absolue était de mise en ce moment, elles décidèrent d'organiser leur départ, mais en faisant appel à la plus grande prudence. Plus question de se rencontrer tous les jours ni de parler à voix haute à l'intérieur du château. Le sergent Macaire avait peut-être posté des espions à son service qui écoutaient derrière les portes ou utilisait la connivence de certains serviteurs... De son côté, Mélisande surveillait étroitement son attitude pour éviter de trahir ses intentions par une allusion quelconque ou un mot de travers. Contrairement à ses habitudes, elle affichait la plus grande docilité. Ce qui surprit énormément dame Bathilde : pas de larmes, ni de cris de protestation ou d'indignation pour se prêter aux essayages de sa robe de mariée. Mélisande se pliait volontiers à ces séances de pose très longues et fastidieuses, où elle devait rester immobile ou lever les bras en l'air pendant un laps de temps interminable. Parfois par simple maladresse, la couturière la piquait avec une épingle en disposant les plis du tissu ou en reprenant une couture. Mélisande demeurait calme, sereine, et affichait une douceur angélique, fort déroutante... Evidemment confondue ou éblouie par cette sage acceptation, sa mère ne se doutait ni ne s'étonnait plus de rien, même lorsque sa fille aînée se proposa pour participer aux derniers préparatifs concernant la confection de son trousseau. C'était tout à fait anormal, voire suspect de la part de Mélisande, qui depuis toujours détestait ce genre d'activité. Durant de longues heures, elle s'astreignait à coudre avec sa mère et quelques servantes parmi les plus habiles. Déjà au cours de son enfance, la demoiselle abhorrait le travail manuel, qu'il s'agisse de couture ou de broderie, elle n'avait jamais eu la patience d'y consacrer plus de dix minutes. A vrai dire, cette activité l'ennuyait beaucoup et surtout, elle n'y trouvait aucun intérêt... Mais ces jours-ci, elle ne quittait plus dame Bathilde, se forçait à coudre des après-midi entiers auprès d'elle pour de piètres résultats. Devant tant de bonne volonté – Mélisande avait mal aux yeux et frottait son dos endolori à force de rester immobile – sa mère n'osait pas lui dire que ses efforts étaient inutiles. A la veillée, les servantes devaient tout reprendre, pièce par pièce, et rectifier ce qui avait été mal fait. Demoiselle Mélisande ne s'entendait guère à coudre, ne savait même pas ourler des torchons ou des draps de lin. Mais dame Bathilde était pleine d'indulgence à l'égard de sa fille, lui conseillant seulement de s'entraîner sur des ouvrages de petite taille comme des mouchoirs au lieu de gâcher des morceaux entiers de toile de lin.

— Ton travail s'améliore de jour en jour, Mélisande, l'encourageait-elle. Il était temps de te plier à ces obligations féminines, sinon, tes enfants iront tout nus...

— Que Dieu vous bénisse, mère, vous êtes trop bonne avec moi, soupirait Mélisande au supplice. Je ne mérite pas vos compliments...

Pourtant elle détestait le mensonge et endurait le martyre parce qu'elle ne pouvait plus se confier à sa mère comme auparavant. Dame Bathilde risquait de tout faire échouer si près du but. Depuis longtemps, Mélisande avait compris qu'elle manquait de volonté face à son mari. Lui avouer son prochain départ équivalait à prendre des risques énormes, inconsidérés de la part de la demoiselle. C'était une trop grande imprudence, si jamais dame Bathilde ne savait pas tenir sa langue... Sournoise avec son père, elle n'éprouvait pas le moindre scrupule à lui cacher la vérité. Toutefois, elle répugnait à mentir à sa mère. Pour le baron, elle n'avait rien à se reprocher, estimant que c'était vraiment de sa faute, car il n'avait jamais consenti à faire le moindre effort, à dialoguer avec elle en recherchant un éventuel compromis qui leur conviendrait à tous les deux... Il avait juste imposé sa volonté de père et de seigneur.

Les derniers préparatifs du mariage accaparaient tout le monde au château, maîtres et serviteurs ne savaient plus où donner de la tête. Pourtant, Mélisande avait en horreur le gaspillage de vivres et davantage encore le sinistre massacre de pauvres bêtes innocentes que l'on abattait depuis une bonne semaine déjà pour la fabrication de pâtés, de confits de volailles. Il aurait suffi d'un mot de sa part et les cris déchirants des veaux, des agneaux, des chevreaux et des autres bêtes que l'on égorgeait près des écuries pour avoir suffisamment de viande, auraient cessé sur le champ... Chaque jour, Mélisande se bouchait les oreilles pour ne pas les entendre, mais elle ne pouvait ignorer que leur sacrifice aurait été tout à fait vain. C'était la même torture affreuse tourmentant sa conscience, lorsqu'elle songeait aux volailles de la bassc-cour ct au gibicr dc la forêt traqué et tué en grand nombre par son père et ses amis en prévision des festins. Pour le baron, rien n'était trop beau pour satisfaire ses invités. Sans parler des journées épuisantes des serviteurs et servantes qui s'échinaient à la tâche et tombaient de fatigue à la veillée, sans avoir le droit d'aller se reposer avant d'avoir terminé toute la besogne commandée par le maître. Mélisande avait honte de leur infliger tous ces efforts pénibles, surtout inutiles, et se culpabilisait en s'estimant responsable de cet effroyable gâchis... Mais comment faire autrement ?

Son silence lui pesait vraiment, mais elle devait rester muette comme une tombe quoi qu'il puisse lui en coûter. Enguerrand venait leur rendre visite au moins une fois par semaine et il s'attardait auprès de sa mère et de ses sœurs pour s'entretenir avec elles, s'assurer qu'il n'y avait pas de problème particulier au château. Pas plus tard qu'hier, Mélisande avait été tentée de tout lui avouer... Elle aurait tant aimé se confier à lui pour qu'il puisse la conseiller. Par exemple, la guider pour connaître les endroits où elles trouveraient des cachettes et des abris sûrs après leur fuite, surtout lui expliquer de quelle manière elles pourraient survivre toutes les deux. Autant de questions qui l'obsédaient toutes les nuits, sans qu'elle puisse y apporter de réponses satisfaisantes. En son âme et conscience, elle se sentait doublement responsable, parce qu'elle entraînait une pauvre innocente avec elle... Si jamais, il survenait un malheur à la petite Gervaise, elle ne se le pardonnerait jamais. Mais elle avait fait preuve de sagesse en renonçant à la moindre confidence.

Son frère avait tellement changé qu'elle ne se lancerait pas dans un pari hasardeux où elle risquait tout simplement de perdre sa liberté. Les liens affectifs les unissant conduiraient peut-être Enguerrand à trahir sa confiance. Par crainte du danger et des menaces auxquels elle s'exposerait au cours de cette aventure, il l'empêcherait sûrement de partir seule avec une fillette de son âge. Malgré ce silence pesant qui la minait, elle devait garder leur projet caché jusqu'à la dernière minute pour qu'il ait une chance d'aboutir. D'ailleurs, elle devait cesser d'être égoïste et de tout ramener à sa personne, il n'y aurait pas d'autre planche de salut pour la petite Gervaise. L'hiver approchait à grands pas et le sergent Macaire disposerait de davantage de temps pour la conquérir par la force.

La veille de l'arrivée de son futur mari, donc de leur départ, Mélisande passa tout l'après-midi auprès de sa mère. Celle-ci ne se douta pas un seul instant que sa fille était venue lui dire adieu à sa façon. Ce fut une terrible épreuve : la demoiselle brûlait d'envie de serrer dame Bathilde dans ses bras pour obtenir son pardon et lui signifier combien elle l'aimait. Mais cette dernière joie lui fut refusée, Mélisande n'était pas sûre de la revoir un jour dans cette vie, ce serait sans doute dans très longtemps ou jamais. Pourtant, elle ne devait pas se laisser aller à ce genre d'effusion, sinon sa mère se serait doutée de quelque chose. A un moment donné, comme elle se trouvait près de dame Bathilde qui lui expliquait la manière d'exécuter un point de broderie, elle n'y tint plus et s'empara de sa main pour la baiser. Ce geste discret et rapide la surprit tout de même, mais elle l'attribua à l'émotion causée par son prochain mariage. Les larmes aux yeux, Mélisande la fixait avec tendresse et désespoir mêlés. Si elle voulait échapper à son destin, elle ferait obligatoirement très mal à sa mère, qui se désespèrerait à son sujet. C'était le prix fort à payer... Une fraction de seconde, elle crut qu'elle allait tout lui confesser et s'en remettre à elle : son secret devenait trop lourd à porter ! Mais Pétronille pénétra en trombe dans la pièce où elles étaient installées et sans perdre de temps, taquina gentiment Mélisande. C'était sa façon bien particulière de lui prouver son affection fraternelle. Cet intermède laissa à Mélisande le temps de se reprendre. Réconfortée par la bonne humeur de Pétronille, emportée par un tourbillon de gaieté contagieuse, elle se réjouit avec les autres demoiselles des belles fêtes qui se préparaient...

Une dernière entrevue, la plus brève possible, eut lieu dans le pré en fin d'après-midi, où les deux instigatrices du complot s'étaient donné rendez-vous. Gervaise avait toujours manifesté beaucoup de reconnaissance à l'égard de la demoiselle du château, parce qu'elle acceptait de l'emmener avec elle. Toute seule, elle n'aurait jamais eu l'idée de s'enfuir. Au cours des interminables journées précédant leur départ, la jeune servante lui avait obéi au doigt et à l'œil, s'efforçant toujours de faire preuve de la plus grande discrétion comme sa maîtresse le lui avait recommandé maintes fois. D'ailleurs, les deux complices n'avaient pas prévu d'emporter grand chose, pratiquement pas de linge ni de provisions encombrantes. Elles désiraient fortement s'abstenir d'éveiller les soupçons des autres servantes. Hier soir, Mélisande lui avait confié un paquetage léger pour qu'elle le dissimule sous la paillasse où elle dormait : un ballot de vêtements masculins, prêtés par Enguerrand et Pierre, qu'elle avait conservés avec soin.

Pour le reste, Gervaise avait pour mission de mettre de côté une miche de pain, de la viande séchée, quelques fruits, de quoi leur permettre de survivre les premiers jours. Puis elles avaient patienté chacune dans leur coin en se tenant à leur place, mais en évitant de se rencontrer trop souvent jusqu'à ce soir, veille de l'arrivée du sieur Milon. Le mariage devait avoir lieu le surlendemain...

Mélisande s'était assurée de la complicité de Guillemette qui l'avait surprise quelques jours en arrière, en train de regrouper les vêtements confiés par ses frères. L'attitude de la demoiselle lui paraissait étrange depuis un moment, elle la connaissait comme sa propre fille, puisqu'elle l'avait élevée... Sa protégée ne put lui mentir plus longtemps. Un doigt sur la bouche, Guillemette l'attira dans un coin de la chambre et elles chuchotèrent à voix basse pour éviter d'être entendues par des oreilles indiscrètes. Mélisande était très surprise : sa nourrice l'approuvait entièrement et lui signalerait d'éventuelles embûches semées sur son chemin. Prudente, elle lui recommanda de se méfier de certaines servantes du château qui la trahiraient en échange d'une pièce d'or.

— Pauvre demoiselle, murmura-t-elle, les yeux débordants de larmes. Vous pouvez pas vous marier avec ce vieux porc puant... C'est du gâchis : vous qui êtes si belle et si distinguée...

En prononçant ses mots, elle la serra très fort contre elle. « Je vais vous aider comme je pourrai... Seulement, il faut faire très attention : le baron Eudes vous pardonnerait pas... » Mélisande hocha la tête en signe d'assentiment, puis l'embrassa sur les deux joues. Comme elle accomplissait ce geste, elle sentit que Guillemette, toute timide et rougissante, lui glissait un objet léger dans la main. « C'est ma chaîne et ma médaille, demoiselle, lui précisa-t-elle. Oh, ça ne vaut pas bien cher, parce que je suis pas très riche... Mais, c'est tout ce que j'ai de plus précieux... Pour que ça vous porte chance, vous allez en avoir besoin, pauvrette... »

— Je ne pourrai jamais te donner de mes nouvelles ma Nénette, l'avertit la demoiselle, après l'avoir remerciée pour ce présent qui la touchait. Mais sache que je préfère la mort à ce mariage ignoble. Surtout, ne pleure pas si on te l'apprend un jour par hasard... C'est mon choix, ma Nénette, il n'y a rien de triste là-dedans...

Mélisande l'avait appelée par le nom affectueux qu'elle utilisait quand elle était enfant et elle ajouta pour consoler la pauvre nourrice éplorée.

— Prie pour moi, ma Nénette. Comme tu le faisais si bien, chaque fois que j'étais malade... Je m'en souviens encore comme si c'était hier : tu t'asseyais au bord de mon lit, tu me caressais les cheveux et tu disais ton chapelet en me veillant toute la nuit. Le lendemain, quand je me réveillais, tu étais encore près de moi... Tu vois, ma Nénette, tes prières m'ont toujours protégée du pire...

Le plus dur avait été de soudoyer le palefrenier qui serait de garde cette nuit-là. Aux écuries, elle s'était renseignée pour savoir à qui elle aurait affaire. Par chance, c'était un jeune garçon, à peine plus âgé qu'elle, et plutôt bien fait de sa personne. Comme Mélisande était belle, elle s'efforça de le séduire en se montrant gentille avec lui et pas fière du tout.

Seulement, elle dut consentir à lui accorder quelques baisers pour que le moment venu, il accepte de fermer les yeux et les laisse sortir avec les chevaux sans donner l'alerte. C'était le prix à payer... Mélisande n'avait pu se résoudre à abandonner sa jument Gracieuse qui comptait tant pour elle depuis plusieurs années. Son père la lui avait offerte, alors qu'elle était encore pouliche, la demoiselle n'avait laissé à personne le soin de la débourrer et de la dresser. Une autre contrariété de taille avait failli modifier son plan initial. Depuis l'été, Mélisande connaissait l'appréhension de Gervaise à l'égard des chevaux, ces grands animaux l'effrayaient beaucoup. Maintenant, il était hors de question de la familiariser avec les équidés et de l'aider à surmonter ses craintes. De toute façon, elle n'aurait pas disposé du temps nécessaire pour le faire. D'ailleurs, Gervaise n'avait pas sa place aux écuries, il était encore moins question de lui apprendre des rudiments d'équitation, cette initiative de dernière minute aurait tout de suite alerté le baron.

Après avoir longuement réfléchi, la demoiselle s'était tout de même décidée à prévoir un deuxième cheval. Autrement, si l'une d'entre elles se déplaçait à pied, on les rattraperait très vite... De plus, Mélisande n'ignorait pas que Gracieuse n'était pas assez résistante pour supporter le poids de deux cavalières, si elle avait pris en croupe la petite Gervaise. Son choix s'était donc porté sur un hongre demi-sang répondant au nom de Tonnerre, un jeune très docile, mais résistant pour les accompagner. Sinon, qui porterait Gervaise sur de longues distances, ainsi que provisions et vêtements, même s'ils étaient réduits au strict minimum ? Les déplacements seraient beaucoup plus sûrs et plus faciles, si elles disposaient d'un deuxième cheval. « Gervaise s'habituerait à Tonnerre, voilà tout », décréta-t-elle pour leur donner toutes les chances de réussir. D'ailleurs, elle n'avait pas vraiment le choix...

Peu après minuit, Mélisande se glissa avec précaution hors du lit qu'elle partageait avec Pétronille et deux de ses cousines... Elle s'habilla dans le noir sans faire de bruit, en s'aidant des flammes encore ardentes de la cheminée pour récupérer ses vêtements suspendus à une perche de bois dans un coin de la pièce. Auparavant, elle s'était assurée que ses compagnes étaient profondément endormies : leurs ronflements sonores et réguliers lui confirmèrent son intuition première. Comme une voleuse, la demoiselle descendit à l'aveuglette l'escalier du donjon plongé dans l'obscurité, redoutant à chaque instant de rencontrer quelqu'un. La tête froide, elle était consciente du fait qu'il était dangereux de traîner hors de la chambre des demoiselles à une heure aussi tardive. Des soldats, des hommes ivres ou mal intentionnés auraient pu se saisir d'elle et personne ne l'aurait secourue... La descente en elle-même requerrait toute son attention, elle se concentra sur ce qu'elle faisait en prenant garde aux éventuels risques de chute. Les marches humides ou irrégulières étaient parfois glissantes, l'espace où elle évoluait mal éclairé, et elle se serait assommée en tombant. Le cœur battant, elle se guida en observant le peu de lumière filtrant à travers les meurtrières percées dans le mur. Par-dessus ses vêtements, elle s'était juste couverte d'une cape très chaude traînant à portée de main, mais elle claquait des dents. Certes, elle avait peur, cependant il faisait très froid dehors... Des filets d'air glacé lui pinçaient la peau du visage à travers les minces ouvertures de la muraille.

Enfin soulagée, elle parvint sans encombre dans la cour du château, où il commençait à geler à pierre fendre, longea le mur conduisant aux cuisines, le contourna ensuite pour se diriger vers un bâtiment rectangulaire, sans étage, où dormaient les serviteurs. Du bout des doigts, elle gratta à la porte du réduit d'une manière hésitante, car elle craignait de réveiller tout le monde.

Mais Gervaise devait sûrement guetter sa venue avec impatience, elle surgit aussitôt sans faire de bruit, referma l'ouverture de la modeste construction en prenant des précautions. Les bras encombrés du ballot de vêtements confiés par Mélisande et d'un panier de provisions, elle avait jeté par-dessus ses épaules un fichu de laine en mauvais état, usagé et troué de partout, mais elle n'avait trouvé rien d'autre. D'autorité, la demoiselle s'empara des vivres, apparemment c'était la charge la plus lourde, et fit signe à son amie de la suivre. D'un mouvement souple et rapide, elle se plaqua à l'angle du mur pour observer les mouvements des soldats qui faisaient la ronde sur le rempart durant toute la nuit. Une fois qu'elle eût aperçu leur lanterne qui éclaira la cour par balayages successifs, puis finit par disparaître un peu plus loin, elle chuchota à Gervaise : « C'est le moment ou jamais... On se dépêche pour rejoindre les écuries, avant que les suivants ne reviennent prospecter les alentours... »

Aussitôt dit, aussitôt fait, les jeunes filles coururent à perdre haleine et dévalèrent le chemin empierré menant aux écuries, situées légèrement en contrebas. Alors qu'elles étaient presque arrivées, la petite Gervaise faillit hurler de peur, une boule de poils s'était jetée dans ses jambes au risque de la faire tomber. Malgré d'excellents réflexes, elle vacilla sur ses pieds, manqua perdre l'équilibre, mais Mélisande la retint à la dernière minute et plaqua une main sur sa bouche pour l'empêcher de crier. Bien sûr, elle avait reconnu Foubrac, un chiot de dix mois, qui portait bien son nom. Sans doute les avait-il entendues, puis suivies, car il errait toujours dans la cour ou les recoins du château, ne supportant pas d'être enfermé quelque part. Maintenant, il leur faisait des joies en frétillant de la queue. Sans perdre un instant, Mélisande l'attrapa par son collier, lui bâillonna la bouche et l'entraîna en direction des écuries. Durant une grande partie de l'été, la demoiselle s'était amusée à dresser ce chiot intelligent, très attachant, et il l'adorait. Il s'était sans doute échappé du chenil, Mélisande le lâcha en lui ordonnant de se taire, ses aboiements auraient immédiatement donné l'alerte... Gervaise s'énervait et pestait contre ce stupide animal, elle conseilla à sa maîtresse de le chasser à grands coups de pied. Mais Mélisande lui répondit sèchement de se mêler de ses affaires, constata que son éducation avait porté ses fruits, que Foubrac lui obéissait en la fixant de ses grands yeux noirs, étincelants d'affection. Il s'était juste permis de s'approcher d'elle et de lui lécher la main. C'était un bâtard issu du croisement d'une vieille lice sans race définie, trapue et haute sur pattes, et d'un magnifique chien fauve de Bretagne appartenant à son père.

Lorsqu'elles entrèrent dans les écuries, Garnier, le jeune palefrenier, les attendait déjà, il avait pris l'excellente initiative de préparer les chevaux à l'avance. Mais d'un air bizarre, il serra de près la demoiselle et lui quémanda un dernier baiser avant son départ. Celle-ci se sentait horriblement gênée à cause de la présence de la petite Gervaise, interloquée d'une telle familiarité. Mais elles n'avaient pas de temps à perdre en vaines explications et Mélisande n'était pas tenue de justifier sa conduite.

Elle s'exécuta sur le champ, enlaça l'intrépide garçon, lui offrit ses lèvres et s'abandonna dans ses bras en fermant les yeux... La servante fulminait dans son coin : « D'quel droit c'nigaud forçait-il la demoiselle à l'embrasser sur la bouche ? » D'autant que le baiser s'éternisa durant de longues minutes qui parurent interminables à Gervaise. Mais la jeune demoiselle n'était pas une ingrate, c'était la récompense bien méritée de Garnier. Elle n'ignorait pas comme l'intéressé d'ailleurs, que son père le ferait fouetter cruellement dès le lendemain matin. Quand il la lâcha enfin à regret, d'autorité, il s'empara de sa main pour la conduire auprès des chevaux. Le palefrenier malin avait pris la précaution d'envelopper les sabots de leur monture de vieux chiffons de toile, solidement liés avec de la corde, pour éviter de faire du bruit sur le chemin pavé. Mélisande le remercia par un grand sourire, lui ébouriffa les cheveux, puis elle lui envoya un dernier baiser du bout des doigts, il avait vraiment pensé à tout ! Mais sa participation ne se limitait pas à ces services d'écurie déjà appréciables en soi. D'un geste décidé, il leur fit signe de le suivre, les guida à l'extérieur.

Garnier les dirigea sans hésiter vers une porte dérobée, cachée par du lierre grimpant, elle avait été creusée à même la muraille et s'ouvrait sur le chemin conduisant à la vallée du Cernin. Mélisande n'avait même pas eu l'idée de songer à cette possibilité. C'était pourtant un plan très judicieux ! De cette façon, elles éviteraient le pont-levis et l'entrée principale, gardée par les soldats. Heureusement qu'il y avait Garnier et qu'il était amoureux d'elle ! se félicita Mélisande. Après un ultime signe de la main, elles se retrouvèrent toutes les deux dans le noir le plus complet, le chiot Foubrac les suivait, mais à prudente distance des sabots de leurs chevaux le long d'un sentier glacial et inhospitalier... Gervaise avait beaucoup de mal à tenir Tonnerre par la bride comme Mélisande le lui avait pourtant montré.

C'était au beau milieu de la nuit, aux environs d'une heure du matin, tout le monde dormait depuis longtemps au château... Quelques étoiles brillaient dans le ciel, la lune se cachait et ne montrait qu'une demi-face, très éloignée de la terre. Il avait gelé hier soir et le vent du nord ébouriffait leurs cheveux et la crinière de leurs montures, renforçant cette sensation de froid intense. Les deux complices s'enfuyaient dans l'obscurité profonde, le chiot Foubrac sur les talons de Mélisande. Grâce à son instinct infaillible, il avait flairé le départ de celle qu'il avait choisie pour maîtresse et n'aurait pas supporté son absence, tellement il lui était fidèle... Au château, personne ne s'était jamais intéressé à lui, parce qu'il n'était pas de pure race. Gervaise claquait des dents, se raccrochait à la bride de son cheval, puis exprima le désir d'allumer une chandelle qu'elle avait cachée sous son jupon. Demoiselle Mélisande lui interdit formellement d'accomplir une telle bêtise, car la lumière les aurait trahies en signalant leur présence aux soldats postés sur le périmètre du chemin de ronde. Mélisande la rassura en lui disant qu'elle connaissait la route, lui conseilla de la suivre sans faire de bruit. Enfin, elle lui affirma qu'elles seraient plus tranquilles, une fois qu'elles auraient atteint le ruisseau. La petite Gervaise que l'obscurité angoissait, se calma soudain, lorsqu'elle reconnut l'itinéraire familier qu'elles empruntaient souvent au cours de leurs promenades.

Parvenues sur les berges du Cernin dont les eaux étaient figées par la glace, Mélisande immobilisa sa jument Gracieuse pour aider Gervaise à se hisser sur Tonnerre. Auparavant, elle avait sorti deux lanternes de dessous sa cape qu'elle alluma aussitôt, recommanda à la servante de se cramponner au pommeau de la selle et d'avancer quoi qu'il advienne... Tonnerre était une brave bête qui lui obéirait à la voix, mais elle devait garder son calme pour ne pas l'apeurer inutilement.

—Nous avons fait le plus dur, lui jura sa maîtresse avec un grand sourire triomphant. Rien ne nous arrêtera plus désormais... Vive la liberté !

—Viv'la liberté ! reprit Gervaise d'une voix plus hésitante. Et si j'm'retrouve par terre, maîtresse ?

—Tu ne tomberas pas si tu fais attention, la gronda Mélisande. Essaie d'imiter mes gestes dès qu'il prendra le trot, lui conseilla cette dernière, agacée par ses réticences.

— Il faut consentir à quelques sacrifices, si nous voulons obtenir notre liberté, reprit-elle. Tu ne crois pas qu'il m'en a coûté d'embrasser ce jeune palefrenier ? lui fit encore remarquer Mélisande. Pourtant, je l'ai fait...

Puis la demoiselle se tut, parce qu'elle avait besoin de toute son énergie pour se concentrer sur le chemin qu'elle avait tracé dans sa tête depuis plusieurs semaines. C'était une lourde responsabilité pour elle, la petite Gervaise ne connaissait pas la contrée, à l'exception de son hameau natal et des environs du château. Elle calcula qu'elles ne disposaient que de quelques heures – cinq ou six, pas davantage – avant qu'on signale leur fuite. Mélisande frissonna de peur, elle entendait déjà les aboiements de la meute de chiens lancés à leurs trousses par son père... Lucide, elle réalisa qu'elle n'avait pas droit à la moindre erreur !

14 - *Les bouleversements causés par la fuite imprévue de la fille aînée du seigneur.*

Dès le lendemain matin, au château de Bissey, il y eut un « branlebas de combat » incroyable, suite à la disparition mystérieuse de Mélisande. A la pointe du jour, sa sœur Pétronille avait découvert son absence : elle ne reposait plus dans le lit auprès d'elle, chose plus curieuse encore, on ne la trouvait nulle part dans la vaste chambre des demoiselles. Si elle avait décidé de retarder le plus longtemps possible le moment de signaler ce fait anormal au baron Eudes, ses cousines aussitôt éveillées n'eurent pas les mêmes scrupules qu'elle et poussèrent de grands cris.

— Où est donc passée Mélisande ? hurlait Hermengarde complètement affolée. Tu sais quelque chose à ce sujet, toi, sa propre sœur ? l'interrogeait-elle d'un air soupçonneux en se tournant de son côté.

— Non, bien sûr que non... protesta l'intéressée sur un ton indigné. Mais ne t'inquiète pas : elle est sans doute dans un coin de la chambre en train de s'habiller ou de se coiffer, tentait de la calmer Pétronille.

— Eh bien, non ! Je t'assure que ce n'est pas le cas, affirma Simone la plus méchante des deux. Je viens de parcourir toute la pièce, d'inspecter les moindres recoins et ne l'ai trouvée nulle part... Comme c'est étrange !

— Mélisande a disparu, reprit la première d'une voix stridente. Au secours, au secours, on a enlevé ma cousine, pleurnichait cette sotte d'Hermengarde que Pétronille n'arrivait plus à contrôler.

Bientôt ses cris de panique alertèrent Guillemette et les autres femmes à leur service qui se levèrent de leur paillasse en baillant. Toutes les occupantes de ce lieu exclusivement féminin étaient réveillées, dames et demoiselles sur le pied de guerre, se lançant maintenant à la recherche de la disparue... Quelques minutes plus tard, les demoiselles secondées par les servantes avaient fouillé la grande pièce de fond en comble et durent se rendre à l'évidence : Mélisande n'était plus dans la chambre qu'on leur avait attribuée, où elle aurait dû se trouver au milieu d'elles. Une dame de compagnie, plus zélée que les autres, ne perdit pas de temps pour avertir le maître. Les cheveux ébouriffés sur le crâne, les joues envahies de poils drus et piquants, Eudes pénétra en trombe dans la pièce, malgré les protestations indignées des demoiselles qui se couvraient tant bien que mal pour cacher leur quasi nudité. Mais le seigneur avait bien autre chose en tête que de contempler leurs attraits. Après avoir inspecté partout, sans oublier de chercher derrière les tentures, les paravents et les rideaux épais de la chambre, il parvint à la même conclusion désolante que ses occupantes et entra dans une colère noire :

— Mélisande, où te caches-tu ? hurlait-il au bord de la crise d'apoplexie.

— C'est une farce de très mauvais goût, reprenait-il sur un ton agacé. Tu pourrais t'en dispenser de si bon matin, ma fille... Et toi, tu sais quelque chose ? Tu as intérêt à tout me dire, sinon, menaça-t-il en saisissant Pétronille par un bras et en l'attirant auprès de lui.

— Ce n'est pas parce que je suis sa sœur qu'elle me fait des confidences, je le répète, se défendit l'accusée, choquée par autant d'injustice. Pourquoi s'affoler déjà pour une broutille ? Mélisande a sans doute oublié quelque chose... Je ne sais pas de quoi il peut s'agir... Il est fort probable qu'elle se soit levée plus tôt que d'habitude et que vous allez la retrouver, père, aux cuisines ou à la lingerie...

Troublé par cette hypothèse pleine de bon sens, le baron lâcha sa fille, donna des ordres aux servantes et à l'ensemble de ses valets afin d'élargir les recherches à tout le château, en passant chaque endroit au peigne fin depuis les cuisines jusqu'aux chambres, sans négliger les dépendances... Au summum de l'excitation, le visage très rouge et dégoulinant de sueur, le baron supervisait les opérations, se démenait comme un fou en courant des caves aux greniers, sans s'accorder un instant de repos. A contrecœur, il dut se rendre à l'évidence et accepter les conclusions affligeantes, mais non moins véridiques des serviteurs : il n'y avait pas de demoiselle Mélisande. Sa fille aînée ne se trouvait nulle part à l'intérieur du donjon, ni dans les pièces privées ni dans la grande salle... Pas davantage aux écuries, où elle rendait souvent visite à Gracieuse, lui rapporta le valet chargé de vérifier si elle ne s'occupait pas précisément d'elle ou d'un autre cheval. Plus de Gracieuse non plus, elle avait disparu comme sa cavalière. Le sang du baron se glaça dans ses veines, il enfila sa veste de chasse en cuir et se précipita là-bas pour interroger les palefreniers. C'était trop fort! Cette peste s'était enfuie à cheval...

Sur ces entrefaites, comme il s'apprêtait à prendre son élan pour se précipiter aux écuries, il croisa dame Bathilde au milieu de la cour. Son épouse sortait des cuisines et le héla d'une voix forte. « Attendez-moi, baron, lui cria-t-elle. J'ai quelque chose de très important à vous apprendre... » Quand il s'approcha d'elle, à sa mine consternée et à la pâleur frappante de son visage, il devina l'imminence d'une catastrophe.

— La petite Gervaise est également introuvable ce matin, lâcha-t-elle dans un souffle. Ninon, la vieille cuisinière la cherche depuis un bon moment...

— Ce n'est pas possible, rugit Eudes, très en colère. Les deux garces complotaient ensemble derrière mon dos, Macaire avait raison... Quel idiot, je suis ! Comme j'aurais mieux fait de l'écouter... Mais ces teignes ne perdent rien pour attendre et vont voir de quel bois je me chauffe... Je vous assure, dame Bathilde, qu'elles vont regretter leur petite escapade, jura-t-il à son épouse étonnée.

— Mais expliquez-moi, baron, le suppliait-elle. Je ne comprends rien à ce que vous racontez...

— C'est pourtant simple, dame Bathilde, l'arrêta-t-il d'un geste impatient. Votre fille et la petite Gervaise sont complices... Et fugitives toutes les deux, par conséquent...

Comme le temps pressait, il ne s'attarda pas davantage auprès d'elle et s'élança au pas de course pour parvenir plus vite à destination. « J'arrive, seigneur, je vous suis à l'instant même... », cria Aimeri qui surgit du donjon pour courir avec lui.

Sur leur passage, il interpella le sergent Macaire traînant dans un coin de la cour, vaguement alerté par cette agitation matinale, fort surprenante, puisqu'on ne partait pas à la chasse aujourd'hui.

— Qu'est-ce que tu attends pour nous rejoindre, Macaire ? Presse-toi, le seigneur peut avoir besoin de tout le monde !

Une fois aux écuries, toujours pas de Mélisande ni de petite Gervaise, les hommes constatèrent seulement que deux chevaux manquaient à l'appel : la jument de Mélisande et Tonnerre, le demi-sang... Comme sa fille l'avait prévu, Eudes maltraita le malheureux Garnier, le bourrant de coups de pied et de coups de poing pour qu'il lui avoue ce qu'il savait à propos de ce départ précipité. Peine perdue, le jeune palefrenier se serait fait tuer sur place plutôt que de trahir la demoiselle. De toute façon, il ne connaissait rien de ses projets ni de ses intentions. A quoi bon le frapper encore, si ce n'est pour défouler sa colère sur lui ?

— Tu seras sévèrement corrigé, parce que tu les as aidées à fuir au lieu de m'avertir, tonna le seigneur en l'abandonnant dans la paille, le visage tuméfié et sanglant. Tu es leur complice de toute manière...

Sans perdre de temps, le seigneur mobilisa tous ses hommes, leur ordonnant de seller au plus vite leur cheval, il souhaitait partir sur le champ à la recherche des deux fugitives. Pour renforcer l'efficacité de la battue, il décida de diviser sa troupe d'hommes en deux bataillons, prenant la tête de l'un et confiant la direction de l'autre à Aimeri, son bras droit. Dussent-ils passer toute la journée dans la forêt ou battre la campagne par monts et par vaux, il finirait fatalement par rattraper les fugitives. « Diantre, les deux gamines n'avaient pas pu aller bien loin », se dit-il en guise de consolation. « Et son fiancé qui arrive aujourd'hui, songea-t-il, soudain contrarié. Qui va l'accueillir et comment lui expliquer cette fugue inexcusable ? » Tant pis, dame Bathilde s'en chargerait... Il estimait qu'il était préférable de prendre la tête d'un groupe de soldats, la présence du maître les stimulerait et il mettrait plus de chances de son côté pour retrouver les coupables dans les plus brefs délais. Avant la fin de la matinée, ils se saisiraient d'elles. « Alors, gare au châtiment... »songeait-il pour mieux se persuader du bien fondé de ses espérances. Dans son coin, Macaire était également très en colère, il pestait et fulminait, mais à l'écart des oreilles du seigneur. « Si le baron l'avait écouté, on n'en serait pas là... Avec sa fierté et son mépris hautain, c'était bien de sa faute aussi... »Mais cette fois-ci, il ne se laisserait pas berner si facilement, dès qu'on aurait découvert sa petite fiancée, il ne la lâcherait plus, ferait sa demande au baron pour la marier. Gervaise serait obligée de lui obéir, il saurait la mater, foi de Macaire...

Après leur départ, dame Bathilde décida de retourner aux cuisines afin de mener sa petite enquête personnelle. « Qui était cette Gervaise ? Quels rapports entretenait-elle avec sa fille ? » La mère de famille ne s'était même pas aperçue que les jouvencelles se fréquentaient jusqu'à l'incident d'aujourd'hui. Tout à fait par hasard, alors qu'elle questionnait la vieille cuisinière, elle crut entendre qu'une de ses aides s'adressait à une dénommée Maria... Sans attendre la réponse à l'interrogation qu'elle venait juste de se poser, sur la pointe des pieds, elle s'approcha des deux femmes dont la silhouette était masquée par un énorme vaisselier ventru en chêne et une colonne de soutènement de la voûte du plafond.

A cet instant, elle n'eut plus aucun doute – la servante Maria, la maîtresse de son époux qui lui avait fait tant de mal – se trouvait à quelques pas d'elle, donc à sa merci. C'était une vraie beauté, une magnifique blonde aux yeux vert émeraude, si différente des autres femmes tellement plus communes, qu'il ne pouvait s'agir que d'elle... Sans vraiment réfléchir à ce qu'elle faisait, elle s'élança d'un bond et par surprise se saisit de la malheureuse en l'attrapant par un bras et la secoua de toutes ses forces.

—Mais c'est toi, la belle Maria... Maria, la perfide, qui a tenté de me voler mon mari, alors quc jc vcnais justc d'accouchcr...l'agrcssa dame Bathilde, sans se soucier de la présence des autres servantes.

La pauvre Maria, tétanisée par la peur et envahie par la honte, se mit à rougir jusqu'aux oreilles et n'osait pas répliquer, parce qu'elle se sentait vraiment coupable. Les quelques femmes assistant à la scène tentèrent de s'interposer et de protéger l'infortunée servante tremblant de tous ses membres et cherchant désespérément une issue pour échapper à la colère de dame Bathilde. Car la châtelaine était furieuse, on ne l'avait encore jamais vue dans pareil état. C'était surprenant de la part d'une personne aussi douce et prévenante d'habitude avec celles qui la servaient. « Quoi, son mari n'avait pas chassé la belle Maria comme il lui avait pourtant promis de le faire au moment de leur réconciliation ? » s'indignait-elle. Perdant tout contrôle d'elle-même, dame Bathilde exigea que les autres servantes quittent immédiatement la pièce et les laissent face à face pour trancher le différend les opposant. Mais ce n'était pas un règlement de compte d'égal à égal comme la châtelaine le sous-entendait, son statut la rendait toute puissante et elle pouvait se venger durement sur la servante. Prudentes, les personnes présentes hésitaient à lui obéir, redoutant un accès de violence inattendu de la part de leur maîtresse. Peut-être que dame Bathilde finirait par frapper Maria ou pire l'assassiner pour la faire disparaître à jamais de sa vie pendant que le seigneur était absent ? Durant ces quelques mois, elles avaient appris à la connaître : sa simplicité, sa gentillesse, son bon caractère les avaient séduites et elles désiraient la protéger. Malgré sa grande beauté, ce n'était pas une prétentieuse et elle ne se vantait jamais de sa liaison avec le maître, bien au contraire. Un jour qu'elle était désespérée, elle leur avait même déclaré qu'elle mourait de honte de subir la passion du seigneur, sans avoir la possibilité ni les moyens de se défendre.

— Sortez toutes, je vous l'ordonne, leur lança dame Bathilde, soudain plus calme. Pourquoi m'avez-vous caché la présence de cette Maria ? Même Brune ne m'a rien dit... C'est de votre faute, aussi !

— Pardon, not'maîtresse, lui répondit une jeune cuisinière plus délurée que les autres. Nous, on a juste obéi comme le seigneur nous l'a demandé...

— Cherchez donc du côté de la vieille Lizarde, la nourrice de vot'baron, rapporta une lingère qui n'avait pas froid aux yeux.

— Maintenant, laissez-nous, commanda la maîtresse du château.

Une fois seules dans l'immense cuisine, il y eut d'abord un grand silence. Dame Bathilde, tout de même fière, ne souhaitait pas s'abaisser devant une servante. Pourtant, elle brûlait d'envie de connaître enfin la vérité. Blasée par tous ces mensonges, ces rumeurs d'alcôves colportées au sujet de cette liaison, déformées à force d'être répétées par des personnes différentes, elle ne les supportait plus.

Une fois passée la surprise de l'agression violente de tout à l'heure, Maria cessa de trembler et décida de se confier à la châtelaine.

— Dame, j'vous demande pardon pour tout l'tort que j'vous ai causé, commença-t-elle sur un ton humble, la tête baissée. Mais j'vous jure que c'était bien malgré moi, j'voulais pas, dame...

—Tais-toi, insolente ! l’arrêta la dame blessée par ce qu’elle prit pour de l’audace. Tu ne m’as causé aucun préjudice. De quoi parles-tu ? Je suis encore la maîtresse du château à cette heure-ci et toi, tu n’es rien ou pas grand chose...lui assena-t-elle dans le dessein de la rabaisser.

—Dame, j’ai pas envie d’vous mentir, poursuivit Maria en relevant la tête et en la fixant de ses grands yeux verts. Moi, j’savais bien que c’était mal et j’ai jamais voulu coucher avec vot’baron... Jamais d’la vie, dame... Mais c’monstre d’Aimeri m’a enlevée à la cuisine, emmenée d’force dans la chambre... Dame, j’avais honte... Pis, j’avais peur aussi, une si grand peur...

A l’évocation de ce souvenir pénible, elle ne put s’empêcher de pleurer et cacha son visage entre ses mains.

—Qu’est-ce que tu me racontes, Maria ? s’étonna dame Bathilde, incrédule. Tu as fait l’intéressante, tu as provoqué mon époux en te pavanant en public... Et lui, trop faible, n’a pu résister à tes charmes...

—Nenni dame, j’l’connaissais même pas, moi, l’seigneur, protesta la servante en larmes. J’voulais pas moi, mais y’m’a forcée... J’vous jure que j’m’suis défendue, dame, j’m’suis débattue... Mêm’que j’lui ai dit qu’j’étais promise au Norbert des Combes Brûlées et qu’y ‘m’tuerait s’y savait...

Anéantie par l’accent de sincérité de la jeune servante, la baronne ne se remettait pas de son immense stupéfaction. Pourtant au fond d’elle-même, elle sut que Maria lui disait la vérité. C’était elle, l’épouse, qui s’était toujours menti, refusant d’attribuer la faute à son mari. C’était tellement plus sécurisant pour elle, d’imaginer que le monde était peuplé de séductrices prêtes à lui voler le baron, plutôt que le contraire ! Voyant qu’elle avait ébranlé les certitudes de dame Bathilde, Maria poursuivit son récit en s’efforçant toujours d’être fidèle à la vérité.

—J’avais honte, dame, trop honte, ajouta-t-elle avec davantage d’assurance. J’voulais m’supprimer... Mais j’pouvais pas, dame, j’devais songer à mes pauvres parents, pis à mes frères et sœurs qu’avaient trop faim. Fallait que j’les aide...

Sans attendre la réaction de la dame, elle ajouta pendant qu’elle en avait encore le courage.

— Dame, j'suis pas une putain ni une fille de mauvaise vie... lui déclara la belle blonde en relevant le menton. J'avais jamais connu d'homme avant vot'baron... J'voulais pas lui céder, mais y'm'a prise de force...

— Et tu t'imagines que je vais croire toutes tes menteries ? lui répliqua la dame, pourtant troublée. Qui me dit que tu ne cherches pas à me tromper pour mieux te moquer de moi ?

— J'pourrais vous tromper, dame, admit Maria. A quoi ça me servirait ? Déjà que toute'c'tte sale histoire a gâché ma vie. J'suis qu'une pauvresse, une moins que rien... J'avais que mon honneur d'paysanne pauvre, mon plus grand bien... Et pis, j'avais un promis, j'devais m'marier, m'établir dans sa ferme... Qui voudrait encore de moi à présent ? se désolait-elle.

— Les femmes m'crachent dessus et les hommes y'pensent qu'à s'jeter sur moi, poursuivit-elle avec lucidité. L'pire, c'est que vot'baron y's'accroche à moi, lui avoua-t-elle avec un accent désespéré. Mon père y'me pousse dans ses bras, parce que l'seigneur l'a pas pendu après la révolte. Mon père, dame, y'me dégoûte... J'en ai assez...

— Pourquoi ne pas y mettre fin de toi-même, alors Maria ? Je ne comprends pas ton attitude passive, lui rétorqua la dame, le visage décomposé par la jalousie. Moi, à ta place...

— A ma place, vous seriez forcée d'subir comme moi, dame... attaqua encore Maria. Puisque j'vous dis que je peux même pas m'sauver... L'baron y'm'a menacée pas qu'une fois, y'se vengera sur les miens, si j'tente d'partir...

— Là, j'ai du mal à entendre de telles sornettes, lui fit remarquer la dame, blessée dans son amour-propre.

— Pourquoi j'vous raconterais des fables, dame ? gémit Maria. Vot'baron, y'me fait peur, dame. Y'm'aime pas, y'veut juste m'posséder comme si j'étais sa chose à lui, j'suis pas mieux qu'une d'ses chiennes du chenil d'en bas...

— Dame, j'ai pas fini...reprit-elle en s'accrochant à sa manche. Dans l'pays, les gens y'disent même que j'porte malheur comme à c'pauvre Norbert qu'a perdu la tête en s'attaquant à vot'baron. Dame, j'en peux plus, on m'accuse d'sa mort... On finira par m'brûler comme sorcière...

— Tu perds la tête, Maria, il existe sûrement un moyen de mettre fin à tout cela, tenta de l'apaiser la dame bouleversée par ses confidences.

— Jamais j'pourrai m'établir quelqu'part, déplora la servante, la mâchoire dure et le regard lointain. Personne voudra m'prendre pour femme, dame... Ou alors, j'finirai pis que ces gueuses mourant d'faim en mendiant l'long des routes.

Soudain, elle éclata en longs sanglots convulsifs, interminables, qui secouèrent son corps svelte et délié. Même dans cette attitude, peu avantageuse à bien des égards, Maria demeurait très belle et d'une dignité irréprochable que plus d'une noble dame lui aurait enviée. Lorsque sa crise de désespoir s'estompa et lui permit de s'exprimer, elle répéta de nouveau à la maîtresse du château qu'elle avait tellement honte de cette liaison maudite. Puis elle s'apitoya sur son sort déplorant le fait que sa vie était finie, gâchée à jamais, et qu'elle n'avait pas encore seize ans... Pourtant, elle lui assura une fois de plus que ce n'était pas de sa faute. Comme la dame méditait en silence les paroles de Maria, elle eut tout à coup une idée. Elle réfléchit à la situation inextricable dans laquelle l'attachement forcené du baron avait plongé la servante bien malgré elle, maintenant elle avait compris que Maria était réellement une victime. Qu'elle était victime de sa trop grande beauté ! Alors elle songea qu'elle disposait encore d'une coquette somme d'argent, sa cassette personnelle, léguée par son père peu de temps après sa mort. Bon princc, lc baron n'avait jamais cssayć dc s'en emparer et la laissait libre de la gérer comme elle l'entendait...

Si elle tenait là le moyen d'assouvir sa propre vengeance et de laver tous les affronts, toutes les humiliations que son mari lui avait fait subir depuis tant d'années ?

— Si j'acceptais de t'aider ? lui proposa la dame après un long silence. Oui, t'aider pour que tu puisses t'enfuir et t'installer quelque part dans une vie honnête...continua la dame pour éprouver la sincérité des dires de Maria. Si je le faisais, tu consentirais à quitter le château ?

— Vous moquez pas d'moi, dame, lui répondit Maria bouleversée par sa proposition. Pourquoi vous feriez ça pour moi ?

— Oh ! bien entendu, je vais être sincère à mon tour. Ce n'est pas pour toi, Maria...reconnut la dame avec une grande franchise. C'est un moyen comme un autre de me débarrasser de toi, un moyen commode, sans user d'aucune violence à ton égard...

— Vrai, dame ? la coupa Maria, une lueur d'espoir s'allumant dans ses prunelles vertes. Si c'est pour vous moquer, c'est pas charitable d'votre part... Moi, j'demande qu'une chose : en finir avec vot'baron... J'ai envie d'mener une vie honnête, précisa-t-elle, sans bonhomme pour m'commander et m'salir...

— Ce rêve se trouve à portée de ta main, Maria, lui assura la baronne. Si tu acceptes de m'écouter et de m'obéir : plus jamais de baron et tu seras affranchie pour vivre dans un lieu de mon choix... Tu sais coudre, Maria ? lui demanda-t-elle à brûle-pourpoint.

— Pour sûr, dame, lui répliqua aussitôt Maria avec un grand sourire. J'aime bien ça... Attendez dame, j'vas vous montrer les habits que j'ai faits pour mes p'tiots frères...

— Pas la peine, Maria, l'arrêta la dame impatiente de lui proposer son plan. Viens t'asseoir à côté de moi, que je t'explique de quelle manière nous allons procéder... D'abord, jure-moi de ne rien dire aux autres... Par pure jalousie, elles risquent de tout faire échouer en racontant au baron...

— J'suis point sotte, dame, pour tout gâcher par des babillages. Si c'est vrai, j'vous serai reconnaissante tout'ma vie et j'vous bénirai, dame, dit-elle, en s'emparant de sa main pour la baiser avec ferveur.

Dame Bathilde avait déjà tout échafaudé dans sa tête et prévu l'essentiel : avec l'argent de sa cassette personnelle, elle aiderait Maria à s'enfuir et à s'établir à quelques lieues d'ici, à Menin-Thiroux, où l'échoppe d'une vieille dame était à reprendre depuis sa mort. C'était une couturière de métier, travaillant à façon, elle employait plusieurs ouvrières qui l'aidaient à honorer ses commandes. Dame Bathilde la connaissait vaguement et lui avait déjà donné de l'ouvrage. D'après son estimation, ses biens ne devaient pas valoir grand chose et ne coûteraient qu'une bouchée de pain. Maria s'établirait là-bas et poursuivrait enfin la vie d'une travailleuse intègre, courageuse, comme elle l'avait toujours souhaité... Ce serait sa vengeance, le baron ne pourrait plus s'attaquer à elle et risquerait de s'attirer des ennuis avec le bailli de Saulieu, s'il osait s'en prendre à une femme libre.

Dès le retour de Mélisande, la dame prit la ferme résolution de tout lui raconter, de lui expliquer comment sa fuite lui aurait permis de se rebeller et de se venger des nombreux affronts infligés par son mari...

Mais où était sa fille Mélisande? songea-t-elle soudain en se remémorant l'objet de sa visite aux cuisines, qu'elle avait complètement oublié. La dame frissonna en évoquant la température glaciale sévissant dehors. Comme elle regardait par l'une des lucarnes de la pièce, elle vit tomber la neige en gros flocons épais, drus et serrés, et s'aperçut qu'ils recouvraient le sol d'un blanc manteau, s'épaississant au fur et à mesure qu'ils voltigeaient dans l'air glacé. Par curiosité, elle s'approcha de l'ouverture pour évaluer la quantité de neige tombée. Elle vit alors qu'il régnait un grand remue-ménage dans sa propre cour... Trois ou quatre chariots bâchés, des charrettes recouvertes de toiles épaisses, entièrement blanches, enfin plusieurs cavaliers envahissaient les lieux, piétinaient la couche immaculée, la transformant en boue sale. Des voix masculines s'interpellaient d'un véhicule à l'autre, couvertes par les hennissements des chevaux. Bientôt, elles se transformèrent en cris d'énervement et d'impatience, parce que personne n'était là pour les accueillir. Personne, pas même un valet, pour leur indiquer l'endroit où ils pourraient s'établir et décharger les bagages de leur maître. Les domestiques gelés trépignaient sur place, attendaient des ordres qui ne venaient toujours pas...

Prise dans la tourmente d'une histoire qui avait bouleversé sa vie quelques mois en arrière, dame Bathilde avait complètement oublié que son futur gendre arrivait ce matin... Et le baron qui n'était pas présent pour le recevoir, surtout pour lui expliquer que leur fille avait disparu de grand matin, tout en se gardant d'évoquer ce qui l'avait poussée à prendre la fuite. Que de tracas en perspective! La châtelaine ne pouvait se dérober plus longtemps à ses devoirs de maîtresse de maison. Elle jeta à la hâte une cape fourrée sur ses épaules, avant de se précipiter dans la cour. Le sire Milon de Bertranges descendit d'une sorte de carriole attelée à des chevaux élégants, affublés de harnais spéciaux, très colorés, déjà parés pour la fête du lendemain.

—Admirez le carrosse de la mariée, dame Bathilde, lui lança-t-il. Nous saurons faire honneur à votre fille, le jour de son mariage...

—Bonjour, baron Milon, lui répondit-elle en s'avançant vers lui avec un grand sourire. Vous avez fait bon voyage?

— Aussi bon que possible avec cette neige recouvrant les routes et ce froid persistant, souligna-t-il. Enfin, nous sommes arrivés jusqu'à votre château, c'est le principal, n'est-ce pas ?

— Bien entendu, sire, approuva-t-elle. Suivez-moi que je vous conduise à vos appartements... Mon valet que voici va se charger de vos bagages...

— Approche Jeannot, dit-elle en faisant signe à un homme resté en retrait. Tu vas t'occuper du sire Milon, veille à ce qu'il ne manque de rien...

— Pourquoi votre fille n'est-elle pas là pour m'accueillir comme c'est son devoir, dame ? attaqua-t-il sur un ton froid, cassant. Je ne vois pas non plus le seigneur Eudes, votre époux...

Sous le feu de ses questions embarrassantes, mais inévitables, dame Bathilde avait pâli, se tordait les mains en signe d'impuissance, ne sachant que lui répondre...

— A la fin, allez-vous parler ? gronda le baron Milon en colère. Qu'est-ce que vous me cachez, dame ? Pourquoi tout ce mystère, la veille de mon mariage ?

— C'est que je suis gênée et ne sais comment vous annoncer la nouvelle, sire, lui avoua-t-elle dans un souffle, la tête baissée.

— Qu'avez-vous à me dire, espèce de femelle têtue et stupide ? rugit Milon qui avait perdu toute retenue et oubliait à qui il s'adressait.

Le souffle court, le visage très rouge, il s'excitait encore davantage, agacé par le silence pesant de dame Bathilde. A la fin, il s'approcha d'elle, la saisit par un bras et l'aurait sûrement secouée sans ménagement, si Jeannot ne s'était pas avancé pour protéger sa maîtresse. C'était un solide gaillard, plus grand que Milon, qui n'aurait laissé personne faire du mal à la dame du château qu'il vénérait comme une sainte... Le baron la lâcha aussitôt.

— En voilà des manières indignes d'un gentilhomme, riposta dame Bathilde. Je n'aurais jamais imaginé que vous puissiez user de brutalité envers une femme, se plaignit-elle encore comme pour le provoquer.

Puis elle releva la tête, le fixa d'un air fier, presque triomphant, avant de lui assener la vérité comme si elle lui lançait un défi.

— Ma fille Mélisande ne souhaitait pas vous épouser, sire, commença-t-elle en savourant sa victoire. Vous aviez sans doute remarqué qu'elle vous évitait chaque fois que c'était possible, non? ajouta-t-elle sur un ton perfide. Aussi, elle s'est enfuie au cours de la nuit. Enfin, on le suppose... Mon époux est parti à sa recherche et bat la forêt pour la retrouver...

—Comment, mais c'est impossible? Que signifient pareilles balivernes? Avez-vous perdu l'esprit, dame Bathilde? s'offusquait le sire Milon, incrédule.

—Vous vous moquez de moi, dame, poursuivit-il. Il fallait l'enfermer et mieux la surveiller. Je ne sais pas, moi: la calmer, en la faisant fouetter...

—Quelle charmante perspective pour mon enfant! le coupa la dame, indignée. Rassurez-vous, sire Milon, mon baron va bientôt la retrouver. Vous pourrez toujours la battre et user de violence envers elle, mais je vous avertis que ces méthodes ne changeront absolument rien à ses sentiments...

Puis elle tourna les talons et s'éloigna très droite et très digne, suivie par Jeannot, qui ne la quittait plus d'un pas. Mais elle se retourna pour conclure:

—Le cœur d'une femme ne s'achète pas, sire Milon, clama-t-elle avec assurance. Vous pourrez toujours posséder son corps en vous imposant par la force, mais jamais le reste... Son âme demeurera intacte. L'amour ne se commande pas...

Son interlocuteur s'étranglait de fureur, mais n'osait réagir, car il craignait son valet, le chien de garde de la dame.

—Allez au diable, dame Bathilde! Si j'avais su, je n'aurais jamais perdu mon temps avec votre fille. Alors qu'on me proposait d'autres partis bien plus intéressants...

—Eh bien! Vous aurez toujours la possibilité de vous tourner ailleurs, si jamais on ne retrouve pas Mélisande... le railla-t-elle.

Installée au chaud près de la cheminée de la grande salle du donjon, entourée de ses suivantes et de sa fidèle Brune, dame Bathilde savourait ce qu'elle considérait en quelque sorte comme une double victoire. D'abord, la fuite de sa fille lui avait permis de se venger de son mari en découvrant qu'il lui mentait depuis longtemps. Malgré la douleur engendrée par la séparation, dame Bathilde souhaitait de toutes ses forces que Mélisande réussisse à échapper à ce vieux bouc puant de Milon. Ce serait sa seconde victoire, peut-être la plus éclatante... Au château, les heures s'égrenèrent lentement, sans que dame Bathilde daigne s'intéresser au sort de son hôte. Sans doute, devait-il s'installer et prendre ses quartiers dans les pièces qui lui étaient destinées avec ses propres valets. Néanmoins courtoise, dame Bathilde avait transmis des ordres pour qu'une collation soit servie dans la chambre du baron de Bertranges. A la mi-journée, elle n'avait toujours pas de nouvelles de son mari qui lui avait pourtant promis de rentrer au château en fin de matinée en compagnie de leur fille, naturellement.

La nuit était déjà tombée depuis une bonne heure, lorsqu'elle entendit du bruit dans la cour. Aussitôt, elle lâcha son ouvrage de broderie qui tomba à même le sol jonché de brassées d'herbes sèches, odorantes, se pencha au dehors pour tenter de voir qui arrivait... En compagnie d'Aimeri et de Macaire, le baron Eudes remontait le sentier pavé conduisant à la haute cour. Comme l'obscurité les environnait de toutes parts, elle distinguait mal son visage à peine éclairé par les lueurs des lanternes tenues par les serviteurs. Intriguée, elle vit seulement qu'il gesticulait beaucoup en s'agitant à droite et à gauche, ce qui traduisait un énervement certain chez lui. Tendant l'oreille, elle perçut des éclats de voix irritées, les trois hommes parlaient fort et échangeaient des propos animés entre eux. Comme elle s'apprêtait à mettre un vêtement chaud pour le rejoindre au plus vite, cette fois-ci, elle entendit des cris perçants ressemblant fort à ceux d'une querelle. Hélas, elle ne se trompait guère. Elle entrevit la silhouette du baron de Bertranges qui se découpait dans le faisceau des lanternes éclairant la cour. Apparemment, il était en grande conversation avec son mari. Anxieuse, elle scrutait partout dans le noir dans l'espoir d'apercevoir sa fille. De toute évidence, Mélisande ne se trouvait pas avec son père... Alors, d'un geste frileux, elle se serra dans les plis de sa cape fourrée et se força à demeurer dans le courant d'air glacial pour mieux comprendre ce qui se passait. De toute façon, elle savait que le baron ne lui raconterait rien...

— Vous me le paierez très cher, baron Eudes, le menaçait le sieur Milon, hors de lui. Quoi, vous n'avez pas retrouvé ma fiancée ? Ce n'est pas possible, vous vous moquez de moi, Ventre-Dieu... Sur mon honneur, je me vengerai d'un tel outrage, j'exigerai réparation à la cour de justice du comte...

—Enfin, calmez-vous, sire Milon, lui conseillait Eudes, très confus, parce que tout le monde écoutait leurs propos. Vous croyez que la disparition de ma fille m'arrange à la veille de ses noces alors que j'ai tout préparé, que j'ai dépensé des sommes folles pour lui organiser des fêtes magnifiques ? Sachez que je suis encore plus chagriné que vous... Parfaitement !

—Ah ! Je maudis cette jouvencelle effrontée, reprit-il en s'épongeant le front avec son mouchoir. Où peut-elle bien se cacher ? Nous avons battu la campagne et les bois proches du village sans grand succès...

Peu à peu les cris s'estompèrent, diminuèrent d'intensité, parce que le petit groupe poussait la porte du donjon, la suite de la discussion se perdit dans un vague brouhaha. Dame Bathilde récupéra l'ouvrage qu'elle avait laissé choir par terre, avant de regagner sa place au coin de l'âtre. Puis elle attendit de pied ferme son époux. Quelques minutes après, il pénétrait dans la grande salle du donjon et tonna d'une voix forte : « Dehors, tout le monde. Laissez-moi seul avec ma dame. » A ses traits empreints de contrariété, sa mine défaite, elle sut immédiatement qu'il rentrait bredouille...

—Ah ! me voilà rassurée, mon époux, dit-elle en jouant la comédie. Vous regagnez enfin le château. Comment se porte notre Mélisande ? Je suppose que vous l'avez grondée assez fort pour lui ôter l'envie de recommencer... Vous n'avez pas commandé qu'on la fouette, au moins ?

—Dame, notre fille demeure introuvable, lui avoua-t-il dans un souffle, l'air dépité, presque malheureux. Ce n'est pas faute de l'avoir cherchée dans tous les endroits familiers... Je ne comprends pas...

—Quoi ? Mais enfin, c'est un cauchemar, baron, lança la dame en feignant la stupéfaction. Comment notre petite va-t-elle survivre seule dans la nuit et par ce froid ? Il faut faire quelque chose, baron, je vous en supplie... Avec cet assassin qui traîne dans les bois...

—Calmez-vous dame, lui répondit-il, très ennuyé. Après tout, si Mélisande s'est fourrée dans une situation impossible, c'est uniquement de sa faute... Enfin, je ne l'ai pas chassée du château, dame... Si elle dort ce soir à la belle étoile, elle l'aura bien cherché... riposta Eudes sur le qui-vive, prêt à se défendre.

— C'en est trop, baron, l'accusa son épouse, très en colère. Qui a décidé de la marier contre son gré à ce vieillard répugnant ? C'est tout de même vous, son propre père, qui vouliez la jeter dans son lit. Vous seul et pas un autre, à ce que je sache...

La dame se prenait à son propre jeu, l'angoisse de ne plus jamais revoir Mélisande la poussait hors de ses gonds et elle n'hésita pas à menacer son mari.

— Je vous préviens, baron, que si jamais il arrive quelque chose à notre fille, je ne vous le pardonnerai jamais. Jamais, vous entendez ! J'entrerai au couvent et vous ne me reverrez plus de votre vivant...

— Taisez-vous dame et écoutez-moi, je vous en supplie, tentait-il de l'amadouer pour plaider en sa faveur.

— Vous êtes seul responsable de sa disparition, l'accusa-t-elle encore, impitoyable. Si vous m'aviez écoutée ainsi qu'Enguerrand, nous n'en serions pas là...

— Mais, dame, je voulais la rendre heureuse. Heureuse et riche, c'est tout ce que demande un père pour son enfant, protestait-il en toute bonne foi. Comme vous êtes injuste à mon égard...

— Vous vous égarez, baron, le coupa-t-elle. Si vous aviez seulement accepté de l'entendre... Il n'était pourtant pas difficile de lui choisir un autre fiancé lui convenant davantage. Ce drame ne se serait jamais produit... Si ma Mélisande tombe entre les mains de l'assassin par votre faute, je ne vous adresserai plus jamais la parole, je le jure devant Dieu...

— Mais enfin, dame, on va la retrouver bientôt. Je vous le jure sur ma vie et mon honneur... promit-il. Pourquoi songer au pire ? Je ferai tout ce qui est en mon pouvoir pour vous rendre votre fille saine et sauve... Hélas, c'est de ma faute et je le regrette amèrement, dame, ajouta-t-il soucieux de battre sa coulpe.

— Comment vous croire, baron ? attaqua-t-elle sur un ton méprisant. Vous n'avez cessé de me mentir, vous couchez toujours avec la belle Maria en cachette... Vous n'êtes qu'un imposteur, baron. Et je vous hais pour tout le mal que vous m'avez fait, ainsi qu'à nos enfants... Parfaitement, je vous déteste et maudis le jour de notre rencontre...

Puis elle s'effondra en larmes dans son fauteuil. Sans faire de bruit, le baron s'approcha d'elle, tenta de la prendre dans ses bras pour la consoler. Mais elle le repoussa d'une manière farouche, presque brutale, comme elle n'avait jamais encore osé le faire durant toutes ces années. Comme il s'agenouillait à ses pieds pour lui demander pardon, elle lui assena le coup de grâce.

— Laissez-moi seule, baron, je vous en supplie. Vous êtes indigne de partager mon chagrin de mère, quittez cette pièce, je vous prie... De toute façon, je ne vous adresserai plus jamais la parole ni ne vous accueillerai dans mon lit, tant que vous n'aurez pas retrouvé Mélisande...

Au château de Bissey, les conséquences engendrées par la fuite de Mélisande se révélèrent désastreuses et finirent par semer la discorde entre les membres de la famille du baron. Ce soir-là, un voile de deuil s'était abattu sur la demeure du seigneur Eudes, alors qu'on aurait dû se réjouir et terminer les derniers préparatifs du mariage...

Deuxième partie : ***Mélisande.***

15 - *La longue et dangereuse errance au cœur de l'hiver douze cent quatre-vingts.*

L'aube s'était enfin levée, tandis que les deux fugitives atteignaient la forêt et commençaient à s'enfoncer dans les bois de feuillus dénudés. Un jour pâle, triste et morne, qui avait du mal à transpercer l'épais plafond bas de gros nuages sombres et gris pour éclairer le ciel de décembre tout décoloré, où l'on apercevait encore la face ronde de la lune haut perchée. La température leur parut plus clémente qu'au cœur de la nuit, mais des flocons de neige voltigeaient ici et là, picotaient la peau de leur visage, puis finirent par les aveugler... Les minuscules boules blanches, semblables à du coton, mais glacées et insaisissables à la fois tombaient de plus en plus serrées, se multipliaient, s'épaississaient et se fondaient à travers la couche de brouillard et le voile d'humidité persistante brouillant la vue et dissimulant les sentiers. Bientôt, le paysagc nc tardcrait guèrc à sc métamorphoser et si Mélisande n'y prenait garde, elle ne reconnaîtrait plus les lieux et serait incapable de s'orienter au sein de cette blancheur immaculée. Un court instant, elle faillit céder à la panique...

Les vagues incessantes des averses de neige, ajoutées aux assauts déchaînés et impitoyables de la bise glaciale, mordante, leur coupaient le souffle et retardaient leur avancée. Les flocons nombreux et espiègles dansaient autour d'elles, déferlaient sans cesse, trempaient leurs vêtements et s'accumulaient sur la robe de leur monture comme s'ils avaient l'intention de les recouvrir tout entières, de les ensevelir avec le blanc linceul tapissant le sol. Maintenant, elles grelottaient et avaient l'impression qu'elles étaient condamnées à geler sur place. En fondant la neige glaçait la peau, les cheveux et les poils de leurs chevaux qui s'ébrouaient de temps en temps pour la chasser. A tel point que bêtes et gens risquaient de se transformer en blanches statues de givre. Pourtant, elles avaient besoin de toutes leurs forces pour grimper, couper à travers les clairières, longer les étangs gelés pour atteindre le Haut de la Vente, l'un des sommets culminants de la montagne morvandelle dans ces lieux. Sans consulter la petite Gervaise incapable de l'aider à prendre une décision quelconque, parce qu'elle ne connaissait pas la contrée, Mélisande avait choisi le chemin le plus dur, le plus invraisemblable aussi, pour brouiller les pistes... Faisant appel à son intelligence et à son sens pratique, elle avait calculé que son père et ses soldats les chercheraient d'abord dans les endroits familiers, les plus proches et les plus accessibles depuis le bourg de Bissey. Le baron n'imaginerait jamais que les deux jouvencelles puissent s'attaquer à une ascension aussi rude dans l'unique dessein de leur échapper.

La petite Gervaise avait cessé de se plaindre, surmontant ses craintes, elle s'était plus ou moins familiarisée avec Tonnerre qui lui obéissait à la voix. De toute façon, il n'était plus question de trotter désormais, les chevaux avançaient au pas du fait que la montée se faisait de plus en plus escarpée et raide, aussi Mélisande décida-t-elle de mettre pied à terre. C'était une simple mesure de prudence, elle était avant tout soucieuse de guider sa jument et en marchant à côté d'elle, il était plus facile d'éviter les trous et les fondrières ensevelis sous la neige.

Muette d'étonnement, Gervaise la suivait avec docilité et sans poser de questions, car elle ne s'était encore jamais aventurée dans la forêt. Pour la première fois de sa vie, elle pénétrait dans un monde inconnu, mystérieux, donc redoutable pour elle. La pauvrette ne s'y trouvait pas à l'aise comme la demoiselle du château. A son comportement et à de menus détails comme sa façon de caresser les branches ou de humer l'air glacé à pleins poumons, Gervaise devinait qu'elle se sentait en parfaite harmonie avec cette nature sauvage, indomptée. Il était évident que la demoiselle aimait se retrouver dans les bois et les parcourir habitée d'une joie profonde, d'une plénitude totale, au milieu des arbres qui les entouraient et des affleurements granitiques jaillissant du sol. Il ne s'agissait nullement d'éléments hostiles comme

Gervaise avait tendance à les considérer, perdue au sein de leur solitude et de leur immensité. Comme la vaste cour, les prairies entourant le château et même la vallée encaissée du Cernin lui semblaient autrement rassurantes, parce qu'elles lui étaient si familières.

Soudain, l'écho leur renvoya des bruits insolites perturbant le silence troublant, obsédant de la forêt enneigée. Mélisande s'arrêta d'un seul coup, scruta les alentours et tira sa jument par la bride pour se cacher derrière un énorme rocher, à droite du sentier. La petite Gervaise la suivit et la rattrapa en quelques enjambées, suivie de Foubrac qui gambadait à ses côtés en s'ébrouant dans la neige fraîche. Un doigt sur la bouche, Mélisande lui fit signe de se taire, lui tendit les rênes de Gracieuse, tandis qu'elle récupérait ici et là des branches mortes pour les amasser sur le côté en tas sommaires, désordonnés, comme si c'était l'œuvre de Dame Nature. Usant de patience et d'un certain savoir-faire, la demoiselle entraîna le plus possible les chevaux dans leur direction, de façon à les dissimuler entièrement à l'abri de l'imposant bloc de granit se dressant devant elles, puis elle caressa le chanfrein de Gracieuse pour la rassurer. Gervaise se força à l'imiter, se raccrocha au harnais de Tonnerre et commença de le flatter à contrecœur. Elle ne s'était jamais intéressée à ces grosses bêtes qui l'effrayaient, tout en lui paraissant inaccessibles. Les chevaux, c'étaient pour les riches et les seigneurs, pas pour les pauvres gens... De la main, elle effleura la crinière drue, bourrue, toute trempée du cheval, avant de plonger ses doigts dans le duvet épais de la toison recouvrant sa robe et de percevoir une douce chaleur animale. Ce contact nouveau et surprenant la rassura au lieu de la dégoûter comme elle l'aurait imaginé de prime abord et elle poursuivit ses caresses qui lui procuraient une sensation de bien-être. D'habitude, elle détestait franchement les animaux et fut encore davantage surprise, quand le brave cheval blottit sa tête contre son épaule. Le souffle tiède et puissant de Tonnerre lui procura un incroyable réconfort et elle ferma les yeux pour mieux savourer ce moment si agréable. « Les chevaux ne sont pas autorisés à hennir, chuchota la demoiselle. Continue de le caresser pour l'apaiser. Sinon, nous sommes perdues... »Cette fois-ci, ce fut Gervaise qui se rapprocha de Tonnerre, se coula contre son encolure pour profiter de sa chaleur bienfaisante. Pourtant anxieuses, elles tendaient l'oreille toutes les deux afin de mieux cibler à quelle sorte de danger elles devraient faire face. Mélisande avait repéré une brèche importante au beau milieu du rocher, comme si un bûcheron intrépide avait voulu le fendre en deux avec sa hache. Comme elle était plutôt menue et l'ouverture de la faille assez large, elle réussit à se couler à l'intérieur et scruta la vallée en contrebas.

Bientôt, elle aperçut un groupe de cavaliers cheminant à la queue leu-leu sous la conduite du baron Eudes en personne. En les observant avec la plus grande attention, elle ressentit un immense soulagement : son père les entraînait dans la direction opposée à celle du lieu où elles avaient trouvé refuge. Apparemment, il cantonnerait ses recherches à la vallée d'en bas et n'escaladerait pas les hauteurs boisées. Ainsi son intuition première ne l'avait pas trompée : jamais son père n'aurait imaginé qu'elles couperaient à travers la montagne en empruntant des sentiers impraticables. La demoiselle attendit que le dernier cavalier de la troupe montée se soit éloigné sur la piste forestière, large et rectiligne, conduisant à l'une des métairies du baron, pour se couler hors de son poste d'observation.

— Je crois que tout danger est écarté pour l'instant, affirma Mélisande. Mon père nous recherche en compagnie d'une vingtaine de soldats. Ils se dirigent plus à l'ouest vers la métairie des Trois Fontaines...

— Mais y'finiront bien par nous rattraper demoiselle, se lamentait Gervaise. Y'sont trop nombreux : vingt hommes pour nous deux, vingt et un avec not'maître...

— C'est sûr qu'ils se saisiront de nous si nous gaspillons notre temps en babillages, la coupa Mélisande, agacée par le pessimisme de son amie. Vite, suis-moi, nous sommes encore à mi-chemin et si nous voulons arriver avant la tombée de la nuit...

— Où c'est qu'on va, demoiselle ? l'interrogea Gervaise d'une petite voix timide.

— Je t'expliquerai quand on sera là-haut, lui répondit Mélisande en lui montrant du doigt le sommet de la montagne.

Sans se décourager, elles continuaient de grimper, d'escalader les pentes escarpées et verglacées, parfois des pierres cachées roulaient sous leurs pieds ou les sabots de leurs chevaux. Chacune tirait sa monture par la bride pour la ménager le plus possible, Mélisande lui avait recommandé la plus extrême prudence. Elles devaient absolument éviter que par mégarde ou distraction, les chevaux ne finissent par glisser dans un précipice au risque de les entraîner dans leur chute. Près d'elles, elles entendaient le bruit de l'eau vive du torrent descendant de la montagne... Cette manifestation sonore rassura Mélisande qui estima que le temps s'était radouci, puisque la cascade n'était pas prise par les glaces. Parfois, l'une d'entre elles s'arrêtait, calait son dos contre un tronc d'arbre pour reprendre sa respiration et elle s'épongeait le visage avec son mouchoir. Comme c'était curieux : en accomplissant cet exercice périlleux, elles avaient maintenant trop chaud toutes les deux, l'escalade avait échauffé leurs muscles engourdis par le froid. Les joues roses et colorées, elles respiraient de l'air glacé et le rejetaient par la bouche ou le nez en petits nuages vaporeux, évanescents. Enfin parvenues jusqu'au sommet, elles s'écroulèrent contre un rocher en bordure du sentier et Gervaise s'assit dans la neige, insensible à l'humidité glaciale, tellement elle était épuisée.

—On fait quoi, maintenant ? lui demanda-t-elle d'une voix harassée.

—Ecoute, Gervaise, j'ai bien une idée, commença la demoiselle, perplexe. Mais pour être franche avec toi, je dois t'avouer qu'elle comporte quelques risques et pas des moindres...

Alors elle se décida à lui exposer le plan qui avait mûri dans sa tête depuis ce matin. Pour parer au plus pressé et connaître peut-être la chance de dormir au chaud cette nuit, elle avait songé à la cabane d'Albane la Rousse. Gervaise lui répliqua tout à trac : « Si on essaie pas, on saura pas si cette personne va nous aider, pas vrai demoiselle ? »

Soudain requinquée, elle sauta sur ses pieds, épousseta la neige collée à son derrière et ajouta d'un air malicieux : « Et si on peut s'ensauver, moi, j'veux bien, demoiselle... »

—Seulement, comme le temps presse et que le chemin s'élargit...la prévint Mélisande sur un ton enjoué. Nous allons galoper, ma belle, tu vas faire ton apprentissage... Accroche-toi à la crinière de ce brave Tonnerre... Et en avant !

—D'accord, demoiselle, j'vous suis... cria l'intéressée, presque enthousiaste.

Au cours de l'éprouvante matinée passée ensemble, Gervaise avait appris à connaître Tonnerre et lui faisait confiance maintenant : avec ce brave cheval, elle irait loin... Déterminée, elle saisit le pommeau de la selle d'une main et de l'autre une poignée de crins pour s'adapter à la cadence rapide de sa monture. Mélisande ne se retourna qu'une seule fois et s'aperçut que Gervaise montrait beaucoup de bonne volonté et suivait les mouvements amples, à peine lourds du cheval demi-trait. Ce qui allégea sa conscience d'un grand poids et de soucis inutiles... Envolées les frayeurs de la nuit, où sa compagne se montrait complètement paniquée et refusait presque de manipuler Tonnerre, parce qu'elle n'avait jamais approché de chevaux de sa vie. Ce qui suffisait amplement à expliquer ses réticences nocturnes. Au bout de quelques lieues, la petite Gervaise parvint à se tenir correctement en selle, attentive aux mouvements de balancier du cheval, elle s'adapta à son allure vive, bien rythmée.

— C'est le Haut de la Vente, lui apprit la demoiselle. Regarde, comme c'est beau par ici... Le paysage est magnifique sous la neige...

Gervaise ne prit même pas la peine de lui répondre, trop absorbée par sa chevauchée, elle s'appliquait à galoper en accord avec Tonnerre. Elles se déplaçaient le long d'un plateau relativement élevé, parcouraient un sentier dominant une vallée encaissée et la vue était effectivement superbe. Tout à coup, Mélisande consentit à ralentir l'allure effrénée du galop de Gracieuse : elle n'entendait plus les jappements joyeux de Foubrac courant derrière elles. Quelque peu inquiète, elle décida de repasser au trot puis au pas, enfin de s'arrêter. Ce qui permit à Gervaise de se reprendre un peu et de récupérer des forces. Lorsque Mélisande se retourna, elle constata avec effarement que Foubrac avait disparu. Contrariée par ce contretemps fâcheux, elle se décida à siffler pour rappeler son chien, de longues minutes s'écoulèrent et toujours pas de Foubrac... La demoiselle s'apprêtait à exécuter un demi-tour sur le sentier étroit avec Gracieuse, lorsque Gervaise lui cria : « Le v'là, demoiselle, le v'là... Mais il a l'air bien las... » La tête basse, la langue pendante, le pauvre chien épuisé par le rythme démentiel, imposé par les chevaux n'avait pas pu les suivre bien longtemps. Le vent sifflant à ses oreilles avait empêché sa maîtresse de percevoir ses jappements désespérés. Au bout d'un moment, il avait dû ralentir, trottiner de côté, puis s'efforcer de marcher dans leurs traces complètement abattu.

Le malheureux chien sentait ses forces l'abandonner peu à peu, la distance le séparant de sa maîtresse s'agrandissait à chaque foulée de galop. Néanmoins, il avait reconnu le son de sa voix, lorsqu'elle l'avait rappelé, mais il était trop loin d'elle pour la rattraper. Lorsqu'au détour du chemin, il aperçut enfin les deux cavalières, il s'élança en courant dans leur direction en aboyant très fort et en frétillant de la queue. Mélisande attendit qu'il se rapproche de sa jument, le siffla de manière énergique et lui ordonna de sauter dans ses bras. Le temps pressait et les deux fugitives souhaitaient arriver à la cabane avant la tombée de la nuit. Foubrac hésita à peine, puis lui obéit sans se faire prier, c'était facile, puisque le cheval était à l'arrêt. D'un bond agile et souple, il atterrit dans les bras de sa maîtresse qui le recueillit avec joie, entrouvrit sa cape pour qu'il se blottisse bien au chaud contre elle. Gracieuse n'avait pas bougé ni levé une oreille, Mélisande l'avait dressée très jeune au contact d'autres animaux, ce qui lui évitait d'en avoir peur. Puis elles redemandèrent le galop toutes les deux. Foubrac poussait de petits gémissements de joie et lécha la joue de Mélisande à deux ou trois reprises.

« Qu'allait décider Albane en les voyant s'annoncer chez elle sans tambour ni trompette ? Ne les chasserait-elle pas sur le champ ? » Mélisande ne la connaissait pas très bien et ignorait l'accueil qu'elle leur réserverait... Cet été, elle l'avait croisée à plusieurs reprises dans la forêt, alors qu'elle se trouvait en compagnie de son père. Une ou deux fois peut-être, ils avaient fait halte chez elle pour se désaltérer. Avec le baron Eudes, elle les avait même installés au frais à l'intérieur de sa cabane, tandis qu'elle portait des seaux d'eau dehors pour donner à boire aux soldats. Mélisande avait été surprise par sa beauté éclatante, sa gentillesse et sa simplicité également... Devant le seigneur, elle avait adopté une attitude naturelle, très différente de celle des pauvres gens. Au contraire, elle avait l'air fier et ne paraissait pas souffrir de sa pauvreté criante, proche du dénuement extrême. De prime abord, elle l'avait trouvée abordable, mais la présence de son père faussait sûrement ses premières impressions. Mélisande ignorait quelle serait sa réaction, quand elle apprendrait leur statut de fugitives.

Au départ, elle s'était dit qu'elle devrait plutôt se méfier de cette personne. Bien sûr, elle avait écouté les bavardages et les remarques envieuses des soldats jalousant la chance inouïe d'Aimeri. La demoiselle n'ignorait point qu'elle se trouverait en face de la maîtresse de l'intendant de son père et à cause des liens les unissant, elle se déclarerait peut-être comme sa pire ennemie. Mais elle ne connaissait pas d'autre endroit où aller...

D'ailleurs, une mauvaise surprise les attendait, alors qu'elles approchaient de l'immense place dégagée où l'on avait abattu des arbres pour construire la cabane d'Albane. L'ouïe fine de Mélisande lui permit de déceler à temps des bruits insolites, au moment où elles s'apprêtaient à accélérer pour franchir la dernière ligne droite avant de déboucher sur la clairière. Gervaise faillit basculer par-dessus l'encolure de Tonnerre, lorsque la fille du seigneur ralentit sa jument d'un seul coup, sans la prévenir. Absorbée par les efforts qu'elle devait fournir pour se maintenir sur le dos de sa monture, la petite Gervaise ne songeait qu'à éviter une chute. Néanmoins, elle rétablit son équilibre d'un solide coup de rein, suivit Mélisande qui s'engageait au petit trot dans un bois de feuillus, situé à proximité du sentier. Elle n'eut pas le temps de lui poser des questions au sujet de ce brusque changement de direction.

Cette dernière s'enfonçait de plus en plus profondément dans le bois clairsemé et Gervaise comprit alors qu'elle cherchait une cachette sûre. Par chance, des fourrés broussailleux et très épais se trouvaient à quelques pas, elles descendirent prestement de cheval pour se dissimuler à l'abri des ronces. Il était grand temps ! Maintenant, Gervaise percevait les voix des soldats s'interpellant entre eux et reconnut celle d'Aimeri plus grave qui s'adressait à sa maîtresse. Mais elles étaient trop éloignées pour comprendre ce qu'ils disaient... Néanmoins, elles imaginaient sans peine qu'on devait parler d'elles. Diantre ! Elles l'avaient échappé belle toutes les deux, quelques foulées supplémentaires et elles se jetaient dans la gueule du loup ! Car elles galopaient droit dans leur direction et ils n'auraient eu qu'à s'emparer d'elles... Mélisande ne comprenait plus rien à cette poursuite, ce n'était pas le même groupe de soldats que tout à l'heure. C'était incroyable ! Ce n'était pas une vingtaine de soldats qui les traquait, mais plus d'une quarantaine ! Morbleu, son père avait monopolisé toute sa garnison pour la lancer à leurs trousses... De loin, elles voyaient très mal, comptaient plus de vingt-cinq hommes sans parler de leur chef. Aimeri avait déjà sauté en selle sur son vieil alezan et donnait des ordres à ses hommes qui se rassemblaient, prêts à partir. Pendant ce temps, les jouvencelles tremblaient de peur et d'appréhension, tant qu'ils n'eurent pas dépassé le chemin longeant leur cachette. Mélisande muselait son chien avec sa main pour l'empêcher d'aboyer et Gervaise rassurait les chevaux...

Prudentes, elles patientèrent longtemps encore plus tard dans la nuit, pour être sûres qu'Albane se trouvât seule dans sa cabane. A pas feutrés, elles s'approchèrent de la vaste clairière tenant leur monture par la bride. Bientôt des aboiements féroces et furieux signalèrent leur présence. Mélisande se souvint tout à coup de l'existence du grand chien noir d'Albane. Elle l'avait complètement oublié, celui-là ! Evidemment, il avait donné l'alerte à sa maîtresse et quand elle ouvrit la porte de son logis, il bondit en avant, le poil hérissé sur le dos, en poussant des grognements furieux et mécontents. Sans demander son reste, Foubrac se réfugia de nouveau dans les bras de Mélisande qui le dissimula comme elle le put dans les plis de sa cape. Depuis le seuil de sa cabane, Albane attendait les visiteuses en les éclairant à l'aide d'une chandelle fixée sur un soc de buis, tenant lieu de bougeoir de fortune. Mais d'une voix assurée, elle rappela son chien et s'avança en descendant les quelques marches les séparant d'elles. Tenant fermement Noiraud par son collier, elle commença par les rassurer : « Vous craignez rien avec moi... Y'vous fera aucun mal, tant que j'suis là ! »

— Dame Albane, se lança Mélisande avec hésitation. Vous me reconnaissez, je suis la fille du seigneur Eudes. Et voici Gervaise, une amie...

— Vous êtes trop bonne, demoiselle, protesta la dénommée Gervaise, indignée. J'suis qu'une pauvre servante, dame, j'servais aux cuisines du château... Mais on s'est ensauvées ensemble...

— C'est du passé dorénavant, Gervaise, la coupa Mélisande. Il n'y a plus de maîtresse ni de servante. Maintenant, tu es une femme libre...

— Enfin, j'voudrais pas vous contrarier, demoiselle, l'interrompit Albane. Pas tant que ça... J'veux dire libre... Parce qu'on vous cherche partout, toutes les deux. Vous avez sans doute croisé les soldats qui sortent de chez moi ?

— Bien sûr, on s'est cachées comme on a pu, acquiesça Mélisande. Nous ne voulons pas vous causer d'ennuis, dame Albane. Mais ce soir, on a nulle part où aller et par ce froid...

— J'comprends, mais restez pas là... Si les hommes d'Aimeri revenaient, on sait jamais, les avertit Albane, avisée. On va d'abord conduire vos chevaux jusqu'à la remise. Ils seront un peu serrés entre mon âne et mes biques... Mais ils se tiendront chaud et se régaleront de bon foin...

Puis Albane la Rousse repoussa la porte de l'écurie derrière elles et la barra à l'aide d'un énorme morceau de bois pour empêcher les animaux de sortir. D'un signe discret de la main, elle leur demanda de patienter le temps qu'elle prospecte les environs pour voir si tout était calme aux abords de la cabane.

— Suivez-moi, maintenant, y'a personne en vue, les encouragea-t-elle. Pour ça, c'est une surprise demoiselle. Mais vous en faites pas, on va s'en accommoder... Pour une fois que j'ai de la visite...

— Mais le sire Aimeri, y'revient quand ? lui demanda la petite Gervaise, incapable de retenir sa langue plus longtemps.

Mélisande lui fit les gros yeux et l'aurait grondée sans l'intervention d'Albane.

— Vous fâchez pas, demoiselle. Elle a raison de se renseigner, déclara-t-elle en riant. Après tout ce qu'on raconte de méchant sur moi, j'comprends...

— Vous cachez quoi contre vous, demoiselle ? intervint de nouveau Albane. Déjà près des bêtes, j'ai trouvé ça bizarre... Vous êtes pas... ?

— Non, je ne suis pas grosse, si c'est à cela que vous pensez dame Albane, lui répondit Mélisande en éclatant de rire à son tour. C'est Foubrac, mon chien, que je dissimule contre moi... Il m'a suivie quand nous nous sommes sauvées et j'ai trop peur qu'il se batte avec votre Noiraud. C'est encore un chiot et il est épuisé par ce long périple dans la neige...

— Vous tracassez pas pour lui, demoiselle, la rassura Albane. Y'vont faire connaissance dehors et jouer ensemble... On les rentrera après...

— Allez, demoiselle, insistait leur hôtesse. Mon Noiraud, c'est pas un monstre, il lui fera pas d'mal à vot'chiot...

Mélisande hésitait à entrouvrir sa cape pour libérer Foubrac. Elle se décida enfin et le chiot bondit dans la neige, heureux de se dégourdir les pattes. Aussitôt Noiraud courut après lui, gronda en montrant les dents, puis se décida à flairer son congénère. Foubrac s'aplatit dans la neige en signe de soumission. Mélisande avait le cœur battant, elle attrapa Albane par le bras : « Vous le rappellerez votre chien, dites... la supplia-t-elle, les larmes aux yeux. Je ne supporterais pas qu'il fasse du mal à mon Foubrac... »

— Tout va bien, demoiselle, lui répondit Albane en lui serrant la main. Regardez-moi ça, ils commencent à jouer dans la neige et à faire des galipettes... C'est trop drôle...

En effet, les deux chiens s'en donnaient à cœur joie, se poursuivaient en fonçant à toute allure, dérapaient, tombaient, continuaient à s'attraper et à se mordiller gentiment, tout en faisant beaucoup de bruit. On aurait cru qu'une meute entière s'agitait dans la clairière avec force aboiements joyeux. Mais Noiraud faisait preuve d'une certaine délicatesse, comprenant d'instinct qu'il avait affaire à plus jeune que lui. Foubrac s'amusait comme un fou, se roulait dans la neige, s'ébrouait, puis repartait plus loin se dépenser. A la fin, il s'enhardit et sauta au cou de Noiraud qui, à son tour, le plaqua dans la neige en l'immobilisant à l'aide de ses pattes avant. Pour manifester leur entrain, ils nc ccssaicnt de japper tous les deux et même de gronder, de grogner, comme si on avait eu affaire à de vraies bêtes féroces. Mais c'était pour rire et on l'entendait bien à l'intonation de leurs cris. Les trois femmes les regardèrent jouer un long moment, puis Albane se décida à siffler son chien.

— Maintenant, on rentre au chaud, dit-elle. Vous devez être lasses après cette équipée... C'est pas très grand chez moi, mais on s'y sent bien quand même...

Elle les invita à la suivre, la mine éclairée d'un sourire engageant. L'intérieur de la modeste cabane en rondins de bois respirait l'ordre et la propreté. C'était une vaste pièce unique et le lit se trouvait au fond, un grand rideau de tissu épais servait de séparation. La cheminée occupait une place importante et un bon feu flambait à l'intérieur quand elles arrivèrent. Les fugitives s'approchèrent immédiatement du foyer et tendirent leurs mains au-devant des flammes pour se réchauffer. Leurs habits complètement trempés leur collaient à la peau, leurs cheveux mouillés pendaient en longues mèches raides.

— Changez-vous derrière la tenture, leur conseilla Albane après les avoir observées. Sinon, vous allez attraper la mort. Pendant c'temps, j'vais m'occuper de mes petiots...

Le ballot de linge que Gervaise tenait à la main était également imprégné d'eau, mais en fouillant à l'intérieur, elle put dénicher quelques pièces à peu près intactes pour se vêtir ce soir.

— Tu n'as qu'à étendre le reste devant le feu, lui conseilla la maîtresse de maison. Vous le récupèrerez dès demain matin, il aura eu le temps de sécher...

Pendant qu'elle était occupée à disposer le linge humide sur la corde tendue de part et d'autre de l'âtre, Gervaise sentit tout à coup que quelqu'un tirait ses jupes... C'était une petite fille d'environ deux ans, aussi belle que sa maman. Pourtant, elle n'avait pas l'habitude de voir énormément de monde au beau milieu des bois, à part Aimeri qui venait souvent leur rendre visite. Mais c'était un homme, elle se montrait plus craintive avec lui, tandis que Gervaise lui inspirait davantage confiance. La servante se baissa pour se retrouver à sa hauteur et lui caressa doucement la joue. Mélisande s'approcha à son tour et souleva la petite dans ses bras. De crainte de l'effaroucher, elle lui parla gentiment :

— Comme tu es mignonne, toi... lui dit la demoiselle en souriant. Tu ressembles à ma petite sœur Rosalinde. J'ai aussi d'autres sœurs et des frères un peu plus âgés... Ils aiment bien quand je joue avec eux...

La petite ne pleurait pas, mais la fixait de ses beaux yeux bleus étonnés, tout de même intimidée par la présence de ces inconnues.

— C'est ma Berthe, précisa Albane. Ma grande... Le p'tit dernier s'appelle Lucas...

— Viens donc m'aider, maintenant, Berthe, lui commanda sa mère.

— Laissez, dame Albane, je vais le faire à sa place, proposa gentiment Gervaise. J'ai l'habitude...

Pendant ce temps, demoiselle Mélisande s'était changée, puis assise sur le banc près de la table, la petite Berthe sur les genoux, Foubrac à ses pieds... Dans cet intérieur simple, éclairé par les flammes de l'âtre et quelques bougies disposées ici et là, on se sentait à l'aise, parce qu'une impression de paix et de sérénité dominait.

— Vous avez pas peur tout'seule au milieu des bois avec vos p'tiots ? lui demanda Gervaise en se souvenant soudain qu'un assassin rôdait depuis un an environ sur les terres de la seigneurie.

— Penses-tu, Gervaise, j'ai l'habitude, lui répondit Albane avec une assurance déconcertante. Maintenant, Aimeri veille sur moi... Justement, il faut que j'vous explique : il envoie toujours un ou deux soldats pour voir si tout va bien, pratiquement tous les jours. Vous devrez prendre des précautions et vous cacher si vous voulez pas que ces hommes vous dénoncent au baron...

La présence des enfants égayait la pièce, le plus jeune, Lucas, commençait à peine à marcher et se traînait à quatre pattes un peu partout... Les fugitives oublièrent un moment leurs soucis pour seconder Albane qui, comme tous les soirs leur donna à manger et les débarbouilla ensuite, avant de les mettre au lit. La jeune mère se retira un long moment auprès d'eux pour les câliner sans doute, puis elle tira le rideau pour qu'ils n'entendent pas de bruit. Après elle commença à préparer leur propre repas, simple et frugal. Toutes les trois, elles s'installèrent bientôt à table devant un bol de brouet au fumet délicieux, partagèrent du pain, quelques oignons et du fromage de chèvre. Un pichet d'eau fraîche était posé à côté d'elles. Très franche et généreuse, Albane leur proposa encore quelques pommes qu'elle conservait dans une réserve sur le côté de sa cabane. Pour éviter de perturber le sommeil des enfants, elles chuchotaient à voix basse. Lucas s'agitait parfois, gémissait, parce qu'il faisait ses dents et sa maman allait vérifier s'il ne s'était pas découvert. Albane fit preuve d'une certaine ouverture d'esprit également, puisqu'elle accepta d'écouter leur histoire à toutes les deux. Sans hésiter et sans chercher à lui masquer la vérité, elles lui expliquèrent les raisons qui les avaient poussées à s'enfuir loin du château pour demeurer des femmes libres. La maîtresse d'Aimeri ne cacha pas sa surprise en écoutant le récit de la demoiselle : elle n'aurait jamais imaginé que le baron Eudes puisse être l'auteur d'un projet aussi monstrueux concernant sa propre fille. Quant à Gervaise, elle approuva son refus d'épouser Macaire – elle le connaissait de vue, parce qu'il accompagnait souvent Aimeri au cours de ses expéditions – et le trouvait franchement laid et repoussant. Albane se sentait femme jusqu'au bout des ongles, jamais elle ne se serait donnée à un homme qu'elle n'aimait pas... Par pure solidarité féminine, le combat des deux jouvencelles contre la domination et l'oppression masculine devint le sien. Elle proposa de les héberger quelques jours, le temps que les recherches du baron s'espacent et que son courroux diminue...

— Venez avec moi... les invita leur hôtesse. Mais faut me jurer sur ce que vous avez de plus cher de ne jamais rien dire... C'est une question de vie ou de mort pour mes petiots et moi...

Piquées par une curiosité tout à fait légitime, les fugitives firent le serment de respecter le secret d'Albane et d'en répondre sur leur vie et leur honneur, si jamais elles venaient à le trahir. C'était amplement suffisant pour la belle Albane. Alors elle les conduisit dans un coin de la cabane, situé tout au fond, près de la porte d'entrée où dormait Noiraud. Avec habileté, elle poussa une maie ancienne, toute vermoulue, mais encore solide, où elle rangeait quelques provisions de noix et de fruits séchés, puis s'accroupit pour être plus à l'aise dans ses mouvements.

— Approchez-vous, leur commanda-t-elle. Repérez bien ce morceau de planche marqué d'une encoche. C'est bon, vous avez vu ? C'est celui qui permet d'ouvrir la trappe...

Bouche bée, Gervaise suivait avec attention les gestes de leur hôtesse, elle n'aurait jamais imaginé qu'une cabane aussi simple puisse posséder un lieu secret, où se dissimuler en cas de danger.

— Cette cachette a été conçue par mon défunt mari, leur confia-t-elle. Dès notre installation dans ce coin sauvage, il craignait qu'on m'attaque quand il partait travailler dans la forêt...

Une fois le panneau de bois poussé, elles descendirent quelques marches pour se retrouver dans une sorte de cave ou de fosse avec des murs enduits à la chaux et par endroits, creusés à même la roche de granit. Elle se trouvait légèrement en retrait par rapport à la pièce unique de la cabane.

— Mon pauvre homme avait pensé à tout, en utilisant cette caverne qu'il a maçonnée d'un côté pour la transformer en abri sûr, raconta la jeune veuve. Après, il a bâti notre chaumière en lui aménageant un accès...

Albane leur vanta l'ingéniosité de la cachette, le plafond était constitué par la voûte même de la grotte, des trous d'aération avaient été percés dans les murs de pierre. On pouvait même s'éclairer à la chandelle : il y en avait quelques-unes posées sur la table, à côté d'une modeste paillasse.

— Vous serez en sécurité ici, dès que les soldats viendront faire un tour, leur affirma-t-elle. Personne connaît cette grotte, pas même Aimeri, précisa-t-elle. On l'a utilisée plusieurs fois l'hiver dernier, je m'y suis cachée avec mes petits et Noiraud, quand le criminel se promenait dans les parages et que j'étais pas trop rassurée...

— Pour Aimeri, j'me méfie quand même, ajouta-t-elle encore. C'est pas parce que c'est mon amoureux, que j'dois tout lui dire, pas vrai ? Et puis, vous voyez que ça peut toujours servir un jour...

Albane avait déjà décidé que les fugitives passeraient la nuit dans la cachette. De cette manière, elles seraient plus tranquilles et s'habitueraient à l'endroit, si jamais leur hôtesse recevait une visite imprévue. Perspicace, elle se doutait bien que le baron n'abandonnerait pas aussi vite les recherches et qu'elle devait s'attendre à le revoir souvent avec sa troupe de soldats.

— Le plus important, c'est qu'on voit pas les chevaux, les avertit Albane, qui n'oubliait aucun détail susceptible de les mettre en péril. Aimeri y reconnaîtra votre jument à coup sûr, demoiselle... Après, il vous trouvera... Dès la pique du jour, j'les conduirai dans un lieu sûr chez des amis... Mais faudra que vous gardiez mes petiots pendant mon absence...

— C'est entendu pour les enfants, dame Albane, ils sont adorables...Je m'occupais de mes frères et sœurs plus jeunes pour soulager ma pauvre mère, lui confia Mélisande. Mais nos chevaux seront bien traités, ces gens-là sauront prendre soin d'eux ? s'inquiétait-elle. Gracieuse, ma jument...

— N'ayez crainte, demoiselle, lui répliqua Albane sur un ton autoritaire. Si ce sont mes amis, c'est qu'ils aiment les bêtes... Vous avez pas le choix de toute façon... Reposez-vous cette nuit, on y verra plus clair demain matin...

Foubrac ne quittait pas sa maîtresse des yeux, tandis qu'elle s'installait dans l'abri éclairé par une chandelle. Albane avait refermé la trappe, elles s'étendirent sur la paillasse, mouchèrent la bougie et ne tardèrent pas à s'endormir. Le lendemain, elles dormaient encore comme des bienheureuses, lorsqu'Albane les secoua pour les réveiller. L'aube était à peine levée, mais leur hôtesse était pressée d'aller dissimuler les chevaux à l'abri d'éventuels regards indiscrets. Le cœur gros, la demoiselle l'avait accompagnée jusqu'à la remise pour câliner Gracieuse avant son départ. Puis elle regarda Albane s'éloigner en compagnie des deux bêtes qu'elle tenait en longe. Il avait encore neigé pendant la nuit et elle devait lever les pieds très haut pour éviter de s'enfoncer dans l'épaisse couche neigeuse. Une fois de retour, elle se changea et fit sécher ses vêtements, car elle était transie par le froid humide enveloppant la forêt. Puis les trois femmes se réunirent autour d'un bol de tisane fumant, que leur hôtesse sucra avec du miel de ses propres ruches. Avec sa générosité coutumière, la jeune veuve avait décidé de continuer à les aider. Si elle se fiait à sa propre intuition, elles devraient patienter plusieurs jours chez elle, le temps qu'on oublie les raisons de la fugue de la demoiselle au château... Pour le moment, on les repèrerait tout de suite, si elles bougeaient de la cabane pour s'enfuir quelques lieues plus loin. Déjà que le baron avait divisé ses hommes en plusieurs groupes pour élargir le champ de ses recherches, elles n'avaient aucune chance de lui échapper. Tandis que si elles attendaient sagement à l'abri, le seigneur Eudes finirait par se lasser, une fois que la date du mariage serait dépassée. Soudain, Mélisande se souvint avec horreur que c'était aujourd'hui, qu'elle devait épouser le baron de Bertranges...

Néanmoins, Albane leur fit promettre de demeurer toujours sur le qui-vive, d'accepter de se terrer dans l'abri à la moindre alerte, d'être prudentes en un mot. C'était inutile d'ailleurs, parce que les fugitives redoutaient autant qu'elle et même davantage de tomber entre les mains du seigneur Eudes. Sa vengeance serait exemplaire et Mélisande ne tenait pas à s'exposer aux effets de sa colère. Pour éviter d'avoir à affronter ces extrémités pénibles, elles préféraient disparaître à l'intérieur de la cachette et se faire oublier quelques heures ou au pire quelques jours, si c'était nécessaire. « Ce serait le cas demain soir, ainsi qu'une grande partie de la matinée suivante », se souvint subitement Albane. C'était le jour convenu où Aimeri dormait chez elle, chaque fois qu'il pouvait se libérer des tâches urgentes le retenant au château. Pour s'occuper sans faire trop de bruit, Mélisande entreprit de raconter des histoires à la petite Gervaise, des contes et des fabliaux qu'elle avait entendus au cours des veillées de fêtes au château. Curieuse, la servante était captivée par ses récits et la questionnait habilement pour connaître la suite... Comme il avait sûrement flairé la présence du danger, le chien Foubrac se tenait tranquille.

Pour lui, c'était en quelque sorte la belle vie : de mémoire de chiot, jamais on ne l'avait autant caressé, il quittait rarement sa maîtresse et dormait à ses pieds sur la paillasse. Parfois, elle acceptait de le prendre sur ses genoux, elle se sentait tellement désœuvrée que cette inaction finissait par lui peser... Mélisande et la petite Gervaise appréciaient l'hospitalité de la très charitable Albane, le début du mois de décembre s'annonçant particulièrement froid. De jour comme de nuit, il gelait à pierre fendre et la neige ne cessait de tomber, finissait par isoler les occupantes de la cabane en leur faisant un blanc rempart cotonneux. Souvent ce mur immaculé se transformait sous l'effet du gel, se dressait en d'énormes congères de chaque côté des sentiers, ou bien il ensevelissait carrément leur tracé. « Que seraient-elles devenues toutes seules dans la forêt, sans abri ? Après quelques nuits glaciales, elles seraient assurément mortes de froid et de faim », réalisa Mélisande en mesurant les conséquences dramatiques de leur fugue imprudente. Tandis qu'il ne faisait pas froid à l'intérieur de leur cachette, la possibilité de faire du feu leur étant pourtant interdite, c'était juste un peu humide et l'eau coulait le long des parois de la grotte. Après la visite d'Aimeri, elles connurent plusieurs jours d'accalmie, qu'elles passèrent toutes les trois en parfaite harmonie en compagnie des enfants sous la bonne garde des deux chiens. Puis un après-midi, où le soleil avait daigné faire une courte apparition éclairant de ses pâles rayons la forêt toute blanche, elles entendirent du bruit et disparurent à l'intérieur de leur cachette. Après le repas, elles avaient joué avec les enfants, Mélisande avait confectionné une poupée de chiffons pour la petite Berthe en utilisant des matériaux de fortune. Très habile avec le couteau de chasse de la demoiselle, Gervaise avait taillé un cheval miniature dans un morceau de bois très sec à l'attention de Lucas. Les sens en alerte, Noiraud avait aboyé très fort pour signaler l'arrivée du baron Eudes à la tête d'une troupe de soldats.

De manière naturelle et courtoise comme d'habitude, Albane invita le baron et les quelques familiers faisant partie de sa maison à entrer chez elle. Puis elle s'empressa de réactiver les flammes du foyer en jetant quelques bûches sur les braises rougeoyantes, fit chauffer un grand pot de grès, rempli de vin coupé d'eau et parfumé avec de la cannelle. Ces denrées, hors de ses moyens, étaient des présents d'Aimeri. Pendant ce temps, le baron se réchauffait les mains en les tendant devant l'âtre, discutait avec ses compagnons de leur équipée. A l'aide d'une louche en bois, Albane versa le vin chaud dans des bols de terre cuite qu'elle distribua ensuite à ses visiteurs, en servant le baron le premier... Comme elle manquait de vaisselle, elle utilisa les mêmes récipients pour les tendre aux hommes présents, mais personne ne songea à s'en formaliser, c'était une pratique courante chez les plus pauvres. Réconforté par le liquide brûlant et épicé, Eudes questionna Albane pour savoir si elle avait aperçu les fugitives se déplaçant à cheval, crut-il bon de lui préciser. Evidemment, Albane répondit de manière négative, mais il insista en lui faisant promettre de le prévenir au plus vite, si jamais elle les voyait un jour chevaucher dans les parages. Docile, Albane s'exécuta de bonne grâce. Avant de prendre congé, il ouvrit la porte de la cabane, héla un de ses hommes, qui lui remit un énorme jambon enveloppé dans un sac de toile fine, et il le lui tendit pour la remercier de son accueil. Confuse, son hôtesse le remercia vivement, jeta un châle sur ses épaules pour lui faire un brin de conduite jusqu'à ce qu'il s'éloigne sur son cheval.

Quelques minutes plus tard, ils s'étaient évanouis dans la forêt cherchant désespérément à retrouver les fugitives... Albane choisit ce moment-là pour exposer son plan à ces dernières. Elles patienteraient encore quelques jours chez elle, puis elles tâcheraient de partir ailleurs et de s'installer dans un abri plus sûr. Naturellement, celle-ci leur indiquerait le chemin à suivre... Pour Mélisande, c'était une rencontre providentielle : la maîtresse d'Aimeri ne manquait pas d'idées judicieuses, connaissait les moindres recoins de la contrée et elle savait affronter des conditions de vie extrêmes dans un milieu réputé difficile, parfois même hostile. Au cours de la semaine suivante, la troupe armée du baron se manifesta une seconde fois encore, toujours par surprise. Le seigneur expliqua à son hôtesse qu'ils rentraient bredouilles d'expéditions lointaines sur l'autre versant de la montagne, où il espérait repérer quelques traces ou des indices qui le guideraient auprès de sa fille. Mais c'était encore une vaine démarche. D'une naïveté incroyable, il ne se méfiait même pas d'Albane et lui détailla l'itinéraire parcouru, les lieux visités, les métairies et les fermes qu'ils avaient fouillées de fond en comble pour s'assurer que les deux fugitives ne s'y cachaient pas. Elle avait pris un air détaché, à la limite indifférent, mais tendait l'oreille pour se souvenir de l'essentiel de ses propos, le moment venu... Comme Aimeri lui avait offert du cidre lors de sa dernière visite, elle en proposa au baron par mesure de politesse. Touché par son invitation, Eudes s'attarda dans la cabane accueillante et se laissa aller à dévoiler quelques confidences, malgré les clins d'œil courroucés que lui adressait son ami Jacques de Banlay, l'incitant à faire preuve d'une plus grande discrétion. Mais c'était trop tard : Albane connaissait déjà ses intentions, notamment les lieux des prochaines expéditions qui se dérouleraient les jours suivants. D'abord, le baron explorerait la basse vallée du Cernin du côté ouest. Ensuite, il poursuivrait plus loin dans la montagne, sillonnerait les chemins menant à ses métairies les plus éloignées, beaucoup plus au nord cette fois-ci, dans la partie la plus haute du massif. Le moment était donc venu dc mcttrc son projct à cxécution...

Dès l'aube, le lendemain, Albane les conduisit d'abord à la ferme de ses amis pour récupérer leurs montures, il était convenu que ceux-ci garderaient également ses enfants durant sa brève absence. Pour y parvenir, elles firent un léger détour dans la forêt : à vol d'oiseau, leur chaumière se trouvait assez proche de sa cabane dans une sorte de vallon, tout en contrebas. Très émues, les jouvencelles embrassèrent les enfants d'Albane pour leur dire adieu. La veille, les trois complices s'étaient entendues sur les grandes lignes de leur expédition et Albane avait gentiment proposé de les accompagner durant quelques lieues afin de les mettre sur la bonne voie, celle qu'elles devraient suivre pour atteindre leur nouvelle cachette. Comme la plupart des paysans qui avaient toujours vécu dans ces contrées reculées, elle connaissait la forêt mieux que quiconque et se trouvait dans son élément naturel. La jeune femme avait préparé quelques provisions qu'elle avait confiées à Gervaise, sans oublier deux grosses miches de pain enveloppées dans un sac de toile bise. Les sacoches en cuir, fixées de chaque côté de leur selle, furent remplies à ras bord, Albane avait ajouté une peau de bête très épaisse. A deux ou trois reprises, la sauvageonne bien inspirée s'arrêta pour observer les alentours de toute évidence déserts, mais elle ne se fiait pas aux apparences souvent trompeuses.

Chaque fois, elle prenait le temps d'écouter durant un long moment, afin de s'assurer qu'il n'y avait rien d'anormal. Arrivées tout en haut d'un sentier forestier assez large, Mélisande lui proposa d'utiliser les chevaux frais et reposés. Albane grimpa en croupe derrière la petite Gervaise, car Tonnerre était plus solide que Gracieuse. Elles commencèrent de trotter le long du chemin enneigé. Par endroits, les flaques d'eau stagnante s'étaient transformées en plaques de verglas luisantes, aussi prirent-elles grand soin de les contourner. Le vent du nord s'était levé et elles grelottaient de froid dans les endroits à découvert. Puis le paysage changea, les chevaux ralentirent d'eux-mêmes, avancèrent au pas pour grimper la grande côte rectiligne, qui se dessinait à l'horizon entre deux rangées d'arbres. La montée devenant de plus en plus raide et escarpée, elles finirent par mettre pied à terre pour soulager leurs montures.

A quelques lieues de là, elles atteignirent une sorte d'embranchement que les vilains nommaient le Calvaire du Roy et qui servait de point de repère depuis des siècles. Plusieurs chemins se rencontraient à cet endroit et se coupaient en dessinant vaguement une sorte d'angle droit. La croix de pierre avait disparu depuis bien longtemps, mais on apercevait encore son socle de granit entièrement recouvert de mousse à l'emplacement où elle se dressait autrefois. C'était un lieu sinistre, on racontait qu'il portait malheur à ceux et celles qui s'y promenaient les nuits de pleine lune. C'est ici qu'Albane décida de les quitter, elle s'arrêta pour leur signifier que le moment des adieux était venu... La veille, elle avait longuement expliqué à la demoiselle l'itinéraire précis qui les conduirait à la cabane d'un ermite inoccupée depuis quelques mois. Selon Albane, c'était un refuge idéal, le plus sûr de tous ceux qu'elle aurait pu indiquer à ses nouvelles amies. Cet endroit se trouvait encore plus haut perché dans la montagne sur son versant oriental. Plus le temps s'écoulait, plus il devenait imprudent de demeurer trop longtemps chez elle. A la fin, elles prenaient des risques inconsidérés, Aimeri finirait par se douter de quelque chose et les dénoncerait au baron. Mélisande était tombée d'accord avec elle, reconnaissant qu'elles finiraient par la mettre en danger et risqueraient même d'attirer les foudres de la colère du baron sur sa tête, si jamais il apprenait un jour tout ce qu'elle avait fait pour elles...

De nouveau très émue, elle l'avait embrassée pour la remercier de son aide généreuse et désintéressée. Gervaise l'avait imitée aussitôt... Maintenant, la demoiselle avait convenu qu'elles devaient affronter seules les difficultés, puisqu'elles avaient choisi de fuir de leur plein gré. D'autant qu'Albane leur avait promis de ne pas les abandonner tout à fait, de leur faire parvenir de ses nouvelles, surtout quelques provisions, chaque fois qu'elle le pourrait par l'intermédiaire d'une ancienne connaissance de son défunt mari. Mais en attendant, elle avait bien recommandé à la demoiselle de poser des pièges et des collets pour se nourrir. Egalement de se décider à chasser. De toute évidence avec Foubrac, elle possédait le chien idéal pour se procurer du menu gibier. Depuis hier soir, elles savaient qu'Albane n'irait pas plus loin, qu'elle les accompagnerait sur une distance équivalant à peu près à la moitié du chemin à parcourir. Elle ne pouvait s'absenter plus longtemps, même si Noiraud et ses amis veillaient sur ses enfants. Les larmes aux yeux, elles se jetèrent dans les bras de la jeune femme rousse pour la remercier une dernière fois de son accueil chaleureux.

Après un dernier signe de la main, elle redescendit d'un pas agile en se hâtant vers ses petits, tandis que les deux fugitives poursuivaient l'ascension de la montagne. De toute façon, elles n'avaient pas d'autre choix en perspective, si elles souhaitaient échapper aux poursuites du baron. Quelques remords tenaillaient toutefois Albane qui se culpabilisait de les abandonner dans des conditions aussi difficiles avec le froid et la neige en prime. Inquiète, elle se demandait si la demoiselle parviendrait à retrouver le chemin conduisant à la fameuse cabane de l'ermite. Mais depuis une quinzaine de jours qu'elle connaissait mieux Mélisande, elle avait constaté que cette dernière avait beaucoup de volonté et des nerfs d'acier. Selon elle, son plus grave défaut se traduisait par une sensibilité excessive à l'égard des animaux, son attachement pour sa jument et son chien lui causerait peut-être du tort, un jour... Néanmoins, elle connaissait la forêt morvandelle aussi bien qu'elle, pour l'avoir parcourue en compagnie de son père durant une grande partie de l'été. Dans tous les cas, elles avaient établi ensemble le parcours à suivre en fixant le plus grand nombre de points de repères possibles, sans négliger les étapes essentielles pour arriver à la cabane avant la nuit. Avec Albane, elles avaient tout prévu, sauf une chose inattendue, qui aurait pu avoir des conséquences dramatiques pour toutes les deux. Bien évidemment, les fugitives n'avaient pas imaginé qu'elles feraient une mauvaise rencontre en chemin...

Pourtant, la forêt semblait absolument déserte et elles se croyaient seules au monde dans ces lieux sauvages et isolés, impression renforcée par la présence de la neige, créant une barrière supplémentaire qui limitait les moindres déplacements en les rendant extrêmement pénibles. Albane venait à peine de les quitter et elles attaquaient la côte à pied en guidant chacune leur monture. Soudain, un cri déchirant transperça l'air glacé, elles s'arrêtèrent immédiatement, saisies de stupeur, se demandant toutefois si leur imagination ne leur jouait pas un mauvais tour. Néanmoins, elles étaient deux à l'avoir entendu, même le chien Foubrac avait dressé les oreilles, se jetant en avant, le nez retroussé, comme s'il flairait un danger. Hélas, elles n'avaient pas rêvé non plus... A peine s'étaient-elles remises de leur émotion que quelques secondes plus tard, une succession de hurlements terrorisés, suivis de gémissements sourds et angoissés, leur glaça l'échine. Il n'y avait pas une minute à perdre, même Foubrac s'agitait, se démenait comme un fou et courait de l'une à l'autre avec une nervosité inhabituelle. Mélisande fit signe à Gervaise de la suivre et elles escaladèrent à grand peine une pente rude et verglacée pour quitter le sentier, où elles étaient facilement repérables. Pour se mettre à l'abri, elles s'enfoncèrent dans une sorte de sous-bois peu profond, clairsemé, car les vilains avaient dû couper des arbres cet automne pour la réserve de bois de chauffage du seigneur à qui appartenait la forêt. Les chevaux s'excitaient aussi de manière anormale, les oreilles levées, les naseaux dilatés, roulant de grands yeux effrayés, comme s'ils tremblaient de peur à l'approche d'un événement exceptionnel, mais imminent. Atterrées par ces signes alarmants, elles se secouèrent de manière énergique, sollicitant les muscles de leurs mollets pour gravir les derniers mètres les menant à une sorte de plate-forme rocheuse qu'on ne voyait pas de loin, mais qu'elles avaient découverte en escaladant la côte. En effet, un enchevêtrement inextricable de ronces et de toutes sortes de broussailles l'abritait et la rendait invisible depuis le chemin.

Bien entendu, elles eurent l'excellent réflexe de se cacher derrière ces fourrés épais, recouverts de neige, elles se serrèrent avec leurs chevaux sur ce plateau étroit, mais providentiel. Quelques secondes plus tard et c'était le drame ! Il était pratiquement impossible de les apercevoir, mais en revanche, elles avaient une vue plongeante sur la vallée et le chemin forestier qu'elles avaient parcouru jusqu'à maintenant. Tout à coup, elles distinguèrent la silhouette d'une femme qui courait sur le sentier quelques pieds plus bas. Pas de doute, c'était bien une femme ! Au fur et à mesure qu'elle se rapprochait de l'endroit où elles s'étaient cachées en tentant de grimper plus vite, elles réalisèrent qu'il se passait quelque chose d'anormal : ses vêtements étaient en désordre, sa poitrine dénudée par ce froid glacial, ses longs cheveux noirs dénoués, flottant dans son dos. Mélisande eut juste le temps de plaquer une main sur la bouche de la petite Gervaise, sinon, elle aurait probablement hurlé de terreur à ce moment-là. Un cavalier monté sur un petit cheval bai la poursuivait et l'eut vite rattrapée en quelques foulées de galop. Apparemment à bout de force, la malheureuse trébuchait dans la neige fraîche à chaque pas. Poussée méchamment dans le dos par le hongre, elle finit par s'affaler sur le blanc tapis immaculé. Sans perdre de temps, son agresseur mit pied à terre et se jeta sur elle... De nouveau, de longues plaintes déchirantes, presque inhumaines, s'élevèrent jusqu'à leur cachette. Mélisande agrippait Foubrac par son collier et avait toutes les peines du monde à l'empêcher de japper. Glacée d'effroi, Gervaise avait enfoui sa tête contre l'épaule de la demoiselle, qui eut tout de même le courage d'observer la scène se déroulant tout près d'elles. Stupéfaite, Mélisande finit par comprendre avec horreur que l'homme violait la pauvre inconnue qui se débattait de toutes ses forces et poussait des hurlements terribles, incapable de se défendre, parce qu'il l'écrasait de tout son poids. Peu à peu, les mouvements saccadés du violeur diminuèrent d'intensité, s'estompèrent, tandis qu'il poussait un grand cri de jouissance victorieux. La scène suivante se déroula à une vitesse fulgurante sous les yeux de la demoiselle : il sortit un poignard de sa ceinture, une seconde à peine, elle aperçut l'éclat rutilant de sa lame... Puis il le brandit au-dessus du corps de sa victime toujours étendue sur le sol et vif comme l'éclair la frappa deux ou trois fois en accompagnant ses gestes de ahanements sauvages. La petite Gervaise sanglotait doucement contre son épaule, le chien se démenait comme un forcené si bien qu'elle avait du mal à le retenir. Quant à celle qu'on venait d'assassiner, elle s'était tue à jamais !

Mélisande maudit son impuissance à agir : si seulement elle avait possédé la force d'un homme, elle se serait précipitée sur le meurtrier, aurait défendu l'infortunée victime... Tandis que là, elle n'avait rien pu faire pour aider la malheureuse qu'il avait violée, puis égorgée sous ses yeux. Mais Mélisande jura de toutes ses forces qu'une chose aussi atroce ne se reproduirait plus. Pour une fois, comme elle regrettait que le baron ne se soit pas trouvé dans les environs avec ses soldats, il se serait déjà saisi de lui, l'aurait ligoté pour l'empêcher de nuire. La demoiselle s'efforçait de fixer dans sa mémoire les traits du criminel, de noter un détail ou deux qui l'aideraient à le confondre plus tard, si par malheur, elle le croisait de nouveau sur son chemin. Une description précise de son physique permettrait sans doute de le pourchasser avec davantage d'efficacité et qui sait de se saisir de lui ? D'ailleurs, si son père avait été présent aujourd'hui, il l'aurait reconnu sans problème et aurait compris toute l'affaire...

Mais Mélisande était beaucoup trop jeune au moment où s'étaient déroulés les faits et elle ignorait tout de cet homme. Un court instant, au moment précis où il s'était retourné pour vérifier que personne ne l'avait suivi ni entendu, elle avait aperçu son visage maigre aux traits irréguliers, taillé en lame de couteau, ses joues creuses, son regard vicieux avec de petits yeux noirs, très cruels, sa barbe poivre et sel. Sans parler de sa calvitie précoce... Son crâne dégarni brillait par endroits, Mélisande distinguait des plaques roses et luisantes qui rougissaient davantage encore sous la morsure du froid, ses cheveux mi-longs, d'un blond filasse, pendaient en mèches sales et clairsemées le long de ses épaules. Ce n'était pas un homme de taille imposante, d'apparence plutôt malingre, mais d'une vivacité extraordinaire...

A peine avait-il assassiné la pauvrette qu'il la saisît à bras le corps et la transportât un peu plus loin, l'allongeât dans un fossé assez large, visible depuis le chemin. Ses vêtements simples, très ordinaires, n'indiquaient pas une grande richesse, mais ils n'étaient ni troués ni déchirés. Il portait de longues cuissardes enveloppantes, une veste confectionnée en peaux de renard fauve. En retournant sur ses pas, il ramassa son chapeau, un feutre marron tout cabossé, qu'il avait sans doute perdu au cours de la poursuite infernale... Sans attendre son ordre, son cheval s'était posté de lui-même en travers du sentier comme s'il surveillait les environs. Mélisande constata également que c'était un hongre plutôt petit, mais nerveux et résistant à première vue, ses muscles, ainsi que des veines apparentes saillaient sous sa robe baie foncée. De toute évidence, il était très bien dressé et lui obéissait au doigt et à l'œil. Dès que l'assassin le siffla, il s'élança au galop pour le rejoindre. Alors qu'il mettait le pied à l'étrier, Foubrac, affolé par l'odeur du sang et les cris poussés par la malheureuse victime les minutes précédentes, réussit à dégager sa truffe de la main de Mélisande qui ne se méfiait plus guère et se mit à pousser un long gémissement... D'un geste prompt, elle emprisonna aussitôt son museau dans ses deux mains pour le faire taire et le plaqua contre elle pour le rassurer. Puis de manière préventive, elle referma sa cape sur lui pour étouffer de nouvelles plaintes. Hélas, l'abominable monstre possédait une ouïe fine, il changea brusquement d'avis, puis retourna sur ses pas, curieux de mieux identifier la nature et la provenance de ce bruit, découvrir éventuellement qui en était l'auteur... A son avis, c'était un animal qui avait exprimé sa crainte. Il abandonna son cheval sur place, ne prit même pas la peine de le tenir par la bride. D'un geste rageur, il enfonça son chapeau sur sa tête et s'immobilisa quelques secondes au milieu du chemin pour écouter... Mélisande et Gervaise étaient habitées par une frayeur intense, quasiment tétanisées. Elles songeaient qu'à cause de leur chien, cette plainte imprudente allait peut-être permettre à l'assassin de découvrir leur cachette. Pourtant Gervaise s'était secouée et levée d'un bond, caressait l'encolure des chevaux, leur parlait à voix basse, prête à plaquer un chiffon sur leur bouche pour les empêcher de hennir. Mélisande lui fit signe que c'était inutile : ils avaient trop peur, eux aussi, mais se tiendraient tranquilles tant qu'elle demeurerait auprès d'eux à les câliner. Tout contre elle, Mélisande écoutait les battements affolés du cœur de son chien s'emballant dans sa poitrine, mais elle le serrait très fort, de peur qu'il ne laisse échapper un nouveau gémissement. Les jambes flageolantes, la bouche sèche, l'oreille aux aguets, à chaque instant, elles tremblaient de voir surgir ce suppôt de Satan prêt à les assassiner toutes les deux...

Mais l'abominable monstre se contenta d'inspecter les environs, descendit un peu plus bas sur le chemin, s'écarta pour disparaître dans un sentier à moitié caché par les broussailles. Les deux fugitives n'osaient même plus respirer, toutefois par nécessité, elles s'efforçaient tant bien que mal de calmer leurs propres angoisses pour éviter de les transmettre à leurs bêtes. Si les chevaux s'affolaient, s'agitaient d'une quelconque manière, elles étaient perdues... Une nouvelle imprudence aurait signé leur arrêt de mort. Au bout d'un long moment comparable à une éternité pour les malheureuses tremblant de peur, l'homme reparut sur le chemin, jeta un dernier coup d'œil rapide aux fourrés les plus proches, siffla son cheval. Après s'être arrêté un court instant devant son innocente victime abandonnée dans le fossé, elles l'entendirent ricaner... Une sorte de sarcasme horrible, lugubre, tellement démoniaque qu'il leur figea les sangs. Déjà, le hongre bai s'éloignait au pas, se préparait à attaquer la côte assez rude. Bientôt, les silhouettes du cavalier et de sa monture s'éloignèrent, se rétrécirent jusqu'à se transformer en un minuscule point noir de plus en plus insignifiant, puis disparurent dans un tournant. Quel immense soulagement ! C'était comme une renaissance inespérée, la chance inouïe d'être encore en vie...

Apparemment, elles avaient bien choisi leur cachette. Pourtant, seul le hasard les avait guidées. Mais la présence opportune de ce taillis broussailleux les avait tout de même protégées de la sauvagerie du monstre. Maintenant, Mélisande était vraiment persuadée que cet homme était habité par une folie meurtrière et ne possédait pas toute sa raison pour commettre de tels actes avec autant de barbarie... « C'était un fou ou une créature du Mauvais, les deux à la fois », se disait-elle. Mais le plus terrible à ses yeux, c'est qu'il était malin, ce qui faisait sa force et son invincibilité le rendant extrêmement dangereux. Encore bouleversées par la violence inimaginable des scènes qui s'étaient déroulées si près d'elles et les avaient traumatisées à jamais, les fugitives attendirent plusieurs heures avant de se décider à sortir de leur cachette. Et si l'assassin réapparaissait sans faire de bruit, revenait sur ses pas pour mieux se saisir d'elles ? Si c'était une manœuvre habile de sa part, s'il avait simulé un faux départ dans le dessein de les surprendre et de jouir de leur frayeur intense ? Aucune mauvaise action n'aurait été surprenante de la part de cet être pervers, de ce sadique à l'esprit dérangé... Obsédée par cette idée tenace, la petite Gervaise claquait des dents et ne parvenait pas à retrouver son sang-froid. Heureusement que Mélisande était présente, lui affirmant que tout danger était écarté maintenant, mais qu'il était plus prudent toutefois de patienter quelque temps avant de repartir.

Malgré les protestations indignées de son amie, prétendant que c'était une démarche inutile, la demoiselle lui ordonna de surveiller les chevaux et de tenir Foubrac pendant qu'elle se précipitait auprès de la victime. Un sentiment de culpabilité terrible tourmentait encore Mélisande : elle regrettait tellement de n'avoir pu lui apporter aucun secours, qu'elle voulait quand même s'assurer qu'il n'y avait plus rien à faire pour elle. « Et si elle était encore vivante ? » espérait-elle de toutes ses forces. Bien que la violence des coups portés, l'absence totale de réaction ainsi que l'immobilité, le silence de la victime, tandis que l'assassin la transportait dans le fossé la dissuadaient du contraire. La demoiselle se mordit les lèvres jusqu'au sang pour ne pas hurler, quand elle découvrit l'inconnue gisant un peu plus loin.

Hélas, l'infortunée était bel et bien morte, il n'y avait plus aucun doute possible. Son regard éteint, vide à jamais, son corps figé dans une rigidité cadavérique, les mares de sang dans lesquelles elle baignait, ainsi que l'horrible plaie béante et sanguinolente à la gorge ne trompaient guère. Mélisande trouva le courage de lui fermer les yeux et se signa ensuite pour conjurer sa peur. Sans perdre un instant, elle regagna leur cachette en maudissant le monstre qui avait commis l'irréparable. Toutefois, elle s'arma de courage, s'efforça de contenir les larmes lui brouillant les yeux : ce n'était pas le moment de s'effondrer en présence de Gervaise. Celle-ci était suffisamment bouleversée et le chagrin de Mélisande aurait aggravé son état, l'affolant davantage, alors qu'elle avait surtout besoin de réconfort.

— C'est fini pour la pauvrette, lâcha-t-elle dans un souffle. Une jeune bergère, à peine plus âgée que toi, et très jolie... Le froid a sans doute accéléré son trépas ou bien elle était déjà morte...

— C'est affreux, demoiselle, lui répondit Gervaise, choquée. On va y passer toutes les deux, un beau jour... Pour sûr, demoiselle...

— Ne te tourmente pas en vain, la reprit Mélisande. Si la chance nous accompagne, rien ne dit qu'il mettra la main sur nous, ma Gervaise... A nous deux, nous sommes plus fortes, ce n'est pas la même chose qu'une pauvre fille seule... Et qui ignorait sûrement jusqu'à l'existence de ce dangereux assassin...

— Si on s'en retournait au château, demoiselle ? lui suggéra-t-elle d'une petite voix timide. On serait à l'abri, les soldats d'votre père nous protègeraient...

— Alors, tu as envie de subir les assauts lubriques de ce brave Macaire ? la défia la demoiselle sur un ton ironique. Je viens d'assister à une scène de viol, crois-moi : cela ne me tente guère de subir le même sort... Réfléchis bien, Gervaise, c'est ce qui nous attend si nous rentrons au château de Bissey...

— Toi, avec le gros sergent Macaire et moi, avec cet infâme vieillard puant, poursuivit-elle d'une manière provocante. Pour ma part, je préfère encore mourir, plutôt que d'être condamnée à être violée toutes les nuits, plusieurs fois de suite, sans parler de toutes les autres humiliations... Au moins, avec l'assassin s'il nous attrape, nous ne serons forcées qu'une fois, à la rigueur deux, comme ce fut sans doute le cas de cette pauvre bergère aujourd'hui. Après, nous serons débarrassées pour toujours de la lubricité des hommes...

— Bien vrai, demoiselle, reconnut Gervaise, troublée par son raisonnement. Mais c'est plus dur que j'croyais de vivre dans les bois réduites à sa merci. J'reconnais que j'ai peur, trop peur de l'rencontrer derechef...

— Allons, Gervaise, lui lança Mélisande. Je tremble de peur, moi aussi...

— Eh ben ! On l'dirait pas, demoiselle, lui répondit-elle, ébahie. Vous si forte, si courageuse...

—Ne te fie pas aux apparences, Gervaise, la coupa son amie, agacée. Ecoute-moi, je n'ai pas envie d'avoir ta mort sur la conscience... Nous allons redescendre à la cabane d'Albane, je t'y conduirai ce soir. Autrement, toute seule, tu te perdrais en chemin. Une fois là-bas, tu attendras mon père...

—Et vous, demoiselle? la questionna Gervaise. Vous ferez quoi, une fois que j'serai rendue là-bas?

—Moi, je continue l'aventure et je m'enfuirai de nouveau, dès que tu trouveras en sûreté chez Albane, lui déclara-t-elle, farouchement déterminée. Je n'ai pas fait tout ce chemin pour rien et échouer si près du but...

—Pardon, demoiselle, lâcha tout à coup Gervaise en se jetant dans ses bras. J'ai eu trop peur d'ce monstre. J'ai pas votre courage... Mais j'reste avec vous, demoiselle... Comme vous l'dites, à toutes les deux, on s'en sortira...

—Mais je ne t'oblige nullement, Gervaise, lui déclara Mélisande en lui caressant les cheveux. Si tu abandonnes maintenant après ce qui s'est passé, je ne t'en voudrai pas... Tu seras toujours mon amie...

—Allez, c'est fini, demoiselle, lui affirma Gervaise, ragaillardie. C'est déjà oublié, demoiselle... Dites, on repart sans plus tarder...

—Tu es sûre de toi, Gervaise? insista Mélisande, sceptique. Je ne te force pas à me suivre...

Mais la servante guidait déjà Tonnerre par la bride et s'engageait sur la pente glacée avec d'infinies précautions comme si elle marchait sur des œufs. Après quelques rudes efforts vite récompensés, elles attaquaient courageusement la grande montée pour atteindre le sommet de la montagne. A son tour, Gervaise se signa en passant à côté de la jeune trépassée, mais évita de trop la regarder. Autrement, elle se serait apitoyée... De manière inévitable, elle aurait perdu tout son courage. Préoccupée, Mélisande scrutait le ciel parcouru de gros nuages menaçants, des cumulus gris, d'autres plus étalés, d'un blanc sale et livide. D'abord, elle essaya de deviner quelle heure il était et se douta que ces manifestations célestes n'annonçaient rien de fameux... Avec ce crime abominable, elles avaient perdu beaucoup de temps et le plan établi par Albane se trouvait complètement bouleversé. L'après-midi devait être commencé depuis un bon moment, le jour commençait à baisser et il ne tarderait sans doute pas à neiger... Tous leurs projets avaient été contrariés : sans cette fâcheuse rencontre, il y a longtemps qu'elles seraient de l'autre côté de la montagne sur son versant ouest et approcheraient maintenant de la cabane de l'ermite. Par malchance, le ciel s'assombrit et se couvrit d'un seul coup. Une averse de neige les surprit, alors qu'elles peinaient à grimper la côte et se trouvaient environ à mi-chemin du sommet. Malgré la bravoure affichée tout à l'heure par Mélisande, elle ne se sentait pas tranquille, redoutait de rencontrer l'assassin au détour d'un chemin. Evidemment, elle ne pouvait pas se confier à Gervaise qui, elle l'avait remarqué depuis leur départ, sursautait à chaque bruit et tendait souvent l'oreille pour s'assurer qu'elles étaient seules dans la forêt. Sous les rafales de vent se déchaînant à leurs oreilles et leur coupant le souffle, les flocons glacés leur piquaient les yeux, s'infiltraient partout sur leur peau et à l'intérieur de leurs vêtements. Néanmoins volontaires, les fugitives décidèrent de serrer les dents et de continuer d'avancer quoi qu'il arrive. Mais la tempête était la plus forte, imposant sa loi et ses dures contraintes. Bientôt, elles ne distinguèrent plus rien devant elles, cernées de toutes parts par une sarabande de flocons, voltigeant partout dans les airs... Comme si l'averse de neige tombant en oblique sur elles avait décidé de leur barrer le chemin, elle se transformait peu à peu en une sorte d'épais rideau opaque leur bouchant la vue, afin de les empêcher d'aller plus loin.

Déjà que leurs membres engourdis par le froid refusaient de leur obéir, elles plièrent l'échine pour grimper coûte que coûte, franchement déterminées à affronter la tourmente. Dociles, leurs montures les suivaient sans rechigner. Mais elles peinaient beaucoup, ne voyaient plus le chemin, Mélisande glissa sur une plaque de verglas et faillit plonger dans un ravin quelques pieds plus bas... De justesse, elle se raccrocha à un tronc d'arbre et faillit entraîner Gracieuse avec elle dans ce dérapage imprévisible qu'elle contrôla à grand peine. Mais elle grimaça de douleur. Par maladresse, elle s'était fait mal au poignet droit, le heurtant avec force contre le bois dur et rugueux d'un hêtre pour se retenir à tout prix. Heureusement que le choc fut amorti par les manches de sa tunique de laine et ses gants de peaux très épais, qui la préservèrent de douloureuses écorchures. Bon gré, mal gré, elle dut admettre qu'il était plus sage de s'arrêter dans un coin et de s'abriter le temps que la tempête de neige se calme. Si elles s'obstinaient à poursuivre leur chemin, elles finiraient par tomber et se blesser d'une manière plus sérieuse.

Par hasard, elles avisèrent une rangée d'arbres en bordure du chemin dans un endroit relativement plat. Ce qui représentait une aubaine inespérée par ici, où le relief était tourmenté par de nombreuses dénivellations, se traduisant par des pentes abruptes et à pic, rendues encore plus glissantes et plus dangereuses par les chutes de neige. Sans se concerter, elles tirèrent leur monture dans cette direction et épuisées, calèrent leur dos à même le tronc froid et ligneux d'un vieux chêne en attendant d'y voir plus clair. Ce second contretemps fâcheux contrariait leur voyage et le retardait encore davantage... Evidemment, elles redoutaient de s'aventurer plus loin dans la nuit pour de nombreuses raisons dictées par la prudence. Mélisande calcula dans sa tête qu'elles seraient sans doute amenées à s'arrêter en cours de route. Comme elle s'était montrée naïve et irréfléchie ! Les chevauchées estivales n'avaient rien de comparable avec celles qu'on effectuait en hiver, surtout dans la forêt. Avec son père, Mélisande ne s'était jamais heurtée à la force des éléments de la nature, à l'exception de quelques pluies torrentielles cet été ou d'un orage plus violent que les autres...

Dans ces circonstances précises, c'était totalement nouveau et nettement plus pénible ! Pourtant, chaque hiver, elle adorait chevaucher quand il neigeait. La plupart du temps, c'était en rase campagne et dans la vallée près du château, c'est ce qui faisait toute la différence, comme elle commençait à le comprendre à ses dépens. De plus, les conditions étaient moins dures : elle n'était jamais seule et son père prenait les décisions importantes à sa place, la déchargeant de toute forme de responsabilité. Non seulement le froid paralysait les muscles des cavalières et de leurs chevaux, retardait leur avancée et la rendait extrêmement pénible, mais la neige accentuait les difficultés, métamorphosait le paysage, à tel point que Mélisande ne reconnaissait plus la forêt... Les bois familiers, parcourus maintes fois au cours de l'été, devenaient méconnaissables, les chemins se dissimulaient sous des couches de neige très épaisses. Il était devenu difficile, voire impossible de s'orienter. Des pièges inattendus les guettaient à chaque pas et Mélisande n'aurait jamais imaginé que ce fût aussi éprouvant. Un sentiment de découragement profond l'envahit, tandis qu'elle était occupée à dresser ces constatations affligeantes.

Au moment où elle s'apprêtait à annoncer à Gervaise qu'elle était décidée à rebrousser chemin, une accalmie se dessina timidement d'abord, puis l'horizon s'éclaircit comme par miracle et la neige cessa enfin de tomber. Alors Mélisande reprit espoir et se dit que c'était un signe encourageant du destin. Courageuses et énergiques, elles secouèrent la mince couche de poudre blanche et glacée, accumulée sur leurs vêtements, époussetèrent leurs chevaux et décidèrent de repartir aussitôt pour profiter de cette embellie. Malheureusement, leurs épreuves n'étaient pas encore terminées et ce long périple était loin d'être aussi facile qu'elles l'avaient imaginé, alors qu'elles se prélassaient au chaud dans la cabane d'Albane... Tout à fait par hasard, Mélisande s'aperçut qu'elles tournaient en rond depuis un bon moment, tandis qu'elles s'épuisaient à grimper droit devant elles, croyaient-elles. Comme c'était curieux, cela faisait au moins deux ou trois fois qu'elles rencontraient le même alignement rocheux, quatre énormes blocs de granit positionnés de façon originale, toujours sur leur droite. A force de s'écarter pour se protéger de la tempête de neige, elles avaient fini par s'égarer tout à fait... Par malchance, avec l'abondante couche de neige qui s'était superposée à la précédente, déjà épaisse, le sentier avait totalement disparu. Dans sa tête, Mélisande essaya de se remémorer le chemin, de s'orienter en fonction des points cardinaux comme son père le lui avait appris cet été. Comment repérer le nord avec certitude, sans commettre d'erreur dans cette immensité toute blanche et glacée ?

Ce soir, elle n'était plus sûre d'elle et ne reconnaissait plus les clairières, les sous-bois, qui ensevelis sous la neige se ressemblaient tous comme des gouttes d'eau à la surface d'un étang. A force d'être sollicitée, sa vue fatiguée se brouillait et elle ne disposait plus d'aucun point de repère. En tout état de cause, elle finit par admettre qu'elles étaient perdues dans ce désert immaculé, pourtant magnifique, qu'elles n'atteindraient pas le sommet de la montagne aujourd'hui. Par sa faute, elles s'étaient purement et simplement égarées dans les bois morvandiaux avec cet assassin maudit qui rôdait peut-être encore dans les parages...

A maints égards, leur situation n'était guère enviable. Pour comble de malchance, le jour ne tarda pas à décliner, les ombres s'épaississaient peu à peu autour d'elles. Bientôt, ce fut la nuit noire... Mélisande s'efforça de conserver son calme, elle ne tenait pas à affoler la petite Gervaise par des lamentations inutiles et des regrets tardifs. Maintenant, il n'y avait plus de retour en arrière possible : elles étaient condamnées à passer la nuit dans la forêt enneigée par un froid intense. En scrutant les lieux proches d'elles, la neige éclairait les moindres détails du relief environnant, Mélisande finit par repérer un endroit assez vaste pour les accueillir avec leurs montures. Il était pratiquement plat et se situait à l'abri d'un énorme rocher. D'une voix posée, elle expliqua à la petite Gervaise qu'elles dormiraient ici, à la belle étoile, en attendant que le jour se lève... Demain, elles seraient reposées et pourraient repartir dans la bonne direction. A quoi bon épuiser leurs dernières forces à errer dans la nuit, sans savoir où se diriger avec certitude ? Gervaise reconnut qu'elle avait raison et une fois qu'elles eurent attaché leur monture à une branche d'arbre, elles s'activèrent pour préparer leur campement de fortune. Pleines de gratitude, elles adressèrent en pensée un remerciement ému à Albane qui avait songé à leur donner une balle de foin, qu'elle avait fixée à la selle de Tonnerre.

Gervaise la partagea en deux tas égaux, servit son cheval et éparpilla l'autre moitié aux pieds de Gracieuse. Puis complètement gelée, elle questionna la demoiselle, se doutant bien qu'il était imprudent de faire du feu à cause de l'assassin qui pourrait les repérer plus facilement. Mélisande lui répondit qu'en effet, elle ferait mieux de s'abstenir si elle tenait à la vie. Autrement, elles risquaient de le regretter amèrement. « Entre deux maux, il faut toujours choisir le moindre, » ajouta-t-elle d'une voix lasse. Gervaise attacha les chevaux à un arbre tout proche, ramassa quelques branches éparses, comme elle l'avait vu faire à la demoiselle le jour de leur fuite, puis les érigea en un tas volumineux, d'une hauteur suffisante pour barrer l'entrée du lieu où elles s'étaient réfugiées.

Sur leur droite, la paroi rocheuse les abritait du redoutable vent du nord. Elle fit la même chose du côté opposé et les fugitives se retrouvèrent enfermées dans une sorte d'enclos accueillant, presque rassurant, fait de branchages et d'un rideau d'arbres sur leur gauche. Près des chevaux se dressaient deux ou trois sapins immenses dont les branches basses formait une sorte d'écran protecteur, ne laissant passer ni l'air ni la lumière, tellement elles étaient touffues. Pendant ce temps, Mélisande avait étalé sur le sol dur et gelé une peau de bête très épaisse, autre cadeau précieux d'Albane, ainsi que plusieurs couvertures de laine provenant du château. Mélisande avait songé à ce détail à la dernière minute et s'était emparée de trois couvertures chaudes traînant dans un coin des écuries avant de s'enfuir. L'odeur forte, mais familière des chevaux imprégnait encore le tissu. L'estomac creusé par les émotions, Gervaise sortit quelques provisions des fontes de la selle de Tonnerre, en offrit à la demoiselle. En silence, elles dévorèrent un gros morceau de pain, une tranche de viande séchée et un peu de fromage. Mélisande jetait de temps en temps quelques miettes à Foubrac affamé et finit par lui abandonner le reste de son quignon, qu'il engloutit avec une satisfaction évidente. Puis elles burent de l'eau glacée au goulot de leur gourde et Gervaise croqua encore une pomme. Exténuée, la demoiselle avait refusé de prendre un fruit, prétextant qu'elle avait surtout besoin de dormir pour récupérer des forces. Foubrac ne tarda pas à se blottir contre elle et la réchauffa par sa présence. Gervaise s'allongea à côté d'eux et les recouvrit de plusieurs épaisseurs de laine. Comme c'était étrange, leurs yeux s'habituèrent à l'obscurité et la neige éclairait les alentours, on devinait les formes des rochers et des arbres, une luminosité exceptionnelle leur permettait même de distinguer les minuscules cristaux de neige accrochés aux branches des sapins. Autour d'elles, régnait une blancheur immaculée et silencieuse...

D'un geste frileux, elles remontèrent leurs couvertures jusqu'au cou, prenant soin de bien protéger leurs épaules. Réconfortée par la tenace odeur d'écurie s'exhalant de la sienne, Mélisande ne tarda guère à s'endormir. La petite Gervaise mit plus longtemps à trouver le sommeil, elle souffrait du froid et se tourmentait à propose de leur avenir. « Qu'adviendrait-il d'elles si la demoiselle ne parvenait pas à retrouver le chemin ? Elles mourraient de faim et de froid ou seraient dévorées par les loups... »se dit-elle au summum de l'angoisse. Effrayée par cette menace à laquelle elle n'avait pas encore songé, elle se redressa d'un seul coup et s'assit sur sa couche très dure.

Alors elle tendit l'oreille, à peu près certaine d'avoir entendu un hurlement au loin, mais elle se calma, se retint de réveiller la demoiselle qui dormait à poings fermés. Sans faire de bruit, Foubrac rampa et se coula auprès d'elle, finit par lui lécher les mains... Le brave chiot ressentait ses frayeurs et tentait de la rassurer à sa manière. Pour la première fois de sa vie, Gervaise, qui avait toujours estimé qu'elle n'avait pas de temps à perdre avec les animaux, apprécia cette marque d'affection et le caressa. Comme elle s'appliquait à accomplir les mêmes gestes un peu mécaniques, les mauvais pressentiments et les craintes tenaces lui enserrant la gorge depuis tout à l'heure se dissipèrent au contact de l'animal. Foubrac roula sur le dos, lui offrit son large poitrail et son ventre à caresser, lui donna de légers coups de patte, car Gervaise hésitait encore à s'exécuter. Quand elle enfouit ses mains dans la toison douce et chaude du chiot bouclant sous l'emplacement de son cou, qu'elle emprisonna entre ses doigts les longs poils ondulés et soyeux, un sentiment d'apaisement et de paix l'envahit de manière inattendue. Foubrac avait réussi sa mission, il l'avait distraite de ses soucis et elle s'allongea de nouveau, le chien serré contre elle. Recherchant tous les deux davantage de chaleur humaine, ils se rapprochèrent de la demoiselle et se calèrent contre son dos. Une ou deux fois, Foubrac se risqua à lui lécher les joues pour sceller leur amitié nouvelle. Autrefois, elle l'aurait grondé, chassé, et se serait écartée de lui pour éviter ce genre de désagrément qu'elle considérait comme répugnant. Cette nuit-là, elle recherchait sa présence et l'appréciait... Enfin, elle se dit qu'elle pouvait dormir, que le chien veillait sur elles et qu'il aboierait au moindre bruit suspect. Peut-être bien qu'il risquerait sa vie pour les défendre toutes les deux ?

Cette certitude empreinte de logique la rassura et elle ne tarda pas à s'endormir à son tour. Néanmoins, son sommeil fut peuplé des pires cauchemars, si épouvantables, qu'ils faillirent la réveiller : elles se débattaient toutes les deux, poursuivies par l'assassin, qui avait fini par les acculer au bord d'un dangereux précipice. Comme il n'y avait pas d'autre moyen pour lui échapper, la demoiselle la prenait par la main et elles sautaient ensemble dans le vide... A cet instant crucial, elle hurla de frayeur. Tout à coup, elle sentit qu'on lui touchait l'épaule, elle se réveilla et vit que Mélisande lui souriait. « Ce n'est qu'un mauvais rêve, Gervaise. Allons, debout, il est l'heure de partir... »La demoiselle avait distribué un fond d'avoine aux chevaux, un quignon de pain à Foubrac, et lui tendait une tartine sur laquelle elle avait étalé une généreuse couche de graisse pour renforcer sa résistance au froid. Les premières lueurs de l'aube n'éclairaient pas encore la cime des arbres, mais avec l'épaisseur de neige tombée hier, on y voyait clair comme en plein jour. Mélisande s'étira plusieurs fois en baillant, regroupa leurs affaires, les rangea dans les fontes de leur selle ou les attacha près de la croupe de leur monture. Gervaise avait très froid, ses membres étaient endoloris de partout et elle rêvait d'un bouillon chaud de volaille ou d'une tisane sucrée au miel. Mais elle oublia ses courbatures, se mit debout et sourit à la demoiselle qui l'observait d'un air inquiet. « Tout va bien, demoiselle, lui dit-elle. On peut s'mettre en route, j'suis prête... »Foubrac se jeta sur elle pour lui faire des joies en frétillant de la queue.

Le chiot avait la truffe froide et humide, sa fourrure était déjà toute trempée, parce qu'il n'avait songé qu'à courir, s'ébattre au beau milieu du blanc tapis immaculé où n'apparaissait aucune trace de pas humain ou d'empreinte animale. Mais il était revenu très vite auprès d'elles, dès que la demoiselle l'avait sifflé... Avant de réveiller Gervaise, elle avait commencé par écarter les branchages entassés hier soir, les disposant sur le côté et la voie était libre pour le départ. Les voilà de nouveau, en train de cheminer sur les sentiers de traverse enneigés de la forêt morvandelle. Cahin-caha, elles tiraient chacune leur monture par la bride, le chien Foubrac batifolait devant elles en s'amusant à courir partout et à renifler dans la neige fraîche. La bonne humeur et l'entrain de l'animal leur redonnaient du courage et il leur transmettait sa joie de vivre. A quelques pouces d'elles, le chiot s'arrêta sur le bas côté et s'amusa à tirer une branche dépassant d'un arbuste buissonneux. Foubrac grondait et s'acharnait contre le morceau de bois récalcitrant qui, au moment où il céda d'un seul coup, entraîna avec lui une avalanche de poudre laiteuse et glacée qui le recouvrit de la tête aux pieds. Ce spectacle très drôle provoqua l'hilarité des deux fugitives qui rirent aux éclats, tandis que Foubrac, très surpris, se secouait pour se débarrasser de la neige... En signe de protestation, il se mit à japper encore plus fort, car il ne comprenait pas ce qui lui était arrivé.

Elles marchaient depuis plusieurs heures maintenant et Mélisande tentait de se repérer pour retrouver le chemin qu'elles avaient suivi hier, puis abandonné à cause de la tempête de neige. Parvenues à une sorte de clairière dominant la vallée – la vue était superbe, on voyait de loin les bois s'étalant par étagements superposés le long des pentes jusqu'en bas – la demoiselle s'arrêta, s'adossa à un tronc d'arbre pour réfléchir. Pendant ce temps, la petite Gervaise contemplait le spectacle grandiose de la nature indomptée et sauvage qui s'offrait à leurs regards. Elle ne se sentait pas très bien, de méchantes courbatures la faisaient souffrir, mais elle les mit sur le compte de la posture inconfortable de la nuit. Tantôt elle était brûlante, tantôt elle avait froid, grelottait et se retenait de claquer des dents pour éviter d'inquiéter sa compagne. Pour accentuer son malaise, un mal de tête lancinant la torturait, une douleur pugnace et incessante lui enserrait les tempes comme si un étau invisible allait finir par les broyer. Courageuse, elle se retint d'émettre une seule plainte et s'efforça d'aider Mélisande dans la mesure de ses moyens. Bénéficiant d'une chance incroyable, la demoiselle reconnut un bosquet d'arbres tout rabougris grâce à leur forme originale, elle conclut que c'était là qu'elles avaient fait halte en soirée au plus fort de la tempête. Aussitôt, elle fit signe à Gervaise de la suivre, obliqua à travers le sous-bois. Après quelques efforts intensifs pour escalader la pente, où elles avançaient d'un pas, reculaient de plusieurs à la fois en raison du terrain glissant et instable, elles persévérèrent tout en guidant leur monture. Enfin, elles se hissèrent à grand peine sur le chemin dont elles s'étaient écartées hier soir sans même s'en apercevoir. Les joues en feu, Mélisande s'épongea le front avec son mouchoir, caressa la tête de Gracieuse et lança d'une voix joyeuse :

— C'est bon, je me reconnais, Gervaise. C'est à cet endroit que nous nous sommes perdues. Si tout va bien, nous ne tarderons pas à atteindre le sommet. Courage, ma belle, nous ne sommes plus guère loin...

— Sûr, demoiselle ? lui demanda Gervaise d'une voix lasse. Alors, on fonce droit en avant...

Une main posée en guise de visière sur leur front, elles scrutèrent le ciel bleu, mais parcouru de gros nuages se bousculant dans l'azur, tout en espérant qu'elles n'affronteraient pas une nouvelle tempête de neige aujourd'hui... Arrivées au point culminant de la montagne, elles ne s'attardèrent pas à contempler le paysage, pourtant magnifique. Une fois qu'elles eurent grimpé sur leur monture, Mélisande siffla Foubrac pour qu'il saute dans ses bras. Brièvement, elle donna quelques conseils à son amie, soucieuse de lui éviter une chute de cheval.

—Dans la descente, surtout ne te penche pas en avant, crut-elle bon de l'avertir. Fais comme moi... Sinon, tu risques de basculer pardessus l'encolure de Tonnerre. A cheval, les descentes sont toujours plus périlleuses que les montées, mais tu en prendras vite l'habitude à force de pratique...

—Bien, demoiselle, lui répondit Gervaise, obéissante et pleine de bonne volonté.

Demoiselle Mélisande acquiesça d'un signe de tête et Gervaise redoubla de prudence, se concentra sur ce qu'elle faisait, car la pente était vraiment traîtresse et dangereuse. Déjà suffisamment souffrante, elle ne tenait pas à tomber de cheval, les premiers signes d'alerte de ce matin ne l'avaient pas quittée et par moments, redoublaient d'intensité, se transformant en symptômes douloureux lui ôtant une partie de ses forces. Mais elle se taisait toujours, ne souhaitant pas ajouter des soucis supplémentaires à la pauvre demoiselle qui peinait suffisamment pour les guider à travers la forêt. Puis elle se dit que ce n'était pas la première fois qu'elle se trouvait confrontée à la maladie et qu'elle avait toujours vaillamment résisté, travaillant comme les autres jours où elle était en bonne santé. Comme la pente était vraiment marquée de dénivellations conséquentes, surtout irrégulières, le sol verglacé et semé d'embûches inattendues, masquées par l'épaisse couche de neige et de glace, Mélisande choisit d'effectuer au pas une majeure partie de la descente. Inquiète, elle se retournait fréquemment pour voir de quelle manière Gervaise surmontait les difficultés. Satisfaite par ce qu'elle avait pu constater de ses propres yeux, elle ne perdait pas de temps en palabres inutiles. Pourtant à un moment donné, le visage rouge écarlate de son amie la surprit et quand elle se retourna une seconde fois pour mieux l'observer, elle aperçut de minuscules gouttelettes de sueur perlant sur son front et ses joues.

— Tu n'es pas souffrante au moins, Gervaise ? la questionna-t-elle aussitôt. Si tu avais mal quelque part, tu me le dirais ?

— Non, demoiselle, protesta l'intéressée. C'est la peur d'm'retrouver le nez par terre qui m'donne chaud aux joues comme ça... Rien d'autre, j'vous jure...

Cette explication ne rassura pas vraiment Mélisande, qui trouvait que son amie n'était pas dans son état normal. Elle redoutait déjà qu'une nouvelle complication ne vienne retarder leur long périple hasardeux. Mais elle trouva plus sage de ne pas insister davantage, il serait toujours temps d'affronter le problème, le moment venu...Pressées par le désir d'arriver au plus tôt à la cabane de l'ermite, elles ne se restaurèrent même pas en milieu de journée, se contentèrent de courtes pauses, où elles grignotèrent une pomme. Toutefois, ces haltes étaient vraiment indispensables pour permettre à leur monture de se reposer.

Le chemin s'aplanissait après les fortes dénivellations montagneuses, s'élargissait de chaque côté et se prêtait davantage à la chevauchée. Ainsi, elles purent trotter côte à côte sur plusieurs lieues. Concentrée sur l'itinéraire qu'elles devaient suivre, Mélisande oublia de s'intéresser à l'état de Gervaise, tellement elle redoutait de se tromper une seconde fois et de les égarer définitivement. D'autant qu'Albane lui avait expliqué qu'en sortant de la forêt, elles traverseraient la rase campagne à découvert et devraient redoubler d'attention à cet endroit stratégique. Avant de s'enfoncer de nouveau dans les bois, la difficulté consistait à trouver la bonne direction, lorsqu'elles parviendraient à une sorte d'embranchement, se situant à la croisée de plusieurs chemins. Ce n'était pas le moment de se fourvoyer, alors qu'elles se rapprochaient du but... Le chemin de droite les conduirait directement au château de Crôts-les-Bar et Mélisande n'en voyait pas vraiment l'intérêt, redoutant l'accueil de Pierre et de son épouse qu'elle connaissait à peine. Celui de gauche redescendait en plusieurs étapes sur la vallée du Cernin, permettant d'accéder à deux ou trois métairies appartenant au baron de Bissey. Il était primordial de ne pas manquer la voie centrale, chevaucher droit devant soi pour s'enfoncer dans la forêt de La Gravelle, où se trouvait la fameuse cabane. Albane l'avait encore mise en garde, après quelques lieues, elles rencontreraient une sorte de fourche ou de patte d'oie desservant au moins trois directions différentes. Le chemin le plus pentu débouchait sur un immense étang, très poissonneux à la belle saison. Celui du milieu les amènerait à une autre métairie dépendant de la seigneurie de son frère jumeau, Pierre. Enfin, le troisième était celui qu'il fallait suivre...

Si elles chevauchaient à main droite, en bifurquant légèrement, elles traverseraient d'abord un bosquet de hêtres ou foyards aux troncs élancés, rencontreraient sur leur gauche un grand chêne foudroyé au cours d'un orage remontant à cet été. C'est lui qui leur servirait de point de repère. Une fois qu'elles apercevraient le géant abattu, elles ne seraient plus guère loin... Mélisande redoutait la traversée à découvert, de crainte de rencontrer des vilains qui n'hésiteraient pas à les arrêter sur ordre du baron. Son père avait sans doute offert une récompense alléchante pour leur capture. Aussi avait-elle expliqué à Gervaise qu'elles ne lambineraient pas en chemin, galoperaient le plus vite possible, tout en évitant de se faire remarquer. Pour que leur chevauchée soit la plus discrète possible, elles avaient enveloppé les sabots de leur monture avec des chiffons. De cette façon, personne n'entendrait les bruits de galop au loin, le long de la route pavée. De la fumée s'échappait de la cheminée d'une ferme à quelques lieues de là, tout était silencieux dans les environs et elles franchirent à vive allure la distance les séparant de la forêt. Une fois à l'orée du bois, elles arrêtèrent leurs chevaux qui soufflaient fort par les naseaux et laissaient échapper une buée blanche, évanescente, puis elles leur caressèrent l'encolure quelques instants pour les récompenser de leurs efforts. Demoiselle Mélisande se retourna pour vérifier qu'elles n'étaient pas suivies. D'ailleurs, c'était fort improbable, parce qu'elles n'avaient rencontré âme qui vive... Après avoir jeté un bref coup d'œil à sa compagne, qui se tenait bien droite sur sa selle, ce qui la rassura, elle se concentra sur la suite de l'itinéraire. Dans son for intérieur, Mélisande jubilait : tout se déroulait comme Albane l'avait prévu, elle repérait sans aucun mal les configurations précises des lieux qu'elles traversaient...

Au premier croisement, elles avaient suivi la bonne direction. En trottant à main droite, elles aperçurent enfin le bosquet de foyards, puis le grand chêne foudroyé. Après ce dernier point de repère, Albane lui avait précisé qu'elles longeraient le campement de charbonniers établis au milieu d'une vaste clairière. Là, elles redoublèrent de prudence, Gervaise montra du doigt la fumée s'élevant du toit de l'une des cabanes. Au total, il y avait cinq ou six habitations rudimentaires en bois. Sur une sorte de place, on apercevait deux fours éteints à cette saison, énormes cratères à ciel ouvert. D'impressionnantes piles de bois se dressaient de chaque côté, plus hautes que les murs d'une maison. La demoiselle serra très fort son chien contre elle, de peur qu'il n'aboie en entendant un bruit insolite. Dix minutes plus tard, elles reprenaient le galop pour s'enfoncer plus avant dans la forêt. Le sentier se rétrécit de manière imprévisible, devint sinueux et elles ralentirent leurs chevaux. La description de l'endroit correspondait point par point à celle tracée par Albane, deux jours auparavant... « Comment, cela ne faisait que deux jours qu'elles l'avaient quittée ? » s'étonna-t-elle.

Mélisande avait du mal à croire qu'il s'agissait d'un laps de temps aussi court, tellement les épreuves traversées avaient allongé sa durée, transformant les minutes et les heures en moments interminables. Par exemple, il lui semblait qu'elles avaient quitté la cabane d'Albane depuis une éternité... Avec un léger recul, la période la plus longue et la plus éprouvante aussi correspondait à celle où elles avaient craint que l'assassin ne les découvre après le gémissement poussé par Foubrac. Mélisande se dit qu'à ce moment-là, elles avaient vieilli toutes les deux d'au moins un siècle ! Dès qu'elles connaîtraient une période d'accalmie, elle se promit de demander à Gervaise si elle n'apercevait pas des cheveux blancs dans sa chevelure, songea-t-elle pour se distraire. Plongées dans leurs pensées, elles continuaient d'avancer au petit trot et identifièrent sans peine la montée escarpée conduisant à la cabane. Un bloc de granit en bordure du chemin leur signalait l'emplacement sur leur gauche, elles poussèrent leurs chevaux dans cette direction. Les pauvres bêtes exténuées franchirent au pas la distance restant à parcourir, parce que le sentier grimpait beaucoup. Enfin, elles débouchèrent dans une minuscule clairière, où la fameuse cabane se dressait tout au fond au pied d'un rocher gigantesque. Le plus grandiose qu'elles aient encore jamais eu l'occasion de contempler !

Mélisande aurait hurlé de joie tellement elle se sentait soulagée d'arriver enfin à destination, elle sauta à bas de Gracieuse. Foubrac bondit à ses côtés et courut avec elle jusqu'à la porte de la cabane... Mais elle revint sur ses pas, s'étonnant que Gervaise ne l'ait pas accompagnée pour découvrir leur nouveau logis. La jeune servante était plutôt curieuse de nature. Toujours en selle sur Tonnerre, sa compagne résistait tant bien que mal aux assauts d'une terrible quinte de toux lui déchirant la poitrine. A l'instant où la demoiselle s'approcha d'elle, elle perdit connaissance et tomba de cheval. Mélisande se précipita pour la secourir : allongée dans la neige, les joues en feu, toujours inanimée, la petite Gervaise était brûlante de fièvre...

16 - *Les sauvageonnes de la Roche aux Saintes.*

Plus spectaculaire que grave, la pâmoison de Gervaise était due en grande partie à une fatigue intense. Mélisande s'agenouilla auprès d'elle, lui frotta les tempes avec de la neige fraîche, tandis que le chien Foubrac lui léchait les mains en poussant de petits gémissements. La jeune servante reprit connaissance aussitôt, mais fit allusion à un mal de tête lancinant et des douleurs à la poitrine pour expliquer son malaise. C'était la première fois qu'elle osait se plaindre à Mélisande, alors qu'elle était souffrante depuis ce matin. Celle-ci l'aida à se mettre debout et comme elles se dirigeaient vers la cabane de l'ermite, impatientes de la visiter, une quinte de toux lui déchira la poitrine. Appuyée contre l'épaule de la demoiselle, elle eut beaucoup de mal à récupérer son souffle et elles patientèrent quelques minutes avant de repartir.

—Tu as sûrement pris froid au cours de cette nuit glaciale, où nous avons été forcées de dormir avec nos habits trempés par l'averse de neige, lui déclara Mélisande. Mais ne t'inquiète pas, je vais te soigner...

—Si seulement, y'avait une cheminée, on pourrait s'réchauffer, lui répondit l'intéressée, le souffle rauque.

—Regarde Gervaise, elle dépasse du toit de lauzes, lui fit remarquer son amie. Bigre, elle est maçonnée en pierres, c'est une chance... De cette façon, en cas de problème, on risquera moins de mettre le feu...

Devant l'ouverture de la chaumière, elles hésitèrent quelques secondes, avant de se décider à entrer. Qu'allaient-elles découvrir de l'autre côté? Pourvu qu'Albane ne se soit pas trompée: selon ses dires, depuis la mort du vieil ermite à l'automne dernier, elle demeurait inoccupée. Mais on ne pouvait jamais savoir à l'avance, un voyageur harassé ou un pèlerin égaré aurait pu avoir la même idée qu'elles et s'y réfugier. Toutefois, Mélisande réalisa que ses craintes étaient absurdes, si quelqu'un habitait là, elles auraient vu de la fumée sortir de la cheminée. Au moment où elles se risquèrent à pousser la porte, un énorme rat se faufila par l'entrebâillement avant de s'enfuir au dehors. La petite Gervaise hurla de peur, mais Mélisande la calma et envoya Foubrac en éclaireur à l'intérieur du modeste logis. Avec son flair infaillible de chien de chasse, il détecterait la moindre présence suspecte et se chargerait de chasser tous les rongeurs et autres nuisibles qui s'y trouveraient. Comme l'animal fouinait dans les moindres recoins de la pièce de dimensions exigües, elle abandonna Gervaise sur le seuil, en lui recommandant de ne pas bouger. Sur le côté droit, elle avait repéré l'unique ouverture de la demeure, réduite à une sorte de lucarne minuscule, ôta la peau de bête la calfeutrant, poussa une sorte de volet, assemblage grossier de planches disjointes, mais épaisses. La clarté du jour pénétra à flots et elles découvrirent la pauvreté de cet intérieur très simple. Une forte odeur de renfermé et de moisi saisit Mélisande à la gorge et la fit tousser. Des grains de poussière voltigeaient dans les rais de lumière, se dessinant devant le carré étriqué donnant sur la cour.

La demoiselle se précipita au-devant de Gervaise et la fit asseoir sur le banc près de la table. Mais elle laissa la porte grande ouverte pour aérer et chasser l'air vicié, malsain. Quelle chance incroyable : une cheminée monumentale occupait tout le côté du mur du fond, son foyer était maçonné en pierres, un énorme chaudron en fonte était accroché à des chenets noircis par le temps.

—Nous sommes sauvées, ma belle, annonça la demoiselle sur un ton enjoué. Non seulement nous allons pouvoir faire du feu, mais cuire des aliments...

—Demoiselle, j'vas pas bien, la coupa Gervaise d'une voix faible. J'ai trop chaud, j'suis bouillante comme une marmite. Et pis, j'ai trop froid en même temps...

Après une rapide inspection des lieux, Mélisande avisa une paillasse à l'autre extrémité de la pièce. En fait, on avait cloué quelques planches de bois juxtaposées les unes aux autres, de façon à former une sorte de coffrage de forme rectangulaire. Enfin, on avait bourré l'intérieur de fougères sèches, puis recouvert le tout d'une toile de chanvre grossier, mais d'une propreté douteuse, pour en faire un matelas.

—Ne bouge pas d'ici, je reviens dans quelques minutes, lui dit Mélisande pour la faire patienter. J'attache les chevaux dans l'appentis en bois et je récupère nos couvertures et nos provisions. Après je t'installe sur la paillasse... En attendant, je te laisse Foubrac pour veiller sur toi...

Le chiot avait compris l'ordre transmis par sa maîtresse et s'installa à côté de Gervaise, posa sa tête sur ses genoux. Mais elle se sentait si mal, qu'elle eut à peine la force de le caresser. Sans perdre une minute, Mélisande s'élança dehors, accomplit les tâches prévues le plus rapidement possible. Quand elle revint dans la cabane, chargée de leurs bagages et de quelques victuailles, la petite Gervaise somnolait sur la table, la tête enfouie dans ses bras, Foubrac allongé à ses pieds. Sans faire de bruit, elle jeta au loin la toile usagée recouvrant la paillasse, tapota le lit de fougères sèches, de façon à le rendre plus confortable, étendit la peau de bête par dessus. Puis elle aida son amie à s'allonger, la recouvrit de deux couvertures en laine et s'activa pour remettre de l'ordre dans la pièce. Tandis qu'elle travaillait, elle réfléchissait aux remèdes préconisés par Dom Léonard, lorsque les habitants du château souffraient d'une fièvre quelconquc. Et cllc faillit pousscr un cri de soulagement, ou plutôt de victoire, quand elle le revit en train de préparer les pots de tisane, plus exactement les décoctions chaudes, où avait macéré de l'écorce de saule. Selon le chapelain, c'était un remède souverain pour faire baisser la température. Voilà l'arbre magique qu'elle devait trouver sans perdre de temps, si elle souhaitait soulager efficacement son amie...

Seulement, elle devait agir tout de suite pour être capable de distinguer les espèces de feuillus avant la tombée de la nuit. Déjà que l'hiver compliquait tout, il était plus délicat de reconnaître un arbre dépouillé de son feuillage, quand on manquait de pratique. Alors elle fit un choix draconien, dicté par l'urgence, préféra rajouter une épaisseur de couverture sur Gervaise, plutôt que d'allumer du feu. Chaque minute comptait si elle voulait la soigner au plus vite... Avant de sortir, elle referma la lucarne, fit signe à Foubrac d'être sage et de protéger Gervaise. Le chien comprit le message muet de sa maîtresse et sauta sur la paillasse pour s'étendre auprès de la malade.

Après avoir jeté un dernier regard à cette scène paisible, elle tira la porte de la cabane avant de s'éloigner, poussée par la nécessité de prospecter les environs, à la recherche de l'arbre salvateur. Elle se souvint encore que les saules poussaient d'habitude au bord de l'eau, se plaisaient dans les endroits humides. D'avance, elle désespéra d'en trouver un seul dans cet endroit montagneux. Par-dessus sa cape, elle avait passé une courroie en cuir solide retenant sa besace, où elle rangerait la précieuse récolte. Elle marcha longtemps droit devant elle, avant de parvenir à une petite mare dont les eaux étaient gelées. A proximité, son regard fut attiré par un grand chêne majestueux et elle s'approcha pour mieux le contempler. Puis elle aperçut quelque chose de touffu au pied de l'arbre. De la pointe de sa botte, elle secoua la couche de neige recouvrant un épais tapis de plantes. Pour être plus à l'aise, elle s'accroupit sur ses talons, reconnut l'espèce en la froissant entre ses doigts, c'était de la menthe poivrée à l'odeur pénétrante, à la limite entêtante. Les haies et les buissons formant une sorte de barrière protectrice devant le massif l'avaient protégé du gel, c'était vraiment exceptionnel par ce froid. Par mesure de précaution, elle en cueillit quelques poignées, songeant qu'elles pourraient toujours servir à faire des tisanes digestives, faute d'amasser une meilleure récolte. Tout à coup, sur la berge opposée de la mare, elle reconnut le tronc ainsi que les branches tordues d'un saule pleureur et elle faillit pousser un hurlement de joie. Mais elle s'était réjouie trop vite, en examinant mieux les lieux, elle s'aperçut que l'endroit paraissait inaccessible à moins de se risquer à traverser sur la glace.

Mélisande hésitait beaucoup à se lancer dans une telle expédition, c'était trop dangereux, et si elle finissait par se noyer ? Alors, elle eut une idée, ramassa deux ou trois pierres très lourdes et les lança non sans mal au beau milieu de l'étendue en apparence entièrement figée, durcie par le froid, d'une blancheur immaculée. Au moment où elles atterrirent, on entendit un craquement sinistre indiquant que la surface de la mare n'était gelée que superficiellement et que la mince couche de glace n'aurait pas supporté le poids d'un être humain, même aussi léger que Mélisande. Mais têtue, elle ne voulait pas renoncer aussi facilement, rentrer à la cabane sans la précieuse écorce qui guérirait son amie. Comme il n'y avait pas d'autre possibilité, elle entreprit de grimper à travers le sous-bois, dans l'espoir de découvrir un chemin lui permettant d'atterrir de l'autre côté. Ce fut une entreprise périlleuse, elle glissa à plusieurs reprises, tomba sur ses fesses en s'écorchant la peau des coudes et des mains, parce que dans sa précipitation, elle avait oublié ses gants à la cabane. Mais elle se releva aussitôt, poursuivit sa marche et s'étala encore une fois avant d'atteindre le saule pleureur. Sa dernière chute réveilla la douleur ancienne qu'elle s'était faite hier en se foulant le poignet droit. Néanmoins, elle serra les dents, arriva enfin au pied de l'arbre à force de ténacité. Avec le coutelas qu'elle portait toujours à sa ceinture, elle détacha des morceaux d'écorce du tronc, qu'elle rangea avec soin dans sa besace. Puis elle refit le chemin en sens inverse, dérapa sur le sol gelé et chuta encore deux ou trois fois... Si bien que la nuit tombait déjà, quand elle regagna l'autre rive, elle pressa le pas et se décida à courir pour rejoindre la cabane, inquiète pour son amie. Comme elle avait l'habitude de la forêt morvandelle, elle ne se perdit pas en chemin et fut soulagée d'apercevoir dans le lointain le toit de la cabane et la fameuse roche plus haute que la construction.

Pour se distraire, en parcourant les dernières lieues la séparant de ce qui serait désormais sa maison, elle se souvint de l'histoire que lui avait racontée Albane à propos de ce lieu autrefois saint... La Roche aux Saintes, on lui avait donné ce nom depuis la nuit des temps, en fait depuis l'époque, où l'on avait enterré deux vierges martyres au pied de cette roche granitique. C'était au début de l'ère chrétienne, Albane ne savait plus très bien ou encore à l'époque mérovingienne. Ces deux pucelles courageuses devinrent des saintes et furent canonisées par l'Eglise, ayant préféré sacrifier leur vie plutôt que de renier leur foi chrétienne. Les prénoms de ces saintes étaient d'ailleurs peu connus : Albane avait cité une certaine Zélie et l'autre se serait appelée Domitille, prénoms mystérieux, évoquant davantage l'Antiquité grecque et latine. Si leur souvenir demeurait confus dans la plupart des esprits, c'est sans doute parce qu'on avait transmis leur histoire à l'oral, de génération en génération, sans prendre la peine de la fixer par écrit. De toute son âme, Mélisande espérait que ce lieu saint les protègerait du mal et que son caractère sacré éloignerait l'assassin, ce suppôt de Satan...

A la nuit tombée, elle poussa la porte de la cabane pour découvrir que Gervaise se démenait sur la paillasse de fougères, tourmentée par cette mauvaise fièvre qui ne cessait d'augmenter et la faisait délirer. « Miséricorde, nous faites point d'mal... On dira point qu'on vous a vu... » gémissait-elle. « De grâce, nous tuez point... Demoiselle, vite, demoiselle... » criait-elle encore durant son sommeil agité. Le pauvre Foubrac lui léchait les mains de temps en temps, l'arrivée de sa maîtresse le rassura. Sans perdre son sang-froid, Mélisande s'organisa pour allumer du feu dans la cheminée : elle utilisa des brindilles de paille très sèches, battit deux silex l'un contre l'autre pour produire une étincelle, l'alimenta ensuite avec du petit bois traînant à côté dans un panier. Puis elle ressortit chercher des bûches entassées près de l'appentis, où elle les avait aperçues tout à l'heure en s'occupant des chevaux. Bientôt, de superbes flammes d'un jaune orangé s'élevèrent dans l'âtre, grandirent, s'animèrent pour éclairer la pièce. A sa grande surprise, il n'y eut même pas de fumée. Dans un coin, elle découvrit une cruche en grès et s'élança dehors pour tirer de l'eau du puits bâti en pierres, situé sur le côté droit de la cour. Puis elle partagea son contenu en deux parts égales, réserva de l'eau fraîche dans un grand pot et versa le reste dans l'immense chaudron en fonte pour la faire chauffer. Afin de se sentir vraiment en sécurité, elle ferma le volet de la lucarne, barra la porte avec une énorme perche de bois arrondie, qui bloquait l'entrée, et s'affala quelques minutes sur le banc pour souffler, franchement épuisée. Gervaise s'agitait toujours autant durant son sommeil et prononçait des paroles incohérentes maintenant, poussant parfois des hurlements effrayés. Bien qu'elle aspirât à un repos bien mérité, elle se secoua pour chasser la chape de fatigue pesant sur ses épaules et qui ralentissait chacun de ses mouvements. D'abord, elle entreprit un nettoyage sommaire des pièces de vaisselle en terre cuite qu'elle venait de découvrir sur une étagère près d'une auge en pierre, servant d'évier. Maintenant, l'eau bouillait dans le chaudron et elle avait jeté deux ou trois poignées d'écorce de saule pour préparer le remède de Gervaise. Puis elle se saisit d'une louche en bois, trouvée au même endroit, s'en servit pour prélever un bol de la décoction, qu'elle laissa infuser plusieurs minutes sur la table avant d'aider son amie à la boire, une fois refroidie.

Toute la nuit, elle veilla sur Gervaise, entretint le feu pour préparer des infusions. A l'aide d'un morceau de chiffon propre qu'elle trempait dans de l'eau claire, elle lui tamponnait doucement le visage pour la rafraîchir. Mélisande lui donnait à boire très souvent, de la tisane de préférence, en alternant avec les décoctions de saule qu'elle lui faisait absorber de manière régulière. Pour mesurer le temps, elle s'aidait d'un sablier trouvé par hasard, lui aussi, sur l'étagère en bois brut. Au petit matin, la fièvre avait baissé, Gervaise ne délirait plus et dormait plus calmement. Mélisande but un grand bol de menthe poivrée avant de s'allonger auprès de son amie, le chien Foubrac à leurs pieds. Exténuée par cette nuit blanche, plutôt laborieuse, elle sombra à son tour dans un sommeil profond, sans rêve... Lorsqu'elle se réveilla quelques heures plus tard, elle était vraiment reposée, mais un laps de temps considérable s'était écoulé : sans doute, était-ce le milieu de l'après-midi. D'abord, elle s'occupa de soigner Gervaise, souffla sur les braises pour réanimer le feu. A l'abri du froid et de l'humidité, la toux de son amie ne s'aggrava pas davantage, même si elle rechignait de plus en plus souvent à avaler les préparations de Mélisande. Comme elle se sentait légèrement mieux, elle protestait et faisait de plus en plus la grimace pour boire le liquide chaud dont le goût lui paraissait excessivement amer.

Après leur hasardeux périple, elles reprenaient des forces toutes les deux et partageaient une sensation de bien-être et de sécurité, bien à l'abri dans la cabane de l'ermite. Bientôt, une nouvelle vie allait commencer, très différente de celle qu'elles avaient toujours connue depuis l'enfance. Néanmoins déterminées à la réussir, elles feraient l'effort de s'adapter à des contraintes parfois dures, dans tous les cas inconcevables quelques mois auparavant. Les premiers jours suivant leur installation, Gervaise se remettait tout doucement de sa maladie et Mélisande fut forcée de s'occuper seule des choses matérielles, parce que son amie était encore trop faible pour la seconder. Mais sa guérison se confirma au fil des heures, elle toussait encore de temps en temps, mais ses bronches dégagées lui permettaient de respirer beaucoup plus facilement qu'au moment où elle avait affronté les premiers symptômes de son coup de froid. A l'aube de la troisième journée, la fièvre tomba d'un seul coup et elle n'eut plus besoin des décoctions de saule de Mélisande. Comme Gervaise s'était rétablie assez vite, elles s'organisèrent pour assurer leur survie et celle des animaux dont elles avaient la charge maintenant. Les provisions dérobées au moment de leur fuite, complétées par les dons généreux d'Albane, diminuaient peu à peu à leur grand effroi, ce qui devait fatalement se produire un jour. Certes, Mélisande connaissait quelques herbes comestibles, sortes de légumes sauvages, qu'elles consommaient sous forme de bouillons. L'ermite habitant la cabane était un homme prévoyant et elles profitèrent des réserves qu'il avait amassées à l'automne. Il y avait des noix, des noisettes, une quantité considérable de châtaignes entreposées sur les rayons des étagères. Beaucoup avaient été dévorées par les souris et autres rongeurs peuplant ou visitant la cabane après sa mort. Mais en faisant preuve d'astuce, elles tirèrent profit des bogues demeurées intactes pour préparer une sorte de bouillie chaude qui calait bien l'estomac. Avec le pilon trouvé parmi les ustensiles de cuisine de l'ermite, elles les écrasaient une fois cuites à l'eau et c'était délicieux.

Par hasard, elles avaient même découvert un pot de miel qui n'avait pas été entamé, oublié tout en haut des derniers rayonnages. C'était un luxe incroyable, puisqu'il leur permettait de sucrer leurs tisanes ou de faire de délicieuses tartines tant qu'elles eurent du pain. Dans le four de briques construit par le propriétaire précédent, elles avaient même essayé de cuire quelques galettes de châtaignes, mais le résultat avait été très décevant. Leur texture pâteuse collait aux gencives et même le chien Foubrac les avait boudées... Bientôt, poussées par la faim, elles durent apprendre à braconner, puis à chasser les animaux de la forêt. Pourtant Mélisande répugnait à assassiner de petites bêtes innocentes, mais elle n'avait pas vraiment le choix. C'était devenu une question de vie ou de mort. De plus, elle se sentait responsable du sort de son amie. La demoiselle s'était donc résignée à poser quelques pièges et collets qu'elle avait vu fabriquer au château par les gardes ou les soldats. Observatrice, elle avait compris leur fonctionnement et imité cette fabrication artisanale en se servant de matériaux rudimentaires, gisant dans la neige aux abords de la cabane.

Le jour où Mélisande avait trouvé un lièvre prisonnier dans un collet, elle s'était sentie très embarrassée, ne sachant comment procéder, parce qu'elle répugnait à lui faire du mal. Finalement, elle s'était décidée à l'assommer avec un gros morceau de bois, puis l'avait ramené à la cabane. C'est Gervaise qui l'avait tué, puis dépecé près de la remise. Mélisande avait fui au loin pour éviter d'assister à toutes ces opérations sanglantes dont elle avait vaguement honte. Mais son amie l'avait félicitée pour sa prise et n'éprouvait pas les mêmes scrupules qu'elle, il fallait bien se nourrir. Enfin, elle avait fait cuire la viande sous la cendre, en se servant d'un vieux tisonnier en guise de tourne broche, qu'elle retournait de temps en temps pour bien la rôtir sur toutes ses faces. Auparavant, elle avait pris soin de la parsemer d'herbes aromatiques, très odorantes, pour compenser le manque de sel. Dans le terrain à côté de la cabane, par hasard, elle avait trié du thym et du serpolet poussant à l'état sauvage, mais très abîmés et desséchés par l'hiver, elle avait réussi à en cueillir une ou deux maigres poignées pour ses préparations culinaires. Cela faisait très longtemps qu'elles n'avaient goûté à de la viande et elles se régalèrent toutes les deux. Mélisande avait jeté quelques bas morceaux à Foubrac, qui se pourléchait les babines. En fouillant dans un appentis près de la remise, elle avait déniché un arc pas trop abîmé, semblable à celui qu'utilisait son père pour la chasse. Désormais, elle s'entraînait dehors à lancer des flèches contre un tronc d'arbre pour apprendre à viser et atteindre une cible. Puis, comme elles avaient trop faim, elle se décida un jour à partir dans la forêt avec Foubrac pour chasser. Elle réussit à tuer plusieurs oiseaux qu'elle toucha en plein vol, le chien l'aidait à les débusquer en marquant l'arrêt et les lui rapportait une fois qu'elle les avait mortellement blessés. Il n'y avait pas grand chose à manger, mais Gervaise préparait une sorte de bouillon réconfortant, en faisant cuire des légumes avec la carcasse et les morceaux de viande. Toutes les deux, elles léchaient les os minuscules avant de les jeter au chien qui les broyait avec ses dents. Comme Mélisande braconnait également dans les bois, elles finirent par se procurer de la viande de façon régulière.

Le plus dur avait été de trouver de la nourriture pour leurs chevaux, parce qu'elles n'avaient pas de provisions de foin d'avance. Le sac d'avoine diminuait et Mélisande la distribuait par poignées, mais avec parcimonie. Dès qu'il y avait un rayon de soleil, elles emmenaient brouter les bêtes dans des endroits bien exposés, où la neige avait fondu, laissant la place à de rares touffes d'herbe très jaunes et rabougries. Mais ces prairies sauvages étaient quand même rares, et il fallait se déplacer sans cesse pour qu'ils trouvent de quoi se nourrir. Le plus souvent, il s'agissait de maigres pâturages. Autrement, les chevaux soufflaient avec leurs naseaux sur l'herbe gelée, à la recherche de la moindre brindille comestible. Mais ce n'était pas une nourriture suffisante et ils commençaient à maigrir ce qui tourmentait beaucoup leur propriétaire, se désolant de les laisser dans cet état... Environ une semaine après leur installation, elles eurent une visite inattendue. Alors que la demoiselle rentrait des morceaux de bois dans la cabane, que Gervaise venait de fendre à la hache près de l'appentis des chevaux, elles entendirent que quelqu'un grimpait la côte. Foubrac donna l'alerte, le poil hérissé sur le dos, il se mit à aboyer furieusement. De surprise, celle-ci lâcha par terre les bûches qu'elle tenait dans ses bras, puis s'avança dans la cour :

— Qui va là ? demanda-t-elle, la gorge nouée par l'appréhension.

— Vous en faites pas, j'viens en ami, lui répondit une voix sympathique, au timbre chaud et agréable. C'est Albane qui m'envoie...

Un jeune garçon marcha jusqu'à elle pour la saluer. A première vue, il était à peine plus âgé qu'elle, pas très grand, mais assez charpenté. Comme par miracle, elle remarqua tout de suite qu'il portait une balle de foin chargée sur son épaule droite. Un vieux chapeau aux couleurs passées lui tombait devant les yeux, lui mangeant la moitié du visage, mais il affichait un beau sourire, découvrant des dents blanches et saines. Spontanément, il tendit la main en direction de Foubrac et le siffla pour faire connaissance. Curieux, ce dernier accourut pour le renifler et il le caressa sur la tête. De toute évidence, il n'avait pas peur des chiens...

— Bien l'bonjour... commença-t-il, un peu embarrassé. J'm'appelle Thierry et j'suis charbonnier comme l'pauvre mari d'Albane, qu'était comme un frère...

— Bienvenue à la Roche aux Saintes, messire Thierry, lui répondit la demoiselle en lui offrant son plus beau sourire. Moi, c'est Mélisande. Voici, mon amie Gervaise...

D'un habile coup d'épaule Thierry déchargea la balle de foin à ses pieds, se découvrit en signe de respect, balaya d'un geste nerveux les brins d'herbe sèche éparpillés sur son visage et à son tour lui sourit. A ce moment-là, Mélisande s'aperçut qu'il était très timide et rougissait en triturant les bords de son feutre de laine. Décontenancé par la présence des jeunes demoiselles, il ne savait plus quelle attitude adopter et dansait d'un pied sur l'autre, sans se décider à parler... Il n'était pas spécialement beau de visage, car il avait des traits plutôt communs, ses cheveux châtain mi-longs pendaient en mèches très raides, encadrant ses joues roses encore imberbes. Mais il possédait de grands yeux marron, pétillants de malice, et empreints d'une grande douceur.

La peau de sa figure et de ses mains était très brune, hâlée par la vie au grand air. Toute sa personne respirait la bonne humeur et la joie de vivre. Sa physionomie franche et ouverte inspirait tout de suite de la sympathie. La petite Gervaise avait lâché sa hache et s'était approchée d'eux, les manches de sa camisole retroussées sur ses bras nus, et l'observait avec curiosité. Ses vêtements simples ressemblaient à ceux des paysans de la contrée, mais ils étaient propres et en bon état. Pour se protéger du froid, il avait passé une veste cousue en peaux de lapins par-dessus sa chemise de toile, entouré ses jambes de peaux de bêtes, qu'il avait lacécs avcc dc grosscs cordelettes marron foncé.

— Ben, la demoiselle, elle sait ce qu'y faut dire, commença-t-elle pour le tirer d'embarras. Moi, j'étais servante au château et à l'occasion, j'suis bûcheron... Et toi, tu fabriques du charbon de bois ?

— Oh ! le chantier a pas trop de bras en hiver, on peut pas faire grand chose, lui répondit-il, un peu dépité. Les autres préfèrent rentrer chez eux... Mais moi, j'ai plus de famille et nulle part où aller... Au moins, j'suis au chaud dans ma cabane.

— Vous vivez au campement des charbonniers un peu plus haut dans la forêt ? lui demanda la demoiselle, intéressée. Pourtant, lorsque nous y sommes passées, il y a quelques jours, on n'a pas vu grand monde et j'ai pensé que c'était désert en hiver...

— Pas tout à fait, demoiselle, lui précisa-t-il. Y'a mes voisins âgés qui restent à demeur'là-bas et y'sont gentils avec moi, on s'entrai-d'comme on peut... Si vous avez besoin d'un coup d'main pour fendr'du bois, j'suis votre homme...

A ces mots, Gervaise éclata de rire et lui répliqua d'une manière spontanée : « Mais ça m'fait pas peur. A la ferme de mes parents, j'travaillais dur comme mes frères. Quand on est pauvre, on a pas trop le choix... » Mais elle ajouta presque aussitôt, parce qu'elle craignait qu'il n'interprète sa réponse de travers et s'imagine qu'elle refusait carrément son aide :

— Pour sûr, qu'on a pas ce qu'y faut sous la main et que j'ai point assez d'force... admit-elle de manière réaliste.

— Moi, j'peux vous aider, la coupa-t-il, ravi de se rendre utile. J'viendrai avec ma hache et mes scies à longues dents. Si on s'y met à deux, on débitera d'l'ouvrage en un rien d'temps...

— Ce bon foin serait-il pour nos chevaux ? se hasarda Mélisande qui brûlait d'envie d'en distribuer à Gracieuse et à Tonnerre mourant de faim depuis plusieurs jours.

— C'est d'la part d'Albane, lui répondit-il. Elle m'l'a donné hier soir, mais comme j'suis rentré tard, j'craignais de vous effrayer... Elle a pensé qu'vous auriez pas de quoi nourrir vos bêtes...

— En effet, c'est une aubaine inespérée, lui affirma Mélisande avec un large sourire épanoui. Je me désole de les voir maigrir et il y a si peu d'herbe... Remerciez-la beaucoup de notre part. On vous offre un verre d'eau, messire Thierry ?

— L'prochain coup, demoiselle, lui promit le jeune charbonnier. Dans peu d'temps, si Albane vous oublie pas...

Sur ces paroles mystérieuses, il s'éclipsa de manière discrète, après les avoir saluées poliment toutes les deux. Mais quelques jours plus tard, elles retrouvèrent une miche de pain et deux fromages de chèvre, posés bien en évidence, sur le rebord de leur lucarne. Profitant d'un rayon de soleil, elles avaient emmené leurs chevaux brouter dans une prairie proche de la cabane, mais de cette façon, elles avaient manqué la visite de Thierry. C'était vraiment quelqu'un de très effacé, qui ne cherchait pas à imposer sa présence, il accomplissait les missions que lui confiait Albane et se faisait oublier ensuite dès qu'il avait rendu service. Les fugitives découvrirent encore une nouvelle balle de foin la semaine suivante, puis un sac de farine de seigle, le lendemain de sa livraison. Ces présents providentiels leur permettaient de survivre tant bien que mal... Mélisande n'avait pas l'étoffe d'un vrai chasseur, elle détestait tuer les animaux de la forêt et se cantonnait au menu gibier qui leur permettait quand même de manger de la viande de temps en temps pour reprendre des forces. La vie quotidienne était souvent difficile et elles devaient assumer des tâches rudes, afin de maintenir un équilibre précaire. Mais au moins, elles étaient libres toutes les deux. Alors qu'elle était partie chasser à pied avec Foubrac dans la forêt, se dirigeant vers un endroit situé plus au nord qu'elle connaissait mal encore, elle rencontra Thierry tout à fait par hasard. Par ses aboiements insistants et son comportement nerveux, Foubrac lui avait signalé la présence de quelqu'un. Sans attendre la permission de sa maîtresse, il fondit sur le jeune charbonnier, alors qu'il était occupé à trier du bois, rassembler des fagots de branches de hêtres, qu'il avait coupés à l'automne. Le chien le reconnut à l'instant même et lui fit des joies sans pareilles. Thierry s'était agenouillé pour lier les branches, afin de les transporter plus commodément en évitant d'en perdre en cours de chemin, il se releva en se frottant les reins. Puis il expliqua à la demoiselle qu'il venait jusqu'ici, parce que la qualité du bois était nettement meilleure que plus bas dans la vallée et qu'on y trouvait des essences rares.

De fil en aiguille, Mélisande lui avoua qu'elle n'aimait pas particulièrement chasser, surtout qu'elle en avait parfois assez de ne manger que de la viande et rien d'autre... Alors Thierry lui fit une proposition intéressante, il acceptait volontiers de faire du troc pour elle, car il connaissait beaucoup de monde. Comme il était libre de ses mouvements et que personne ne le recherchait comme c'était leur cas, il se déplacerait dans certains bourgs ou hameaux, puis essaierait d'échanger le menu gibier contre d'autres aliments. Mélisande aspirait à cuisiner davantage de légumes secs, surtout elle rêvait à de gros sacs de farine pour faire des bouillies nourrissantes. Pour l'instant, il ne lui garantissait pas de réussite assurée, il voulait bien essayer de se lancer dans ce genre d'entreprise pour leur rendre service. A ses heures perdues, il était lui-même braconnier et ses expéditions nocturnes dans la forêt suffisaient largement à ses besoins et à ceux de ses voisins. La femme de ce dernier cuisinait pour lui, en échange. Cette fois-ci, il délaissa l'ouvrage commencé, proposa à Mélisande de l'accompagner pour lui faire connaître des coins plus giboyeux que ceux où ils se trouvaient en ce moment. Comme un vrai gamin, il se réjouissait de la compagnie de Foubrac et utilisa son flair pour traquer deux ou trois faisans, quelques perdreaux... Il expliqua à Mélisande qu'au cours de son enfance, il avait toujours chassé avec son père et ses chiens courants, bien que l'intendant du maître l'interdît formellement sous peine de punitions sévères.

Sans hésiter, il la complimenta au sujet de Foubrac, c'était un excellent chien d'arrêt... La nuit était tombée, lorsqu'ils regagnèrent enfin la cabane de l'ermite. Dévorée par l'inquiétude, Gervaise était descendue sur le chemin avec une bougie pour scruter les environs proches de la cabane tellement elle se tracassait au sujet du retard de la demoiselle... Ravi de s'être dépensé à la chasse, Thierry accepta de partager leur nourriture et renouvela sa proposition à Mélisande : il lui trouverait des clients en échange du menu gibier tué à la chasse. Le jeune charbonnier devenait moins sauvage et elles réussirent à l'apprivoiser petit à petit : il acceptait plus volontiers de passer un moment en leur compagnie. Le marché conclu fonctionna à merveille, Thierry récupérait une gibecière pleine de lièvres et d'oiseaux sauvages, de cailles ou de perdrix, puis il revenait à la cabane les bras chargés d'une miche de pain, de légumes secs, haricots, fèves et pois cassés, parfois d'un succulent morceau de lard. Lorsqu'il rapportait sur son dos un gros sac de farine, la denrée la plus réclamée des demoiselles, c'était jour de fête.

Par nécessité, Gervaise apprit à se servir du four de l'ermite, elle réussit à cuire du pain bis, résultant de la farine de méteil plus courante chez les paysans que la farine blanche de froment. Puis elle se lança dans la préparation de bouillies en utilisant de la farine d'épeautre ou de sarrasin. Au cours de leurs rencontres, Thierry bavardait volontiers avec elles et acceptait de se confier plus facilement... Ainsi, elles apprirent que le mari d'Albane l'avait pris sous sa protection, quand il était arrivé très jeune sur le chantier et qu'il ne connaissait absolument personne. Mais d'hiver en hiver, la santé de cet homme s'était dégradée, il souffrait d'un mal de poitrine incurable. Hélas, quand il mourut,

Thierry avait essayé de soutenir sa veuve et ses enfants en bas âge comme il l'avait pu... Maintenant, depuis sa liaison avec l'intendant du château, ils avaient décidé d'un commun accord d'espacer leurs relations. C'était la voie de la sagesse : aussi Thierry la voyait-il moins souvent... Albane ne l'invitait plus guère chez elle, à cause du sire Aimeri qui éprouvait de la jalousie et se montrait suspicieux à l'égard de n'importe quelle relation masculine. Le jeune charbonnier avait préféré s'effacer de sa vie, car il ne souhaitait pas lui attirer des ennuis... Néanmoins, ils demeuraient amis et elle savait qu'elle pouvait toujours compter sur lui en cas de besoin.

Un soir de grand vent, alors qu'elles veillaient assises au coin de l'âtre, elles entendirent soudain un bruit effroyable du côté de l'appentis. Mélisande sortit immédiatement avec sa lanterne pour voir ce qu'il se passait. Une bonne partie de l'écurie en planches n'avait pas résisté aux assauts violents de la tempête. Sans perdre de temps, elle vérifia d'abord que les chevaux n'avaient pas été blessés. Ce souci écarté, elle respira mieux et en déduisit que malgré les dommages matériels, c'était une chance incroyable qu'ils n'aient pas souffert de la moindre égratignure... Seulement, ils n'avaient plus d'abri, Mélisande décida d'allumer un grand feu devant l'entrée pour les protéger d'éventuelles attaques de bêtes sauvages. Durant la nuit, elle l'alimenta de façon régulière, tout en surveillant attentivement les flammes, pour éviter qu'une étincelle ne propage le feu aux planches restant encore debout. Ce n'était pas le moment de provoquer un incendie.

Dans cet état d'esprit, elle n'était donc pas tranquille et ne dormit que d'un œil, se relaya avec Gervaise, tandis que Foubrac montait la garde. Quelques jours auparavant, Thierry lui avait recommandé d'être prudente dans les bois, parce qu'il avait aperçu des loups errant près du chantier... Il lui avait même parlé d'une jeune louve rôdant dans les parages en compagnie de ses petits. Dès l'aube, elles s'activèrent pour réparer, agrandir et consolider l'appentis des chevaux. Alors qu'elles étaient occupées à regrouper dans un coin de la cour les planches abîmées et les morceaux de bois fracassés par le vent, Thierry déboucha du sentier en courant pour leur proposer son aide. Inquiet, le brave garçon s'était empressé de venir au plus vite, soucieux de s'assurer qu'elles n'étaient pas blessées et que le coup de vent n'avait pas causé de dégâts trop importants. Mais elles le rassurèrent aussitôt et lui expliquèrent qu'elles faisaient une sorte de tri et brûleraient les morceaux trop endommagés ou inutilisables pour reconstruire l'abri...

Lorsqu'il découvrit Tonnerre, le demi-sang attaché à côté de sa jument Gracieuse, il leur affirma qu'elles étaient tirées d'affaire et que les réparations d'urgence ne poseraient pas trop de problèmes. Mélisande n'osa pas le questionner, mais elle écarquilla les yeux en regardant Gervaise, car elle ne comprenait pas ce qu'il voulait dire par là... Alors qu'il était plutôt réservé d'habitude et même timide, il prit la tête des opérations et décida qu'on attellerait le cheval. Même si elles n'avaient pas sous la main le type de harnais adéquat, il s'en arrangerait et leur affirma qu'il était indispensable d'abattre quelques troncs d'arbres dans la forêt pour avancer la reconstruction. Au fond de l'appentis, il dénicha les outils nécessaires, se chargea d'une hache coupante et de quelques cordes, d'une chaîne toute rouillée... Comme il s'aperçut de l'air médusé des jeunes filles, s'étonnant qu'il connaisse aussi bien le matériel présent dans les lieux, il leur précisa qu'il lui était arrivé plus d'une fois de bûcheronner en compagnie du vieil ermite. Jusqu'à présent, Mélisande n'avait pas beaucoup fait attention à lui, car elle le considérait comme une connaissance d'Albane. Aujourd'hui, elle découvrait un garçon aimable, plutôt déluré, toujours disponible et prêt à rendre service. S'il n'était pas particulièrement grand de taille, il se montrait nerveux. De plus, comme il était très musclé, il abattait beaucoup d'ouvrage. Ses compagnes appréciaient surtout son caractère facile, sa bonne humeur constante le rendait d'emblée avenant. Lorsque son visage s'illuminait d'un large sourire, c'était vraiment un charmant compagnon.

Ce matin-là, il leur sourit à plusieurs reprises, tellement il se sentait heureux de pouvoir leur prêter main-forte. L'installation des demoiselles dans la cabane de l'ermite qu'il avait bien connu et fréquenté jadis brisait les longs mois de solitude hivernale qu'il affrontait depuis plusieurs années maintenant. Presque tous ses camarades ne reviendraient pas travailler avant le début du printemps. Au campement, il ne pouvait compter que sur la compagnie d'un vieil ouvrier et de son épouse, trop pauvres ou trop fatigués pour quitter la misérable cabane du chantier où ils vivaient toute l'année, n'ayant nulle part ailleurs où aller... Mais Thierry avait bâti sa propre maison et ne se mêlait guère de la vie du couple âgé, sauf pour leur rendre de menus services. L'épouse du vieux charbonnier cuisinait ou ravaudait son linge pour le récompenser, c'était un arrangement commode qui lui permettait de s'occuper dans les bois en attendant la venue des beaux jours. Mais c'était une personne très curieuse de nature, également.

A plusieurs reprises, le jeune charbonnier lui avait fait comprendre qu'il ne supportait pas ses questions indiscrètes et qu'il entendait vivre libre, sans contrainte d'aucune sorte. Depuis cette déclaration d'indépendance, elle avait respecté son désir et ne l'importunait plus guère.

Thierry les conduisit dans une clairière proche de la cabane, Gervaise menait Tonnerre par la bride. Demoiselle Mélisande les suivait, les bras chargés de diverses cordes et cordages tressés, plus épais, ainsi que d'une grosse chaîne en fer, dénichée par leur nouvel ami. Il lui fit signe de déposer le matériel au pied d'un vieux chêne. Les mains sur les hanches, il inspectait les lieux avec attention, se promenait entre les arbres en sifflotant : il allait de l'avant, s'arrêtait devant un feuillu, repartait plus loin, puis revenait sur ses pas, examinait de nouveau l'arbre, le terrain... Son manège durait depuis de longues minutes et finit par agacer Mélisande, persuadée qu'il ne se déciderait jamais à faire son choix. Mais il avait repéré un hêtre ou foyard, d'une hauteur moyenne, au tronc droit et élancé, et il s'immobilisa devant pour mieux l'étudier en se grattant le menton. Sans crier gare, d'un coup de poing énergique, il enfonça son chapeau sur son crâne, ôta sa veste en peaux de lapin, retroussa ses manches de chemise et cracha dans ses mains, avant de s'emparer de la cognée. Avec une énergie insoupçonnable, il attaqua le tronc d'arbre de tous les côtés, creusant de longues et profondes entailles tout autour du feuillu en forme de biseaux. Besognant avec ardeur, il ne tarda pas à atteindre le cœur de l'arbre, l'aubier, l'observa avec soin pour déterminer l'âge du hêtre. La sueur perlait sur son visage, coulait le long de ses joues, tandis qu'il frappait de grands coups et poussait en même temps des ahanements réguliers pour l'aider à accompagner ses efforts sans doute. Quand il estima qu'il avait suffisamment tailladé l'arbre, il s'arrêta pour vérifier l'avancée de son travail, demanda à Mélisande de lui apporter les cordes. Avant de les utiliser, il prit quelques précautions, fit tout le tour du foyard, se baissa pour examiner le terrain, évalua la proximité des autres feuillus, écouta attentivement le sens du vent et se décida enfin à l'encorder. Très habile, il grimpa le long de l'arbre pour attacher l'extrémité des cordes aux branches les plus hautes qu'il avait choisies avec soin, sélectionna plusieurs points d'ancrage. Au cours de leur vie, les demoiselles n'avaient jamais assisté à l'abattage d'un arbre, stupéfaites par sa témérité, elles n'osaient pas lui parler, redoutant de le voir s'écrouler par terre en même temps que le hêtre. Elles s'inquiétaient pour sa sécurité : Thierry n'agissait-il pas de manière imprudente, mettant sa vie en danger ? Mais il descendit quelques minutes plus tard, récupéra l'autre extrémité des cordes qu'il avait attachées plus haut, les disposa de telle manière qu'il finit par faire le tour du tronc tailladé...

— Approchez par ici, leur commanda-t-il d'un ton empressé. Quand j'vous le dirai, tirez d'toutes vos forces sur ces cordes, mais pas avant...

— En v'là deux pour la plus forte, continua-t-il. Place-toi ici, Gervaise, et tiens bon... La demoiselle, à quelques coudées... L'foyard tombera par là-bas, loin d'vous...

— Attention, on y va ? leur demanda-t-il avant d'entreprendre la dernière étape, la plus délicate de toutes. Tirez bien fort, mais en cas d'danger, restez pas d'ssous. Prenez vos jambes à vot'cou... C'est entendu ?

Sur un signe de tête affirmatif de ses compagnes, il se dirigea d'un pas décidé vers l'arbre. Mais elles n'eurent pas besoin de s'écarter, Thierry connaissait son travail et le foyard s'abattit dans un grand bruit sourd à l'endroit prévu, c'est-à-dire très loin d'elles. Le tapis de feuilles mortes avait amorti la violence du choc. L'habile bûcheron leur demanda gentiment si elles acceptaient de détacher les cordes, ce qui lui gagnerait un temps précieux. Pendant qu'elles exécutaient son ordre, il commençait déjà à dépouiller l'arbre de ses branches, à l'aide d'une hache plus petite que la précédente. Comme il avait l'habitude de ce genre de tâche, il travaillait vite et commanda en même temps à Gervaise :

— Pour avancer l'ouvrage, trie le bois que j'pose sur le côté... Sépare bien les grosses branches des plus ch'tiotes... Fais ensuite des fagots de taille différente, ça pourra toujours servir en guise d'petit bois...

Thierry n'avait pas osé donner d'ordre à la demoiselle car il la craignait, Albane l'ayant présentée comme la fille d'un seigneur puissant. Néanmoins, Mélisande s'empressa auprès de Gervaise pour l'aider. A deux, elles travaillaient plus vite et le tas de fagots s'élevait sur le côté, elles avaient porté et regroupé un peu plus loin les grosses branches ainsi que les moyennes, en prenant garde à ne pas obstruer le passage. Lorsque le tronc du foyard fut complètement dépouillé de toutes ses branches, le garçon dégourdi approcha une sorte de croisillon en bois, tira d'un grand sac de toile noire une immense scie à dents. Puis il commença à scier l'arbre en plusieurs tronçons égaux, ce serait plus commode pour le transporter jusqu'à la cabane. Mélisande fut étonnée par la force impressionnante et la résistance physique de Gervaise qui travaillait comme un homme : elle aida Thierry à débarder les morceaux débités, à les traîner jusqu'à la clairière. La nuit tombait quand ils réussirent à les attacher avec des cordes et à atteler Tonnerre. Le puissant cheval les étonna tous les trois, il hala sa charge solidement ancrée à l'aide de la chaîne en fer reliée à des cordes, sans rencontrer de difficultés particulières. Sur l'ordre de Mélisande qui le tenait au licol, d'un solide coup de rein, il entraîna les troncs d'arbre qui glissèrent sur le sol enneigé. On aurait pu croire que le brave cheval avait accompli cette besogne toute sa vie... Après avoir partagé les maigres vivres des demoiselles, Thierry dormit dans l'appentis, allongé sur de la paille en compagnie des chevaux. Bien informé des dangers les menaçant, non seulement il avait approuvé l'initiative de Mélisande, mais il l'avait imitée en allumant un grand feu à l'entrée pour les protéger des bêtes errant dans les environs. De l'aube jusqu'à la nuit, les jeunes gens travaillaient tous les trois comme de vrais forcenés. Mais il leur fallut néanmoins une semaine entière pour réparer les dégâts causés par la tempête. Mélisande ressentit un grand soulagement quand les chevaux furent enfin à l'abri des attaques des animaux sauvages. Protégés à l'intérieur de l'appentis en planches, renforcé par une armature de rondins et une porte en bois solide qu'elle fermait durant la nuit, ils ne craignaient plus les loups...

Pendant quelques jours, Thierry disparut de leur vie sans les prévenir, de la même manière qu'il était apparu en toute discrétion.

Loin de toute civilisation dans ce lieu isolé et désert, elles ne voyaient pourtant pas passer le temps, tellement elles étaient occupées à affronter le quotidien pour survivre. Depuis l'autre versant de la montagne où vivaient Albane et ses enfants, le jeune charbonnier leur servait à la fois de messager et de colporteur.

Comme il leur rendait visite de façon plus régulière, il était devenu moins timide et s'exprimait avec davantage d'aisance, sans rougir à chaque mot qu'il prononçait comme à l'époque où ils avaient fait connaissance... En s'efforçant de ne rien oublier, il leur délivrait le plus fidèlement possible les messages d'Albane concernant surtout ses petits : le gros rhume de Berthe qui l'avait énormément inquiétée, parce qu'elle avait toussé durant une bonne semaine. Ou encore les progrès de Lucas qui tenait debout maintenant et ne tarderait guère à marcher sans l'aide de sa mère. Pour les distraire de la grisaille de la saison, Thierry leur narrait de lui-même les derniers exploits de Noiraud à la chasse : le grand chien d'Albane s'était attaqué seul à un chevreuil mâle et l'avait égorgé comme il avait pu... Plus rarement, la jeune femme rousse évoquait les visites impromptues du baron Eudes et de ses soldats qui écumaient toujours la forêt morvandelle à leur recherche. Mais la bouche de Thierry demeurait muette à propos de la vie d'Albane, elle ne se livrait pas beaucoup... La belle sauvageonne se faisait très discrète et ne parlait jamais d'elle-même ni de sa relation amoureuse avec Aimeri, pas davantage de la rudesse de ses conditions de vie. En revanche, le jeune charbonnier devait lui transmettre de leurs nouvelles : de leur santé d'abord, puis de la façon dont elles vivaient, s'occupaient et surtout surmontaient les difficultés de chaque jour... D'après ses dires, Albane le questionnait aussi sur Foubrac et les chevaux, s'inquiétant de savoir si ces derniers avaient suffisamment à manger. Bien sûr, elle n'ignorait pas que la demoiselle leur était très attachée... Chaque semaine, le jeune charbonnier leur apportait quelques provisions de la part de leur amie commune. Elle partageait volontiers les denrées chères, offertes par son amant. Bénéficiant de sa générosité, elles reçurent des pots de confitures et de gelées, de la pâte à coings, quelques poignées d'épices. Et même un gros quartier de chevreuil fumé sous la cendre de la cheminée d'Albane. Thierry était toujours bien accueilli et c'était fête à chacune de ses visites. Non seulement les jouvencelles avaient hâte de l'interroger, mais aussi de découvrir ce qu'il apportait dans sa précieuse besace... Aussi Mélisande et Gervaise l'invitaient-elles à veiller en leur compagnie, c'était l'une des rares distractions de ces longues journées d'hiver, car la nuit tombait très tôt. L'avant-dernière semaine de l'Avent, par un jour de grand froid, peu avant sixte, on frappa à la porte de la cabane. Foubrac s'élança dans cette direction en frétillant de la queue. Gervaise se doutait bien qu'il s'agissait de Thierry, mais demanda toutefois qui était là, avant d'ouvrir.

—N'craignez point, s'annonça une voix désormais familière.

Gervaise le fit entrer dans leur modeste chaumière, lui proposa de s'asseoir sur le banc, et prépara une tisane pour tout le monde. Sans perdre de temps, il leur apprit qu'Albane les invitait tous les trois à venir fêter le jour de la Nativité dans sa cabane. Aimeri était de garde au château et elle serait seule toute la journée avec ses petits. Thierry les guiderait à travers la forêt et à cheval, ce n'était pas très loin, à une demi-journée de marche environ.

—Alors, on y va tous les trois ? les questionna-t-il un peu surpris parce qu'il les voyait hésitantes. Avec vos bêtes, on s'ra rendu chez Albane en un rien d'temps...

Puis il formula une autre question embarrassante et ne put se retenir de rougir :

—Demoiselle, vous voudricz pas m'montrer comment on fait pour chevaucher ? Depuis l'temps que ça m'fait envie, mais mes pauvres parents avaient pas de quoi s'payer une mule ou un baudet...

—C'est promis, je t'enseignerai les rudiments de l'équitation, lui répondit Mélisande, étonnée par sa demande. Ce n'est pas compliqué, Gervaise s'est initiée pratiquement toute seule sur le dos de Tonnerre tellement il est brave. Si je te guide en te donnant quelques conseils pour monter, tu ne craindras pas grand chose avec lui. Tu aimes donc les chevaux, Thierry ?

—Oui da, demoiselle...clama-t-il avec ferveur. Depuis tout p'tiot, j'aim'rais tant grimper d'ssus...

Le jour de Noël, trois heures avant l'apparition de l'aube, Thierry grattait à la porte de leur cabane. Demoiselle Mélisande avait déjà harnaché et sellé les chevaux et ils partirent tous les trois. Naturellement, Foubrac se réfugia bien au chaud à l'intérieur de la cape de la demoiselle. Gervaise avait pris Thierry en croupe et avec Gracieuse, ils s'engagèrent dans la forêt enneigée. En raison de l'importante quantité de neige tombée la veille, il faisait clair comme en plein jour. Le jeune charbonnier enserrait la taille de la petite Gervaise avec une satisfaction évidente. Invoquant le prétexte qu'il ne voyait plus rien devant lui, parce que sa silhouette lui masquait la vue, il en profitait pour appuyer le menton avec une familiarité déconcertante sur l'épaule de celle-ci. Il prenait son rôle de guide très au sérieux et elles comptaient sur lui pour qu'il leur montre le chemin. Demoiselle Mélisande chevauchait en tête sur Gracieuse et attendait les indications du jeune charbonnier. Plus exactement, ils avaient convenu avant leur départ que s'il ne lui disait rien de particulier, elle ne s'était pas trompée de direction. Dans le cas contraire, il l'avertirait immédiatement pour éviter de perdre du temps. La demoiselle lui avait expliqué qu'elle désirait se soumettre à une sorte d'épreuve, afin de savoir si elle se remémorait l'itinéraire emprunté au début du mois sans s'égarer. Au lever du jour, Foubrac ne tenait plus en place et Mélisande le fit sauter à bas de Gracieuse. Le chien les précédait sur le chemin en aboyant très fort, trop content de se dépenser en gambadant d'un fourré à l'autre. Dès qu'il s'éloignait dans les bois pour suivre la piste d'un quelconque gibier, sa maîtresse le sifflait pour le rappeler à l'ordre.

Le trio d'amis arriva en milieu de matinée à la cabane d'Albane, Noiraud les guettait un peu plus haut avant la fameuse descente et les accueillit avec des jappements joyeux. Albane sortit en courant, leur sauta au cou pour les embrasser tous les trois. Puis elle déclara aux demoiselles en riant, qu'elle était vraiment heureuse de les revoir et de passer la journée en leur compagnie ainsi que celle de Thierry. Albane avait préparé un succulent repas, auquel ses invités firent honneur... Pour distraire les plus jeunes, la demoiselle entonna des chants de Noël de sa belle voix chaude, mélodieuse. Elle avait pris le petit Lucas dans ses bras et il l'écoutait bouche bée. Subjuguée par la magie de l'instant, Berthe essayait de répéter les paroles des cantiques, mais l'élocution de Mélisande était trop rapide et elle ne comprenait pas toujours leur sens. Ce qui énerva la fillette, poussée par le désir réel de chanter comme la demoiselle. Déçue, elle tira sa maman par la manche pour lui faire promettre de lui apprendre les belles chansons de leur amie...

Pourtant, Mélisande avait vraiment le cœur serré et se languissait des siens : elle songeait très fort à ses petites sœurs et à ses frères qui adoraient ces chants de Noël. « Que faisaient-ils en ce moment au château du baron ? Pensaient-ils encore un peu à leur grande sœur ou l'avaient-ils déjà oubliée ? »

C'était la première fois qu'elle fêtait Noël loin des siens, et elle se souvenait de l'ambiance chaleureuse régnant à Bissey à cette occasion. Mais elle n'avait pas le droit d'attrister les autres par de sombres pensées et elle se força à chanter encore et à rire comme tout le monde. La journée se déroula de manière très agréable, mais l'heure de la séparation approchait. Thierry, qui observait la tombée de la nuit par l'unique et étroite lucarne de la cabane, se leva d'un seul coup et annonça qu'il était temps de partir. Albane gâta ses nouvelles amies en leur offrant de précieuses provisions qu'elles rangèrent dans les fontes de leur selle. La belle rousse promit de demander de leurs nouvelles de temps en temps, puisque Thierry leur servait de messager et se déplaçait d'un versant de la montagne à l'autre, pratiquement toutes les semaines. D'ailleurs, au grand étonnement de Mélisande, le retour fut très rapide si elle le comparait à leur première expédition extrêmement laborieuse et pénible. Comme Thierry connaissait le trajet par cœur, il n'y eut pas la moindre anicroche en chemin, la forêt étant quasiment déserte. Maintenant Gervaise se tenait correctement à cheval et avait assimilé les gestes essentiels pour diriger Tonnerre, surtout se faire obéir de lui. D'autant que le demi-sang avait bon caractère et se montrait docile dans l'ensemble, celle-ci avait appris à le connaître et à anticiper ses réactions rarement violentes. Un respect commun s'était établi entre la cavalière et sa monture. Sans parler d'une solide affection qui s'était nouée entre eux et grandissait de jour en jour. Bien qu'au départ, Gervaise se soit farouchement défendue d'éprouver un tel attachement pour un cheval. Dans la vie de servante soumise et limitée à l'horizon des cuisines du château qu'elle menait auparavant, elle n'aurait jamais imaginé qu'on puisse aimer un animal quelconque.

Pour se distraire, ils bavardaient tout en cheminant vers la cabane de l'ermite. Lorsque la demoiselle raconta à Thierry que Gervaise avait très peur des chevaux à peine un mois en arrière et qu'elle ignorait tout de l'équitation, les deux amies virent que ses affirmations le laissèrent très étonné, plutôt dubitatif. La nécessité ou plutôt l'urgence de la situation l'avait amenée à accomplir des progrès fulgurants en un laps de temps très court. Evidemment, elle était très fière de cet exploit. Depuis qu'elle ne travaillait plus aux cuisines du château, Gervaise s'était épanouie grâce à ce sentiment de liberté enivrant qui l'habitait à chaque instant. Elle répétait souvent à Mélisande qu'elle ne regrettait absolument pas le passé et que leur nouvelle vie méritait d'avoir enduré tous les tourments qu'elles avaient bravement supportés au moment de leur fuite. La demoiselle partageait son opinion sans aucune hésitation, mais la mettait toutefois en garde : elles n'étaient pas tout à fait au bout de leurs épreuves et d'autres événements pénibles les attendaient un jour ou l'autre. Leur condition instable de fugitives les amènerait à se sauver encore et toujours pour échapper à leurs poursuivants... C'était le prix inévitable à payer pour être libre, cependant Mélisande n'osait pas lui avouer que leur avenir l'inquiétait parfois. Mais Gervaise avait envie de vivre au jour le jour, de profiter de cette liberté toute neuve pour s'organiser comme elle l'entendait, sans contrainte particulière. Le plus important pour elle, c'était de ne plus être forcée d'obéir aux ordres de quiconque.

Le soir de Noël, Mélisande s'aperçut que l'amitié récente de Thierry comptait beaucoup pour son amie et que de tendres liens se tissaient entre eux... Le jeune charbonnier se rapprochait de Gervaise et ne manquait jamais une occasion de lui prouver son attachement. Lorsqu'elle descendit de Tonnerre, il voulut absolument l'aider, pourtant elle était tout à fait capable de sauter seule à bas de sa monture. Evidemment, il en profita pour la soulever dans ses bras. Gervaise rougit et prétendit que c'était inutile, mais se ravisa ensuite, parce que les attentions de Thierry ne la laissaient pas indifférente. Mélisande, qui avait assisté à la scène, s'éloigna très vite pour leur laisser un moment d'intimité. Une fois à l'intérieur de la cabane, il les aida à ranger les provisions sur l'étagère en un tour de main, se proposa pour ranimer les braises du foyer, rentrer du bois... Après un clin d'œil complice à Gervaise, Mélisande l'invita à souper avec elles. Evidemment, il accepta avec reconnaissance et se montra très gai au cours de la soirée qu'ils passèrent tous les trois au coin du feu en compagnie de Foubrac.

Comme il était vraiment tard, il n'était pas question que leur ami voyage par ce froid au milieu de la nuit, aussi resta-t-il dormir dans la paille auprès des chevaux... Le lendemain, lorsque les demoiselles s'éveillèrent, Thierry avait déjà disparu. Mais elles découvrirent un superbe bouquet de houx posé devant la porte, sans doute était-ce une délicate attention de sa part ? Comme tous les matins, elles sortirent pour prendre soin des chevaux. En milieu de matinée, alors que la demoiselle faisait du ménage dans la cabane, elle découvrit par hasard le ballot de linge emporté au moment de leur fuite et qu'elle avait oublié depuis longtemps. Elle attendit le retour de Gervaise, qui était allée faire brouter Tonnerre et Gracieuse. Son amie avait profité d'un rayon de soleil matinal en espérant qu'il ferait fondre la neige. « Pourquoi ne pas abandonner leur statut féminin et se transformer en hommes ? » lui suggéra Mélisande enthousiaste. D'après elle, le fait de se déguiser en hommes leur procurerait de nombreux avantages non négligeables dans leur situation de fugitives. Le premier, le plus important de tous à ses yeux, leur permettrait de mieux dissimuler leur identité, de se cacher et de se faire oublier de tout le monde. D'une part, elles tromperaient plus aisément leurs poursuivants, puisqu'ils recherchaient deux jouvencelles et non deux jouvenceaux...

De façon très naïve, Mélisande espérait que ce serait également un moyen efficace pour échapper à l'assassin. Elle avait déjà chassé de sa mémoire le meurtre du jeune Auberi, pourtant son père lui avait expliqué que ce dernier l'avait confondu avec une fille. Mais elle se disait que si elles se métamorphosaient en garçons, elles ne tomberaient plus entre ses griffes, oubliant qu'elles conserveraient des traits féminins, une grâce et une fragilité qui n'abuseraient personne... Quant à Gervaise, l'argument le plus convaincant se résumait ainsi : les vêtements masculins étaient plus adaptés à leurs nouvelles conditions de vie. C'était tellement plus pratique pour travailler, monter à cheval, chasser ou couper du bois... Leurs grandes jupes trop amples gênaient leurs mouvements, elles risquaient de s'empêtrer les pieds dedans et de tomber si elles n'y prenaient pas garde. Un autre inconvénient majeur toujours selon elle, leurs robes d'une longueur embarrassante traînaient toujours par terre et se mouillaient très vite, si elles n'avaient pas le temps ou les mains libres pour les relever.

Pour que la transformation soit plus crédible aux yeux de tous, une fois que les fugitives eurent revêtu les vêtements des frères de la demoiselle, elle fit une proposition étonnante à son amie. Un dernier sacrifice lui paraissait nécessaire, si elles souhaitaient qu'on les prenne vraiment pour des damoiseaux. Sinon, une longue chevelure bouclée comme la sienne les trahirait assurément. Mélisande se précipita vers l'étagère, se saisit d'une vieille paire de ciseaux appartenant à l'ermite et demanda à Gervaise de lui couper ses deux nattes. Surprise, celle-ci hésitait beaucoup, tergiversait sans fin, en lui opposant toutes sortes de prétextes pour retarder le moment de s'exécuter.

—Vos cheveux y'sont trop beaux, demoiselle, lui affirma-t-elle. Faut pas les couper, cachez-les plutôt sous une coiffe...

—Ils s'échapperont du bonnet ou du chapeau, dès que j'exécuterai un mouvement plus vif que les autres. As-tu réfléchi à cet inconvénient ? lui rétorqua Mélisande, réaliste. Allez, taille dans la masse Gervaise, l'encouragea-t-elle avec un grand sourire. Dans notre cas, il faut mieux perdre ses cheveux que la vie... Ce n'est pas quelque chose de définitif, ils repousseront plus drus qu'ils ne l'étaient...

Comme Gervaise ne se décidait toujours pas à agir, Mélisande coupa elle-même ses tresses :

—Maintenant, c'est fait, Gervaise. Aide-moi à arranger ce qui me reste sur la tête, de façon à obtenir une coupe vraiment masculine, au carré par exemple...

—C'est y'pas dommage, demoiselle, soupira son amie. Y'aura pas trop d'regret pour mes cheveux, y'sont pas beaux...

—Ah, Ah ! tu m'étonnes fort, la taquina la demoiselle. Et moi, qui croyais que tu avais envie de te faire belle pour plaire à Thierry ? poursuivit-elle d'un air coquin.

—Arrête de te troubler, Gervaise, reprit la demoiselle, plus sérieuse. Il n'y a rien de mal à cela, au contraire... C'est un garçon sérieux, très serviable. Sans compter que tu lui plais également... Dans notre situation, son amitié nous est précieuse...

— Demoiselle, j'ai peur des hommes, la coupa Gervaise en rougissant de honte. Une peur bleue, depuis que c'Macaire m'traquait dans tous les coins du château...

— Justement, tu changeras d'avis à ce sujet, lui promit Mélisande avec assurance. Crois-moi, Gervaise, c'est différent lorsqu'on est amoureux, qu'il y a une attirance commune...

Cependant, elle s'arrêta à temps car elle ne voulait pas laisser entendre qu'elle avait une certaine expérience dans ce domaine. Ses confidences l'auraient amenée très vite à énoncer des regrets inutiles en ce moment.

— Heureusement pour nous, ma belle, poursuivit la demoiselle d'un ton rassurant. Les hommes ne sont pas tous violents ni agressifs à l'égard des femmes. L'important, c'est de choisir le bon sans se tromper, celui à qui l'on peut accorder sa confiance...

Naturellement, comme Mélisande prononçait ces paroles sensées, le souvenir de Gaultier de Marnay resurgit de sa mémoire et l'émut davantage qu'elle ne l'aurait cru... Néanmoins, il conforta son opinion sur le sexe masculin.

Peu après Noël, Thierry leur rendit souvent visite, sous prétexte de leur apprendre à se servir d'un lance-pierres et fabriquer des armes de fortune. Au moment de leur fuite, Mélisande avait songé à emporter une épée et un poignard toujours attaché à sa ceinture et elle s'entraînait tous les jours à tirer à l'arc. Pour la plus grande joie du jeune charbonnier, elle tint sa promcssc ct lui donna ses premières leçons d'équitation sur Tonnerre. Il était ravi de la confiance de la demoiselle qui l'autorisait à manipuler l'imposant cheval. Auparavant, elle avait observé ses gestes doux et prévenants à l'égard de Tonnerre. L'apprentissage ne posa aucune difficulté particulière et Thierry adorait chevaucher à cru, soucieux d'obtenir plus rapidement une meilleure assiette. Mélisande lui donna raison et ils passaient de grands moments en compagnie des chevaux. Les progrès de Thierry étaient si rapides, qu'elle songeait bientôt à lui faire monter Gracieuse. Elle n'avait jamais rencontré quelqu'un d'aussi motivé dans le domaine de l'équitation et d'aussi respectueux envers les chevaux. A l'exception, peut-être du jeune palefrenier des écuries de son père qui les avait aidées à s'enfuir... Mais comment s'appelait-il déjà ? Elle avait presque oublié le nom de Garnier, mais se souvenait très bien de l'insistance de ses baisers passionnés. Les boucles courtes de couleur châtain clair de Mélisande faisaient ressortir la beauté de l'ovale de son visage, l'épuraient en quelque sorte en le mettant en valeur. Mais en aucune manière, on n'aurait pu la confondre avec un homme, elle avait des traits trop fins et extrêmement délicats pour qu'on puisse s'y tromper. Son corps et notamment son squelette l'auraient également trahie. Elle avait une ossature légère, des poignets et des chevilles si fins, si déliés, qu'ils ne pouvaient pas appartenir à un homme. La nouvelle coiffure de Gervaise arrangeait son apparence, disciplinait ses cheveux, même si elle lui apportait une touche franchement masculine. Comme elle n'avait pratiquement pas de formes féminines ou qu'elle les dissimulait habilement, le leurre était plus facile à admettre dans son cas.

— Vous êtes joliettes comme ça, leur déclara Thierry en riant, alors qu'elles ne s'attendaient pas à une telle audace de sa part.

— Ah ! bon, tu trouves ? s'étonna Gervaise. C'est qui la plus belle ? ajouta-t-elle pour le mettre dans l'embarras.

— A ton avis ? lui rétorqua-t-il, le regard malicieux, parce qu'il souhaitait la taquiner à son tour. C'est peut-être mieux d'vous accoutrer de la sorte. Enfin, si ça vous aide à éloigner l'maudit assassin... Ce que j'souhaite d'tout cœur, avoua-t-il avec un accent de sincérité.

— Nous te remercions pour ton compliment, lui répondit la demoiselle. Pour ce qui est du monstre, ne te tracasse pas trop à ce sujet, Thierry. Nous lui avons déjà échappé une fois et nous n'avons pas envie de mourir ni l'une ni l'autre. Pas vrai, Gervaise ?

— Pour sûr, demoiselle, approuva celle-ci. On aime trop la vie et tout ce qu'elle a d'bon...

— Tu veux dire quoi ? la questionna Thierry, soudain intéressé. Par hasard, t'aurais pas envie de te marier ou de te fiancer avec un gars honnête ?

— T'es pas un peu fou ? le coupa Gervaise, hilare. Albane t'a pas dit ? s'étonna-t-elle. C'est pour ça qu'on s'est ensauvées du château. On voulait nous marier d'force...

— C'est la triste vérité, reprit Mélisande d'un ton très sérieux. Mon père souhaitait me faire épouser un vieux baron vicieux et Gervaise était harcelée sans cesse par un gros sergent ventripotent... Nous sommes des insoumises ou des révoltées si tu préfères, qui chérissons la liberté plus que tout au monde. Ce n'est sans doute pas un parti enviable pour un garçon sans histoire ?

— C'est à lui d'trancher, demoiselle, lui répondit-il d'une manière très juste.

Fine mouche, Mélisande se doutait que sans sa présence, Thierry aurait volontiers passé une main dans les cheveux de Gervaise pour les ébouriffer. Mais au cours de la conversation, il retint son geste même s'il brûlait d'envie de l'accomplir, parce qu'il craignait le jugement de la demoiselle. Aussi Mélisande s'arrangeait-elle pour se transformer en petite souris et inventait-elle toutes sortes de prétextes pour les laisser seuls le plus souvent possible. D'un geste décidé, elle se saisissait de son arc, sifflait son chien et s'en allait chasser dans les bois environnants. Ou bien elle filait aux écuries, Foubrac sur les talons, pour s'occuper de sa jument et de Tonnerre. Le plus fréquemment, elle les emmenait brouter dans une pâture à côté de la cabane, mais à cette saison, il n'y avait plus guère d'herbe : que de menues brindilles chétives et clairsemées. Avec sa paire de chevaux tenus en bride, elle contournait les tombes des deux saintes, situées à quelques pouces de l'immense rocher surplombant leur chaumière. C'était un endroit idéal pour ses bêtes, très plat, bordé de haies de chaque côté, où elle pouvait les lâcher en liberté et les rappeler ensuite en les sifflant. Proche de sa cavalière, Gracieuse ne cherchait jamais à s'écarter bien loin et Tonnerre se plaisait en sa compagnie. Mélisande les surveillait d'un œil, tout en taillant un morceau de bois avec son couteau, pendant que les chevaux soufflaient sur l'herbe rase, le plus souvent gelée, pour la dégivrer avant de brouter... C'était une technique imparable... Il neigea une grande partie du mois de janvier et un froid d'une rigueur exceptionnelle enfermait les gens à l'intérieur de leur maison, limitant les activités agricoles à l'essentiel, suspendant le moindre déplacement que l'on reportait à plus tard. Les deux fugitives se sentaient à la fois isolées, comme coupées du monde, mais en même temps bien protégées à l'intérieur de la cabane de l'ermite. Le mauvais temps dissuaderait le baron Eudes de poursuivre activement ses recherches dans un périmètre plus étendu. Quelle raison pressante le pousserait à grimper jusqu'ici avec ses soldats pour explorer l'autre versant de la montagne, alors qu'il gelait à pierre fendre tous les jours ? Les chemins verglacés, enfouis sous des quantités considérables de neige, devenaient impraticables et dangereux. Les habitants de ces contrées inhospitalières se terraient à l'intérieur de leur chaumière pour se réchauffer... Maintenant, Thierry leur rendait visite presque tous les jours et ils s'occupaient comme ils le pouvaient à l'intérieur de la cabane. Mais à la fin janvier, de nouvelles complications vinrent bouleverser leur quotidien si tranquille et si bien organisé. Il y eut d'abord une première alerte, un dimanche matin, où leur ami charbonnier secoua avec rudesse la porte de leur cabane, alors qu'elles dormaient encore profondément.

—Demoiselle, demoiselle, vite, leur cria-t-il d'une voix affolée. Y'a une troupe de soldats dans la cour des Robin...

Mélisande et Gervaise prirent le temps de se vêtir avant de lui ouvrir.

—Vrai, Thierry ? l'interrogea la demoiselle, incrédule.

—Oui da, demoiselle, lui affirma-t-il. Si vous partez pas sur le champ, ils vous attraperont dans moins d'une heure...

Aussitôt Gervaise prit une louche d'eau dans le seau pour éteindre les braises, mit un peu de désordre dans la pièce pour faire croire qu'elle était inhabitée depuis longtemps. Mélisande avait déjà filé aux écuries et en sortait avec les deux chevaux, au moment où Gervaise et Thierry poussaient la porte de leur cabane. Tant bien que mal il l'avait aidée à dissimuler leurs provisions sous le lit et dans une sorte de cache creusée dans le mur, de façon à éviter que les soldats ne saccagent tout au cours de leurs fouilles. Dans leur situation précaire, elles ne pouvaient s'offrir le luxe du moindre gaspillage de nourriture. Accompagné de Foubrac, les trois jeunes gens eurent à peine le temps de se cacher. Comme ils arrivaient à la pâture jouxtant la cabane, ils perçurent un bruit de galopades effrénées sur le chemin d'en bas. Le baron Eudes en personne dirigeait les recherches et Mélisande reconnut la voix familière de son père.

—A mon avis, on fait encore fausse route, disait-il à quelqu'un qu'ils ne reconnurent pas tout de suite. Pourquoi as-tu pensé à la cabane de l'ermite, Aimeri ?

—On ne sait jamais seigneur, lui répondit ce dernier sur un ton mystérieux. Comme elle est inoccupée depuis cet automne, elle pourrait servir de refuge commode...

Un soupçon terrible effleura soudain l'esprit de Mélisande. C'était peut-être leur amie Albane qui les avait trahies en se confiant à son amant ? Malgré sa volonté de se taire, elle ne put s'empêcher de leur faire part de ses doutes, en chuchotant cette idée à l'oreille de Thierry qui protesta vivement :

— C'est pas possible, demoiselle, affirma-t-il sur un ton catégorique. J'la connais, Albane, elle est franche et droite. Elle livrerait jamais personne...

— Je suis désolée d'avoir parlé sans prendre le temps de réfléchir, reconnut Mélisande, chagrinée. C'est vrai qu'Albane ne nous aurait pas aidées en nous fournissant des provisions pour nous dénoncer plus tard...Sans elle, nous serions mortes de faim... J'ai honte d'avoir accusé notre amie et...

— Mais ça s'comprend, demoiselle, l'apaisa Thierry plutôt conciliant. A force d'être traquées pire que des bêtes, on finit par s'méfier d'tout le monde...

Gervaise n'avait pas participé à la conversation murmurée entre Mélisande et Thierry, parce qu'elle n'avait pas d'opinion vraiment établie à ce sujet. Mais l'arrivée du baron et de sa troupe armée la troublait également et sans les paroles rassurantes de leur ami commun, elle aurait peut-être douté d'Albane, elle aussi. Pendant ce temps, les soldats avaient envahi la petite cour et fouillaient partout à la recherche du moindre indice.

— Puisqu'on n'a rien trouvé dehors, pénétrons à l'intérieur pour trouver des traces de nos fugitives s'il y en a... ordonna le baron à Aimeri. Apparemment, la cabane est vide, on verrait de la fumée sortir de la cheminée. Ah ! comme c'est rageant, on a encore suivi une fausse piste et on s'est trompé comme d'habitude...

— Comme c'est curieux, seigneur, on dirait que les lieux ont été habités, il n'y a pas longtemps, remarqua l'intendant. Il ne fait pas froid et il y a une odeur de cuisine flottant dans l'air, dit-il en humant un peu partout.

Intrigué par ses paroles, Eudes inspecta à son tour l'intérieur avec un soin méticuleux, mais il ressortit bientôt, déçu par ce qu'il avait pu constater.

— Fichtre, ça pue le renfermé, admit-il, agacé. Mais il n'y a rien d'exceptionnel à ça... Il n'y a pas de chevaux dans la remise par hasard ?

Le soldat, chargé de vérifier ce dernier point, revint en secouant la tête de manière négative. Seulement, il n'avait pas pris la peine d'éclairer l'endroit avec une lanterne. Sinon, il aurait découvert les réserves de foin et la paille rangées tout au fond. Surtout, il ne possédait pas un odorat très sensible. Autrement, il aurait senti les remugles dégagés par les chevaux, mêlés à la pestilence des crottins produits au cours de la nuit. Sans bruit, les trois jeunes gens avaient quitté la pâture pour se cacher quelques lieues plus haut à couvert, se mettant à l'abri derrière un fossé lui-même enfoui derrière un enchevêtrement de ronces, un énorme taillis hérissé de nombreuses épines piquantes, par conséquent repoussant. De plus, ils avaient pris garde à se placer dans le sens contraire du vent, de telle façon que les chevaux de leurs poursuivants ne puissent flairer l'odeur de leurs congénères. Dans le cas contraire, ils auraient henni pour les appeler... Les premiers soldats arrivèrent à bride abattue dans la prairie qu'ils venaient de quitter quelques minutes auparavant. Le seigneur Eudes galopa jusqu'à eux pour leur déclarer :

— Il n'y a personne dans ces solitudes glacées, nous perdons notre temps et allons rebrousser chemin. Mais pour regagner Bissey, nous allons nous partager en deux groupes, afin d'explorer chacun un versant différent de la montagne...

— Aimeri, tu prendras la tête du second groupe, commanda-t-il à son intendant. Viens par ici, que je t'explique la façon de procéder... Avec tes hommes, tu descendras par le versant oriental, le plus à l'est si tu préfères, tu pousseras jusqu'en bas du côté du Moussoy, tandis que je fouillerai en direction de l'ouest. Tu salueras au passage la belle Albane de ma part, reprit-il en adressant un clin d'œil coquin à Aimeri.

— Vous pouvez compter sur moi, lui répondit l'intéressé, rendu joyeux à la perspective d'une rencontre avec sa maîtresse. Mais je comprends pas, seigneur, où elles ont pu disparaître de cette manière. C'est incroyable, elles ne peuvent tout de même pas se cacher dans la tanière d'un renard ou la bauge d'un sanglier... On finira par les débusquer, peut-être qu'on mettra la main dessus en redescendant...

— Oh ! moi, je ne me fais plus guère d'illusion, l'interrompit Eudes d'une voix cassée. Il n'y a plus grand espoir de les retrouver vivantes, le monstre les a sûrement enterrées dans un coin de la forêt et on ne le saura jamais... Je ne reverrai plus jamais ma pauvre fille, ma belle Mélisande, dont j'étais si fier, conclut-il, désabusé. Ah ! si j'avais su anticiper l'avenir, je l'aurais mieux surveillée... C'était mon rôle de père de la protéger, même si elle agissait contre elle-même, lâcha-t-il, les larmes aux yeux.

— C'est de sa faute aussi, seigneur, reprit Aimeri dans l'espoir de le réconforter. Faut pas vous tourmenter de cette manière... Quelle idée absurde de s'enfuir du château, alors qu'un assassin sévit dans les bois et qu'elle était entourée, protégée par nous tous ! Je ne comprends pas...

— Il n'y a rien à comprendre, trancha le seigneur devenu subitement agressif. Contente-toi de m'obéir Aimeri...

— D'accord, seigneur, approuva l'intendant en baissant la tête.

Un court instant, face au désarroi sincère, exprimé par son père, Mélisande avait été tentée de sortir de sa cachette et de se jeter dans ses bras... Mais elle connaissait trop bien le baron, passé le moment émouvant des retrouvailles, il ne lui aurait pas pardonné aussi facilement et l'aurait forcée à se marier les jours suivants. Un autre scrupule la retenait également et l'obligeait à faire abstraction de ses propres sentiments : elle n'avait pas envie de trahir et d'abandonner Gervaise, qui serait peut-être plus sévèrement punie qu'elle. Dans le pire des cas, le baron rejetterait toute la faute sur la pauvre servante, elle savait de quoi il était capable... Alors elle attendit sagement le départ des soldats en compagnie de ses amis. La seconde alerte fut la plus sérieuse de toutes. Cette fois-ci, au lieu de compromettre leur liberté, elle mit tout simplement leur vie en danger.

Après la venue impromptue du baron et de ses soldats, les demoiselles ressentaient une impression bizarre et mal définie comme si quelqu'un, en l'occurrence l'assassin, les épiait et rôdait dans les alentours de leur territoire. Vaguement inquiètes, elles se doutaient qu'il se passait quelque chose d'anormal comme si on surveillait étroitement leurs allées et venues, parce qu'elles entendaient parfois une branche craquer aussitôt après leur passage. Une fois même, elles avaient cru voir un buisson bouger. Mais Foubrac n'avait rien remarqué de particulier ni flairé la moindre présence suspecte. L'absence de réaction du chien les rassurait et elles se disaient qu'elles se faisaient sûrement des idées, qu'elles avaient été bouleversées toutes les deux par l'excursion récente du baron... Un soir, à la nuit tombée, quelques minutes après le départ de Thierry, elles perçurent des bruits étranges, étouffés, comme si on marchait derrière la cabane. A plusieurs reprises, Foubrac gronda de manière anormale, le poil hérissé sur le dos, comme pour signaler l'imminence d'un danger. Mélisande et Gervaise eurent alors terriblement peur et se précipitèrent jusqu'à l'entrée, afin de vérifier si la barre de la porte était bien positionnée dans les encoches percées de chaque côté du mur directement dans la pierre. Enfin, elles s'épaulèrent pour traîner plusieurs gros morceaux de bois, qu'elles disposèrent en travers de l'ouverture pour empêcher quiconque d'entrer. C'était comme un véritable barrage érigé devant la porte, une barrière supplémentaire pour décourager toute tentative d'intrusion. Mais à leur grande stupéfaction, elles tendirent soudain l'oreille, persuadées que quelqu'un marchait sur les lauzes du toit. Aussitôt, Foubrac leva le nez en l'air et jappa très fort pour signaler ce fait anormal, révélant la preuve d'une présence indésirable. Serrées l'une contre l'autre, les demoiselles se retinrent de hurler de frayeur, priant pour que la charpente du modeste édifice les abritant soit suffisamment résistante et que personne n'atterrisse à l'intérieur sans y avoir été invité.

Les aboiements du chien s'intensifièrent et résonnèrent à leurs oreilles, les affolant, puis les terrorisant davantage. En manifestant une aussi grande agressivité, leur fidèle gardien signalait qu'il était prêt à défendre ses jeunes maîtresses et qu'on aurait affaire à lui, si on se risquait à les attaquer. Est-ce que ses menaces bruyantes furent suffisamment dissuasives pour décourager le maraudeur ? Ou est-ce parce qu'il ne trouva pas de faille ou de moyen quelconque pour pénétrer dans la pièce ?

Pour le moment, elles ne connaîtraient pas encore la vérité... Au bout de très longues minutes, Foubrac cessa de japper, gronda encore de temps en temps, mais de façon moins menaçante, puis il se calma... Apparemment, les bruits insolites avaient cessé eux aussi, la porte de la cabane n'avait pas été forcée et ses occupantes éprouvèrent un immense soulagement. Pourtant, elles ne fermèrent pas l'œil de la nuit, encore bouleversées par l'incident, redoutant une véritable agression après l'échec de la première.... Foubrac s'était étendu au milieu d'elles sur la paillasse et sa présence les réconfortait vraiment. Dès le lever du jour, elles débloquèrent la porte avec d'infinies précautions, tendirent l'oreille avant de se risquer au dehors. Serrant son poignard d'une main, Mélisande s'était armée de sa vieille épée de l'autre et s'avança courageusement la première. Dans la cour, elles ne remarquèrent rien d'anormal et se hâtèrent en direction de la remise pour seller les chevaux, Foubrac ne les quittait pas d'un pas. Cependant, lorsqu'elles sortirent de l'abri en planches, Gervaise indiqua du doigt à son amie des traces sombres souillant la neige immaculée devant la fenêtre de la cabane. Mélisande s'approcha aussitôt en tenant Gracieuse par les rênes, se baissa pour mieux les examiner, car il ne faisait pas très clair.

— Mais on dirait que c'est du sang, s'exclama-t-elle, stupéfaite. Viens voir, Gervaise...

— Y'a pas d'doute, demoiselle, c'est bien du sang, lâcha celle-ci, après s'être penchée à son tour.

Malgré ses efforts pour paraître détachée, elle devint toute pâle.

— Y'a eu un blessé, reprit-elle en se ressaisissant. Un homme ou une bête ? Pour l'instant, on peut pas savoir...

— Dans tous les cas, il s'est passé quelque chose ici, cette nuit, affirma Mélisande, très inquiète. Ne tardons pas à rejoindre le campement des charbonniers... Thierry nous viendra en aide pour démêler cette histoire étrange...

— Mais il l'a défendu, demoiselle, l'avertit Gervaise. A cause d'la femme du vieux charbonnier...

— Certes, Gervaise, il nous l'a interdit en temps ordinaire. Sauf s'il se passe quelque chose de très grave, la coupa Mélisande, agacée. A mon avis, c'est bien le cas, un danger nous menace, ma belle...

— Pour sûr, demoiselle, conclut Gervaise. Partons vite...

17 - *Seconde errance forcée à travers le bas Morvan et découverte d'une grotte préhistorique.*

La petite Gervaise était déjà en selle, haut perchée sur le dos de Tonnerre. Mélisande mit le pied à l'étrier et elles quittèrent la Roche aux Saintes en se tenant sur le qui-vive. Avant de partir au trot sur le sentier, elles observèrent les alentours, l'oreille tendue, afin de déceler une présence inconnue ou un danger imminent les guettant. Mais les aboiements joyeux et les gambades incessantes de Foubrac les renseignèrent tout de suite : pour l'instant, il n'avait rien remarqué de suspect. Avec sagesse, elles se résignèrent à lui faire confiance... Encore engourdie par le froid – il avait gelé très fort au cours de cette nuit – la forêt, toute blanche, sortait à grand peine de sa torpeur nocturne. Cependant, le silence les entourait de toutes parts, les cernait comme une menace indéfinie, mais bien réelle. A part les manifestations bruyantes de leur chien, il leur semblait que la vie avait déserté les bois environnants. Qu'à des lieues à la ronde, il n'y avait plus aucune trace, aucun signe d'être vivant dans ces solitudes glacées à l'atmosphère sinistre, ce matin-là... Malgré leur courage, elles frissonnèrent d'appréhension, pressèrent les flancs de leur monture pour s'éloigner au plus vite. Une sensation étrange les frappa comme si d'un seul coup, ces lieux familiers, si agréables d'ordinaire, se transformaient en scènes de théâtre cauchemardesques. C'était contraire à leurs habitudes : la plupart du temps, elles les parcouraient en se sentant vraiment à l'aise, ressentaient même un certain bien-être et beaucoup de plaisir à se promener au milieu de cette nature sauvage, d'une beauté réellement touchante. Mais ce matin-là ne ressemblait à aucun autre et chassait au loin les moments de bonheur vécus dans la forêt...

— Allons, il n'y a rien de changé ni d'anormal par ici, commença Mélisande pour briser le silence pesant. Dès que nous aurons retrouvé notre ami, il élucidera ce mystère, j'en suis sûre...

— Moi aussi, demoiselle, approuva Gervaise. Personne nous a fait d'mal, c'est c'qui compte...

Les deux fugitives continuèrent à deviser le long du sentier désert. C'était un moyen comme un autre de se rassurer et de trouver le temps moins long. Comme le chemin traçait une longue courbe sinueuse à main droite et qu'elles longeaient une sorte de ravin dangereux, plongeant à pic jusqu'en bas, elles ralentirent l'allure de leur monture. A ce moment-là, Foubrac qui trottinait devant Gracieuse et Tonnerre, s'arrêta net et se mit en arrêt : la patte droite levée, le nez en l'air, comme s'il avait flairé un quelconque gibier. Les cavalières stoppèrent aussitôt leurs chevaux et observèrent la réaction curieuse du chien. Son manège les intriguait fortement toutes les deux : il allait et venait le long de ce fossé profond comme s'il cherchait quelque chose qu'il ne trouvait pas. Puis il courut un peu plus loin, s'engagea dans le tournant et elles firent repartir leur monture au pas pour le suivre. A leur grand étonnement, Foubrac avait disparu en l'espace de quelques secondes à peine. Plus de chien dans les parages, ni sur le chemin ni dans les proches environs : il s'était volatilisé comme un fantôme...

Mélisande le siffla et lui, en général si obéissant, ne revint pas tout de suite à son appel. Gervaise était descendue de cheval et scrutait le fossé, mais la clarté de la neige l'aveuglait. Comme elle ouvrait la bouche pour annoncer : « R'gardez, demoiselle, il a dévalé jusqu'en bas vot'Foubrac... »Le chien hurla à la mort et poussa un long cri lugubre, interminable, qui les alarma toutes les deux. A son tour, Mélisande sauta de Gracieuse sans plus attendre.

— Reste ici pour t'occuper des chevaux, ordonna-t-elle à son amie. Surveille aussi attentivement le sentier et préviens-moi s'il y a quelqu'un...

La petite Gervaise n'eut même pas le temps de lui répondre, que la demoiselle entreprenait une descente périlleuse pour rejoindre Foubrac qui s'agitait toujours comme un vrai démon. Chaque fois que c'était possible, elle s'accrochait aux troncs d'arbres qu'elle rencontrait sur son passage pour avancer sur la pente verglacée. A une ou deux reprises, elle fut privée de ce moyen très commode, perdit l'équilibre, atterrit sur son derrière, projetée par une force invisible vers l'avant. Une autre fois, elle dérapa de manière incontrôlable et glissa carrément sur le dos, fort heureusement sur une courte distance. Presque toujours, un arbre, un arbuste, ou un buisson interrompait sa course et elle se rattrapait à l'une de ses branches. De la neige fraîche lui tombait devant les yeux ou coulait dans son dos, mais elle ne se décourageait pas et repartait sans perdre de temps. Son chien l'aperçut enfin, se précipita à sa rencontre en sautant de joie pour lui lécher le visage et les mains. Aussitôt, il aboya très fort pour l'entraîner à sa suite, la conduisit encore plus bas, tout au fond du ravin, où gisait un homme couché sur le flanc droit. Mais elle le voyait mal, parce qu'il lui tournait le dos. Le cœur battant, elle se demandait qui elle allait trouver... Le comportement du chien l'éclaira à l'instant même, Foubrac s'était précipité vers la forme allongée et lui reniflait le visage en poussant de petits gémissements plaintifs. Pas de doute, c'était une connaissance. Seulement, il y avait ces traces de sang inquiétantes dans la neige qu'elle avait repérées depuis quelques minutes, indiquant que cette personne était blessée. Peut-être même gravement, si elle considérait les taches de couleur rouge sombre encore fraîches, s'agrandissant au fur et à mesure qu'elle se rapprochait... Tout à coup, comme elle l'observait d'un œil inquiet, elle reconnut la veste en peaux de lapin de Thierry. Une main plaquée sur la bouche pour se retenir de crier, elle franchit la distance la séparant du blessé en courant et s'agenouilla auprès de lui.

Au moment où elle se penchait vers lui, il bougea et Mélisande aperçut son visage tourmenté, les traits déformés par la souffrance. C'était bien Thierry ! Alors elle posa une main amicale sur son épaule et il remua encore à ce contact. Puis elle l'aida à se retourner de l'autre côté comme il en manifestait le désir et il ouvrit enfin les yeux.

— C'est vous, demoiselle ? articula-t-il à grand peine, du sang avait séché à la commissure de ses lèvres. Faut pas rester là, sauvez-vous...

— Dieu soit loué, tu es vivant Thierry, s'exclama-t-elle, soulagée. C'est ce brave Foubrac qui t'a trouvé dans cet endroit impossible. Sans son flair infaillible, on passait à côté de toi sans te voir... Ne t'inquiète pas...

A peine avait-elle fini de parler, qu'elle fut debout et s'éloigna de quelques pouces du blessé pour se placer face à une trouée étroite entre les troncs d'arbres et les buissons de végétaux, débouchant sur le sentier d'en haut qu'elle apercevait depuis l'endroit où elle se trouvait.

—Attache solidement les chevaux à un arbre, Gervaise, criait-elle de toutes ses forces. Descends vite me rejoindre : Thierry est blessé... Tu as compris ?

—J'arrive, demoiselle. C'est pas trop grave ? s'affolait-elle.

—Presse-toi, Gervaise, s'il te plaît...

La demoiselle n'en dit pas davantage et courut sans perdre de temps en direction du blessé. Bien sûr, il n'avait pas bougé, toujours allongé dans la même position, Foubrac s'appliquait à lui débarbouiller le visage d'une manière consciencieuse.

—Où as-tu mal, Thierry ? lui demanda-t-elle d'une voix tendue par l'anxiété.

—Pas important, demoiselle, balbutia-t-il dans un souffle. Vous pouvez plus rien pour moi, vaut mieux me laisser là et partir toutes les deux... Vous sauver...

—Tu n'y songes pas, Thierry ? s'indigna la demoiselle, choquée par cette idée révoltante. Nous sommes tes amies et on allait justement te prévenir que...

—J'sais, demoiselle, la coupa-t-il d'un ton las. L'assassin rôde dans les parages et a essayé de rentrer chez vous...

—Mais tu étais encore là, hier soir ? s'étonna Mélisande.

—Avant d'partir, j'attends toujours un peu et surveille votre cabane, lui avoua-t-il. Il avait grimpé sur le toit pour rentrer... Quand il m'a vu, on s'est battu dans la cour, il avait un couteau et...

—Tu es sérieusement touché ? s'inquiéta la demoiselle.

—J'ai pris plusieurs coups, lâcha-t-il. J'me suis pas méfié...

—Mais je ne comprends pas : que s'est-il passé après votre lutte ? Pourquoi te retrouves-tu dans ce ravin ? le questionna encore Mélisande.

—Après, j'sais plus très bien, demoiselle, murmura le blessé, épuisé. Si, attendez : y'm'a chargé sur son cheval et j'avais mal... Ensuite, y'm'a traîné, jeté dans c'fossé...

Gervaise poussa un cri de bête blessée à mort quand elle le vit dans cet état, se précipita auprès de son amoureux. Courageuse, la demoiselle avait entrouvert sa veste et s'apprêtait à examiner la gravité de ses blessures. Mais elle s'aperçut qu'elle ne pourrait pas compter sur l'aide de son amie... Bouleversée et en larmes, agenouillée dans la neige, elle avait pris le visage de Thierry entre ses mains et le caressait doucement, l'embrassait sur les joues...

— Gervaise, c'est toi, ma Gervaise ? chuchota-t-il. J'suis content de t'revoir...

Exténué par tous ces efforts, il perdit connaissance, sa bien-aimée se mit à pleurer plus fort, de gros sanglots la secouaient tout entière sans qu'elle puisse contenir sa douleur.

— C'est fini, demoiselle, parvint-elle à articuler entre deux spasmes. Not'Thierry a trépassé. On est arrivées trop tard...

— Pas encore, ma Gervaise, on va s'occuper de lui, l'arrêta son amie. Certes, ses blessures sont sérieuses et il a perdu beaucoup de sang. Mais d'après moi, il a eu vraiment de la chance dans son malheur.

— C'est un homme solide, reprit Mélisande. A mon avis, il se remettra sûrement à condition qu'on le soigne sans tarder... Mais le plus dur, ça va être de le remonter là-haut...

— Vrai, demoiselle ? paniquait Gervaise toute pâle. Il est point...

— Assez de sottises, Gervaise, gronda son amie. Pose ton oreille sur sa poitrine et tu constateras par toi-même qu'il est toujours vivant... lui suggéra-t-elle habilement.

Gervaise lui obéit aussitôt et se releva le visage rayonnant :

— Oh ! merci, demoiselle. J'viens d'entendre son cœur...

— Ce n'est pas le moment de baisser les bras, ma belle, il faut agir sans perdre de temps si tu veux sauver ton amoureux... la bouscula Mélisande. Au fait, notre ami s'est battu pour nous protéger hier soir. Nous lui devons une fière chandelle...

Mais Gervaise ne l'écoutait plus, Mélisande l'aperçut un peu plus loin, qui se démenait à rassembler d'énormes branches abattues par le vent aux abords du fossé, puis elle s'efforçait de les traîner dans leur direction.

— J'remonte chercher une grosse corde, demoiselle, l'avertit-elle, très essoufflée. J'en garde toujours une ou deux dans les fontes de la selle de Tonnerre, ça va nous être utile...

Thierry n'était toujours pas revenu à lui, mais elles l'avaient installé sur une sorte de couche, un assemblage fabriqué à la hâte de gros morceaux de bois et de branchages plus fins, le tout relié à une solide corde de chanvre ceinturant les hanches de Gervaise. Bien avisée, elle avait pris la précaution d'en attacher également une autre à cette civière de fortune, qu'elle avait passée par-dessus son épaule droite. Cette dernière expliqua à son amie qu'elle aurait davantage de force pour haler et que ce système lui étranglerait moins le cou. Néanmoins, elle lui demanda de surveiller avec attention le brancard et de crier fort, si par malchance, il s'accrochait quelque part ou que Thierry tombe par-dessus bord... Le sol était jonché de nombreux cailloux tranchants et de petits arbustes piquants le hérissaient ici et là, ce n'était pas le moment de le blesser davantage ou de l'assommer... Une incroyable ascension commença alors sur la pente enneigée, emprisonnée dans une carapace de glace. La petite Gervaise s'aidait de la force de ses reins pour hisser son fardeau dans la neige et le verglas, plus sournois à bien des égards, se raccrochait aux troncs d'arbres pour ne pas basculer en arrière... La demoiselle l'encourageait et lui signalait les obstacles gênants, tout en poussant le blessé comme elle le pouvait pour l'aider de son mieux. De temps en temps, l'intrépide jouvencelle se ménageait des pauses pour reprendre son souffle, observait le terrain, afin de repérer les prochaines étapes à atteindre. Puis elle repartait à l'assaut de la montée, redoublait de vigilance, consciente du fait qu'elle devait absolument éviter de glisser ou de tomber, ce qui n'était pas une chose aisée. C'était une progression hasardeuse, franchement périlleuse, une seule maladresse de sa part risquait d'aggraver l'état de Thierry.

Dans son cas, une simple chute pouvait même lui être fatale. Mélisande l'encourageait encore et la félicitait pour sa prudence et son habileté à contourner les embûches et les pièges naturels, semés sur leur chemin. Enfin, elles aperçurent le sentier et il leur restait à peine quelques coudées à franchir pour l'atteindre, quand elles entendirent très nettement un bruit de galop. Aussitôt, Mélisande aida Gervaise à dissimuler le corps toujours inanimé de Thierry, elles tirèrent le brancard non sans mal et s'abritèrent toutes les deux derrière un taillis de ronces, le chien Foubrac retenu par son collier. Il y avait urgence ! C'était l'horrible monstre, l'assassin en personne ! Un ricanement mauvais parvint jusqu'à leurs oreilles.

— Ah ! Ah ! Il a eu son compte, le petit charbonnier... Bien fait pour lui, il avait qu'à se mêler de ses affaires, au lieu de protéger ces garces...

Tremblante de peur, Mélisande jeta un regard à l'endroit où elle avait découvert leur ami et elle s'aperçut qu'elles avaient oublié sa veste là-bas. Sa fameuse veste en peaux de lapins dont il était si fier ! De loin, celle-ci créait une sorte d'illusion, on pouvait croire que son corps était toujours étendu dans le fossé. C'est en le hissant sur le brancard de fortune, que le vêtement avait dû glisser par mégarde. Alors trop préoccupées par l'état du blessé, elles n'avaient pas fait attention à cette négligence. C'était une chance inouïe ! Sinon, le méchant homme serait sans doute descendu pour vérifier, chercher l'endroit où le cadavre avait disparu. Dans ce cas, il les aurait découvertes sans aucun mal. Alors elles auraient été perdues et Thierry aussi, par la même occasion... Mais les chevaux, leurs propres chevaux, allaient les trahir, songea tout à coup Mélisande, affolée par cette idée. Elle bâillonnait de toutes ses forces Foubrac pour l'empêcher de se manifester d'une quelconque manière. Mélisande ignorait encore que la petite Gervaise s'était entourée d'habiles précautions au sujet de leurs montures. Prudente, elle avait pris soin de les éloigner du lieu de passage avant de les attacher à l'écart dans une clairière qu'on ne voyait pas depuis le sentier. Puis le silence s'éternisa, se figea soudain, d'interminables minutes s'écoulèrent sans qu'elles sachent ce que l'assassin avait décidé de faire. Par miracle, tout à coup, elles entendirent qu'il repartait, claquait de la langue pour demander le trot à son cheval. Dieu soit loué ! Les jeunes gens l'avaient échappé belle.

Une fois le danger écarté, elles respirèrent enfin et peinèrent encore énormément pour hisser le blessé au bord du chemin. Gervaise se précipita ensuite jusqu'à la clairière pour ramener les chevaux, Mélisande la félicita de cette ruse qui leur avait sauvé la vie. Le visage en sueur, les joues écarlates, Gervaise haletait et avait de la peine à reprendre son souffle, elle fit à peine attention au compliment de la demoiselle. L'état de son amoureux la préoccupait vraiment et elle s'inquiétait de la manière d'atteler la civière derrière Tonnerre. Comme elle se souvenait de l'épisode du débardage dans le bois, elle appliqua la même méthode que Thierry et ficela tant bien que mal le brancard avec la corde qu'elle avait passée sur son épaule. Enfin, elle utilisa l'autre morceau de chanvre pour consolider l'ensemble que le cheval tirerait à la manière d'un traîneau. Leur ami était toujours inconscient et il aurait été plus compliqué de le hisser en selle et de le soutenir, tout en dirigeant l'animal. Gervaise avait décidé qu'elle utiliserait cette possibilité en dernier recours, si son système d'attelage posait de trop gros problèmes.

Mais il fonctionna à merveille : Tonnerre obéissait à ses ordres, elle le menait par la bride et la brave bête halait sans peine son précieux fardeau. Pourtant, Mélisande ne se sentait pas tranquille... Compte tenu de ces conditions particulières, elles ne pouvaient qu'avancer au pas si elles souhaitaient éviter de prendre des risques inutiles et aggraver l'état de Thierry déjà alarmant. Le nez en l'air, Foubrac trottinait devant les chevaux en éclaireur fidèle. A un moment donné, elles crurent qu'elles ne parviendraient jamais jusqu'au campement des charbonniers avec un tel équipage de fortune, brinqueballant dans tous les sens. La lenteur de leur progression imposée par la force des choses les désespérait, mais elles n'avaient pas d'autre choix. Ce mode d'attelage rudimentaire ne leur permettait pas de forcer l'allure. Néanmoins, elles redoutaient tellement de rencontrer l'assassin qu'elles tressaillaient à chaque bruit perçu en cours de route, même le chuchotement le plus anodin les paralysait de peur... De temps à autre, des branches d'arbres craquaient, se fendaient d'un seul coup sous le poids de la neige ou du givre, se fracassaient sur le sol dur. Plus rarement, c'était un animal, un cerf ou une biche, qui s'enfuyait à leur approche en bondissant dans les fourrés. Ces faits anodins, mais inévitables dans les bois, les faisaient immanquablement sursauter chaque fois qu'ils se produisaient. Enfin, Gervaise tendit son index pour indiquer qu'il y avait de la fumée à l'horizon, sans doute provenait-elle de la cheminée de la cabane du vieux couple passant l'hiver sur le chantier ? Comme une enfant, Mélisande battit des mains et entonna un air joyeux pour chasser toute l'angoisse qui lui oppressait la poitrine depuis leur nouvelle rencontre avec l'assassin. La petite Gervaise, soulagée elle aussi, se risqua à chanter avec la demoiselle en l'accompagnant de sa voix grave de baryton. Maintenant, ils étaient hors de danger tous les trois !

Seulement voilà, elles s'étaient réjouies trop vite... A peine amorçaient-elles la dernière courbe du chemin avant d'attaquer la ligne droite qui les conduirait directement au chantier, qu'une des cordes de l'attelage céda. Les paroles de la chanson s'étranglèrent dans la gorge de Mélisande et elle demanda aussitôt à Gracieuse d'exécuter un écart considérable pour éviter de piétiner le blessé qui gisait maintenant à même le sol. Le brancard avait été complètement démantelé par sa chute brutale. Ce choc permit à Thierry de revenir à lui et il appela tout de suite Gervaise, s'inquiétant de savoir où il était. Celle-ci s'agenouilla auprès de lui, tandis que Mélisande s'élançait au grand galop sur sa jument pour réclamer de l'aide au campement. D'abord, elle fut très mal reçue par la voisine de Thierry, qui refusa de lui ouvrir la porte de sa cabane.

— J'vous connais point, moi, prétexta la vieille femme, très méfiante. Qui m'dit qu'vous m'tendez pas un piège pour m'occire ?

— Thierry est réellement en danger, poursuivit Mélisande, imperturbable. Je vous en supplie, il faut me croire : nous avons besoin de l'aide de votre époux pour l'amener jusqu'ici...

Tandis que Mélisande parlementait devant la porte close de la misérable cabane, le mari en question approchait à pas de loup derrière son dos. Mais Foubrac veillait sur tout le monde à la fois, délaissant quelques instants Gervaise et Thierry, il s'était élancé en direction de sa maîtresse. Surprise, Mélisande se retourna en entendant les aboiements de son chien.

Il était temps, le vieux charbonnier s'imaginant qu'il avait affaire à un bandit de grand chemin s'apprêtait à l'assommer avec un gros morceau de bois. Foubrac se plaça devant elle pour la protéger, il grondait les babines retroussées et le poil hérissé le long du dos. La demoiselle le saisit par son collier et le plaqua contre ses jambes. Le vieil homme recula de quelques pas en abaissant le rondin qu'il tenait à la main.

— Messire charbonnier, écoutez-moi, commença Mélisande. C'est une question de vie ou de mort. Il n'y a pas de temps à perdre : Thierry est gravement blessé et un assassin se promène dans la forêt...

— C'est bon...admit ce dernier en ronchonnant. Filez devant, brave damoiseau... Mais retenez votre chien, il a pas l'air commode...

Le vieux charbonnier l'avait confondue avec un garçon. « Ainsi, la tromperie pouvait fonctionner à merveille », songea-t-elle, soudain pensive. Secondé par Gervaise, ils soulevèrent le brancard et transportèrent Thierry jusqu'à sa cabane. Mélisande s'activa pour allumer du feu et la vieille femme apparut aussitôt sur le seuil de la porte.

— Va-t-en quérir tes herbes, Isaure, lui commanda son époux d'un ton bougon. On va en avoir besoin pour c'pauv'p'tiot...

S'entourant de grandes précautions, à l'aide de gestes doux et mesurés, ils l'étendirent sur sa paillasse de fougères sèches et Gervaise ôta la chemise du blessé pour examiner la gravité de ses blessures. Fort heureusement, la demoiselle ne s'était pas trompée, si Thierry avait été frappé de plusieurs coups de couteau à l'épaule juste au-dessus de la poitrine, ceux-ci n'avaient lésé ni le cœur ni les poumons. Pourtant, c'était la blessure la plus étendue et elle saignait abondamment... Au cours de la lutte acharnée d'hier soir, son assaillant lui avait également tailladé les bras et les avant-bras qui portaient de nombreuses coupures et balafres, mais moins profondes. Mélisande assista Isaure pour soigner Thierry. Dans un premier temps, la vieille femme lava ses blessures à l'eau bouillie. A peine avait-elle fini de les sécher en les tamponnant avec un linge propre, que du sang vermeil s'écoulait à flots des trois coups portés à l'épaule. La plus grande plaie n'était pas belle à voir et Mélisande ignorait de quelle manière elles pourraient procéder afin de rapprocher ses bords béants. Elle saignait abondamment : le tissu et la charpie posés par-dessus étaient déjà entièrement ensanglantés. De ce fait, comment parviendraient-elles à arrêter l'hémorragie ? Mais la vieille femme la rassura aussitôt et lui dit de ne pas se tracasser exagérément, elle avait l'habitude de ce genre de saignements toujours impressionnants. Seulement, elle avait besoin de leur aide pour soutenir leur ami, tandis qu'elle verserait sa poudre spéciale, réputée pour stopper l'écoulement du sang. Par expérience, elle savait que celle-ci allait d'abord lui faire mal avant de le soulager. Comme elle connaissait d'avance la réaction du blessé, elle leur recommanda de le tenir fermement, parce qu'il se débattrait comme un démon.

— C'est de la grande consoude ? se risqua Mélisande à tout hasard.

— Vous savez ça, gentil damoiseau ? s'étonna la vieille Isaure. Pardessus, on va même appliquer un emplâtre de consoude. Y a pas mieux, en effet...

Mélisande suivit avec attention les étapes de la préparation de la vieille femme, qui s'approcha ensuite du blessé ses remèdes à la main. Gervaise prêta main-forte à son amie pour tenir Thierry qui hurla de douleur, lorsqu'Isaure commença à lui prodiguer ses soins. Pourtant, elle avait pris la précaution de diluer la poudre médicinale avec de l'eau bouillie pour atténuer les brûlures qu'elle pourrait causer au contact des chairs meurtries. La demoiselle fit les gros yeux à son amie car cette dernière s'apprêtait à caresser tendrement la joue du jeune charbonnier. Ce n'était pas le moment de se trahir, déjà que l'interrogation précédente d'Isaure l'avait interpellée... La guérisseuse leur indiqua qu'elle allait poser maintenant un pansement de charpie et bander cette épaule de manière assez serrée. Tout en travaillant, elle s'excusa de l'accueil méfiant de tout à l'heure et précisa à Mélisande que son pauvre mari lui défendait d'ouvrir la porte aux passants...

— C'est comment votre petit nom ? lui demanda-t-elle à brûle-pourpoint.

— Je... Je m'appelle Enguerrand, dame Isaure, se ressaisit-elle à temps. Et mon compagnon se nomme Pierre... ajouta-t-elle aussitôt, en redoutant un bavardage imprudent de la part de Gervaise.

Mélisande avait préféré anticiper, fine mouche, elle se doutait bien que la curiosité d'Isaure ne se limiterait pas à sa personne et elle craignait que Gervaise ne les trahisse en lui révélant son véritable prénom.

— L'Thierry m'avait causé d'vous, poursuivit la vieille femme, tout en s'appliquant à terminer le bandage. Y'm'a dit que vous avez même débardé ensemble après l'coup d'vent...

— C'est vrai, dame Isaure, reprit Mélisande. Avec notre grand cheval de trait qui est costaud... Mon ami Pierre a également beaucoup de force. On a habité un temps la cabane de l'ermite. Mais maintenant, on repart chez nous dans notre village, annonça-t-elle pour satisfaire la curiosité de la vieille. Il est situé beaucoup plus au nord, dans la vallée de la Cure...

—L'Thierry, il est pas bavard... C'est un brav'p'tiot, mais y'm'avait même pas dit vos noms... Au début, j'ai cru que vous étiez des filles...

—Ah ! bon, vous trouvez qu'on ressemble à des filles ? s'indigna Mélisande. Vous me trouvez trop chétif, mais je sais me battre, dame Isaure. Je suis même armé, se vanta-t-elle en sortant le poignard de sa ceinture...

Pendant que Mélisande s'entretenait avec la vieille femme, Gervaise avait plaqué sa main contre la bouche de son amoureux qui ne cessait de murmurer : « C'est toi, Gervaise, ma mie ? » De manière très discrète, elle lui chuchota à l'oreille : « Dis rien, Thierry, ta voisine nous prend pour des garçons, peut-être tes compagnons de chantier... C'est mieux pour nous, si elle rencontre un jour l'assassin. » Le blessé lui fit signe qu'il avait compris, puis il lui serra la main et ferma les yeux, parce qu'il souffrait beaucoup... Une méchante fièvre commença à se déclarer et il se mit à délirer.

—J'ai soif, j'ai trop soif... geignait-il tout fort. A boire, donnez-moi à boire, par pitié... Ah ! non, pas le loup... Pas le loup !

—Vous souciez point pour votre ami, décréta la vieille femme afin de les rassurer. Rajoutez d'l'eau à bouillir dans la marmite et j'vais préparer c'qu'y faut...

Quelques minutes après, Gervaise soulevait Thierry sous les bras et l'aidait à boire une tisane amère, qu'Isaure avait pourtant sucrée au miel. Ensuite, Mélisande la questionna pour approfondir ses connaissances médicales à propos des herbes servant à soigner.

—Oh ! j'suis qu'une simpl'guérisseuse, l'avertit la vieille femme un doigt sur la bouche. Tout c'que j'sais m'a été transmis par ma mère qui l'tenait, elle aussi, d'la sienne. N'en causez pas trop autour de vous, messire Enguerrand... Les gens me traitent parfois d'sorcière et mon homme me défend d'...

—Comptez sur ma discrétion, dame Isaure, lui assura Mélisande, alias Enguerrand.

—D'quoi, tu causes encore, Isaure ? gronda son mari irrité. Tu tiens vraiment à rôtir sur l'bûcher, tu sais pourtant que j'veux pas qu'tu racontes n'import'quoi...

— Rassurez-vous, messire charbonnier, il n'y a rien de très compromettant, intervint Mélisande. Moi aussi, j'apprends à soigner avec les herbes... Le savoir précieux de votre épouse nous a bien servi pour notre ami Thierry qui a la fièvre...

Le vieil homme était revenu à la cabane qu'il avait quittée sans faire de bruit, pendant qu'elles s'affairaient auprès du blessé.

— Mille excuses, vaillant damoiseau, mais on s'méfie d'tout le monde, reprit ce dernier. Vos ch'vaux sont à l'abri dans la grande écurie, annonça-t-il d'un air satisfait. J'viens de leur donner du foin...

— C'est trop aimable à vous d'avoir pensé à eux, le remercia Mélisande. Ils n'ont pas eu le temps de brouter ce matin et comme le grain est rare...

— Vous tracassez point pour vos bêtes... Les ch'vaux, ça m'connaît... Du temps d'ma jeunesse, j'étais palefrenier dans un château...

L'effet bénéfique de la tisane commençait à se faire sentir, Thierry s'était apaisé et somnolait sur sa paillasse. Bientôt, il ne tarderait pas à sombrer dans un sommeil profond qui lui ferait oublier ses souffrances. Le vieux couple décida de les laisser tranquilles pour la nuit. Maintenant qu'Isaure leur avait expliqué comment il fallait préparer et donner les tisanes servant à soigner le blessé, ils n'étaient plus d'une grande utilité. Le vieux charbonnier promit de repasser tôt le lendemain matin. Mais si jamais ils avaient besoin de quoi que ce soit, il fut convenu qu'ils enverraient le chien Foubrac, le vieil homme comprendrait et viendrait à la rescousse... Les voisins se retirèrent donc dans leur chaumière. Auparavant, les deux amis de Thierry les remercièrent vivement pour tout ce qu'ils avaient fait aujourd'hui pour le soulager. Néanmoins, ils n'osèrent pas les mettre en garde et évoquer les menaces réelles pesant sur tout le monde en raison de la présence de l'assassin se promenant dans la forêt. A quoi cela servirait-il de les affoler inutilement, si jamais il ne se manifestait pas ?

Mélisande s'était dit qu'ils étaient en sécurité tous les trois au camp des charbonniers, que le monstre ignorait peut-être qu'il n'y avait pratiquement personne en hiver.

Comme c'était un couard de la pire espèce, ne s'attaquant qu'à plus faible que lui, il redouterait sûrement de s'en prendre à plusieurs bûcherons solides et bien entraînés, du fait qu'ils travaillaient dur dans les bois. Mais quelques minutes plus tard, quelqu'un frappa à la porte. Foubrac n'avait même pas aboyé ni grogné...

— C'est moi, s'annonça Isaure. J'vous apporte d'quoi manger... Y'en a assez pour partager avec le chien, ajouta-t-elle en le caressant sur la tête.

Si elles ne savaient comment lui manifester leur profonde reconnaissance pour sa générosité, Foubrac trouva sans peine une idée et s'appliqua à lui lécher les mains. Après avoir déposé sur la table un pot fumant de soupe fleurant bon les légumes et une miche de pain à la croûte toute dorée qu'elle sortit de dessous son châle, la brave femme disparut en trottinant comme une petite souris. Mélisande suivit ses prescriptions à la lettre. Pour stopper l'hémorragie, jugulée dans un premier temps avec l'emplâtre de grande consoude, elle devait faire avaler à Thierry un sirop de sa composition à base de myrte sauvage jusqu'à ce que les saignements cessent. Après chaque cuillère de potion, elle s'était engagée à lui faire boire également un bol de décoction de grande consoude. Mélisande avait toujours prêté une oreille attentive aux conseils de Dom Léonard et s'était intéressée à sa façon de soigner les gens du château et des environs de Bissey, ce qui lui permettait de bénéficier d'une certaine expérience. De la même manière qu'Isaure, le religieux utilisait ses propres préparations, des tisanes, des pommades et onguents composés à partir de plantes. D'ailleurs, elle avait soigné de cette façon Gervaise à leur arrivée à la Roche aux Saintes et l'avait guérie de son coup de froid.

L'état de Thierry demeurait stationnaire, il dormait à poings fermés, assommé par les drogues et les tisanes d'Isaure, qui semblaient le soulager : en effet, il ne se plaignait pratiquement plus durant son sommeil. Gervaise avait fait réchauffer le brouet sur les pierres garnissant le foyer et elles se régalèrent de pain frais. Foubrac eut droit à sa part, une écuelle pleine de délicieux légumes, où trempaient de petits morceaux de pain. C'était une récompense amplement méritée pour le principal instigateur du sauvetage de Thierry. Sans son flair, le malheureux serait mort au fond de ce ravin, sans bénéficier d'aucun secours. Puis les amies décidèrent de veiller à tour de rôle sur le blessé. Il était inutile qu'elles se fatiguent toutes les deux, alors que l'une d'entre elles pouvait se reposer. Après la nuit blanche qu'elles avaient passée dans la cabane de l'ermite, elles se sentaient mal en point. Mais à l'aube, Thierry s'agita sur sa couche, alors que c'était la demoiselle qui devait prendre soin de lui. Elle venait juste de l'aider à ingurgiter sa dernière décoction de grande consoude. Avec l'aide de Gervaise, elles avaient changé son emplâtre peu après minuit. Le nouveau n'était plus souillé de liquide vermeil, ce qui signifiait que la plaie ne saignait plus guère...

— Vous pouvez pas rester ici, demoiselle, lui dit-il tout à coup, en s'emparant de sa main. C'est devenu trop dangereux pour toutes les deux. J'fais pas le poids pour vous défendre, soupira-t-il en exprimant d'amers regrets.

— Comment ? s'indigna Mélisande, scandalisée par ses paroles défaitistes. Tu as failli payer de ta vie pour protéger la nôtre... Sans ton courage, il nous aurait déjà assassinées...

— Sûr, demoiselle, reconnut-il avec humilité. A présent, j'suis trop faible pour me battre, y'nous tuerait tous... L'père Anselme est trop vieux... Vous êtes à sa merci...

— Mais non, mon ami, lui déclara Mélisande avec naïveté. Il nous prendra pour de jeunes apprentis, des charbonniers établis au campement. Comme tes voisins, qui n'y ont vu que du feu...

— J'crois pas, demoiselle, la détrompa Thierry, lucide.

Le blessé lui rappela d'abord qu'elles ne se trouvaient pas en face des mêmes personnes. Ses amis étaient de braves gens assez simples qui se contentaient de faire le bien dans leur entourage. Quant à l'assassin, c'était totalement différent : il s'agissait d'un être sournois et vicieux, dévoué à la cause du Malin. De plus, il n'était pas facile à berner... A la grande surprise de Mélisande, Thierry se laissa aller à quelques confidences et lui avoua que cela faisait un petit moment que le meurtrier les recherchait et rôdait autour de la Roche aux Saintes. Il regrettait de ne pas les avoir mises en garde plus tôt, mais s'il avait évité de parler des menaces que faisaient planer cet homme, c'est parce qu'il avait eu peur de les effrayer... Très embarrassé, il lui précisa que ce n'était pas la première alerte sérieuse et que c'est pour cette raison qu'il surveillait sans relâche la cabane de l'ermite. Maintenant que l'odieux criminel les avait retrouvées, il craignait vraiment pour leur vie à toutes les deux.

— C'est mieux de quitter la contrée, demoiselle, lui conseilla-t-il avec franchise. Vous pourrez pas lui échapper... J'vous abandonnerai point... J'ai des sentiments pour Gervaise...

— Vraiment ? lui demanda Mélisande, très étonnée. Mais où irons-nous en plein hiver ? s'inquiétait-elle.

— Faut partir sans traîner, demoiselle, tâchez d'aller plus au nord, lui répétait-il. J'vous rattraperai dans quelques jours...

Gervaise s'était réveillée en sursaut en les entendant chuchoter et elle s'approcha de ses amis pour participer à la conversation. Mélisande lui résuma l'essentiel de ce qu'ils s'étaient dit en quelques phrases, siffla Foubrac, puis sortit dehors pour leur laisser un peu d'intimité. D'ailleurs, elle avait besoin d'être seule et de respirer une bouffée d'air frais pour réfléchir à ce que Thierry venait de lui proposer. Pour la première fois depuis leur rencontre, les amoureux échangèrent leur premier baiser et se jurèrent l'un à l'autre un amour éternel. Naturellement, le jeune charbonnier eut beaucoup de mal à persuader Gervaise de fuir sur le champ, plutôt que d'attendre sa guérison pour partir. D'une obstination sans pareille, son amoureuse n'en démordait pas et réfutait un à un ses arguments, allant jusqu'à prétendre qu'il voulait se débarrasser d'elle. A la fin, Thierry se fâcha pour de bon et ne chercha plus à la ménager, comme il l'avait toujours fait jusqu'à présent. « Préférait-elle qu'ils meurent tous ensemble sous le couteau de l'assassin, y compris ses pauvres voisins innocents ? Lui blessé, il n'était pas de taille à lutter contre un tel monstre. D'ailleurs, il en avait fait la cruelle expérience... »

L'amoureuse fut bien obligée de se rendre à ses raisons pleines de bon sens, mais elle se sentait anéantie par l'injustice d'une séparation qui lui brisait le cœur. Thierry venait à peine de lui déclarer sa flamme. Les larmes aux yeux, elle s'agenouilla au bord de sa paillasse pour l'embrasser avec toute la tendresse dont elle était capable. Très ému, le jeune charbonnier lui renouvela sa déclaration d'amour et lui promit qu'ils se retrouveraient bientôt et qu'il ne la quitterait plus jamais... Certes, Thierry ne les chassait pas, mais préférait qu'elles prennent de l'avance, sinon l'assassin les rattraperait sans tarder. Comme elle voyait bien qu'il se tourmentait très fort à leur sujet, elle décida de lui obéir et avertit Mélisande de l'urgence de hâter leur départ. Celle-ci alla frapper à la porte de la cabane d'Isaure et lui demanda de venir au chevet du blessé. En évitant de lui donner trop de détails précis, elle lui expliqua qu'ils ne pouvaient s'attarder plus longtemps, parce qu'un danger imminent menaçait leur vie... Néanmoins, le sort de leur ami leur posait un véritable cas de conscience à tous les deux. «Le fait d'abandonner le blessé ne soulignait-il pas une grande lâcheté de leur part, alors que son état nécessitait des soins réguliers et qu'il était encore très faible?» s'angoissaient-elles, sans apporter de solution concrète à leur problème. Isaure les rassura à ce sujet et leur promit de veiller sur lui, comme elle le ferait pour son propre fils. Avec le vieil Anselme, ils se doutaient bien qu'il s'était passé quelque chose de grave en considérant l'état dans lequel le malheureux Thierry était rentré au campement. Puis elle s'éclipsa pour informer son mari de leur décision et lui demander de préparer les chevaux sans tarder.

«Etait-il raisonnable de passer à la Roche aux Saintes pour récupérer quelques provisions avant de prendre la route?» s'interrogeaient-elles. Leur ami Thierry leur déconseilla fortement d'envisager une telle imprudence, le vieil Anselme irait récupérer sur place les denrées périssables et le foin qui risquaient de se gâter. «Mais comment feraient-elles pour survivre en attendant des jours meilleurs?» s'inquiétaient-elles d'une manière réaliste. Spontanément, le jeune charbonnier leur proposa d'emporter ses propres vivres et son vieux compagnon leur fournirait quelques balles de foin et de l'avoine pour les chevaux. Les questions matérielles étant réglées, le moment de la séparation approchait à grands pas... Thierry avait retrouvé assez de force pour expliquer à la demoiselle le chemin qu'elles devaient suivre afin de rejoindre le nord. Selon lui, il était plus judicieux d'éviter la ville de Saulieu et la campagne de l'Auxois où il était plus dur de se cacher, de s'orienter plus à l'ouest en prenant la direction de Quarré-les-Tombes... Dans cette région plus isolée et même sauvage par endroits, elles voyageraient plus tranquillement, trouveraient des chemins déserts, des routes peu fréquentées et moins à découvert. Il y avait un autre avantage non négligeable, la forêt morvandelle leur offrirait de nombreuses cachettes : il existait encore quelques grottes, des abris secrets, où elles pourraient se réfugier plus facilement. Après des adieux touchants, le jeune charbonnier renouvela sa promesse de les retrouver au cours de leur périple, dès qu'il serait suffisamment rétabli et aurait récupéré des forces pour voyager. Mélisande sortit la première de la cabane pour laisser seuls les deux amoureux. Après un dernier signe de la main au vieux couple qui attendait sur le seuil de leur chaumière pour les saluer, elles reprirent la route, la peur au ventre...

En cette fin janvier mille deux cent quatre-vingt un, il faisait encore très froid et les premières lieues parcourues le long des chemins enneigés s'avérèrent les plus éprouvantes. Après le départ, il fallait absolument éviter de penser à ceux que l'on venait de quitter, aux endroits familiers où l'on avait vécu si heureuses, à tout ce que l'on perdait en réalité... D'ailleurs, Mélisande était bien trop préoccupée par le chemin à suivre, les points de repère à ne pas manquer. Toutes les deux, elles devaient faire preuve de vigilance et de prudence pour éviter les dangers les menaçant à chaque pas, toutefois la présence de Foubrac les rassurait vraiment. « Dans quel lieu seraient-elles ce soir, y trouveraient-elles un abri pour dormir ? » C'était de nouveau, la grande inconnue. Mais il n'y avait aucun intérêt à se torturer l'esprit en se posant trop de questions. Il fallait aller de l'avant, se préserver d'une mauvaise rencontre avec le baron et ses soldats, tenter par tous les moyens possibles d'échapper à l'assassin qui les guettait toutes les deux... « Fuir, toujours fuir, s'éloigner davantage de Bissey et de tous ceux qu'elle aimait », songeait amèrement Mélisande. Pour Gervaise, c'était très dur également. Avant leur séjour à la Roche aux Saintes, elle n'avait pas d'attaches ni ne chérissait personne. En ce moment, elle aurait préféré demeurer auprès de Thierry et mourir avec lui, si le monstre les avait attaqués... Maintenant, elle regrettait déjà sa faiblesse coupable : « Pourquoi ne s'était-elle pas opposée à cette décision absurde ? Pourquoi avait-elle suivi les conseils de son amoureux ? »

Pour les démoraliser davantage et les décourager aussi, il commença à neiger : de gros flocons leur piquaient les yeux, leur obscurcissaient la vue, tout en dressant devant leur proche horizon un blanc rideau cotonneux, très épais. Pour les deux fugitives, qui devaient poursuivre leur longue errance, il n'y avait plus d'espoir de retour en arrière, elles devaient oublier le passé pour se donner une chance de survivre... « Où cette opportunité si mince soit-elle les conduirait-elles ? » Soudain, Mélisande songea qu'elles n'avaient pas eu le temps de dire au revoir à Albane, d'embrasser ses enfants. Le premier soir, la nuit tomba très vite et les surprit au beau milieu de la forêt. Bravement, elles parcoururent encore quelques lieues, en se guidant grâce à la clarté éblouissante du paysage enneigé. Selon les points de repères donnés par Thierry, elles n'étaient pas très loin de Saulieu, qu'elles devaient absolument contourner. Résignées sur leur sort, elles se mirent à la recherche d'un endroit tranquille où passer la nuit, un taillis broussailleux comme elles les affectionnaient tant, bien à l'abri du vent, de la bise glaciale qui soufflait du nord. Ce n'était pas le moment de prendre froid, alors qu'elles venaient à peine de débuter leur hasardeux périple. Mélisande connut de sérieuses difficultés pour allumer du feu, les branches trop humides refusaient de s'enflammer et brûlaient mal en dégageant une fumée âcre qui leur piquait les yeux et les faisait tousser. Mais elle persévéra sans se décourager, après quelques efforts, elle réussit à obtenir une bonne flambée et elles réchauffèrent leurs mains rougies et leurs pieds gelés par l'onglée en les approchant des flammes. Quelques heures avant l'aube, un cri effrayant et prolongé les réveilla, alors qu'elles s'étaient endormies, pelotonnées dans leur couchage, ayant la chance de disposer d'au moins deux épaisseurs de tissu chaud et moelleux.

Cette fois-ci, ce n'était pas un appel humain, mais elles identifièrent d'abord avec stupeur, puis épouvante, les sinistres hurlements plaintifs, si caractéristiques des loups. Mélisande s'extirpa à grand peine des couvertures de laine dans lesquelles elle s'était enroulée la veille. Elle bondit alors sur ses pieds, regroupa toutes leurs affaires en prenant soin de recueillir quelques braises encore rougeoyantes dans un pot de grès. Puis sans perdre une minute, elle donna le signal du départ. Complètement affolées par ce nouveau danger dont elles avaient oublié l'existence depuis longtemps, elles ne traînèrent pas pour se mettre en route... Parvenues à un carrefour décrit avec précision par leur ami, Mélisande repéra tout de suite le chemin qu'elles devaient prendre pour atteindre Saint-Brisson. Ensuite, elles bifurqueraient jusqu'à Quarré-les-Tombes... Après, c'était la grande aventure : elles traverseraient des lieux inconnus, mystérieux, et s'enfonceraient dans la grande forêt de Breuil-Chenue en recherchant toujours le nord, sans trop s'écarter de cette destination très vague dans son esprit. Les fugitives marchèrent encore plusieurs jours en s'abritant la nuit comme elles le pouvaient, au hasard des possibilités offertes par la forêt, dormant à la belle étoile par des températures glaciales. Mélisande s'aperçut alors qu'elles s'étaient endurcies physiquement toutes les deux, que leur séjour dans la cabane de l'ermite de la Roche aux Saintes les avait préparées en quelque sorte à cette longue errance dans les bois sombres et glacés du Morvan. Un soir, à la tombée de la nuit, alors qu'elles se reposaient devant un calvaire de pierre, une grande croix de granit, et que Mélisande essayait de deviner la direction qu'il fallait suivre, Foubrac gronda pour signaler une présence inconnue. Ce n'était qu'une pauvre vieille, courbée sous le poids d'un fagot de branchages, qu'elle rapportait sur son dos. L'inconnue s'arrêta un instant pour les saluer, déposa son chargement à ses pieds, siffla le chien, les mains tendues en avant. Foubrac s'approcha pour les renifler, puis frétilla de la queue. Mise en confiance par cette entrée en matière positive, Mélisande se risqua à l'aborder pour la questionner :

— Dame, sommes-nous encore loin de Quarré-les-Tombes ? lui demanda-t-elle sur un ton poli.

— Vous serez pas rendues là-bas, ce soir, lui répondit la vieille en la dévisageant sous le nez. Y'a encore des lieues à faire...

— Vous êtes pas des hommes, clama soudain la vieille, amusée. A quoi rime pareil accoutrement ?

— Comment avez-vous deviné, dame ? lança Mélisande, troublée. D'habitude, on nous prend pour des pages ou des écuyers...

La vieille femme lui affirma avec franchise qu'elles avaient toujours eu affaire à des ignorants ou à des nigauds. Sans arrière-pensée, elle lui déclara d'ailleurs qu'elle la trouvait belle, soulignant le fait qu'elle possédait des traits fins et réguliers, pas du tout semblables à ceux d'un homme. Encouragée par cette déclaration sincère, Mélisande se décida à lui raconter qu'elles s'étaient enfuies toutes les deux de la maison paternelle, parce qu'on voulait les marier de force. Par la suite, elles avaient été forcées de se travestir en hommes pour échapper à un dangereux assassin rôdant dans les bois...

— Faut pas musarder par ici, décida la vieille femme, apeurée par les dernières paroles de Mélisande. Venez avec moi jusqu'à ma chaumière...

— On voudrait pas vous déranger, dame, se risqua Gervaise, muette jusqu'à présent.

— Vous m'gênez pas, mam'selle, lui répondit la vieille en riant. Mais j'vous préviens : les gens m'aiment pas beaucoup...

Elle leur expliqua que dans le hameau isolé où elle habitait, les paysans venaient parfois de loin pour la voir, parce qu'elle soignait toutes sortes de maux avec ses tisanes et remèdes de bonne femme. Elle était vaguement rebouteuse aussi et même sage-femme, quand le cas se présentait... Pour toutes ces raisons, certains vilains envieux n'hésitaient pas à la traiter de sorcière. Mais pour rassurer ses invitées, elle leur jura qu'ils la craignaient énormément et n'oseraient jamais s'attaquer à elle, de peur qu'elle ne leur jette un mauvais sort. Mélisande songea à la brave Isaure qui avait soigné Thierry. « Quelle coïncidence étrange, se dit-elle. C'est peut-être un signe du destin qui nous amène à croiser des guérisseuses sur notre chemin... »

— Laissez-moi soulever votre fagot, lui proposa-t-elle pour se monter aimable. On va le déposer sur la croupe de ce brave Tonnerre, il ne le sentira même pas tellement il est léger...

— N'ayez crainte, demoiselle, reprit la vieille. J'trahirai pas votre secret.

Mélisande et Gervaise profitèrent plusieurs jours de l'hospitalité de la vieille Toinon et lui rendirent de menus services en échange. Gervaise s'occupa de sa réserve de bois, fendit les plus grosses bûches, les empila dans un appentis sur le côté de sa chaumière. Puis elle décida d'aller ramasser du petit bois pour que leur hôtesse ait des provisions suffisantes pendant quelque temps, tandis que Mélisande partit chasser en compagnie de Foubrac pour leur procurer de la viande. La vieille Toinon savait s'orienter dans les bois de façon à éviter de se perdre en chemin. D'après ses explications, elles n'étaient pas très loin du lac de Saint-Agnan et par conséquent de Quarré-les-Tombes... Les fugitives étaient ravies de dormir sur une paillasse de fougères sèches au coin du feu dans l'unique pièce de la chaumière de La Toinon. Au moins, elles appréciaient la chaleur du foyer. Le début du mois de février s'annonça d'une rigueur exceptionnelle, il y eut de fortes chutes de neige et les routes verglacées étaient devenues impraticables. La Toinon souhaitait que les intempéries s'éternisent indéfiniment, parce que la compagnie des demoiselles et de leur chien Foubrac auquel elle s'était attachée brisait sa longue solitude quotidienne... Mélisande comprit que plus les jours passaient, plus il serait dur de quitter leur nouvelle amie. Pourtant, il n'y avait pas d'autre choix possible, elles n'avaient pas encore atteint l'endroit convenu avec Thierry.

Un beau matin de la mi-février, alors que les températures étaient devenues plus clémentes et qu'un rayon de soleil apparaissait à l'horizon, Mélisande décida de poursuivre leur voyage. La Toinon protesta vivement, prétendant que c'était de la pure folie, qu'elles feraient mieux de patienter chez elle jusqu'à l'arrivée du printemps. Comme les fugitives étaient sans aucune nouvelle de Thierry, l'offre généreuse de la vieille femme était tentante, finit-elle par admettre. Toutefois la demoiselle demeura inflexible, sourde à ses arguments comme à ceux de Gervaise, séduite par leur nouvelle vie confortable, presque douillette.

—Nous devons partir maintenant, objecta Mélisande. Si nous tardons davantage, mon père finira par nous retrouver et la personne que nous fuyons de la même manière...

—Mais non, demoiselle, protesta Gervaise d'un ton boudeur. Personne viendra nous chercher par ici...

—J'vous mène jusqu'à la cabane du père Régniaud, leur proposa la vieille Toinon. On est d'vieux amis et y'refusera pas d'vous conduire au lac de Saint-Agnan...

Le père Régniaud, ancien charretier de métier, connaissait la forêt dans ses moindres recoins et ne se fit pas prier pour les accompagner jusqu'à la destination prévue. Autant Toinon était bavarde et amicale, autant le vieil homme se montrait réservé et silencieux. Mais c'était un excellent guide, fort avisé, et Mélisande reconnut que si elle n'avait pas bénéficié de ses services, elle aurait rencontré quelques difficultés à se repérer dans ces lieux inconnus. D'ailleurs, Thierry l'avait prévenue que c'était la partie la plus délicate du voyage, l'endroit où elle risquait le plus de se tromper, de s'égarer en empruntant des chemins de traverse qui ne menaient nulle part, sauf dans les coupes de bois exploitées par les vilains pour le compte d'un seigneur. Il y avait de nombreux embranchements, plusieurs bifurcations inattendues qui se dessinaient d'un seul coup à l'horizon. Le plus souvent, on ne savait plus quelle direction il fallait emprunter pour trouver le nord... La distance à parcourir était assez longue également et elles furent surprises d'être obligées de dormir en cours de route, de passer une nuit dans la charrette bâchée du vieil homme. De son côté, il fut étonné que les demoiselles sachent allumer du feu et l'entretenir, surtout qu'elles montent à cheval comme des hommes et manipulent ces grands animaux sans aucune crainte. Gervaise s'était chargée de dételer son vieux trait de l'Auxois, l'avait pansé avec les autres chevaux, puis longuement caressé. Bien protégés du vent par la bâche épaisse de la carriole, le père Régniaud devint un peu plus loquace, quand ils s'installèrent pour la nuit. Il les interrogea sur les motifs étranges, les poussant à se lancer seules et en plein hiver sur les chemins du Morvan. Elles lui avouèrent une partie de la vérité et s'inquiétèrent de savoir s'il n'avait jamais croisé l'assassin dans les parages. Ebahi par cette nouvelle inquiétante, le vieil homme les rassura tout de suite, il n'avait jamais entendu pareille histoire dans le hameau ou les villages voisins.

Le lendemain matin, il prit le temps de leur expliquer dans le détail le trajet le plus commode et de leur décrire avec précision les voies et sentiers qu'elles emprunteraient jusqu'à Quarré-les-Tombes... Pour éviter de se faire remarquer, elles avaient décidé de couper à travers les bois, plutôt que de voyager sur la grand route en compagnie de marchands ou de rares pèlerins à cette saison. Puis elles remercièrent beaucoup le vieil homme qui avait accepté de les guider jusqu'ici. Quant à lui, il leur souhaita bonne chance. Grimpées sur le dos de leurs chevaux, elles persévérèrent et s'obstinèrent à continuer leur longue errance forcée. Rassurées par les paroles du vieux charretier, elles finirent par se persuader que plus elles s'éloignaient en direction du nord, plus les risques de rencontrer l'assassin diminuaient... C'était la même chose en ce qui concernait le seigneur Eudes et ses soldats. Cette quasi certitude les encouragea à poursuivre leur périple et elles parcoururent une distance considérable le premier jour.

Leur enthousiasme puéril fut de courte durée et diminua par la suite, en même temps que les provisions de la vieille Toinon. Bientôt, les fugitives n'eurent plus de foin ni d'avoine à distribuer à leurs chevaux. Toutes les deux, elles devaient se contenter d'un quignon de pain sec à grignoter pour la journée entière. Thierry et le vieux charretier leur avaient précisé qu'en se dirigeant un peu plus à l'est, elles trouveraient le dolmen de la Pierre-qui-Vire avant de s'enfoncer dans une forêt de chênes centenaires. Dans cet endroit solitaire et glacé, elles connurent les affres de la faim tiraillant leur estomac, leurs pauvres chevaux n'avaient plus que la peau sur les os. Affaiblie, Mélisande n'avait même plus la force de chasser et le gibier se faisait d'ailleurs très rare. Sûrement, parce qu'elle ignorait les endroits où il se cachait. Des deux fugitives, c'est Gervaise qui supportait le moins bien cet état d'apathie et de faiblesse extrêmes, lié au manque de nourriture. Son moral était au plus bas, elle se décourageait de plus en plus souvent, refusait parfois de se lever le matin. En dernier recours, Mélisande lui proposa de sucer des racines de carottes sauvages, faute de mieux. La demoiselle avait entendu dire que c'était une pratique courante en cas de disette ou de famine pour tromper la faim. Mais elles firent la grimace toutes les deux et recrachèrent très vite les bouchées à peine mâchées en raison de l'amertume du tubercule allongé, qu'elle venait de déterrer sous la neige. Un instant, Mélisande songea qu'elle s'était peut-être trompée de plante et qu'elle allait finir par les empoisonner...

La demoiselle comprit alors que leur aventure se terminait céans, qu'elles n'iraient pas plus loin, condamnées à mourir de faim, de froid et d'épuisement dans ce coin de la forêt. Un chasseur ou un cavalier découvrirait sans doute leur squelette et celui de leurs animaux au printemps. C'est cette dernière idée qui la tourmentait le plus, elle avait les larmes aux yeux en songeant qu'elle endosserait seule la responsabilité de leur mort... Mais elle n'avait même plus le courage de se révolter contre l'injustice de leur sort tellement elle se sentait lasse. Perdue dans ses méditations lugubres, elle entendit à peine l'appel de Gervaise.

— Demoiselle, demoiselle, venez vite... Droit devant vous, y 'a au moins deux ou trois grottes...

Sans le savoir, les fugitives traversaient un site préhistorique fameux à quelques lieues de Quarré-les-Tombes. La région était très riche en vestiges de ce genre comme le dolmen de la Pierre-qui-Vire qu'elles avaient aperçu en chemin, quelques jours en arrière. Mélisande se redressa sur sa selle, encouragea Gracieuse de la voix pour trotter en direction de la clairière annoncée par Gervaise. Prudentes, elles prospectèrent l'endroit avec de multiples précautions, mais Foubrac ne repéra aucun danger. Gervaise eut l'idée d'allumer une chandelle pour qu'elles puissent explorer les grottes de manière plus commode. Etonnées, les jouvencelles ne découvrirent rien d'extraordinaire à l'intérieur : il n'y avait qu'un simple foyer délimité par des pierres au beau milieu. Ce qui indiquait qu'on s'y réfugiait encore, selon les aléas d'un voyage ou d'un pèlerinage plus long que prévu... Mais Mélisande hésitait beaucoup à s'installer ici, la clairière était trop dégagée. Depuis le chemin, on ne voyait que cet emplacement et ces grottes en débouchant dans cet endroit.

Comme elle inspectait les environs quelques lieues plus loin, elle repéra une autre caverne perchée en hauteur, cette fois-ci. L'endroit, très sauvage d'ailleurs, se situait au sommet d'une falaise rocheuse, surplombant la vallée sur le versant opposé. Certes, l'abri préhistorique semblait de taille plus modeste que les précédents, mais sa situation moins accessible de prime abord convint davantage à Mélisande. Sans attendre Gervaise, elle grimpa un sentier très étroit et assez raide pour atteindre l'entrée. Depuis le seuil de la grotte, le point de vue dominant la clairière était magnifique et la demoiselle découvrit qu'il y avait également un petit terrain plat s'étirant en longueur juste dans le prolongement de celle-ci, barré par un immense rocher de granit tout au fond. Leurs chevaux seraient à l'abri près d'elles et ne risqueraient pas de tomber de l'autre côté de la falaise. Cette observation d'une importance capitale séduisit Mélisande qui cherchait toujours à s'assurer de leur sécurité autant que de la leur. Le soir même, elles s'installaient à l'intérieur de ce refuge providentiel. Auparavant, elles avaient pris soin de construire une sorte d'enclos de fortune pour leurs chevaux avec des branchages, puis les avaient attachés au pied d'un arbre rabougri. Petit à petit, au fil des derniers jours de février, une nouvelle vie commença pour les fugitives...

Avec le peu de moyens dont elles disposaient, elles s'organisaient pour se construire un quotidien agréable car elles avaient repris confiance en l'avenir. Par chance, Mélisande était parvenue à tuer un lapin de garenne, cette opportunité leur avait permis de manger à leur faim. Contrairement à ses premières impressions négatives précédant leur arrivée, elle s'était aperçue que la forêt était giboyeuse à souhait. De plus, elles pourraient faire brouter leurs chevaux dans la clairière proche de la grotte et avaient même découvert des endroits très bien exposés, où la neige avait complètement fondu dès les premiers rayons de soleil. D'abord, elles fabriquèrent une porte pour leur abri en assemblant des troncs d'arbres fendus en deux et de grosses branches solides. De cette manière, elles pouvaient en interdire l'accès aux intrus et aux animaux sauvages. Au cours d'une partie de chasse, Mélisande avait repéré des fûts de hêtre qui séchaient dans un coin de la forêt. Prudentes, elles avaient décidé de n'en dérober que trois ou quatre. En agissant de cette manière, elles espéraient que leur larcin passerait inaperçu en considérant la largeur et la hauteur de la pile de bois. En cas d'attaque, cette barrière ne serait peut-être pas d'une grande efficacité, mais elles se sentaient vraiment bien chez elles et c'était également un moyen très pratique pour conserver la chaleur du feu. A l'intérieur de la grotte, il faisait sombre. Mais elle n'était pas humide par le simple fait qu'elle était haut perchée sur cet aplomb rocheux. Il y avait juste une ouverture assez large permettant à la fumée de s'échapper, une sorte de fissure naturelle, à même la paroi de granit servant de plafond. Sinon, le risque de mourir asphyxiées avec leur chien aurait été considérable. L'âtre était rudimentaire : de simples pierres posées les unes à côté des autres en forme de cercle, avec le foyer situé au centre. On avait utilisé de la terre battue en guise de matériau pour tapisser le sol de l'abri.

A leurs moments perdus, elles avaient bâti des sortes d'étagères avec des rondins, confectionné deux paillasses pour s'isoler du froid et des rongeurs la nuit. De grandes perches de bois servaient à suspendre leurs vêtements. Comme à la Roche aux Saintes, Mélisande chassait tous les jours en compagnie de Foubrac, posait pièges et collets pour qu'elles puissent se nourrir.

Gervaise avait découvert un étang à quelques lieues de là et elle s'entraîna à pêcher à la main quelques poissons. Les légumes sauvages, les herbes séchées pour les tisanes complétaient l'ordinaire...

Bien sûr, elles devaient se passer de farine et de pain. A la suite de leur départ précipité, elles avaient perdu tout contact avec Albane et ne savaient même pas si elles reverraient Thierry vivant dans un proche avenir. Cette idée angoissait énormément Gervaise qui s'épanchait parfois auprès de son amie. Cette dernière la rassurait de son mieux en lui affirmant qu'elle devait patienter et espérer son retour. Son amoureux reviendrait sûrement, il leur ferait une magnifique surprise et comme par miracle, il apparaîtrait en même temps que les beaux jours... Au cours de cette vie rude, elles ne s'ennuyaient jamais, parce qu'elles devaient lutter sans cesse pour survivre et se procurer de la nourriture, ainsi qu'à leurs chevaux. Le soir, elles tombaient de fatigue et s'endormaient sur leur paillasse en rêvant à l'arrivée du printemps.

18 - *Un nouveau souffle de vie pour Mélisande et Gervaise : des retrouvailles inespérées, source d'un grand changement...*

Dans le bas Morvan, en suivant le cheminement de la vallée de la Cure, sur les hauteurs boisées de La Gravetière, près de la grotte où vivaient Mélisande et Gervaise, le printemps fit enfin son apparition en ce début d'année mille deux cent quatre vingt-un. Les nuits étaient encore fraîches pour ne pas dire froides et elles faisaient toujours du feu à l'intérieur de la grotte pour se réchauffer. De grand matin, quand elles sortaient et contemplaient le point de vue magnifique s'offrant à leurs yeux, elles constataient qu'il y avait eu des gelées blanches au cours de la nuit et qu'une mince couche de givre recouvrait les prairies tout en bas dans la vallée. Cependant, résolue à chasser les derniers frimas de l'hiver, la nature se métamorphosait et commençait à renaître, stimulée par les premiers rayons de soleil déjà chauds. Dorénavant, lorsqu'elles emmenaient paître leurs chevaux, le chant des oiseaux les accompagnait tout le long du chemin, apportant une formidable touche de gaieté. Mélisande réfléchissait parfois sur leur sort, se disant que c'était un vrai miracle qu'elles aient survécu à toutes ces rudes épreuves et à ce terrible hiver qui leur avait semblé interminable... Désormais, la vie quotidienne s'annonçait plus facile avec le retour des beaux jours. Partout, l'herbe reverdissait dans les prairies et jusque dans les sous-bois. De la bonne herbe appétissante et tendre à souhait, gorgée de bienfaits naturels, qui allait permettre à Gracieuse et à Tonnerre de reprendre du poids. Les pauvres bêtes en avaient vraiment besoin : elles étaient d'une maigreur épouvantable après toutes les privations qu'elles avaient endurées au cours de cette longue période. Surtout Tonnerre, dont la solide carcasse paraissait avoir payé le plus lourd tribut comme si l'ensemble de ses muscles avait fondu depuis son départ du château. Leurs cavalières avaient également souffert d'un manque de nourriture épisodique. Profitant du fait que les apparitions du soleil se faisaient plus généreuses, elles s'accordaient volontiers de grands moments de repos au cours de la journée. Etendues sur une couverture auprès de leurs chevaux, elles savouraient sa chaleur vivifiante, tellement réconfortante.

Gervaise avait perdu les kilos superflus l'enrobant autrefois, sa nouvelle silhouette presque mince l'avantageait sans conteste. Quant à Mélisande, elle était devenue squelettique, les traits tirés, émaciés de son visage se tendaient sur sa peau sèche. Mais elle se consolait quand son amie lui faisait remarquer ces signes alarmants, en lui affirmant que les choses allaient s'arranger maintenant... Cela faisait pratiquement deux mois qu'elles habitaient la grotte et jusqu'à présent, elles n'avaient jamais rencontré beaucoup de monde dans les environs. A l'exception de quelques vilains, qui venaient travailler épisodiquement dans les bois et avec lesquels elles avaient établi des relations polies, mais distantes. L'un d'entre eux, braconnier à ses heures perdues, avait accepté de les aider à faire du troc, c'était leur intermédiaire en quelque sorte. En échange de plusieurs lièvres et perdreaux tués à la chasse par Mélisande, elles avaient réussi à obtenir quelques miches de pain, de la farine ou des légumes.

Mais elles ne voyaient pas ce paysan de façon très régulière, aussi leur approvisionnement en denrées courantes ou fraîches demeurait-il très aléatoire. A la belle saison, Mélisande redoutait d'être dérangée par des promeneurs indélicats, qui leur auraient posé des questions indiscrètes au sujet de leur installation dans la grotte. Les deux fugitives guettaient les voies de passage, observaient les voyageurs ou les pèlerins qui circulaient plus nombreux maintenant le long des sentiers forestiers dans l'espoir d'apercevoir Thierry cheminant à leur recherche. Mais à la mi-mars, toujours pas de Thierry en vue... Leur ami fidèle et dévoué ne les avait pas encore rejointes comme il avait pourtant promis de le faire au campement des charbonniers. Ce manquement à la parole donnée était néanmoins surprenant de sa part. Par conséquent, les deux jouvencelles étaient très inquiètes à propos de son sort. Sans nouvelles de lui, elles imaginaient le pire : que sa blessure s'était aggravée – elles n'étaient pas loin de la vérité – ou qu'il avait été attaqué par des bandits et tué en cours de route. A la fin du mois, effondrée, Gervaise avait perdu tout espoir de le retrouver vivant un jour prochain.

— C'est fini, demoiselle, se lamentait-elle à voix haute. On l'reverra jamais, not'Thierry...

— Son long silence me tourmente autant que toi, reconnut Mélisande troublée. Mais c'est un garçon honnête et digne de confiance, capable de donner sa vie pour nous protéger toutes les deux. Et il t'aime, ma Gervaise, de tout son cœur... C'est qu'il a été empêché ou retardé. Sinon, il serait déjà auprès de nous...

Mais cette dernière se sentait vraiment désabusée, doutait des affirmations de la demoiselle. Elle songeait surtout qu'un malheur était si vite arrivé... Mélisande ne tenta pas d'éliminer ni de nier cette éventualité, mais s'efforça plutôt de la consoler. Selon elle, il était encore trop tôt pour classer l'affaire et envisager la mort de Thierry avec certitude. Tant qu'on ne serait pas à la fin de l'été, rien n'était encore perdu... Il fallait patienter en guettant sa venue chaque jour, il n'y avait pas d'autre choix possible. En entendant ces paroles, Gervaise se révolta en lui déclarant qu'elle devenait folle d'attendre son amoureux en vain. A un moment donné, elle douta de leur amitié malgré les protestations sincères de Mélisande. Celle-ci dut lui promettre que si Thierry ne s'était toujours pas manifesté d'ici le milieu de la saison, elles partiraient toutes les deux à sa recherche. De cette manière, Gervaise en aurait le cœur net et parviendrait peut-être à faire le deuil de son amoureux. Impuissante, Mélisande constatait que son absence interminable et inexpliquée usait les nerfs de son amie et qu'à la fin, elle dépérissait et se languissait de la présence de celui qui tenait désormais la première place dans sa vie. Pour la réconforter et lui redonner un peu d'espoir, elle n'hésita pas à lui jurer :

— C'est entendu, ma Gervaise. Si à la mi-août, Thierry n'est toujours pas là, nous tenterons de retrouver sa trace en parcourant le chemin que nous avons suivi à l'aller. A mon avis, nous n'aurons pas à nous déplacer...

Franchement agacée par sa réponse, celle-ci critiquait son assurance tout en lui déclarant qu'elle pourrait déchanter d'ici quelques mois. Pourtant, Gervaise savait qu'elle pouvait compter sur la parole de Mélisande et qu'elle la suivrait de toute façon, même si ce nouveau voyage lui coûtait beaucoup... Cette certitude représentait donc un mince espoir auquel elle se raccrochait de toutes ses forces.

Pour que la vie soit plus facile, la demoiselle prit le parti d'ignorer son attitude pessimiste. Notamment, elle lui recommanda de ne pas se laisser abattre par ce fâcheux retard et tenta de la ramener à la réalité. Si elles continuaient de baisser les bras et ne s'activaient pas pour trouver de la nourriture, des légumes sauvages, elles finiraient tout simplement par mourir de faim. « Gervaise souhaitait-elle vraiment que Thierry les découvre mortes et enterrées toutes les deux, quand il les retrouverait enfin ? » Ce dernier argument réussit à la persuader de s'intéresser à autre chose qu'à son propre chagrin et à lutter pour construire leur quotidien.

De grand matin, par un jour pluvieux d'avril, alors que Mélisande était partie chasser à pied avec Foubrac, elle fit une rencontre tout à fait inattendue... Une pluie fine, mais drue, tombait sans cesse et sans sa cape de laine la couvrant tout entière de la tête jusqu'aux chevilles, l'insouciante jouvencelle aurait été vite trempée. En compagnie de son chien, elle avait parcouru plusieurs lieues avec entrain et bonne humeur. Comme elle était née dans le Morvan, elle aimait sentir la pluie caresser son visage, imprégnant d'une odeur si particulière les bois et les sous-bois environnants. Mais son chien n'avait flairé aucune piste sérieuse jusqu'à présent. La matinée était déjà bien avancée et Mélisande avait envie de rebrousser chemin, persuadée qu'elle rentrerait bredouille à la grotte. Ce n'est donc pas l'humidité qui la décourageait, mais l'absence de gibier qui la contrariait davantage ce jour-là. Dans cette contrée du bas Morvan, très pluvieuse comme dans les environs de Bissey par ailleurs, Mélisande avait apprivoisé depuis longtemps cet élément du climat, toujours présent à n'importe quelle saison de l'année. Adoptant un raisonnement identique à celui des paysans morvandiaux, cette dernière appréciait la pluie à sa juste valeur, sachant de la même manière qu'eux, qu'elle était indispensable à la vie des plantes et à l'épanouissement des cultures. Sans elle, la sécheresse deviendrait meurtrière comme dans certaines provinces du sud en plein été...

Un soir, à la veillée, alors qu'elle habitait encore le château de son père, des chevaliers ayant participé à la Croisade contre les Albigeois et à la prise de Montségur leur avaient longuement parlé des effets dramatiques de l'aridité, détruisant les récoltes, affamant les pauvres gens, provoquant même de redoutables incendies... D'ailleurs, elle aimait contempler la forêt reverdissant à travers ce léger rideau de gouttelettes transparentes, synonyme de renaissance, qui ferait bientôt éclater les bourgeons des arbres, fleurir violettes et jonquilles dans les sous-bois. Tout à coup, Foubrac s'immobilisa au milieu du chemin, se tint sur le qui-vive comme pour signaler la présence d'un intrus. Son ouïe fine, plus développée que chez l'homme, lui permettait de percevoir des bruits lointains, encore inaudibles pour l'oreille de sa maîtresse. Le brave chien ne s'était pas trompé, quelques minutes après, Mélisande entendit des bruits de galop se rapprochant dans leur direction. Prudente comme toujours dans ce genre de circonstances, elle le siffla et se cacha derrière un taillis épais, mais surélevé par rapport au sentier. Un homme d'apparence assez jeune, tête nue et les cheveux décoiffés par le vent, les joues rougies sous l'effet d'une course effrénée, galopait à vive allure sur un grand cheval entièrement noir. Mélisande ne le reconnut pas tout de suite...

Mais au moment, où il ralentissait la cadence et mettait sa monture au trot pour aborder le virage, elle comprit qu'il était vraisemblablement à la recherche de quelqu'un. Sa bouche grande ouverte se tordait, déformée par des hurlements incessants à l'accent désespéré. Mais il l'avait dépassée depuis quelques minutes déjà et elle n'avait pu saisir la signification exacte de ses cris. Pourtant, elle en était quasiment sûre, ses lèvres articulaient le prénom d'une personne. Maintenant, elle distinguait sa silhouette de dos, il plaçait ses mains de part et d'autre de sa bouche en guise de porte-voix, s'égosillait pour formuler ce prénom qu'il répétait sans cesse comme une sorte de litanie. Alors qu'elle ne s'y attendait pas, l'écho lui renvoya les paroles suivantes : « Mélisande, Mélisande, où es-tu ? »

Un court instant, elle crut avoir rêvé, tendit de nouveau l'oreille, comprit enfin que les appels du jeune cavalier s'adressaient à elle. De saisissement, son cœur s'affola dans sa poitrine et elle bondit hors de sa cachette, Foubrac sur les talons... Comment était-ce possible ? Les minutes précédentes, tandis qu'elle scrutait son apparition sur le sentier, elle avait pourtant ressenti une impression étrange, comme si ce visage à la peau claire, parsemée de taches de rousseur, ces larges épaules, cette taille fine et svelte ne lui étaient pas inconnus... Cependant, comme d'habitude, la frange indisciplinée lui tombant devant les yeux l'avait empêchée d'apercevoir son regard. Autrement, elle l'aurait peut-être identifié à l'instant même. Une douce illusion l'envahit aussitôt : « S'il s'agissait réellement de Gaultier de Marnay ? » Ce n'était pas Thierry en tout cas, il ne chevauchait pas encore de manière aussi hardie, presque téméraire. De plus, il ne possédait pas de cheval...

Sans perdre une minute, elle avait dévalé la pente, s'engageait sur le sentier pour tenter de le rattraper. Mais en vain... Il était déjà loin ! Mélisande eut alors une idée, comme elle connaissait bien l'endroit, elle décida de couper à travers la hêtraie pour tenter de le rejoindre un peu plus loin. Autrement si elle suivait ses traces et filait à toutes jambes, elle ne parviendrait jamais à rivaliser avec l'allure d'un cheval, même s'il se déplaçait au trot. Gaultier, Gaultier de Marnay était à sa recherche... C'était incroyable ! Cet espoir insensé s'ancrait dans son esprit, s'y accrochait de manière tenace en s'attachant à chacune de ses foulées, tandis qu'elle se hâtait vers lui en courant. Alors qu'elle attendait Thierry, l'amoureux de son amie Gervaise, c'était son propre amoureux qui venait vers elle... Certes, elle conservait toujours dans son cœur le souvenir ému de leur brève rencontre. Mais elle l'avait mis en attente pendant cette période difficile, où il n'avait été question que de leur survie, refusant de se laisser distraire par une autre préoccupation. Mélisande courait à perdre haleine. A la fois ravi et très excité, Foubrac s'imaginait qu'il s'agissait d'un nouveau jeu et la suivait sans peine. De temps en temps, elle s'égratignait le visage à une ronce, qu'elle n'avait pu éviter dans sa hâte. Une autre fois, elle s'entrava les pieds dans un enchevêtrement inextricable d'épines et de racines confondues, chuta parmi les feuilles mortes, se releva pour repartir aussitôt. Par chance, ses prévisions se révélèrent justes, elle avait gagné un temps précieux en empruntant ce raccourci. Bientôt, elle perçut de nouveau les cris de Gaultier et le martèlement des sabots de son cheval au galop, cette fois-ci. A bout de souffle, elle s'arrêta un court instant pour hurler de toutes ses forces : « Par ici, Gaultier, par ici... S'il te plaît, attends-moi... »

Comme il n'avait pas entendu son appel une première fois, sans perdre courage, elle renouvela sa tentative : « C'est Mélisande, je suis ici... Approche dans cette direction, Gaultier... » le suppliait-elle. Maintenant, elle devait faire taire Foubrac qui, tout émoustillé par cette nouvelle distraction, ne cessait de s'agiter et de japper très fort. Grâce aux aboiements continus de son chien, le cavalier finit par comprendre qu'il n'était pas seul et repéra cette présence proche de lui. Soudain, il arrêta son cheval au grand galop. Sous l'effet conjugué de la surprise et de la douleur, le magnifique coursier se cabra en hennissant très fort pour manifester son mécontentement. Appuyé sur le pommeau de sa selle, Gaultier tendit l'oreille et se risqua à la héler de nouveau :

— Mélisande, c'est toi ? Mélisande, où es-tu ? Je ne te vois point...

Brûlant d'impatience de le revoir, la demoiselle s'époumona à lui préciser :

— Je suis plus haut dans les taillis avec mon chien qui donne de la voix... Tu dois l'entendre... Je t'en supplie, ne t'en va pas, Gaultier. Ne m'abandonne plus jamais...

— Mélisande... Oh ! ma Mélisande... lui répondit-il, le cœur battant. C'est toi, ma bien-aimée ? reprit-il d'un ton ému, mais incrédule. A Bissey, tout le monde croit que tu es morte, assassinée par ce monstre...

— Patiente Gaultier, je viens vers toi, s'empressa-t-elle de lui promettre. Je ne suis plus très loin à présent. Pour l'amour de Dieu, attends-moi... le suppliait-elle encore.

— Bien sûr que je t'attends ma belle, tentait-il de la rassurer. Maintenant, que le destin nous a enfin réunis, nous ne nous quitterons plus jamais, je te le jure...

Epuisée par cette longue course pénible en terrain accidenté, Mélisande ne tint pas compte des signes de fatigue manifestés par son corps et décida quand même de forcer l'allure, désirant rejoindre au plus vite Gaultier. Dans sa précipitation, elle ne vit pas la dénivellation traîtresse, masquée par un tronc d'arbre abattu. Comme elle s'élançait pour sauter par-dessus l'obstacle gênant, à l'arrivée, elle se tordit la cheville et se retrouva prisonnière d'une fondrière assez profonde de l'autre côté. Lorsqu'elle essaya de se relever après sa chute, une douleur insoutenable lui paralysa le pied droit et elle retomba au fond de la fosse boueuse, tapissée de feuilles mortes. Les larmes aux yeux, incapable de bouger, elle se mit à hurler :

— Au secours, Gaultier, au secours... Je suis tombée dans un trou...

Dès qu'il avait reconnu la voix de Mélisande, Gaultier avait sauté à bas de son cheval et à travers les frondaisons encore clairsemées, les bourgeons naissants des feuillus gorgés de sève, tentait de deviner l'endroit où elle pouvait se trouver. Par chance, la pluie avait enfin cessé, mais le terrain demeurait néanmoins glissant.

— J'arrive, ma Mélisande, j'arrive bientôt... lui assura-t-il de manière présomptueuse. Surtout, parle-moi pour que je puisse te repérer plus facilement...

Complètement affolée à l'idée qu'ils ne puissent plus jamais se retrouver si près du but, Mélisande perdit courage et contrariée par cet incident stupide qui gâchait tout, pleurait à chaudes larmes. Malgré sa volonté farouche et obstinée d'appeler son bien-aimé, aucun son ne sortait de sa gorge.

Heureusement que Foubrac comprit que sa maîtresse était à bout de forces et s'affolait, il prit le relai en aboyant très fort. Ce qui aiderait Gaultier à cerner l'emplacement exact où elle était retenue prisonnière. Au moment où elle était tombée, le brave chien l'avait rejointe d'un bond souple au fond de la dénivellation creusée dans le sol. Pour lui manifester son affection, il lui avait léché le visage et les mains.

— Je serai bientôt auprès de toi, ma mie. Ne te tourmente point, belle Mélisande, lui criait Gaultier pour lui redonner de l'espoir.

Le jeune chevalier accélérait la marche, mais il devait se frayer un passage entre les arbres, écarter les buissons nombreux et touffus. Néanmoins, il avançait à grandes foulées rapides, tout en s'efforçant de deviner le lieu d'où provenaient les jappements du chien. Ce n'était pas une quête aisée, puisqu'il pouvait uniquement se guider par rapport à la voix de l'animal. Après quelques efforts pénibles, où il dut grimper à travers des taillis de ronces et de broussailles, grâce à son ouïe fine, il sut qu'il approchait enfin du but. Plus que quelques enjambées périlleuses, où il évitait d'accrocher ses vêtements aux épines, de glisser sur le sol humide, tout détrempé, et il serait enfin auprès de sa bien-aimée... Le creux, où elle avait chuté par mégarde, était d'une profondeur considérable et il ne pouvait absolument pas l'apercevoir de loin. Alors qu'elle commençait à perdre courage, plus ou moins anéantie par l'impression que son dernier appel remontait à un laps de temps considérable, tout à coup, Mélisande entendit la voix de Gaultier et ses pas qui se rapprochaient d'elle... Rassérénée, elle trouva enfin la force de l'appeler : « Par ici, Gaultier, par ici... Je suis là... » Quelques secondes après, Mélisande aperçut les magnifiques prunelles bleues de son amoureux, ressentit la chaleur de son regard tandis qu'il la contemplait avec adoration.

— Je te retrouve enfin, ma mie, mon cœur, lui murmura-t-il en lui tendant les bras, après s'être agenouillé tout au bord de la fosse. Quel bonheur inespéré ! Moi, qui croyais t'avoir perdue à jamais...

Aussitôt, Mélisande voulut s'emparer de ses mains, les serrer dans les siennes, mais elle grimaça de douleur en se tournant vers lui, incapable d'exécuter le moindre geste.

— C'est ma cheville droite qui me fait très mal, lâcha-t-elle dans un souffle. Je suis désolée, Gaultier, tellement désolée...

— Ce n'est pas de ta faute, ma belle, la consola son soupirant en penchant le buste pour s'emparer de ses mains. Vers qui te précipitais-tu de manière aussi imprudente ? Pourquoi manifestais-tu une telle hâte ? la taquina-t-il gentiment.

— J'avais tellement envie de te revoir, lui affirma-t-elle, au bord des larmes.

D'un bond agile, Gaultier l'avait enfin rejointe et sans se laisser impressionner par les grondements menaçants de Foubrac s'était agenouillé auprès d'elle et la serrait contre sa poitrine. Tendrement blottis l'un contre l'autre, le chien aurait bien pu le mordre à ce moment-là, qu'il n'aurait même pas senti la douleur. Seule l'immense joie d'avoir retrouvé Mélisande saine et sauve l'habitait tout entier et il n'hésita pas à lui manifester son amour en lui embrassant doucement les lèvres... Comme il avait changé depuis le jour de leur rencontre, il n'était plus aussi timide qu'avant, songea Mélisande, émerveillée par autant d'audace. Elle s'abandonna entre ses bras, lui réclamant un autre baiser.

Après un long moment, où les amoureux n'en finissaient pas de se dévorer des yeux, de se caresser le visage, puis d'échanger de nouveaux baisers passionnés, la demoiselle se souvint soudain de l'existence de son amie...

— Je dois rentrer à la grotte, lâcha-t-elle d'une manière inattendue. Gervaise doit s'inquiéter à mon sujet et se demander où...

— Qui est cette Gervaise ? la coupa Gaultier, impatient de la questionner au sujet de cette inconnue. N'est-ce pas plutôt un homme, un certain Gervais ?

— Quelle idée absurde ! se défendit tout de suite Mélisande. Mais on dirait que tu es jaloux, mon beau chevalier, mon sauveur... Tiens, tiens, comme c'est amusant, le railla-t-elle à son tour. Gervaise, c'est la servante qui a eu le courage de m'accompagner dans ma fuite. Après les épreuves traversées ensemble cet hiver, nous sommes devenues des amies inséparables...

— Ah ! bon, tu me rassures... en convint Gaultier. Nous avons tellement de choses à nous raconter...soupira-t-il. Mais en attendant, laisse-moi voir cette cheville souffrante...

Tandis que son amoureux, demeuré à genoux, s'affairait auprès de Mélisande, lui ôtait sa botte et son bas de laine, Foubrac s'était enhardi et le reniflait avec familiarité. Suivant son instinct, le chien avait compris que sa maîtresse aimait cet homme, qu'elle ressentait un grand bien-être en sa compagnie. Alors sans façon, il lui lécha la joue et un instant, Gaultier suspendit ses gestes pour lui caresser la tête. Foubrac était conquis par sa gentillesse naturelle.

— Comme ce chien m'a l'air malin et très attaché à sa maîtresse. Mais quel redoutable rival pour moi ! lança-t-il de manière joyeuse. Enfin, nous ne serons jamais assez nombreux pour veiller sur toi, ma mie...

— Parfaitement, j'ai bien besoin de vous deux pour me protéger, admit-elle en riant. Si tu connaissais tous les dangers que j'ai affrontés depuis mon départ de Bissey... Mon Foubrac a toujours été un gardien très fidèle...

— J'imagine que ça a été difficile, lui déclara-t-il en adoptant un ton plus sérieux. Au château, on te croit morte depuis longtemps... Tes parents ont perdu tout espoir, même Enguerrand ne compte plus te revoir un jour...

Tout en parlant, Gaultier avait palpé sa cheville, la manipulant dans tous les sens avec précaution toutefois.

— Ce n'est qu'une méchante foulure, finit-il par conclure. Attention, je vais tirer un coup sec dessus, tu auras sans doute un peu mal. Mais après, ce sera fini... Tu es prête, Mélisande ?

— Vas-y, Gaultier, l'encouragea-t-elle avec un pauvre sourire navré. Nous n'allons pas passer la journée entière à nous morfondre dans cette fosse...

Mélisande ressentit une douleur très vive, lorsque Gaultier tourna brusquement sa cheville du côté gauche pour la remettre en place. Un craquement très léger se fit entendre et ce fut terminé. Puis avec des gestes doux, mais très précis, il fit de nouveau bouger la cheville blessée.

— Si tu fais attention, tu vas pouvoir remettre ta botte, lui assura-t-il. Ce soir, tu prendras un bain de pieds pour réduire l'inflammation et je te préparerai un onguent souverain pour ce genre de maux...

— Mais tu as parlé d'une grotte tout à l'heure, reprit-il, amusé par cette idée. C'est vrai, tu habites à l'intérieur d'une grotte avec cette, cette...

— Gervaise, lui rappela Mélisande en souriant. Si tu n'apprécies pas le mode de vie des hommes préhistoriques, très cher ami, inutile de me suivre, lui lança-t-elle d'une manière provocante.

— Moi ? Au contraire, j'en raffole... lui répondit-il sur le même ton. J'aime l'aventure et je dors n'importe où, le plus souvent à la belle étoile... Mais en réfléchissant bien, ajouta-t-il en se grattant le menton, je n'ai jamais vécu dans une grotte...

Mélisande était très surprise, elle avait réussi à se lever et à poser le pied droit par terre sans ressentir de douleur, à peine une sensation de légers tiraillements et d'inconfort. Décidément, les guérisseurs lui portaient chance, se dit-elle en songeant aux femmes dévouées pratiquant cet art et qu'elle avait rencontrées sur son chemin. Gaultier s'extirpa le premier de la fondrière profonde comme un tombeau, siffla Foubrac pour qu'il sorte à son tour. Après il s'accroupit au bord de la fosse, demanda à Mélisande de tendre les mains vers lui, les saisit, puis se pencha légèrement pour l'aider à grimper le long des parois de terre argileuse, molle et collante, qui s'effritaient sous ses pas. Quand elle fut près de lui, il la souleva dans ses bras et commença d'avancer avec son précieux fardeau.

—Maintenant, nous allons essayer de retrouver Ebène, mon cheval. Pour ménager ta cheville dans ce terrain difficile, je vais continuer de te porter... Mais c'est bien parce que tu es légère comme une plume, surtout très jolie, la taquina-t-il. A ton avis, est-ce que nous sommes loin du sentier ?

—Je ne pense pas Gaultier, le rassura-t-elle en calant sa tête contre sa joue. Foubrac va nous guider jusqu'à lui...

Après une marche de courte durée – en moins de dix minutes, ils débouchèrent sur le chemin forestier – Gaultier siffla son cheval, qui arriva au grand galop dans leur direction. L'animal superbe portait bien son nom, il était entièrement noir, à l'exception d'une balzane blanche marquant son antérieur droit. Mélisande, toujours blottie contre sa poitrine, il détacha les rênes qu'il avait soigneusement nouées sur son encolure avant de le libérer tout à l'heure, le caressa d'une main, avant de la déposer sur sa selle. Auparavant, appuyé contre l'épaule d'Ebène qui n'avait pas bougé, il l'avait longuement embrassée et câlinée.

—Tu es encore plus belle que dans mon souvenir, Mélisande, lui avoua-t-il, très ému. Cette nouvelle coiffure te sied à ravir, poursuivit son amoureux en lui caressant le visage et les boucles très courtes de ses cheveux. Mais comme tu as maigri... Ce n'est rien, ma belle, reprit-il aussitôt, soucieux de ne pas l'alarmer. Maintenant, je ne vais plus jamais te quitter... Je vais bien m'occuper de toi et te choyer...

—Moi aussi, je souhaite que nous ne soyons plus jamais séparés, Gaultier, lui répondit-elle avec sincérité. Je crois qu'après toutes ces rudes épreuves, je vais enfin savourer le bonheur d'aimer et d'être aimée... C'est merveilleux d'être encore en vie...

—C'est vrai, Mélisande ? l'interrogea-t-il l'air étonné, presque sceptique. Alors, je suis fou de joie à cette pensée... Nous allons rattraper le temps perdu...

Mélisande avait refusé que Gaultier conduise Ebène par la bride pour le faire avancer tranquillement au pas. Pourtant, c'était une mesure de prudence, compte tenu de sa blessure légère, surtout du caractère fougueux de l'étalon si l'on se référait à l'avis de son cavalier. Mais très têtue, la demoiselle avait insisté pour le diriger elle-même, toutefois sans chausser l'étrier droit qui aurait pu la blesser. A son grand soulagement, le chevalier de Marnay avait pu constater qu'elle était bonne cavalière et ne se laissait pas impressionner par les menaces d'intimidation de son impétueux coursier. Quand il avait décidé de se rebeller, faisant mine de se cabrer, elle l'avait parfaitement maîtrisé et réussi à le faire obéir sans s'énerver ni lui tirer sur la bouche. Docile, Ebène avançait au pas à côté de son cavalier et de Foubrac qui gambadait dans l'herbe des fossés et des bas-côtés. Comme ils cheminaient vers la grotte assez éloignée du lieu de leur rencontre, Gaultier lui raconta qu'Enguerrand lui avait envoyé une brève missive par le biais d'un messager, alors qu'il séjournait dans le château de son père à Marnay pour l'avertir de sa disparition tragique. Dès le mois de janvier, il n'avait pas hésité à se lancer sur les routes enneigées et verglacées pour participer aux expéditions militaires et aux battues organisées par le baron Eudes aux côtés de son meilleur ami dans l'espoir de la retrouver. Mais sans grand succès, il est vrai...

Gaultier lui décrivit alors les inquiétudes de son père et de son frère aîné. Son frère jumeau, Pierre, ne s'était pas impliqué de la même façon dans ces recherches et s'était très vite désintéressé de son sort. Enfin, il lui avoua également qu'il avait eu pitié du chagrin sincère du baron dévoré de remords et qu'il avait changé d'opinion à son sujet, le découvrant sous un éclairage nouveau, plus humain. Durant les longs mois d'hiver, ils avaient partagé les mêmes espoirs et les mêmes déceptions, bivouaqué dans des conditions extrêmes. Cette complicité de tous les instants avait renforcé son amitié pour Enguerrand. Intarissable d'anecdotes au sujet de sa famille, Gaultier lui narra encore que ce dernier était très malheureux en ménage auprès de sa jeune épouse jalouse et acariâtre... Dès la fin février, les recherches s'étaient espacées d'elles-mêmes, son père conservait cependant encore un mince espoir de la découvrir cachée quelque part dans les bois, mais il ne comptait plus que sur un pur hasard. Néanmoins, il battait sa coulpe, s'accusant d'être entièrement responsable de ce drame familial, sa culpabilité étant renforcée par les accusations fondées de son épouse, dame Bathilde, qui ne cessait de le persécuter.

A la fin du mois suivant, elles cessèrent complètement sur son ordre : le baron avait perdu tout espoir de la revoir vivante. Le temps avait accompli son œuvre destructrice. Plus les jours passaient, plus les chances de retrouver sa fille saine et sauve s'amenuisaient comme une peau de chagrin : comment aurait-elle pu survivre aux rigueurs climatiques ou au couteau de l'assassin ? Arrivé à ce moment crucial de son récit, il lui avoua qu'il n'avait jamais entendu parler de sa compagne. Le baron ne s'intéressait qu'au sort de sa fille, il ne parlait que de sa Mélisande, se tourmentait uniquement pour elle... Celle-ci lui répliqua que c'était une attitude tout à fait normale. Selon la logique de son père, il n'avait pas à se soucier de Gervaise, pauvre servante parmi tant d'autres au château.

A la fin, alors que tout le monde baissait les bras abandonnant tout nouveau projet de recherche, Gaultier n'avait pas réussi à persuader Enguerrand de le suivre... Complètement découragé par leurs échecs répétitifs, très pessimiste, son frère pensait que c'était une démarche inutile. Avant de rentrer chez lui dans le Tonnerrois, le jeune chevalier comptait tout de même explorer cette partie du bas Morvan qu'ils avaient négligée jusqu'à maintenant, se disant qu'en dernier recours, Mélisande aurait pu s'y réfugier pour échapper à ses poursuivants. Il était donc parti seul à cheval, sur le dos de son brave Ebène en suivant sa propre intuition... Le jeune amoureux ne cessait de lui répéter que la chance leur avait souri, que c'était là un signe du destin qui leur avait permis de se retrouver après cette interminable séparation. Le visage illuminé d'une joie profonde, presque mystique, Gaultier lui avoua qu'il avait fait halte à la petite chapelle de Faubouloin à quelques lieues de Château-Chinon. Là-bas, dans le silence et le recueillement du lieu saint, il avait prié plusieurs heures durant et promis un calice d'or pur à la Vierge, s'il retrouvait sa bien-aimée vivante... A ces mots, le jeune homme embrassa la médaille de la Vierge qu'il portait à son cou et proclama que le miracle avait eu lieu. Mélisande s'étonna de sa naïveté extrême, touchante de la part d'un guerrier, puis retint Ebène à temps, lorsqu'il se jeta contre son encolure pour lui baiser les mains tellement il rayonnait de bonheur...

A son tour, Mélisande lui apprit qu'elles avaient échappé par deux fois à l'assassin qui hantait les bois morvandiaux, que le propre ami de Gervaise avait été sauvagement blessé en cherchant à les défendre. Pour le reste, elle lui précisa avec raison que c'était une trop longue histoire, qu'elle lui en raconterait volontiers des bribes chaque soir à la veillée. Mais elle le prévint que son récit risquait de s'éterniser, entrecoupé de péripéties étonnantes et de grands moments d'inaction... Une fois arrivés à la grotte, Gervaise ne cacha pas sa surprise d'apercevoir Mélisande en compagnie d'un inconnu. Dès que Gaultier l'eut déposée à terre, elle se jeta dans les bras de son amie : son retard inhabituel l'avait terriblement inquiétée. Gervaise avait d'abord craint un accident de chasse, ou pire, une mauvaise rencontre avec l'assassin n'était jamais à exclure. Mélisande lui présenta le jeune chevalier comme le meilleur ami de son frère Enguerrand, tout en précisant qu'elle l'avait d'ailleurs rencontré à son mariage l'automne dernier. Une nouvelle vie très différente de la précédente s'organisa pour le trio de jeunes gens occupant la grotte. Par galanterie chevaleresque, Gaultier avait d'abord refusé de dormir avec elles à l'intérieur de l'abri. Mais les demoiselles avaient protesté, prétendant qu'elles seraient plus rassurées en sa compagnie et il avait fini par se rendre à leurs arguments. L'éducation sévère des parents du chevalier de Marnay lui avait appris à respecter les demoiselles qu'elles soient nobles ou non. D'ailleurs, Gaultier se comportait en vrai gentilhomme et ne courtisait jamais Mélisande en présence de son amie, notamment à l'intérieur de la grotte, où ils se trouvaient rapprochés dans une promiscuité quelque peu gênante. Il se comportait exactement de la même façon que s'il avait logé avec des compagnons masculins, sans jamais tenter un geste déplacé à l'égard de sa bien-aimée.

Profitant du fait que les journées s'étaient allongées, en soirée, ils quittaient la grotte en se tenant tendrement par la main et allaient se promener dans la forêt.

C'était l'occasion rêvée pour échanger baisers et serments éternels... Mélisande lui avait expliqué que son amie souffrait de l'absence de Thierry, son amoureux. Quinze jours s'écoulèrent, à l'issue de cette période de vie commune, ils décidèrent de quitter la grotte préhistorique et de chercher un meilleur endroit pour habiter tous ensemble. L'abri était devenu trop exigu pour loger trois personnes à la fois, l'enclos à chevaux manquait également de place pour accueillir un troisième équidé. Pour réaliser ce projet, Gaultier les avait laissées seules une journée entière. Naturellement, il avait une petite idée à ce sujet, mais souhaitait d'abord rencontrer son père et obtenir son accord avant d'en faire part à ses jeunes compagnes pour les préserver d'une déception. C'était un homme simple, absolument pas vaniteux, il avait songé à s'établir dans une vieille métairie appartenant à son père Hugues de Marnay. Abandonnée depuis plusieurs années maintenant, la bâtisse tombait sûrement en ruines, mais autrefois, il avait entendu dire que les terres s'y rattachant étaient plutôt fertiles. L'ancienne tenure se trouvait à la limite du Nivernais et du Tonnerrois dans une vallée riante à proximité d'une grande forêt... Le baron Hugues de Marnay se souvenait à peine de l'existence de cette vieille masure. Il avertit toutefois son fils qu'elle devait être en fort mauvais état. Face à la détermination obstinée de Gaultier, il lui céda en toute légalité ses maigres biens, à charge pour lui de les remettre en état et de faire prospérer les terres. Comblé par autant de générosité, le jeune chevalier lui baisa la main pour le remercier. Sa mère l'ayant attiré à l'écart pour le questionner, il ne chercha pas à nier la vérité : à savoir qu'il souhaitait s'installer quelque part pour se marier et fonder une famille... Cette heureuse perspective la réjouit et pour l'aider, elle lui glissa une bourse contenant quelques pièces d'or dans la main. C'est tout ce qu'elle pouvait faire pour lui. Gaultier s'empressa de l'embrasser sur les deux joues et promit de leur présenter sa fiancée dès qu'ils seraient installés à La Jonchère, la plus pauvre des métairies de ses parents et la plus éloignée de leur fief de Marnay. Mais que pouvait espérer d'autre le troisième fils d'un petit seigneur, somme toute plutôt pauvre ?

Dès son retour, parce qu'il faisait preuve d'une grande honnêteté, Gaultier souhaita connaître l'opinion de ses charmantes compagnes à propos de leur future habitation, notamment celle de Mélisande. Si sa bien-aimée exprimait une trop grande déception ou une franche réserve en constatant la pauvreté des lieux et l'ampleur des travaux à effectuer, il renoncerait purement et simplement à sa demande en mariage. Sur le chemin du retour, il avait fait un détour pour visiter la métairie de La Jonchère et l'état dans lequel elle se trouvait l'avait tout de même déçu et il redoutait que ce constat navrant, mais néanmoins réel ne contrarie ses projets d'avenir. Déjà fort intriguée par l'absence mystérieuse de Gaultier qui ne l'avait pas invitée à l'accompagner, Mélisande ressentit un étonnement fort légitime, lorsqu'il leur proposa ce déplacement et cette visite fort inattendue... Quant à Gervaise, elle le questionna afin de savoir si sa présence était réellement indispensable. Comme il lui répondit de manière affirmative, elle les accompagna avec joie, piquée elle aussi par la curiosité.

Le trio chevaucha pendant quelques lieues avant de franchir une moyenne montagne d'une altitude peu élevée et de découvrir de l'autre côté une jolie vallée couverte de vertes prairies luxuriantes.

Gaultier s'arrêta devant un portail de bois vermoulu qu'il ne put pousser : l'objet en question ne possédait plus que la moitié d'un vantail. Puis il fit signe à ses compagnes vaguement intriguées de descendre de cheval. Ils étaient arrivés à La Jonchère, une longue bâtisse sans étage, construite d'un seul tenant, au pied d'un coteau vallonné. A une très courte distance, à la suite des prairies et des champs entourant le domaine, un rideau de hêtres élancés et touffus annonçait la présence de la forêt qui se dessinait sur le proche horizon en touches plus foncées. La chaumière possédait encore des portes et des lucarnes closes par des volets en bois, mais les pierres du gros œuvre s'effritaient par endroits... De plus, il manquait plusieurs portes de granges ou d'écuries dans les bâtiments situés dans le prolongement de l'habitation principale. Hélas, le toit se trouvait également en fort mauvais état. A l'extrémité du bâtiment, on apercevait les poutres et les chevrons de la charpente massive en châtaignier, le chaume qui aurait dû les recouvrir entièrement s'était évaporé dans la nature depuis bien longtemps. D'une nervosité inhabituelle, Gaultier ne cessait d'aller et venir dans la cour et guettait avec anxiété la réaction de Mélisande. Le visage impassible, elle lui demanda d'abord quelques éclaircissements au sujet de leur présence dans ces lieux inconnus.

— Pourquoi nous as-tu conduites jusqu'ici, Gaultier ? l'interrogea la demoiselle, très étonnée. Je ne comprends pas ce que nous faisons à l'intérieur de cette demeure privée...

— Qu'en penses-tu, Mélisande ? se risqua-t-il enfin, sans tenir compte de sa question. Une fois réparée, est-ce que tu aimerais habiter une ferme comme celle-là ?

— Il ne faut point rêver à des chimères impossibles, Gaultier, lui répondit-elle aussitôt. Ce n'est pas parce que cette chaumière nécessite de gros travaux que son propriétaire nous accordera la permission de nous y installer... Nous n'avons pas d'argent ni l'un ni l'autre pour louer ce bien...

— Ce n'est pas ce que je te demande, Mélisande, insista-t-il. Aimerais-tu habiter ici ?

— Et comment ! Tu imagines un peu la belle vie : nous installer enfin dans une vraie maison avec un toit au-dessus de notre tête. Elle est immense en plus, deux ménages pourraient y vivre sans se gêner le moins du monde... Le domaine est situé dans un bel endroit gai et agréable... La forêt n'est pas loin, ce qui ne gâte rien...

— Mélisande, lui annonça tout de suite Gaultier. Si la ferme te plaît, tu es ici chez toi à La Jonchère, ma belle...

— Quoi, mais tu plaisantes Gaultier ? s'étrangla-t-elle de surprise. Je ne comprends pas ce que tu veux dire...

— La Jonchère est une vieille métairie appartenant à mon père, qui ne s'en préoccupe plus depuis longtemps et ne la fait plus valoir par un tenancier. C'est son cadeau de mariage : il a accepté de me céder les bâtiments et les terres pour que je m'y installe avec ma femme...

— Tu veux dire que nous pourrions quitter la grotte, vivre ici avec nos bêtes ?

— A une seule condition toutefois, ma mie, ajouta Gaultier pour la taquiner. Que tu deviennes ma femme... Acceptes-tu de m'épouser Mélisande ? lui demanda son amoureux en s'agenouillant devant elle.

Gervaise avait plus ou moins compris qu'il se passait quelque chose d'extraordinaire dans la vie de son amie. D'une manière très discrète, elle s'était éloignée et se promenait tout autour des bâtiments pendant que Gaultier faisait sa demande en mariage.

— Oui, je suis heureuse de devenir ta femme, lui murmura Mélisande en se jetant dans ses bras. Comme je suis d'accord pour vivre avec toi dans cet endroit pour toujours... Cependant, tu dois me promettre une chose...

— Quoi donc, Mélisande ? s'inquiétait déjà Gaultier. Demande-moi tout ce que tu veux...

— Que tu ne me sépares jamais de mon amie Gervaise qui n'a nulle part où aller, commença Mélisande. Et de son ami Thierry, s'il revient un jour... Si tu étais d'accord, nous pourrions nous installer ici tous les quatre, élever nos enfants...

—Pour quelle raison, crois-tu que j'ai invité Gervaise à nous accompagner aujourd'hui ? lui demanda-t-il en la fixant avec un sourire amusé. C'est une évidence, ma belle...

—Mais tu n'es pas effrayée par tous les travaux que nous aurons à faire pour restaurer la maison ? reprit-il, légèrement tendu. Les terres sont sûrement en friche depuis le temps... Nous allons devoir retrousser nos manches... Tu n'envisageais pas d'habiter un grand château, d'être servie par de nombreux valets ? l'interrogea-t-il, dubitatif.

—Si tel était mon souhait, je n'aurais pas hésité à épouser le baron de Bertranges, lui répliqua Mélisande avec pertinence. Toutefois, tu me plais davantage que ce vieillard fortuné. A bien y réfléchir, je te trouve quand même plus beau et plus séduisant que lui, ajouta-t-elle en éclatant de rire. Vois-tu, Gaultier de Marnay, je préfère vivre dans une modeste chaumière, mais avec quelqu'un que j'aime...

—Bravo Mélisande, approuva Gervaise en applaudissant des deux mains. On se met quand à l'ouvrage, messire Gaultier ?

—D'abord, cesse de m'appeler messire, s'il te plaît, demoiselle Gervaise, lui demanda Gaultier en se moquant d'elle. Puisque tu vas devoir me supporter tous les jours au même titre que ton amie. Le plus tôt serait le mieux pour répondre à ta question, Gervaise. Si vous voulez mon avis, gentes demoiselles, il est urgent de s'attaquer aux travaux... Sinon, nous aurons très froid cet hiver...

Dans un premier temps, Gaultier décida de sacrifier une partie des pièces d'or offertes par sa mère pour restaurer la toiture. C'était la réparation la plus urgente qui leur permettrait d'avoir un toit solide et imperméable au-dessus de leur tête pendant la mauvaise saison. Comme ce genre de travaux dépassait ses compétences et qu'il avait décidé de remplacer le chaume trop inflammable en cas d'incendie par des tuiles plates sur l'ensemble des bâtiments, il s'adressa à des hommes de métier. Pour les aménagements intérieurs, il estimait qu'il pouvait s'en charger seul à ses moments perdus en se contentant de réparer les pièces au fur et à mesure de leurs propres besoins. En ce qui concernait l'utilisation du reste de la somme dont il disposait, il avait consulté Mélisande estimant qu'elle avait son mot à dire, puisqu'ils allaient vivre en couple désormais. Notamment, il s'interrogeait sur la manière dont ils pourraient subvenir à leurs besoins quotidiens et qui sait gagner un peu d'argent dans la mesure du raisonnable ?

Bien sûr, ils tombèrent d'accord pour acheter une ou deux vaches pour le lait et le beurre, quelques chèvres et des brebis, des volailles aussi pour le plaisir d'avoir sous la main à tout moment de bons œufs frais... Et pourquoi pas deux juments de trait ? lui suggéra sa promise, s'il disposait de suffisamment d'argent pour sélectionner leurs origines. Mélisande se voyait déjà à la tête d'un élevage équin, les deux juments seraient utilisées comme poulinières. D'ailleurs, elle rêvait d'accoupler Gracieuse avec Ebène pour voir naître de superbes poulains.

Mélisande et Gaultier avaient plein d'idées en tête pour construire leur avenir. Très amoureux d'elle, il lui avait juste caché qu'il avait mis de côté une pièce d'or pour l'achat de leurs alliances. Pour le jeune chevalier, non seulement ce bijou symbolisait l'union d'un couple, mais lui permettrait tout de même de se différencier des paysans de la contrée qui n'avaient pas les moyens d'en porter. Ce n'était pas une question de vanité personnelle, due au simple fait qu'il se sentait fier de ses origines nobles, mais parce qu'il savait que si on le dénonçait au comte de Tonnerre en le surprenant à labourer un champ, il perdrait peut-être son titre de noblesse. On l'accuserait de déroger à ses fonctions nobiliaires en consacrant une partie de son temps au travail manuel. Toutefois Gaultier se consolait en se disant que c'était son choix personnel qui lui permettrait de vivre auprès de sa bien-aimée et il ne le regrettait pas... Peut-être qu'une entrevue avec le comte de Tonnerre en personne lui permettrait d'obtenir une dérogation en se retranchant derrière le fait qu'il ne lui prêterait pas l'hommage, n'ayant hérité d'aucun fief? Pour le moment, il n'avait pas le temps d'envisager un tel déplacement, parce qu'il avait tant d'autres choses plus pressantes à organiser. D'abord leur déménagement s'imposait en premier lieu depuis la grotte. Mais ce fut chose facile et rapide, parce qu'ils ne possédaient pas grand chose tous les trois...

Le plus dur fut de s'installer à La Jonchère, la maison étant dans un état de délabrement avancé. Pendant une bonne quinzaine de jours, ils établirent une sorte de campement dans une des vastes granges afin de nettoyer de fond en comble les pièces d'habitation. Les charpentiers et couvreurs avaient commencé la démolition de la toiture en chaume encore intacte sur certaines parties de la maison, bâtissaient une nouvelle charpente plus solide que la précédente. Dans quelques jours, si le beau temps perdurait, ils s'attaqueraient à la pose des grosses pièces de bois, puis des chevrons et des lattes, avant de les couvrir avec de petites tuiles plates. Un compagnon maçon restaurait le gros œuvre des murs, taillait quelques pierres manquantes, les replaçait au bon endroit, faisait des joints à la chaux pour consolider l'ensemble. Au lieu de se lamenter ou de s'affoler comme Gaultier s'y attendait pourtant, Mélisande ne cessait de s'émerveiller de leur chance :

— Quelle aubaine, Gaultier, lui déclarait-elle avec un grand sourire. Bientôt, nous disposerons d'une grande cuisine avec une cheminée très pratique que nous partagerons avec Gervaise... Chaque couple possèdera sa propre chambre, où il pourra se retirer le soir...

— Et les chevaux, reprenait-elle sur un ton encore plus enthousiaste. Tous les trois, ils logent dans une écurie spacieuse, disposent de vastes prairies à l'infini... Au fait, mon ami, je te remercie d'avoir songé à réparer les enclos et les barrières. Grâce à toi, ils peuvent brouter en liberté...

— A ce propos, réagit tout à coup Gaultier. J'ai complètement oublié de vérifier l'état des haies clôturant les prés en face de la maison, je vais le faire dès demain... On va nous mener bientôt les deux vaches que j'ai retenues l'autre jour au marché. C'est le Jacquou des Essarts qui nous les a vendues...

— Et tes parents, quand est-ce qu'ils acceptent de nous recevoir ? lui demanda Mélisande d'une toute petite voix timide.

— Je ne sais pas encore, lui avoua Gaultier, soudain très embarrassé par sa question. Pour être franc avec toi, ma mie, leur attitude empreinte de froideur me déçoit beaucoup. A la belle saison, mon père Hugues ne songe qu'à aller tournoyer par monts et par vaux... Quant à mère, elle ne peut rien faire ni décider, sans qu'il lui accorde sa permission...

— Dans ce cas, épouse-moi sans plus tarder, mon amour, lui suggéra Mélisande, le cœur battant. Nous n'avons pas besoin de ta famille ni de la mienne pour nous unir...

— Tu es vraiment sérieuse, Mélisande ? s'étonna son amoureux abasourdi par sa proposition hardie. Tu ne regretteras pas cette précipitation dans un proche avenir ?

— Mais non, Gaultier, protesta-t-elle. Une seule chose m'importe : que tu sois sûr de tes sentiments à mon égard... Cette affaire nous concerne tous les deux, le reste ne compte pas... Pourquoi attendre davantage, maintenant que nous sommes réunis ?

Les magnifiques prunelles bleu pervenche se posèrent alors sur elle, l'enveloppant de tellement d'amour qu'elle se jeta contre la poitrine de Gaultier et lui tendit ses belles lèvres, elle aussi, éperdue d'une folle passion amoureuse, proche du délire.

— Ma Mélisande, comment peux-tu douter de mon amour ? lui répondit-il. Je n'aimerai jamais que toi, ma mie... Je suis tellement heureux de t'avoir retrouvée...

— Je désire être ta femme le plus tôt possible, lui déclara-t-elle, déterminée. Au cours de ce terrible hiver, j'ai frôlé la mort à plusieurs reprises et d'assez près, crois-moi... Aujourd'hui, je tiens à profiter de l'instant présent, des moments de félicité offerts par la vie sans les reporter à plus tard. Surtout, je refuse de me plier à des règles que je trouve absurdes... Tu sais bien que je suis une rebelle, non ?

— Heureusement pour moi d'ailleurs, lui fit-il remarquer. Sans cet esprit frondeur, tu serais déjà l'épouse de ce vieux baron et je n'aurais jamais connu la félicité de te serrer dans mes bras... Ma belle et farouche rebelle, ma rebelle morvandelle... Tu sais que je déteste les femmes soumises, la taquina-t-il encore. Je les trouve ennuyeuses comme la pluie...

— Ah ! bon. Dans ce cas, tu ne seras pas déçu avec moi, lui jura-t-elle. Enfin, si tu veux encore de moi, évidemment ?

— Et comment, ma chérie ! Je ne laisserai pas passer une aussi belle occasion, tu pourrais changer d'avis... De toute façon, tu as raison : nous sommes assez grands pour décider seuls de notre destin.

L'union de Mélisande, demoiselle de Bissey, et de Gaultier, sire de Marnay, eut lieu une bonne quinzaine de jours plus tard, car ils tinrent compte des remarques sensées de Gervaise au sujet de l'organisation proprement dite des noces.

Ce fut une cérémonie sans façon, mais très émouvante... Le fiancé s'était rendu à la ville la plus proche pour acheter des bagues en or chez un orfèvre. Par la même occasion, comme c'était jour de marché, il choisit un long châle de dentelle blanche pour l'offrir à sa promise. Autrement pour cette journée exceptionnelle, Mélisande avait consenti à revêtir l'une des robes emportées dans ses bagages au moment de sa fuite. Le curé de la paroisse avait accepté de les marier, après avoir entendu leur confession. Comme c'était un brave homme, plutôt humble, Mélisande lui avait demandé une faveur surprenante : celle de bénir leur union dans une minuscule chapelle perdue au fond des bois. Cependant, elle avait peur de le froisser en dédaignant l'église de la paroisse. De ce fait, elle lui avait expliqué que ce modeste oratoire était plus représentatif de la vie discrète qu'elle avait menée jusqu'à présent et qu'elle poursuivrait de son plein gré à La Jonchère. D'ailleurs, les deux fiancés ne connaissaient personne au village. Le prêtre l'avait écoutée parler, puis décidé de respecter les désirs exprimés par les futurs mariés, soucieux de s'unir dans la plus stricte intimité. Pour la circonstance, Gervaise avait revêtu ses habits de servante et servit de témoin à Mélisande. Un jeune compagnon charpentier avec qui Gaultier s'était lié d'amitié depuis le début des travaux endossa volontiers ce rôle de son côté, afin de lui rendre service...

Quelques jours auparavant, les deux amies s'étaient chargées de balayer le sol du petit oratoire, de chasser les toiles d'araignées installées à l'intérieur, enfin de le décorer avec de superbes bouquets de fleurs. Mélisande avait ramené de pleines brassées de jonquilles cueillies dans la forêt, des violettes au parfum suave et entêtant, quelques brins de muguet précoce. Nous étions à la mi-avril, il faisait très beau. Un soleil tout neuf brillait parmi les frondaisons encore dénudées de la forêt. Le jour convenu, les jeunes mariés et leurs témoins avaient décidé de rejoindre le prêtre en chevauchant jusqu'à la chapelle isolée, ils couperaient à travers la forêt qu'ils connaissaient bien maintenant. Mélisande et Gervaise avaient confectionné de belles couronnes de fleurs sauvages, qu'elles avaient passées autour de l'encolure de Gracieuse, d'Ebène et de Tonnerre. La veille, elles avaient également tressé la crinière et la queue de leur monture en parsemant quelques fleurs ici et là au milieu de leurs crins, afin de produire le meilleur effet. C'était un mariage pauvre, mais dont la gaieté et la fantaisie n'étaient pas exclues, bien au contraire... A l'aller, Mélisande montait sa jument Gracieuse pavoisée d'une multitude de fleurs et Gervaise avait pris en croupe Norbert, le compagnon charpentier. La robe d'Ebène longuement brossée et lustrée à l'aide d'un onguent spécial miroitait au soleil et le futur marié avait fière allure, monté sur ce cheval magnifique. La seule et unique coquetterie de la mariée, c'était le présent de son fiancé, ce simple châle de dentelle blanche, porté par les paysannes les plus aisées le jour de leur mariage...

Son amie lui avait offert un superbe diadème composé de fleurs roses, rouges et violettes, qu'elle avait préparées tard dans la nuit pour que les espèces les plus délicates conservent toute leur fraîcheur. Ravie, la mariée s'en était ceint le front, de façon à retenir la fragile et vaporeuse matière du vêtement lui recouvrant la tête et descendant jusqu'à ses reins. Gaultier avait tiré d'un vieux sac de voyage en cuir, craquelé de partout, qu'il emportait toujours avec lui au cours de ses déplacements, un habit bon marché, mais propre, ne présentant aucun accroc ni reprise dans le tissu. Mais il avait tenu à porter son épée, à ceindre le baudrier autour de sa taille mince et étroite. C'était l'insigne qui le rattachait à sa caste, celle de la chevalerie... Mélisande épousait quelqu'un de pauvre, de très pauvre même, mais il était néanmoins chevalier !

Des bottes marron en cuir élimé qu'il chaussait à n'importe quelle saison complétaient sa tenue sans prétention. Agenouillés devant l'autel, ils prononcèrent les mots sacrés les attachant l'un à l'autre pour toute la vie. A ce moment extrêmement émouvant, Gervaise ne put retenir quelques larmes et elle songeait très fort à son Thierry qui lui manquait beaucoup. L'intérieur de la petite chapelle était désert et par la porte restée grande ouverte, on entendait les chants et les gazouillis incessants des oiseaux. Puis le curé bénit l'alliance en or qu'ils échangèrent et passèrent chacun au doigt de l'autre. Après qu'il eût tracé le signe de croix au-dessus du front des jeunes mariés, ils se relevèrent tous les deux. Rayonnante de joie et de bonheur, Mélisande sortit de l'oratoire au bras de Gaultier. Comme la cérémonie était terminée, ils échangèrent un long baiser sur le seuil. Le chevalier de Marnay souleva sa tendre et émouvante épouse dans ses bras, la déposa sur l'encolure d'Ebène et ils chevauchèrent jusqu'à La Jonchère. Gervaise grimpa sur Gracieuse, Norbert dirigeait Tonnerre, invité au repas de noces, le prêtre se tenait en croupe derrière lui... Les jours précédents, plusieurs femmes d'ouvriers et de compagnons avaient aidé Mélisande et Gervaise à préparer un vrai festin. En attendant leur retour, elles terminaient les derniers préparatifs. Pendant ce temps, comme il faisait beau, les hommes avaient dressé une immense table dehors en se servant de tréteaux en bois et de diverses planches utilisées pour les travaux. Tout le monde applaudit de manière enthousiaste et joyeuse les jeunes mariés, lorsqu'ils pénétrèrent à cheval dans la cour de La Jonchère. On félicita et on embrassa Mélisande, les hommes échangèrent poignées de mains et bourrades amicales avec l'heureux époux. Ce dernier avait rapporté de la ville un tonneau de bon vin, les invités trinquèrent et burent à leur santé. Gervaise installa le nouveau couple à la place d'honneur en haut bout de la table et défendit à Mélisande de se lever pour les aider à la cuisine. Les femmes étaient assez nombreuses pour assurer le service des plats. A l'avance, plusieurs d'entre elles avaient confectionné de succulents pâtés de lièvres et des terrines de faisans. Le repas commença avec ces entrées et le vin rouge coulait à flots dans les coupes de bois ou les gobelets en terre cuite. Le curé avait été placé à côté des mariés et Mélisande s'adressa poliment à lui, s'intéressant aux ouailles de sa paroisse. Comme elle s'en doutait et comme c'était le cas un peu partout en Bourgogne et dans le Morvan, il y avait une quantité incroyable de pauvres et d'indigents. Le brave homme n'hésita pas à lui décrire la misère criante de certaines familles de tenanciers qui n'arrivaient pas à vivre de leur travail, pourtant exténuant et très prenant tout au long de l'année. Comme il était très âgé, il avait bien connu les derniers métayers de La Jonchère. Intéressé à son tour, Gaultier le questionna sur les différentes cultures qu'ils avaient pratiquées pour éviter de commettre les mêmes erreurs qu'eux. Le curé, lui-même fils de paysans, ne lui cacha pas que certaines terres étaient très pauvres et qu'il ne devrait pas perdre son temps à vouloir les labourer et les ensemencer à tout prix. C'était l'erreur commise par leurs prédécesseurs qui leur avait coûté cher, ajoutée à quelque catastrophe climatique, qui avait ruiné leurs récoltes à l'époque...

Si Gaultier était d'accord, il prendrait le temps de faire le tour du propriétaire avec lui, pour lui indiquer les champs les plus fertiles et lui expliquer dans le détail les possibilités offertes par le domaine. Le chevalier accepta avec joie en le remerciant d'avance de son amabilité.

Après les succulents pâtés et les terrines, les femmes servirent des cailles et des perdreaux rôtis, plusieurs civets de lièvre, quelques légumes sauvages, puis de tendres navets qui avaient mijoté avec de gros morceaux de lard. Un authentique et incroyable délice pour le palais ! L'épouse du compagnon charpentier élevait plusieurs vaches, fabriquait des fromages et de la bonne crème onctueuse à souhait ; elle en avait apporté des quantités suffisantes pour régaler tous les invités. La veille, Gervaise avait fait cuire plusieurs galettes, de savoureux gâteaux aux noix avec les dernières qu'on trouvait encore dans les greniers, en quémandant à droite et à gauche dans les fermes voisines. Une autre personne l'avait aidée à confectionner des crèmes au lait, une troisième avait sacrifié quelques pots de gelées et de confitures pour fourrer les galettes. Enfin, la plus âgée de leurs compagnes avait préparé plusieurs plats de beignets parfumés avec des fleurs de sureau. Mais au beau milieu de l'après-midi, une averse soudaine les obligea à se réfugier à l'intérieur de la grange. La fête ne fut pas gâchée pour autant et se poursuivit de plus belle... Quelques invités, à la langue déliée par le vin, affirmèrent de manière joyeuse : « Mariage pluvieux, mariage heureux... » en s'adressant aux mariés. Gaultier leur avait réservé une prodigieuse surprise : en se rendant à la ville, il avait retenu plusieurs ménestrels pour égayer la noce. Comme ils attendaient le déclin du jour, ils ne s'étaient encore pas manifestés, mais avec l'arrivée de la pluie, ils se saisirent de leurs instruments de musique qu'ils avaient posés dans un coin de la bâtisse. Parmi eux, il y avait deux vielleux et un violoncelliste. Comme les dimensions du bâtiment étaient vastes, il y avait suffisamment de place pour faire danser tout le monde durant une grande partie de la nuit. On s'amusa beaucoup et on prit du plaisir à écouter de la musique d'excellente qualité.

Pour la seconde fois depuis leur rencontre, Gaultier s'inclina devant Mélisande pour l'inviter à danser... Cette fois-ci, elle n'avait plus d'excuse valable pour lui refuser une danse comme au mariage d'Enguerrand. Ce souvenir reflua à sa mémoire d'un seul coup et elle se dit qu'ils avaient parcouru un long chemin depuis cette époque : une seule rencontre avait suffi à les attacher l'un à l'autre pour toujours. C'étaient des airs très connus par ici, mais gais et entraînants dans l'ensemble. Plutôt bonne chanteuse et encore meilleure musicienne, la jeune mariée s'adapta sans problème aux nouveaux pas et aux figures de danses très différentes tout de même de celles qu'on exécutait dans le Morvan. Tout le monde se tut comme par magie, lorsqu'elle accepta de chanter comme Gervaise l'en priait depuis un bon moment. Sa voix pure et cristalline enchanta les invités et Mélisande connaissait plus d'une chanson d'amour, choisies parmi ses préférées, dans son répertoire inépuisable. Gaultier l'écoutait bouche bée et s'émerveillait de ses talents cachés. Celle-ci se plaisait en sa compagnie, elle se sentait heureuse et épanouie comme elle ne l'avait encore jamais été. Mélisande aurait chanté toute la nuit, si l'attitude de son amie Gervaise ne l'avait pas inquiétée... La pauvre fille esseulée s'était laissée aller à boire plus que de coutume et le vin l'avait rendue amère.

Maintenant, elle refusait de prendre part aux réjouissances de la noce. Soudain, en proie à une grande tristesse, elle avait décliné toutes les propositions des jeunes gens présents, souhaitant l'inviter à danser. Perturbée, elle ne songeait plus qu'à l'absence de Thierry, de son Thierry, qui avait failli à sa promesse... Obsédée par l'idée qu'il lui était arrivé quelque chose d'irrémédiable, elle ne cessait de questionner les invités qui finirent par se lasser de son insistance. Comme maîtres et compagnons se déplaçaient de chantier en chantier dans un périmètre parfois assez étendu, elle espérait qu'ils auraient peut-être aperçu son amoureux quelque part... Chaque réponse négative l'attristait davantage, lorsqu'elle retournait s'asseoir, elle se versait un nouveau gobelet de vin pour noyer son chagrin. Au moment où Mélisande s'aperçut enfin de son manège, il était trop tard : Gervaise était passablement éméchée... Néanmoins, elle ne put s'empêcher de la sermonner de manière assez dure. Gaultier les avait rejointes à table et se mêla à leur conversation.

Déjà, le jeune chevalier s'était aperçu que Gervaise avait eu du mal à quitter la grotte : dans un premier temps, elle leur avait proposé de rester seule là-bas à attendre Thierry, leur jurant qu'elle les retrouverait plus tard, quand il serait enfin venu. Bien sûr, Mélisande avait refusé de façon catégorique ce genre d'arrangement qu'elle trouvait dangereux pour son amie. Bon gré, mal gré, celle-ci avait été obligée de les suivre, sinon Mélisande ne l'aurait pas abandonnée dans cet endroit sauvage et isolé, sans compagnie ni protection. Chaque semaine, en principe le dimanche, les amoureux l'accompagnaient jusqu'à l'abri rocheux, ils retournaient dans les lieux proches où elles avaient séjourné toutes les deux dans l'espoir d'y rencontrer Thierry. Gervaise voulait s'assurer qu'il n'était pas à leur recherche. Pour rien au monde, elle ne voulait prendre le risque de manquer son arrivée. Pourtant, avec Mélisande, ils ne s'étaient pas fixés de lieu de rendez-vous particulier, c'était une localisation approximative dans les environs de Quarré-les-Tombes. D'ailleurs, comme la demoiselle ne connaissait pas du tout cette contrée, il lui aurait été difficile d'évoquer une destination de manière précise. Le soir de ses noces, Gaultier réalisait enfin que Mélisande ne supportait pas le chagrin de son amie et qu'elle aurait accompli n'importe quelle folie pour l'aider à se sentir moins seule, surtout moins triste. Alors il n'hésita pas à exprimer sa pensée : « Sois raisonnable, Gervaise, arrête de boire, commença-t-il. Mélisande a raison : ce n'est pas en te comportant de cette manière que tu retrouveras plus vite ton Thierry... Tu vas juste te rendre malade... »

La pauvre servante s'irrita d'abord de son intervention, puis finit par se mettre à pleurer en prétendant que son Thierry était déjà mort et enterré à cette heure-ci. Elle demeurait inconsolable...

— Ecoute, Gervaise, je voulais t'en parler depuis quelques jours déjà, poursuivit Gaultier. Mais avec les gros travaux de la maison, la préparation de nos noces, je t'avoue que j'ai reporté cette discussion à plus tard. Mais je le regrette aujourd'hui, oui sincèrement, je m'excuse de ma négligence coupable... Je vois bien que tu as beaucoup de chagrin... Quand je cherchais Mélisande et...

— A la fin, vas-tu nous dire ? s'énerva soudain sa jeune épouse. Si tu as une idée pour retrouver Thierry, formule-la sans nous faire languir de cette manière... Notre Gervaise sera soulagée...

— Voilà, j'attends la venue d'un de mes amis les plus fidèles en comptant ton frère Enguerrand naturellement, précisa-t-il pour éviter de la froisser. Un frère d'armes en quelque sorte, le chevalier Thibault de Coucy, que je comptais envoyer dans les environs du château de Bissey pour mener une petite enquête à ma place... J'aurais pu me rendre moi-même là-bas. Mais dans notre situation, c'est plus compliqué, avoua-t-il, conscient des difficultés engendrées par les liens l'unissant à Mélisande. Ton père n'apprécierait sans doute pas...

—Quand vas-tu envoyer ce Thibault de.... ? de... ? l'interrompit Mélisande. Je n'ai pas retenu son nom de famille... C'est une démarche urgente, si nous considérons le désarroi de notre Gervaise...

—Bon, je suis d'accord avec toi, ma mie, acquiesça-t-il. Dès demain, j'enverrai le petit frère de Jean le couvreur porter un message... Je demanderai à Thibault de passer au plus vite à La Jonchère...

Les noces de Mélisande et de Gaultier assombries sur la fin par le chagrin de Gervaise s'achevèrent néanmoins sur une note plus gaie. Réconfortée par l'initiative du chevalier de Marnay, cette dernière avait repris confiance en l'avenir et attendait beaucoup du voyage de son ami. Deux jours plus tard, Thibault de Coucy faisait halte à leur métairie. A peine plus âgé que Gaultier, ce personnage fantaisiste, haut en couleurs, volontiers farceur à ses heures perdues faisait beaucoup de bruit autour de lui. Mais il inspirait tout de suite la sympathie et en sa présence, on ne s'ennuyait jamais. Gaultier lui expliqua en peu de mots ce qu'il attendait de lui, sa mission consistait à retrouver coûte que coûte l'amoureux de Gervaise et à le ramener sain et sauf à La Jonchère. Le chevalier opinait du chef en écoutant attentivement les descriptions des deux amies, lui brossant un portait aussi fidèle que possible de Thierry le jeune charbonnier. Puis mine de rien, il les questionna sur les lieux concernés, leur localisation précise, depuis le campement des charbonniers près de la cabane de l'ermite de la Roche aux Saintes en passant par celle d'Albane la Rousse, pour finir par le château du baron Eudes de Bissey. Une fois que Mélisande lui eût décrit la contrée qu'il devrait parcourir, s'appuyant sur le soutien de Gervaise, elles n'hésitèrent pas à le mettre en garde contre la cruauté et la perversité de l'ignoble assassin sévissant dans les parages. C'était une vraie bête malfaisante, comparable à un hideux démon, redoutable dans tous les cas, même pour un preux chevalier, insistèrent-elles lourdement toutes les deux. Elles le lui dépeignirent avec soin, n'omettant aucun détail qui lui permettrait de le reconnaître... Gaultier l'incita également à la prudence, il ne tenait pas à perdre un ami qui lui était très cher. Bien sûr, il redoutait la réaction du baron Eudes, Thibault devrait déployer des trésors de ruse et se comporter en fin diplomate avec le seigneur des lieux. Profitant d'une courte absence de son époux, Mélisande l'attira à l'écart pour lui demander une faveur. Il s'agissait de délivrer un bref message oral à sa sœur Pétronille, mais à elle seule ! Prudente, Mélisande ne souhaitait pas écrire, de crainte que quelqu'un n'intercepte sa lettre pour la donner à son père. Thibault devait lui annoncer qu'avec son amie Gervaise, elles avaient échappé à la mort et qu'elles se portaient toutes les deux comme des charmes.

Par contre, elle lui fit jurer de ne révéler ni le lieu de leur résidence ni son mariage récent avec Gaultier... Le chevalier promit sur son honneur de la servir comme c'était son devoir à l'égard de l'épouse d'un ami et d'éviter de trahir ses volontés.

Après le départ de Thibault de Coucy, les travaux de restauration de l'intérieur de la maison reprirent de plus belle. Pour oublier la longue et pénible attente, Gervaise se surpassa et travailla comme un homme. Volontaire pour exécuter n'importe quelle tâche, même les plus dures et les plus ingrates, elle aidait Gaultier à réparer le plafond de la pièce principale. Tous les deux, ils soulevaient d'énormes poutres en chêne pour remplacer les pièces vermoulues qui menaçaient de s'effondrer sur leur tête, les ajustaient à l'aide de ciseaux à bois, de manière à ce qu'elles glissent dans les encoches prévues et s'intègrent parfaitement à l'ensemble. De l'aube jusqu'au soir, ils travaillaient d'arrache-pied, sans s'accorder beaucoup de repos. Mélisande préférait s'occuper des animaux à l'extérieur, notamment des chevaux, qu'elle soignait tous les jours. Leur troupeau de chèvres et de moutons retenait également toute son attention et exigeait une surveillance constante. Son nombre grossissait au fur et à mesure des investissements prudents de son époux. Matin et soir, c'est Gervaise qui pansait les lapins, distribuait des grains aux volailles de la basse-cour. Le mois de mai s'écoula paisiblement sans apporter de changement notoire à leur vie quotidienne. Les derniers jours, les couvreurs et les maçons quittèrent La Jonchère avec leurs charrettes remplies d'outils et de matériaux indispensables à l'exercice de leur métier respectif. Les plus gros travaux s'achevaient enfin, après plusieurs semaines d'efforts intensifs où les équipes de travailleurs avaient profité du beau temps. Un toit de tuiles plates, flambant neuf, recouvrait la longue bâtisse rectangulaire depuis la maison d'habitation jusqu'aux écuries et aux granges attenantes, s'étendant d'un seul bloc. Comme dans la plupart des maisons paysannes, il n'y avait pas d'étage...

Pour des raisons pratiques, Mélisande avait décidé de continuer à se vêtir en homme et à se couper les cheveux très courts. Tous les jours, elle travaillait le plus souvent dehors, par n'importe quel temps. Cette tenue lui paraissait plus adéquate pour s'occuper des animaux et vaquer aux diverses tâches d'approvisionnement ou d'entretien des écuries. C'était plus facile également pour monter à cheval et chasser dans la forêt. Très amoureux d'elle, son tendre époux céda à ses caprices et la laissa libre de se gouverner comme elle l'entendait. Gervaise, elle aussi, ne changea rien à leurs habitudes et décida de l'imiter en tous points. Pour rien au monde, les fugitives de jadis ne sacrifieraient leur façon de vivre, très attachées à leur liberté et à leur indépendance. Le caractère doux, affectueux et pacifique du chevalier Gaultier de Marnay s'accommodait de celui de sa jeune épouse, plus autoritaire et rebelle à bien des égards. Ils n'avaient que quelques années de différence, Gaultier était plus âgé que son frère Enguerrand, puisqu'il avait fêté ses dix-neuf ans au printemps. Mélisande n'avait pas encore atteint sa quinzième année. Infatigable et très patient dans tout ce qu'il entreprenait, Gaultier s'épuisait à la tâche pour terminer leur installation avant l'hiver. Le soir, à la veillée, il aimait travailler le bois et confectionner quelques meubles de facture très simple, mais qui amélioreraient leur confort quotidien.

Gervaise était aussi intéressée que lui et ils ne manquaient pas d'idées pour fabriquer toutes sortes d'objets très pratiques avec quelques planches fraîchement rabotées ou des perches entières, provenant de troncs d'arbres abattus par les anciens tenanciers de La Jonchère. Evidemment, les morceaux de bois avaient eu largement le temps de sécher et on pouvait les utiliser tout de suite. Ainsi, Mélisande bénéficia d'étagères rudimentaires, toutefois très utiles, non seulement pour la vaisselle et les ustensiles de cuisine peu nombreux pour l'instant, mais aussi pour ses plantes médicinales. Les jeunes époux se passionnaient tous les deux pour l'herboristerie, pratique visant à soigner les personnes les plus pauvres qui n'avaient pas un sou en poche pour s'offrir les services d'un apothicaire. Mélisande avait découvert cet aspect caché de la personnalité de son mari, quand elle s'était foulé la cheville. Depuis ce jour, ils discouraient souvent à propos de leur méthode et complétaient leurs connaissances personnelles et leur savoir-faire, persuadés qu'ils en auraient besoin un jour pour soulager les paysans des environs. Durant une bonne partie de l'année, Mélisande s'adonnait à la cueillette des plantes médicinales. Gaultier lui avait proposé d'installer sa propre herboristerie dans une petite pièce à part, mais avec une lucarne, ce qui lui permettrait de faire sécher et de conserver plantes et racines. C'était un lieu calme et discret où personne ne viendrait la déranger, tandis qu'elle s'affairerait à ses préparations. Il tenait à encourager son épouse et se plaisait à échanger avec elle des recettes inédites pour affronter de pied ferme les maux les plus courants. Selon Gervaise, son amie possédait un don précieux pour soigner les gens.

Ces jours-ci, Mélisande se désolait en constatant que son amie s'abrutissait de travail pour éviter de penser sans cesse à Thierry. « Plus le temps passait, moins elle avait de chance de le revoir vivant », se disait-elle en se morfondant seule dans son coin. Touché par sa profonde détresse et son immense désespoir, Gaultier essayait de la distraire de ses soucis en lui vantant les qualités du messager qu'il avait envoyé à sa place. C'était quelqu'un de méthodique et d'efficace, il ne fallait pas se fier aux apparences trompeuses à propos de son allure relâchée. Au cours d'expéditions militaires, Gaultier avait apprécié son courage dans des situations extrêmement délicates, où la vie de plusieurs de leurs soldats était en jeu. Thibault l'avait toujours secondé sans jamais le décevoir, il ne redoutait pas le danger, n'hésitant pas à défier la mort pour accomplir sa mission. Seulement, il y avait plus d'un mois qu'il était parti à la recherche du jeune charbonnier et il ne s'était pas encore manifesté d'une quelconque manière... Tous les matins et tous les soirs jusqu'à la tombée de la nuit, Gervaise se promenait sur la route en compagnie de Foubrac dans l'espoir d'apercevoir enfin les voyageurs. Chaque fois, elle les guettait en vain et rentrait bredouille à La Jonchère...

Les premiers jours de juin furent magnifiques, le soleil brillait haut dans le ciel et il commençait à faire très chaud au cours de la journée. Aussi Gaultier décida-t-il de délaisser pendant quelque temps les travaux d'intérieur, qui pouvaient attendre des jours pluvieux, pour commencer à faucher quelques prairies et des friches en jachère. Un jeune couvreur était venu l'aider à réparer le peu de matériel dont il disposait, mais qui datait du temps des derniers tenanciers. Le tout avait été entreposé pêle-mêle dans une grange...

Pour ces travaux qu'il devrait exécuter entièrement à la main, il s'aiderait d'une grande faux dont il avait dû frotter longuement la lame rouillée avant de s'en servir. Puis il couperait une importante quantité d'herbe et la ferait ensuite sécher au soleil. C'était un travail pénible, exténuant au fil des heures. Mais Gervaise, toujours volontaire, décida de participer aux fenaisons. S'ils étaient deux à abattre de l'ouvrage, ils iraient beaucoup plus vite. Surtout, elle ne voulait pas que les chevaux manquent de foin à la mauvaise saison. L'expérience de l'hiver passé l'avait marquée à jamais et elle tenait à ce qu'ils mangent à leur faim cette année... Elle s'était juré qu'on ne leur imposerait plus jamais de telles privations.

Dès les premières lueurs de l'aube, à la fraîche, ils étaient partis faucher la plus grande pièce de La Jonchère, la Coupe Pentue, une prairie immense. Mais comme son nom l'indiquait, c'était un champ particulier, très accidenté, dont la configuration présentait de nombreuses dénivellations. Pour se donner du courage, ils avaient d'abord grimpé tout en haut. En s'attaquant au sommet qui bénéficiait d'une surface à peu près plane, ils avaient vite progressé et commençaient à s'engager en terrain difficile, très irrégulier, avec une quantité incroyable de bosses. Ce qui compliquait encore davantage la tâche, suffisamment rude si l'on considérait déjà la pente. C'était le milieu de la matinée, le soleil dardait ses rayons déjà chauds sur eux. Depuis un moment déjà, ils avaient déposé leur veste, ainsi qu'une cruche d'eau à l'ombre de la haie, retroussé les manches de leur chemise... Mais ils avaient pris garde de conserver sur leur tête un chapeau de paille, à larges bords enveloppants, qui les protégerait bien sûr des risques d'insolation. Tout à coup, Gaultier interrompit le geste ample, bien rythmé, qu'il faisait décrire à sa faux comme s'il traçait une sorte de demi-circonférence inachevée pour tendre l'oreille. De façon à éviter de se gêner dans leur travail, Gervaise s'était placée à l'autre extrémité du champ et progressait à une allure quasiment identique à la sienne, ce qui était surprenant pour une femme. Depuis l'adolescence, son père l'avait entraînée à faucher avec lui pour suppléer au manque de main-d'œuvre flagrant au sein de leur pauvre métairie. Après quelques tentatives malhabiles et hésitantes, la fille de paysans avait retrouvé très vite des gestes précis et harmonieux pour faucher l'herbe à la même cadence que son compagnon. S'il l'avait gentiment taquinée au départ, maintenant, il se demandait s'il arriverait à suivre son rythme qui ne tarderait guère à devenir plus rapide que le sien. « Pourquoi Gaultier agitait-il les bras au-dessus de sa tête comme un fou en lui criant quelque chose ? » se demanda-t-elle tout à coup, intriguée par son attitude étrange.

— Par ici, nous sommes ici, au beau milieu de la pente, hurlait-il maintenant.

Quand elle saisit enfin le sens de ses paroles, elle suspendit ses efforts durant quelques minutes et jeta un coup d'œil dans les environs pour tenter d'apercevoir leurs mystérieux visiteurs. A ce moment précis, elle crut que son cœur allait exploser dans sa poitrine quand elle reconnut une voix familière l'interpellant depuis le bas de la prairie : « Où t'es ma Gervaise ? C'est moi, Thierry... » Aussitôt, elle lâcha par terre son outil de travail sur lequel elle s'était appuyée pour se reprendre et se mit à courir à perdre haleine en tentant d'ouvrir un passage dans l'herbe tendre, gorgée de rosée, parsemée d'une multitude de fleurs odorantes.

Par endroits, cette verte étendue nuancée de touches chaudes et dorées avait atteint une telle hauteur qu'elle lui arrivait à la taille et qu'elle avait du mal à se frayer un chemin au milieu des tiges drues, parfois légèrement coupantes. « J'suis là, Thierry, j'arrive... » criait-elle en se précipitant au-devant de son amoureux. Sans qu'elle sût comment la chose s'était produite, Gervaise se trouva tout à coup happée, saisie, serrée entre des bras puissants. Le rire joyeux et puissant de Thierry résonnait à ses oreilles, tout près de son cou... Bientôt, les deux amoureux roulèrent dans l'herbe chaude et parfumée pour mieux célébrer leurs retrouvailles inespérées. Gervaise avait honte de sa tenue, s'excusait d'être décoiffée, toute en sueur, parce qu'elle ne s'attendait pas à sa visite et avait travaillé dur depuis ce matin. Si elle avait prévu son arrivée, elle se serait lavée avec soin, peignée, arrangée... En un mot, elle aurait pris soin de se faire belle pour son amoureux. Fou de joie, Thierry se moquait bien de cette coquetterie inattendue de sa part. Il aimait Gervaise comme il l'avait toujours connue, toute simple et sans artifice. Dans cette prairie, il retrouvait sa Gervaise si brave et si courageuse qui ne reculait devant aucun effort, sa Gervaise forte comme un homme...

— Tu as maigri, ma jolie, reconnut-il à son grand étonnement. Mais ça t'va mieux...

Ebloui, il ne se lassait pas de lui caresser le visage, se penchait pour l'embrasser sur les lèvres et dans le cou. Allongés tous les deux au beau milieu de l'herbe fraîche, Gervaise s'était blottie contre lui et sanglotait doucement. Elle ne trouvait pas les mots justes pour lui dire combien son absence avait été longue et éprouvante. Pourtant elle lui décrivit ses tourments : elle avait imaginé le pire en croyant qu'il était mort et qu'elle ne le reverrait plus jamais... De son côté, il lui affirma qu'il désespérait de se libérer un jour, prisonnier de son chef de chantier. D'ailleurs, sans l'intervention de Thibault, il serait toujours là-bas au campement de la forêt. Comme Gervaise changeait de position, cherchant à se relever et à prendre appui sur un coude, elle heurta par mégarde son épaule et il grimaça de douleur. Alors elle s'excusa de sa maladresse, lui demanda s'il souffrait encore beaucoup de cette méchante blessure. Soudain la mine plus grave, le regard attristé, il lui fit signe que oui et lui avoua que les chairs se refermaient à peine et qu'à cause de cette blessure, elle avait failli ne plus jamais le revoir... Mais leurs confidences furent bientôt interrompues par de joyeuses interpellations.

— Debout, les amoureux, leur cria Thibault. Nous rentrons tous à La Jonchère sans plus attendre. Mélisande a le droit de se réjouir avec nous et de savoir ce qui s'est passé, elle aussi...

— Vous aurez tout le temps de vous câliner plus tard, commença Gaultier, la mine hilare. Inutile de te présenter, je suppose que tu es Thierry... Sinon, Gervaise ne se permettrait pas de telles familiarités avec un inconnu... Se vautrer comme ça dans l'herbe, je suis tout de même choqué, plaisanta-t-il.

— Thierry pour vous servir, seigneur, lui répondit l'intéressé avec un large sourire et en lui tendant timidement la main.

Gaultier serra cette main tendue, mais lui précisa :

— A La Jonchère, Thierry, il n'y a plus de sire ni de seigneur... Comme tu vois, je travaille de mes mains comme un vilain pour gagner ma vie et celle de mon épouse. Bien sûr, je suppose que tu vas vivre avec nous...

— Si vous voulez, messire...

— Et comment, Thierry ! Cela m'évitera de faire travailler aussi dur ta Gervaise. Deux bras supplémentaires, ça ne se refuse pas... Il y a suffisamment de place sur le domaine...

— Avec grand plaisir, messire Gaultier, comptez sur moi, lui promit-il. J'connais pas vraiment le travail de la terre, mais j'trime dur dans les bois, ça m'changera pas beaucoup...

Thierry avait enlacé Gervaise par la taille et ils arrivèrent en joyeux équipage à la maison. Mélisande ne les avait pas entendus venir, car elle était occupée à nettoyer l'écurie de chèvres qu'elle avait lâchées dans le pré pendant ce temps. Mais Foubrac se précipita au-devant des arrivants. Le chien avait écouté le bruit de leurs pas au loin sur la route, bien avant qu'ils n'empruntent le sentier rural conduisant à la métairie. Les haies touffues embaumaient l'air, elles étaient fleuries d'églantiers et de chèvrefeuilles dont le ramage exubérant, d'un vert brillant, se balançait au moindre souffle de vent. Foubrac bondit au détour du chemin et Thierry eut juste le temps d'ouvrir les bras pour le recevoir contre sa poitrine. Le brave chien pleurait de joie et lui léchait le visage, tellement il était heureux de le retrouver. Puis il les quitta précipitamment pour courir prévenir sa maîtresse. Celle-ci les attendait dans la cour et embrassa amicalement le jeune charbonnier sur les deux joues.

— Quelle joie de te revoir, Thierry, lui déclara-t-elle d'une voix sincère. Sois le bienvenu à La Jonchère où nous n'attendions plus que toi pour vivre heureux, tous réunis... Pas vrai, ma Gervaise ?

— Sûr, demoiselle, proclama celle-ci, un sourire béat au coin des lèvres. Avec notr'Thierry, on va en abattre d'l'ouvrage...

— Et moi ? lança Thibault en faisant semblant d'être jaloux. Personne ne m'embrasse ni se réjouit de ma venue... Je reconnais tout à fait l'ingratitude féminine. Pourtant, sans mon intervention, vous ne l'auriez pas revu de sitôt votre Thierry...

Confuses, Mélisande et Gervaise s'empressèrent de se jeter à son cou pour le remercier et le féliciter du succès de sa mission. « Mais ne restons pas dehors, entrez mes amis, les invita Gaultier. Nous allons bavarder tranquillement à l'intérieur. Je m'en vais à la cave chercher une bonne bouteille afin de fêter votre retour... » Tout d'abord, le chevalier Thibault de Coucy leur raconta qu'à l'aller, il avait croisé l'assassin et failli l'attraper dans les environs du lac de Saint-Agnan. De justesse, il avait sauvé une jeune bergère tombée entre ses griffes... C'était dans un lieu isolé et sauvage, à l'orée d'un bois, où elle gardait son troupeau de moutons et d'agneaux nés au printemps. Les aboiements furieux de son chien l'avaient alerté et il était arrivé à temps, alors que le monstre s'apprêtait à violer la malheureuse qu'il avait jetée dans l'herbe, jupe et jupon retroussés jusqu'à la taille. Thibault s'était jeté sur lui, ils s'étaient battus d'une manière très violente. Cependant, le jeune chevalier l'avait mis pratiquement hors d'état de nuire.

Mais il ne s'était pas méfié de son cheval, qui était arrivé par derrière lui sans faire de bruit, puis l'avait assommé en se cabrant brusquement. L'ami de Gaultier avait eu beaucoup de chance, le hongre ne l'avait ni piétiné ni écrasé avec ses sabots, alors qu'il gisait à terre complètement inconscient et à sa merci. Pendant ce temps, la paysanne chanceuse s'était enfuie chercher de l'aide au hameau, mais à son retour, alors que Thibault revenait lentement à lui, l'assassin avait disparu... Par chance, il ne souffrait que de blessures légères : une énorme bosse au sommet du crâne, de nombreuses contusions sur tout le corps. Les parents d'Hermeline – c'était le nom de celle qu'il avait sauvée – avaient tenu à l'héberger pour la nuit dans leur pauvre chaumière, pour qu'il puisse se reposer dans le calme. Le lendemain, il avait décidé de partir à la recherche du monstre sanguinaire en compagnie d'un groupe de paysans volontaires, mais avait perdu trois jours entiers à fouiller les environs sans succès. Les battues dans les bois les plus proches n'avaient livré aucune trace de sa présence et il avait fallu se rendre à l'évidence : l'infâme criminel s'était sauvé plus loin et ils ne le rattraperaient pas de sitôt.

Il était inutile de s'acharner plus longtemps, cet entêtement ne servirait qu'à retarder l'accomplissement de sa mission. Déçu par autant de malchance, Thibault s'était remis en route et s'était hâté de prendre la direction du campement des charbonniers, car il avait déjà perdu trop de temps avec toute cette affaire... Auparavant, la jolie bergère l'avait vivement remercié pour son geste désintéressé, puis embrassé sur les deux joues. Ses parents reconnaissants lui avaient donné un énorme jambon et une miche de pain pour la route. La belle lui avait fait clairement comprendre qu'il serait toujours bien accueilli au hameau de la Verpillière, on n'oublierait jamais ce qu'il avait fait pour elle. Touché par sa beauté délicate et sa grande jeunesse, le chevalier lui avait promis de revenir un jour au hasard de ses pérégrinations. Mélisande et Gervaise étaient suspendues à ses paroles, son récit captivant les fit frissonner toutes les deux leur rappelant de très mauvais souvenirs. Néanmoins, elles exigèrent qu'il leur décrive une seconde fois le hongre bai de l'assassin. Une fois qu'il eût cédé à leur demande, leur répétant patiemment ce qu'il avait déjà dit, elles n'eurent plus aucun doute. C'était bien le petit cheval du monstre maudit...

A son tour, Thierry consentit volontiers à évoquer les événements perturbateurs qui l'avaient empêché de tenir la promesse faite en janvier à ses deux amies, après avoir été grièvement blessé par l'assassin. Après leur départ, le jeune charbonnier avait été très malade pendant plus d'un bon mois. Contrairement aux prédictions optimistes d'Isaure plutôt confiante et qui envisageait déjà une guérison imminente, son état général avait empiré d'un seul coup... Sa blessure à l'épaule gauche s'était infectée de manière brutale, alors que la vieille guérisseuse prétendait que la plaie se refermait. Les souvenirs liés à cet épisode pénible et douloureux étaient très vagues, notamment en ce qui concernait les premières semaines de sa maladie. Une forte fièvre s'était emparée de lui, il délirait le jour et la nuit, son épaule le faisait horriblement souffrir. Isaure avait besoin de l'aide du père Anselme pour tenir le blessé pendant qu'elle changeait les emplâtres souillés dégageant une odeur nauséabonde, tellement il se débattait sous l'effet d'une souffrance intolérable.

Cette pestilence provenant de sa propre chair en décomposition l'avait marqué à jamais, il lui semblait qu'elle flottait encore dans l'air, que ses narines la reniflaient comme si c'était hier... Il lui avait fallu beaucoup de temps pour comprendre que c'était son propre corps, son épaule blessée, qui la fabriquait. Cette pensée lui soulevait encore le cœur, lui donnait envie de vomir même aujourd'hui, il ne l'oublierait jamais aussi longtemps qu'il vivrait. Sa voisine avait très vite compris qu'elle ne parviendrait pas à le guérir toute seule. A court de moyens, elle avait décidé le vieil Anselme à partir à la recherche d'un apothicaire ou d'un homme savant qui possédait des connaissances en médecine.

Durant l'absence de son mari, la fièvre avait encore augmenté et Isaure avait cru que leur jeune ami ne résisterait pas à cette terrible infection d'une virulence hors du commun. L'apothicaire d'un bourg éloigné du campement avait réussi à le sauver « in extremis ». Tout d'abord, grâce à l'emploi d'une poudre miracle dont il n'avait pas voulu révéler la composition, parce qu'il la gardait secrète pour son usage personnel. Surtout, parce qu'il avait posé une sorte de drain permettant au pus de s'écouler de la plaie. De l'avis d'Isaure, c'est assurément ce geste de chirurgien qui lui avait été salutaire. Pendant une semaine entière, elle l'avait soigné et veillé, tandis qu'il demeurait dans un état critique entre la vie et la mort. La constitution robuste de Thierry avait fait le reste. Revenu quelques jours plus tard pour le visiter, l'apothicaire avait tout de même été très étonné qu'il ait survécu à cette putréfaction déjà bien avancée.

Thierry, qui n'était jamais malade d'habitude, avait dû rester encore une semaine supplémentaire cloué au lit, complètement privé de force. Sa dévouée voisine lui faisait boire du bouillon de volaille pour le soutenir, seulement il n'avait pas faim et se forçait à l'avaler pour lui faire plaisir. Peu à peu, il s'était senti légèrement mieux, la fièvre l'avait quitté, mais il ne pouvait toujours pas se servir de son bras gauche. Son épaule se cicatrisait mal, un épais bourrelet de chair lui barrait la poitrine du cou jusqu'à l'aisselle et menaçait de se rouvrir au moindre effort. Thierry enrageait de se sentir ainsi diminué, lui si actif autrefois, ne pouvait plus travailler et se contentait d'aider Isaure à éplucher des légumes pour éviter de trop s'ennuyer dans la journée.

A peine remis, il s'était quand même attelé à de menues tâches dans le bois en compagnie du vieil Anselme. A la fin de l'hiver, le chantier s'était animé, les ouvriers s'étaient installés dans des huttes de branchages avec leur famille. Alors, il n'avait pas eu le choix, il s'était remis à l'ouvrage pour de bon malgré la gêne et les douleurs engendrées, lorsqu'il sollicitait trop longtemps son épaule gauche. Le jeune charbonnier pensait profiter de ce moment précis où les travaux recommençaient de manière très active pour donner son congé et partir à leur recherche. C'était sans compter sur le nouveau chef de chantier qui l'avait menacé en affirmant qu'il s'était engagé à travailler pour lui durant toute l'année. Le charbonnier avait tenté de contester ces affirmations mensongères, il n'avait jamais rien promis de tel. Mais l'autre avait prétendu le contraire, se servant du témoignage d'ouvriers fourbes pour confirmer ses dires. Il en avait profité pour le sommer de demeurer sur son lieu de travail jusqu'au mois de décembre. Si le jeune charbonnier refusait de lui obéir, il ferait venir le sergent du bourg et ses soldats pour le ramener à la raison.

Des tâcherons inconnus, engagés par cet homme mauvais et tyrannique, le surveillaient étroitement chaque jour. Dans ce genre de chantier éloigné des gros bourgs et des villes, on manquait toujours de main-d'œuvre et Thierry s'était senti pris au piège comme un animal. Deux mois entiers s'étaient écoulés sans qu'il puisse s'échapper d'une quelconque manière, le patron se faisait toujours aussi exigeant et le sommait de travailler sans discuter. A l'arrivée du chevalier Thibault de Coucy, Thierry avait espéré que les choses s'arrangeraient, qu'ils trouveraient un accord quelconque qui contenterait tout le monde. Mais non, le chef dirigeant les travaux ne lâchait pas prise aussi facilement. Thibault avait essayé de s'en mêler, mais il avait très vite compris à quel genre de personnage il avait affaire. Un soir, il prit Thierry à part et lui expliqua qu'il avait tout arrangé et qu'ils s'enfuiraient cette nuit du campement. C'était la seule issue possible.

Autrement, il resterait bloqué sur ce damné chantier jusqu'à la fin de l'année. Convaincu par la justesse de son raisonnement, Thierry n'avait pas hésité un seul instant, trop heureux de pouvoir enfin s'échapper. De plus l'expérience du messager envoyé par Gaultier, le mari de Mélisande, le rassurait et il lui accordait entièrement sa confiance. Tout s'était déroulé exactement comme le chevalier l'avait prévu : les hommes harassés par leur longue journée de travail dans les bois dormaient profondément après le repas. C'était le moment ou jamais de mettre son plan à exécution. Le milieu de la nuit leur avait donc permis de quitter le campement sans se faire remarquer, de rejoindre à pied la métairie située non loin de la croisée des chemins. Plus libre de ses mouvements que le jeune charbonnier, quelques jours auparavant, Thibault avait acheté des chevaux là-bas en échange d'une ou deux pièces d'or. Néanmoins prudent, il n'avait donné que la moitié de la somme, ne tenant pas à se faire voler ou abuser d'une quelconque manière. D'ailleurs, il avait exigé de choisir ses futures montures lui-même, craignant que les vilains rusés ne lui cèdent une bête malade ou infirme. Ma foi, c'était une idée judicieuse... D'autant que Thierry lui avait précisé qu'il se tenait correctement à cheval, grâce aux leçons de demoiselle Mélisande. Le premier jour de chevauchée mit une distance respectable entre Thierry et ses poursuivants qui se déplaçaient à pied. Dès le lendemain, ils s'en débarrassèrent définitivement. Grâce à leurs chevaux, ils avançaient beaucoup plus vite et sans se fatiguer. Ensuite, le voyage de retour s'était étalé sur plusieurs jours – cinq ou six au total – selon les aléas de la route, parce qu'ils devaient ménager leur monture. C'était un impératif obligatoire, imposé par Thibault.

— C'est mon présent pour vos noces, claironna-t-il, tout joyeux.

— Mais c'est trop, beaucoup trop, réagit aussitôt Gaultier. On ne peut pas accepter que tu sacrifies une si grosse somme pour nous, protestait-il, gêné. Alors, que tu te plains toujours d'être pauvre comme Job, lui fit-il encore remarquer.

— Ne te tracasse pas pour moi, mon ami, lui répliqua l'intéressé en riant. Ce n'est pas une ou deux pièces d'or de plus dans ma bourse qui m'enrichiront davantage...L'essentiel, c'est que les chevaux plaisent à ta dame, n'est-ce pas ?

— Si on allait les voir, ces deux juments ? proposa-t-il à Mélisande en lui offrant son bras. Gaultier m'avait parlé de ton idée et j'ai essayé de joindre l'utile à l'agréable. Il y a une trait de l'Auxois, une pure race, mais l'autre jument est issue d'un croisement. Néanmoins, je l'ai trouvée superbe, dotée par la nature d'une robe de couleur rouan, très originale. Alors, je n'ai pas pu résister à sa beauté... C'est comme avec les femmes, je suis victime des apparences parfois trompeuses, plaisanta-t-il.

—Gaultier a raison, lui déclara Mélisande, intéressée. J'accepte volontiers les juments, mais je tiens à te donner au moins la moitié de leur prix d'achat. Nous ne sommes pas riches, mais...

—Tu tiens vraiment à m'offenser, Mélisande, rugit Thibault, froissé. Je ne suis ni un avare ni un prêteur sur gages, ma jolie... D'ailleurs, j'ai une bien meilleure idée pour me dédommager, lança-t-il d'une voix joyeuse.

—Ah ! oui. Et on peut savoir laquelle ? l'interrogea son ami piqué par une curiosité bien légitime. Avec toi, on n'est jamais à l'abri de surprises parfois extravagantes...

—Rassure-toi, j'ai bien changé et je me suis calmé, le coupa tout de suite son ami. Maintenant que tu es établi quelque part, je viendrai quémander ton hospitalité et celle de ta charmante dame à La Jonchère. Sans en abuser, toutefois... Seulement quand mon père me chassera de son château et que je n'aurai plus un sou vaillant en poche...

—Tu seras toujours le bienvenu chez nous, Thibault, lui assura aussitôt Mélisande sans prendre la peine de consulter son mari. Déjà que Gervaise et moi te sommes tellement reconnaissantes de nous avoir ramené notre ami Thierry sain et sauf...

—Tant mieux, si j'ai fait des heureuses, dame Mélisande, approuva-t-il. D'ailleurs, je ne repartirai pas tout de suite. Il me semble qu'il y a une noce d'annoncée d'ici peu de temps. Cette fois-ci, je ne la manquerai sous aucun prétexte...

—Alors, quand est-ce que tu te décides, Thierry ? lança-t-il au jeune charbonnier. Tu ne comptes tout de même pas sur moi pour le faire à ta place ?

Rouge de confusion, le pauvre Thierry se sentit soudain bien embarrassé. Mais il chassa très vite ce trouble de courte durée, s'agenouilla auprès de sa bien-aimée pour lui présenter sa demande. Intimidée également par le caractère solennel de sa démarche, mais réconfortée par la présence d'amis très proches, Gervaise se saisit de ses mains et le força à s'asseoir sur le banc à côté d'elle :

—Sûr, j'veux être ta femme, mon Thierry, proclama-t-elle d'une voix forte et enthousiaste. Depuis l'temps que j'guette ton retour...

— C’est fini, ma Gervaise, lui promit-il sur un ton joyeux. On va s’arranger pour être heureux tous ensemble, n’est-ce pas mes amis ?

Les personnes présentes applaudirent ces paroles sensées, tandis que Thierry se penchait pour embrasser les lèvres de Gervaise.

19 - *Le mystère élucidé et la fin des crimes (automne 1281).*

A La Jonchère, les mois d'été s'écoulèrent dans le calme, consacrés en priorité au labeur. D'abord, les travaux des champs exigeaient une disponibilité quotidienne comme ce fut le cas pour les fenaisons cette année-là. Il n'y avait rien d'autre à engranger que de l'herbe à foison, du fait que Gaultier, le fils du seigneur, venait juste de reprendre le domaine. Thierry ne connaissait pas le travail de la terre, mais avait toujours été très proche de la nature et des animaux. Sans perdre de temps, Gaultier le forma aux tâches les plus pressantes en se mettant à l'ouvrage avec lui. Pour l'instant, ils n'avaient pas cultivé grand chose, mis à part quelques légumes dans le potager et l'ouche près de la maison, qu'ils avaient défrichés pour rendre le travail des femmes plus aisé. Mais les deux hommes s'accordaient plutôt bien et décidaient ensemble de l'utilisation des terres de La Jonchère dans un proche avenir. Selon Gaultier, il ne faudrait pas se tromper et repérer les champs les plus fertiles qu'ils sélectionneraient pour les labours d'automne. Dur à l'ouvrage, le charbonnier l'avait secondé pour fabriquer des barrières manquantes dans certaines prairies, installer des séparations en bois à l'intérieur des écuries, aménager le poulailler... Depuis son mariage avec Gervaise remontant à la fin juin, il sifflait du matin jusqu'au soir. Sa bonne humeur contagieuse s'étendait à toute la maisonnée.

Les quatre jeunes gens avaient décidé de s'installer en communauté, de tout partager, les bonnes choses comme les mauvaises en se serrant les coudes. Mais Gaultier avait eu une idée géniale pour que les deux couples puissent vivre ensemble à La Jonchère sans se déranger. A l'autre extrémité de la métairie, il y avait encore deux pièces habitables, situées dans le prolongement des écuries et des granges. Ces bâtiments à usage agricole les séparaient en fait du premier logement, celui de Gaultier et Mélisande. Sans hésiter, il les proposa au jeune couple pour qu'il bénéficie de davantage d'indépendance au sein de la métairie. De nouveaux travaux de restauration furent donc décidés et entrepris dès que les foins furent rentrés... Très adroit de ses mains, Thierry s'impliquait beaucoup dans cette remise en état de leur future demeure, parce qu'il souhaitait y vivre le plus tôt possible. Gervaise était également très active et participa à la fabrication de quelques pièces de mobilier indispensables. Comme elle s'entendait à travailler le bois, elle se chargea de la réparation de la porte et d'une ou deux lucarnes abîmées, le battant d'un volet ayant même été arraché et manquait... De grand matin, elle rejoignait Mélisande dans les écuries pour l'aider à prendre soin des animaux qu'elles élevaient. Les deux amies se partageaient ensuite les tâches quotidiennes comme elles en avaient pris l'habitude depuis leur installation dans la cabane de l'ermite des mois en arrière. Au milieu de la journée, elles prévoyaient et préparaient un repas commun. A cette occasion, on s'attablait dans la grande salle de l'habitation principale. Mais dès qu'elle disposait d'un petit moment, Gervaise cuisinait pour son mari et ils regagnaient leur logis, trop heureux de bénéficier d'un peu d'intimité. Ils n'avaient pas attendu longtemps pour s'installer chez eux. Bien sûr, ils n'étaient pas trop exigeants du fait qu'ils avaient toujours vécu dans des lieux modestes, se satisfaisant de peu.

Ils avaient un toit au-dessus de leur tête pour se protéger des intempéries, c'était l'essentiel. Au cours de leur jeunesse, ils avaient connu bien pire tous les deux : une paillasse dans un coin d'appentis près de la cuisine pour Gervaise, une hutte de branchages pour Thierry... L'installation des deux grandes pièces de leur logement se ferait à temps perdu, puisqu'elle dépendait des tâches en cours sans oublier les aléas du temps. Les journées pluvieuses leur permettaient plus facilement de s'occuper à l'intérieur durant de longues heures.

Comme les deux amies travaillaient ensemble chaque matin, l'ancienne servante du château fut la première à apprendre l'heureuse nouvelle : Mélisande attendait un enfant et la naissance aurait lieu en janvier de l'année suivante si elle ne s'était pas trompée dans ses calculs. Elle ne put lui cacher bien longtemps ses malaises et Gervaise se réjouit avec elle de la venue du premier nourrisson de La Jonchère. Comme dame Mélisande éprouvait encore quelques doutes au sujet de sa grossesse, son amie la rassura après l'avoir écoutée, mais lui conseilla d'en parler à son époux. Lorsque Gaultier l'apprit, il devint fou de joie, mais décida de placer sa jeune épouse sous sa protection parce qu'il tenait absolument à la ménager. La plupart du temps, il exagérait, outrepassait son rôle de mari et elle avait l'impression d'étouffer, ne pouvant plus faire un pas toute seule... A la fin, elle se fâcha pour de bon et Gaultier fut obligé de se calmer et se raisonna : Mélisande était assez grande, surtout responsable pour prendre soin de sa santé. Comme ses parents s'étaient montrés indifférents à son projet de mariage, plus particulièrement son père peu empressé de rencontrer sa fiancée, il repoussa les présentations à plus tard... Très épris d'elle et ne songeant plus qu'à l'arrivée de leur futur enfant, il craignait de la fatiguer par un long voyage. Mais le sort en décida autrement à sa place, d'une manière totalement imprévisible.

Au cours de ces derniers mois, Thibault de Coucy n'avait plus donné signe de vie ni ne s'était manifesté d'une quelconque manière et Gaultier trouvait cette absence pour le moins surprenante. Or, un beau jour de début septembre, il fit une entrée fracassante à La Jonchère. Un groupe de six cavaliers pénétra en trombe dans la cour, alors que les hommes de la maison étaient partis labourer un champ. L'ancien araire avait été nettoyé avec soin, on avait vérifié qu'il ne manquait aucune pièce, ce qui pouvait nuire à son bon fonctionnement. Thierry s'était empressé d'atteler Tonnerre pour commencer les travaux. Au fond de la grange, Gaultier avait découvert un autre instrument de labour en moins bon état que le précédent, mais l'avait réparé tant bien que mal. C'est Pâquerette, la jument offerte par Thibault, qui le tirait en obéissant à ses ordres. A l'intérieur de la vaste cuisine, Mélisande et Gervaise étaient occupées à préparer des confitures et des gelées de mûres, de diverses baies sauvages, de quelques fruits ramassés dans le verger défriché par les bons soins de Thierry. Foubrac aboya très fort pour signaler l'arrivée des inconnus et sortit dans la cour, le poil hérissé le long de l'échine, la porte étant restée grande ouverte en raison du beau temps.

— Ne prenez pas peur, ce n'est que moi... annonça une voix familière. Quelques soldats m'accompagnent...

Gervaise apparut aussitôt sur le seuil de la maison pour accueillir les visiteurs qui ne se gênaient guère pour faire beaucoup de bruit, s'interpellaient en criant, poussaient toutes sortes de jurons... Les chevaux fatigués, énervés par la chaleur et les mouches, hennissaient également très fort. Alors qu'elle était calme et silencieuse les minutes précédentes, d'un seul coup, la cour devint très animée. Intriguée, Mélisande se leva à son tour du banc où elle s'était assise pour travailler plus à l'aise. Dans son élan, Thibault de Coucy faillit bousculer Gervaise, s'arrêta à temps pour lui plaquer deux bises sonores sur les deux joues. Mais en signe de respect, il s'inclina devant Mélisande et lui baisa la main.

— Faites excuse d'arriver sans tambour ni trompette, commença-t-il, très excité. Mais où se trouve donc mon ami Gaultier ? Morbleu, je dois lui parler sans tarder... C'est une question de vie ou de mort.

— Reprends-toi mon brave, il n'y a aucun danger, le tempéra Mélisande, amusée par son agitation anormale. Assieds-toi sur ce banc, nous allons t'offrir de quoi te désaltérer et tu nous parleras de tes soucis présents, lui proposa-t-elle gentiment.

— Dam'Mélisande a raison, l'apaisa Gervaise en brandissant son torchon comme si elle voulait chasser une mouche. En v'là des façons pas dignes d'un gentilhomme...

— C'est que je ne suis pas seul, reprit Thibault, embarrassé. Quatre compagnons d'armes sont avec moi et nous partons à la recherche de votre damné assassin...

— Vrai, Thibault ? Prends donc place et tu vas nous narrer toute cette histoire, lui conseilla encore la maîtresse de maison...

— Mais il y a du monde qui m'attend dehors, dame Mélisande, répéta le jeune chevalier en rougissant cette fois-ci.

— Je sais, je sais, tu viens de nous l'annoncer, le coupa Mélisande, impatiente d'en savoir davantage. Gervaise va leur porter un seau d'eau fraîche dans la grange pour...

— A vrai dire, dame Mélisande, il s'agit de quelqu'un d'autre... bredouilla-t-il, très gêné. Une amie à moi...

— Dans ce cas, pourquoi n'est-elle pas entrée avec toi, Thibault ?

s'étonna Mélisande. Si cette personne t'accompagne, elle est la bienvenue à la maison...

—C'est que... C'est que... je ne sais pas comment vous le dire, vous allez me juger très mal et...

Pour finir, Thibault s'était assis sur le banc et s'épongeait le front avec son mouchoir, ne sachant comment introduire son récit... Après avoir puisé un gobelet d'eau fraîche à la cruche, Mélisande s'était approchée et l'avait posé devant lui.

—Tiens, bois un coup, mon ami, lui dit-elle. Tu nous raconteras après...

Après lui avoir obéi, le chevalier se sentit beaucoup mieux et poursuivit :

—Avez-vous souvenance de ce que je vous avais conté à propos d'une jeune bergère justement agressée par cet abominable criminel que nous allons poursuivre ? Elle s'appelle Hermeline du hameau de La Verpillière... Je l'ai visitée au cours de cet été...

—Et alors ? attaqua Gervaise d'un air malicieux. Figure-toi qu'on s'doute de la suite...

—Enfin, pas tout à fait, reprit Thibault, le visage écarlate. Quand ses parents se sont aperçus qu'elle attendait un petit, ils nous ont chassés et... Nous errons dans la région depuis une bonne semaine car mon père ne veut pas entendre parler d'Hermeline...

—La belle affaire, reprit Mélisande, amusée. Et toi, tu as décidé de l'épouser quand même ?

—Enfin, c'est pas si aisé, dame Mélisande, reconnut Thibault. Mon père menace de me déshériter à cause de cette mésalliance... Déjà que je suis guère fortuné...

—Quoi, t'abandonnerais une pauv'fille grosse de tes œuvres ? tonna Gervaise, choquée par cette idée. Si t'es aussi couard que ça, prends garde à moi...

—A moi également, tenta de l'intimider Mélisande. Le plus important, c'est d'aimer et d'être ensemble... L'argent ne compte pas ou si peu, lui fit-elle remarquer. Regarde, c'est la même chose pour Gervaise et moi... Alors que je devais épouser un seigneur cousu d'or...

—Ah ! bon, s'étonna Thibault, stupéfait. Et toi, dame Mélisande, tu lui as préféré mon ami Gaultier sans un sou vaillant en poche ?

— Et comment ! s'esclaffa l'intéressée, troublée par cette évocation. Le baron de Bertranges approchait de la cinquantaine... Il était laid, chauve et édenté... Quelle horreur ! Un véritable barbon qui ne songeait qu'à trousser les filles...

A ce souvenir, elle frissonna de dégoût, puis éclata de rire. Mais c'était un rire nerveux qu'elle contenait à grand peine... Pendant ce temps, Gervaise était sortie dans la cour et avait aidé une demoiselle très timide à descendre de cheval. Sans la présence de son ami, elle semblait perdue au milieu de tous ces hommes d'armes à l'apparence bourrue. Tout de suite, la pâle et fragile bergère lui plut et elle l'invita à la suivre. Blonde comme les blés, Hermeline était vraiment mignonne : elle possédait un joli minois avec des traits fins et délicats. Svelte et bien faite de corps, elle posa de grands yeux bleus étonnés sur Gervaise et à cet instant, cette dernière sut qu'elles deviendraient bientôt amies.

— Gente demoiselle, l'avertit la compagne de Thibault en la retenant par le bras. Y'a une méprise, j'suis point une noble dam'comme vous, just'une simple bergère...

— Pour sûr, vous vous trompez d'personne : j'étais qu'une misérabl'servante au château de la demoiselle Mélisande, la rassura Gervaise avec un grand sourire. A présent, j'suis une femme libre, lui affirma-t-elle avec fierté.

Les paroles de Gervaise l'avaient quelque peu troublée et la blonde bergère hésita avant de lui demander :

— La demoiselle Mélisande, c'serait'y point la demoiselle du château ? Elle demeure pas céans ? Thibault dit que c'est une grand'dam'...

— Oui da... La Jonchère, c'est sa maison, lui apprit Gervaise. Mélisande est fille d'seigneur, a marié le chevalier Gaultier. Mais elle est très simple avec les pauvres gens comme nous. T'inquiète pas : elle te recevra avec le chevalier Thibault.

A cet instant précis, Gervaise dut interrompre son discours et réconforter Hermeline. L'émouvante bergère mince et frêle, dont le visage devint blême tout à coup comme si elle allait se pâmer, s'appuya contre le tronc d'un tilleul centenaire, planté à quelques pas de l'habitation.

— J'supporte mal la chaleur depuis que j'suis grosse, finit-elle par admettre au bord de l'évanouissement. On s'croirait dans une vraie fournaise...

— Appuie-toi sur mon épaule, je vas t'soutenir jusqu'à la cuisine, lui proposa Gervaise d'une manière amicale. C'te vieill'bâtisse est pas mal fraîche...

— Grand merci de t'donner autant d'mal pour moi, lui dit Hermeline. C'est quoi ton nom ?

— Gervaise pour t'servir, dame Hermeline, lui répondit-elle. Ton amoureux nous a parlé d'toi et on sait comment tu t'appelles.

Tout en franchissant la courte distance les séparant de la ferme, Gervaise ne put s'empêcher de lui raconter qu'avec la demoiselle, elles avaient échappé toutes les deux à la fureur meurtrière de l'assassin. A elles trois, c'étaient de vraies rescapées ! Mais elle s'aperçut aussitôt que le sujet de conversation contrariait la jeune et charmante Hermeline. A cette évocation, elle avait pâli davantage, devenant presque exsangue.

— Sois la bienvenue dans notre modeste demeure, Hermeline, lui dit Mélisande en lui tendant les mains pour les serrer dans les siennes. Assieds-toi, je vais te servir quelque chose à boire...

La maîtresse de maison s'aperçut alors que la future mère se trouvait dans un état d'épuisement extrême. Après lui avoir présenté un grand verre d'eau qu'elle avala d'une seule traite car elle mourait de soif, Mélisande commanda à Thibault :

— Aide ton amie à s'allonger sur cette couche, lui dit-elle en poussant la porte de la chambre qu'occupaient naguère Gervaise et Thierry. Elle a besoin de dormir pour récupérer des forces après ces longues heures de chevauchée.

— Dieu te bénisse, dame Mélisande, pour la gentillesse de ton accueil, lui dit Thibault en soulevant Hermeline dans ses bras pour la porter jusqu'au lit. Ma mie est assurément trop lasse...

Thibault patienta quelques minutes auprès de son amoureuse, le temps qu'elle finisse par s'endormir. A la mi-journée, Gaultier et Thierry étaient rentrés des champs afin de s'assurer que tout allait bien pour leurs épouses. Ils avaient l'intention de manger rapidement, surtout de boire de l'eau bien fraîche, celle de la gourde emportée ce matin était déjà tiède. Mais ils furent très surpris de découvrir tout ce remue-ménage à l'intérieur de la cour de la métairie. Thibault donna l'accolade aux deux hommes, trop content de les revoir. Puis il avoua à son ami Gaultier en toute franchise :

— Je suis venu quémander votre hospitalité. Mon père, le baron de Coucy, vient de me bouter hors de son château avec perte et fracas...

— C'est entendu, l'arrêta l'intéressé. Mais Mélisande m'a dit que tu n'étais pas seul. Espèce de cachottier, dis-moi au moins si elle est jolie ? le taquina-t-il.

— Tu connais ma réputation, Gaultier... Sinon, je ne me serais pas intéressé à elle, le coupa Thibault, impatient. Une affaire importante m'amène également chez toi pour ne rien te cacher...

— Ah ! bon. En quoi sommes-nous concernés ? s'étonna ce dernier.

— Oh ! De manière détournée, rassure-toi tout de suite. C'est surtout ta dame...

— Qu'est-ce que Mélisande vient faire là-dedans ? s'énerva son ami.

— Calme-toi, Gaultier. Il n'y a que des liens lointains comme je viens de te l'expliquer... Je comptais vous en parler ce soir, mais puisque tu abordes la question, je me lance... Voilà : un nouveau crime a encore endeuillé la seigneurie de Bissey juste avant notre départ de Coucy.

— En quoi ce crime lointain peut-il bien nous toucher ? l'interrogea Gaultier sur un ton détaché. Un drame horrible, je le reconnais, et qui s'ajoute à tous les autres...

— Eh bien, je me suis dit que si on rassemblait nos forces, qu'avec trois braves comme nous, on finirait peut-être par mettre la main sur cet affreux scélérat... Ne dit-on pas que l'union fait la force ? répliqua Thibault d'un air interrogateur.

— Maintenant, cette affaire ne nous regarde plus, lui fit remarquer son ami. Mélisande, Gervaise, ainsi que ton amie ont réussi à échapper à l'assassin, c'est ce qui compte pour nous...

— Que fais-tu des infortunées pucelles, violentées, puis saignées comme d'innocentes brebis ? lui avança aussitôt Thibault, indigné par son indifférence. Nous sommes des chevaliers tout de même, des défenseurs des faibles et...

— Te prendrais-tu pour un frère prêcheur ou un curé ? le railla Gaultier. Tes paroles m'étonnent vraiment... Tu te dévoiles sous un jour nouveau et surprenant ma foi...

— Tu sais bien que je ne supporte pas les gredins ni les canailles, lui répliqua son ami. D'autant que Thierry a souffert par la faute de cet ignoble démon, n'oublie pas qu'il a failli mourir des suites de ses blessures... Ma pauvre Hermeline a seulement été bouleversée...

— C'est vrai que je serais soulagé de débarrasser la seigneurie de Bissey de ce monstre sanguinaire, approuva néanmoins Gaultier de manière très franche. Mais cette fois-ci, il ne faut pas manquer son coup. Nous avons besoin d'habiles soldats...

— Justement, j'y arrive, annonça Thibault sur un ton plein d'assurance. A Coucy, mon père dispose d'une garnison d'une vingtaine d'hommes. Un peu d'action ne leur ferait pas de mal : ils sont tous gras comme des gorets... Pour ma part, j'ai déjà recruté quatre compagnons d'armes qui ne demandent pas mieux que de se lancer dans une chasse à l'homme...

— Et vot'père, l'baron ? suggéra timidement Thierry en s'adressant à Gaultier. Y'pourrait aussi vous prêter des soldats. Avec d'valeureux chefs comme vous autres, l'maudit nous échapperait point...

— Vous m'avez presque convaincu tous les deux, laissa échapper l'intéressé, l'air rêveur. Pour ma part, c'est grâce à ce fichu assassin que j'ai eu le bonheur de retrouver Mélisande... Justement, en prenant part aux battues du baron Eudes... Je lui dois bien ce service...

— Et les labours ? s'inquiéta Thierry avec bon sens. Y'sont pas terminés : on a fait à peine la moitié des terres, y'a les friches à essarter...

— Ne te tracasse pas pour cette histoire de labour, l'apaisa Gaultier d'un geste. Mon père nous prêtera quelques vilains qui finiront le travail à notre place...

Gaultier envoya un messager au château de Marnay, un des compagnons de Thibault se dévoua pour assumer ce rôle. Deux jours plus tard, le baron Hugues de Marnay en personne arriva à La Jonchère en compagnie d'une escorte de quelques hommes. D'abord, il manifesta un grand étonnement à la vue de Mélisande et de Gervaise qu'il ne prit même pas la peine de saluer.

— Tudieu, gronda-t-il, mécontent. Pourquoi ton épouse et sa servante se travestissent-elles en hommes, mon fils ? Tu vas exiger qu'elles portent des habits de femmes, qu'elles t'obéissent sur le champ... C'est inadmissible, à la fin...

— Père, ne vous mêlez pas des affaires de mon ménage, je vous prie, lui conseilla ce dernier. Donnez-vous plutôt la peine d'entrer, vous verrez comment nous avons arrangé la maison...

— Jeune dame, vous portez désormais mon nom, ne put s'empêcher de poursuivre le baron Hugues en se tournant du côté de Mélisande. J'ose espérer que vous vous en montrerez digne et que mon fils n'aura pas honte de votre conduite...

— Je crois que vous n'aurez pas à rougir de moi, sire, en aucune manière, lui répliqua Mélisande d'une voix ferme. Ma tenue ne regarde que moi et si ces vêtements sont plus commodes pour travailler et aider mon époux, je ne vois pas en quoi la chose vous offense, père...

Gaultier s'empressa de détourner la conversation sur le sujet qui le préoccupait en ce moment, connaissant l'entêtement de son père et son caractère difficile, très emporté, qui n'avait pas grand chose à envier à celui de Mélisande. Quant à cette dernière, elle ne cédait jamais d'un pouce quand elle était sûre d'être dans son bon droit. Il redoutait que leurs propos ne finissent par dégénérer en une violente querelle, ce qui aurait compromis l'entente familiale déjà fragile. Toutefois, le jeune chevalier essaya de l'attendrir en lui annonçant qu'il allait être bientôt grand-père.

— Voilà une nouvelle gratifiante à votre avantage, ma bru, la félicita le baron. J'espère que vous nous ferez un beau petit-fils...

— Moi aussi, j'aimerais bien donner un fils à mon époux, lui rétorqua Mélisande avec une pointe de malice. Néanmoins, si j'accouche d'une fille, j'espère que vous ne m'en voudrez point... Je ne serai nullement responsable de...

— A la grâce de Dieu, ma fille, admit le futur grand-père. Je vais demander à mon épouse de prier pour vous...

Emu par ce qu'il venait d'apprendre, le baron Hugues de Marnay consentit à placer cinq de ses meilleurs soldats sous le commandement de son fils, le temps d'une expédition militaire dans le Morvan.

Les deux amis, Gaultier de Marnay et Thibault de Coucy, se retrouvèrent à la tête de vingt-cinq hommes qui se réunirent dans la cour de La Jonchère. Thierry se serait fait tuer sur place, plutôt que de renoncer à les accompagner. Mais qu'allaient-ils faire de leurs femmes ou compagnes respectives ?

Le sort de celles-ci les tourmentait... Fallait-il les abandonner toutes les trois à La Jonchère, tout de même isolée de plusieurs lieues du hameau, sans escorte militaire ? Ou les emmener avec eux dans une sorte de char bâché ou de litière ? Ce moyen de transport ménagerait les futures mères en les préservant des fatigues d'une longue chevauchée. Deux d'entre elles attendaient un enfant et l'inconfort d'un tel voyage, ajouté aux risques qu'ils prendraient en pourchassant l'assassin dissuadaient les maris d'une telle folie. Le baron Hugues de Marnay avait envoyé plusieurs vilains à La Jonchère. Il les avait chargés de terminer les labours et de défricher plusieurs terres abandonnées depuis très longtemps, ils prendraient également soin du cheptel durant l'absence de son fils. Sans doute, se prolongerait-elle au-delà d'un mois ?

Mélisande trancha sans aucune hésitation : elle n'était grosse que de quatre mois et jouissait encore d'une bonne santé. Les trois femmes, en comptant Gervaise et Hermeline, étaient les mieux placées avec Thierry et Thibault pour reconnaître l'assassin. Il n'était pas question qu'elles restent à la Jonchère à se morfondre en guettant le retour de leurs époux. D'ailleurs, elles ne couraient aucun danger sous la protection d'une trentaine d'hommes armés, chevaliers ou simples soldats... Epuisée par sa grossesse, Hermeline aurait préféré se reposer à la ferme. Depuis la révolte des propres vilains de son père, Mélisande ne faisait plus confiance à aucun d'entre eux. Durant leur absence, les paysans attachés au service de son beau-père pourraient profiter de la situation et s'attaquer à la jeune femme. De manière franche et plutôt directe, elle n'hésita pas à souligner ce danger à Hermeline. Elles décidèrent donc d'aménager le char à quatre roues, très confortable, pour se sentir à l'aise sous les toiles de drap tanné. Le soir venu, elles y passeraient la nuit en compagnie de leur mari ou ami. Ainsi, trois compartiments furent installés avec des séparations bien distinctes, permettant à chaque couple de protéger son intimité. Comme il faisait encore très beau dans la journée, Mélisande refusa de voyager à l'intérieur du char comme leur compagne Hermeline.

Grimpée sur Gracieuse, elle chevauchait à côté de Gaultier et de son amie Gervaise qui n'avait pas voulu abandonner Tonnerre à La Jonchère. Quant à Thierry, il montait Pâquerette, une jument de trait, et il ne quittait pas du regard sa jeune épouse, veillant sur elle à chaque instant.

Aux haltes nocturnes, les soldats chargés de monter la garde étaient parfois bruyants. Quand ils ne jouaient pas aux dés ou aux cartes, ils fumaient et buvaient plus que de raison. Mélisande avait l'habitude de ce genre de désagréments liés à la présence d'une troupe armée, mais la plupart du temps, les rires et les plaisanteries obscènes de ces soudards effrayaient Hermeline. Cependant les jeunes chevaliers se méfiaient également et surveillaient étroitement leurs hommes qui n'approchaient jamais de leurs épouses. Thierry imitait en tous points leur attitude prudente. Dans le Morvan, plus précisément dans la région du lac de Saint-Agnan, personne n'avait plus jamais entendu parler de l'assassin, à l'endroit même où il avait attaqué Hermeline quelques mois en arrière.

A plusieurs lieues de là, on fit halte au campement des charbonniers pour saluer au passage Isaure et le vieil Anselme. Impressionné par la troupe de soldats, le chef de ces derniers n'eut même pas le courage de mettre le nez dehors. Thierry embrassa ses vieux amis et les serra contre sa poitrine comme s'ils avaient été réellement ses propres grands-parents. Confuses, Mélisande et Gervaise leur manifestèrent leur reconnaissance et avouèrent la supercherie de leur déguisement. La demoiselle fut très fière de leur présenter son époux.

Par un curieux hasard, alors qu'ils se dirigeaient de l'autre côté de la montagne, c'est dans la grande montée où elles avaient aperçu l'assassin pour la première fois, que les soldats réussirent enfin à se saisir de lui. Le monstre ne les avait pas entendus venir, mais longtemps à l'avance, Foubrac avait signalé à sa maîtresse l'imminence d'un danger. Sur le qui-vive, ils s'étaient tout de suite méfiés. Néanmoins, ils avaient eu beaucoup de mal à se cacher à temps. Très encombrant et peu maniable, le lourd char à quatre roues était difficile à dissimuler parmi les taillis. L'infâme assassin descendait la pente en sifflotant un air joyeux, toujours monté sur son petit cheval bai qui avançait au pas. C'était bien le même, celui qui avait assommé Thibault... Obéissant aux ordres de Gaultier et de son ami, un premier groupe de soldats fondit sur lui, tandis qu'une poignée d'hommes avait coupé à travers les buissons de ronces pour l'attendre un peu plus bas. Cette fois-ci, comme ils étaient très nombreux, malgré sa vivacité et son habileté à esquiver, il ne put leur échapper... Un soldat plus brutal que les autres l'assomma à moitié en le jetant rudement à bas de sa monture, deux autres le ligotèrent et le ficelèrent sans perdre de temps. Comme c'était un homme dangereux possédant plus d'un tour dans son sac, Thibault commanda qu'on renforce cordes et liens par de lourdes chaînes et des anneaux de fer lui entravant les poignets et les chevilles...

Aussitôt qu'il fût capturé et qu'il n'y eût plus aucun risque de danger, Gaultier appela ses jeunes compagnes pour vérifier s'il s'agissait bien de lui, afin de se garder d'une éventuelle méprise. A plusieurs reprises, Mélisande insista pour forcer Gervaise à l'accompagner. Soudain très pâle, son amie ne se sentait pas capable d'affronter le monstre en face. Pour les rassurer et les décider à s'avancer vers lui, Gaultier leur précisa qu'il n'avait toujours pas repris connaissance. Gervaise s'accrocha au bras de Mélisande, tremblantes toutes les deux, elles s'approchèrent pour identifier l'odieux criminel. C'était bien lui ! Il n'y avait aucun doute possible... L'être pervers et répugnant qui avait assassiné tant de belles jeunes femmes innocentes se trouvait enfin hors d'état de nuire... Gaultier mit fin à leur supplice en les entraînant à l'écart. Quant à Hermeline, elle avait refusé de se déplacer et Thibault avait été obligé de rester auprès d'elle, car elle se sentait vraiment très mal au bord de la pamoison. Une quinzaine de soldats se démenaient un peu plus bas sur le chemin pour capturer le fameux cheval de l'assassin. Aussi retors et féroce que son cavalier, il se défendait comme un lion. Décidé à vendre chèrement sa vie, il blessa deux de ses poursuivants qui tentaient de l'approcher... Rendu furieux par une telle résistance, Thibault cria aux hommes de l'assommer par derrière et de l'abattre tout de suite. C'était assurément un animal trop malfaisant. Mais Gaultier, qui aimait les chevaux, leur hurla aussitôt un contre-ordre :

— Maîtrisez-le plutôt, sans lui faire de mal, commença-t-il. Aidez-vous de cordes pour l'immobiliser... Surtout, tenez-vous hors d'atteinte de ses sabots : il est capable de tuer l'un d'entre vous en s'en servant comme d'une arme et en frappant dur...

Puis il s'approcha du petit groupe d'hommes dont les plus téméraires s'efforçaient tant bien que mal d'exécuter ses ordres. Gaultier n'était pas très grand, mais en revanche, il faisait preuve d'une certaine souplesse et d'une grande habileté. Sans faire de bruit, il se glissa derrière le cheval et réussit à lancer une corde solide qui lui entrava les postérieurs. Le petit hongre bai faisait face à ses adversaires. Alors Gaultier assura sa prise et d'un coup sec le fit basculer dans l'herbe du fossé. Un soldat se chargea de lui lier les antérieurs et se servit d'un tord-nez pour l'empêcher de mordre ceux qui l'approchaient. Thibault avait rejoint son ami et s'étonnait de son initiative :

— Te voilà bien avancé maintenant avec cette véritable furie. Il risque de blesser quelqu'un... C'est tout ce que tu vas gagner à force d'entêtement... Pourquoi sauver cette carne ?

— Mais non, protesta son ami. Ecoutez-moi tous... Si on prend quelques précautions, on ne risque pas grand-chose. D'abord, le maréchal-ferrant va lui ôter ses fers... Ensuite, il faudra sûrement du temps pour l'apprivoiser et le remettre dans le droit chemin...

— Qui serait intéressé par ce bidet robuste et qui n'a pas froid aux yeux ? lança-t-il au grand étonnement des hommes présents. Y-a-t-il parmi vous des soldats qui n'aient pas de monture ? demanda-t-il encore. Sinon, nous le relâcherons dans les bois et il fera sa vie... C'est peut-être lâche, mais moins déshonorant que de l'abattre sauvagement...

Un sergent à l'apparence plutôt sèche, mais au regard vif et à la mine délurée, s'avança d'un pas en direction de Gaultier.

— Seigneur, moi, y'm'irait bien, prétendit-il. J'ai perdu mon vieux Brigand et j'ai point d'sou pour m'en acheter un autre...

— Oh ! J'sais bien que j'vas pas l'monter de suite...reprit-il avec assurance. Y'va rester un bon mois au pré... Puis j'vas le reprendre p'tit à p'tit : ça sert à rien d'frapper sur un cheval...

— Marché conclu, lui promit Gaultier en lui tapant dans la main. Tu as intérêt à t'en occuper correctement et à tenir tes engagements... Sinon, tu auras affaire à moi...

L'affaire classée, Gaultier éprouva un vif soulagement : il détestait infliger des traitements barbares et cruels aux animaux, quand il pouvait s'en dispenser. Pour justifier son sauvetage insensé, il allait jusqu'à prétendre que ce cheval n'était pas responsable des crimes de son cavalier. Comme il cherchait partout sa jeune épouse, il la trouva agenouillée un peu plus loin, au bord d'un fossé, la tête couverte d'un fichu. A sa grande stupeur, Gervaise se tenait auprès d'elle et elles priaient avec ferveur toutes les deux. Sur le talus, un magnifique bouquet de fleurs sauvages, très colorées, attira soudain son regard. Intrigué par leur comportement étrange, il s'approcha d'elles pour les questionner.

—Mets-toi à genoux et recueille-toi avec nous, lui demanda Mélisande en relevant la tête. Nous prions pour la malheureuse bergère assassinée à cet endroit, l'hiver dernier.

—On a même rien fait pour la pauvrette, se lamentait Gervaise en larmes. L'maudit l'a abusée, puis saignée à deux pas d'notre cachette. On avait trop peur, bien trop peur pour lui tendr'la main...

—Tu ne lui aurais pas été d'un grand secours, vous seriez mortes toutes les deux en vain, la consola Gaultier en se signant et en prenant place auprès d'elles. Comment de faibles femmes comme vous pouvaient-elles lutter contre un tel monstre ? Bientôt, l'infortunée bergère sera vengée... Après cette capture relevant du miracle, il n'y aura plus jamais d'autre victime...

—Tu as raison, mon Gaultier, reprit Mélisande, touchée par ses paroles de réconfort. Rendons grâce à Dieu qui nous a permis de nous saisir de lui, afin de l'empêcher de nuire davantage...

Mais le temps pressait, il fallait rejoindre Bissey avant la nuit si l'on souhaitait livrer l'assassin à la justice du baron. Au grand étonnement de son jeune époux, Mélisande refusa de les suivre jusqu'au château.

—Laisse-moi plutôt quelques hommes sûrs pour nous accompagner jusqu'à la cabane d'Albane la Rousse, le supplia-t-elle, les traits tirés et le visage soudain fermé. Ne m'oblige pas à revoir ma famille, mon père surtout... C'est au-dessus de mes forces, mon tendre amour...

—Mais enfin, Mélisande, lui répondit-il, très surpris. Tu n'as pas fait tout ce chemin pour t'arrêter si près de ta maison... Pense à la joie de ta pauvre mère, de tes sœurs...

— N'insiste pas, mon ami, lui conseilla-t-elle. Même si cela te paraît très égoïste, je ne reviendrai pas sur ma décision : nous avons fait notre devoir. Maintenant, j'ai besoin de temps pour oublier cette histoire. Descends vite à Bissey et tu nous rejoindras dès ce soir. Nous camperons dans le char en t'attendant...

Thibault de Coucy n'était pas rassuré à l'idée de laisser seules les trois femmes en compagnie de soudards armés jusqu'aux dents et il préféra se joindre à elles pour cheminer jusqu'à la clairière où vivait Albane. Emu, Gaultier le remercia chaleureusement pour son geste d'abnégation, puis il prit le commandement du plus gros de l'effectif des soldats. Une poignée d'hommes suffirait à son ami pour protéger leurs compagnes. Lorsqu'ils atteignirent le petit bois proche de la cabane, les aboiements de Noiraud les accueillirent de manière assourdissante. Berthe et Lucas, qui marchait maintenant, jouaient à l'extérieur, tout joyeux de profiter de l'extrême douceur de la soirée. Foubrac avait bondi en avant et les deux chiens s'amusaient comme des fous à se mordiller et à se poursuivre en courant à perdre haleine. Arrivée en tête sur Gracieuse, Mélisande descendit de cheval et courut embrasser Albane. Cette dernière était occupée à désherber un petit potager installé dans un endroit ensoleillé sur le côté de sa maison. Malgré ses cheveux courts et ses habits de garçon, elle reconnut tout de suite la demoiselle pour laquelle elle éprouvait beaucoup d'affection. Gervaise progressait lentement dans leur direction, chargée de Lucas et de Berthe, qui refusaient de quitter ses bras. Les bambins riaient très fort et lui réclamaient des baisers. Albane la serra également sur son cœur car elle aimait la spontanéité de cette fille simple et dévouée. Thierry viendrait plus tard, il avait tenu à prêter main-forte à Gaultier si jamais un événement inattendu survenait en cours de chemin.

Mélisande fit les présentations et naturellement, Albane leur offrit l'hospitalité. Il était hors de question que les amis de la demoiselle dorment dans cette carriole bâchée. Hermeline était épuisée, brisée par toutes les émotions de la journée. Sans plus tarder, la jeune femme rousse conseilla à son ami Thibault de l'allonger sur son propre lit. Leur hôtesse ne l'utiliserait pas, du fait qu'elle prévoyait une nuit blanche, tellement les trois amies avaient de choses à se raconter...

Pendant ce temps, la troupe armée sous le commandement de Gaultier et de Thierry, promu lieutenant par son ami, approchait du château fort de Bissey. Le chevalier éprouvait une sourde inquiétude, se demandant comment le seigneur des lieux allait les accueillir... Arrivés devant le pont-levis, il cria aux soldats montant la garde :

— Holà, braves gens... Je suis le chevalier Gaultier de Marnay et je souhaite m'entretenir avec votre seigneur, le baron Eudes, pour une affaire très importante, claironna-t-il. Envoyez un de vos hommes le prévenir de ma venue...

— Bien, sire, lui répondit le soldat, tout de même étonné par la présence de cette troupe montée. Y'se passe quoi donc ?

— Qu'importe, le rabroua Gaultier, agacé par son manque d'empressement à obéir. Dépêche-toi plutôt d'aller quérir le seigneur. Sinon, il t'en cuira...

— Que lui veux-tu au seigneur Eudes ? tonna soudain une voix furieuse. Je ne gaspille pas mon temps à parlementer avec n'importe quel manant ou galapiat de grand chemin...

— J'en suis sûr, seigneur, lui répondit Gaultier. Avec l'aide de mes amis, le chevalier Thibault de Coucy et Thierry le charbonnier, nous venons de capturer votre dangereux criminel. Pas plus tard, que ce tantôt... On vous l'amène au château, pieds et poings liés. Mais si vous n'êtes pas intéressé par cet homme, tant pis... On repart le livrer à la justice du bailli de Saulieu...

— Pardonne cette humeur chagrine, jeune chevalier, se rattrapa aussitôt Eudes. Patiente le temps que je commande qu'on abaisse le pont-levis... D'ailleurs, ta voix ne m'est pas inconnue, tu ne serais pas un ami de mon fils aîné ?

— Si fait, je suis un ami d'Enguerrand pour vous servir, seigneur Eudes, lui répondit-il. Vous vous souvenez peut-être de moi ? J'ai participé à quelques battues sous votre commandement en janvier pour retrouver votre fille Mélisande...

— Si j'ai bien saisi toute l'histoire, tu ne me ramènes pas ma fille, geignit le seigneur. Mais il s'agirait d'une plus grosse prise, du meurtrier en question ? Tu ne te moques pas de moi au moins, ce n'est pas une farce de mauvais goût ? Sinon, foi d'Eudes de Bissey, tu le regretterais, espèce de béjaune...

— Non, seigneur, protesta Gaultier, humilié par ses doutes. Thierry, jeune charbonnier de son état, m'accompagne et l'a formellement reconnu. L'assassin s'était attaqué à lui, l'avait même blessé de plusieurs coups de couteau...

Quelle ne fut pas la stupéfaction d'Eudes de Bissey, lorsqu'on le conduisit à l'homme enchaîné qui ne faisait qu'injurier les soldats et se débattait encore de toutes ses forces malgré les liens et chaînes l'entravant. Le seigneur ressentit un choc terrible en reconnaissant le sergent brutal, l'époux vil et détestable de Brune, la fidèle servante de dame Bathilde. C'était l'homme qu'il avait chassé du château de son vieux père plusieurs années auparavant...

— Ah, ah ! J'me suis bien vengé de toi, baron Eudes de Bissey, ricana l'homme qui se souvenait également de lui. En v'la, un seigneur sot et balourd ! Tu m'traques depuis plus d'deux ans sans grand résultat... Pendant c'temps, j'm'attaque aux filles de ta seigneurie et j'les tue, sans que tes soldats réussissent à m'coincer...

— Fi ! C'est chose accomplie. On n'inventera jamais de supplice si terrible ni d'une cruauté assez raffinée pour te punir de tes crimes infâmes, le coupa Eudes, blême de colère. S'il ne tenait qu'à mon bonvouloir, tu souffrirais tant que tu demanderais merci avant de brûler dans les flammes de l'Enfer pour l'éternité...

— J'm'en moque, seigneur, de la Faucheuse... le provoqua-t-il, une lueur démoniaque s'allumant dans ses prunelles noires. Si tu savais tout's les horreurs que j'ai fait endurer à ta maîtresse, la belle Boussarde, se vanta l'assassin, l'œil mauvais. Et celle d'ton benêt d'fils, la touchante Flavie, elle m'a supplié de l'épargner, s'est traînée à mes pieds, la pauv'... C'était trop drôle...

— A la fin, vas-tu te taire, misérable fou, espèce de bête malfaisante, rugit Eudes, touché par l'évocation de la mort de Boussarde dont il avait du mal à se remettre. Suppôt de Satan, va...

Comme l'autre le défiait du regard, s'apprêtait à ouvrir la bouche pour poursuivre le récit des tortures infligées à ses victimes, le baron Eudes l'assomma d'un habile coup de poing, s'acharna sur lui en le frappant durement au visage, se servant de ses pieds pour le cogner dans le ventre et à la poitrine. Gênés par ce déchaînement de violence incontrôlée, les hommes présents n'osaient pas s'en mêler, se disant que le hideux brigand avait bien mérité une rude correction. Pourtant, si le baron le tuait sur place, il échapperait au juste châtiment qu'il encourait pour tous les tourments qu'il avait fait subir à ces pauvres filles, sans parler de la peine infligée à leurs parents.

— Sire, ce serait dommage de lui accorder un trépas aussi doux, chuchota son intendant, parce qu'il redoutait la réaction de son maître. Ce démon pervers, ce pendard doit endurer les pires tortures pour que ces malheureuses victimes soient enfin vengées...

— Bien parlé, Aimeri, lui répondit le baron. Je me laisse facilement emporter par la colère et sans toi, je l'aurais peut-être étranglé de mes propres mains... Mais ce serait lui accorder trop d'honneur...

— Emmène ce gibier de potence au cachot, ordonna-t-il d'une voix forte en s'adressant au sergent Macaire. Surtout, ne le laisse pas s'échapper, tu en répondras sur ta vie... Enchaîne-le avec les bracelets de fer scellés dans le mur comme une bête immonde... C'est plus sûr avec ce serviteur du Malin, lui commanda-t-il encore.

Le seigneur et ses familiers suivirent le groupe de soldats chargés de conduire l'assassin dans les prisons du château sous la responsabilité de Macaire. Inquiet, Eudes tenait à s'assurer que ses ordres soient exécutés correctement et ne respira qu'une fois que le criminel fût enchaîné dans un sinistre cachot souterrain, le plus redoutable de tous, isolé des autres par une grille de fer imposante, d'une double épaisseur.

— Pas la peine de lui donner à manger, lâcha-t-il au geôlier. Ne t'en approche pas, c'est trop dangereux. On va régler le sort de cette vermine nuisible sans tarder, le temps que je convoque ma cour de justice... Il peut jeûner en attendant...

Sans transition, il se retourna vers Gaultier de Marnay et lui donna l'accolade pour le féliciter de sa prise d'une valeur inestimable à ses yeux.

— Dans mes bras, mon frère, clama-t-il d'une manière pompeuse qui, toutefois, sonnait faux. Après le fier service que tu m'as rendu aujourd'hui, tu peux me demander n'importe quoi... Sur ma vie et mon honneur, je te l'accorderai... Ma reconnaissance t'est acquise à jamais et durera jusqu'à la fin de mes jours...

Très embarrassé, Gaultier ne savait quelle contenance adopter et se méfiait des brusques changements d'humeur du seigneur. C'était peut-être le moment idéal pour lui annoncer qu'il était devenu son gendre. Mais comment aurait réagi ce rude guerrier, prompt à la colère, en apprenant qu'il s'était passé de sa permission pour épouser sa fille ? Gaultier estima plus prudent de respecter les désirs de sa jeune épouse et de suivre son plan à la lettre comme elle le lui avait recommandé avant son départ.

— Vos promesses sincères me touchent beaucoup, seigneur, commença Gaultier, hésitant. Si vous pouviez m'accorder une seule faveur, je m'en contenterais...

— Mais parle, mon ami, je t'en prie : exprime ta requête, l'encouragea le baron Eudes avec un grand sourire.

— Oh ! ce n'est pas une chose bien compliquée, lui déclara Gaultier. Vous m'obligeriez en acceptant de m'accompagner à la cabane d'Albane la Rousse pour rencontrer une personne qui ne peut absolument pas se déplacer jusqu'ici...

— Pourquoi tant de mystère ? s'étonna Eudes. Cette personne serait la bienvenue au château... C'est une de vos amies ? tenta-t-il de savoir.

— Sire, j'ai promis sur mon honneur de chevalier de ne pas révéler son nom, l'arrêta tout de suite Gaultier. Mais je peux vous assurer une chose, c'est qu'elle a largement contribué à la capture de l'assassin... Elle vous prie instamment de venir à elle... C'est une rencontre très importante en ce qui la concerne, mais je ne peux rien vous dire de plus...

— Mais elle souhaite me voir, ce soir ? l'interrogea Eudes, surpris.

— Le plus tôt serait le mieux en effet, approuva Gaultier. Après cette entrevue, vous n'en entendrez plus parler... Quant à moi, je regagnerai ma ferme de La Jonchère...

— Dans ce cas, je te suis sur le champ, intrépide chevalier, abdiqua tout à coup Eudes. Le temps de faire seller mon cheval et d'ordonner à quelques hommes de m'escorter... Mais c'est bien parce que je te suis redevable...

En cours de chemin, le baron Eudes se rapprocha de Gaultier de Marnay et, mine de rien, chercha à en apprendre davantage sur ce rendez-vous fort énigmatique. Mais le chevalier ne céda pas d'un pouce et consentit à n'échanger que des banalités avec lui. Une anxiété fort légitime l'accablait, quant à la suite des événements... Comment allaient se dérouler les retrouvailles du père et de la fille ? Dans un moment de colère, le baron Eudes n'était-il pas capable de briser leur bonheur en les séparant l'un de l'autre ? C'est cette dernière interrogation qui tourmentait le plus le jeune époux très épris. Les liens sacrés du mariage les unissant ne pouvaient plus être défaits par aucune intervention humaine : ce que Dieu a uni sur la terre... Cette certitude religieuse le rassurait néanmoins... La chevauchée s'étirait en longueur jusqu'à la cabane d'Albane la Rousse, Gaultier ne se montrait pas très bavard, de peur de laisser échapper un mot ou une phrase qui l'aurait trahi. L'obscurité les entourait depuis un bon moment, mais le baron Eudes et ses hommes connaissaient la forêt, à force de l'avoir parcourue de long en large durant des années. D'ailleurs, deux ou trois soldats avaient prévu des lanternes qu'on n'utilisa pas, puisque c'était une nuit de pleine lune. L'astre lointain, tout rond et extrêmement lumineux, éclairait les sentiers, les taillis et les frondaisons environnantes... Albane les avait entendus venir de loin, les deux chiens avaient grondé pour signaler leur arrivée. Vive comme l'éclair, elle était sortie sur le seuil de la porte pour leur commander de se taire, de peur que leurs aboiements ne réveillent Hermeline et ses enfants endormis à cette heure. Mais avant que la maîtresse de maison n'ouvre la bouche pour accueillir ses hôtes, Mélisande se faufila dehors en lui précisant gentiment :

— Ne t'inquiète pas, Albanc, nous n'allons pas envahir la pièce unique de ton logis, décida-t-elle. Si jamais mon père a accepté de se déplacer jusqu'ici avec mon époux, nous allons nous promener dehors pour deviser tranquillement... Cette nuit de septembre est belle et encore douce... Profitons-en...

A ces mots, elle la quitta et s'avança en direction du groupe de cavaliers pénétrant au petit trot dans la cour. Pour l'instant, elle ne voyait pas son père, mais en comptant le nombre d'hommes à cheval plus nombreux à l'arrivée qu'au départ, elle devina aisément qu'il se trouvait parmi eux... La clairière était vaste et Mélisande choisit de les attendre près d'une clôture formée de piquets en bois, où les visiteurs d'Albane attachaient généralement leurs chevaux. Le cœur battant à tout rompre, Gaultier l'avait aperçue de loin et mourait d'envie de la serrer dans ses bras. Seulement, ce n'était pas le moment de compliquer la situation, suffisamment épineuse. Le chevalier connaissait sa tendre moitié, c'était une femme de caractère, qui ne laisserait personne décider à sa place. Aussi attendit-il sagement que Mélisande se manifeste d'une quelconque manière.

— Bien le bonsoir, baron Eudes. Que Dieu vous bénisse d'être venu jusqu'ici, dit-elle en s'avançant de quelques pas vers son père toujours à cheval.

Eudes de Bissey sauta lestement à bas de Fandango, passa les rênes par-dessus son encolure avant de répondre à l'inconnu.

— Votre voix me rappelle quelqu'un de très cher, messire, lâcha-t-il d'un ton désabusé. Hélas, l'absence de cette personne me torture l'esprit et me gâche la vie. Par le sang du Christ, je ne pense pas la revoir un jour, précisa-t-il en proie à de sombres pensées pessimistes.

— En êtes-vous si sûr, baron ? l'interrogea de nouveau ce curieux personnage.

— Mais enfin, qui êtes-vous, mystérieux damoiseau ? s'énerva Eudes. A quoi riment toutes ces cachotteries ? Les balades nocturnes dans la forêt ne sont plus de mon âge et j'ai mieux à faire...

— Si vous retrouviez cette personne disparue, seriez-vous prêt à lui pardonner, baron ? poursuivit l'inconnu sans l'éclairer davantage. A lui pardonner ses erreurs et à la chérir comme avant ?

— Ces billevesées ne m'intéressent guère, reprit brutalement Eudes. Vous connaissiez ma fille Mélisande, c'est ça ? Si vous avez quelque chose à m'apprendre à son sujet, parlez... Peut-être qu'elle n'est pas morte ? reprit-il, le cœur rempli d'espoir.

Suivant son penchant naturel, bouillant de colère, Eudes se saisit du bras de l'étranger dans l'intention de le secouer, pressé de lui faire avouer ce qu'il savait... Sans s'émouvoir, Mélisande posa une main douce et apaisante sur la sienne et tenta d'accrocher son regard.

— Vous ne m'avez toujours pas reconnue, père ? murmura-t-elle les larmes aux yeux.

Sans réfléchir davantage, elle se jeta dans ses bras et le baron s'empressa de la serrer très fort contre lui.

— Pardonne-moi, ma fille. De quel père aveugle et borné as-tu hérité ! chuchota-t-il contre sa joue. Depuis le temps que je t'observe : ta silhouette, l'ovale de ton visage, jusqu'à la finesse de tes traits qui me rappelaient tant ma Mélisande...

Sans desserrer son étreinte, le père pleurait maintenant à chaudes larmes, incapable de prononcer une seule parole, de contenir plus longtemps l'émotion terrible, poignante, qui le bouleversait tout entier...

— Vous allez finir par m'étouffer, père, protesta Mélisande en riant. Laissez-moi vous expliquer : ces habits d'hommes empruntés à mes frères et cette coiffure masculine m'ont sauvé la vie à plusieurs reprises... Comme ils m'ont toujours porté chance, je ne les quitte plus désormais...

Le baron Eudes contemplait sa fille avec tendresse, caressait ses joues mouillées de larmes et lui proposa immédiatement, sans tenir compte de l'avertissement de Gaultier :

— Nous rentrons tous au château et j'invite tout le monde : les soldats, Albane et ses enfants, tous vos compagnons... Nous allons organiser une fête prestigieuse pour célébrer ton retour. Ma Mélisande est saine et sauve, alors que je la croyais morte, assassinée par cet odieux sergent, le propre mari de Brune, lui apprit-il.

— Attendez, père, l'arrêta Mélisande en lui touchant le bras. Pas maintenant, s'il vous plaît, le pria-t-elle. Je ne me sens pas prête à affronter ma famille, ma vie d'autrefois...

— Mais tu déraisonnes, ma belle, protestait Eudes, déconfit par ses paroles étranges. Maintenant que je t'ai retrouvée, je ne te quitte plus ma fille, plus jamais...

— Il est trop tard, père, déplora Mélisande en le ramenant à la réalité. J'ai choisi un autre chemin et une vie très différente de celle que vous aviez envisagée pour moi... J'ai décidé de demeurer libre. Je ne peux plus revenir en arrière, nous ne parviendrons jamais à nous comprendre. Trop de choses nous séparent...

— Mais à la fin, pourquoi cet entêtement ridicule ? s'étonnait-il abasourdi. Je te jure, ma fille, que je ne t'obligerai plus jamais à épouser un homme que tu n'aimes pas... Plus jamais, te dis-je, tu prendras ton temps et choisiras un prétendant digne de...

— C'est déjà fait, père, l'arrêta Mélisande en souriant. Approche Gaultier, lui demanda-t-elle en se tournant de son côté. Père, je vous présente mon époux, le chevalier Gaultier de Marnay, l'ami d'Enguerrand.

— Quoi, tu n'as tout de même pas épousé ce jeune homme pauvre et sans avenir ? l'agressa Eudes en oubliant déjà ses promesses. C'est un comble !

— Mais je l'aime, père, protesta Mélisande, révoltée par son attitude. Mon mari me chérit également de tout son cœur, il n'a pas hésité à partir seul à ma recherche dans les bois du Morvan... C'est ce qui compte : à quoi servent la richesse, la noblesse et les honneurs, si l'on ne possède pas l'amour ? C'est le plus grand des trésors...

— Fort bien dit, ma Mélisande ! intervint aussitôt Gaultier. Et qui sait, baron Eudes, j'accomplirai peut-être d'autres prouesses dans les tournois ou sur les champs de bataille ? De cette manière, je pourrai peut-être faire fortune si la chance me sourit... Vous ne vous doutiez guère en me voyant pour la première fois que je serais capable de capturer un dangereux criminel avec une poignée d'hommes ? lui fit-il remarquer de manière fort judicieuse.

Le baron Eudes resta muet de stupeur à la suite de ce discours fort pertinent, mais qui le contrariait énormément. La nouvelle inattendue du mariage de sa fille gâchait la joie de ses retrouvailles inespérées. Mais il ne s'avoua pas vaincu pour autant... Malgré de surprenantes concessions qu'il consentit à son aînée pour qu'elle accepte au moins de revenir embrasser sa mère, ses nombreux frères et sœurs, il se heurta à un nouveau refus... Pourtant, il lui avait même promis de procurer un fief à Gaultier et de les établir quelque part dans une seigneurie pour qu'ils puissent mener une vie digne de leur rang. Mélisande repoussa immédiatement cette proposition alléchante, sans même consulter son époux. Pourtant, son père avait fait de gros efforts en acceptant son mariage avec Gaultier et en l'intégrant d'office à la caste à laquelle ils appartenaient néanmoins tous les deux, malgré le détachement qu'elle affichait à ce sujet. Mais sa fille aînée lui répéta qu'il était encore trop tôt, qu'elle avait encore besoin de temps pour s'épanouir dans sa nouvelle vie avant de renouer des relations avec sa famille. En dépit de toutes ses déclarations sincères, la tentation était très forte : elle souhaitait tant revoir sa mère, Pétronille, Enguerrand, l'ensemble de ses jeunes frères et sœurs dont elle était privée depuis si longtemps.

Comme elle aurait aimé les étreindre et leur dire qu'elle était toujours vivante, s'en réjouir avec eux ! Mais la jeune épouse était déterminée, elle ne sacrifierait pas sa nouvelle vie, ses amis Gervaise et Thierry au profit de l'ancienne. De plus, sa lutte farouche, obstinée, profiterait peut-être à ses sœurs plus jeunes qu'elle. Son père avait besoin d'une bonne leçon pour ne plus écraser ses enfants et répéter les mêmes erreurs qu'il avait commises avec les aînés, souhaitait-elle de tout cœur.

Consciente toutefois de l'immense chagrin qu'elle causerait à sa pauvre mère et à ceux qu'elle chérissait le plus, elle lui tendit un parchemin noué par un ruban vert ainsi qu'un petit sachet de tissu.

— S'il vous plaît, père, donnez cette lettre à dame Bathilde de ma part, le pria-t-elle. J'ai ajouté une mèche de mes cheveux pour la faire patienter en attendant de la serrer dans mes bras, ajouta-t-elle dans un souci d'apaisement. Vous lui direz combien je vous aime tous...

— Père, nous allons avoir un enfant, Gaultier et moi, reprit-elle d'une voix plus douce en s'emparant de la main du baron et en la posant sur son ventre déjà bien arrondi. Je vous invite tous à venir à La Jonchère à l'occasion de sa naissance. C'est le nom de la métairie dont mon époux a hérité... Il vous enverra un messager pour vous prévenir de l'heureuse nouvelle et on compte sur votre présence ! N'oubliez personne, baron...

— Tu pourrais consentir à un effort, Mélisande, lui rétorqua son père pour la retenir. Tu n'attends même pas l'exécution de l'assassin ? Pourquoi ne pas y assister en compagnie de ton époux ? Vous auriez droit aux places d'honneur... Cette pendaison publique au gibet de Bissey s'impose comme une obligation. Après cette dizaine de crimes horribles, perpétrés en deux ans sur ma seigneurie, je la dois bien à mes pauvres vilains. Ils sont en droit d'exiger une vengeance exemplaire. C'est une démarche nécessaire si je tiens à rétablir l'ordre sur mes terres de Bissey...

— Assurément, père, admit Mélisande. Mais vous ne croyez pas que le plus important, c'est que nous ayons échappé au couteau du monstre, Gervaise et moi ?

— Mais si, bien sûr que si, ma fille bien-aimée, approuva Eudes, très ému. Raconte-moi comment cela s'est passé...

— Une prochaine fois, père, lui répondit Mélisande. Quand vous nous rendrez visite avec mère, je vous raconterai nos péripéties et nos frayeurs... A plus tard...

Alors elle embrassa le baron Eudes sur les deux joues, s'empara du bras de son époux pour rejoindre la cabane d'Albane la Rousse.

— A bientôt, père, lui lança-t-elle après s'être retournée. On vous attend dans quelques mois...

Encore perturbé par la tournure des événements qui lui échappaient totalement, le baron Eudes ne trouva pas le courage de répondre, mais il lui adressa un grand signe de la main en guise d'adieu.

FIN

Achevé d'imprimer en septembre 2016 par
Créaprojet

N° d'impression : 124089

Imprimé en France

L'imprimerie est titulaire de la marque Imprim'Vert*